CSR과 윤리경영

CSR and Ethical Management

정 재 훈

북 넷

머리말

상학에서 경영학으로 학과 명칭이 바뀌던 해에 경영학과에 입학한 나로서는 경영학에 대한 인식이 다소 부정적이었던 게 사실이었다. 주위의 권유로 경영학을 전공하면서도 여전히 경영학은 돈벌이를 잘하는 기술과 관련된 것이라는 인식이 강했고, 중·고등학교시절 역사공부를 통해 얻은 사농공상의 비뚤어진 신분의식의 영향으로 제일 하층인 상인들이 종사하는 돈벌이는 소위 공부하는 선비에게는 어울리지 않는다는 선민의식에 젖어 제대로 경영 내지 경영학에 대한 공부를 할 의욕을 갖지 못했다.

그러나 실은 내가 공부가 모자라서 그렇지 내가 처음 경영학을 접했던 1970년대 초에 이미 드러커같은 선학들은 '경영의 실제'나 '기업가정신' 등의 서적을 통해 경영을 주된 과업으로 삼는 기업의 목표가 결코 내가 생각한 돈벌이가 전부가 아니라는 것, 사회에 유익한 재화나 용역을 낭비없이 가장 효율적으로 생산해서 그것을 원하는 사람이나 조직에 제공함으로써 보람과 의미를 갖게되고 그에 따른 정신적, 물질적 보상을 통해 지속적으로 그러한 사업을 계속하고자 하는 의욕을 유지해가는 것이라고 지적한 바 있었다.

이러한 지적에도 불구하고 기업경영의 실제는 우리로 하여금 여전히 부정적인 시각을 갖게 한다. 옥시 살균제사건, 대우조선해양 5조원대 분식회계사건, 모 회계감사기관의 내부정보유출사건, 끊임없이 제기되는 원청기업들의 갑질횡포에 대한 사회적 비난 등등 대기업, 중소기업, 국내기업, 다국적기업을 가리지 않고 매일같이 숱한 기업비리가 중요뉴스로 다루어지고 있다. 기업경영과정에서 야기되는 이러한 각종 비리는 과연 기업의 이윤추구활동을 어디까지 허용해야 하는것인가, 과연 기업경영방식이 이대로 괜찮은가 하는 심각한 의문을 갖게 한다. 윤리의식이 결여된 돈벌이는 그야말로 홉스의 리바이어던(Leviathan; 만인의 만인에 대한 투쟁)에 다름 아니다. 윤리의식이 결여된 기업, 윤리의식이 결여된 각종 조직은 조직에고이즘으로 인해 결국 인류의 공공의 적이 될 수밖에 없다.

흔히 경영학은 과학이 아니라 아트라 말해진다. 그만큼 개별상황논리를 무시한채 원칙을 적용하기 힘든 것이 경영이라는 의미일게다. 그리고 경영학을 몰가치적 학문이라고도 한다. 기업경영의 양부가 사회에의 공헌과 같은 가치보다는 두입 내비 높은 산출의 효율성여부에 의해 결정되기 때문이다. 경영관리의 우수성 여부를 결정짓는 궁극적인 요인이 가격으로 귀결되는 경향이 있고 결국 주요 생산요소인 인(人)·물(物)·금(金)의 최소투입을 위해 이들 요소를 가장 값싸게 조달할 수 있는 기업이 높은 경쟁우위를 가지게 된다. 거기서 파생된 문제가 값싼 노동력과 원자재를 찾아 세계 각국을 헤집고 다니며 인권과 환경을 유린하고, '규모의 경제'논리에 따라 과다생산된 초과생산분의 소비를 위해 마케팅이라는 이름으로 에스키모에게도 냉장고를 사게하는 식의 영업활동을 자랑스럽게 얘기하면서 글로벌마켓의 영토를 확장하는데 골몰하고 있는 것이 오늘날 기업의 현실이다.

이처럼 기업적 합리성이 사회적 합리성을 대체하는 역전현상을 개선하는 데 있어 현재 가장 긴요한 것이 윤리적 기업활동이라 할 것이다. 이 책은 이런 문제의식에 기초하여 미래 기업활동에 참여하고자 하는 모든 잠재적인 경영관리자나 현재 비즈니스에 종사하고 있는 모든 사람들의 기업윤리에 대한 인식수준을 높이고 윤리경영의 체계적인 접근이 가능하도록 돕기위해 집필되었다.

이 책은 크게 4부 12장으로 구성되어 있다. 제1부 '사회속의 기업'은 Why에 해당된다. 왜 지금 기업윤리가 문제되는가, 기업이 사회속에서 어떤 위상과 역할을 하고있기에 지금 그 윤리의식이 문제시 되고있는가, 자본주의체제의 근간인 시장과 기업, 그리고 그들이 속해있는 사회는 어떤 관계속에서 어떻게 상호작용하고 있는가, 세계적으로 기업에 대한 책임은 어떻게 물어지고 있는가, 등에 대한 물음에 답하는 내용으로 구성되어 있다. 말하자면 CSR(기업의 사회적 책임)이 물어지는 여건(context)에 대한 이해를 돕고자 하는 차원에서 정리한 것이다.

제2부 '기업의 사회적 책임에 관한 이론적 기초'는 기업의 윤리경영을 견인하는 CSR의 이론적 기초(What is the basic theory)로 구성되어 있다. 말하자면 기업에 사회적 책임을 묻는다면 그 논거가 되는 윤리적 기준은 무엇이며, 나아가 그 윤리적 기준을 뒷받침하는 이론적 근거는 무엇인가, CSR에 대한 기본적인 인식구조와 그 구현을 위한 접근방법에는 어떤 것들이 있는가(Understanding CSR), 그리고 그 한계와 향후의 전망으로 구성되어 있다.

제3부 'CSR에 대한 이해관계자 접근'은 CSR에 대한 여러 접근방법 중 이해관계자 어프로치를 중심으로 기업의 대응방안을 제시해보고자 하였다. 말하자면 기업의 구체적인 CSR 적용방안(Applying CSR)에 대한 것이다. 이해관계자들은 기업의 내·외부환경을 구성하는 핵심요소다. 이해관계자는 재화와 서비스를 기업에게서 제공받지만, 기업은 사업을 계속하는 데 필요한 사회적 정당성을 확보하려면 공급자, 고객, 종업원, 주주, 기타 이해관계자들에게 의존해야 한다. 따라서 이해관계자들이 기업을 어떻게 평가하는가는 기업이 무엇을 하는가 만이 아니라 어떻게 하느냐에 달려있다. 우리는 이 '어떻게'를 구상하는 데 있어 이해관계자 접근이 21세기 글로벌 기업환경에 대응하고자 하는 기업들에게 가장 적합한 대안이라고 생각한다. 이런 관점에서 제3부에서는 기업과 이해관계자, 기업과 공공적 이슈, 기업의 사회적 대응관리 등의 주제로 시스템론에 입각해서 주요 이해관계자들의 기업활동에 대한 영향력과, 기업의 주요 이해관계자와의 상호작용방식 등에 대해 살펴봄으로써 기업의 CSR에 대한 구체적인 적용방안을 제시하고자 하였다.

제4부 '기업과 윤리경영'에서는 기업경영과정에서 끊임없이 조우하는 '윤리적 딜레마'에 대한 대응 내지

관리방안(Managing CSR)을 정리하였다. 기업이 부닥치는 윤리적 딜레마에는 어떤 것들이 있으며 그에 대한 기업의 합리적인 의사결정방법에는 어떤 것이있는가, 현실세계에서 기업들이 취하는 일반적인 윤리경영방식(Compliance management)과 그 한계는 무엇이며 윤리경영의 본질적인 지향점(Integrity Management)은 어떤 것이어야 하는지, 글로벌 스탠다드로서의 경영윤리는 어떠해야 하는지에 대해 살펴보고자 하였다.

이 책을 쓰면서 37년 간의 교직생활을 '윤리경영'으로 마감하게 된 것을 너무나 큰 행운으로 생각하게 되었다. 돈버는 기술로 인식한 학문분야를 지성인을 만드는데 기여하는 인문학으로 인식하고 떠나게 해준것이 바로 이 기업윤리학이다. 인문적 경영학을 주창한 드러커는 인간이 실존 상황에서 직면하는 긴장과 절망(변화, 불협화음, 단절로 표현됨)을 극복하고 희망이 있는 참을만한 사회를 건설하기 위해서는 올바르게 경영되는 조직들이 주축이 되어야 한다고 주장했다. 여기서 말하는 올바르게 경영되는 조직들이란 단순히 부를 창출하는 것을 넘어서서 이 지구상에 존재 이유를 찾으려고 애쓰는 사람들에게 의미(존재론적, 철학적, 준종교적 의미)를 제공하는 조직을 뜻했다. 여기서 경영은 선을 위한 힘이며 악을 비껴가는 방법이다. 다시말하면 경영은 바르고 정당한 것을 위한 도적적 힘으로서의 역할을 다해야 한다. 경영이 도덕적인 힘이 되려면, 모순과 긴장으로 가득 찬 세상에서 사람들에게 의미와 지위를 부여해주는 조직이 되려면 경영은 결국 가치에 의해 움직여야 한다. 따라서 경영자들은 인간존재의 본질에 관한 철저한 이해를 바탕으로 조직 내에서 사람들을 계발시키는 한편 권력남용의 가능성을 미리 차단할 줄 아는 인문적 사람들이다. 나아가 사회에서 조직이 담당해야 할 좀더 큰 역할을 이해하고 있는 사람들이다. 높은 목적에 대한 의무와 도덕성을 갖춘 인문적 경영자들은 인간이 천성적으로 탐욕적이고 불완전하지만 그 조직은 희망적이고 참을만한 사회를 만들어 내는데 분투하지 않으면 안된다는 것을 충분히 인식하고 있어야 한다. 우리는 우리가 꿈꾸는 이상적인 사회를 온전히 이룩할 수 있으리라고는 생각하지 않는다. 다만 이뤄낼 수 있는 무언가를 위해서는 얼마든지 노력할 수 있다고 믿는다. 일이 의미가 있고, 리더십이 진정성이 있고, 경영진은 그들의 역할이 궁극적으로 인간의 존엄성을 위한 것임을 알고, 조직은 자신의 의무가 공동선을 위한 것임을 인식하고 있는 사회를 만들기 위한 노력말이다.

이와 같은 드러커의 가르침 이외에 특히 도날드슨의 사회계약론에서 추론한 기업책임과 웨인비서의 CSR2.0(기존의 CSR을 CSR1.0이라 칭하고 경제적 성과가 주(主), 사회적 성과를 종(從)으로 인식하는 사고방식을 비판하고, 기업책임이 지속가능경영을 통해 달성되어야 하며 이는 결국 기업책임이 주, 경제적 성과가 종이되는 사고방식으로의 패러다임전환을 의미함)이 주는 시사점은 가장 의미있는 작업이었다.

이 책의 집필은 내 개인적으로는 현역으로서의 경영학도의 길을 정리하고 기존의 효율성의 논리(logic of efficiency)에서 벗어나 이제 좀더 인간중심적으로 사고하는 인문적 경영학도로서 걸어갈 제2의 길을 열어준

작업이 되었다. 이는 곧 경영의 인문학적 접근의 출발점이 기업윤리학이라는 인식에 근거한다. 이 과정에서 인간존재로서의 본령을 탐구하는데 경영학이 기여할 수 있는 분야로서의 윤리경영, 기업윤리학의 발전에 정진하고자 하는 것이 내 인생 후반전의 중요한 목표로 자리잡게 된 것을 한없이 기쁘게 생각하고 있다.

끝으로 아직 많이 모자라는 책을 완성하기까지 기다려주고, 또 시원찮은 내용이지만 겉모양이라도 좋게 갖추기 위해 편집과 디자인에 심혈을 기울여주신 북넷의 류재식 사장님과 모든 직원분들께 깊은 감사의 말씀을 드리면서 기업경영에 대한 드러커의 조언을 첨언한다.

"사회에 최선을 다하는 것이 기업의 목표가 되어야 한다. 왜냐하면 기업은 사회의 산물이자 또한 사회의 장기이기 때문이다. 그 어떤 장기도 죽어가는 몸에서는 제대로 작동할 수 없다!"[1)]

2016. 7.

용현동 연구실에서

정 재 훈 식[2)]

1) Maciariello, J.A. & Linkletter, K.E.(2011), *Drucker's Lost Art of Management* 조성숙 옮김, CEO가 잃어버린 단어, 비즈니스맵, 2013, p.456.

2) 이 책은 인하대학교의 연구비 지원에 의해 집필되었음

차 례

제 1 부 사회속의 기업

제 2 부 기업의 사회적 책임에 관한 이론적 기초

제 3 부 CSR에 대한 이해관계자 접근

제 7 장 기업과 이해관계자

제 8 장 기업과 공공적 이슈

제 4 부 기업과 윤리경영

제11장 기업 컴플라이언스와 인테그리티 경영

제12장 글로벌경영과 기업윤리

제 1 부

사회속의 기업

제 1 장

기업·시장·사회의 관계와 기업책임

INTRODUCTION

기업의 서로 다른 대응방식

Malden Mills사(1906년 창립, 가족경영)의 CEO인 Aaron Feuerstein은 유능한 사람이었다. 그는 노동자를 기업성공의 핵심으로 생각하는 사장이었다. 그러나 1995년 그의 이러한 경영관이 시험대에 올랐다.

Massachusetts주 북동부의 경제적으로 어려운 도시인 Lawrence에 있는 Malden Mills사의 섬유공장에 화재가 발생했다. 3억 달러의 보험금을 손에 쥔 Feuerstein은 임금이 싼 시골로 공장을 옮기거나 은퇴할 수도 있었다. 그러나 그는 Lawrence에 공장을 다시 짓고 새 공장이 건설되는 동안 종업원들에게 임금을 계속 지급하였다.

그 결과 그는 언론에서 우상으로 칭송받았다.… 그의 행위는 기업윤리 교수들의 칭찬 이상으로 국민적 관심을 끌었다. 동시에 그가 제조한 상품인 Polartec(카탈로그 업체가 팔고 싶어하던 가벼운 플리스(fleece)제품에 대한 수요도 증가하였다. 그는 공장 재건기간 임금을 전액지불했을 뿐만 아니라 모든 종업원들에게 의료혜택을 계속 허용하고 공장이 재가동될 경우 일자리를 약속하였다. 비용이 들긴하지만 이런 결정은 그에게는 쉬운 일이었다.

Lawrence에 공장을 다시 짓는데는 3억 달러 이상이 들고 1,400명의 일없는 노동자에게 3개월간 임금전액을 주면 추가로 2,000만 달러가 들 것으로 예상되었다. 나중에 그는 "현장직이든 사무직이든 노동자에게 책임을 져야 합니다"고 말했다. "나는 지역사회에도 동일한 책임을 지고 있습니다. 3,000명을 (크리스마스 2주 전에)거리로 내보내고 Lawrence와 Methuen 두 도시에 치명타를 입힌다면 비양심적인 일이지요. 서류상으로 제 회사는 (지금) 월가의 사람들에게는 값어치가 덜 나가겠지만 저는 여러분에게 훨씬 더 가치가 있다고 말씀드릴 수 있습니다."

그러나 이러한 조치로 늘어난 Polartec에 대한 수요도 공장이 세워지는 동안 늘어난 부채 1억 달러를 감당하기에는 충분치 않았다. 시장경기가 위축되고 값싼 대체상품이 시장에 넘쳐나자 상황은 더욱 복잡해졌다. 결국 Malden Mills사는 2001년 11월 법원에 파산보호를 신청하였다.[1)]

후커화학(Hooker Chemical Company)사는 1978년 나이아가라 폭포의 러브운하(Love Canal)지역에 화학물질을 폐기시킨 사실 때문에 비난을 받았다. 폐기된 화학물질은 주민들의 지하실과 뒤마당으로 용해되어 들어갔으며, 이 때문에 결국 200가구 이상이 피난하게 되었다. 시간이 지남에 따라 러브운하에서의 사건은 별개의 사건이 아니라 환경문제를 무시하는 후커사의 만성화된 경영방식 때문이라는 사실이 밝혀졌다. 1979년 여름 뉴욕타임즈는 플로리다주의 화이트 스프링스에 있는 후커사의 공장이 불화물(fluoride)로 공기를 오염시키고 있다고 고발하였다. 후

커사의 중역들에게 전해진 기업의 서류사본은 더 큰 비난을 불러일으켰다. 그 기업서류는 회사의 고위경영진이 (회사가) 수질을 오염시키는 것을 알면서도 이를 묵인했다는 내용을 담고 있었다. 결국 후커사의 관리자는 나이아가라 폭포에서 뿐만아니라 미시간주의 몬타그(Montague)와 캘리포니아주의 래스랍(Lathrop) 공장 등에서도 그 지역의 저수공급원에 실수로 해독을 끼치게 되었다고 시인하였다(New York Times, August 5, 1979, p.1).[2)]

---

1) Werher Jr., W.B. and Chandler, D.(2011), *Strategic Corporate Social Responsibility(2nd ed.)*, 양춘승 옮김(2012), 기업의 사회적 책임과 전략, 동서미디어, p.15.

2) T. 도날드슨 지음, 류장선 옮김(2010), 기업윤리(Corporations and Morality), 서강대학교출판부, p.27에서 재인용.

학습목표

자본주의 체제 속의 기업의 실체, 시장경제, 시장사회, 기업과 시장의 관계, 기업·시장·사회의 관계, 기업의 책임

01 기업에 대한 이해-기업의 발전단계

기업은 부를 창출하는 중요한 주체 가운데 하나다.

- 베르나르 라마낭소아(Bernard Rarmanantsoa), 프랑스 HEC학장

1.1 기업의 탄생

세계 도처에서 매일 기업이 생겨나고 또 도산하며 하루하루 흥망성쇠의 이야기를 써나가고 있다. 오늘날 세계 대다수 국가에서 기업을 만드는 것은 그리 신기한 일이 아니다. 영국 법인등기소의 팀 모스(Tim Morse)는 "현재 영국에는 약 260만 개의 기업이 등록되어 있고, 매년 35만 개 이상의 기업이 새로 문을 연다. 영국에는 기업설립에 대한 제한이 거의 없다. 자본금이 1파운드만 되어도 누구나 기업을 설립할 수 있다"고 말했다. 미국의 미래학자 존 네이스비츠(John Naisbitt)는 "미국에서는 기업등기절차가 매우 간단하다. 별도의 비용없이 하루만에 기업을 세울 수 있다. 그저 기업을 만들겠다고 말하기만 하면 기업의 주인이 될 수 있다"고 말했다.[3)]

제품을 사거나 서비스를 받는 것, 직장을 구하거나 창업을 하는 것, 사장의 험담을 하거나 동료와 경쟁하는 것 모두 기업과 관련된 일이다. 미국 프로농구 리그인 NBA도 하나의 기업이다. 하나의 완벽한 농구시합은 계약과 수입으로 직결된다. 기업은 사람뿐 아니라 두

3) CCTV다큐제작팀 지음, 허우영 옮김(2014), 기업의 시대, ㈜다산북스, pp.18-19.

주먹이나 발 하나까지 값을 매겨 상품화한다. 세계 3대 테너의 아름다운 목소리도 돈을 벌 수 있는 아이템이 된다. 기업은 형이상학적인 예술의 가치를 값으로 계산하고 정신적 즐거움까지도 구체적인 수치로 환산한다.

지난 수백년 동안 기업은 번영과 침체 사이를 오가며 숱한 부침을 겪었다. 또한 기업은 생존하고 성장하면서 서서히 사회의 핏줄 속으로 파고들어가 사회 구석구석으로 퍼져나갔다. 2009년 기업은 세계인구의 81퍼센트에게 일자리를 제공해 주었고 세계 경제력의 90퍼센트를 형성했으며, 전 세계 GDP의 94퍼센트를 창출했다. 그해 세계 100대 경제주체 가운데 51개가 기업이고 49개가 국가였다. 세계 161개국의 재정수입을 합쳐도 월마트 한 곳의 수입에 미치지 못하고 세계 10대 기업의 총 매출액을 합하면 세계에서 가장 작은 100개국의 GDP를 전부합친 것보다 많다.[4)]

그렇다면 기업은 대체 우리에게 어떤 존재인가? 어떻게 탄생했고 어떻게 변화해온 것일까? 그리고 그것은 우리에게 어떤 의미를 던져주고 있는가?

1830년 9월 23일, 간밤에 내린 비가 새벽까지도 그칠 기미가 보이지 않았다. 이런 궂은 날씨에도 불구하고 리버풀에서 맨체스터까지 48킬로미터에 달하는 철도변에 20만 명의 인파가 운집했다. 세계 최초의 공공철도 개통을 직접 보기위해 모여든 것이다.

19세기 중엽, 영국에서 거센 기세로 진행된 제1차 산업혁명이 완성되었다. 우뚝 솟은 굴뚝에서는 흰 연기가 쉬지 않고 피어오르고 거대한 공장에서는 기계 돌아가는 소리가 요란하게 울려 퍼졌다. 세계 최초로 산업화를 실현한 영국에서는 철도와 전보, 증기선, 제철, 석유 등 새로운 업종들이 속속 생겨났다. 신흥산업은 크게 발전할 수도 있는 동시에 막대한 위험도 안고 있었다. 어떻게 해야 더 발전할 수 있을까? 사람들은 다시 과거 대항해시대에 등장했던 동인도 주식회사를 상기했다.[5)]

1862년, 영국 의회에서 지난 20년 간의 관련법안을 모은 '회사법'이 통과되었다. 영국 무역국은 "1825년 이전에 기업의 설립을 법률로 금지한 후 지금까지 기업설립은 일종의 특권이었다. 하지만 이것이 일종의 권리로 바뀌길 희망한다"고 밝혔다. 그 후 기업설립에는 더 이상 정부의 허가가 필요하지 않게 되었다. 7명이 조직의 규정에 서명하고 영업장 소재지에서 등기를 마치면 주식회사를 설립할 수 있었다. 이 법안은 훗날 세계 각국에서 생겨난 '회사법'의 원형이 되었다. 영국 법인등기소의 팀 모스는 "회사법에는 유한책임이

4) 위의 책, p.17.
5) 위의 책, p.86.

영국의 '1862년 회사법'

세계 최초로 제정된 회사법 가운데 하나다. 어떤 의미에서 보면 이 법은 현대기업의 출생증명서라고 할 수 있다. 이 법이 제정되기 전, 수 세기 동안 기업은 국가정책을 시행하기 위한 수단이었으며 기업 설립은 소수 특정인들의 특권이었다. 하지만 1862년의 회사법은 '기업은 영리를 목적으로 한 시장 조직일뿐이며 기업을 설립하는 것은 모든 국민이 누리는 권리'라고 명시하고 있다. 이 법률에는 현대기업의 바탕에 깔린 다음의 세 가지 관념이 모두 포함돼 있다. 첫째, '법인'은 인간과 똑같이 경제활동을 할 능력이 있다. 둘째, 모든 투자자에게 거래가 가능한 주식을 발행할 수 있다. 셋째, 투자자는 유한책임만 지므로 손실이 발생하더라도 투자원금의 한도 내에서만 손실을 입는다.

● 출처 : 기업의 시대, p.88.

라는 조항이 있었는데, 그 덕분에 기업의 이사와 투자자들이 더욱 안심하고 기업에 투자할 수 있었다. 따라서 기업에 투자하는 사람들이 더 많아지고 덩달아 경제발전도 촉진되었다" 고 말했다. 주식회사가 대규모 산업생산을 효과적으로 수행하게되자 사람들은 과거 특권 기업의 부패와 윤리적 타락이 '유한책임'과 '주식제도'라는 형태에서 비롯된 것이 아니라 권력과 돈의 유착에서 기인한 것임을 깨달았다. 시장체제에서 다시 태어난 주식회사는 과거 엄청난 재앙을 초래하고 그 이후 주식회사의 설립금지를 초래한 1720년 4월의 거품법 (Bubble Act)에서 설정한 주식회사와는 전혀 다른 모습으로 거듭나게 되었다. 주식회사는 더 이상 소수 상류층만의 전유물이 아니라 일반사람들이 활동할 수 있는 기회가 되어 현실 속으로 깊이 뿌리내렸다. 이후의 경쟁은 무한한 시장에서 어떤 기업이 더 큰 영향력을 발휘하는가가 관건이 되었다.[6)]

6) 위의 책, pp.75-89.

1.2 기업의 발전

기업의 도덕성을 논한 도날드슨은 기업의 발전단계를 네 단계로 구분하여 정리하고 있다.[7)]

첫 번째 단계는 중세기의 교회, 조합(guild), 및 자치도시(borough) 등을 초기기업으로 들 수 있다. 그러나 이들은 이익을 추구하는 기업의 개념으로 보았을 때는 진정한 기업이라고 보기 힘들다. 다만 경제적인 이익을 떠나서 구성원을 단결시키는 공통요소가 있었는데, 교회는 종교, 조합은 거래의 유사성, 자치도시는 지역적 독립성과 공유된 정치적 이익 등이었다.

두 번째 단계에서는 돈을 벌겠다는 욕구만을 공유한 구성원들로 이루어진 기업이 탄생하였다. 이러한 현상은 유럽의 기업가가 동방무역항로 개척을 시작한 16세기 초에 나타났다. 그러나 그러한 기업 역시 현대적인 기업과는 거리가 멀었다. 구성원들은 자본을 집중시키지 않고 개인적으로 항해에 필요한 자금을 조달하였고, 기업을 마치 특별한 무역권을 소유한 사람처럼 활용하였다. 예를 들면 기업은 러시아 황제로부터 부여받은 러시아와의 특별무역권을 소유할 수 있었고 기업구성원만이 이를 이용할 수 있었다. 그러나 부채는 개별구성원이 부담했으며 한 기업가의 무역선이 침몰하거나 해적에 의해 강탈당했을 경우 기업가 혼자서 채권자에게 빚을 갚아야 했다.

세 번째 단계에서 비로소 현대적인 기업의 원형이 나타났다. 동인도 무역회사의 재정비와 함께 1612년에 시작된 세 번째 단계에서는 자본이 집중되고, 경영주 및 경영위원회에 권한이 주어지고, 부채는 주주에게 분산되는 현상이 나타났다. 이와 같은 변화의 산물이 바로 17세기와 18세기의 대규모 무역회사들이었다. 즉 동인도 무역회사 이외에도 Hudson Bay Company, La Compagnie des Indes, Adventurers of London Trading into Africa를 비롯해 스페인, 이탈리아, 러시아 및 독일 등에 유사한 기업들이 있었다. 이와 같은 기업을 창설한 근본동기는 무엇보다 규모의 경제(economy of scale)를 고려한 데 있었다. 즉 무역선은 점점 규모가 커지고 비싸졌기 때문에 무역선을 구입하여 장비를 갖추는 것은 한 사람의 재정능력을 초월하는 것이었다. 마찬가지로 무역선을 폭풍우나 해적에 의해 잃는 것은 개인에게는 파산을 초래하는 것이었다. 이에 대한 해결책으로 나타난 것이 현대적인 기업의 특징인 자본의 집중과 책임의 분산이었다.

---

7) 도날드슨 앞의 책, pp.18-20.

기업발전의 마지막 단계는 기업설립절차에 대한 정부규제의 강화와 그에 대한 비판에 기초한 자유로운 설립단계로의 변화이다. 17세기부터 19세기 전반까지 기업은 영국에서는 왕실에 의해, 그리고 미국에서는 독립전쟁이후 주정부에 의해 규제받았다. 이처럼 기업은 정부에 의해 규제되어 설립이 승인되거나 거부되며, 승인된 경우에도 때로는 특정조건이 부과되었다. 예를 들면 메인 플라워(Main Flour)사가 1818년 메인(Maine)주에 회사의 설립을 신청했을 때 메인주는 기업의 총자산을 5만 달러로 한정하고, 그 중 토지로 소요되는 자산은 3만 달러 이내로 하고 모두 케네벡(Kennebec)지방에 있는 토지이어야 한다는 엄격한 조건하에서 회사설립을 허가하였다.[8] 그러나 이러한 제도는 거센비판을 받게 되었다. 설립허가를 받지못한 기업 혹은 열악한 조건으로 설립허가를 받은 기업은 이러한 제도하에서는 부패한 관리에 의해 독점력을 부여받은 기업이 부당한 승자가 된다고 비난했다. 마침내 과거에 흔히 그래왔듯이 법은 현실을 받아들여야 했다. 불투명한 심의과정과 함께 특정기업을 위한 '구제도'는 폐지되고 조직형태를 구성하고 급료를 지불할 수 있는 어떤 조직에도 기업의 자격을 보증하는 '일반적 제도'(general system)로 대체되었다. 이 제도가 약간의 수정을 거쳐 오늘에 이르고 있다.

기업설립과 관련해서는 서로 다른 두 가지 이론적 해석이 존재한다.[9] 하나는 서유럽의 초기의 황권에 의해 설립된 기업으로부터 발생된 해석이고, 다른 하나는 결사의 자유(freedom of association)원칙으로부터 발생된 해석이다. 초기의 왕권에 의해 설립된 기업은 국가의 창조물로서 설립되었을 뿐아니라 그 기업의 설립을 가능케하는 특권역시 국가로부터 부여받았다. 따라서 모든 기업은 국가의 창조물이라는 원칙이 생겨났다. 다른 한편으로 기업은 역사의 시작과 함께 존재해왔으며, 국가의 창조물이 아니라 기업인의 관습의 창조물로 보아야 한다는 해석이다. 민주사회는 사람들이 모여서 집단을 형성하는 결사의 자유권을 인정하였다. 즉 기업을 결사의 자유권에 의한 자연적인 산물로 보는 대안적인 원칙이 등장했다. 다시 말해 전자는 기업이 단순한 합의가 아닌 공법에 의해 창조된다는 주장이고 후자는 기업이란 사람들이 그들의 결사권을 행사하면서 발생된 부산물이라는 주장이다.[10]

현대에서는 후자의 원칙이 강조되지만, 기업의 설립이 결코 결사권만으로 뒷받침될 수는 없다. 사람들은 정부의 승인없이도 기업을 조직할 수 있다. 또한 그들은 정부의 도움없이

8) 도날드슨, 앞의 책, p.20.

9) 위의 책, p.20.

10) Walton, *Conceptual Foundations*, pp.136-38, 도날드슨, 앞의 책, p.20에서 재인용.

도 협정을 맺고 계약을 체결하고 설립계획서를 작성할 수 있다. 실제로 사람들은 기업이 이런 행위를 할 수 있는 양도불가능한 권리를 가지고 있다고 주장한다. 그러나 명백히 현대기업은 단순한 조직으로서의 자격 이상의 것을 얻고자 한다. 즉 기업은 법적으로 하나의 행위자로서 계약을 체결할 수 있는 힘과 '보이지 않는 인간'으로서의 자격 및 이에 따르는 권리를 요구한다. 주주에게 이익이 되는 이러한 특권은 국가가 인정하고 보호해야 한다. 이러한 이유로 기업은 단순히 인간의 결사의 자유의 산물일뿐만 아니고 적어도 부분적으로는 법적으로 존재하는 인위적인 것이다.

기업이 발전함에 따라 기업이 야기하는 도덕적인 문제도 커져갔다. 사회는 인간의 살인, 사기 및 악에 대해서는 도덕적으로 대응하기 위한 장치를 갖추었으나 기업의 비도덕적 행위에 대해서는 별다른 대책이 없었다. 예를 들어 동인도 무역회사가 악의로 혹은 범죄의도를 가지고 행동했을 때 그 책임을 어떻게 물을것인가? 당연히 기업의 경영자는 책임을 주주에게 돌릴 것이며 주주역시 책임을 기업경영자에게 돌릴 것이다. 여기서 경영자 또는 주주가 아니라 기업이 책임지도록 하는 유한책임과 '기업은 자체의 도덕적·법적자격을 소유한다'는 기업의 원칙이 양자를 모두 만족시켰다. 그렇다면 기업이 법적으로 유죄일 수 있다면 어떻게 처벌받아야 하는가? 기업은 인간처럼 거짓말하고 속이거나 훔칠 수 있지만 이들을 감옥에 넣을 수는 없다. 이 경우 어떻게 죄값을 치러게 해야 하는가?

02 자유주의 시장이념과 욕망의 질주 - 기업권력의 확대

2.1 시장의 생성과 발전

인간이 쓸 수 있는 자원은 제한되어 있고 인간의 욕망은 무한하다. 자원의 유한성은 자원부족 때문만은 아니다. 인간이 자연으로부터 더 많은 자원을 끌어낼 힘을 갖게되면 인간의 욕망도 그만큼 늘어나게 된다. 따라서 인간의 욕망에 비해 자원은 늘 부족한 상태에 있게 된다. 자원의 유한성과 욕망의 무한성 사이에서 최적의 생존조건을 만들어내기 위해 사회에는 경제시스템이 필요해진다.

경제시스템은 생산과 분배의 기능을 수행한다. 생산은 생존에 필요한 자원을 더 많이 만들어내는 기능이고, 분배는 생산된 자원을 구성원에게 나누어 주는 기능이다. 생산과 분배는 뗄래야 뗄 수 없는 관계에 있다. 이런 경제시스템의 운영방식에는 크게 전통, 명령, 시장의 세 가지 방식이 있다. 전통은 신분이나 카스트처럼 과업을 세습하는 방식이고, 명령은 최고 권력자의 명령에 따라 과업을 수행하는 방식이며, 시장은 각자 이익이 되는 과업을 수행하는 방식이다. 산업혁명에 의한 생산능력의 확대는 시장방식을 경제시스템의 해결책으로 삼았다.

사실 시장은 옛날부터 있었던 시스템이다. 그럼 그 이전의 시장과 근대적 시장과의 차이는 무엇일까? 가장 중요한 차이는 이익개념에 있다. 오늘날 사람들은 시장에서의 이익추구행위로 자신의 삶을 향상시키려는 노력을 당연한 것으로 여긴다. 그러나 산업혁명을 계기로 한 경제혁명 이전에는 이익추구행위가 부도덕한 것으로 간주되었다. 대부분의 전통사회에서 상인이 천민으로 취급된 것도 그들의 이익추구성향에 대한 부정적 생각과 관련되어 있다(예를 들면 조선시대의 사농공상(士農工商)의 신분구분도 상업에 종사하는 이들을 사회의 제일하층으로 구분하였다). 상인들은 신분질서를 교란하고 위협하는 존재로 간주되었다. 중세유럽을 지배한 가톨릭은 기독교인이 상인이 되어서는 안된다고 가르쳤다.

근대시장경제는 한 가지 요인만으로 어느 날 갑자기 생겨난 것은 아니다. 여러 요인들, 중세유럽에서 생겨난 상업도시, 국민국가의 형성, 새로운 정신을 가진 개신교의 출현, 회계방법의 발전, 높아진 과학적 호기심 등이 서로 영향을 주고받으면서 시장경제시스템의 형성에 기여하였다. 시장경제시스템의 학문적, 이론적 바탕을 처음으로 제시한 사람은 애덤 스미스(Adam Smith)이다. 스미스는 시장경제시스템이 자유로운 이익의 추구, 교환과 분업, 그리고 경쟁에 의해 자율적으로 작동한다고 보았다. 그는 이러한 자율적인 시스템의 원리를 그가 저술한 '국부론'(An Inquiry into the Nature and Causes of the Wealth of Nations)에서 '보이지 않는 손'으로 표현하였다.

사람은 누구나 자신의 이익을 추구하려고 한다. 시장경제시스템은 인간의 이런 성향을 자유롭게 내버려두는 것에서 시작한다. 시장에서 사람들은 교환을 통해 서로의 이익을 추구한다. 교환은 다른 사람이 가진것을 강탈하거나 훔치지 않고도 내 손에 넣을 수 있는 평화롭고 도덕적인 방법이다. 스미스에 의하면 인간은 교환할 줄 아는 유일한 동물이다. 교환은 두 당사자에게 모두 이익을 가져다 준다. 스미스는 국부론에서 "우리가 필요한 것을 얻을 수 있는 것은 정육점 주인, 양조장 주인, 빵집 주인의 자비에 의한 것이 아니라 자신의 이익에 대한 그들의 관심때문이다"라고 지적하고 있다.

교환할 수 있는 능력 때문에 인간은 재능의 차이에 따른 분업으로 서로 이익을 얻는다. 분업은 인간의 노동생산성을 크게 증가시켜 주었다. 당시의 핀 제조공장에 대한 스미스의 관찰에 의하면 한 명의 노동자는 하루에 핀 20개를 채 못 만들지만 10명이 분업을 하면 하루에 4만 8천 개를 만들었다. 또한 경쟁은 자기이익만을 추구하는 사람들의 탐욕을 조절하는 작용을 한다. 어떤 사람이 상품을 실제 생산비보다 터무니없이 비싼가격에 팔면 경쟁자가 보다 싼값에 상품을 내놓을 것이다. 그가 만약 사업을 계속하려고 한다면 그는 가격을 경쟁자의 수준으로 내리지 않으면 안된다.

시장은 물품공급을 위한 질서정연한 자율체계이다. 시장은 개인들에게 자유를 제공하면서도 스스로 규제하게 한다. 시장이 용납하지 않는 짓을 할 때 그 자유의 대가는 경제적 파탄이다. 이처럼 시장의 자율체계를 작동시키는 것이 바로 스미스의 '보이지 않는 손'이다. 보이지 않는 손에의해 사적이익이 사회전체의 이익과 가장 잘 조화되는 방향으로 유도된다고 스미스는 생각한 것이다.

스미스는 당시 일반적으로 받아들여지고 있던 생각과는 달리 부에 대한 새로운 개념을 제시하였다. 그는 왕실창고의 금덩어리와 상인들의 독점적 부를 옹호한 당시의 중상주의에 맞서 국민과 국가가 모두 부유해지는 사회의 보편적 부에 관심을 가졌다. 스미스는 정부의 권력을 등에 업고 시장에서 독점권을 확보하려는 거대상인들과 자본가들의 행태를 비판하였다. "사회를 기만하고 억압하는 것이 자본가들에게는 이익이 된다. 우리는 자본가들이 제안하는 모든 법률과 규제에 대해 항상 큰 경계심을 가지고 주의깊게 검토해야 한다"고 스미스는 지적하였다. 독점은 소비자에게 부당한 세금을 부과하는 것과 같다. 또한 스미스는 독점이 자본, 노동, 토지의 자연적 흐름을 막아 국가가 생산할 수 있는 부의 총량을 감소시킨다고 분석하였다.

스미스는 노동을 부의 원천으로 보고 국가의 부를 국민이 한 해 동안 노동해서 얻은 생산물의 총량으로 정의하였다. 노동생산물의 총량은 국민전체가 한 해 동안 소비할 수 있는 생활필수품과 편의품의 양을 결정한다. 소비할 수 있는 생활필수품과 편의품의 양이 많아질수록 국민들은 부유하게 되는 것이다.

흔히 스미스는 냉혈자본주의 경제학의 시조로 인식되고 있으나 사실 이러한 시각은 적절하지 않다. 스미스는 이기적 탐욕 때문에 공정성이 상실되면 언제든지 시장경제는 파탄날 수 있다고 보았다, 그래서 그는 공정한 시장질서를 위한 정부의 엄정한 사법행정을 강조하였다.

시장의 공정성을 강조한 스미스의 생각은 그의 도덕이론에 바탕을 두고 있다. 스미스는 '국부론'을 쓰기전에 '도덕감정론'(The Theory of Moral Sentiments)을 썼다. 그는 자신이 '국부론'보다는 '도덕감정론'을 쓴 사람으로 알려지기를 원했다. 그래서 자기 묘비명에 '도덕감정론의 저자 여기 잠들다'라고 썼다. 도덕감정론에서 그는 사람들의 공감현상에 주목하였다. 공감은 다른 사람이 기뻐하는 것을보면 나도 기쁜마음이 생기고, 다른 사람이 슬퍼하는 것을보면 나도 슬픈마음이 생기는 현상을 말한다. 이러한 공감본성 때문에 인간은 아무리 이기적인 경우라 하더라도 다른 사람에 대한 선의와 동정심을 가질 수 있다. 국부론에 전개된 그의 정치경제학은 공감이론을 토대로 하고 있다. 도덕감정론에서 그는 "인간의 본성은 이기심을 억제하고 이타적 성향을 풀어놓음으로써 완성된다. 이것만이 인류의 품위를 높이고 감정과 정열의 조화를 만들어낼 수 있다"고 술회하였다.

그렇다면 국부론과 도덕감정론은 서로 모순되는 것인가? 그렇지 않다. 스미스는 탐욕과 이기적 성향을 구분하였다. 타인의 이익을 크게 침해할 정도의 과도한 탐욕으로 타락하지 않는 한 인간의 이기적 성향자체는 자연스러운 것이라고 그는 생각하였다. 그러나 이기심이라는 열정은 너무 강해서 자주 한계를 넘어 탐욕으로 치닫는다. 이에 대해 스미스는 시장이 탐욕을 억제하지 못하면 정부가 개입해서 탐욕을 제어해야 한다고 했다. 그가 말한 보이지 않는 손은 탐욕에 대한 정부의 억제를 포함하고 있는 것이다.

2.2 신자유주의 시장논리

위와 같은 사고에 기초하여 발전해온 근대경제혁명으로서의 시장경제는 오늘날 신자유주의 경제시스템으로 구현되고 있다. 현대의 신자유주의 경제시스템은 시장경제를 넘어 시장사회로 나아가고 있다.[11)]

신자유주의는 스미스류의 과거의 자유주의와는 명백히 다른 특성을 지니고 있는데, 무엇보다 시장논리를 사회전체에 적용하는 시장지상주의를 추구한다. 신자유주의자들의 핵심적인 요구를 정리해 보면, 첫째, 시장의 자율성을 침해하는 정부의 시장개입반대(이는 앞에서 본 스미스의 주장과 상치된다. 스미스는 분명히 시장참여자들의 과도한 탐욕은 정부에 의해 억제되어야 한다고 지적하였다), 둘째, 정부의 사회복지정책반대, 셋째, 국유기업의 민영화 등이다. 세계화와 함께 신자유주의가 득세하면서 많은 문제들이 발생하였다. 우선 기업권력이 국가권력을 위협할 만큼 커져 민주주의의 약화를 초래하였고, 부익부 빈익빈의 양극화현상발생, 무한경쟁과 승자독식 사회로의 변모, 노동유연화라는 미명아래 고용불안정 가속화 등의 심각한 사회문제를 노정시키고 있다.

---

11) 후마니타스 교양교육연구소(2015), 우리가 사는 세계, 천년의 상상, pp.187-199.

'돈으로 살 수 없는 것들'(What money can't Buy)의 저자 마이클 샌델(Michal Sandel)은 시장경제와 시장사회는 다르다며 오늘날의 시장사회에 대한 심각한 우려를 나타내고 있다.[12)]

시장경제란 한 사회의 경제가 '시장'을 중심으로 유지되는 것, 즉 자본주의를 의미한다. 하지만 샌델은 많은 사람들이 오해하고 있는 것과는 달리 시장경제는 거래만능주의, 시장지상주의가 아니라고 주장한다. 자본주의 사회에도 시장의 논리가 적용될 수 있는 영역과 그렇지 않은 영역의 구분이 존재한다는 것이다. 그가 위험성을 경고하고 있는 시장사회란 결국 이러한 구분없이 모든 영역에서 시장의 논리가 적용되는 사회, 즉 무엇이든 사고파는 거래의 대상이 되는 사회를 의미한다. 그럼 시장사회는 왜 문제가 될까? 시장논리가 적용되면 안되는 영역이란 어떤 것일까? 아마도 그는 공공영역이나 공동체유지에 필수적인 요소들, 예를 들면 인간의 장기나 국방의 의무, 사법적 정의 등과 같은 것에 대해서는 시장논리가 적용되어서는 안된다고 생각하는 듯하고, 이런 생각에 기초하여 시장경제가 시장사회로 변질되는 현대사회에 대해 경고를 발하고 있는 것으로 생각된다. 우리가 신자유주의라고부르는 시스템이 바로 시장사회이다. 근대문명의 기획자들은 자본주의와 민주주의가 근대문명을 떠받치는 두 기둥이라고 생각했다. 지난 수백 년 동안 대부분의 민주주의 국가에서 자본주의와 민주주의, 경제와 정치는 서로 경쟁과 협력을 통해 복지국가의 꿈을 실현시키고자 노력해왔다. 그러나 사회전체가 시장주의에 잠식되면서 상황은 급변했다. 오늘날 대다수자본주의 국가에서 경제의 힘은 정치의 힘을 압도하고 있다. 기업의 활동이 적절히 규제되기 보다는 민주주의라는 이름으로 오히려 대기업의 권력이 커져가고 있으며, 그에 따라 정부에 대한 국민의 신뢰도 감퇴되고 있다. 사회적 부의 양극화가 극심해지고 고용안정성이 크게 위협받으면서 다수의 국민들은 정치적 민주주의 보다는 경제규모가 커지는 것, 성장에만 관심을 기울이기 시작했다. 그결과 정치에 대한 국민의 관심은 낮아지고 소수의 정치엘리트들이 권력을 독점하여 시장과 기업에 유리한 정책적 결정을 일삼는 악순환이 반복되고 있다.

2008년 미국 대형 투자은행인 리먼브러더스의 파산으로 촉발된 세계금융위기는 기업의 탐욕과 시장방임적 자본주의에 대한 우려를 새삼 증폭시키고 있다. 미국연방은행장을 지낸 앨런 그리스펀(Alan Greenspan)은 "우리가 시장을 너무 믿었다"고 뒤늦게 탄식했다. 당시 월가(Wall Street) 금융회사의 한 직원은 회사가 이익에만 몰두해서 신용평가를 부실

12) 위의 책, p. 201.

하게 한 사실을 고백하며 "우리는 악마에게 영혼을 팔았다"고 했다. 규제없는 시장은 악마에게 영혼을 파는 사람들로 가득차게 된다. 2011년 9월 17일 뉴욕에서는 '월가를 점령하라'(Occupy Wall Street)는 구호와 함께 거센 시위가 벌어졌다. 상위 1%만 잘사는 사회에 대한 사람들의 분노가 터져나온 것이다. 시장의 탐욕은 사회의 보편적 부에 기여하는 것이 아니라 부익부 빈익빈 현상을 심화시켜 세계를 1대 99의 상태로 몰아넣고 있다.[13)]

이러한 시장사회의 한 복판에 기업이 존재하고 있다.

2.3 시장방임주의의 한계

기업적 대량생산방식(이익을 목적으로 한 공장제 생산방식)에 기초한 자본주의는 경제적 인간을 탄생시켰다. 자본주의 이전의 사회에서 이익을 추구하는 것은 보편적인 행동이 아니었을뿐더러 교회에서는 '악'으로 간주되기까지 하였다. 심지어 16세기 이전에는 '생활비를 번다'는 생각자체가 없었다. 시장, 즉 자본주의가 등장하기 이전까지 사람들의 관심은 화폐나 금전적인 이익이 아니었던 것이다. 하지만 우리가 흔히 시장경제나 시장체제라고 부르는 자본주의 체제의 출현과 함께 시장이 등장하자 사람들은 '상품'을 만들기 시작하였다. '상품'은 오로지 팔기 위해서 만드는 물건이다. 사람들은 '상품'을 팔아서 이익을 취하는 행동을 긍정하기 시작하였고, 이때부터 '화폐'는 모든 가치의 유일무이한 매개체가 되었다. 화폐는 아무런 가치도 소유하지 않으면서도 모든 것들의 가치를 비교할 수 있게 해주는 '신'의 위치를 차지하게된 것이다.

그결과 모든 사물은 자신의 가치를 '얼마짜리'라는 화폐적 가치, 즉 가격으로 설명해야 했고, 그렇지 못한 것들은 무가치한 것으로 분류되었다. 즉 물건도, 인간도, 심지어 지극히 인간적인 것이거나 문화와 같은 추상적인 가치마저도 '화폐'로 측정될 수 없다면 가치없는 것에 불과하다는 생각을 낳게 되었다(마르크스는 이 새로운 현상을 사용가치와 교환가치로 구분하여 설명하였다. 그는 화폐적 가치, 즉 가격은 '교환가치'이고 자본주의는 모든 가치를 교환가치로 바꿔버렸다고 하였다. '부르주아는 의사, 법률가, 성직자, 시인, 학자 등을 자신들에게서 돈을 받는 임금노동자로 바꿔놓았다'고 한 마르크스의 비판은 행동과 직업의 가치를 화폐를 벌기위한 노동으로 바꿔버린 자본

13) 현재 미국은 상위 1%의 부자가 전체소득의 24%를 가져가고, 전체소득증가분의 93%를 차지한다. 세계적으로는 2000년 기준으로 상위 1%가 전 세계 부의 40%를 차지하고 있다. 한국의 경우 상위 1%가 전체소득의 11%에서 15% 정도를 가져가는 것으로 파악되고 있다. 그리고 상위 10%가 전체순자산의 46.2%를 차지하고 있다. 위의 책 p.207.

주의적 가치 이론에 대한 분노의 표시였다).

화폐가 정점에 위치한 시장법칙은 모든 가치를 화폐화함으로써 평준화 한다. 이 법칙 아래서 '고귀한 것'은 존재하지 않고 대신 '값비싼 것'이 곧 '고귀한 것'이 된다. 한 사회의 가치체계가 급변하면 어떤 일이 발생하게 될까하는 의문에 대해서는 유럽에 의해 주도된 여타 지역의 개발과정이 그 해답을 잘 보여주고 있다.

이른시기에 자본주의 체제를 구축한 유럽과 달리 상당수 비유럽지역은 20세기까지도 전통적 농경사회형태를 유지하고 있었다. 전통적인 삶의 방식을 유지하던 이 지역들은 20세기 들어 관광산업의 구축이라는 명분하에 대규모로 개발되었다. 여기에는 경제개발이라는 이름으로 행해진 유럽자본의 원조도 한몫하였다. 히말라야 서쪽산맥에 위치한 라다크(Ladakh)도 이런 곳 가운데 하나이다. 라다크 주민들은 유럽자본이 들어오기 전에는 경제적 이익을 앞세우는 사람들이 아니었다. 그들은 관광객이 아무리 많은 돈을 준다해도 자신의 물건을 팔려하지 않았고, 물질적인 이익을 위해 자신들의 여가나 일상의 기쁨을 포기하지도 않았다. 그러나 개발계획이 실행되고 16년이 지나자 라다크 사회에는 빈부격차라는 새로운 현상이 생겼다. 아울러 실업, 인플레이션, 범죄 발생률이 증가하기 시작하였고, 경제적 자급력은 급격하게 붕괴되어 외부세계에 의존하지 않으면 안되는 상황에 빠지게 되었다. 이러한 자본주의체제는 가정과 공동체를 무너뜨렸고 결정적으로 사람들을 땅으로부터 분리시켰다. 대규모개발은 새로운 삶의 환경을 가져왔고 우리는 그 변화를 경제적 이익과 편리함의 측면에서만 생각한다. 하지만 그 변화는 동시에 심각한 자원문제와 환경문제, 그리고 그 곳을 삶의 터전으로 살아온 사람들의 생각자체를 바꾸게 된다. 라다크 개발담당자들은 '라다크를 개발하기 위해서는 그곳 사람들을 탐욕스럽게 만들 방법을 찾아야 한다. 그렇지 않고서는 그들을 움직일 수 없다'고 지적하였다.[14)]

시장방임주의로 시작한 자본주의는 과거 1920년대 말의 대공황을 계기로 정부의 통제를 받아들였고 1970년대의 오일쇼크를 거치면서 다시 자유주의 노선을 걷게 되었다. 자유시장중심적 가치를 강조하면 빵은 키울 수 있으나 지속성에 한계가 있고, 반대로 삶의 질을 높이기 위해 분배중심적 가치를 강조하면 지속성은 개선되지만 빵의 크기가 줄어드는 현상을 경험하면서 양자 모두를 아우를 수 있는 제3의 길을 모색하고 있는 중이다.

지금까지 빵의 증대는 기업이, 삶의 질 개선은 정부가 맡아왔다. 양자는 시장과 사회라는 구분된 영역에서 끊임없이 서로 대립하면서 더욱 철저히 자신의 힘을 키워오고 있다.

14) 후마니타스 교양교육연구소(2015), 우리가 사는 세계, 천년의 상상, p.415.

기업의 존재목적을 경제적 이윤추구라는 단일목적에만 집중할 경우 자신의 이익극대화를 위해 고객의 호의적 태도, 쾌적한 노동조건, 지역사회현안, 푸른환경유지 등 중장기적이고 급하지 않은 일에 대해 등 돌리기를 서슴지 않는다. 또 원가절감을 이유로 생산시설을 해외로 이전하여 지역의 경제기반을 송두리째 흔들어 버리기도 한다. 이렇게 기업이 맡아야 할 책임을 그저 홍보차원으로 인식할 뿐 본업과는 별개로 보고 이익창출만이 자신의 역할이라는 이기심에 사로잡혀 시장실패를 야기하고 있다.

이에 반해 정부는 기업이 뿌려놓은 문제를 치유하기 위해 세금을 징수해 복지서비스를 제공하지만 기업만큼 소비자의 욕구에 제대로 대응할 능력이 없어 눈먼 세금을 자기 돈처럼 아끼지 못하고 있다. 이뿐만 아니라 자신이 모든 것을 할 수 있다는 오만함에 빠져 정부실패를 낳고 있다.

자유방임적 자본주의로 인한 시장실패와 정부실패의 반복적인 반사회적 현상을 극복하기 위한 대안으로 많은 사람들이 그 대안을 제시하고 있는데, 게이츠(B. Gates)의 '창조적 자본주의', 센(A. Sen)의 '센코노믹스', 프라할라드(C.K. Prahalad)의 '저소득층 시장창출', 포터(M. Porter)의 '공유가치창출' 등이 그것이다.[15)]

개인과 기업은 사회 속에 존재한다. 이 세 요소는 서로 관련되어 있다. 개인은 노동을 제공하며 그 댓가로 임금을 지급받기위해 기업에 고용되며, 기업은 생산물을 제공하며 그 댓가로 이윤을 창출하기 위해 사회와 불가분의 관계에 있다. 그리고 개인은 혼자서는 살수 없어 사회를 만들었고 사회는 개인에게 자유와 권익을 유지시켜주면서 동시에 사회질서의 유지를 위해 일정한 책임을 부여하기도 한다.

그러나 이렇게 서로 연관되어 있음에도 불구하고 각자는 자신의 영역에서만 최선을 다하고자 한다. 개인은 기업에 종속되어 그 자발성을 제한받고 있으며, 기업은 그러한 개인을 움직이게 하기위해 끊임없이 관리하고 통제한다. 가장 큰 이유는 개인의 성장은 기업의 성장과 함께 하지 않기 때문이다. 또 기업은 사회와 분리되어 이기심에 기초한 이윤극대화에 함몰하며, 사회는 그 과정에서 파생된 문제를 치유하기 위해서 세금과 법규정으로 규제한다. 이 또한 기업의 성장이 사회의 성장과 함께 하지 않기 때문이다. 이렇게 개인과 기업과 사회가 개별적으로 분리되어 각자 최선을 다함에 따른 장점이 퇴색하고 있다. 쉽게 말해 그 후유증이 이점을 잠식하여 새로운 대안을 요구하고 있다.

기업 속의 개인은 더 이상 관리의 대상이 아니며 기계가 아닌 유기체로서 스스로 규율하

---

15) 이견직 외(2015), 사회적 경영전략, 무역경영사, pp.4.

며 성장하려는 욕구를 기업성장의 원동력으로 전환하는 경영이 요구된다.

나아가 기업은 사회의 성장과 그 궤를 같이하고 사회성장의 주체로 자리매김할 것을 요구받고 있다. 천부인권을 부여받은 인간과 달리 기업은 사회로부터 법에의해 인격을 부여받은 존재이다. 초기사회가 기업에 부여한 책임은 사회에 유익한 생산물을 제공하라는 것이었다. 그러나 그렇게 시작된 기업활동이 본래의 설립취지와는 달리 오로지 이익창출만이 지상최대의 과제인양 생각하여 마구잡이로 돈벌이에만 매달리면서 당시에 비해 어마어마하게 성장하여 국가보다 더 큰 영향력을 발휘하게 되었다. 이제 사회는 거대하게 성장한 기업에게 초기 책임론에 머물러야 할 것인지 아니면 변화된 영향력에 걸맞은 새로운 책임을 부여할 것인지 그 전환점에 서 있다.

03 기업권력의 확대와 그에 따른 책임의 문제

모든 시장생산체제에는 소규모의 단일가계가 소유한 사업과 대규모의 관료화된 기업 등 두 가지 형태의 생산조직이 존재한다. 발달된 서구경제에서는 후자가 생산의 대부분을 차지한다. 미국에서는 전체생산의 60% 이상이 후자로부터 생산되고 있으며, 20명 혹은 그 이상의 종업원을 가진 조직이 전체의 80% 이상의 종업원을 고용하고 있다. 개인과 가족소유의 기업은 수에 있어서는 상당히 많으나 그 영향력은 크지 못하다.

규모가 커지면 힘(power)을 지니게 된다. 대규모 기업은 사회적인 문제에 영향을 미칠 수 있으며, 이러한 힘은 경제적인 면뿐만 아니라 사회적, 정치적으로 작용하기도 한다. 법이나 허가에 의해 정의되는 권리에서 발생하는 기업의 공식적인 힘과 사회에서의 특별한 역할로부터 발생되는 실제적인 힘 사이에는 뚜렷한 차이가 있다. 법적측면에서 기업은 단지 법적으로 부여받은 힘만을 소유하고 있다.

그러나 실질적으로 기업은 상당한 힘을 소유하고 있다. 기업의 실제적인 힘은 기업중역의 자유재량능력과 직접 관련되어 있다. 대량의 흑자를 낸 기업의 중역에게는 임의의 지출을 위한 여유가 있다. 이 경우 중역과 정치가는 다르다. 정치가에게는 정당한 사회행위기준이 정부에서의 그의 역할과 이익집단 대변자로서의 역할을 구분하며, 공공자금을 자신을 지지하는 집단의 이익을 위해 이용하는 것이 금지된다. 그러나 개인기업의 중역에게는 이러한 구분이 약하며 중역 혹은 기업을 지지하는 자의 목적과 일치하는 이익을 추구하기 위해 기업의 자금을 사용하는 것을 막는 제도는 없다.

이론상의 기업의 힘과 '계속기업'(going concern)으로서 기업이 가진 힘 사이의 또 다른 차이는 사회에서의 기업의 역할과 관계가 있다. '계속기업'으로서의 기업은 사회의 중요한 요소이며, 개별기업은 소규모 마을의 사활에 결정적인 역할을 할 수 있다. 소규모 마을에서는 대규모 기업이 인체의 중요한 기관과 거의 동일한 역할을 한다. 기업과 지역사회는 상호 밀접한 관계를 형성해간다.

즉 기업은 지역사회가 필요로 하는 일자리, 세금, 지역주민이 필요로 하는 지도력을 제공하는 반면 지역사회로부터 도로, 공공설비, 필요한 노동력을 제공받는다. 이 둘은 어느 한쪽없이는 제대로 기능을 발휘할 수 없다. 그러나 지역사회는 지리적인 위치에 고정되어 있지만 기업은 고정되어 있지 않으며, 때로는 임금수준, 유통지역의 근접성 및 기후 등을 포함한 여러 가지 이유 때문에 이전하기도 한다. 기업이 떠나면 지역사회는 엄청난 손실을 입게 된다. 이런 점에서 기업은 해당지역사회와 국가에 대해 일정한 도덕적 의무를 지니고 있다고 보는 사람들이 점차 증가하고 있다.

개발도상국에 진출한 다국적기업의 경우 그들의 도덕적 책임에 대한 요구는 더욱 거세지고 있다. 특히 개도국의 값싼 노동력에 대한 의존도가 높은 글로벌 패션브랜드의 열악한 노동조건을 둘러싼 사건은 역사가 깊다.

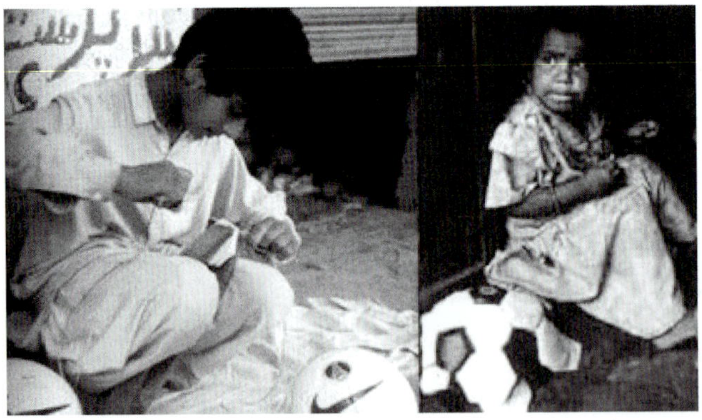

1996년 미국의 '라이프'지에는 파키스탄 시알코트지역 아동이 나이키 축구공을 바느질하는 사진이 게재됐다. 아이들에게 꿈을 줘야 할 축구공이 제3국의 가난한 아동노동을 착취해 만들어졌다는 사실은 미국과 유럽전역을 뒤흔들었다. 미국 소비자단체를 중심으로 시알코트지역의 축구공 불매운동이 벌어졌고, 나이키의 주가 또한 떨어졌다. 사건초기 "우리가 아니라 하도급 업체가 잘못한 것"이라고 발뺌하던 나이키는 결국 들끓는 비난여론과 매출감소에 무릎을 꿇었다.

대형 인명사고로 이어진 사례도 많다. 지난해 12월 방글라데시 다카에 있는 타즈린 패션공장에서 불이 났다. 월마트 등에 납품하는 의류를 생산하는 공장이었다. 노동자 600여명 중 112명이 숨지고 100명이 부상을 당했다. 2010년 12월에는 미국 브랜드 갭(Gap)과 J.C. 페니 등에 의류를 납품하던 방글라데시 '하밈 공장'에서 화재가 일어나 130명이 사망했다. 2006년 이래 방글라데시 의류산업재해로 사망한 노동자는 2000여명. 모두 공장주가 기본적인 건물안전 및 화재 수칙을 지키지 않아 일어난 참사다.

파키스탄에서는 지난해 9월 카라치 '알리 엔터프라이즈' 의류공장에서 불이나 노동자 289명이 사망했다. 같은 날 라호르 신발공장에서도 화재가 발생해 21명이 숨졌다. 화재가 난 두 공장 모두 비상구가 없었고 화재경보기, 스프링 클러 등 기본적인 화재대비시설이 없었던 것으로 알려졌다.

참사가 일어난 곳은 대부분 H&M, 갭(Gap), 자라(ZARA) 등 글로벌 브랜드상품을 생산하는 하도급 공장들이다. 열악한 노동환경으로 인해 참사가 계속되는데도 글로벌 의류브랜드들은 근본적인 해결책을 제시하지 않은 채 책임을 회피하고 있다. 지난해 월트디즈니는 옷을 납품받던 방글라데시 타즈린 패션공장에서 화재가 발생하자 하도급 사실을 부인했다. 그러다 이번 라나플라자 참사현장에서 자사 캐릭터가 붙은 셔츠가 발견되자 방글라데시 사업을 철수하기로 결정했다. 지난달 베네통은 방글라데시 라나플라자 참사 당시 해당 공장의 납품계약을 부인하다가 뒤늦게 하도급 사실을 인정하고, 희생자 유족을 위한 펀드를 조성하겠다고 밝혔다.[16)]

제3세계에서 운영되는 다국적기업의 강력해진 권력과 활동에 대한 책임문제는 급속한 세계화의 추세 속에서 한 기업과 한 국가의 범위를 벗어나 인류사회가 그 대응방안을 마련하지 않으면 안되는 전 세계적인 과제로 등장하고 있다.

04 기업에게 어떤 책임을 물을 수 있는가

기업의 사회조직에 대한 영향력이 커지는 만큼 그에 따른 기업활동의 책임에 대한 각종 법적규제도 확대되어 왔다. 기업활동의 법적규제에 대해서는 많은 부분이 상법을 중심으로 각종 관련된 법체계 속에 상세히 규정되어 있으며 여기서 그에 대해 자세히 논할 여유는 없다. 우리가 여기서 논의하고자 하는 것은 기업에 부과된 각종 법적규제는 이미 주어진 것으로 보고, 법적요건을 넘어서는 사회적 기대가 존재한다는 것을 전제로 법적요건 이상으로 사회가 기업에 기대하는 것은 무엇인가, 그리고 기업에 대한 그러한 요구는 정당한

16) 조선일보, 2013.05.28.

가, 만약에 그러한 기대가 정당한 요구라면 기업은 이에 대해 어떻게 대응해야하며, 사회는 그것을 어떻게 관철시켜갈 수 있을까 하는 과제에 대한 것이다.

이러한 물음에 대한 해답은 우선 기업의 정체성 파악과 관련된 설립목적으로부터 시작하는 것이 온당할 것이다. 흔히들 하는 얘기로 기업은 영리조직으로서 이윤획득을 그 주된 목적으로 설립된 인위적 기구라고 말해진다. 여기서 인위적이라는 의미는 순수한 자연물과는 다르다는 뜻이다. 즉 철학적으로 볼 때 인간은 바위나 나무처럼 자연의 한 요소라고 말할 수 있지만 기업은 인간의 도덕적·법적 상상력의 산물이기 때문에 그것을 어떤 틀에서 어떻게 규정하느냐에 따라 그 특성은 달라질 수 있다. 우리는 기업이 영속적으로 존재하며, 유한책임을 지고, 기업시민(corporate citizenship)으로 받아들일 수 있기도 하고 거부할 수도 있다. 이런 점에서 한 사회속의 기업의 위상은 매우 복잡한 형태로 인식될 수 있다. 우리가 기업을 다루는데 있어 어려운 점은 기업이 인간과 유사하게 행위하는 존재로 인정하면서도 자연물인 인간과는 다르다는 점이다. 과연 우리는 인간에게 적용되는 도덕적 기준을 기업에도 적용할 수 있을까? 달리 말하면 기업을 도덕적 행위자로 간주할 수 있을까 하는 의문이다.

분명히 기업이 직면한 오래된 의문은 인간이 직면한 의문과 동일하다. 그것은 시저(G.J. Caesar)가 그의 행정지침서(De Offciis)에서 소개한 도덕적으로 곤란한 문제에 봉착한 상인의 이야기를 성 아퀴나스(St. Thomas Aquinas)가 다시 언급하였을 때 극적으로 드러난다.

"굶주리는 마을사람들에게 곡식을 운반해 주던 상인이 기근에 허덕이는 마을을 지나게 되었다. 그러나 그는 다른 상인들이 더 많은 곡식을 가지고 오고 있다는 것을 알고 있었다. 이 상황에서 상인은 더 많은 곡식이 곧 도착할 것이라고 말해야 하는가, 아니면 모르는 체하고 비싸게 곡식가격을 요구해도 되는가? 시저는 도덕적 의무의 관점에서 상인은 더 많은 곡물이 오고있다고 이야기해야 한다고 결론을 내렸다. 그러나 그런 말을 하는것은 훌륭한 일이지만, 상인은 다른 상인이 온다면 적정가격을 받지 못할지도 모르는 미래의 일을 이야기할 의무가 없다는 이유로 성 토마스 아퀴나스는 정 반대의 결론을 내렸다."[17)]

시저의 의견 또는 아퀴나스의 의견에 동의하는 것이 중요한 것은 아니다. 중요한 사실은 도덕적인 문제가 인간과 마찬가지로 기업에도 적용되어야 한다는 점이다. 그렇다면 정보의 유포가 소비자에게 이롭다면 기업의 이익에 반하는 정보라도 공개해야만 하는가? 이에

17) 도날드슨, 앞의 책, p.33.

대한 정확한 답이 무엇인가와는 상관없이 도덕적인 문제는 인간과 마찬가지로 기업에도 적용되어야 한다고 도날드슨은 주장한다.[18] 그렇다면 과연 기업을 인간과 같은 도덕적 행위자로 볼 수 있을까?

05 도덕적 행위자로서의 기업

인위적 조직인 기업을 인간과 같은 도덕적 행위자로 볼 경우 과연 기업(법인)에게 도덕적 책임을 물을 수 있는가?

인간처럼 희노애락의 감정도 느끼지 못하고 죽지도 않고 영구히 존재할 수 있는 실체인 기업에게 도덕적 책임이 적용된다면 그것은 무엇을 의미하는가? 만약 기업이 인간과 같은 도덕적 행위자라면 우리는 기업이 인간과 똑같이 도덕이라는 짐을 지도록, 그리고 양심과 유사한 것을 개발하도록 요구해야 할 것이다. 만약 기업이 인간과 유사하다면 그들 역시 인간이 가진 권리를 가져야 할 것이다. 즉, 재산을 소유하고 계약을 체결하고 언론의 자유를 누리고, 심지어 개인의 정치적 견해를 지지하기 위하여 그들의 막대한 재무적 자산을 사용할 수 있도록 허용해야 할 것이다. 그러나 만약 그들이 도덕적 행위자가 아니고 오로지 이익을 만들어 내기위해 만들어진 비인간적이고 복잡한 기계에 지나지 않는다면 그들은 사회에 해가 되지않도록 직접적인 통제를 받아야 한다. 그리고 그러한 직접적인 통제는 기업을 통제할 수 있는 강력하고 유일한 힘, 즉 정부로부터 나올 것이다.

본격적인 기업윤리의 문제로 나아가기 전에 여기서는 먼저 도덕적 행위자로서의 기업의 위상에 대해 살펴보도록 하자.

우선 앞서 말한 것처럼 기업이 도덕적 책임을 지는 인간과 비슷하다면 기업은 일반사람들이 가지는 권리를 가져야 한다. 그러나 기업은 재산을 소유하고 계약을 맺고 이익을 추구할 수 있는 권리 등을 가질 수 있지만 투표권이나 사회보상혜택을 누릴 수 있는 권리는 없다. 이처럼 많은 권리가 기업에 주어지지만 인간에 비하면 가질 수 없는 권리도 많다. 기업은 즐거울 때 하나님께 감사할 수 있는 권리도, 행복을 추구할 수 있는 권리도 없다. 이런 측면에서 보면 기업은 인간과 똑같은 도덕적 행위자가 될 수는 없다. 그들은 입법자와

18) *loc. cit.*

법원에 의해 법적권리가 주어지는 법인일 뿐이다. 그들은 어쩌면 자연물인 인간과는 다른 종류의 도덕적 행위자가 될 수 있을지도 모른다. 그러나 문자 그대로 '도덕적 인간'이 될 수는 없다.

여기서 중요한 것은 기업이 '도덕적 인간'이 될 수 없다고 해서 '도덕적 법인'이 될 수도 없다는 뜻은 아니라는 점이다. 만약 기업이 도덕적 행위를 전혀 할 수 없는, 오로지 목적-수단공식에 의해 정교하게 조직되고 계획된 프로그램에 의해 움직이는 복잡한 기계에 지나지 않는다면 이는 비도덕적 행위자로서 엄격하게 감시되고 통제되어야 할 것이다. 도덕적 책임을 질 수 있는 능력이 없는 기업은 아무감정이 없는 대형기계처럼 그들의 거대한 힘을 무제한으로 행사하려고 위협할 것이다. 내부에 자동적인 제어장치나 도덕적 규제가 없다면 외부의 그 누군가가 제어를 해야 한다. 무제한의 정부규제라는 유혹은 '우리가 기업을 도덕적 행위자로 간주해서 그들을 칭찬하고 비난하고 책임있는 행위를 기대하는 것은 잘못된 것인가'라고 묻는다. 사실 기업은 이윤창출이라는 경제적 성과의 창출과정에서 사회가 필요로 하는 유익한 재화나 서비스의 제공이라는 긍정적 결과와 아울러 환경오염이나 아동노동과 같은 부정적 결과를 초래하고 있으며 사회는 이에 대한 적절한 도덕적 책임을 물어야 하고 기업이 도덕적 병폐에 빠지지 않고 지속적으로 사회의 발전에 기여할 수 있도록 기업을 감시해야만 한다.

여기서 도날드슨은 기업이 도덕적 행위자가 될 수 있는 조건으로서 ①의사결정을 할 때 도덕적인 이성을 사용할 수 있는 능력의 유무, ②기업의 행위뿐만 아니라 정책이나 규칙의 구조를 통제할 수 있는 의사결정과정의 통제능력의 유무를 제시하고 있다.[19)]

첫 번째 조건은 기업을 단순한 기계 이상의 수준으로 높이기 위해 필요하다. 어떤 실체가 도덕적 행위자가 되기 위해서는 단순히 행위를 하는 데 필요한 이유가 아닌 이성을 가져야 하고 그러한 이성의 일부는 도덕적이어야 한다. 분명히 기업은 인간과 똑같이 사고할 수는 없다. 그러나 기업은 이성을 사용할 수 있고 이것은 기업이 도덕적으로 설명 가능하다는 사실에서 드러난다. 즉 인간과 같이 적절한 내부조직을 가진 기업은 도덕적인 이성이 야기한 행위를 설명할 수 있다.

나아가 기업이 도덕적 행위자가 되기 위해서는 의사결정을 할 때 도덕적인 이성을 사용할 수 있어야 할뿐만 아니라 기업의 정책이나 규칙의 구조를 통제할 수 있는 능력(두 번째 조건)도 갖추어야 한다. 우리는 인간이 행위뿐만 아니라 도덕적 능력을 유지하는 데에도 책

19) 도날드슨, 앞의 책, pp.54-55.

임이 있다는 사실을 기억해야 한다. 아리스토텔레스가 지적했듯이 우리는 다른 사람에게 상해를 입혔을 때 뿐만 아니라 알콜이나 약물 등으로 다른 사람에게 피해가 가도록 일정한 작용을 가했을 때에도 책임을 져야 한다. 같은 논리로 기업이라는 도덕적 행위자는 기업의 도덕적 능력-어떤 회사의 정책, 규칙, 절차같은-을 유지하는 데에도 책임이 있다. 사실 '조건 ②'는 '조건 ①'을 더욱 구체화한 것이다. '조건 ①'은 도덕적 행위자가 기업의 행위에 대해 도덕적인 통제를 해야한다는 규정이다. '조건 ②'는 더 나아가 이런 도덕적 통제가 기업의사결정기구의 유지에까지 확장되어야 한다고 규정하는 것이다. 이런 조건을 만족하는 기업은 도덕적 인간이 아닌 도덕적 행위자(도덕적 법인)가 될 수 있다. 기업이 의사결정을 할 때 도덕적 이성을 사용한다는 이유로 인간이 갖는 다른 도덕적인 특성-의도, 즐거움, 인간의 의무와 권리-도 자동적으로 소유한다고 생각하는 것은 잘못이다. 의사결정을 할 때 도덕적 이성을 사용한다는 단순한 능력이 기업으로 하여금 투표를 할 수 있는 권리를 갖게 해주는 것도 아니고 징병을 위해 등록해야 하는 의무를 부가하는 것도 아니다. 그러므로 기업의 도덕적 행위는 인간의 도덕적 행위와는 다른 특별한 종류의 것이다.

다음 장에서는 기업의 도덕적 책임을 다루기 위한 예비작업으로서 기업윤리의 성격에 대해 살펴보기로 한다.

토론을 위한 자료

월스트리트를 점거하라 “모든 곳을 점거하라: 기업권력에 맞서는 새로운 정치와 운동의 가능성”

지난 10일 저녁, 잡지 〈더 네이션(The Nation)〉과 대학 〈뉴스쿨(The New School)〉이 공동 주최한 토론회가 있었다. 제목은 “모든 곳을 점거하라: 기업권력에 맞서는 새로운 정치와 운동의 가능성(Occupy Everywhere: On the New Politics and Possibilities of the Movement Against Corporate Power)”. 사회는 〈네이션〉의 편집자(executive editor)인 리처드 김(Richard Kim)이 맡았고, 패널로는 영화감독 마이클 무어(Michael Moore), 〈쇼크 독트린(Shock Doctrine)〉의 저자이자 칼럼니스트인 나오미 클레인(Naomi Klein), 〈네이 션〉의 전국통신원인 윌리엄 그레이더(William Greider), 〈칼러라인〉(colorlines.com)의 링코 센(Rinku Sen), 그리고 이번 점거운동의 조직가 중 한 사람인 패트릭 브루너(Patrick Bruner)가 참여했다.

이 토론에서 패널들은 이번 점거운동이 갖는 의미, 운동이 돌파해야 할 문제들, 앞으로 나아갈 방향 등에 대해 포괄적이면서도 깊이있는 견해를 들려주었다. 참고로 이 요약은 토론을 보며 작성한 메모를 바탕으로 한 것이기에 정확한 인용은 아니다(즉 토론의 스크립트가 전혀 아니며, 토론을 보며 메모한 내용을 대화식으로 재구성한 것이다). 토론전체를 정확히 확인하고 싶은 분은 〈네이션〉의 홈페이지(thenation.com)에서 동영상을 찾아볼 수 있다.

Richard : 자 시작해볼까요. 리버트스퀘어에 가면 그야말로 다양한 주장을 볼 수 있습니다. 은행에 대한 구제금융을 비판하는 사람들, 학자금 문제에 항의하는 학생들, 그리고 아이들의 [경쟁적 시험제도 등으로] 교육을 황폐화시키는 것에 항의하는 교사들, 게다가 거기서 명상을 하는 사람들, 또 드럼을 치고 연주를 하는 사람들도 있지요. 지금 이 점거를 어떻게 생각합니까. 이번 운동이 어떻게 이처럼 작동할 수 있었을까요.

Michael : 처음에 수백 명이 농성을 했어요. 그러다가 마치 들불처럼 번졌습니다. 왜 사람들이 이렇게 반응하지? 의제가 뭐야? 다음 스텝은 뭐지? 지금 일어나고 있는 일들, 미디어가 잘 보도를 하지 않지만 정말로 중요합니다. 이미 상당한 성공을 거두고 있어요. 무엇보다 사람들의 절망감을 줄였고 실망이랄까 무관심이랄까 하는 것들을 없애버렸지요. 사람들은 이제 이러저런 대화를

토론회에 참여한 패널들. 왼쪽부터 마이클 무어, 패트릭 브루너, 링코 센, 윌리엄 그레이더, 나오미 클레인

서로 나누고 있습니다. 7주전만 해도 정부재정적자 상한(Debt Ceiling)문제가 중심의제였죠. 하지만 지금보세요. 사람들은 의료보험 이야기를 하고 실업문제를 이야기하고 학자금 문제를 이야기하고 있어요. 이제는 월가의 탐욕이 의제가 되어버렸어요. 이번 점거가 사람들의 의제를 완전히 바꾸어 버린거죠. 누가 이번점거를 조직했나? 골드만삭스, 시티뱅크, BP, … 이들이 이번 운동의 조직가들입니다(웃음).

굳이 이 운동의 출발점을 찾는다면 [위키리크스에 정보를 빼내준 군인] 브래들리 매닝(Bradly Manning) 아니었을까요. 그는 혐오스러운 지배시스템의 문제를 보고 더 이상 참을 수 없었던 거죠. 정부의 부패상을 접하고는 참을 수가 없었을 겁니다. 어쩌면 미국인 모두가 수면 아래서 부글부글 끓고 있었는지도 몰라요. 그런데 이때 [패트릭을 보며] 당신이나 당신친구들이 정말 천만다행으로 이번운동을 제안한 거예요. 지금 농성중인 게 리버티스퀘어의 수백명만이 아니라는 걸 알아야 합니다. 70% 가까운 시민들이 지지를 하고 있어요. 폭스뉴스 같은 데선 지금 점거를 정리하지도 못하고 이해도 못할 겁니다. 나는 정말 지도자도 없고 특별한 대표기구도 없는 이번점거를 지지합니다. 난 정말로 기뻐요. 내 세대에 이 일을 보게되어서 말이에요. 이 사악한 시스템, 공정하지도 않고, 정의롭지 못하며, 민주적이지 않은 이 시스템에 대해서 이런 일을 벌이다니. 정말로 기쁩니다.

Richard : 패트릭, 당신은 이번점거의 조직가 중 한 사람입니다. 처음에는 경찰과 싸워야했고 이제는 겨울과 싸워야 하게 되었네요. 이번운동에는 맞서야 할 많은 도전과제들이 있습니다. 당신들의 이 운동을 연구하려는 이들이 있다면 이게 어떻게 작동할 수 있었는지 설명해줄 수 있나요?

Patrick : 우리는 대단한 운동의 전통을 가지고 있습니다. 뿐만 아니라 이집트의 타흐리르 사람들이나 스페인의 '분노한 사람들' 영향을 받았지요. 왜 우리운동은 성공했을까요. 우리운동은 분명히 과거의 전통위에 있습니다. 그러나 또한 아주 새로운 운동이기도 하지요. 우리는 새로운 세대입니다. 우리는 정말로 많은 학자금 빚을 진 세대입니다. 자신들의 미래가 도둑맞고있다는 걸 깨닫는 젊은이들이 많습니다. 엄청난 학자금 빚을 떠안고 있는 학생들, 아마도 여생을 그 빚을 계속 떠안고 갈 젊은사람들 말이죠. 이 운동은 공간을 새롭게 창출하는 운동입니다. 우리는 주코티 공원을 점거해서 새로운 공간으로 만들었습니다. 이름도 리버티스퀘어로 새로 명명했구요. 물론 앞으로도 잘 될지는 모르겠습니다. 하지만 이미 우리는 시작했습니다. '재정적자 상한(Debt Ceiling)' 이야기는 정말 귀 따갑게 들었어요. 그러나 이제 우리는 그런 이야기를 하지 않습니다. 이건 정말로 큰 이동입니다. 일종의 '심성변환(mentality shift)', '심리적 중단(psychic break)'이 일어난 겁니다. 현재 미국에서는 1%가 47%의 부를 차지하고 있습니다. 큰 불황이라고, 글로벌 불황이라고 말합니다만, 우리는 그런 이야기를 박살냈습니다. 우리는 잘 압니다. 지금은 역사상 가장 부유한 시대이고 이 나라는 가장 부유한 나라입니다.

Richard : 링코, 당신은 지금까지 여러 운동을 해왔습니다. 반인종주의. 반빈곤운동, 홈리스운동 등. 월스트리트 점거에 대해 처음나온 비판중에는 이 운동이 너무 백인중심의 운동아니냐는 것이었습니다. 이런 문제들에 대해 당신은 어떻게 생각합니까.

Rinku: 기존의 조직(organization)과 이번점거(OWS)는 상당히 다른 운동입니다. 이것은 자율적인 운동이고 매우 영리한 운동이지요. 이것은 전통적 캠페인이 아닙니다. 글쎄요, 어떻게 말할까요. 보통 아이들이 얼마만큼 사랑하느냐고 말할 때, 두 팔을 쫙 벌려서 이만큼이라고 말하기도 하지만, 두 손가락을 붙이고는, 둘 사이에 그 누구도 들어갈 수 없을 만큼 그렇게 다정하게 사랑한다고 말할 수도 있지요. 그처럼 이번운동과 노동조합운동, 홈리스운동, 이주자운동의 거리는 아주 먼 것처럼 말할 수도 있고 정말 가까이 있는 것처럼 말할 수도 있겠죠.(웃음)

그런데 제가 드리고 싶은 말씀은, 이번운동이 아주 다양하고 좋은데 단지 다양성(diversity)에 그쳐서는 안 된다는 겁니다. 가령 친한 친구가 파티를 열어서 초대받고 갔지만 음악이 좋지않으면 오래 머물 수 없잖아요. 디제이한테 음악을 바꾸어 달라고 말하지 못하면 그냥 그걸인정하고 나는 집에 돌아와 버리는 식이죠. 전통적으로 소수자들이 겪었던 문제들, 가령 '레드라이닝(Redlining)'[소수자들이 집단거주하는 특정지역을 표시한 후 가령 은행대출같은걸 잘해주지않는 행동, 특정지역에 보이지않는 불이익을 준다]이나 '약탈적 대출제도(Predatory Lending)'[가난한 사람이 갚지 못하도록 교묘하게 대출이자제도를 만들어서 결국 그들의 집같은 것을 빼앗아버리는 대출방식] 같은 게 지금도 남아있고 많은 소수자들이 힘들어 하고 있어요. 이번운동이 이런 문제들, 지역의 다양한 의제들에도 영향을 미칠 수 있는 그런 운동이 되었으면 좋겠습니다.

William : 나는 역사적 맥락을 환기하고 싶습니다. 1930년대의 급진주의(radicalism), 1960년대의 극단주의(extremism)[긍정적 의미로 이 말을 사용하고 있다]가 다시 살아난 운동이라고 생각합니다. 이런 운동의 힘은 지하의 강(underground river)같은 거라고 할 수 있죠. 평소에는 안 보이지만 이게 표면으로 솟구치면 모든 것을 바꾸어 버립니다. 이런운동들은 민주주의의 '본래적 약속(original promise)'을 실현하는 거라고 볼 수 있습니다. 원래부터 있던 그런것들이 감춰져 있다가 위로 솟구치면서 드러난 것이죠. 더 거슬러 올라가면 과거운동들과의 아이러닉한 유사성을 확인할 수 있습니다. 1870-90년대, 미국남부와 중서부의 농민운동. 이때는 산업자본주의가 발흥하면서 농민들이 구석에 몰릴때입니다. 농민들은 이때 누구의 도움도 빌지않고 스스로 난관을 헤쳐 나가려 했어요. 나는 여기서 지금 이번 OWS와 비슷한 면을 봅니다. 농민들을 외쳤습니다. "We have to do it for ourselves!" "Self-reliance!" 로렌스 굿윈(Lawrence Goodwin)의 〈민중운동(Populist Movement)〉에 이게 잘 기술되어 있습니다. 농민들은 창의적인 협동조합(co-opt), 그러니까 농업조합, 신용조합 등을 만들어냈어요. 이들의 운동이 실패하긴 했지만 농민들은 여기서 민주적 대화(democratic conversation)를 꾸려나갔어요. 이들은 정말 여러 곳에서 많은 회합을 가졌습니다. 지금 우리가 물어야 할 것은 우리도 그들이 만들어낸 협동조합같은, 창의적인 어떤 것을 만들어낼 수 있을 것인가 하는 겁니다. 지금 우리가 무엇을 만들 수 있는지를 물어야 합니다. 어떻게 이 사회가 재조직화 되어야 하는가 하는 물음말이죠. 누가조직하는가, 바로 우리들, 민중들(people)입니다!

Naomi : 대안을 만들어 내는 것(building alternative)과 체제를 뒤엎는것은 같은 게 아닙니다. 지금 OWS는 그런 점에서 대단한 책임감을 가져야 합니다. 우리는 성공해야만 해요. 그런데 내 생각에 우리는 지금 이기고 있고 이기기 시작했습니다. 예로 들자면 '키스톤 엑스엘 파이프라인' 건설에 대해 백악관에서 재검토하겠다는 이야기가 나왔어요(환호성!). 재검토는 보통 1년 이상이 걸리기 때문에 투자자들은 정부의 재검토를 못 견디고 빠져나갈 겁니다. 그러면 이 파이프라인 건설은 힘들거에요.(박수) 처음에 이 반대운동을 할 때 우리는 승리의 가능성이 1%나될까 생각했습니다. 그런데 그렇게 희박한 가능성을 가진 운동이 이번 OWS가 없었다면 성공할 수 있었을까요? 나는 그렇게 보지 않습니다. 이번 점거가 사회적 의제를 바꾸어 버렸습니다. 기반이 이동해

버렸어요(Ground has shifted).

사실 시애틀 이후 운동이 왕성했었죠. 그런데 '9-11'이 나면서 '반기업, 반자본운동'의 기세가 확 꺾여버렸고, 운동은 결국 '반전'과 '고문반대' 쪽으로 갈 수밖에 없었습니다. 물론 그렇다고 운동이 사라진 것은 아닙니다. 각 지역에서 '파머스마켓(farmers' market)'을 만든다거나 하는 운동들이 계속 퍼져나갔죠. 가령 '공동체 재생에너지(community renewable energy)'같은 게 이제 대안으로서 떠오를 수 있는 때가 된 것 같습니다. [이제 대안만들기(building alternative)에 대해 조금 말할 수 있는 수준이 되어간다는 것]. 일종의 '지역적 해결책(local solution)'이 나오는 것 같습니다. 그전에는 '에콜로지'와 '이코노미'를 상반된 것으로 봤습니다. 그런데 이제는 그것이 똑같은 위기가 만들어내는, 함께 가야하는 문제라는 것을 알게 되었습니다. 지금 우리는 여러 문제에 봉착해 있습니다. 대중교통, 클린에너지, 새로운 공동체형성같은 여러 과제들이 있는데 운동들이 분산되어 있죠. 이 운동들을 하나로 꿸수 있는 힘이 필요합니다. 우리가 이제까지 '분노모드'에서 뭔가를 했다면, 이제부터는 뭔가 새로운 것을 만들어내는 쪽으로 가야 합니다.

Richard : 윌리엄스가 '자립(자기의존, self-reliance)'을 말하고, 나오미가 '지역적 해결책(local solution)'을 말했는데, 그러면 연방정부의 역할은 어떻게 되는 겁니까. 어찌보면 정부야말로 이런 문제들을 가장 잘 해결할 수 있는 메커니즘이 아닌가요?

Naomi : 당연히 강한 국가개입도 필요합니다. 국가뿐만 아니라 국제적 운동도 필요하구요. 그렇지만 그와 동시에 지역을 활성화시키는 것(empowerment), 탈중심화도 함께 해나가야 합니다. 가령 재생에너지를 말할 때, 그것은 현재의 중앙집중화된 에너지 시스템과 함께 갈 수는 없습니다. 절대 다수의 공화당원들은 기후변화를 믿지않는 반면 다수의 민주당원들은 그것을 믿는다고 합니다. 왜 이런 과학적 문제들에 대해 이데올로기적 분열이 일어날까요. 그 이유 중 하나는 지금 시스템으로 이득을 취한 사람들이 탈중심화를 받아들일 수 없기 때문이죠. 국가개입이 필요하긴 하지만 우리는 거기에 대해 매우 주의를 기울이고 조심해야 합니다.

Richard : 마이클, 당신도 전국적 의료보험통합지급시스템(single-pay system)을 말하고 있는데 어떤 생각인가요.

Michael : 지금 OWS는 유아기라고 할 수 있어요. 앞으로 더 커질 것입니다. 나오미도 환경이슈에 대해 말했지만, 우리가 임계점(tipping point) 자체를 만들 수는 없어요. 그저 그것은 일어나는 겁니다. 그런데 '에드버스터'라는 단체가 OWS를 제안했어요. 이제는 공화당 대통령 후보 중 하나도 자기를 99%로 칭합니다(웃음). 뱅크오브아메리카도 카드거래 수수료 5달러 부가방침을 철회했지요. 이 운동이 얼마나 영향을 행사하는가를 보여줍니다. 그들은 지금 두려워하고 있어요. 우리에게 간당간당 남아있는 민주주의의 원칙 중 하나가 1인 1표제죠[미국 연방대법원이 법인도 인격이므로 후보지지 광고를 할 수 있다고 판결, 현재 사람들이 '돈'이 말하게 해서는 안 된다며 '기업은 인격을 갖지 않는다'는 운동을 하고 있다]. 우리는 더 이상 희생자(victim)의 역할을 하려 해서는 안 됩니다. 적극적인 역할을 맡아야 해요. '점거(occupation)'라는 말이 이스라엘 옆의 가자, 중동 등에서 보도될 때, 그동안 미국에서 이 단어는 '더러운 말(dirty word)'이었습니다. 그러나 지금 이 나라에서 이게 일어나면서 말의 의미가 완전히 바뀌어 버렸죠. 우리는 이 운동을 장난이 아니라 아주 심각한 것으로 생각해야 합니다. 비유컨대 배가 지금들어왔는데 곧 떠날 니다. 배들어왔을 때 뭔가를 해야 해요. 기회가 자주오는 게 아닙니다. 그리고 이 말을 덧붙이고 싶습니다. 점거는 꼭 여기서만 해야 하는 게 아니라는 것. '난 뭘하고 있지', '나는 OWS에 참여하기 위해 뭘 할 수 있지'를 물어야 합니다. 단 두 명이서라도 이 운동은 할 수가 있어요. 맑스와 엥겔스 두 늙은이가 런던에서 시린 손을 꼭 맞잡고 거대한 운동을 만들어내지 않았습니까(웃음). 우리가 적극적으로 말해야 합니다. 더 이상은 이런 체제를 받아들일 수 없다고. 이런 체제의 종언을 선언하고 과감하게 운동을 해야 해요.

Richard : 내년에는 선거가 있습니다. 그런데 우리가 가진 양당제랄까 이런 것에 대해 어떤 생각을 갖고 있나요.

William : 로렌스 굿윈을 다시 인용하자면 운동에는 어떤 순서가 있어요. 첫째, 체제의 심장에 공포를 심어줘야 합니다. 지금의 대의제를 타파하고(break representative system) 다른 것으로 바꾸어야 필요가 있습니다. 둘째, 민주적 대화의 과정이 중요합니다. 내가 조심스럽게 제안해보자면, 우리가 이 운동에서 '티파티운동'의 참가자들, 중·소 자영업자들, 군인들과 협력을 하도록 노력을 했으면 합니다. 중·소 자영업자들의 경우 우리와 굉장히 많은 공유점을 갖고 있습니다. 글로벌화에 대한 반발, 대기업문제에 대한 태도 등에서 말이죠. 군인들의 경우에도 그들 스스로, 자신들이 이용당하고 있음을 느끼는 경우가 많습니다.

Patrick : 티파티와 OWS. 사실 공화당 론 폴(Ron Paul)의 지지자들이 이미 OWS에 와서 피켓들고 돌아다니고 있습니다. 사실 여기있는 대부분의 사람들, 오바마 지지하지 않았나요? 그런데 바로 그 오바마는 월가에서 가장 많은 돈을 받은 사람이기도 합니다. 우리는 정치적 이분법에서 벗어나야 해요. 우리가 두 당이 우리를 대의할 거라 기대할 수 없습니다. 그들은 돈의 영향을 받는 사람들이지 시민들에게 영향받는 사람들이 아닙니다. 처음에 티파티도 어떤 요구와 필요에서 나왔겠지만 기존 정당[공화당]에 흡수되면서 그런 목소리가 금세 사라졌죠. 게다가 티파티안에는 상당한 인종차별적 요소가 들어있기도 합니다. 나는 우리가 의회제도에 말려들어 가지(involve)않아야 한다고 생각합니다. 나는 정부로부터 나오는 동력을 이해할 수 있지만, 최소한 지금의 형식에서 볼 때, 정부는 그 자체로 타락한 기구입니다.

Rinku : 내가 [대형식료품점인] 세이프웨이(Safe Way)에서 겪은 일입니다. 거기서 몇몇 노동자들이 불평하는 이야기를 들었어요. 노조의 합법적 자격갱신(recertification)이 거부되었나 봐요. 내가 노동조합문제에 관심이 많기에 무슨 일이냐고 물었죠. 내게 직접 대답은 하지 않았지만, [유색인인] 내 앞인데도 '흑인과 라틴계 놈들이 온갖 복지를 다 차지한다(Blacks and Latinos get all welfares)'고 하는 거예요. [백인노동자들이 경제적 분노를 유색인에게 돌린다는 걸 지적한 것]. 사실 지역에 모든 걸 맡기는 건 매우 위험합니다. 연방정부의 보호는 필요해요. [지역의 인종차별정책에 연방이 개입해서 그것을 깨뜨려온 역사를 참조]. 공중의 의지(public will)를 만들어가는 게 중요해요. 결국에는 우리가 그런 사람들하고도 뭔가를 함께 하기는 해야 합니다. 그런 의미에서 연방정부의 역할을 부인할 수는 없지만 지금과는 조금 다른 역할을 기대합니다. 아나키즘과 자유주의(liberitarianism)는 차이가 있다고 하지만 상당히 유사한 점이 있죠. 아나키즘은 자치를 요구하고 리버리테리언은 정부는 물러서고 개인이 책임지라고 합니다. 하지만 힘없는 사람들은 여전히 정부의 역할을 필요로 합니다.

Michael : 사실 티파티란 게 코흐형제(Koch Brothers)가 뒷돈대서 만든 거 아닙니까. 대선때 오바마 반대운동하느라고. 아주 인종주의적이고, 사실 별로 기대하지 않습니다. 여러분, 추수감사절때 공화당 지지자들 만나면 이런 식으로 이야기 하세요. 우리는 서로 반대하는 것보다는 공통적인 게 많다고. 하지만 설득하려고 너무시간을 들이지는 마세요(웃음). 그들과 우리들은 다른 나라에서 사는 사람들입니다. 오바마가 천만표 차이로 이겼는데, 그것을 분석해보면, 백인중에는 18-29세 그룹에서만 이겼어요. 결국 뭔가를 새로 바꾸어갈 세력은 젊은 친구들이죠. 이 친구들은 아주 부조리한 것을 그대로 보아 넘기지 않고 참지 않습니다. 굉장한 에너지를 가진 그룹이에요. 그건 그렇고 헌법수정(Constitutional Amendment) 같은 걸 요구해 볼 수 있을 겁니다. 사람이 아닌 기업 중심의 문화라든가 돈에 매몰된 정치를 방지할 수 있는 헌법수정같은 걸 생각해 볼 수 있지요.

Rinku : 이민자가 증가하는 것은 나로서는 긍정적 소식이지만 기존의 백인들과 관계를 맺는것도 중요하기는 해요. 그들도 나의 이웃입니다. 하지만 아직도 우리가 겪고있는 문제들, 가령 투표억제(Voter Suppression)가 있는데, 대표적인 예가 유권자 신분확인법(ID Law)[사진이 부착된 신분증을 요구하는 것. 직업이나 운전면허가 없는 경우 사진부착 신분증을 제시하기 어렵다] 같은 거죠. 지금 이번 점거시위의 승리를 말하기는 너무 이릅니다. 아직 해야할 일이 참 많아요. 물론 우리가 이걸 해 나간다면 우리는 이기는 거겠죠.

(이하 생략)

● 어느 토론회의 요약/고병권(수유너머R) /http://suyunomo.jinbo.net/?p=8957

토의과제

① 위의 토론자료에서 '연방대법원이 법인도 인격이므로 후보지지 광고를 할 수 있다고 판결'한 것과, '돈이 말하게 해서는 안된다. 기업은 인격을 갖지 않는다'는 운동 간에는 기업에 대한 인식에 있어 커다란 차이가 있는 것으로 보인다. 이들 간에 각기 다른 인식을 하게 된 배경과 이들 간의 상호작용에 대한 향후 전망에 대해 토의해 보시오.

② 인위적 조직인 기업을 인간과 같은 도덕적 행위자로 볼 수 있는가? 그럴 경우 과연 기업(법인)에게 도덕적 책임을 물을 수 있는가?

③ 도덕적인 문제가 인간과 마찬가지로 기업에도 적용되어야 한다는 도날드슨의 주장에 대해 찬반의 입장을 정리하고 당신의 생각과 그 논거에 대해 말해보시오.

④ 만약 기업에 대해 도덕직 판단이 요구된다고 할 경우 정보의 유포기 소비자에게 이롭다면 기업의 이익에 반하는 정보라도 공개해야만 하는가? 본문 중의 시저와 아퀴나스의 견해를 참고로 하면서 이에 대한 당신의 생각을 논거에 근거하여 정리해 보시오.

⑤ OWS(월스트리트를 점령하라) 운동의 그 이후의 전개과정을 정리하고, 향후 기업과 노동자, 그리고 사회의 공존공영방안에 대해 토의해 보시오.

제2장

기업에 사회적 책임을 물을 수 있는가?

INTRODUCTION

"싸면 그만" 무이자·할인에 폴크스바겐 국내 판매량 급증

배기가스 조작파문의 폴크스바겐 국내 판매량이 급증했다. 폴크스바겐의 대대적인 마케팅 덕분이다.

기업윤리나 환경 등을 생각하기 보다는 외제차를 소유하고 싶다는 욕구가 큰 사람이 많기 때문으로 분석된다.

3일 자동차 업계에 따르면 폴크스바겐은 지난 11월 3000대가 넘는 차량을 국내 판매한 것으로 추산됐다. 이는 배기가스 조작파문이 한창이던 지난 10월 판매량 947대의 3배가 넘는 것으로, 올해들어 월간 최다 판매량을 기록한 것으로 전해졌다.

미국에서 11월 폴크스바겐 판매량이 1년 전 같은 기간보다 24.7% 줄어든 것과 대조적이다.

국내에서 폴크스바겐 반등의 비결은 대대적인 마케팅에 있었다. 폴크스바겐은 지난 10월 판매대수가 1000대 이하로 떨어지는 상황이 발생하자, 11월에 모든 차종을 대상으로 60개월 특별 무이자 할부를 실시했다.

현금구매고객에게는 1000만원이 훌쩍 넘는 할인을 해줬다. 이 정도 조건이면 현대 그랜저를 살 수 있는 돈으로 폴크스바겐의 괜찮은 모델을 구입할 수 있다. 이 때문에 많은 사람이 폴크스바겐 매장으로 몰려들었다는 분석이다.

● 조선일보, 박유연 기자, 2015.12.03

학습목표

법인의 개념, 소유권의 개념, 소유권과 책임의 범위, 정의의 덕, 자혜의 덕, 사회적 정의와 기업의 책임, 공리주의와 사회적 불평등의 심화, CSR갭, 윤리적 소비자

'기업에 사회적 책임이 있다'는 사고가 21세기에 접어들면서 더욱 확산되고 있다. 이는 정보화와 글로벌화의 진전에 따라 세계적인 현상이 되고 있다. 예를 들어 유럽은 지역경제의 활성화와 지속적인 성장을 목적으로 기업에 사회적 책임(CSR)을 요구하고 있다. 엔론 스캔들이나 리만 브러더스의 파산과 같은 일련의 기업부정으로 미국은 민주주의와 시장 시스템에 대한 신뢰가 실추하였다.

이와 유사한 상황은 한국에서도 발생하고 있다. 어느 국가에서든 기업비리가 지속적으로 발생하는 상황에서 역점을 두는 부분은 다르겠지만 경영의 성실성을 묻는 형태로 기업의 사회적 책임에 대한 추궁이 더욱 강화되고 있는 실정이다. 더구나 아동노동이나 강제노동의 문제를 안고있는 개발도상국은 이러한 문제해결에 대하여 선진국 기업의 이해와 협력을 요구하고 있다.

간단히 말하면 이러한 사회적 책임요구에 대해 기업은 보다 적극적으로 대응하지 않으면 안되게 되고 있다. 그래서 여기서는 기업의 사회적 책임에 있어 어떠한 이론적 근거가 있는지 살펴보고자 한다. 다시 말하면 기업에 대해 사회적 책임을 묻는다면 그 논거가 무엇인가 하는 것이다.

혹시 '지금 CSR이 강하게 요구되고 있으니까 어쩔 수 없이 이에 대응하지 않으면 안된다'고 생각하는 사람이 있을지 모른다. 그러나 만약 '세상이 요구하기 때문에 어쩔 수 없다'라는 발상만으로 CSR을 받아들인다면 이는 '사회적 요구가 작아지면 대응할 필요가 없다'는 논리가 될 수 있다. 따라서 여기서는 CSR이 요구되는 이론적 논거를 정리해 두고자 한다.

이를 다음의 두 가지 관점에서 살펴보기로 하자. 첫째는 '소유'라는 관점이다. 우리 헌법 제23조 1항은 '모든 국민의 재산권은 보장된다. 그 내용과 한계는 법률로 정한다'고 명기하고 있다. 말할 필요도 없이 기업의 소유자는 주주다. 이 때문에 CSR은 주주의 소유권과 모순되는 것은 아닌가라는 비판이 나온다. 이 챕터의 첫 번째 과제는 '소유권은 지켜져야

하는 것'이라는 당위론에 대한 생각을 정리한다.

둘째는 '공정한 시장, 사회적 정의'라는 관점이다. 경제학자 밀튼 프리드만은 '기업의 사회적 책임이란 주주이익의 최대화'라고 주장하였다.[1] 그것은 기업이 이익추구라는 자신에게 주어진 본업 이외의 분야를 다루거나 혹은 정부 등의 외부인이 불필요하게 사업경영에 참견을 하게되면 사회의 자원배분이 비효율적이 되어서 사회전체의 후생이 저하하기 때문이라는 것이다. 이 논리는 반대로 말하면 '기업이 본래의 역할에 특화하면 사업가의 노력은 시장에서 공정하게 평가되고(사회적 정의가 실현되어) 결과적으로 사회전체도 풍요롭게 된다'는 것이다. 이 주장을 정당화하고 있는 것은 결국 공정한 시장이 형성되어 사회의 후생이 높아지면 사회적 정의도 실현된다는 결과론이다. 이 챕터의 두 번째 과제는 '결과론'에 대한 반론을 제시하는 것이다. 다만 당위론이나 결과론을 비판적으로 검토하는 것만으로는 충분하지 않다. 이 장에서는 추가적으로 기업의 사회적 책임을 묻는 동시에 그것을 추궁하는 이해관계자의 사회적 책임에 대해서도 언급하고자 한다. 결론부터 말한다면 그것은 'CSR이란 기업에 의한 대응만으로 완결되지 않는다'는 사고방식이다. 이 장의 마지막 과제로 이 점에 초점을 맞추고자 한다.

01 소유와 기업의 사회적 책임

소유권은 보장되어야 한다는 '당위론'에 대한 반론은 다음 네 가지 물음에 답하는 형태로 정리해 보고자 한다. 그 물음은 첫째, 어떻게 기업이라는 법인주식회사 제도가 성립했는가, 둘째, 소유개념은 어떻게 규정되는가, 셋째, 법인이 져야 할 책임이 주주이익의 최대화인가, 넷째, 소유에 대한 책임은 영향의 크기와 무관한가 등이다.

1.1 어떻게 법인 주식회사 제도가 성립했는가?

주식회사 제도의 기원은 16세기부터 17세기의 해양무역시대에 있다고 알려져 있다. 16

1) Friedman, M.(1988), "The Social Responsibility of Business Is to Increase Its Profits," *Ethical Issues in Business: A Philosophical Approach(3rd ed.)*, edited by Donaldson, T. and Werhane,P.(Englewood Cliffs, N. J.: Prentice-Hall), pp.217-223.

세기 이전 중세유럽의 경제활동은 지중해 무역의 거점인 베네치아를 중심으로 전개되고 있었다. 그 당시 유럽인이 생각하는 세계는 지중해로 한정되어 있었으나 대항해시대를 맞이함과 동시에 이 사고는 크게 바뀌었다. 포르투갈은 베네치아와의 20년 전쟁에서 승리함으로써 16세기 전반까지 아프리카 남부부터 인도네시아, 중국, 일본에 이르는 항로를 지배하여 세계적 규모로 통상활동을 전개하였다. 네덜란드도 독자적인 통상정책을 전개하면서 동인도 무역을 목적으로 하는 많은 기업을 설립했다.

그러나 이 시대의 기업은 모두 현대의 회사조직과는 많이 달랐다. 그것은 자본을 축적하는 일도없고 항해비용도 개인적으로 부담하는 모험적인 것이었다. 예를 들어 채권자에 대한 주주책임은 현대의 회사조직과는 현저하게 달라서 '무한책임'을 지는것이 일반적이었다.

16세기말 전쟁에 의해 포르투갈과 스페인이 함께 약체화하면서 네델란드가 양국이 구축한 해양무역의 이권을 그대로 계승하였다. 소위 네델란드시대의 도래이다. 이 시기의 무역규모는 일시에 크게 확대되었다. 무역선은 대형화하고 조선비용도 상승하여 사업가 개개인이 지는 금전적 부담도 급속히 팽창하여 아무리 부유한 자산가라도 혼자서는 감당하지 못할 정도의 큰 금액이 되었다. 이 때문에 단발적인 항해는 수익률에 맞지않는 투자가 되어버렸다. 이렇게 해서 17세기 초에는 '보다 많은 사람들로부터 출자금을 모아서 지속적으로 항해하는 편이 단발적인 항해보다 훨씬 합리적'이라는 사고가 받아들여지기 시작했다.

1602년에 재조직화된 네델란드 동인도회사는 그러한 흐름을 여실히 보여주고 있다. 이

그림 2-1 법인의 탄생과 유한책임 개념

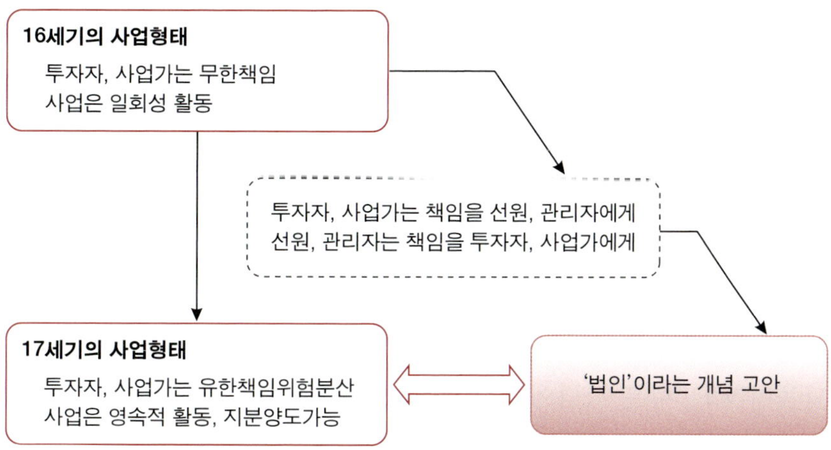

회사의 등장과 함께 출자자의 유한책임제가 확립되어 출자자 개개인의 위험은 분산되었다. 또 회사와 출자자의 관계가 정리되어 지분을 양도하는 자유도 인정되었다. 그 결과 이후의 무역활동은 일회적인 것에서 영속적인 것으로 바뀌어 갔다.

이상과 같은 주식회사제도의 기원을 고려하면서 기업의 사회적 책임과 관련하여 부각되는 점을 살펴보면 그것은 '주식회사제도는 어떻게 관련자들의 책임을 회피하는가 하는 논의에서부터 시작된 것'임을 알 수 있다. 예를 들어 동인도회사의 선박이 다른 선박과 충돌했을 경우 도대체 누가 그 책임을 질 것인가? 또 폭풍우나 해적 등과 조우하여 화물을 잃게되었을 때 채권자에 대한 책임을 누가 질 것인가? 이런 종류의 책임문제가 논의되었을 때 동인도회사의 관리자들은 책임을 주주에게, 주주는 그것을 관리자에게 전가하려고 하였다. 논의결과 양자는 서로의 책임을 회피한다는 공통의 입장에서 자연인과는 차원을 달리하는 '법인'(주식회사)이라는 의제적 개념을 만들어 내게 된 것이다. 이렇게 보면 기업이란 본래 책임을 회피하기 위해서 고안된 인공물이라 할 수 있다.

1.2 소유개념은 어떻게 규정되는 것인가?

앞서 말한 바와 같이 우리 헌법 제23조 1항은 '재산권은 보장되며 법률에 의해서만 제한받는다'고 명기하고 있다. 이러한 사고는 자본주의체제에 근거하고 있는 국가들에서는 대동소이하다. 여기서 소유권이 헌법에 명기될만큼 절대적 권리로 파악된다면 주주의 소유권을 침해하는 기업의 사회책임론은 받아들이기 어렵게 된다. 그러면 과연 주주의 소유권은 절대적인 것인가, 그리고 소유라는 현상이 책임과는 아무런 관련이 없는 것인가 하는 생각을 하게 된다.

소유권에 관한 고전적인 설명은 존 로크(J. Locke)까지 거슬러 올라간다. 그에 의하면 각 개인은 자기의 신체를, 자기의 신체에 의한 활동(노동)을, 그리고 자기의 노동산물을, 각각 소유한다. 즉, 자기의 신체를 이용하여 노동하고, 그 노동을 자연물에 혼입하면, 그 산물에 대한 소유권을 취득할 수 있다는 사고이다. 예를 들어 자연적으로 생긴 딸기를 채취하면 딸기에 대한 소유권을 가지게 되고, 미개척의 땅을 개간하면 그 토지의 소유권을 갖는다는 것이다.

다만 로크는 여기에 하나의 중요한 조건을 붙이고 있다. 그것은 어떤 사람이 소유권을 얻은 다음이라도 '다른 사람이 충분하고 동일한 정도로 그것을 사용할 수 있을 것'이라는 것이다. 예를 들어 딸기를 채취해도 곧바로 열매가 되어 다른 사람도 이와 같이 딸기를 채

취할 수 있을 것, 혹은 어떤 사람이 토지를 개간해도 여전히 미개간의 토지가 남아있을 것 등 이러한 조건이 충족되어야 한다는 것이다.

말할필요도 없이 현대사회에서는 '다른 사람이 충분하고 동일한 정도로 그것을 사용할 수 있어야 한다'는 조건은 거의 설득력을 갖지 못한다. 그것은 어디까지나 신천지가 확장되는 시대에 어떤 사람이 토지를 소유해도 다른 사람의 소유를 방해할 것이없는 상황에서나 유효하다. 그러나 지금은 아무도 무한한 신천지가 존재한다고 생각하지는 않는다.

이 때문에 로크의 뒤를이은 철학자들은 고전적인 소유개념을 수정하였다. 여기서 특히 주목하고자 하는 것은 현대사회의 형태를 전제로 해서 수정한 1970년대의 로버트 노직(R. Nozick)의 생각이다. 우선 노직은 로크가 제시한 조건인 '다른 사람이 충분하고 동일한 정도로 그것을 사용할 수 있는 경우'를 '어떤 사람이 소유함으로써 그것을 자유롭게 사용할 수 없는 사람의 입장이 악화되지 않을것'으로 조건을 바꾸었다. 이는 종전의 '소유자'와 '소유물'이라는 두 가지 요소의 관계로 소유를 파악하는 것이 아니라, '소유자', 소유물', 그리고 '기타의 사람들'이라는 세 가지 요소관계로 소유를 파악해야한다는 주장이다.[2)]

노직은 '그것을 자유롭게 사용할 수 없는 사람의 입장이 악화되지 않는경우'라는 조건을 도입함으로써 종전의 소유관계의 밖에 놓여져 있던 제3자를 소유개념 속에 넣었다. 말할 필요도 없이 이 개념이 지금 기업의 사회책임론에서 일컬어지고 있는 이해관계자에 해당되는 것이다.

이들의 생각을 간단하게 정리하면 '기타의 사람들'에 대한 영향이나 책임을 고려하지않는 완전히 자유로운 소유는 있을 수 없다는 것이다. 어떤 사람이 어떤 것을 소유함으로써 기타의 사람들에게 직접적·간접적인 영향이 발생하는 경우 소유는 제한된다. 특히 그 영향이 매우 크고 부정적인 측면을 함께 보유한 것이라면 소유에는 반드시 큰 책임이 수반된다. 이러한 이론이 나옴으로써 고전적 소유개념은 대폭적으로 수정되었다.

1.3 기업법인이 져야 할 책임은 주주이익의 최대화인가?

앞에서 소유에는 제3자에 대한 책임이 수반된다고 말했는데 그렇다면 기업이라는 법인을 소유하는 '주주'는 기업을 둘러싼 다양한 이해관계자에 대해서 책임(특히 사회적 책임)을 지는 것일까? 앞서 살펴본 것처럼 원래 주주나 사업가는 스스로의 책임을 회피하기 위해

2) Donaldson, T.(1982), *Corporations and Morality*, Cambridge Univ. Press, p.82.

주식회사 제도를 고안한 것이므로 사회적 책임과 같은 새로운 책임을 떠맡게 하는 것이 타당한 것인가 하는 의문을 갖게 된다.

여기서 한 가지 예를 들어보자. 지금 복수의 사람이 공동으로 출자하여 호랑이를 기른다고 하자. 이 주인들은 '호랑이가 사람을 잘 따르고 있고, 게다가 우리에 넣어 기르고 있으며, 또 관리인도 있으므로 타인에게 위해를 주지않는다'고 낙관하고 있었다. 한편 인근주민들은 그들이 호랑이를 기르는 사실을 몰랐기 때문에 이에대해 특별히 불평을 제기할 것도 없었다. 그러나 호랑이를 기르고 수개월이 경과했을 때부터 인근주민들은 호랑이가 사육되고 있다는 사실을 알았다. 주민들은 생활에 불안을 느꼈지만 주인에게 호랑이의 처분을 요구하지는 못했다. 수개월이 경과한 어느 날 불행하게도 호랑이가 우리에서 탈출하여 인근주민 몇 사람을 물어 죽였다.

이와 유사한 예를 하나 더 들어보자. 지금 복수의 사람이 공동으로 출자하여 어느 화학회사를 세워서 조업을 시작했다. 그들은 '이 회사가 제조하는 상품이 향후 대량으로 팔린다'라고 생각하고 있었다. 이와 함께 '이 회사가 취급하는 화학물질은 종업원에 의해 합리적으로 관리되기 때문에 환경오염 등의 리스크도 극히 낮다'고 낙관하고 있었다. 한편 인근주민들은 이 회사가 매우 위험한 화학물질을 사용하는 것을 몰랐기 때문에 회사에 대해 불평을 제기할 수도 없었다. 그러나 조업을 하고나서 수개월이 경과했을 무렵, 인근주민들은 위험한 화학물질이 처리되고 있다는 사실을 알았다. 주민들은 생활에 불안을 느꼈지만 설마 사고가 발생하리라고는 생각하지 않았기 때문에 조업정지 등은 요구하지 않았다. 수개월이 경과한 어느 날 이 회사의 공장에서 폭발사고가 발생하였고 이때 근처를 왕래하던 주민수명이 사고에 휘말려 희생자가 되었다.

어느 사례에서도 희생자가 나온 것이므로 소유자는 상당한 책임을 지지 않으면 안 된다. 다만 제한적으로 말하면 화학회사에 출자한 소유자(주주)들은 자신들이 출자한 금액을 상한으로 책임(유한책임)을 질뿐 그 외의 책임은 지지않는다. 문제는 이와 같은 생각을 호랑이 소유자들도 주장할 수 있는가라는 것이다. 즉 '자신들은 호랑이 사육에 출자한 금액을 상한으로 책임을 질뿐 그외의 책임은 지지않겠다'고 주장할 수 있는가 하는 것이다. 말할 필요도 없이 소유하고 있던 호랑이가 타인(제3자)에게 상처를 입힌 경우 그 소유자는 호랑이의 행동에 대하여 모든 책임을 지게 된다.

호랑이와 기업의 사례는 매우 유사한데 왜 두 소유자 간의 책임에 대하여 이만큼의 큰 차이가 나타나는 것일까? 근본적인 이유는 호랑이에게는 권리의무능력이 없지만 기업이라는 법인에게는 그것이 있다고 가정되기 때문이다(또 전자의 소유자에게는 감독책임이 있지만 후

표 2-1 소유와 그에 따른 책임

호랑이의 소유자	화학회사의 소유자(주주)
호랑이의 소유자는 '자신들은 출자분 밖에 책임을 지지 않는다'라고 주장할 수 없다. 호랑이의 소유자(자연인)는 이에 따르는 많은 책임을 지게 된다. 덧붙여 호랑이에게는 권리의무의 능력이 없다(관리인에게는 한정적인 책임).	회사의 소유자는 '자신들은 출자분 밖에 책임을 지지 않는다'고 주장할 수 있다. 여기서 법인이 '우리의 사회적 책임은 주주이익의 최대화'라는 극단론을 전개하면 책임의 공동화가 발생한다. 덧붙여 법인에는 권리의무의 능력이 있다(법인에게는 전면적인 책임).
예를 들어, · 호랑이의 소유자는 사고가 발생할 경우 희생자나 그 유족에 대한 보상책임을 진다. · 호랑이의 소유자는 평소에도 호랑이를 엄중하게 관리할 책임을 진다. · 호랑이의 소유자는 위험성의 크기를 고려하여 엄중하게 관리하는 것을 인근의 주민에게 전달할 책임을 진다. · 호랑이의 소유자는 특히 영향이 크다고 생각되는 경우 호랑이를 기르기 전에 인근주민의 동의를 얻을 책임을 진다. · 호랑이의 소유자는 주민의 불안을 해소하기 위해서 자신이 신뢰 받는 인물이 되어야 한다. · 호랑이의 소유자는 지역에 융화되어 지역에 있어 없어서는 안되는 인물이 되어야 한다. 등	예를 들어, · 법인은 사고가 발생할 경우 희생자나 그 유족에 대한 보상책임을 진다. · 법인은 평소에도 사업활동 그 자체를 엄격하게 관리할 책임을 진다. · 법인은 위험성의 크기를 고려하여 합리적으로 관리하고 있다는 것을 관계자에게 설명할 책임을 진다. · 법인은 특히 지역사회 등에 영향이 크다고 생각되는 경우 사전에 지역의 합의를 얻을 책임을 진다. · 법인은 주민의 불안을 해소하기 위해 회사자체가 신뢰를 받는 충분한 존재가 되어야 한다. · 법인은 지역에 융화되어 지역에 있어 없어서는 안되는 존재가 되어야 한다. 등

자의 소유자에게는 감독책임이 없다고 가정되기 때문이다). '법인이라는 의제적인 존재에는 본래 권리의무의 능력이 없다'고 주장하는 사람도 있을 수 있지만 현대의 주식회사 제도는 법인이 그 능력을 갖추고 있다고 가정한다.

따라서 그 능력의 존재를 사회가 인정한다면 실로 기업은 자연인과 같은 책임이 요구된다. 호랑이의 소유자들에게는 희생자나 그 유족에 대한 법적인 책임은 물론 호랑이를 엄중하게 관리할 책임, 엄중하게 관리하고 있다는 것을 인근의 주민에게 전달하는 설명책임, 게다가 인근에의 영향이 크다고 생각되는 경우에는 호랑이를 기르기 전에 인근주민의 동의를 얻을 책임 등이 요구될 것이다. 또 아무리 엄중하게 관리하고 있어도 주민의 불안을 모두 해소시킬 수 없다. 불안을 해소시키려면 주인자신이 신뢰를 주는 충분한 인물이라고 해당지역에서 인정을 받지 않으면 안 된다. 지역에 융화되어 지역에서 없어서는 안 되는 인물이 되어야 하는 것이다. 그러한 사회적 책임을 완수함으로써 지역에서 인정하는 "호랑이 소유자'라고 할 수 있다.

기업의 소유자들은 자연인에게 요구되는 이러한 법적·사회적 책임을 모두 법인에 전가하였기 때문에 기업은 필연적으로 이러한 책임을 지지 않으면 안 되는 것이다. 화학회사의 예를 통해 보면 희생자나 그 유족에 대한 보상책임, 사업활동자체를 엄격하게 관리할 책임, 합리적으로 관리하고 있다는 것을 관계자에게 설명할 책임, 그리고 지역사회 등에 영향이 크다고 생각되는 활동에 대해서는 사전에 지역의 합의를 얻을책임, 또 지역에 융화되어 지역에서 없어서 안되는 존재가 되는 것 이러한 사항이 사회적 책임으로 요구되는 것이다.

그럼에도 불구하고 주주의 소유권은 침범해서는 안 된다는 관점에서 만약 '기업에 대한 책임은 주주이익의 최대화이며 그 외의 사람들에 대한 사회적 책임 등은 존재하지 않는다'고 주장하면 여기에 명백한 책임의 공동화가 발생하게 된다. 본래의 소유자는 책임을 법인에 전가하고 법인은 소유자에 대한 책임만을 강조하는 셈이다. 따라서 만약 법인이 져야 할 책임은 주주이익의 최대화라는 입장이 사회적으로 지지를 받는다면 우리의 논의는 원위치로 되돌아가 주주에게 주어진 유한책임이라는 세이프 가드를 그대로 인정할 것인지 아니면 제외할 것인지를 재검토하지 않으면 안 된다. 만약 주주의 유한책임을 그대로 유지할려면 '당위론'에서 주창되는 '기업의 책임은 주주이익의 최대화'라는 주장은 대폭적으로 수정되어야 마땅한 것이 된다.

1.4 소유에 대한 책임은 그 영향의 크기와 무관한가?

설명을 위해 자연인과의 관계에서 법인에게도 같은 사회적 책임이 있다는 것을 앞에서 서술했지만 실제로는 법인은 자연인 이상으로 큰 책임을 지는것이 요구된다. 그 이유는 현대기업이 이른바 자연인과는 비교가 되지않을 정도로, 또 초기의 주식회사 조직과는 비교가 되지않을 정도로 현저하고 큰 영향력을 가지고 있기 때문이다.

기업이 사회에 미치는 영향은 과거 기업규모가 대형화하지않아 사회에 미치는 영향이 그다지 크지 않았던 시절에는 금융기관이나 거래처에 대한 채무이행이 책임의 중심이 되었다. 기업과 거래하는 금융기관이나 사업자는 주주들이 무한책임을 지지 않는다는 것을 사전에 인지하고 일정한 리스크를 각오하고 융자나 신용거래를 하였다. 그러나 그 외의 다른 이해관계자들은 회사의 소유자들이 무한책임을 지지 않는다는 사실을 이해하고 기업의 자유로운 사업활동을 인정한 것은 아니었다. 대개 사업규모가 작고 지역주민이나 자연환경 등에 미치는 영향도 작았기 때문에 그 외의 이해관계자는 기업에 대해 거의 아무것도 요구하지 않았던 것이다.

그러나 사업규모의 확대와 함께 직접적·간접적인 영향이 무시할 수 없을 정도로 크게 되면서 기업을 둘러싼 상황은 크게 바뀌었다. 특히 관리를 잘못할 가능성, 혹은 폭발사고가 발생할 가능성이나 환경을 오염시킬 리스크, 인권을 침해할 리스크 등이 크면, 지역주민, 환경단체, 인권단체, 시민사회는 결코 침묵하지 않는다. 비록 경미한 과실이라도 그것이 돌이킬 수 없는 환경파괴나 건강피해로 발전할 수도 있기 때문이다.

더구나 본래의 소유자(주주)는 '일정 이상의 책임은 지지않는다'고 주장하고 있다. 이 때문에 비록 그것이 의제적인 존재이었다고 해도 법인에 대해서는 강하게 사회적 책임을 요구하지 않을 수 없는 것이다. 막대한 피해나 사회적인 손해가 발생하면 그것을 회복시키는 것은 매우 어렵고 그러한 상황이 되면 법인자신도 해산될지 모르는 것이다. 어떠한 일이 일어나도 법인과 소유자 쌍방이 함께 사후의 책임을 지지않는다고 한다면 피해를 받은지역, 오염된 환경, 피해자, 희생자, 그 후의 피해를 받게되는 미래세대는 가장 비참한 상황에 처하게 될 것이다. 이러한 이유로 영향력이 큰 기업에는 강하게 사회적 책임이 요구되는 것이다.

무엇보다 기업의 영향력이 커졌다고 해도 기업이 수행해야 할 사회적 책임은 법령준수를 중심으로 하는 것이고 그 이상의 윤리실천이나 사회책임까지 포함할 필요가 없다는 주장도 나오고 있다. 여기서 말하는 윤리실천이란 법령의 문장뿐만이 아니라 그 배경에 있는 기본적인 사고까지 적극적으로 지켜 실천해 나가는 것이고, 더 나아가 사회공헌이란 스스로의 사회적 영향력을 적극적으로 활용하여 소비자, 종업원, 시민 등의 찬동이나 협력을 이끌어 내면서 지속 가능한 사회의 형성에 이바지하는 것을 말한다.

이 정의를 전제로 한다면 CSR에는 윤리실천이나 사회공헌도 당연히 포함될 것이다. 왜냐하면 법령은 항상 현실을 뒤쫓는 것이고 법령의 문장만 따라서 형식적으로 행동한다면 결과적으로 사회나 환경에 악영향을 미칠 수도 있기 때문이다. 양식이 있는 기업이라면 한층 더 진일보하여 스스로 윤리적인 실천을 위해 노력하고 그 실천을 통해서 보다 공정하고 건전한 시장 룰의 형성에 기여해야 할 것이다.

사회공헌에 대해서도 동일하다. 기업시민으로 사회적인 인정을 받으려면 단지 악영향을 미치지 않는다는 것만으로는 불충분하다. 경세는 다수의 시민이 풍요롭지 않으면 특히 빈곤문제가 해소되지 않으면 지속적으로 성장할 수 없다. 사회를 구성하는 시민들이 그 능력을 동일하게 발휘할 수 있도록 기회가 주어지지 않으면 성장을 지속할 수 없다. 이것은 남을 살리는 사람이야말로 스스로를 살릴 수가 있다는 격언에서 볼 수 있는 것과 같은 것이다.

더구나 여기서 말하는 사회공헌이란 기업에 보다 많은 금전적 부담을 요구하는 것은 아니다. 기업이 가지고 있는 강점을 활용하는 형태로 혹은 잘 활용되지 않는 경영자원에 주목하여 이를 동원하는 형태로 소비자나 지역주민과 같은 이해관계자의 이해와 협력을 얻으면서 함께 지속 가능한 사회를 만드는데 노력하는 것이다. 그런 의미에서 사회공헌은 이해관계자에 대한 대응을 통해서 얻어지는 '브랜드 가치의 창조활동'으로 파악할 수 있다.

02 사회적 정의와 기업의 사회적 책임

다음으로 '모두가 풍요롭게 되면 좋고 나아가 사회의 후생이 향상되면 사회적인 정의가 실현되어 좋다'는 '결과론'에 대해 어떤 비판이 가능할까? 다음 세 가지 물음에 답하는 것으로 그 과제를 완수하고자 한다. 그 물음은 첫째, 아담 스미스는 자신의 도덕철학체계에서 어떤 의미로 자유로운 경제활동을 지지했는가, 둘째, 정말로 자유로운 경제활동은 모두를 풍요롭게 하는가, 그리고 셋째, 스미스 경제학의 전제는 현대에도 변함없이 적용할 수 있는 것인가 등이다.

2.1 어떤 의미로 자유로운 경제활동이 지지되었는가?

시장에서는 각 사업자가 자신의 이익만을 생각해서 행동하면 결과적으로 신의 보이지 않는 손이 작용하여 공정한 가격이 성립하고 자원의 최적배분이 실현된다. 이는 아담 스미스의 주장으로 자주 소개된다. 그러나 그의 이론체계는 그렇게 단순하지 않다. 자기이익의 추구를 사회전체의 이익으로 연결한 그의 주장은 오히려 스미스가 생애를 들여 전개한 '도덕철학체계' 속에서 도달한 하나의 결론이다. 그의 철학체계는 어떻게 하면 사회의 질서나 사회적 정의가 실현되는가라는 기본적인 물음에 답해가는 것이다. 여기서 우선 그 전체상을 조감하여 보기로 하자.

스미스의 도덕철학체계는 우주에 존재하는 물리법칙에 주목하는 것으로부터 시작되었다. 즉 천체간의 운동을 보면 여기에는 움직이기 어려운 일정한 법칙이 존재한다. 그 법칙이란 우주를 구성하는 물체는 모두 서로 끌어당기는 힘인 인력을 갖고있으며 그 힘은 질량의 무게에 비례하고 거리의 제곱에 반비례한다는 「만유인력의 법칙」이었다. 스미스는 우주가 이러한 법칙에 따르기 때문에 물리적 세계는 그렇게 질서를 형성한다고 이해했다. 게다가 그는 '이 우주에는 모든 것을 지배하는 신이 있으되 물체 하나하나에 명령을 주고 있는것은 아니다. 오히려 신은 우주를 창조함과 동시에 물리세계에 법칙을 줌으로써 그 자신은 현상계의 배후에 물러나 있다'(이신론(理神論))고 해석했다. 자연현상에 관한 이러한 이해를 스미스는 사회현상에 응용하여 사회가 자연스럽게 질서를 형성하는 근거와 법칙을 이끌어 내려고 했던 것이다.

그는 자연의 물리세계에는 그들 자신의 법칙이 존재하고 이것이 질서형성의 근거가 된다고 보았다. 그렇다면 인간사회에도 이에 상응하는 것이 있을 것이다. 인간사회를 구성하는 단위, 모두가 보유하는 힘이 있을 것이라는 것이다. 이러한 확신을 가지고 그는 윤리학의 입장에서 개개인이 보유하는 힘을 해명하려고 했다.

그리고 그 힘은 각자가 스스로를 타인의 입장에서 스스로의 행위에 대한 타당성을 평가하는 능력과 연관된 것으로 보았다. 그는 이를 동감(同感)이라 부르고 상상(想像)상의 지위전환을 가능하게 하는 인간특성이라고 간주하였다. 각자는 이러한 내재적인 힘을 이용하여 스스로의 행위가 상대에게 있어 위협이라고 느껴지는가 혹은 상대가 감사하고 있는가를 판단할 수가 있다. 만약 위협이라고 생각하면 가하는 행위를 조심하고 감사해 한다고 판단하면 가하는 행위를 솔선수범한다. 스미스는 위협이라고 느껴지는 것을 억제하는 기능을 '정의의 덕', 감사받도록 하는 기능을 '자혜의 덕'이라고 부르고, 이러한 덕이 각자에게 기능하기 때문에 사회는 결과적으로 질서를 형성한다고 생각하였다.[3)]

그러나 '자혜의 덕'에 대해서는 비록 각자가 이에 따라 행동하지 않아도 사회의 질서가 어지럽혀지지는 않는다. 그런데 '정의의 덕'에 대해서는 사정이 다르다. 정의를 각자의 덕이나 자주성에 맡겨두면 제멋대로의 행동이 횡행하게되어 사회가 혼란에 빠질 가능성이 있기 때문이다. 그러므로 정의에 대해서는 각자의 자유의지에만 맡기지 않고 오히려 이것은 법률 및 정치적 힘으로 강제할 필요가 있다. 이와 같이 생각한 스미스는 정의의 덕은 정치를 개입시켜 '정의의 법'으로 강제해야 한다고 주장하였다. 여기에 이르러 그의 도덕철학체계는 윤리학에서 출발하여 법·정치학으로 발전해 나간다.

그의 도덕철학은 여기서 끝나지 않았다. 법의 강화나 정치적 개입에 의해 사회정의나 질서를 실현할 수 있다는 이러한 사고는 과연 올바른 것일까? 이러한 의문에 답하기 위해서 스미스는 당시 엄청난 수의 법규제를 자랑하는 파리와 법규제가 적은 런던의 범죄율을 비교하였다. 그리고 런던이 파리보다 범죄가 적다는 사실을 확인했다. 이러한 가설과 현실의 괴리에 대하여 스미스는 '경제적으로 풍요로우면 범죄는 필연적으로 줄어든다'는 결론을

3) Smith, Adam(1976), *The Theory of Moral Sentiments*, edited by Raphael, D. D. and Macfie, A. L.,(New York: Oxford Univ. Press), 1976.

내렸다. 다시 말해 사회질서, 그리고 공정성을 실현하려면 윤리, 법·정치보다 우선 경제가 풍요롭게 되는 것이 중요하다고 생각했던 것이다.

그럼 경제는 어떻게 하면 풍요롭게 될까? 그 대답은 노력한 사람이 노력한 만큼 보답을 받도록 정치는 가급적 시장에 개입하지 않는 것이다. 개입을 가능한 한 적게하고 보다많은 자유를 시민에게 주면 각자는 자기의 이익을 추구하면서도 다른 사람의 필요를 충족시켜 결과적으로 국가 그 자체를 풍요롭게 한다. 또 각자가 각자의 노력에 따라 보답을 받기 때문에 사회적 정의도 필연적으로 실현된다고 하였다.[4)]

이상과 같은 도덕철학체계의 진화과정에서 알 수 있듯이 스미스의 문제의식은 일관하여 '사회의 질서, 그리고 사회적 정의는 어떻게 실현될 수 있을까'라는 것이었고 풍요로운 사회가 사회적 정의의 실현으로 연결되기 위해서 자유로운 경제활동을 지지하는 경제학을 건립하는 것이었다. 그의 이론체계에 있어 중요한 것은 항상 일정한 행위의 결과로서 얻어지는 사회질서, 내지 사회적 정의의 실현이었다.

따라서 만약 현대에 있어 자유로운 경제활동이 결과적으로 사회질서나 사회적 정의를 초래하지 않는다고 한다면, 또 사회의 후생을 높이지 않는다고 한다면 어떻게 될까? 만약 스미스가 이러한 상황에 직면한다면 여전히 이른바 자유방임주의(자유방임)의 경제원리를 주장할까 아니면 완전히 다른 이론을 제안하게 될까?

2.2 자유로운 경제활동은 모두를 풍요롭게 하는 것인가?

스미스의 경제학에서는 노력한 사람이 정당한 보상을 받는 상태를 만드는 것, 여기에는 특정한 사업자에게만 영업권이나 통상권을 주는 등 정부가 시장에 대해서 불필요하게 개입하지 않을것이 요구되었다. 또 사업자에 대해서는 스스로의 일에 전념하면 자원의 최적배분이 가능하게되어 사회전체의 후생도 높아지고 사회적 정의도 실현된다고 생각했다.

예를 들어 정부가 개입하면 사업상의 유착이나 부정이 생기기 쉽고 장기적으로 보면 기업경쟁력의 저하를 가져온다. 이 때문에 자유주의 경제학자는 정부에 대해서 시장에의 개입을 극력 피해서 필요없는 법규제, 행정지도, 산업보호 등을 없애도록 요구한다. 또 기업에 대해서는 잘 할 수 있는 분야, 즉 이익추구에만 특화하여 본래의 일과는 관계가 없는 타인에의 배려나 사회공헌활동 등에 힘을 쏟지 말것을 요청한다. 특히 타인에의 배려에 관해

4) Smith, Adam(1963), *The Workers of Adam Smith*, LL. D., Vol. 3, edited by Stewart, D.(Allen Otto Zeller).

서는 그것을 전문으로 하는 자선단체나 NPO가 있기 때문에 기업의 공헌활동은 그것을 전문조직에 맡겨두는 편이 사회전체의 관점에서 보더라도 생산적이고 효율적이라고 한다. 사업자가 이것을 잘못해서 스스로 사회공헌적인 활동을 하게되면 사회자원의 비효율적인 배분을 초래하여 결과적으로 사회의 후생을 저하시킨다는 것이다.

여기서 이러한 주장에 따라 노력한 사람이 공정하게 보상받는 상황이 형성되어 사업자가 자신의 일에만 전념할 수 있는 상황이 되었다고 가정하자. 그러면 과연 그러한 상황하에서는 자유로운 경제활동이 모두를 풍요롭게 할 수 있는지, 또 그것을 통해서 사회적 정의가 실현되는지에 대해 검토해 보자.

스미스의 시대에는 분명히 분업과 전문화가 진행됨으로써 국부가 증대했다. 그러나 이와 동시에 사회에 소득격차라는 문제가 발생했다. 스미스는 비록 격차가 생겼다고 해도 전체가 풍요롭게 됨으로써 모두가 그 은혜를 입는다고 생각했다. 결과론에서는 모두가 풍요롭게 되면 범죄가 줄어들고 사회적 정의도 실현된다. 결과적으로 모든 것이 좋아지게 됨으로 자유로운 경제활동이 인정된다고 주장한다.

이 논리의 결함은 사회전체가 풍요롭게 되더라도 사회에는 더욱더 궁핍해지는 사람이 나올 수 있다는 점에 있다. 제러미 벤덤(Jeremy Bentham)은 공리주의적인 입장에서 '최대 다수의 최대행복'이라는 생각을 제창하고 개개인의 만족의 총화를 높이는 것이 공공의 선이라고 했다. 그러나 이러한 생각은 비록 소수가 굶주리더라도 이에 의해 풍요로운 사람의 입장이 한층더 개선되어 특히 굶주리는 사람이 잃는 행복의 정도보다 풍부한 사람이 새롭게 얻는 행복의 정도가 크면, 다시 말해 전체의 행복의 수준이 높아지면 소수자의 희생은 사회전체적인 측면에서 허용할 수 있다는 것이다. 결과론은 바로 이러한 사회적 불평등의 방치라는 약점을 안고 있다.

이는 비단 이론상의 문제에 머무르지 않는다. 이러한 사례는 현실사회에서 산견된다. 특히 글로벌화가 진행되는 시대에 최빈국과 선진국의 소득격차는 계속 확대되고 있다. 소득의 문제에 머무르지 않고 개발도상국은 선진국의 쓰레기를 버리는 곳으로 전락해버릴 위험성마저 있다. 그들은 노동기회를 창출하기 위해 여러 가지 방법을 동원하여 외자유치에 공을들이고 있기 때문이다. 예를 들어 자국의 환경기준이나 노동기준을 완화하거나 환경이나 노동에 관한 법령의 집행을 완화함으로써 선진국 기업을 불러들이고자 애쓰고 있다. 이를 방치하면 글로벌화의 덕택으로 선진국은 더욱더 풍요롭게되어 세계전체의 만족도는 높아질지 모르지만 한편으로 최빈국사람들은 한층더 열악한 상황에 몰릴 가능성을 갖고 있는 것이다.

원래 자기이익에만 집착하는 사업자는 시장에서 거래되지 않는 재화나 서비스의 거래에는 전혀 관심을 나타내지 않는다. 또 비용(cost)을 타인이나 사회에 전가할 수 있을때는 가능하면 그러한 무임승차행위를 반복한다. 가난한 사람은 살아가기 위해서 다양한 필요성을 채우지 않으면 안 되지만 그들의 필요성은 구매력과 결합되지 않기 때문에 이익지향적인 자유로운 경제활동은 그들의 필요성을 채울방향으로는 나아가지 않는다. 기준이나 법령집행이 허술한 지역에서는 환경오염이나 인권침해 등의 무임승차행위가 횡행하고 여기서 생긴 상처는 현재의 사업자의 행동에 대해 아무런 비판적 발언도 할 수 없는 미래세대로 돌아가게 된다.

이러한 소수집단이나 미래세대에 부담을 강요할지도 모르는 최대다수의 최대행복이라는 발상에 대해 수정을 요구하는 사고도 없었던 것은 아니다. 예를 들어 독자적인 입장에서 정의론을 전개한 존 롤즈(J. Rawls)는 사회에서 능력이 있는 사람(유리한 사람)이 그 능력을 발휘함으로써 사회의 최저변에 있는 약자(불리한 사람)의 상태가 개선된다면 그것을 전제로 유리한 사람이 한층 더 부를 증대시켜도 그것은 허용된다고 했다. 이는 자유로운 경제활동이 사회전체의 상태는 아니더라도 좀더 불리한 입장에 있는 사회적 약자의 상태를 개선하는데 이바지한다면 자기이익의 추구는 정당화된다는 생각이다.[5)]

이는 결과론의 수정판이라고 볼 수 있다. 그러나 이러한 주장에도 커다란 함정이 있다. 그것은 불리한 상태를 조금이라도 개선한다면 유리한 사람은 많은 부를 취득하더라도 상관이없다는 극단적인 논리를 지지하는 것이 되기 때문이다.

이러한 문제는 상대적인 것이라고 할지도 모르겠으나 소득격차가 수천 배, 수만 배로 계속 증대하는 사회는 결코 바람직한 사회라고 할 수 없다. 예를 들어 하루에 1달러의 수입을 얻고있던 사람이 1달러 5센트 얻게되었으니까 하루 5천 달러의 수입을 얻고있던 사람은 10만 달러의 수입을 얻어도 괜찮다고 말할 수는 없을 것이다. 즉, 자유로운 경제활동은 비록 사회적인 약자의 상태를 개선했다고 해도 그것이 현저하게 큰 소득격차를 초래하는 경우 시민의 불만을 증폭시켜 사회나 경제의 지속적인 발전을 저해하기 때문이다.

이상과 같은 이유에서 특히 '자유로운 경쟁이 사회의 후생을 높이고 사회적 정의를 실현한다'는 논리에는 많은 의문이 발생하기 때문에 결과론은 충분한 설득력을 갖기가 힘들다.

---

5) Rawls, J.(1971), *A Theory of Justice*(Cambridge, Mass.: Harvard Univ. Press), pp.75.83.

2.3 스미스 경제학의 전제는 현대에도 변함이 없는가?

앞에서 말한 바와 같이 스미스는 도덕철학체계를 형성해가는 과정에서 항상 일관된 문제의식을 가지고 있었다. 그것은 사회질서, 공정한 시장, 사회적 정의같은 것을 실현하려면 국가나 시민은 어떻게 해야하는가 하는 것이다.

만일 스미스가 현대에 태어나 이런 문제의식을 가지고 경제활동을 파악한다면 이전과 같은 결론에 이르지는 않을 것으로 생각된다. 그가 경제학을 주창하던 시대와 현대는 이론의 모든 전제가 크게 차이가 나기 때문이다.

무엇보다 큰 차이는 사업자와 시장의 관계에 있다. 그의 시대에 시장에서 활동하는 사업자는 대부분이 독립한 무수한 상인들이었다. 그들은 비교적 소규모이고 일정한 지역안에서 서로 경쟁하고 있었다. 게다가 활동범위가 한정되어 있었기 때문에 각자에 대한 행동의 선악은 소문이나 평판 등에 의하여 매우 간단하게 시장전반에 전해졌다. 경제학적으로 말하면 완전경쟁에 가까운 상태가 되어 있었다고 할 수 있다.

그러나 이러한 조건은 경제가 발전함으로써 완전히 바뀌었다. 자본이 집적되어 시장에 큰 영향을 주는 사업자는 독립한 무수한 상인들이 아닌 소수의 거대조직으로 바뀌어 갔다. 그 결과 가격의 결정은 앞서가는 기업의 영향을 강하게 받게 되었다. 또 일찍이 지역사회에서 파악되고 있었던 부실이나 품질불량 등의 정보는 기업이 광범위한 시장에서 활동하게 되면서 일반 소비자에게는 쉽게 전해지지 않는다. 게다가 활동의 대부분이 조직 내에서 이루어지게 되어 어떠한 부정이나 부조리가 있다고 해도 시장은 그것을 간단하게 파악할 수 없게 되었다.

바꾸어 말하면 과거 스미스의 경제이론이 유효했던 만큼 그것이 현실에 큰 영향을 주어 현실 그 자체를 바꾸어버렸으나 반면에 현실을 바꿈으로써 스미스의 경제학은 바뀌어진 현실을 유효하게 이끌 수 없게 되었다. 달리 말하면 어떤 병에 효과가 있는 약이 개발되어 문제의 병이 치유되면 일정부분 그 약은 더이상 사용할 필요가 없는데도 불구하고 계속 사용할 경우 그 약에 의해 새로운 심각한 질병이 생길 수도 있는 상황과 같다.

즉, 스미스 경제학의 혜택을 받아 소규모의 상인집단으로부터 이루어지는 시장은 대규모 조직이 영향력을 행사하는 시장으로 변모하고 쉽사리 파악되던 사업자의 정보도 파악하기 힘든 것으로 바뀌어 버린 것이다. 이렇게 전제가 바뀌었기 때문에 지금은 단순하게 자유로운 경제활동은 좋은 결과를 가져온다고 할 수 없게 된 것이다. 만약 스미스의 문제의식으로 되돌아와 사회의 질서나 사회적 정의를 실현하기위해 무엇을 해야 할 것인가라고 자문하면 그 대답은 결코 '기업은 이익만 추구하면 된다'는 것은 아닐 것이다.

03 CSR에 대한 기업과 이해관계자의 책임

지금까지 당연론이나 결과론의 한계를 지적함으로써 기업의 사회적 책임이라는 문제에 대해 정리해 보았으나 우리는 CSR을 기업에 대해서만 요구하는 것은 아니라고 생각하고 있다. CSR이란 기업의 사회적 책임(Corporate Social Responsibility)인 동시에 시민의 사회적 책임(Citizens' Social Responsibility)이라고 생각하고 있다. 기업의 대응에 주목하는 시민, 평가하는 시민, 그리고 그 평가를 근거로 실제행동으로 연결하는 시민이 없으면 기업에 의한 사회책임활동은 지속되지 않을 것이기 때문이다. 그러므로 이 챕터의 마지막에서 기업과 시민쌍방의 사회적 책임에 관해 간략히 정리해 보고자 한다.

3.1 CSR에 대한 기업의 책임

기업의 사회적 책임에 대해서는 법령의 준수(협의의 컴플라이언스(compliance)), 윤리실천(광의의 컴플라이언스), 사회공헌 등 세 가지의 국면이 있다. 협의의 컴플라이언스는 우선 법령의 내용을 지키는 수준이지만 사회적 책임을 강하게 느끼는 기업은 한층 진일보하여 법령의 배경에 있는 기본적인 생각까지 주체적으로 이해하고 실천하려고 한다. 이것이 윤리실천의 수준에 해당된다.

물론 윤리실천의 수준에서는 법령의 해석에 다양한 견해가 반영되기 때문에 각각의 기업이 동일한 대응을 한다고는 할 수는 없다. 여기에는 항상 불분명한 부분이 생기게 되어 기업별 해석은 천차만별이 될 수밖에 없다. 그런 와중에도 가급적이면 법령의 정신을 적극적으로 받아들여 실천할 필요가 있는것은 '법령의 빠져나갈 구멍을 찾아 합법적으로 부적절한 경영을 한다'는 자세가 조직 내에 만연하게 되면 직원들은 가급적이면 교묘하게 불공정한 행위를 반복하려고 하기 때문이다. 그러한 직장에서는 자신의 회사에 대한 모순감을 갖고 업무에 임하는 사람이 증가할 것이다. 바꾸어 말하면 철저하게 법령을 준수하려면, 또 조직 내에 준법문화를 양성하기 위해서는 윤리실천의 수준까지 의식을 높이지 않으면 안 되는 것이다.

이 수준에 있는 윤리적 기업은 법령을 위반하는 리스크나 사회규범으로부터 일탈하는 리

그림 2-2 기업의 사회적 책임의 전개단계

	정의	박애
주체적	**페이스 2: 윤리실천** 올바른 일을 한다 정직하다 공정하다 법의 정신을 실천한다	**페이스 3: 사회공헌** 타인을 돕는다 지역사회를 보다 좋게 한다 인간의 존엄을 촉진한다 용기를 가지고 임한다
기초적	**페이스 1: 협의의 법령준수** 악행을 피한다 사기행위는 안 된다 훔쳐서는 안 된다 법령을 준수한다	**페이스 2: 윤리실천** 타인을 상처내지 않는다 지역사회에 해를 주지 않는다 인권을 존중한다 잘 배려한다

주 : 붉은부분은 결과를 보고하는 것이 합리적. 그 외의 부분은 프로세스를 보고하는 것이 합리적.
L. S. Paine, Value Shift, p.68의 도표를 바탕으로 작성.

스크 등을 밝혀내고 그러한 리스크가 실제문제로 발전하지 않도록 조직적으로 관리한다. 또 리스크를 고려하여 교육훈련을 실시하고 절차나 감사체제 등의 내부통제시스템을 정비해 간다. 더구나 일상의 노력에도 불구하고 실수나 사고 등에 의해 어떤 문제가 발생하게 되면 그 사실을 은폐하지않고 공표하여 원인규명과 재발방지에 노력한다.

아무리 엄격히 관리한다 하더라도 문제는 일어나게 마련이다. 그렇기 때문에 노력을 게을리해서는 안 된다. 어떤 기업이라도 인간으로 구성된 조직인 이상 언젠가는 반드시 부조리나 착오 등에 의해 사고나 문제가 발생하게 된다. 그러므로 문제가 발생했을 경우 특히 그것이 대외적으로 악영향을 미치는 경우에 윤리적인 기업은 신속히 정보공시에 노력하는 것이다.

3.2 CSR에 대한 이해관계자의 책임

안전하고 공정한 사회를 만들려면 개별기업이 조직 내의 문제를 은폐하지않고 필요하면 공표하고 나아가 문제발생의 원인을 규명함과 동시에 적절한 재발방지책을 검토해야 한다. 문제는 대부분의 기업들이 내부의 비윤리적인 부분에 대해 자발적으로 고백하고 소비자들의 선처를 구하는 일이 거의 없다는 것이다. 물론 윤리경영에서 매우 모범적인 사례로 회자되는 존슨 앤 존슨같은 회사도 있지만 여전히 윤리경영은 외부시민단체와 언론의 엄격한 감시활동이 활성화될 때만 제대로 정착될 수 있다고 생각된다. 나아가 이해관계자들이 원하는 보다 살기좋은 사회를 만들어 가기위해 기업들로 하여금 지속적으로 사회적 책임을 다해가도록 동기부여할 책임이 이해관계자들에게도 있다는 점을 인식할 필요가 있는 것이다. 말하자면 기업은 사회적 책임의 수용과 같은 변화를 주도하기 보다는 변화에 더 잘 반응하는 체질을 가지고 있으므로 기업에 대해 CSR을 요구하는 것만큼 이해관계자들도 상응하는 관심과 책임있는 행동을 해야한다는 것이다.

만약 사회가 금융거품과 위기가 더 이상 있어서는 안된다고 결정한다면 이해관계자들도 그런 결과가 실현되도록 일정한 역할을 수행하는 것이 타당하다. 마차가지로 사회가 모든 일자리가 저임금국가로 아웃소싱 되는것을 원치않는다고 결정하면 사회는 국내 일자리를 지키는 데서 생기는 가격상승분을 더 지불할 준비가 되어있어야 한다. 책임은 어느 한 두 집단만 지는것이 아니라 "우리 모두가 건설한 집에 우리가 함께 살고있음"을 인정하는 것이 중요하다.

다음은 한 환경운동단체(Earthshare.org)가 뉴욕 타임즈에 낸 전면광고의 일부이다.[6)]

"우리가 내리는 모든 결정은 결과를 낳습니다. 호수나 강에 무엇을 버릴까요? 우리가 숨쉬는 대기로 무엇을 내뿜을까요? 우리 몸에는 무엇을 집어넣고, 우리 애들은 어디서 뛰놀게 할까요? 우리는 우리가 사는 세상을 우리 맘대로 할 수 있습니다. 그러니까 올바른 선택을 해 주십시오. 여러분은 earthshare.org에서 물, 공기, 땅, 그리고 여러분 자신을 배려하려면 무엇을 해야 하는지 배우실 것입니다."

이 광고가 재미있는것은 너무 오염시킨다고 기업에게 단순히 떠벌려대는 게 아니라 개별적 책임을 강조하고 있다는 점이다. 광고의 제목이 논점을 정확하게 보여주고 있다.

"우리는 우리 모두가 지은 집에 살고 있습니다."

(WE ***LIVE*** IN THE HOUSE WE ALL *BUILD*)

CSR논쟁에서는 흔히 이런 강조점이 빠져있다. 기업들은 시장에서 지지가 입증되지 않은 행동을 시작해야 할 경우보다 훨씬 더 빨리 핵심 이해관계자들(특히 소비자)의 요구에 반응한다. 예를 들면 소비자가 상품이 생산된 방식이나 기타 기업이 저지른 행동을 못마땅해 한다는 이유로 상품을 구매하지 않은면 그 기업은 바로 적응하거나 망할것이다. 달리말하면 이해관계자는 이 사회에서 살아남아 번창하는 기업에 대해 해당되는 조직자체 못지않게

6) Earthshare, Summer 2008, http://www.earthshare.org/psa/earthshare_printpsa_2008.pdf

그림 2-3 CSR 실패와 합리적 CSR의 정당성

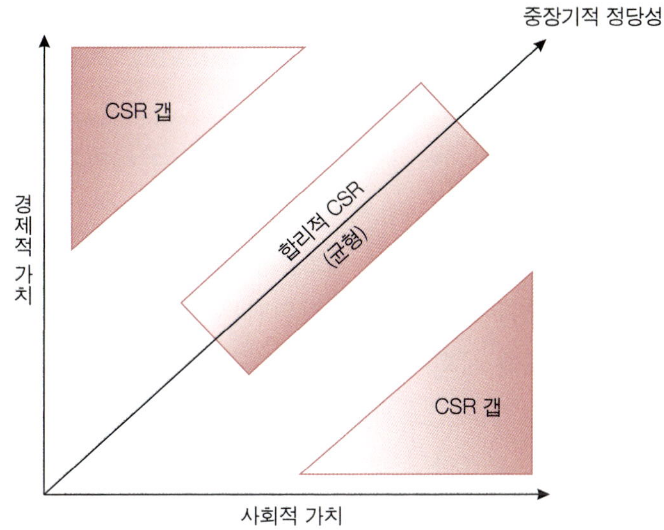

주 : Werther and Chanddler, 앞의 책(양승훈 옮김, 기업의 사회적 책임과 전략), p.61에서 수정 인용.

책임이 있다. 이것이 이 자본주의체제의 문제에 대한 완전한 해결책도 아니고, 기업이 모든 책임으로부터 면제되는 것도 아니다. 다만 기업의 책임못지않게 이해관계자의 책임(소비자 교육 등)도 동등하게 강조된다면 우리가 기대하는 CSR은 좀더 빨리 이루어질 수 있을 것이다.

CSR을 지지하는 주장은 기업이 자신이 속한 사회에 대해 적절한 기여를 하고있다고 인식될 때 그 기업이 얻는 이익이 인정될 수 있다고 가정한다. 적어도 핵심이해관계자의 기대에 어긋나게 행동하는 기업에게는 마땅히 경제적 불이익이 있어야 한다고 생각한다. 동시에 이해관계자들은 사회에 기여하고자 하는 기업의 CSR행동에 대한 충분한 관심을 기울일 것이 요구된다.

사회가 인식하고 있는 이미지와 사회의 기대치 간의 차이를 'CSR갭' 혹은 'CSR실패"라고 부른다(그림 2-3 참조). CSR갭이란 이해관계자(내부와 외부 모두)의 기대와 기업이 실제 가져다 주는 것의 차이(gap)를 말한다.

합리적 CSR[7]을 성공적으로 수행하는 기업(그림 2-3에서 45° 선으로 표시)은 내부이해관계

7) Werther와 Chanddler는 앞의 책(양승훈 옮김, 기업의 사회적 책임과 전략, p.61)에서 이를 전략적 CSR이라 표현했으나 저자는 '전략적'이란 말보다 '합리적'이란 용어가 더 적절한 것으로 생각되어 '합리적 CSR'이라 쓰기로 한다.

가 추구하는 경제적 가치와 다양한 외부이해관계자가 추구하는 광범한 사회적 가치를 균형있게 실현할 능력이 있다. 원래 기업이 추구하는 경제적 가치란 이윤을 늘리는 것으로 주주나 종업원같은 조직의 이해관계자들에게 이익이 된다. 그러나 중장기적으로 정당성을 확보한다면 이런 경제적 가치를 추구하는 일이 곧 일자리를 만들고 안전한 제품을 생산하는 것과 같은 사회적 가치를 지역사회를 포함한 외부 이해관계자들에게 제공하는 일이 되기도 하는 것이다.

사회적 결과(과다한 오염을 발생시키는 제조공정처럼)에 대한 고려없이 아무런 통제를 받지 않고 경제적 가치만을 추구하면 기업이 영위되는 사회에 대해 CSR갭이 생긴다. 이와 똑같이 기업이 너무 지나치게 사회적 가치만을 추구하면 1장의 Malden Mills의 사례처럼 경제적 가치를 창출하는 능력을 감소시켜 경제활동의 둔화, 기업 소유자에 대한 배당감소같은 CSR갭을 야기시킨다. 요약하면 경제적 가치든 사회적 가치든 간에 어느 수준에 미달하면 이해관계자들은 그 기업이 사회의 구성원으로서 정당성을 가지고 있는가 하는 의문을 제기할 논거를 갖게 된다.

경제적 가치와 사회적 가치의 조화, 이것이 바로 조직전반에 걸쳐 합리적 CSR관점을 실행하는 것이다. 달리 말하자면 조직은 소유자나 종업원 기타 어느 하나가 아니라 다중의 내·외부 이해관계자가 중요시하는 방식으로 행동하여야 한다. 그러나 '합리적 CSR기회'[8]가 실천적으로 적용되려면 이해관계자들이 기업의 행위를 평가하고 CSR갭을 인식하면 바로 이를 시정하려는 행동을 취하는 것이 중요하다. 이는 이해관계자 행동주의(Stakeholder Activism)의 기조가 되기도 한다. 그러나 더 큰 사회적 대의를 위하여 상당한 단기적 희생을 치르는 CSR에 대해 일반적으로 이해관계자들, 특히 소비자들이 충분한 관심을 기울이고 있는지에 대해서는 많은 의문이 제기되고 있다.

윤리적 소비자에 관한 한 기사[9]는 많은 CSR 지지자들이 지니고 있는 가정, 즉 소비자들이 주도적인 경제모델의 근본적 전환을 지지하기 위하여 기업윤리와 CSR에 대해 충분한 관심을 기울인다는 가정에 대해 의문을 제기하고 있다. 본질적으로 소비자들은 기업윤리나 CSR에 대한 설문조사에서는 자기생각을 말하지만 돌아서서 실제로 구매결정을 할 때는 다른 원칙을 따른다는 것이다. 대부분의 사람들이 보통의 제품보다 윤리적 제품을 선택하

8) Werther와 Chanddler는 앞의 책(양승훈 옮김, 기업의 사회적 책임과 전략, p.61)에서 이를 "전략적 CSR 적기(Strategic CSR Window of Opportunity)"라고 표현하고 있으나 여기서는 '합리적 CSR 기회'라고 표현한다.
9) Chandran Nair, "Ethical Consumers – Cop-out at Checkout," *Ethical Corporation*, September 8, 2008, http://www.ethicalcorp.com/content.asp?contentID=6074, 위의 책, p.62.

려면 그 제품이 보통제품보다 더 비싸서는 안되고 유명브랜드로서 구매하거나 사용하는 데 별다른 노력이 필요하지않고 적어도 대체품과 같은 품질의 것이어야 한다. 윤리적 제품과 이를 팔려는 생산자도 늘고 있지만 대부분의 소비자들은 좋은 품질에 값싼제품을 가장 선호한다. 이것이 사실이라면 기업은 어떤 동기로 책임있는 혹은 윤리적인 기준을 유지하는가? 이 기사에서는 기업의 명성 리스크를 다루면서 동시에 규제의 위협이 기업으로 하여금 소비자 요구에 앞서 개혁을 하게만드는 가장 강력한 동기라고 지적하고 있다. 소비자들은 장래의 불확실한 편익을 위하여 현재의 생활수준을 자발적으로 희생하려 들지않을 것이므로 결국 정부가 그들을 대신하여 규제라는 행동을 취하지 않을 수 없을 것이기 때문이다. 요약하면 기업은 여러 이유로 사회적으로 책임있는 행위를 하려고 하겠지만 그렇게 행동하는데서 오는 합리적 혹은 경제적 이익을 확신하게되면 CSR사업관행을 지속적이고 진정으로 수행할 가능성이 커질것이다. 결국 핵심이해관계자 집단들이 자신의 주장을 행동으로 지지할 때 이해관계자 관심은 기업에게 더욱 명백하고 측정가능한 CSR행동목표로 기능할 수 있게 될 것이다.

04 CSR의 중요성에 대한 재인식

2008년 리먼 브러더스 투자은행의 파산으로 촉발된 세계금융위기는 오늘날까지도 자본주의 경제체제의 운영에 심각한 악영향을 끼치고 있다. 이 위기사태는 사회에서 기업의 역할이 무엇인가라는 오래된 질문을 다시 심각하게 상기시켰다. 동시에 기업의 주된 역할이 주주이익의 극대화라는 그동안의 믿음이 심각하게 의문시되고 심지어는 사회적 문제를 야기시키는 주범으로 간주되기조차 하였다.

결국 모든 문제의 시발은 주주이익을 극대화할 필요에서 야기되었다고 볼 수 있다. 은행은 한 때 아주 지루한 기관으로 보였으나 위험을 키워 이윤을 늘리는 새로운 방법을 찾아냈다. 주가실적에 연계하여 최고 경영자의 보수를 지급함으로써 외견상 더 높은 수익을 내는 방안을 찾는 추세를 따라갈 동기가 생긴 것이다. 더 높은 수익만을 추구한 나머지 은행들은 자신의 행위로 인해 그들이 봉사하는 사회의 안정성을 해치게 된 것이다.

리먼 브러더스 사태직후 퓰리쳐상 수상자인 프리드만(Thomas Friedman)은 뉴욕타임즈에 다음과 같은 글을 기고하였다.

"일년에 14,000달러를 버는 노동자에게 계약금도 없고 2년간 상환이 전혀없는 주택담보금융으로 750,000달러의 집을 사게하고, 이 담보를 100개의 다른 담보와 묶어 담보부채권(Moody's나 Standard & Poors가 AAA 등급을 주는)을 만들고 이를 전 세계은행과 연기금 펀드에 파는것을 도대체 뭐라고 불러야 합니까?"

지나친 시장에의 의존은 보이지 않는 손에 의한 조정능력의 범위를 벗어나 파국을 초래하였다. 시장이 개인적 행위자들에게 일상의 결정에 따르는 사적책임을 면제해준 것이나 다름없었다. 1987년부터 2006년까지 미연방준비이사회(U.S. Federal Reserve Baoard)의 의장을 역임한 그린스판(Alan Greenspan)이 시장의 힘에 대한 정부당국의 역할에 관해 어떻게 생각해왔는지 그 변화를 보면 매우 큰 시사점을 얻을 수 있다.

1963년 'Objectives Newsletter'에 기고한 글에서 그린스판은 사업가가 "안전하지않은 식품이나 약품, 사기적인 유가증권, 그리고 조잡한 건물을 팔려고 할 것이라는 생각은 허구이며, 정직한 거래와 질 좋은 제품으로 명성을 얻는 것이 모든 기업가의 자기이익이다"라고 단언하였다. 하지만 2008년 리만 브러더스 사태에 직면하여 '감독부실과 정부개혁에 관한 하원위원회'(the House Committee on Oversight and Government Reform)에 증인으로 나온 그린스판은 "주주들의 지분을 보호하기 위하여 대출기관의 이익에 마음을 썼던 우리는 나를 포함하여 충격을 받아 불신상태에 있습니다. … 이 현대의 '자유시장' 패러다임은 수십 년간 지배력을 발휘했습니다. 그러나 지난 여름 지적체계가 송두리째 붕괴해버렸습니다"라고 입장을 바꿨다.

사실 2008년 경제위기에 대한 비난은 기업만의 몫은 아니다. 사기같은 담보대출(모기지론)을 판매한 개인과 조직, 감시책임이 있는 규제당국, 자신도 잘 모르는 금융공학기법을 개발하고 그에 따른 금융상품을 개발한 투자자들, 그리고 투기에 열중한 주택구입자들 등등 누구도 비난에서 자유로울 수 없다.

경제위기의 여러 사건들을 겪으면서 의사결정권자의 개인적인 윤리와, 자기조직과 이해관계자의 장기적 이익이 되는 최선의 결정을 내리고자 하는 지도자를 키워내는 일의 중요성이 부각되었다. 그리고 온라인으로 연결된 글로벌 기업환경은 일국의 기업이 내린 의사결정이 순식간에 전 세계로 파급된다는 사실을 인식시켰다.

2008~2009 경제위기는 CSR과 관련된 많은 질문을 던지고 있다. 한 기업의 실패가 광범한 사회적 경제적 피해를 가져올 때 이는 사회에 어떤 의미를 주는가? 이러한 현상은 우리가 직장을 구하거나 미래 창업될 기업의 환경 등에 어떤 영향을 미칠것인가? 기업에 대

한 사회의 기대는 어떻게 변할것인가? 그리고 업계는 어떻게 대응해야 할 것인가? 그리고 앞으로 이와 유사한 위기를 피하기 위해 개인, 기업, 혹은 사회수준에서 우리는 어떻게 대처해야 할 것인가?

이런 측면에서 CSR을 이해하는 것은 무척 중요하다. 이는 우리사회의 미래상을 규정하는 시도이기 때문이다. CSR, 기업책임, 기업시민, 그리고 지속가능성 등은 모두 기업활동의 모든 측면에 영향을 미치기 때문에 중요하다. 기업 또한 중요하다. 사회의 부와 복지의 대부분을 창출하는 주체이기 때문이다. 이처럼 CSR은 기업과 사회의 성공을 위해 매우 중요한 위상을 가지고 있다.

CSR은 온실가스배출을 줄이거나 지역에 학교를 세우는 계획에 대한 것만은 아니다. 그것은 기업이 핵심제품과 서비스를 둘러싼 딜레마를 어떻게 해결할 것인가, 제품을 어떻게 생산하고 누구에게 팔 것인가에 관한 것이기도 하다. 예를 들면 식품산업은 비만이 늘어나는 문제의 일부라는 공격을 받고 있다. 과연 아이들에게 판매를 허용할 것인지 말것인지에 대한 논의도 나오고 있다. 신약개발과 새로운 치료법의 혁신을 위해 엄청난 투자를 감행하고 있는 제약사들은 생명을 구하는 데 필요하긴 하지만 너무 비싸서 살여력이 없는 그런 약을 팔아 감히 이윤을 챙기고 있다는 비난을 받기도 한다.

모든 분야에서 기업의 존재양식에 대한 이슈가 터져나오고 있다. 결국 CSR은 지속가능한 부의 창조에 관한 것으로 귀결된다. 사회적으로 또 환경적으로 지속 가능하고 그래서 광범한 사회의 지지를 받는 방식으로 제품과 서비스를 생산하는 것이다. 이해관계자들의 이익이 서로 충돌할 때 딜레마를 해결하는 일은 쉬운일은 아니나 그렇다고 불가능하지는 않다.

여기서 어떤 책임있는 기업도 출발점은 이익을 확보하는 데 있다는 점에 대한 이론은 없다. CSR의 이름으로 운용되는 프로그램이 이윤을 해치고 사업실패와 일자리 상실 혹은 그 이상의 나쁜 결과로 이어진다면 이는 책임있는 기업운영이라고 할 수 없다.

그러나 이것이 다른 무엇보다 이윤을 최우선으로 하는것과 같은것은 아니다. 기업은 돈을 벌기위해 존재하는 것은 아니다. 오히려 사람들이 필요로 하는 재화와 서비스를 제공하기 위해 존재하고 그런 과정에서 돈을 버는 것이다. 기업이 궁극적으로 의존하는 자원 기반을 갉아먹으면서, 혹은 신뢰를 악용하거나 결과가 어찌되든 신경쓰지 않으면서도 단기적으로는 돈을 벌 수 있을지 모른다. 그러나 그런 접근법으로 단기적 이익은 얻겠지만 미래를 위한 지속 가능한 비즈니스 모델이 될 수는 없다.

기업이 사회에 미치는 전반적인 영향을 관리할 것, 즉 긍정적 기여를 극대화하고 부정적 영향을 최소화해야 한다는 식으로 기업에 대한 기대가 바뀌고 있다. 나아가 기업이 기후변화같은 글로벌이슈나 범죄나 열악한 교육같은 지역적 이슈 등 공동의 문제를 해결하는 데 자신의 재능과 자원 그리고 기타 자산을 활용하는 진정한 기업시민으로 행동할 것이라는 기대도 있다. 기업들은 이런 문제들을 제대로 다룸으로써 사회속의 기업의 존재양식을 스스로 가다듬어 가야 할 시점이다.

토론을 위한 자료

지구촌 '윤리적 소비운동' 주춤
시장확대 '저속' · 잇단 문제불거져… '공정무역 · 착한 소비' 난관

2013년 4월24일 방글라데시 라나 플라자 붕괴 사고 현장. 세계일보 자료사진

#1. 지난달 24일은 방글라데시 '라나 플라자' 붕괴참사 2주기였다. 미국 월마트와 이탈리아 베네통 등 글로벌 패션기업들로부터 하청받은 봉제의류를 대기위해 저임금과 밤샘작업에 시달리며 일하던 근로자 1130여명이 숨졌다. 이윤 극대화를 위해 사람을 희생시켰다는 비난과 함께 공정무역의 필요성에 대한 국제사회의 여론이 고조되자 이들기업은 "옷을 직접 주문한 적이 없다"면서도 도의적 차원에서 희생자 보상을 위한 기금을 내놓겠다고 했다. 하지만 비난여론이 잦아들자 원청기업들은 기금출연을 차일피일

BMW의 최신형 플러그인 하이브리드차 i8. BMW 제공

미루고 있다.

#2. 독일 BMW는 환경차 시장의 선두주자다. '전기차는 옵션이 아닌 필수'라는 모토하에 2007년부터 약 30억 유로(약 3조 7200억원)를 투자해 세계 최고 저연비·고출력 차량인 i3, i8을 잇따라 출시했다. 하지만 이들이 목표한 대로 2020년 세계 1위 자동차기업으로 올라설지는 불투명하다. 지난 한 해 6000만원대 전기차 i3 판매량은 2233대였던 반면 1억원이 훌쩍넘는 디젤 스포츠유틸리티차량(SUV) X5는 1만 2664대가 팔렸다. 소비자들이 아직까진 전기차를 불편하게 여기기 때문이다.

■난관에 부딪힌 윤리적 소비

금세기 들어서면서 확산일로였던 윤리적 소비(ethical consumption)가 난관에 부딪혔다고 독일 시사주간지 슈피겔이 진단했다. 외형적으로는 성장했지만 각종 문제점이 속출하고 있다는 것이다. 윤리적 소비는 상품을 구매할 때 가격 대비 품질만이 아니라 환경문제나 개발도상국과의 공정무역, 기업의 사회적 책임(CSR)까지 고려하는 소비행위를 일컫는다. 동물실험과 노동착취 등 평판이 나쁜기업이 생산한 제품에 대해선 불매운동을 벌이고 구매 시 가격이 다소 비싸더라도 유기농·친환경·공정무역상품인지를 우선적으로 따지는 '착한소비'인 것이다.

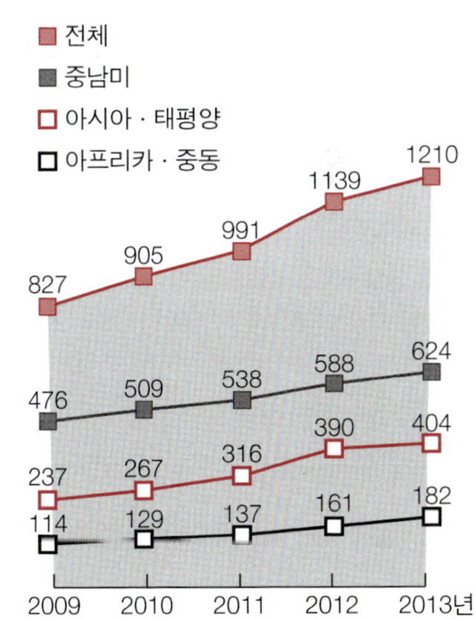

전 세계 공정무역 참여 농장 및 업체 수 (단위 : 개)

친환경제품 전문정보포털사이트 '유토피아'를 만든 독일인 클라우디아 랑게르는 요즘들이 '의식있는 소비자만이 지구를 지킨다'는 오랜 신념에 회의를 느낀다. 랑거는 "처음에는 윤리적 소비가 기업을 움직이고 재계가 정치권을 압박하면 세상이 바뀔 것이라고 믿었다"며 "하지만 지금까지 우리의 윤리적 소비로 크게 나아진 것은없고 동참자들은 갈수록 줄고있다"고 토로했다. 그는 이제 불편하기 그지없던 전기차 대신 일반차량을 타고 다니고, 예전엔 거들떠도 안 봤던 플라스틱 장난감과 인스턴트 과자를 가끔 산다.

공정무역 참여 농민 · 노동자 상위 10개국
(단위 : 명, 2013년 기준)

공정무역 생산자 수 및 평균수입

(2013년 기준)

	생산자(명)	총 판매수입(유로)	1인당 평균 프리미엄(유로)
커피	73만 7100	5억 1850만	71
차	29만 9900	1630만	16
코코아	17만 6600	9610만	59
사탕수수	6만 2200	6180만	186
면직	5만 9700	650만	13
화훼	4만 9100	4730만	111
바나나	2만 7100	1억 3710만	978
기타	10만 4700	6040만	-
전체	151만 6400	9억 4400만	73

자료 : 세계공정무역협회

윤리적 소비시장에 뛰어든 기업들도 당혹스럽기는 마찬가지다. 시장은 예상만큼 커지지 않는 반면 기대치가 높아진 소비자 비판은 쏟아지기 때문이다. 1990년대부터 아프리카 나무심기사업 등을 벌여 온 독일 오토그룹의 한스·오토 슈라더 최고경영자(CEO)는 요즘같아선 차라리 '기업의 사회적 책임'

국내 공정무역 상품매출현황
(단위 : 원, 아이쿱생협 등 7개 주요 공정무역 기관 합산)

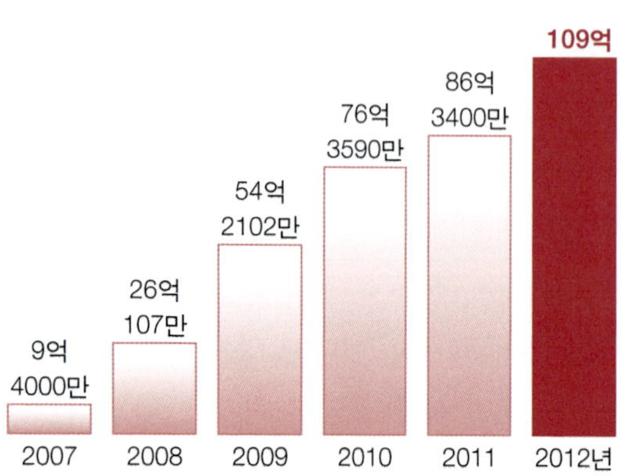

공정무역에 대한 인식조사
(단위 : %, 전국 만 19세 이상 남녀 1000명 대상)

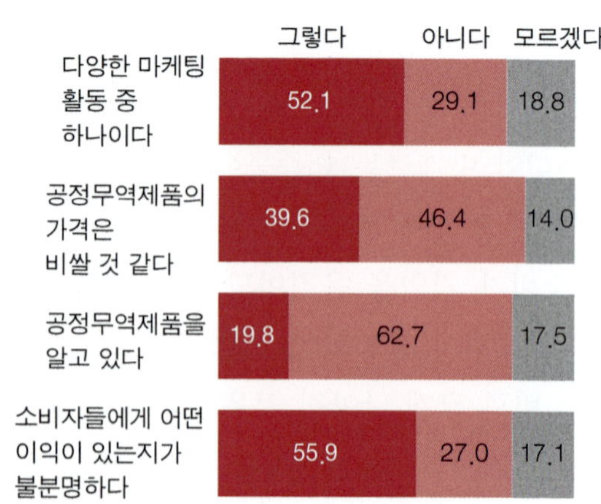

이라는 지론을 내팽개치고 싶은 심정이다. 전자상거래업체인 오토그룹이 일부 옷과 가방을 노동착취가 심한 방글라데시와 인도에서 납품받는다는 사실이 알려지면서 일부 소비자가 "위선자" "악덕기업"이라며 불매운동을 펼쳤기 때문이다. 슈라더 CEO는 "우리는 200만개 제품을 팔고, 70여개국 수천개 회사와 거래를 하는데 어떻게 다 관리할 수 있겠느냐"고 하소연했다.

■ '착한 소비'가 대세가 되려면

윤리적 소비는 건강은 물론 환경, 사회까지 생각하는 자본주의 대안활동으로 여겨지며 2000년대 급속도로 확산되었다. 제3세계 국가 노동자들에게 정당한 대가를 지불하고 경제적 자립을 지원하는 공정무역의 성장이 대표적이다. 세계공정무역협회(FLO)에 따르면 커피와 바나나, 코코아 등 공정무역 매출액은 2009년 약 34억 유로(약 4조 2204억원)에서 2013년 55억 유로로 1.6배 늘었다. 영국의 윤리적패션포럼측은 친환경 면화·양모시장이 내년 1021억 유로규모로 성장해 세계섬유시장의 10% 이상을 차지할 것이라고 밝혔다.

한국에서도 윤리적 소비는 꾸준히 증가했다. 농림축산식품부는 직거래와 친환경급식, 로컬푸드확산 등으로 2012년 말 3조 809억원 수준인 유기농 등 친환경농산물 시장이 2020년에는 7조원에 달할 것으로 내다봤다. 그러나 외형적인 성장이 전부는 아니다.

전문가들은 윤리적 소비의 힘을 과대평가해서도, 과소평가해서도 안 된다고 입을 모은다. 비토리오 회슬레 미국 노트러데임대 교수(철학)는 "기본적으로 소비나 생산은 이기적"이라며 이익극대화가 지상목표인 자본주의체제에서 절대적으로 '착한소비'는 없다고 지적했다. 그렇다고 윤리적 소비를 확산시키려는 노력을 게을리 해선 안 된다는 게 그의 생각이다.

그는 "윤리적 제품인증에 관한 국제기준이나 환경세도입, 노동조건개선 등은 정치권을 압박해야만 얻을 수 있는 것"이라며 "기업과 정부에 지속 가능한 자본주의를 만들자는 메시지를 끊임없이 던져야 한다"고 조언했다.

● 세계일보, 송민섭 기자, 2015. 05. 09

탄자니아 공정무역 커피 원두수확 장면. 세계공정무역협회제공

토의과제

① 이 장 도입부의 기사 내용 중 한국에서 폴크스바겐의 판매가 증가한 현상을 한국 소비자들의 윤리의식의 부재에 기인한 것이라고 봐도 좋은 것인가?

② 공정무역의 확대가 기업과 소비자 모두에게 바람직한 것으로 생각하는가? 만약 그렇다면 공정무역을 확대시킬 수 있는 방안은 무엇인가?

③ '착한기업은 없는 것처럼 착한소비도 없다' 는 주장에 대한 당신의 생각은?.

④ 윤리적 기업활동 못지않게 윤리적 소비행동 또한 중요하다는 주장에 대한 당신의 생각은?

⑤ 본문 중의 사례에서 사고 발생시 호랑이의 소유주와 기업의 소유주(주주) 간의 책임의 크기와 범위에 있어 어떤 차이가 있는가, 그리고 그 이유는? 같은 주식회사라 하더라도 한국의 경우 소유와 경영의 분리가 미흡하여 오너경영자가 일반적인 상황에서 사고발생시 그에 대한 책임추궁은 어떤 형태로 전개되는가?

제 3 장

기업의 사회적 책임에 관한 세계적 동향

올해 기업의 사회적책임 키워드는 'S.U.C.C.E.S.S' 대한상의, 2016 사회적 책임 5대 이슈·2대 트렌드 제시

CSR 주요 이슈 설명 결과

이 슈	총 점
유엔 지속가능발전목표 대응	84
신기후체제와 온실가스 감축 노력	80
공급망 관리(SCM)	62
공유가치창출(CSV)	46
윤리경영 고도화	38
EU 비재무성과 공시	27
정부, NGO와의 파트너십	25
사업 임팩트 평가	22
인권경영	21
빅데이터(기업정보 디지털화)	19
비용효과적 사업 발굴	14
해외 사회공헌 활동	13
양질의 일자리 창출	11
통합보고	10
사회책임투자 대응	8

※우선순위에 따른 가중치-1순위(3점), 2순위(2점), 3순위(1점)의 총합으로 순위 도출

'S.U.C.C.E.S.S' 올해 국내기업의 사회적 책임(CSR) 성공을 위한 5대 이슈, 2대 트렌드를 담은 키워드가 제시됐다.

대한상공회의소(회장 박용만) 지속가능경영원은 최근 국내기업 CSR 담당자와 외부전문가 100여명을 대상으로 '2016 국내기업 CSR 트렌드'를 조사한 결과, CSR 성공키워드로 'SUCCESS'를 꼽았다고 22일 밝혔다.

'SUCCESS'는 공급망 관리(Supply Chain Management), 유엔 지속가능발전목표(UN SDGs), 신기후체제(Climate Change), 공유가치창출(CSV), 윤리경영 고도화(Ethical management), 환경·사회문제에 대한 해결책(Solution), 지속가능한 혁신전략(Strategy)의 첫 머리글자를 따왔다.

이번 조사에서 응답자들은 올해 CSR 5대 이슈로 공급망관리, 유엔 지속가능발전목표, 신기후체제, 공유가치창출, 윤리경영 고도화를 꼽았다.

전체 16개 항목 중 우선순위에 따라 3개 이슈를 고르는 설문결과, '유엔 지속가능발전목표 대응'이 총 84점으로 가장 높은 점수를 받았다. 이어 '신기후체제와 온실가스 감축노력'(80점), '공급망 관리'(62점), '공유가치창출'(46점), '윤리경영고도화'(38점) 순이었다. 이밖에 'EU의 비재무성과 공시'(27점), '정부,NGO와의 파트너십'(25점) 등이 뒤를 이었다.

유엔지속가능발전목표는 2015년 9월 25일 유엔개발정상회의에서 채택됐다. 새천년개발목표(MDGs)를 승계해 2016년부터 2030년까지 글로벌 빈곤 종식과 지속가능개발을 위한 지침역할을 한다.

파리 신기후체제협정은 선진국만 온실가스감축의무가 있던 1997년 교토 의정서와 달리 195개 당사국 모두 지켜야 하는 첫 세계적 기후합의이다. 2100년까지 지구 평균온도의 산업화 이전 대비

상승폭을 섭씨 2도보다 '훨씬 작게' 제한하고, 선진국들이 2020년부터 개발도상국 등의 기후변화 대처를 돕는데 매년 최소 1000억 달러(약 118조원)를 지원한다는 합의를 골자로 한다.

대한상의는 "유엔이 향후 15년간 추진할 목표와 기후 변화에 대한 파리선언 등의 새로운 흐름들이 올해 새롭게 구체화될 계획"이라며 "국내에서는 동반성장과 윤리경영이 여전히 정부와 사회 등의 꾸준한 관심을 받을 것으로 보인다"고 말했다.

올해 CSR 주요 이슈에 대해 기업실무 담당자와 전문가는 다소 시각차를 보였다. 기업 실무자는 2020년 이후의 '신기후체제와 온실가스감축노력'에 대한 관심이 가장 컸으나, 전문가들은 '유엔지속가능발전목표 대응'를 최우선 순위로 꼽았다.

대한상의는 "전문가들은 유엔지속가능발전목표가 향후 15년 간 국제사회가 공동으로 추진할 거시적인 방향성을 제시하고 있다는 점에서 최우선 이슈로 판단한 반면, 기업은 정부의 환경규제 정책과 직접적인 관련성이 크기 때문에 신기후체제를 가장 중요한 이슈로 받아들이고 있다"고 말했다.

대한상의는 CSR 성공을 위한 두가지 핵심 트렌드도 제시했다. 첫번째 트렌드는 '해결자로서의 기업역할 증대'다. 지난해 발표된 유엔 지속가능발전목표와 신기후체제의 논의과정에서도 국제사회는 환경과 사회문제들을 해결하는데 기업들이 적극 참여해 줄 것을 요청했다.

두번째 트렌드는 '지속가능성을 고려한 혁신전략의 강화'이다. 앞으로 기업의 신성장동력은 환경과 사회를 고려한 혁신전략이 아니라면 지속 가능하지 못하다는게 세계적 트렌드다. 전수봉 대한상의 지속가능경영원장은 "과거 대내외 평판제고와 리스크 관리측면을 중시하였던 기업의 CSR활동영역이 기후변화 대응과 양극화 완화 등으로 더욱 확대되고 있다"며 "기업은 CSR을 기업의 지속가능한 성장과 가치창출의 토대로 인식할 필요가 있다"고 말했다.

이번 설문조사는 지난 1월 11일부터 2월 1일까지 이메일과 인터뷰로 이뤄졌으며 기업 CSR 담당자와 외부 전문가 80명이 답했다.

● 심나영 기자, 세계일보, 2016. 03. 22

학습목표

CSR개념, UN Global Compact, ISO 26000, 기업시민의식(Corporate Citizenship), 사회적 책임투자(Social Responsible Investment), ESG등급, 지속가능경영, SRI, SII, SDI

이 장에서는 기업의 사회적 책임에 대한 요구가 높아지고 있는 상황에 관하여 다양한 각도에서 살펴보기로 한다. 기업은 '고객의 창조'를 통한 이익창출이 중요한 사명이며, 이 과정에서 다양한 이해관계자(Stakeholder)에 대한 배려가 필요하다. 따라서 기업이 주주의 이익추구에만 관심을 집중시킨다면 사회적인 책임을 완수하지 못할 가능성이 커진다. 기업의 장기적 발전에 필요한 것은 일반대중으로부터의 '굿윌'(goodwill; 기업에 대한 호의적인 이미지)의 획득이며 이를 형성하는데 필요한 수단으로 CSR활동에 대한 적극적인 어프로치가 있어야 한다.

기업의 사회적 책임은 현재 'CSR'(Corporate Social Responsibility)이라는 명칭으로 많이 논의되고 있는데 이 장에서는 다음의 수순을 밟아서 CSR의 본질을 이해하고자 한다. 첫 번째로, CSR의 의미와 논의내용을 검토한다. 특히 CSR과 인접한 학문영역의 관계를 고찰하고 CSR이 이들 영역과 관련된 내용을 살펴보고자 한다. 다음으로 CSR이 현대기업에 있어서 이전보다 더욱 중요한 경영의 관심사항이 되고 있는 경위와 배경에 대해 고찰하고자 한다. 또한 CSR을 추진하는 체제를 기업수준에서의 미시적 대응과 더불어 정책수준의 거시적 대응이라는 차원을 포함하여 유럽, 미국, 한국의 상황에 대해 개괄해 보고자 한다.

01 CSR이란 무엇인가

지난 40년 동안 기업의 사회적 책임(CSR: corporate social responsibility)에 관해 많은 연구가 활발히 수행되었다. 기업의 사회적 책임에 대한 연구의 출발은 미국으로, 기업가들이 이윤추구활동을 넘어서 사회에 대한 책임까지도 져야한다는 주장이 제기되면서 시작되었다(Bowen, 1953). 그러나 사회적 책임에 관한 필요성은 그 이전인 자본주의 초기부터 제기되어 왔다. 예를 들어, 영국의 사회사상가이자 인도주의 경제학자인 존 러스킨은 1860년 '명예의 근원(The roots of honour)'이란 논문에서 기업가들은 상업활동을 통해 자신의 이익을 취하기보다 사회적 애정을 가지고 노동자와 사회전체의 이익에 복무해야 한다고 주장한 바 있다. 그렇다면 왜 이들은 기업이 자신의 이익만이 아니라 사회적 책임까지도 져야한다고 주장해 온 것일까?

21세기가 되어서 기업의 사회적 책임을 둘러싼 논의는 CSR이라는 용어를 사용함으로써 내용적으로는 보다 많은것을 포괄하는 형태로 전개되었다. 이러한 문제의식들을 반영하듯 우리나라 기업들도 최근 기업의 사회적 책임활동을 크게 강화하고 있다. 예를 들어 2013년 한 해 동안 전경련에 소속된 234개 기업들의 사회적 책임활동에 지불한 비용은 세전이익 대비 3.76%로 이는 일본 경단련 소속 331개 기업들의 사회적 책임을 위한 지출(세전이익 대비 1.77%)보다 높은 비율이었다.[1)]

하지만 CSR이 의미하는 문제영역이 무엇인지는 그다지 명료하지 않아서 아직까지는 다양하게 사용되고 있는 실정이다. 이 책에서는 우선 '기업과 사회의 관계'를 폭넓게 취급하는 개념으로 파악하고자 한다.

예를 들어 CSR과 관련된 학문분야로는 우선 CSR이 목표로 하는 경영의 건전성 확보라는 점에서는 '기업지배구조'(corporate governance)분야가 CSR과 관련을 갖고있다고 할 수 있다. 기업지배구조란 용어는 한국에서는 1990년대에 일반적으로 보급되었는데 계기는 기업의 비리문제에 대해서 경영자 및 기업체에 대한 규율을 어떻게 규정해야 하는가가 문제의식으로 여겨지게 된 것이다. 이 때 조직의 윤리적 토양의 형성이 중요한 과제로 인식되었고 이에 따라 '기업윤리' 역시 현대기업에 있어서 중요한 이슈로 자리매김하게 되었다. 그 위에 지구전체의 관점에서 현대기업이 환경문제를 고려할 필요가 있다는 인식하에 '환경경영'을 통한 지속 가능성(sustainability) 논의가 자주 이루어지게 되었다. 이처럼 CSR과 관련된 다양한 학문분야가 최근에 활발히 논의되고 있다.

CSR에 관한 논의는 이러한 다수영역의 논의와 관련을 가지면서 이루어져 왔는데 CSR 자체 개념은 그다지 명확하다고 할 수 없다. CSR개념이 애매한 것은 현대기업에 CSR의 실무상 대응이 선행되고 그에 따라 각 기업이 다양한 형태로 시행착오를 거치면서 CSR활동을 실시해 온 경위와 관계가 있을 듯 하다. 기업에게 요구되는 시급한 대응이 CSR붐을 형성하는 한편 CSR과 관련된 각종 기관이 다양한 입장에서 CSR을 규정하고 있다. 요즈음

1) 전국경제인연합회(2015), 기업의 사회적 책임활동보고서, 전경련.

표 3-1 CSR의 정의

	정 의	용어
UNCTAD	기업이 사회의 요구사항과 목표에 어떻게 대응하고 영향을 미치는가에 관한 것	CSR
EU 집행위원회	기업이 자발적으로 사회, 경제적 문제를 기업활동 및 이해관계자와 상호작용에 통합하는 개념	CSR
OECD	기업과 사회와의 공생관계를 성숙시키고 발전시키기 위해 기업이 취하는 행동	CR
ILO	기업이 법적 의무를 넘어 자발적으로 전개하는 이니셔티브이며, 기업활동이 모든 이해관계자에게 미치는 영향을 검토할 수 있는 방식	CSR
IOE (국제사용자기구)	법 준수를 뛰어넘는 다양한 사회, 경제, 환경분야에서의 기업의 자발적이고 긍정적인 활동	CSR
WBCSD (지속가능발전 세계기업협의회)	직원, 가족, 지역사회 및 사회전체와 협력해 지속가능한 발전에 기여하고 이들의 삶의 질을 향상시키고자 하는 기업의 의지	CSR
ICC (국제상공회의소)	기업이 책임있는 방식으로 기업활동을 하고자 하는 자발적인 의지	CR
ISO (국제표준화기구)	조직의 경제, 사회, 환경문제를 사람, 지역공동체 및 사회에 혜택을 줄 수 있는 목적으로 다루기 위한 균형적인 접근방법	CR

CSR붐의 발생이후 시간이 경과할수록 CSR에 관한 기업의 책무가 어느 정도 매뉴얼로 정리되고 있는 것으로 보이며 그에 따라 CSR의 영역도 좀 더 명확해지고 있다고 생각된다.

우선 여기에서는 CSR이 지금까지 어떤 식으로 취급되어 왔는지에 대해서 그 의미와 내용을 확인하기로 한다. CSR의 정의는 관련된 수많은 기관과 연구자가 내린것으로(표 3-1 참조), 그 의미에 대해서는 어느 정도 공통점이 있다. 여기서는 우선 CSR을 '기업과 사회에서 기업의 역할에 대한 견해를 지칭하는 것으로, 기업은 이윤극대화 이상의 목적을 추구할 의무를, 기업의 이해관계자들은 기업의 행위에 대해 설명책임을 지울의무를 각각 지고있다고 간주한다'는 웨더 등(Werther & Chandler, 2011)의 정의를 원용하고자 한다.[2] 이러한 정의에서는 기업의 행동이 사회에 수용되려면 정당성을 획득할 필요가 있으며, 주주, 사원, 고객, 지역사회, 커뮤니티 등의 이해관계자의 요구와 기대에 대해 적극적으로 대응해 나가야 하는것으로 보고있다. 따라서 CSR영역은 노동과 인권을 포함한 사회, 환경, 윤리(Society, Environment, Ethics: SEE)이며. CSR은 이에 대한 경영상의 배려를 의미하고, 기업과 사회의 관계를 기업이 이해관계자에 대하여 설명을 해야하는 책임이라고 파악한다.

2) Werther, W.B. & Chandler, D.(2011), *Strategic Corporate Social Responsibility: Stakeholders in a Global Environment(2nd ed.)*, SAGE Publications, Inc., 양춘승옮김(2012), 기업의 사회적 책임과 전략, p.6.

그리고 우리는 CSR의 정의에 '경제적, 사회적, 환경적 성과의 향상을 목표로 할 것'을 추가할 수 있다. 이것은 오늘날의 CSR활동이 기업의 실적에 공헌하는 것이어야 한다는 의미이기도 하다. 의미가 있는 사회공헌 활동이라고 해도 기업의 본업과 관련이 없는 CSR활동은 용인되기 어렵다는 흐름이 현대기업에 대한 인식이다. 이는 현대기업이 주식시장의 기업평가가 미치는 영향을 무시할 수 없게 된 것과 관계가 있으며 주식공개기업의 책무를 구체적으로 파악하는 관점도 중요해지고 있다.

이와 같은 CSR의 의미와 내용은 다른 관련영역의 논의와 어떻게 구별할 수 있을 것인가? CSR 논의의 특징을 다른 것과 비교해보면, CSR은 기업의 건전성 확보와 더불어 '기업시민'(Corporate Citizenship)으로서 사회공헌을 지향하는 것이다. 이와 같은 시각에서 보면 CSR은 경영자에 의한 기업의 지속적 발전을 목표로 하는 대응이며, 기업내외의 다양한 이해관계자에 대한 적극적인 어프로치를 지향하는 것이다. 기업지배구조, 기업윤리, 혹은 환경경영 등의 영역도 기업의 건전성 확보를 목적으로 하는 점에서 별다른 차이가 없지만 이들 간의 시각차이를 정리해보면 다음과 같다.

우선, 기업윤리는 다양한 회사의 비리사건을 계기로 회사내부의 조직풍토를 윤리의 제도화 시책 등을 통해서 정상화하는 것에 주목적이 있으며, 경영자가 그 형태를 관리하는 것이 기본이다. 즉, 기업이 끼치는 위해(危害)의 예방을 전제로 법령의 준수와 사회규범을 감안한 윤리적 책임을 수행하는데 초점을 두고 있으며 그 대상은 주로 사내의 사원에 대한 대책이 기본이다.

다음으로 기업지배구조는 경영의 건전성과 효율성의 확보를 목적으로 하고 있으며 그런 관점에서 경영자에 대한 감독과 감시가 그 중심이 된다고 볼 수 있다. 다만 지배구조를 논의하는 데는 다양한 접근방법이 있는 바 그 중에서도 기업과 이해관계자와의 관계라는 매크로적 관점에서 기업 및 경영자와 이해관계자와의 상호작용을 중시하는 견해는 CSR의 사고와 상당히 가깝다고 볼 수 있다.

기업윤리와 기업지배구조는 일반적으로 말하면 법령준수(compliance)를 기본적 전제로 고려하는 경우가 많다. CSR의 논의도 또한 기업비리문제를 하나의 계기로 삼고 있으며, 이에 대한 예방적 대책을 강구하는 것이 논의의 초점이지만 더 나아가 CSR은 법령준수를 넘어 사회공헌활동의 측면도 중시하고 있다. 요즘은 CSR을 사업활동에 편입시키도록 요구하는 경우도 적지 않으며 이에 따라 CSR은 점차 본업을 실시하는데 있어 본질적 요소가 되고있다.

환경경영에 있어서는 환경감사 등의 외적규제를 포함하는 한편 기업의 환경배려를 통한

'굿윌' 및 '좋은 평판'의 획득도 경영전략상 중요사항의 하나로 다루어지고 있다.

이상과 같은 검토를 통하여 'CSR이란 무엇인가'에 관해서 CSR의 '주체', '대상', '목적'에 대해 정리해보면 다음과 같다. 첫 번째로, CSR을 추진하는 주체로서는 기업 및 경영자에 의해 행해지는 능동적이고 적극적인 대응을 중시하도록 되어있다는 점이다. 법령준수를 뛰어넘는 행동도 때로는 수행해야 할 필요가 있으며, 이러한 기회에 대해 기업은 적극적으로 대응함으로써 독자적인 정보를 발신할 수 있다. 물론 기업이 처한 사업환경에 따라 CSR체제의 규모와 진용은 다양하지만 기업의 능동적인 사회전략이 보다 중요해졌다는 점에 CSR의 특성이 있다고 생각된다.

두 번째는, CSR의 대상으로서 기업내외의 이해관계자와의 관계관리를 대상으로 하고 있다. 중요대상으로는 노동, 인권, 사회, 환경과 같은 영역에 대한 대응이 있으며 현재 그 범위는 넓게 확대되고 있다. 예를 들어 노동면을 보면 기업내의 사원에 대한 배려뿐만이 아니라 제조위탁처에서 일하는 직원에게까지 기업에 따른 상황파악을 요구하고 있다. 또한 기업외의 지역사회를 비롯한 다양한 이해관계자와의 대화를 나눌기회를 마련하는 등 그들의 요구를 파악하고 이에 응함으로써 사회와의 관계개선을 도모하는 것이 기업의 장기적 발전에 빠뜨릴 수 없는 요소의 하나가 되고있다. CSR의 대상확대도 오늘날의 특징으로 중시해야만 한다.

세 번째는, CSR을 추진하는 목적에 대해서이다. 사업활동에 공헌하는 활동이라는 것이 CSR활동의 핵심포인트이다. 이 점은 지금까지 기업에 의한 사회공헌활동에는 반드시 사업활동과 직결되지 않는 CSR활동도 볼 수 있었지만 지금은 앞에서 서술한 CSR의 영역과 사항을 기업활동과 통합하여 실천하는 것이 CSR의 본질이라고 생각하게 되었다. 이상과 같은 CSR의 의미와 내용에 대한 논의를 통해 CSR은 다양한 관련영역과 폭넓은 내용을 가지고 있다는 것을 알 수 있다.

02 CSR이 주목받는 배경

기업의 사회적 책임을 둘러싼 논의는 과거부터 있어 온 것이었는데 무엇 때문에 최근에 주목을 받게 된 것인가?

지금까지 한국에서 CSR붐이라고 할 수 있는 움직임을 되돌아보면, 1970~80년대에는 제조업이 일으킨 공해문제가 큰 사회적 관심사가 되었으며 기업은 이에 대한 대응을 요구받았다. 또한, 1980년대 후반 서울올림픽 이후에는 자금적인 여유를 바탕으로 메세나활동(문화예술활동에 대한 지원)이 활발히 이루어졌다. 그러나 1990년대 말 외환위기 이후에는 기업실적의 침체와 더불어 CSR에 대한 관심이 줄어들었다. 이렇듯이 지금까지의 CSR에 대한 기업의 관심정도는 기업재무실적의 여하에 따라 그 시대의 사회정세를 반영하는 부분이 컸다고 생각된다.

하지만 최근의 세계적인 CSR논의는 지금까지와는 달리 기업의 실적에 따라 투입자금량이 크게 변화하는 일시적 유행현상과는 다른 측면을 보이고 있다. 현재의 CSR은 이전과 같이 사회에 이익을 환원하거나 사회와의 정면대결을 피하는 데 필요한 비용이라는 관점에서 벗어나, CSR이 본래의 사업활동과 연결됨으로써 CSR활동자체가 기업가치의 향상을 초래한다는 사고로 변화하고 있다. 이러한 변화가 기업의 CSR활동에 임하는 동기를 강하게 하고 있으며 본업과 연동한 CSR활동의 본질을 모색하게 하고있다.

여기에서는 CSR을 둘러싼 논의가 활발해진 1990년대 이후 경영환경의 변화를 조망함으로써 CSR이 주목받게 된 배경에 대해 살펴보고자 한다.

첫 번째로, 세계화(Globalization)가 진행되는 가운데, 소비자, 고객, 시민, 커뮤니티, NGO(비정부조직, NonGovernmental Organization) 및 NPO(비영리조직, NonProfit Organization) 등의 이해관계자가 대두하여 기업에 영향력을 미치게 된 경위가 중요하다. 앞의 제1장에서 본 예와 같이 1990년대에 미국 나이키사는 개발도상국에 있는 제조공장(하청기업)에서 행해지고있던 아동노동을 파악하지 못하였으며 NGO의 인권단체로부터 지적을 받은 이후 이와 같은 사태를 시정할 대응책을 마련하고자 하였다. NGO의 정보제공이 때로는 매스컴을 움직이고, 소비자 불매운동으로까지 발전할 가능성이 있다는 것을 고려한다면 기업과 다양한 이해관계자와의 커뮤니케이션이 더욱 중요하다고 할 수 있다. 또한 거래기업에 CSR의 기준을 준수하도록 하는 것도 글로벌기업의 책무이다.

이러한 기업외부로부터의 다양한 요구와 고발에 대한 대응뿐만 아니라 기업측으로부터의 CSR에 관한 정보제공도 중시되었다. 이해관계자에 대한 책임의 이행이라는 측면에서 오늘날 대기업을 중심으로 CSR보고서를 공표하도록 되어 있다. CSR보고서의 발행은 SRI(사회책임투자)의 발전동향과도 관련이 있다고 할 수 있다. SRI평가기관의 평가를 받는 것이 CSR보고서를 발행하는 기업의 주요한 동기의 하나가 되고 있기 때문이다. 이러한 문서에 의한 이해관계자에 대한 약속과 더불어 이해관계자와의 대화를 적극적으로 추진하려는 기업도 나타나기 시작하였으며 기업이 NGO와 협력하려는 자세도 보이고 있다. CSR을 요구하는 세계적인 조류는 당연히 국제무대에서 활약하는 한국기업에도 영향을 미치고 있다.

두 번째로, 주식시장에서 기관투자가나 이해관계자 행동주의의 영향력 증대도 기업의 CSR대응을 강화하는 방향으로 유도하고 있다고 할 수 있다. 주식소유 구조의 변화를 보면 연기금 등을 운용하는 기관투자자에 의한 주식소유 비중이 세계적으로 증가하고 있다. 선진국들은 연기금운용의 수탁자로서 기관투자가에 대한 책임이 법적으로 부여되어 오늘날 연기금 등의 운용에서 SRI(Socially Responsible Investment: 사회적 책임투자)가 중요시되고 있다. SRI란 기업활동을 재무측면에서 뿐만이 아니라 사회와 환경면에서도 평가하여 투자활동을 하는 것이다. 주식시장에서는 CSR에 대한 기업평가기법이 확립되어 기업측으로서도 사회적 책임을 의식한 활동을 중시하게 되었다.

미국과 유럽에서는 1990년대 후반 무렵부터 SRI의 투자잔고가 크게 확대되고 있으며, SRI에 의한 기업평가기법이 활용되고 있다. 이것은 증권투자(혹은 은행대출)를 실시할때의 기준으로 CSR이 편성되었음을 의미한다. 기관투자가의 투자활동은 전세계기업을 대상으로 하고 있어 글로벌한 사업활동을 하는 한국기업에 대해서도 주주로서의 영향력을 행사하고 있는 것이 현실이다. 한편 주식시장의 동향 이외에도 소비자의 구매기준으로서 CSR활동을 통한 기업 이미지가 중요한 요소가 되고 있다. 또한 현재 중시되는 것이 타기업과의 거래나 하청기업으로부터의 조달기준을 나타내는 'CSR조달'의 활용증대이며 CSR이 다양한 시장에서 기업평가에 많이 이용되고 있다.

세 번째로, CSR과 관련된 기준과 규격이 많이 책정되어 기업에 영향을 미치고 있다는 점도 중요하다. OECD는 글로벌시대에 맞추어 '다국적기업 가이드라인'을 2000년에 대폭 개정하였고, 다국적기업에 구체적으로 요구되는 사회적 책임을 체계적으로 규정하였다. 또한, 2000년에 제정된 유엔 '글로벌 컴팩트'는 인권·노동·환경·부패방지 등의 4개 영역에 관련된 10가지 원칙을 제시하였고, 이에 대해 세계 각국의 많은 기업이 임의의 준수조항에 서명하였다. 현재 가장 핵심적인 것은 ISO 26000(기업을 비롯한 조직의 사회적 책임에 관한 국제표준)으로서 국제표준화기구(ISO)가 2010년 11월 1일 발표한 조직의 사회적 책임에 대한 국제표준이다. 이는 사회의 모든 조직이나 기업이 의사결정 및 활동 등을 할 때 소속된 사회에 이익이 될 수 있도록 하는 책임을 규정한 것이다. 구체적으로 산업계, 정부, 소비자, 노동계, 비정부기구 등 7개 경제주체를 대상으로 지배구조, 인권, 노동관행, 환경, 공정거래, 소비자 이슈, 공동체참여 및 개발 등 7개 의제를 사회적 책임이슈로 규정하고, 이에 대한 실행지침과 권고사항 등을 담고 있다. 2005년부터 5년 간 추진돼 온 이 기준은 2010년 9월 77개 참여국을 대상으로 실시한 투표에서 93%의 찬성을 얻어 국제표준으로 최종결정되었으며 2013년 현재 세계적으로 1만개가 넘는 단체가 ISO 26000지침을 사용하고 있다.

이와 관련하여 세계표준기구(International Organization for Standardization: ISO)에서는 ISO 26000 사회책임지침(Guidance on Social Responsibility)을 통해 사회책임에 대한 공통된 개념과 방향을 제시하였다. ISO 26000 사회책임지침은 현재 나와있는 사회책임에 대한 가장 보편적인 개념이므로 이하에서 사회책임에 대한 ISO 26000의 내용을 간단히 정리해보면 다음과 같다.

[ISO 26000] 사회책임지침

조직의 사회책임(Social Responsibility)이란 조직에 대한 사회의 요구사항을 뜻한다. 모든 조직에는 사회책임이 있지만 그동안 기업에 대한 사회책임이 주요주제로 다루어졌으며 사회책임투자(Social Responsible Investment)나 기업사회책임(Corporate Social Responsibility)은 기업활동과 사회책임관계를 보여주는 용어들이다. 조직에 대한 사회의 요구사항은 시대에 따라 점차 확대되는 경향을 보이고 있다. 예로 대표적인 조직인 기업의 사회책임관점에서 과거에는 기업에 대하여 기부를 비롯한 박애주의 활동을 요구하였다. 근래에와서는 노동관행과 공정한 경영을 요구하였으며 최근에는 이러한 요구에 인권, 환경, 그리고 소비자 보호에 대한 사항이 추가되고 있다.

[기업에 대한 사회책임은 시대와 환경에 따라 변할 수 있다.]

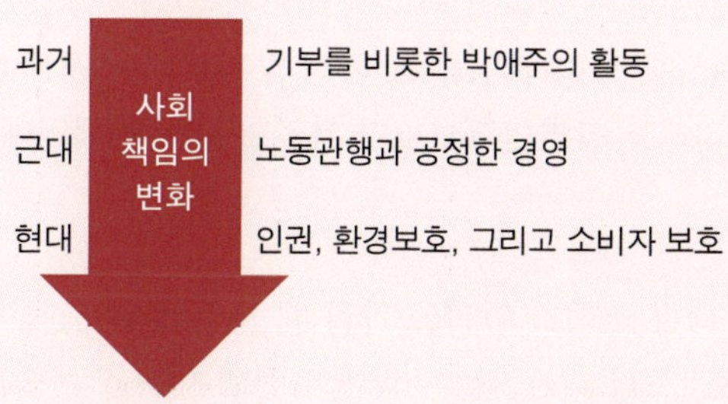

일반적으로 조직은 조직에 대한 사회의 요구인 사회책임을 인지하고 이를 만족시키도록 노력해야한다. 하지만 사회책임은 각 조직과 사회가 처한 환경에 따라 다양한 형태를 보이고 있다. 그러므로 ISO 26000에서는 일곱 가지 핵심주제와 일곱 가지 기본원칙, 그리고 실행지침을 제공하여 조직이 사회책임을 구체적으로 실천할 수 있도록 안내하고 있다. 이 중 일곱 가지 핵심주제는 다양한 사회책임의 주제 중에 광범위하게 공감되면서 동시에 최소한의 충족시켜야 할 요소들로 볼 수 있다. 일곱 가지 핵심주제를 살펴보면 다음과 같다.

조직의 지배구조

조직의 지배구조는 조직의 목표를 이루기 위한 의사결정과 실행체계를 뜻한다. 조직의 지배구조는 조직의 환경에 따라 변하게 되므로 의사결정과 실행시 다음에 언급하는 '사회책임의 7가지 원칙'을 지키고 '사회책임실행지침'에 따라 실시할 것을 권장하고 있다.

인 권

인권이란 인간이라면 특정조건에 관계없이 보편적으로 가지고 있는 권리를 뜻한다. 기본적으로 UN이 정한 인권선언(Universal Declaration of Human Rights)과 세계 인권선언문(The International Bill of Human Rights)을 기반으로 한다. 기업과 관련하여 국제노동기구(ILO)는 종업원의 인권보호를 위하여 집회와 결사의 자유보장, 강제노동금지, 아동노동의 금지, 그리고 고용과 직장에서의 차별금지를 명시하고 있다.

노동관행

노동관행은 조직에 의하여 제공되는 노동에 대한 정책과 실행에 관계된 모든 것을 포함하고 있다. 노동관행은 조직에 직접 고용된 종업원에게 적용될 뿐만 아니라, 다른 조직에 의하여 대신 고용된 종업원까지 포함한다. 예로 제품의 생산을 전문생산업체에 위탁했을 경우 해당 생산업체의 종업원의 노동관행도 제품을 위탁한 업체가 책임을 져야 한다. 기업과 관련된 노동관행은 작업환경, 사회보장, 작업자의 건강과 안전, 그리고 종업원 자기개발지원 등이 포함된다.

환 경

기업의 의사결정과 그 실행은 항시 환경에 영향을 미치게 된다. 그러므로 기업은 행위의 결과가 환경에 미치는 영향을 최소화하도록 노력해야 한다. 환경과 관련되어 공해방지, 자원의 효율적 사용, 기후변화에 대한 완화와 적응, 그리고 자연환경보호가 기업의 사회적 책임에 속한다.

공정운영관행

공정운영관행이란 기업이 다른 조직과 연관을 가질 때 지켜야 할 도덕적 규범이다. 공정운영관행에서는 반부패, 공정경쟁, 그리고 지적 재산권을 포함한 타인의 재산권 존중을 포함한다.

소비자 보호

기업은 자사의 제품과 서비스를 구매한 소비자에 대하여 다양한 책임을 가진다. 우선 제공하는 제품과 서비스에 대한 공정하고 투명한 마켓팅, 정보제공, 그리고 계약체결을 해야 한다. 기업은 설계고려, 정보제공, 그리고 고객지원과 자발적 회수제도를 이용하여 소비자가 자사의 제품과 서비스를 항시 안전하게 사용할 수 있도록 해야 한다. 아울러 고객서비스 과정에서 확보한 고객의 정보는 보호되어야 하며, 제품이나 서비스를 사용하기 앞서 알아야할 사항이 고객에게 충분히 공지되고 교육되어야 한다.

지역사회발전

기업은 지역사회의 빈곤을 없애고 사회적으로 발전시켜야 한다. 기업은 지역사회참여, 고용증진, 기술개발, 부와 수입의 증가, 교육과 문화, 건강증진을 위해서 노력해야 하며, 지역사회발전을 위하여 책임있는 투자를 해야 한다.

이 들 핵심주제를 실천하기 위해서는 7개의 원칙에 의해서 접근해야 한다. 사회책임의 7가지 원칙은 다음과 같다(그림 3-1 참조).

· 법준수
· 국제협약의 존중
· 다양성에 대한 존중
· 이해관계자와 그들 관심사 인정
· 책임
· 투명성
· 보편적 인권에 대한 존중

● 출처 : SR코리아(www.SRKorea.Asia)http://fvortal.cimerr.net/plm/142

그밖에 CSR 규격으로 유명한 것으로는 일본, 미국, 유럽의 경영자로 구성된 코라운드테이블 회의의 기업행동지침(1994년 제정), CSR보고서의 작성기준을 나타내는 글로벌 리포팅 이니시어티브(Global Reporting Initiative: GRI)의 가이드라인(2000년 제정, 2002년 개정) 등이 있다.

이들 각종 기관에 의한 CSR의 기준과 규격은 기업측이 철저히 준수하리라는 보장은 없지만 현대기업의 행동규범으로서 중요한 의미를 가진다.

지금까지 CSR이 중시된 배경으로서 경영환경의 변화를 나타내는 세 가지 요인을 들었는데 변화를 촉진하고 지원하는 역할을 수행한 것이 미국과 유럽의 NGO 등을 비롯한 시민사회조직이다. 선진국들은 정부의 재정부담이 증가하고 있는 반면 정부의 역할과 능력이 저하되고 있는 가운데 기업역할에 대한 사회의 기대는 상대적으로 높아지고 있다. 이러한 상황에서 시민조직은 인터넷을 활용하여 정보를 발신하거나 공유하면서 기업에 다양한 요구를 하게되었고 기업측으로서도 이에 응답하는 태도를 갖추어야만 했다. 이러한 움직임

그림 3-1 ISO 26000 사회책임의 구조

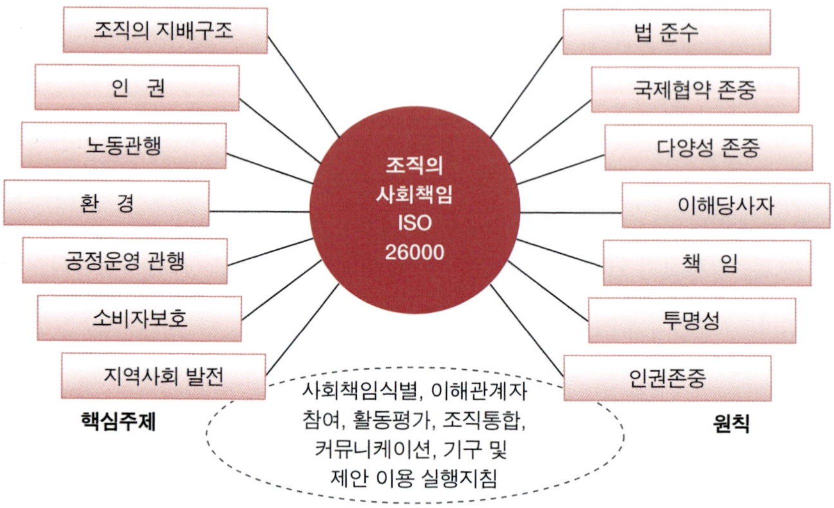

출처 : SR코리아(www.SRKorea.Asia)http://fvortal.cimerr.net/plm/142

은 CSR을 평가하는 시장의 형성을 가져왔다. 소비자의 제품구매기준, SRI 등의 투자기준, 거래기업으로부터의 조달 및 구입기준 등 구체적으로 기업을 평가하는 구조가 정비됨에 따라 CSR을 평가하는 시장이 나타나게 된 것이다.

03 CSR의 추진체제

CSR에 대한 논의가 중시되는 배경으로 앞에서 각종 기관에 의한 CSR 기준 및 규격의 설정을 둘러싼 움직임에 대해 살펴보았는데 국가수준에서의 대응도 최근에는 중요한 움직임을 보이고 있다. 또한 기업수준에서의 독자적인 대응도 발전하고 있다. 여기서는 유럽, 미국, 한국에 있어서의 거시적인 정책수준과 미시적인 기업수준에서의 CSR추진체제에 대해 살펴보고자 한다.

우선 매크로 수준의 대응으로는 유럽의 대응에 주목할 필요가 있다. EU(유럽연합)에서는 CSR에 대한 정부정책의 관여비중이 크다. EU에서 CSR에 대해 검토하는 출발점이 된 것은 2000년에 개최된 리스본 정상회담이다. 이를 받아들여 2001년에 유럽위원회는 CSR에 관한 '그린 페이퍼'를 공표했다. 그린 페이퍼란 EU에 있어 아직 규제가 없는 분야에 대한 제안서로 이 페이퍼에서는 CSR을 기업의 사업활동과 관련된 사회면, 환경면에서의 자주적인 실천행동으로 하고 사회적인 책임에 대해 법령준수(compliance) 수준을 초월한 것으로 평가하고 있다. 2002년 유럽위원회는 '화이트 페이퍼'(기업의 사회적 책임 – 지속가능한 발전을 위한 기업의 공헌 –)를 간행하고 그 안에서 CSR의 실천을 EU수준에서 추진할 것을 목표로 하여 '유럽 멀티 스테이크 홀더포럼'의 설립을 제언했다. 동 포럼은 2004년에 최종보고서를 제출했으며 주로 한층심화되는 유럽의 실업문제를 의식하여 사회적 통합을 위해 산업계의 협력을 추진할 필요성을 주창했다. 이처럼 유럽에서는 CSR은 주로 인권이나 노동관련 이슈를 중심으로 대응하는 경향이 있다.

이러한 흐름 속에서 EU에서는 가맹국의 정책당국이 주도하는 CSR활동을 추진하게 되었다. 영국에서는 2000년에 무역산업성 내에 CSR담당 대신을 임명하여 각종 CSR활동을 추진했다. 또한 2000년 연금개혁법에서는 연기금 등의 기관투자가에 대해 사회·환경·윤리 측면을 투자방침에 어떻게 반영시키고 있는지에 관한 내용을 공시할 의무를 부과했다. 이를 계기로 2001년에는 독일, 프랑스 등 다른 유럽제국에서도 동일한 법률이 시행되었다. 이렇듯이 기관투자가에게 SRI 방침에 관한 정보공시를 요구한 것은 기업의 대응에도 많은 영향을 주었다. 영국에서는 2005년 회사법에 의거하여 기업에 CSR정보를 공시하도록 결정했지만 경제계의 반발로 1년 후에 재검토하려는 움직임이 있었다.

이처럼 유럽에서는 법률로 CSR을 제도화하는 형식이 우선적으로 검토되었지만 법제화 움직임에 대해서는 기업규제강화에 대한 우려도 있어 우선은 기업측의 자율적 규제를 존중하려는 움직임이 있다. 또한 EU전체의 방향성으로는 가맹국에 대한 '지령'(Directive)이나 '권고'(Recommendation) 등 강제의 정도가 다른 다양한 규제를 통해서 기업활동의 규율내에서의 '조화'(harmonization)가 모색될 것으로 생각된다.

한편 미국에서는 이전부터 지역공헌이나 기부행위, 사원의 자원봉사활동을 중심으로 한 사회공헌활동에 비중을 둔 CSR이 전개되어 왔다. 또한 1970년대부터는 기업윤리의 개념이 중시되고 기업비리가 초래하는 피해예방에 중점을 둔 리스크 매니지먼트를 실시해 왔다. 1991년에는 기업과 관련된 '연방 양형(量刑) 가이드라인'이 발효되어 기업이 비리를 일으켰을 경우, 기업윤리프로그램을 갖추고 있는 회사에 대한 면책인정(벌칙을 경감하는 시스템)을 적용하여 1990년대에는 기업윤리의 제도화가 급진전하였으며 법령준수(Compliance)체제가 정비되었다. 즉, 미국에서는 연방양형가이드라인이 있기 때문에 유럽의 CSR 특징과 비교하면 최근에는 CSR보다는 법령준수가 선행되어왔다는 느낌이 강하다고 할 수 있다.

또한 2002년에 입법한 기업개혁법(Sarbanes – Oxley act: SOX법)도 회계분식에 따른 거대기업의 도산을 계기로 경영자에 대한 처벌규정을 포함시킴으로써 기업활동의 건전성을 보증하려는 시도라고 볼 수 있다. 법제화를 통한 대응이 미국에서는 일반적이지 않지만 엔론사의 경우 사건의 충격이 매우 컸음을 반증해주는 대응이라고 할 수 있을 것이다. 최근에는 경기침체의 영향으로 기업경쟁력의 강화를 주도하기 위해 SOX법의 내부통제에 대한 규제를 완화하려는 움직임도 있다. 이러한 움직임은 사외이사의 감시능력에 대한 평가에서 볼 수 있듯이 기업지배구조의 논의와 더불어 논의되어야 할 문제이며 CSR, 기업윤리, 기업지배구조와 같이 밀접하게 관련된 영역을 동시에 파악해야할 분야로 생각된다.

유럽과 미국의 CSR에 관한 동향을 보면 CSR에 대해 얼마만큼 법제화하여 대응할 것인지에 대해 많은 논의를 하여 왔다. 이 문제에 대해서는 각국의 역사적 경위에 따른 사회적 배경에 차이가 있고 다양한 입장이 존재해 왔으며 향후에도 마찬가지라고 간주하는 것이 아마도 정답일 것이다. 또한 법제화에 의한 것이아닌 '소프트 로(Soft Law)'(민간의 업계단체나 자율규제기관 등에 의해 제시된 원칙 및 규범)에 의한 대응을 포함한 CSR을 둘러싼 제도설계가 더욱 중요한 과제로 대두되고 있는 단계라고 할 수 있다. 게다가 기업차원에서의 대응에 독자적인 방법을 강구하고 있는 기업도 적지 않으며 거시와 미시수준, 그리고 중간 수준의 여러 단계에 걸쳐 체제를 정비할 필요성이 제기되고 있다.

다음은 미시적 대응으로 기업측의 CSR 대응에 관해서는 어떠한 대책을 강구할 수 있을 것인가? 이에 대해 기업의 대응방법을 살펴보기로 한다.

우선 경영이념과 윤리강령의 작성을 통한 조직문화의 강화를 지향하는 방안이 있다. 또한, 사내의 조직체제를 정비하기위해 담당부서와 위원회를 설치하여 CSR체제의 확립을 목표로하는 방안이나 혹은 컴플라이언스 체제 및 내부통보제도를 관할하기 위한 조직구성 등이 있다. 한편 거래처와의 관계면에서는 CSR조달을 통한 공급사슬경영(Supply chain management)의 구축도 중시되고 있다. 환경분야에서는 에코활동의 추진, 환경매니지먼트 인증의 취득, 그린조달 및 구매, 환경회계시스템의 도입, 이산화탄소배출권 삭감목표 등이 CSR목표이며 또한 사회면에서는 노동자의 인권에 대한 배려와 차별의 철폐 등과 더불어 여성활용과 장애인 활용과 같은 항목도 중시되고 있다.

또한 CSR보고서의 발행도 중요시되고 있어 많은 대기업이 참가하고 있다. 현재로는 완벽하게 통일된 단계라고 할 수는 없으나 글로벌 리포팅 이니셔티브(GRI)의 가이드라인에 의거하여 CSR보고서의 내용을 각종 기관이 등급을 매기려는 움직임도 나타나고 있어 향후에는 CSR보고서 자체의 규격화 및 표준화로 인한 영향이 기업행동으로까지 파급될 가능성

표 3-2 윤리경영 관련 주요 국내외 가이드라인과 규제현황

구 분		규제/가이드라인	관련기관	주요 내용
Guideline/ Principle	국제	UN Global Compact	UN	인권, 노동, 환경, 반부패 등 4개부문에 대한 10개 원칙
Guideline/ Principle	국제	UN Convention against Corruption (UN 부패방지 협약)	UN	민간부문, 사회의 참여, 민간부분의 뇌물수수, 민간부문 재산의 횡령, 법인의 책임 등
Guideline/ Principle	국제	Tripartite Declaration of Principles concerning Multinational Enterprises and Social Policy	ILO	고용, 근로조건, 노사관계 등에 관한 58개 항목을 규정하고 채택
Guideline/ Principle	국제	OECD Guidelines for Multinational Enterprises	OECD	개념 및 원칙, 일반정책, 정보공개, 고용 및 노사관계, 환경, 뇌물방지, 소비자이익, 과학 및 기술, 경쟁, 조세 등 총 10장으로 구성
Guideline/ Principle	국제	Businese Ethics	U.S. Department of Commerce (미국 상무부)	전통적으로 기업의 책임행동은 사업 및 직업윤리, 조직윤리, 사회적 책임, 지배구조 등으로 구분/강조되고 있으나 동편람은 이러한 4가지 측면을 통합해 체계적으로 정리한 규범
Guideline/ Principle	국제	ISO 260000	ISO	7대 핵심이슈(조직의 지배구조, 인권, 노동관행, 환경, 공정운영관행, 소비자 이슈, 공동체와 사회기여)
Guideline/ Principle	국제	BITC Corporate Impact Reporting Initative	BITC	5개 주요 원칙을 바탕으로 7개 영역에 대한 사회적 책임을 위한 가이드라인 제공 : 기업목표 및 비전, 작업장, 시장, 환경, 지역사회, 인권, 원칙에 대한 조언
Guideline/ Principle	국내	기업윤리경영모델	국가청렴위원회	윤리경영 방침, 조직 및 시스템, 실행프로그램 등 실천분야별 주요 실천항목과 추진단계별 및 업종별 세부 실천항목으로 구성, 자가진단지표 제시
:	:	:	:	:

출처 : 전상욱(2011), 기업생태계 곳곳에 윤리경영을 녹여라, DBR, No.79(Apr. 2011), p.38에서 수정 인용

도 있어 보인다. 한편, 외부기관의 정보제공으로 미국 포춘지를 비롯하여 매스컴이나 그 밖의 다양한 기관에 의해 시행되고 있는 기업랭킹의 공표 등도 상기와 같이 다양한 CSR 항목에 대한 앙케이트 조사를 통해서 결과가 공표됨으로써, 이러한 면에서 기업에 대한 규율도 강화될 것으로 예상된다. 아울러 기업의 윤리경영과 관련된 가이드라인과 규제지침도 속속 도입되고 있는 실정이다. 기업수준에서의 성공적인 윤리프로그램의 구현 및 운영

을 위해서는 이러한 국·내외의 다양한 가이드라인과 규제에 대한 고려가 필수적이다(표 3-2 참조).

한국의 경우 2013년 한국증권거래소(KOSPI)의 상장기업을 대상으로 한국SR전략연구소(KOSRI)와 이화여대 글로벌 사회적 책임센터가 공동으로 실시한 'CSR현황 및 이슈'에 관한 설문조사결과 보고서를 통해 CSR과 관련된 주요현황을 살펴보면 다음과 같다.[3)]

한국기업의 CSR전략 및 사업목표를 보면 한국 대기업은 CSR활동에 대해 주로 기업의 사회적 책임(CSR)과 사회공헌활동으로 부르고 있으며, 이는 기부·봉사활동위주의 CSR활동을 반영한 것으로 보인다.

표 3-3 CSR활동에 대한 용어-한미 비교

Korea		United States	
기업의 사회적 책임(CSR)	65.5%	Corporate Social Responsibility(CSR)	25%
사회공헌활동	56.4%	Corporate Citizenship	20%
지속가능경영	27.3%	Community Involvement	16%
사회책임경영	14.5%		
윤리경영	7.3%		

※목수응답 가능
자료 : 남영숙(2013), 한국 기업의 사회적 책임(CSR) 현황 및 이슈: 2013 CSR 설문조사 결과 분석, KOSRI

한국 대기업 중 많은 수(83.6%)가 CSR전략을 수립하고 있으며 CSR활동을 통해 달성하고자 하는 사업목표로 기업평판제고를 가장 중요하게 생각하고 있다. 또한 우수직원확보 능력향상과 리스크 관리개선도 상대적으로 중요하게 생각하고 있는 것으로 나타나고 있다.

한국 대기업의 CSR활동은 아직까지 국내위주로 이루어지고 있으며 글로벌추세를 고려할 때 향후 해외 CSR활동을 어떤 식으로 수행해 나가야 할지에 대한 고민과 전략적 접근이 요구되고 있다.

한국 기업의 CSR지원노력을 보면 응답기업의 64.6%가 공식적인 CSR부서를 갖고있으며 이중 절반이상은 CSR부서가 만들어진지 3년 미만이라고 답하고 있어 한국의 경우 CSR

3) 설문조사대상은 KOSPI 시가총액 500대 종목 중 우선주, 지주회사, 수익증권 등 비영업활동 종목을 제외한 후 보기업군을 선정한 후 비상장 금융기업, 공기업 등 추가하여 총 187개 기업을 대상으로 설문조사실시하여 최종적으로 55개 기업이 설문에 참여함(참여율 29.4%).

그림 3-2 한국기업의 CSR전략수립방법

• 조사기업 중 83.6%가 CSR 전략을 수립하였고, 그 중 87.8%가 공식문건화된 CSR 전략을 보유하고 있다고 응답

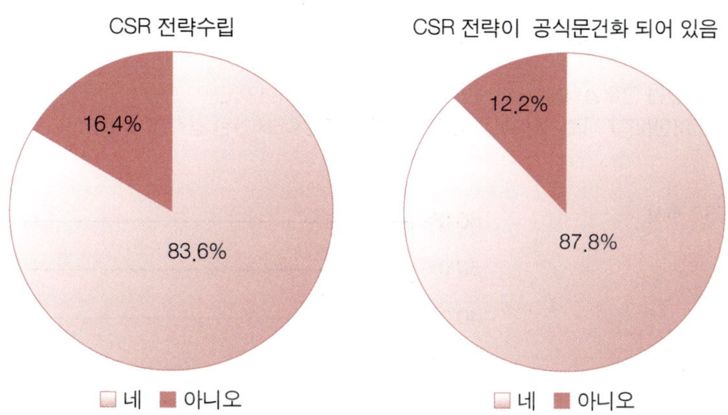

자료 : 남영숙, 앞의 보고서

그림 3-3 CSR활동을 통해 달성하고자 하는 사업목표

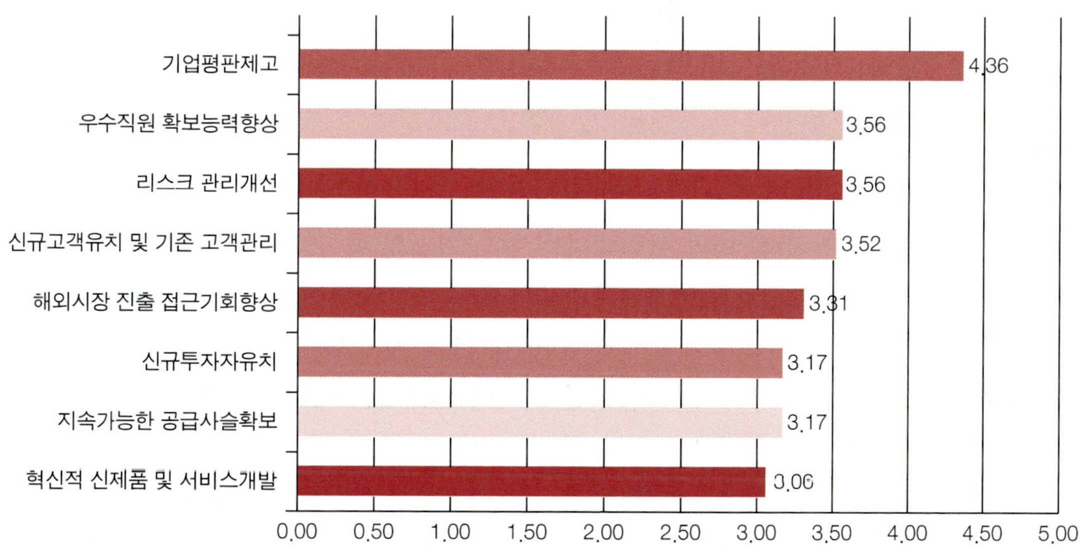

* 1: 전혀 중요하지 않음, 2: 약간 중요함, 3: 어느 정도 중요함, 4: 상당히 중요함, 5: 매우 중요함

자료 : 남영숙, 앞의 보고서

그림 3-4 공식적인 CSR 부서설립

- 응답기업의 64.6%가 공식적인 CSR 부서가 있다고 답함
  - CSR팀, 사회공헌팀, 지속경영팀, 윤리경영팀, 사회협력팀 등의 명칭 사용
  - CSR 부서에 속한 임직원 수는 평균 13.1명, 중앙값(median)은 6명
- 이 중 51.7%의 기업에서 CSR부서가 만들어진 지 3년 미만이라고 응답
- 응답자의 CSR 관련 근무경력은 1년 미만(29.8%), 1년 이상~3년 미만(27.7%), 3년 이상~5년 미만(27.7%)로 절반 이상이 3년 미만의 짧은 CSR 관련 경력을 갖고 있음

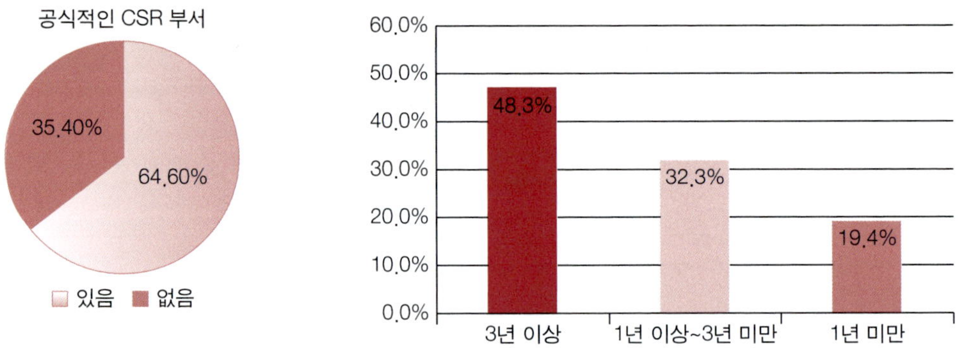

자료 : 남영숙, 앞의 보고서

에 대한 사회적 요구에 부응하여 최근에 보다 적극적인 노력을 기울이기 시작했음을 보여주고 있다.

또한 CSR예산 중 기부금이 차지하는 비율이 높아 CSR이 기부활동위주로 전개되고 있다는 것을 보여주고 있다. 이와 관련해서는 향후 기업의 핵심역량과 결합하여 효과적인 CSR 활동을 전개하고 그 성과를 이해관계자들과 공유하는 노력이 필요한 것으로 보인다.

CSR 담당자의 전문성을 계발하고 일반 임직원들에게 CSR에 대한 기초교육을 제공하는 교육프로그램의 필요성이 부각되고 있어 이에 대해서는 학교 및 전문연구기관 등 다양한 외부기관과 교육 파트너십을 형성할 필요가 있는 것으로 보인다.

한편 CSR활동관련 한국기업의 소통노력에 대해 살펴보면 한국 대기업 중 CSR보고서를 작성하지 않는 경우가 아직도 많고 보고서를 작성하는 경우에도 아직까지 ESG[4] 향상을 측정하기 위한 구체적인 기준이 부족한 경우가 많아 보고서 작성과 관련된 지원과 교육프로그램이 필요한 것으로 보인다.

4) 한국증권거래소는 2016년 하반기부터 기업공시에서 유가증권시장(KOSPI) 상장사의 환경경영(E), 사회책임경영(S), 지배구조(G) 등 ESG 등급을 공개하기로 하였다. 아시아경제 2016.4.19.

이해관계자들의 의견을 듣기위한 노력이 아직까지 부족한 것으로 보이며 CSR성과를 이해관계자와 공유함에 있어 젊은층과 소통하기 위한 노력이 요구되고 있다.

한국의 특성상 여론(언론, 시민단체 등)과 정부의 상대적 중요성이 크며 이에 따라 기업평판 제고, 리스크관리개선 등의 목표를 달성하기 위한 CSR전략의 유효성 여부를 평가하는 방법과 피드백을 제공하는 시스템을 구축하는 데 추가적인 노력이 필요한 것으로 보인다.

표 3-3 CSR활동에 있어서 이해관계자의 상대적 중요성-한미 비교

- **미국(2010)의 경우 직원(4.39/5), 고객(4.05/5), 지역사회(3.60/5), 주주(3.27/5), 비영리단체 및 시민단체(3.17/5), 정부(2.99/5)의 순**

한 국		미 국	
직 원	4.38	직 원	4.39
고 객	4.25	고 객	4.05
언론 및 대중매체	4.19	지역사회	3.60
비영리단체 및 시민단체	3.90	주 주	3.27
정 부	3.88	비영리단체 및 시민단체	3.17
공급자	3.71	정 부	2.99
주 주	3.69	공급자	2.58
경쟁사	3.19	경쟁사	2.10

1 : 전혀 중요하지 않음, 2 : 약간 중요함, 3 : 어느 정도 중요함, 4 : 상당히 중요함, 5 : 매우 중요함
※미국자료 출처 : BCCCC, Profile of the Practice 2010.

아울러 한국 대기업의 CSR보고서 발간은 국제적으로도 매우 낮은 수준이어서 세계 100대기업의 CSR보고서 발간과 비교했을 때 한국은 절반미만인데 비해 영국 100%, 일본 99%, 브라질 88%, 미국 83%, 멕시코 66%, 중국은 59%를 보여주고 있다.

그림 3-5 CSR보고서 발간의 국제 비교

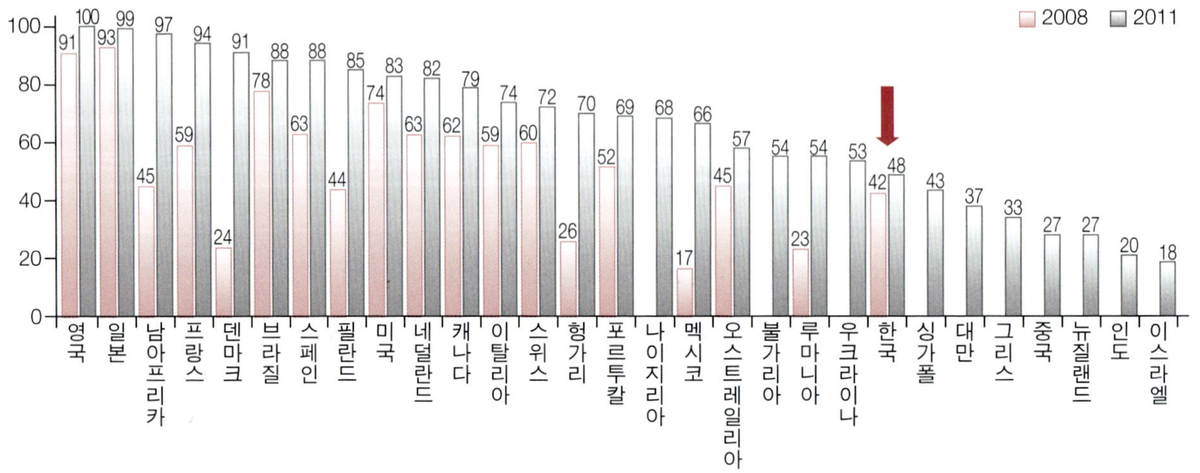

출처 : KPMG International Survey of Corporate Responsibility Reporting 2011, 남영숙(2013), 한국 기업의 사회적 책임(CSR)현황 및 이슈: 2013 CSR 설문조사 결과 분석, KOSRI

04 맺음말

이 장에서는 CSR의 의미와 내용을 확인하고, 아울러 기업들이 CSR에 관심을 가질 수밖에 없는 세계적인 흐름을 살펴보았다. CSR논의는 기업윤리, 기업지배구조, 환경경영 등 인접영역의 논의와 폭넓게 관련되어 있으므로 이러한 영역을 동시에 고찰해야 할 관점이라고 생각된다.

또한 CSR을 추진하는 체제로서 각국이 처한 상황에 맞는 형태로 대응하고 있는 현상에 대해 고찰했다. 정부정책에 의한 주도체제를 엿볼 수 있는 유럽, 최근에 리스크 매니지먼트를 중시하는 상황에서 법적대응을 강구하는 미국과 비교하면 한국의 CSR활동은 기업주도의 체제하에서 추진되고 있다고 할 수 있다. 이러한 각국의 접근방법의 차이에 대해서는 앞으로더욱 정밀한 비교·분석연구가 필요한 것으로 보이며 이에 대해서는 각국의 사회시스템과 CSR체제의 연계방식에 대한 고찰이 뒤따라야 할 것으로 생각된다.

토론을 위한 자료

2016 해외 CSR트렌드 조사 결과 대한상의 부설 지속가능경영원(BISD), 이슈페이퍼

■ 조사배경

- 전 세계의 이슈와 논의들이 국내 개별기업의 지속가능성 정책에도 영향을 미치고 있음. 지난 9월 유엔지속가능발전목표(UN SDGs)가 채택되었고, 공식문서내에서도 기업의 역할을 강조. 박근혜 대통령도 유엔개발정상회의 기조연설에서 향후 5년간 2억 달러를 지원하겠다고 밝혔으며 이에 따라 외교부에서도 4대구상을 밝히며 적극적으로 참여하고자 노력중. EU에서는 2017년부터 기업비재무정보의 공시가 시작됨
- 지속가능성 보고서를 발간하고 있는 기업과 활발하게 지속가능 경영활동을 수행하고 있는 기업 실무자(100명)를 대상으로 지속가능 발전목표, 통합보고서, 인권경영 등 최신 트렌드에 대한 인식도, 주요 트렌드 선정, CSR의 기업 내 중요도, 지속가능 경영확산을 위한 정책인센티브 방안 등에 대한 설문조사실시. 주요이슈에 대해서는 CSR전문가(50명)에게도 비교 설문수행
- 지속가능경영원은 2012년부터 국내 지속가능 경영(CSR)보고서에 대한 조사를 통해 우리 기업들이 어떠한 형식과 내용으로 이해관계자들과 소통하고 있으며 국내외 이슈들을 반영하고 있는지를 살펴보고 있음. 본 연구는 보고서 조사와 함께 한국의 CSR이슈들을 파악하고 기업의 CSR담당자들에게 도움을 주기위해 기획된 연구조사임

■ 조사개요

- 조사목적 : 2016 국내 CSR트렌드조사는 2016년을 맞아 기업실무자들이 주요하게 관심을 가지고 있는 이슈를 온라인 설문을 통해 조사하고, 해외의 CSR트렌드를 확인하고 정보를 제공하여 국내기업들의 CSR활동을 돕고자 함
- 조사기간 : 2015. 12 ~ 2016. 2
- 설문조사 방식 및 대상
  - 설문조사 : 2015년에 CSR보고서를 발간하거나, 사회공헌활동을 활발하게 수행한 기업실무자와 CSR전문가 대상 온라인 조사(총 응답: 80명)

–문헌조사 : 2016년 혹은 미래 CSR 트렌드에 대한 해외연구자료, 국내관련 트렌드조사자료 등

※ 주요 참고자료

자료 명	발행처
The KPMG Survey of Corporate Responsibility Reporting 2015	KPMG
Sustainability and Reporting Trends in 2025	GRI
Sustainability Incorporated : How to Integrate Sustainability into Business	Sustainability
Accelerating the Theory and Practic of Sustainability-Oriented Innovation	MIT Sloan
2016 preview : CSR strategy - Top trends for 2016	Ethical Corporation
2016 기업과 인권 10대 트렌드	IHRB
5 CSR Trends That Will Blossom In 2016	Forbes 기고
지속가능발전목표에 대한 기업 행동지침(SDG Compass)	UNGC 한국협회
TRANSFORMING OUR WORLD : THE 2030 AGENDA FOR SUSTAINABLE DEVELOPMENT	UN

■해외 트렌드조사

1. 지속가능성과 보고 트렌드 2025(GRI,2015)[5)]

지속가능성 보고서 작성에 있어 사실상의 국제표준인 GRI(Global Reporting Initiative)에서 2015년에 추진한 프로젝트로 2016년에 최종보고서가 나올 예정으로 10년 후의 지속가능성과 지속가능성 보고에 대한 트렌드를 조사. 총 22명(10명의 기업인과 12명의 전문가)과의 심층 인터뷰를 수행하고 분석함

• 변화양상

· 향후 십 년 동안에도 이미 잘 알고있는 문제들인 인구문제, 양극화, 기후변화 등은 그대로 진행될 것이며, 인권침해문제와 인구이동 등의 문제들도 주요한 도전과제로 나타날 것임

· 비즈니스 섹터는 해결책을 디자인하고 실행하는데 오늘날보다 더 큰 역할을 할 것임. 특히 글로벌 문제들에 대한 혁신적인 해결책을 찾기위한 활동에 더 많이 참여하는 것이 기업의 중장기적인 관심사(interest)이기도 함

· 데이터기술과 디지털 커뮤니케이션의 발전으로 기업정보에 이해관계자들이 접근하기 용이해질 것이며 이를 분석하고 비교하고 연계점을 찾기도 쉬워질 것임

5) Sustainability and Reporting Trends in 2025
https://www.globalreporting.org/information/Pages/Reporting-2025.aspx

• 기업의 대응

· 기업들은 다음 십 년간 일어날 문제들이 비즈니스에 어떤 영향을 미칠지 더 잘 이해해야 함. 왜냐하면 그러한 문제들을 해결하는데 구체적으로 참여(engaging)하도록 요청받을 것이기 때문임 구체적으로 참여한다는 것은 정확한 목표를 정의한다는 것이며 이를 위해 이해관계자들과의 협력적인 파트너십을 고려하는 것이 필요

· 기업들의 비즈니스 결정을 순환경제나 공유경제, 녹색경제 등의 지속가능 발전모델과 연계시키려고 노력하는 것을 고려할 필요가 있음. 지속가능 발전목표(SDGs)도 구체적인 이슈를 파악하기 좋은 중요한 글로벌 기준(reference)임

• 비즈니스 리더와 의사결정자의 대응

· 비즈니스 리더들은 중대한 이슈들을 해결하고자 하는 큰 목표를 세워야 함. 회사가 글로벌 이슈 해결에 앞장서기 위해서는 야심찬 목표가 필요함

· 위기와 기회, 가치창조를 위해서는 리더들이 지속가능성을 담보하기 위한 도전과제들과 비즈니스 성과 및 임팩트 사이의 연계점에 대해 교육을 받고 잘 알고 있어야 함

· 효과적으로 중요한 이슈에 대응하기 위해서는 선제적으로 사내의 분리된 부서(silo)들을 없애고 부서별 경영시스템을 통합시켜야 함

· 가능하다면 현재와 미래의 제약과 기회들을 고려하여 비즈니스 개발모델(business development model)을 점검(review)하는 것이 필요할 것임

· 비즈니스 리더와 의사결정자들은 경제효과적인 메커니즘을 위해 협업하는 것이 필요함

· 사회의 중대이슈들을 해결하는 비즈니스의 공헌도가 측정되고 투명하게 소통될 수 있도록 해야 함

• 소통과 보고측면의 시사점

· 투명성의 시대에 기업들은 지속가능한 미래를 향한 선제적인 헌신을 보여줄것을 요청받게 될 것임. 이는 규제 및 비규제적인 정보공개형식들을 통해 보고서와 다른 정보공개방법으로 이루어질 것임. 지속가능성 이슈와 기업의 비즈니스 모델 간의 연계는 점점 더 강해질 것임. 특히 가치사슬의 투명성 부분이 주목받을 것으로 보임

· 보고서는 전체적으로 통합되고, 신뢰할만하며, 일관된 것이 될것임. 통합보고는 단순히 재무정보와 비재무정보의 통합이 아니라, 가치사슬을 비롯한 다른 파트너와의 통합과 목표의 공유까지를 포함하게 될것임

· 하지만 동시에 더 짧으면서도 연관성있고(relevant), 맥락을 설명해 주는 보고서가 되어야 함 보

고형태는 실시간 디지털형태가 될 것이며 기업은 회사정보에 대한 컨트롤을 못하게 될것임

2. KPMG 글로벌 지속가능성보고서 서베이(KPMG, 2015)[6]

KMPG는 격년으로 글로벌 250대 기업(G250)과 45개 국가의 100대 기업(N100)의 지속가능성 보고서 발간현황을 조사하여 발표하고 있음. 아홉 번째로 발간된 이번 보고서에서는 기후변화당사국총회(COP21)를 고려하여 탄소보고(carbon reporting)에 대한 부분을 강조하여 보고서를 발간

- 탄소에 대한 보고는 유럽쪽이 많이 공개하고 있는 편이며, 탄소감축 목표설정근거를 제시하는 곳이 전체의 1/3, 사용 및 폐기시의 탄소배출량에 대해 보고하는 곳은 10% 미만임
- 2013년 조사에 비해 아시아-태평양지역을 제외하고는 보고서의 질적수준은 다소 낮아진 것으로 나타남. 기업들은 점점 더 경영활동에 영향을 미치는 환경적, 사회적 트렌드와 리스크를 잘 보고하고 있음
- G250기업의 63%가 제3자 검증을 받고있으며, 한국의 경우는 86%가 외부기관으로부터 검증을 받고있음. 글로벌 회계법인들이 주요한 검증기관임. 대부분의 보고서는 GRI기준을 준용하여 작성
- 글로벌250 기업들의 CSR보고서는 90-95% 발간정도에서 정체될 것으로 보이나, 작년 EU Directive 통과로 2017년 이후에는 EU내 기업들의 비재무성과를 포함하는 보고서 발간율이 증가할 것으로 예측됨
- 통합보고서 발간은 더디게 진행되고 있고, 오히려 연차보고서에서 비재무성과들을 다루는 경우가 증가. 약 60%의 기업들이 연차보고에 환경 및 사회성과를 보고(2011년 약 20%)

3. 글로벌 트렌드 & 기회 – 2016년과 그 이후(SustainAbility社, 2016)[7]

올해 2월 존 엘킹턴이 속한 Sustainability社 에서는 회사가 지속적으로 관심을 가지고 있는 이슈와 함께 스무 명 이상의 전문가들과 향후 트렌드에 대한 인터뷰를 진행함. 주요한 이슈와 기회들을 제시하고 지켜보면 좋을 시그널들을 제시함

- **불확실성의 증가** : 지정학적·경제적·사회적 불안정성으로 글로벌 비즈니스와 지속가능성의 모습도 2016년 크게 변할것임. 전 세계적인 경제성장둔화, 지속적인 테러위험, 난민문제, 부패스캔

---

6) The KPMG Survey of Corporate Responsibility Reporting 2015
https://assets.kpmg.com/content/dam/kpmg/pdf/2015/11/kpmg-international-survey-of-corporate-responsibility-reporting-2015.pdf

7) 3 Global Trends & Opportunities - 2016 and Beyond
http://hello.sustainability.com/annual-trends-report/

들, 국가 간, 사회 내 양극화 심화, 유가와 환율변동 등은 정치 및 경제적인 혼란을 야기할 것임

- **에너지와 기후변화가 핵심이슈** : 파리협약을 시행하면서 생길 수 있는 실제적인 도전과제들에 대한 관심이 늘어나면서, 기후변화와 에너지 이슈가 지속가능성 아젠다의 핵심이 될 것임
- **지속가능발전목표(SDGs), 불평등이 사회적 의제(agenda)를 형성** : 2016년 지속가능발전목표의 이행과 불평등 이슈가 주요한 사회적 논의주제가 될 것임
- **도시와 지자체가 새로운 주체로 등장**: 도시와 지방자치단체들이 신기후체제와 지속가능 발전목표를 달성하는데 중요한 플레이어로 더 주목받게 될것임. 유럽, 지중해, 중동의 수천 개의 도시와 지자체의 리더들이 모인 'The Covenant of Mayors'에서는 최근 2030년까지 온실가스를 30% 줄이겠다고 결의함. 또 전 세계적인 대도시들의 시장들이 참여하는 'Campaign for an Urban SDG'에서는 SDG 11번 목표인 지속가능한 도시를 달성하기 위한 캠페인에 참여하고 있음
- **파이낸스는 기본** : 글로벌 파이낸스시스템을 개혁하려는 움직임이 커지고 있음. 저탄소사회와 포용적인 성장을 위해서는 자본시장의 광범위한 시스템개혁이 필요함
- **더 투명해져야** : 전 세계적인 부패스캔들과 폭스바겐 배출량 조작사건으로 투명성이 그 어느 때보다 중요해졌으나, 아직 갈길이 멈. COP 21이후 기업이 보고하는 환경데이터의 투명성에 대한 투자자와 소비자의 요구가 커지고 있음
- **인권에 대한 새로운 주목과 압력** : 새로운 규제와 가이드라인으로 인해 기업들은 그들의 경영활동과 공급망에서 인권을 다루고, 구제하고 있다는 것을 보여줘야 함. 영국의 현대판 노예제법(Modern Slavery Act)은 글로벌매출(turnover)이 3천 6백만 파운드 이상인 기업들이 본인들의 경영활동뿐 아니라 공급망 안에서 인신매매와 노예노동을 막도록 취한 활동들을 보여주는 연간 보고(annual statement)를 발간하도록 함. 2016년 11월부터 발효되는 ILO의 강제노동조약(Forced Labour Protocol)은 정부와 기업들이 적극적으로 강제노동을 금지
- **재생가능 에너지는 얼마나 와있나?** : 재생가능 에너지에 대한 투자가 더 빠른 성장세를 보이고 있지만 화석연료를 대체하기 위해서는 훨씬 더 많은 노력이 필요함. 작년 풍력과 태양광과 바이오매스 등 재생가능 에너지에 대한 투자는 3천 2백 9십만 달러로 사상 최대였지만, 화석연료에 대한 투자금액(5조 3천억 달러)에 가려 잘 드러나지 않음
- **기후변화를 보건과 연계** : 기후변화를 막으려는 노력에 공중보건에 미치는 임팩트가 중요한 차원을 제시하고 있음. 정부와 NGO들은 기업이 기후변화와 관련된 이슈에 대해 움직이도록 독려하는데 '보건'을 점점 더 이용하고 있음. 보건이슈는 극심한 기상재해로 인한 상해와 조기사망으로부터 식수와 식량공급 임팩트까지 다양함
- **지속가능성은 우리의 길** : 개발도상국에서는 지역화되고 내부적으로 선택하여 집중한 지속가능성

모델들이 생겨나고 있음. 지역의 비즈니스들이 부적절한 공공서비스와 인프라로 인해 남겨진 빈 공간을 채우고 있음. 남미와 중동, 아프리카, 아시아의 지역기업들은 환경과 사회적 측면을 더 균형있게 고려하기 위해 애쓰고 있음

- **파괴될 준비를 하라** : 새로운 기술과 비즈니스 모델들로 인해 수많은 산업이 재편될 것이며, 이는 소비자와 기업에게 새로운 혜택이자 리스크가 될것임. 빅데이터, 3D프린터, 사물인터넷과 로보틱스 등은 에너지와 생산시스템을 완전히 바꿔놓을 것임
- **'물'에 대해 스마트해지기** : 전 세계적인 물문제가 심각해지면서 많은 기업들이 복잡한 해답들을 효율적으로 사용하고 있기도 하지만, 대부분은 여전히 용수관리에서 더딘행보를 보이고 있음. 점점 더많은 기업들이 용수데이터를 숙지하고 사물인터넷을 활용하여 용수사용을 관리하고 있음

4. 통합된 지속가능성– 어떻게 지속가능성을 비즈니스 안으로 통합시킬 것인가 (SustainAbility社, 2015)[8)]

작년 12월 Sustainability社에서 나온 보고서는 어떻게 기업들이 지속가능성을 비즈니스에 통합시킬 수 있을지에 대한 단계를 제시하고 있음

- 많은 기업들이 지속가능성이 회사의 DNA나 비즈니즈의 중심이라고 이야기하지만 실제로 지속가능성이 온전히 통합되어 있는 회사는 거의없음. 기업들의 지속가능성 프로그램들은 탄소배출이나 노동조건, 수자원보호 등에서는 괄목할 진전을 보이고 있는반면, 지속가능성의 테두리(silo)를 해체하고 비즈니스 가치창출의 기본요소를 갖춘 주요전략으로 내장된(embedded) 사례가 거의없음. 자원부족, 기후변화와 불평등 등 오늘날의 글로벌 이슈들에 대응하기 위해서 비즈니스섹터는 환경사회적인 고려사항들을 일상적인 경영의사결정에 통합시켜야 함
- 하지만 재무요소가 다른 것보다 우선시되는 정책과 주식시장을 포함하는 글로벌시장 경제안에서 지속가능성을 통합하는 시도는 쉽지 않음. 그래서 지속가능성을 비즈니스와 글로벌시스템에 동시에 통합시키는 것이 필요함. 그리고 의미있는 변화를 만들어 내는데에는 주요경영진의 의지(commitment)가 있어야 함
- 통합으로의 길(Pathways to Integration)

· 어떻게 비즈니스가 가치를 창출하는지에 대한 이해증진은 지속가능성이 회사에서 어디에 더 내장될 수 있을지 찾아내는데 도움이 될 수 있음. 비즈니스 모델을 기획(mapping)하는 과정은 해당 비즈니스의 가치제안과 목적에 대한 심도있는 이해를 키우고 내부 이해관계자들을 참여시

8) Sustainability Incorporated : How to Integrate Sustainability into Business http://www.sustainability.com/library/sustainability-incorporated#.VrBPO7KLS70

키는데 도움이 될 수 있음. 비즈니스 모델을 시각적으로 내·외부에 공유하는 것도 종종 도움이 됨

- 중요성 분석은 회사가 재무적인 요소와 지속가능성 차원의 중요이슈들을 정렬시키고 지속가능성 이슈들이 핵심 비즈니스전략으로 들어가는 역할을 해줌. 선별된 하나나 소수의 이슈에 집중함으로써 회사들은 어떻게 그 이슈들이 비즈니스에 영향을 미치고, 어떻게 목표와 매트릭스를 만드는데 자원을 투입하여서, 그 이슈가 비즈니스에 완전히 내재되게 하는지 파악할 수 있게 됨. 일단 회사가 하나의 이슈를 통합시키면, 다른 이슈들도 핵심전략에 넣을 수 있게 됨
- 지속가능한 제품과 서비스를 개발하는 것은 많은 부서들을 참여하게해서 지속가능성의 통합을 촉진할 수 있음. 전과정평가와 지표값은 지속가능성 렌즈와 점수표를 적용함으로써, 회사들은 지속가능성 이슈를 회사의 운영에 적용시킬 수 있고 고객을 참여시킬 수 있음
- 기업문화는 지속가능성의 통합에 중요한 역할을 하며 회사의 리더십과 긴밀하게 연결되어 있음. 혁신과 협력을 품고있는 문화는 지속가능성 통합을 촉진함
- 통합보고는 지속가능성에 대한 회사의 통합적인 접근을 이끌고 반영할 투명성의 한 측면임. 통합보고서를 발간하는 프로세스는 여러 팀이 함께 작업하면서 어떻게 회사가 가치를 창출하는지 더 잘 이해하게 되고, 향후에 더 통합이 필요한 영역도 알게 해줌

5. 지속가능성이 내재화된 혁신 – Sustainability–Oriented Innovation (MIT Sloan Management School Review, 2015)[9]

• 트레이드오프 모델에 잡히면 혁신이 어렵다.[10]

전 지구적인 문제들을 극복하고 유한한 자원을 가진 지구에서 살아가는 것이 가능한 사회를 만들려면 커다란 혁신을 이루어내야 할 것임. SOI는 기업의 실적과 임팩트, 수익과 목적, 삶의 질 향상과 환경보호 등 상반되는 목표처럼 보이는 것들 사이의 트레이드오프를 떨쳐버려야 함. SOI를 가로막는 것이 바로 사회환경적인 임팩트가 있으면 이는 전통적인 비즈니스 관점에서는 트레이드 오프가 반드시 있다는 "지속가능성 트레이드오프"가 문제임

- 90년대 후반 나이키는 환경적으로 책임있는 신발 디자인을 만들고자 하는 노력을 시작. 이러한 시도의 초기결과인 "trash talk"신발은 버려지는 재료를 모아서 만들어진 신발로, 공장바닥에 떨어지는 쓰레기에 대한 생산적인 사용처를 찾고자 함. 하지만 신발은 상업적으로 실패함. 고객들은 미적으로 매력을 느끼지 못했고 나이키 운동화에서 기대되는 기능을 갖추고 있지는 못했음.

9) Sustainability-Oriented Innovation Series
http://sloanreview.mit.edu/tag/sustainability-oriented-innovation-series

10) http://sloanreview.mit.edu/article/sustainability-oriented-innovation-a-bridge-to-breakthroughs/

나이키는 제품의 성능과 임팩트를 둘다 확보하고자 함

· 이러한 노력을 포기하지 않고 계속하여 신발의 윗부분 전체를 실로 짜서 만드는 Flyknit를 개발함. Flyknit는 2016년에 단일 신발로는 내기힘든 수준인 10억 달러 정도의 매출을 낼 것으로 기대됨(나이키가 신발부문에서 내는 한해 매출이 183억 달러 수준)

· 유사한 사례로 물을 쓰지않고 염색을 하는 독일의 DryCoo라는 회사와 시스템 인프라를 구축한 테슬라의 "international EV supercharging network", 우버(Uber) 등의 사례제시

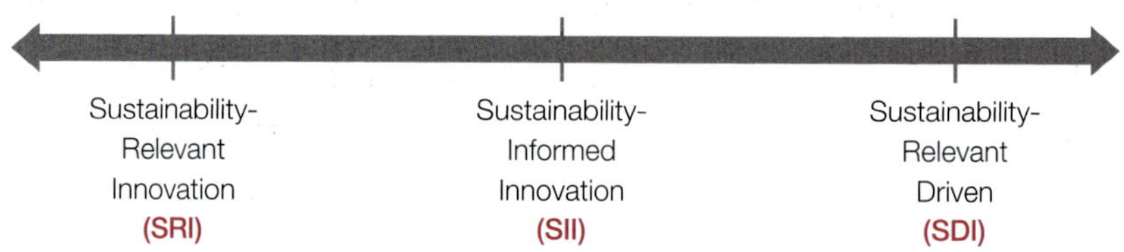

• 90년대 지속가능성에 기반한 혁신의 세 가지 유형을 제시[11)]

· SII : 지속가능성을 고려하고 있음을 알려주는 디자인을 통해 소비자 니즈를 충족시킴. 앞서의 나이키의 Flyknit나 파타고니아의 Synchilla(재활용 플라스틱 병으로 만듬) 등이 대표적인 사례임. 지속가능성 조건을 내걸면서 새로운 물질과 프로세스, 디자인을 찾아보게 되어 혁신이 일어나게 됨. 지속가능성을 고려하는 소비자들 안에서 차별화를 할 수 있게 됨

· SDI : 공공의 문제를 해결하려는 목표를 가지고 혁신을 일으킴. 효율높은 태양광패널을 개발한 SunPower나 개도국의 위생문제를 해결하기 위해 MIT에서 시작된 Sanergy 등이 이에 속함. Sanergy는 안전하게 분비물을 모아서 비료로 바꿔 농부들에게 팔 수 있게 하는 프렌차이즈 모델을 가지고 있음. 현재까지 734개의 화장실을 설치하여 33000명이 매일 이용하고 있으며, 763개의 일자리를 창출

· SRI : 혁신으로 인해 생겨나는 숨겨진 지속가능성 효과들을 발견하고 키우는 형태로 보스톤에서 시작된 카쉐어링 ZipCar가 대표적임. 볼티모어시와의 민관협력을 비롯한 사례를 통해 Zipcar는 대중교통을 더 많이 이용하고 더 많이 걷거나 자전거를 이용하는 등 차를 소유하는 것의 대안으로 사람들을 이끄는 역할을 함

11) http://sloanreview.mit.edu/article/why-sustainability-oriented-innovation-is-valuable-in-every-context/

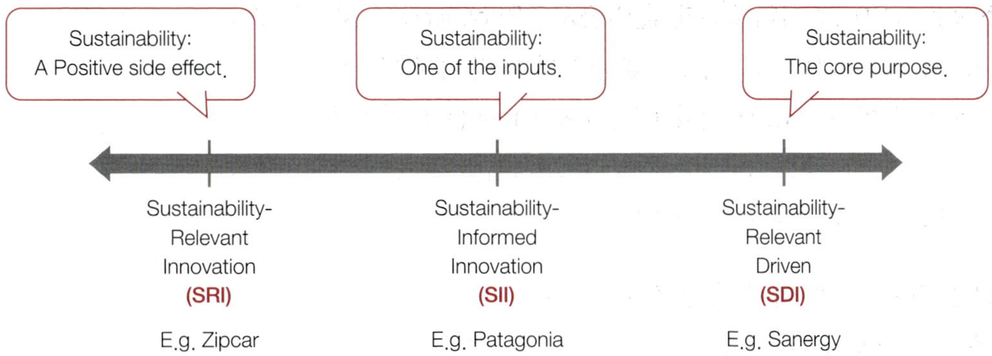

· 각 유형에 따라 지속가능성이 투입되는 정보나 자원 중의 하나일 수도 있고 핵심목표일 수 있으며 Zipcar처럼 정확히 정량화하지는 못해도 비즈니스 모델을 통해 긍정적인 부가효과가 발생하는 것으로 나눠짐

- 지속가능성에 기반한 혁신은 개인과 기업을 넘어 사회에까지 영향을 미친다.[12)]

· 사회와 환경적인 임팩트를 고려하다보니 개개인의 이해관계자나 기업을 넘어 공공부문에도 영향을 미치게 됨

- 지속가능성에 기반한 혁신이 가지고 있는 트레이드 오프[13)]

· 나이키의 Flyknit로 생산과정과 기업의 지속가능성이 제고되었지만, 더 많은 신발이 생산된다면, 다음 세대를 고려한 지속가능한 발전이라는 원래 관점에서 장기적으로는 지속가능성이 오히려 떨어질 수 있음. BASF의 생분해 플라스틱이나 옥수수 전분을 기본으로 하는 고분자 화합물 등 단기적인 것과 함께 장기적인 지속가능성을 고려하는 제품혁신도 고려해야 함

6. 2016년에 이슈가 될 5가지 트렌드(Forbes.com)[14)]

- 기업들이 기후변화노력에 활기를 불어넣게 될 것이다.

파리에서 열린 기후변화당사국총회(COP 21)에서 기업들은 기후변화의 경과를 바꾸기 위한 대화와 교섭을 이끄는 주체로 한 단계 올라섬. 많은 이들이 금번 기후회의가 산업계의 참여가 늘었던 것이 주요한 성공요인이었다고 생각함. 2016년 코카콜라와 P&G부터 Sony까지 아우르는 기업들이 기후변화에 전념하면서(commitment) 모멘텀을 유지할지를 지켜봐야 함

---

12) http://sloanreview.mit.edu/article/sustainability-oriented-innovation-the-more-the-merrier/
13) http://sloanreview.mit.edu/article/tradeoffs-in-sustainability-oriented-innovations/
14) 5 CSR Trends That Will Blossom In 2016

• 사회정의는 더 이상 기업들에게 출입금지구역(off limits)으로 여겨지지 않을 것이다.

(미국의 경우에 한정) 대법원의 동성결혼합헌에 따라 주요한 브랜드들이 사회정의 이슈를 가져갈 생각이 없는 것이 아님. H&M 이나 Clean & Clear는 트렌스젠더모델을 캠페인에 기용하고 있으며 기업브랜드들이 사내정책이나 대중적인 스토리텔링 캠페인 등에서 트렌스젠더와 양극화 이슈를 앞장 서서 선도할 수 있는 여지가 아직있음

• 명품브랜드마저도 더 투명해질 것이다

투명성은 기업들에게 기대되는 요소가 되었고 올해 특히 명품브랜드에서 두드러질 것임. "UN 지속가능발전목표(SDGs)와 COP21, Modern Slavery Acts의 통과 등은 좋은 일을 하는것에서 법적 구속형태로 바뀌면서 지속가능성을 비즈니스모델 안으로 통합시키는 계기가 되었으며 이해관계자들은 투명성과 구체적인 행동을 점점 더 요구하고 있다."-Diana Verde Nieto, Positive Luxury 공동창립자

• 콜라보(collaboration, 협력)는 여전히 관건이 될 것이다.

2015년 유니레버와 나이키, GM, 이케아 등이 기후변화에 대응하기 위해 "We Mean Business" 연합에 참여하였고, 스타벅스와 페덱스, 월마트, 피자헛을 비롯한 많은 기업들이 학교를 나와서 일하고 있지않은 청소년들을 고용하고자 만들어진 "100,000 Opportunities Initiative"에 참여하여 불평등을 개선하기 위해 협력하고 있음. COP21에서도 빌 게이츠의 "Breakthrough Energy Coalition"에 아마존과 페이스북 등의 리더들이 동참하여 큰 연합을 구성함

• 독특하고 입소문이 나는(viral) 스토리텔링이 필요해질 것이다.

마크앤스펜서의 웹사이트에는 "about our farmers" 페이지가 있어서 생산자들의 이야기가 제공되고 있으며 그들이 어떻게 회사의 CSR활동을 지원하고 있는지 나와있음. 나이키의 웹사이트에는 인터랙티브형태의 시각화 자료와 지속가능한 혁신에 대한 매력적인 콘텐츠가 제공됨. CSR 스토리텔링 트렌드는 사회적책임 마케팅 서비스를 확장시켜 글로벌 광고와 PR 에이전시들이 참여하게 될 것임. 또한 가상현실(VR)을 통해 지역사회가 새롭게 공감하고 참여하게 하는 경험을 쌓도록 하는 흥미로운 실험도 실시될 것임. 이전에도 스토리는 중요했지만 2016년 기업들은 콘텐츠와 플랫폼에서 더 창의적으로 변함

토의과제

① CSR의 향후 전개 방향과 한국기업의 CSR의 현주소 및 한국기업이 세계적 동향에서 뒤처지지 않기 위한 대응전략에 대해 토의해 보시오.

② CSR의 전개와 관련하여 한국과 미국의 특성과 차이에 대해 설명해 보시오.

③ 파리 신기후 체제협정과 관련하여 전지구적인 지속가능 발전목표를 달성함에 있어 선진국이 후진국을 지원할 수 있는 방법에 대해 토의해 보시오.

④ 환경과 사회문제를 해결하는데 있어 기업이 기여할 수 있는 방법은 무엇인가?

⑤ 환경과 사회를 배려한 지속가능성이 담보된 혁신전략이란 어떤 것인지 실제사례를 들어 설명해 보시오.

⑥ CSR과 CR(기업책임)의 공통점과 차이점에 대해 설명해 보시오.

제2부

기업의 사회적 책임에 관한 이론적 기초

제4장 기업의 도덕적 책임과 사회적 계약
제5장 기업의 사회적 책임론
제6장 CSR개념의 진화와 접근방법에 대한 평가와 전망

제4장

기업의 도덕적 책임과 사회적 계약

01 철학에서의 윤리에 관한 논의
02 기업의 도덕적 책임
03 기업의 책임; 직접적 의무와 간접적 의무
04 기업에 대한 사회적 계약의 적용

INTRODUCTION

‘밀어내기 갑질’ 남양유업 前대표 항소심도 집행유예

2013년 7월 서울 중구 남대문로 남양유업 본사 앞에서 남양유업 대리점 피해자가 단식농성을 하고 있다.

주문하지 않은 물량을 대리점주에게 강제로 떠넘기는 등 이른바 ‘밀어내기’ 영업을 한 혐의로 기소된 김웅 전 남양유업 대표에게 항소심에서도 집행유예가 선고됐다.

2일 연합뉴스에 따르면 서울고법 형사3부(강영수 부장판사)는 독점규제 및 공정거래에 관한 법률위반혐의 등으로 기소된 김씨의 항소심에서 1심과 마찬가지로 징역 1년 6월에 집행유예 2년을 선고했다. 재판부는 “밀어내기 영업관행을 모르고 있었다고 주장하지만 회사 내부문서를 보면 어느 정도 인지하고 있었다는 정황이 있다”며 “이 사건으로 사회적 파장과 국민적 공분을 일으켜 원칙적으로 엄정하고 단호한 조치가 요구된다”고 말했다.

다만 남양유업이 회사차원에서 대리점협의회와 상생협약을 하는 등 개선노력을 보였고 상생기금으로 30억 원을 지급하는 등 실질적인 피해회복이 있었다며 1심의 양형을 유지했다. 1심에서 김씨에게 내린 사회봉사 160시간 명령은 이 사건에 적합하지 않다는 이유로 항소심에서는 뺐다. 함께 기소된 남양유업 전 영업상무 곽모씨에게도 1심과 같이 징역 1년에 집행유예 2년을 선고했다.

재판부는 “직원으로서 회사 업무수행을 하는 과정에서 저지른 일이므로 상대적으로 가볍게 책임을 묻는 것이 맞다”며 영업실무 담당직원들을 벌금형으로 감형했다. 1심에서 각각 징역 10월에 집행유예 2년을 선고받은 직원 신모씨와 이모씨에게 각각 벌금 1000만 원, 700만 원을 선고했다. 재판부는 특히 이씨에게 “대리점주에게 욕설과 폭언한 것이 대중매체에 보도돼 이 사건이 크게 불거지는 계기가 됐다”며 “이후 심리적 고통을 많이 겪었을 것으로 보이고 반성하는 모습을 보여 피해자도 선처를 바라는 점을 고려했다”고 말했다.

이들은 2008~2012년 대리점주들이 주문한 내역을 임의로 조작해 주문하지도 않은 물량을 떠넘기는 등 ‘갑’의 지위를 이용해 불공정 거래를 한 혐의로 2013년 7월 기소됐다.

● 경향신문 & 경향닷컴, 김문석 기자, 2015.07.02

학습목표

철학에 있어 사실판단과 가치판단, 기업활동의 의무론적 · 목적론적 이해, 기업의 초도덕주의, 광의의 기업윤리, 협의의 기업윤리, 기업의 직접적 · 간접적 의무, 기업에 대한 사회적 계약, TBL

기업의 도덕적 책임과 기업윤리의 문제를 다루기 전에 먼저 도덕과 윤리의 의미를 나름대로 정리해 두고 넘어가는 것이 좋을 것 같다.

먼저 도덕이란 주로 옳고 그름에 대한 개인적 신념과 관련된 것으로 인간이 지켜야할 규범과 가치적인 것을 말하며 개인생활 전영역에 걸쳐 적용되는 가치기준이라고 볼 수 있다. 반면 윤리는 인간생활의 특정한 영역에서 지켜야 할 것을 말하는 것으로 직업윤리처럼 직업영역에서만 적용되는 윤리는 그 영역외의 부분에서는 각기 다른 윤리가 적용된다. 또한 국가별로도 다른 윤리기준이 적용되기도 한다. 다시 말하면 도덕(Morality)이란 '사회구성원들이 양심, 사회적 여론, 관습따위에 비추어 스스로 마땅히 지켜야 할 행동준칙이나 규범의 총체로서 외적 강제력을 갖는 법률과 달리 각자의 내면적인 판단의 원리[1]"로 작용하는 것으로 주로 개인수준의 가치판단기준이라고 볼 수 있다. 반면 윤리는 개인, 집단, 조직수준의 인간생활의 전 영역에 걸쳐 공동선에 해당하는 가치기준으로서 주로 특정한 상황과 관련한 옳고 그름의 판단기준이 되는 것을 의미하는 것이라 볼 수 있다.

기업윤리에 대한 문제영역을 규정하기 전에 여기서는 먼저 철학에서 말하는 윤리에 관한 논의를 간략히 살펴보고 기업윤리의 문제수준과 기업의 책임과 관련된 의무에 대해 정리해 보고자 한다.

1) 네이버 지식백과 http://krdic.naver.com/detail.nhn?docid=9693900

01 철학에서의 윤리에 관한 논의[2)]

1.1 사실판단과 가치판단

"그 의사가 있다"와 "그 의사가 좋다"는 다른 차원의 말이다. "그 의사의 행동은 늦었다"와 "그 의사의 행동은 옳았다" 역시 마찬가지이다. "그 의사가 있다"는 것은 그가 부재 중이 아니라 지금 자리를 지키고 있다는 말이며, "그 의사의 행동이 늦었다"는 것은 그의 조치가 시의적절하지 못해 환자의 치료에 문제가 생겼다는 말이다. 양자는 모두 실제로 벌어진 사건에 관한 진술이다.

그것들은 좋든 싫든 실제로 일어난 사실에 관한 기술이며, 그냥 그렇게 있는것이 존재(is)에 관한 판단(사실판단)이다. 이에 비해 "그 의사가 좋다"는 것은 그가 훌륭하고 유능하다는 말이며, "그 의사의 행동이 옳았다"는 것은 그가 의사로서 당연히 해야 될 일을 잘 수행했다는 말이다. 이 두 가지는 어떤 일이 실제로 일어났는지의 여부보다는, 어떤 일을 하는 것이 좋고 바람직하고 옳으냐 하는 평가에 더 초점을 맞추고 있다. 즉 그것들은 있으면 좋을 어떤 가치에 관한 평가이며, 마땅히 그래야 하는것인 당위(ought)에 관한 판단(가치판단)이다.

윤리학에서 문제가 되는것인 도덕판단은 전자와 같은 사실판단이나 존재판단이 아니라, 후자와 같은 가치판단 혹은 당위판단이다. 다시 말해 도덕판단이란 당위와 가치에 관한 평가진술로서, "어떤 것이 좋다 / 나쁘다" "어떤 것이 옳다 /그르다"라는 형식으로 되어 있다. 여기서 어떤 것에 해당하는 것이 개인이나 개인의 행위 혹은 개인의 양심 등일 때 그것은 개인윤리적 도덕판단이며, 그 어떤 것에 해당하는 것이 사회의 구조나 제도 또는 정책 등일 때 그것은 사회윤리적 도덕판단이다.

종래의 윤리학에서는 개인윤리가 중심이었다. 개인의 행복이나 쾌락, 우정, 용기 등이 주제였던 것이다. 그러나 사회란 단순한 개인의 총합이상의 것이며, 사회의 기본구조는 개인의 성격과 희망, 나아가 개인의 지능과 능력까지도 결정하는 엄청난 힘을 지녔다는 것이

2) 김종욱(2002), 불교에서 보는 철학, 철학에서 보는 불교, 불교시대사, pp.97-109.

밝혀져 감에따라 사회윤리가 중요하게 부각되었다. 서양에서 공리주의와 마르크스주의의 등장은 이러한 일종의 사회윤리적 배경 속에서 이루어진 것이라고 볼 수 있다.

이렇게 개인의 책임을 사회라는 맥락에서 재규정하는 사회윤리에서는, 개인을 지배하는 논리와 사회를 지배하는 논리가 다를 뿐만 아니라, 오히려 사회를 지배하는 논리가 우선적으로 작용하여 개인을 지배한다고 주장한다. 예를 들어 지주가 농노를 착취하는 봉건체제하에서 지주의 자선행위는 개인윤리적으로는 선일 수 있지만, 사회윤리적으로는 악일 수밖에 없다는 것이다.

왜냐하면 노동력의 상실을 막기위해 지주가 춘궁기의 농노에게 식량을 원조해 주는것은 도리어 농노의 저항의식을 마비시켜, 부당한 체제를 영속화시키는 역할을 하기 때문이다. 이런 입장에서 보면 사회윤리를 무시한 채 체제자체의 정당성을 미리 가정해 놓고 개인윤리만 문제시하여 그 체제내의 모든 개인들이 선해지면 사회도 선해지리라 기대하는 것은 분명 잘못된 생각이다.

물론 이러한 발상법은 당연히 져야 할 개인의 도덕적 책임을 사회에 전가하는 무책임을 양산할 수 있다는 비판을 받을 수 있다. 그러나 어떤 파렴치한 범죄자에게 그의 개인적인 책임을 먼저 묻는것도 중요하지만, 그런 범죄가 재발하는 것을 방지하기 위해선 그러한 일이 발생할 만한 사회의 배경을 미리 정화하는 것이 더욱 중요할 것이다.

이상에서 보듯이 개인윤리적으로 보느냐 사회윤리적으로 보느냐에 따라 도덕판단의 내용이 판이하게 달라지는 것이 사실이지만, 개인윤리든 사회윤리든 양자가 기본적으로 인정하는 공통의 전제가 있다. 그것은 해야할것과 하지말아야 할것을 지시하는 객관적인 기준이 존재하고, 이런 기준을 제시하는 것이 바로 윤리학의 임무라고 보는 생각이다. 행위의 규범을 제시하는 것이라는 점에서 이런 윤리학을 규범윤리학이라 부르며, 이것이 윤리학의 주류를 이룬다. 그런데 사실판단과 존재판단에서는 그것이 참인지 거짓인지의 여부를 사실에 대한 경험적 검증을 통해 결정한다. 예를 들어 "그 의사가 있다"는 판단의 진위를 알려면, 그 사람이 실제로 자기의 자리를 지키고 있는지 눈으로 확인하여, 그 판단의 내용과 사실이 일치하는지를 보면된다.

그러나 사실이 아니라 가치를 평가하는 규범윤리학에서는 도덕판단의 기준을 정하는 것이 사실판단에서처럼 그렇게 일의적이지 않다. 가치판단과 당위판단은 주로 인간의 행위에 대한 평가인데, 행위의 평가는 그 행위의 원인인 동기와 그 행위의 결과라는 최소한 두 가지의 관점에서 이루어질 수 있기 때문이다. 다시말해 행위의 동기나 그 동기가 의무로서 고수하고자 하는 원칙, 행위의 결과나 그 결과를 통해 실현되는 목적이라는 두 가지의 진영 중 어느 쪽에 기준점을 두느냐에 따라 선과 악, 정(正)과 사(邪)의 평가가 달라진다는 것이다.

1.2 의무론과 목적론

도덕판단의 기준을 동기나 의무나 원칙에 두는 입장을 일러 의무론(deontology = deon 의무+logos 이론)이라고 한다. 즉 의무론이란 모든 인간이 지켜야 할 행위의 원칙이 의무로서 주어져 있다고 봄으로써, 여기에서 좋고 나쁨과 옳고그름의 기준을 제시하는 이론을 말한다.

이것은 누구에게나 직관적으로 인정되는 도덕적 의무나 원칙이 마치 율법처럼 부과되어 있다고 본다는 점에서, 주로 히브리적 전통의 유산이라고 할 수 있다. 의무론에서는 양심에 비추어 자명한 의무와 그것을 무조건 지키고자 하는 동기의 순수성과 원칙의 예외없는 고수 등을 중요시 한다.

그런데 우리는 앞서 윤리학에서 '옳음'이란 '당연히 지켜야 할 원칙에 순수하게 따르는 것'을 뜻하고, '좋음'은 주로 '행복한 결과를 가져오는 데 유용한 것'을 의미한다는 점을 살펴보았었다. 이런 정의에서 보자면, 원칙의 고수를 강조한다는 점에서 의무론은 좋음보다는 옳음을 우선시하고, 옳음에 의해 좋음을 규정하는 입장이라고 할 수 있다. 즉 옳다고 하는 것은 결과 이전의 문제이므로, 어떤 결과가 오건 도덕적 원칙은 예외없이 반드시 지켜져야 한다는 것이다. 이런 입장에서 본다면 예를 들어 희대의 독재자인 히틀러도 결코 암살해서는 안 될 일이 된다.

'살인하지 말라'는 것이 인간이라면 누구나 자명하게 인정하는 원칙인 이상, 정당한 살인이란 인정할 수 없는 일이기 때문이다. 설사 한 사람의 살인을 통해 다수의 살인을 막는 좋은 결과를 초래한다고 하더라도, 살인하지말라는 의무는 결과와는 무관하게 그 자체로 옳은 원칙이기에 반드시 준수되어야 한다는 것이다.

이처럼 도덕규칙을 준수하는 데 전혀 예외를 허용하지 않는 의무론은 지나치게 엄격하다는 비판을 받을 수 있다. 왜냐하면 현실에서는 상황에 따른 예외없는 규칙이란 있을 수가 없기 때문이다. 훨씬 심각하고 처참한 상황의 초래를 막기위해서 불가피하게 선택되는 선의의 거짓말이나 살인 등이 현실에선 얼마든지 가능한 일인 것이다. 그러나 무엇보다도 의무론을 괴롭히는 가장 큰 문제점은 원칙들 간에 충돌이 발생할 경우 해결하기가 몹시 힘들다는 점이다.

각자 고수하고자 하는 원칙이 상충될 때는 그 결과를 보고 우선 순위를 판정할 수밖에 없지만, 이것은 이미 의무론이 아니라 결과중심의 목적론으로 되고 만다. 여성고용할당제라는 예를 들어 보자. 여성의 사회참여기회를 늘려 남녀의 차별구조를 개선해보려는 정부의 시책에 대해서 일선 기업주들의 반응이 미온적이자, 이를 시정하고자 매해 신규채용인원의 일정부분을 여성의 몫으로 할당하라는 의무조항을 정부가 마련했다고 하자. '약자를 보호해야한다'는 원칙을 옳은 것으로 간주하는 사람들은 이 제도에 대해 찬성할 것이다.

그러나 기존의 관행과 기득권을 수호하고자 하는 사람들은 오히려 역설적이게도 '만인은 평등하다'는 원칙을 내세워 그 제도에 반대할 것이다. 차별을 시정하기 위해 여성을 우대하는 것은 거꾸로 남성에 대한 역차별로 나타난다는 것이다. 이처럼 원칙을 중시하는 동일한 의무론이더라도, 지지하는 원칙이 무엇이냐에 따라 찬반이 판이하게 갈릴 수 있다는 점에 유의해야 한다.

이상과 같이 설사 상충되더라도 원칙의 고수를 척도로 삼는 의무론과는 달리, 도덕판단의 기준을 행위의 결과나 목적에 두는 입장을 일러 목적론(teleology = telos 목적+logos 이론)이라고 한다. 즉 목적론이란 인간이 추구할 바람직한 목적을 제시함으로써, 여기에서 좋고 나쁨과 옳고그름의 기준을 제시하는 이론을 말한다. 그리하여 목적론에서는 행위의 목적과 그 목적이 실현된 결과와 그 결과가 가져오는 효용성 등을 중요시 한다.

이것은 행위의 결과를 미리 예상하여 계산하는 것을 전제로 한다는 점에서 이성적 사유에 의한 헤아림을 중시하는 그리스적 전통의 유산이라고 할 수 있다. 그런데 앞서 보았듯이 옳음이 원칙의 준수와 관련되고 좋음은 주로 결과의 유용성과 관련되는 이상, 결과의 효과를 강조하는 목적론은 옳음보다는 좋음을 우선시하고 좋음에 의해 옳음을 규정하는 입장이라고 볼 수 있다.

다시 말해 어떤 행동을 옳거나 그르게 만드는 것은 바로 그 행동이 가져올 결과의 좋고 나쁨이라는 것이다. 이런 입장에서 보자면 앞서 예를 든 히틀러의 암살은 당연히 해야 될 일이 된다. '살인하지말라'는 원칙이 도덕적으로 옳은것은 그렇게 행동함으로써 좋은결과를 가져올 때 뿐인데, 히틀러의 경우엔 오히려 그를 살해하는 것이 훨씬 더 좋은결과를 가져올 것이기 때문이다. 결국 목적론에서는 최선의 결과를 가져오는 것이 중요하고 도덕적 원칙을 지키고 어기는 문제는 부차적인 것이라고 할 수 있다.

이처럼 행위의 결과에 비추어 언제라도 도덕적 원칙에 예외를 허용하는 목적론은 의무론과는 정반대로 너무 느슨하다는 비판을 받을 수 있다. 왜냐하면 결과의 효용성에 따라 지나치게 많은 예외를 허용할 경우, 원칙이나 규칙자체의 보편성이 사라지게 될 것이기 때문이다. 보편적이고도 일반적으로 준수되지않는 원칙이 과연 원칙으로서의 역할을 할 수 있을는지 의문인 것이다.

그러나 무엇보다도 목적론에서 가장 큰 문제점은 결과의 효용성의 크기가 비슷할 경우, 이것을 해결하기가 힘들다는 점이다. 여성고용할당제라는 예를 다시 들어보자. 애당초 여성의 사회참여기회를 늘리기 위해 고안된 제도이므로 대부분의 여성들은 이 제도에 찬성할 것이고, 이 제도가 시행되면 여성들은 행복을 느낄 것이다. 그러나 오히려 역차별의 소지를 지니고 있다는 점에서 대부분의 남성들은 그 제도에 반대할 것이고 그 제도가 폐지되면 남성들은 행복을 느낄것이다.

그런데 대부분의 사회에서는 남성과 여성의 비율이 비슷하므로 과연 어떻게 하는것이 최대다수의 최대행복을 가져오는지 평가하기가 쉽지 않을 것이다. 물론 행복을 이렇게 외형적 숫자에 의해서가 아니라 그 내용면에서 검토해 볼 수도 있다. 행복을 경제적 효용성과 관련해서 보고자 하는 사람들은 작업의 숙련도와 경쟁력면에서 훨씬 우위에 있는 남성들을 좀더 많이 고용함으로써 국가전체의 부가 증대될 수 있고 국민의 일부인 여성들도 더불어 행복해질 수 있을 것이라고 주장할 것이다. 이에 반해 행복을 동등한 대우와 관련해서 보고자 하는 사람들은 여성고용할당제자체가 원초적 평등이 침해됨으로써 야기된 문제이므로, 남녀의 본래적 평등을 위해선 여성고용할당제라는 일시적 불평등은 필요하다고 주장할 것이다.

불평등과 역차별은 일시적이나 그 결과 차별이 폐지된다면 그 제도의 가치는 영속적이고 따라서 그 제도는 정당하다는 것이다. 이처럼 양적이든 질적이든 결과가 가져오는 행복이 비슷할 경우 목적론적 효용성을 평가하기가 쉽지않은 것이다.

이처럼 결과의 효과가 관점에 따라 달라지는것은 목적론에서 결과의 행복을 비교하기가 얼마나 힘든가를 잘 보여준다. 이상에서 제시된 의무론과 목적론의 갈등은 한 마디로 원칙과 효과, 동기와 결과의 긴장이며, 우리식으로 표현하면 명분과 실리의 충돌이기도 하다. 이와 같은 갈등은 인간의 행위가 계속되는 이상, 결코 쉽게 풀리지 않는 도덕적 딜레마이다.

1.3 기업활동의 의무론적·목적론적 이해에 대한 평가

자본주의의 특별한 강점은 인간의 이기심을 이용하며 그 이기심을 공동선(public good)으로 전환시키는 것이다. 그 과정에서 사적소유권에 기초한 사유재산의 자유로운 처분권과 영리조직을 운영할 수 있는 결사의 자유권은 어느 정도까지 보장되어야 하는가 하는 것이 항상 관심의 대상이 되고있다.

자본주의체제는 어느 정도까지 기업의 초(超)도덕주의(법의 테두리 내에서는 무엇을 해도 무방하다는 생각으로 도덕관념이 없는 사상 : amoralism)를 정당화 시켜야 하는가? 기업이 인간의 문제를 잊고 이익만을 추구한다면 과연 기업은 사회적 계약조건을 이행하는 것인가?

기업활동에 대한 의무론적(deontological)인 이해는 기업의 설립목적이 영리추구인 이상 기업은 소유권을 가진 주주이익의 추구가 가장 우선적인 목표로 설정되며 이외의 다른 목적을 추구해서는 안된다고 주장한다. 따라서 의무론에서는 양심적인 생산자가 도덕적인 이유 때문에 제품을 판매하지 않기로 결정한다면 소비자의 선택의 자유가 침해받는다고 주장한다. 또한 이들은 자유결사권과 재산소유권은 주주로하여금 이익을 극대화하는 비도덕적 정책이라도 채택할 수 있는 권리를 부여한다고 주장한다. 나아가서 주주는 명백한 사기, 속임수 및 법률위반 등의 불법적 활동을 제외한 어떤 것이든 괜찮다는 입장을 취함으로써 기업의 이익극대화와 도덕적 무관심정책을 정당화시키고자 한다.

그러나 이러한 '주주가 소유권을 가지고 있다'라고 할 때의 소유하는 권리는 최소한 다른권리와 양립할 수 있어야 한다는 간단한 진리를 간과하고 있다. 더구나 권리들이 상충(相衝)할 때 한 권리가 다른 권리를 무효(無效)로 할 수도 있다. 예를 들어 소유권에 대한 권리의 행사가 어느 상황에서 다른 권리를 침해하는 경우를 보자. 소유권을 갖는것은 그 소유권을 행사함으로써 혜택을 얻는 특권을 부여받음과 동시에 소유권 행사로 인해 발생하는 나쁜 결과에 대해서도 동시에 책임이 있다고 지적하였다. 그러한 사람에게 해(害)를 받은 사람은 보상받을 권리를 가지고 있다. 앞의 2장에서 예를 들은 호랑이를 소유한 사람의 경우를 생각해 보자. 그 호랑이가 서커스에 전시될 때 그는 돈을 지불받을 권리를 주장할 수 있다. 그러나 호랑이가 도망가서 그 지역의 사람과 가축을 해쳤다고 가정해 보자. 호랑이 주인은 "나는 소유권을 포기한다"고 말할 수 있는가? 그럴 수 없다. 소유권은 다른 사람의 권리를 존중해야 할 것을 요구하기 때문이다. 그리고 다른 사람의 권리를 침해했을 때, 소유권은 혜택대신 책임을 가져온다. 이러한 결론은 기업에도 적용된다. 핵발전소와 같은 기업이 소유권의 행사를 통해 이익을 주장한다면 그들의 소유권이 사회에 해를 끼칠때는 그들의 책임을 부인해서는 안 된다.[3)]

그러므로 사유재산 소유자로서 기업의 주주는 사유재산과 관련된 의무를 준수해야하며,

---

3) 소유권의 책임에 대한 논문: "Corporate Responsibility: Property and Liability," by W. Michael Hoffman and James V. Fisher, in *Ethical Theory and Business*, ed. T. Beauchamp and N. Bowie(Englewood Cliffs, N.J,: Prentic-Hall, 1979), pp.187~97, 도날드슨, 앞의 책, p.130에서 재인용.

다른 사람의 권리를 존중해야 한다. 이와 같은 의무의 정확한 성격은 논란의 여지가 있지만 최소한 기업은 헌법에 보장된 타인의 권리를 침해해서는 안 된다. 나아가서 이와 같은 의무는 현세대뿐 아니라 미래세대에게도 확장된다.

소유권이 의무를 수반한다는 사실은 많은 것을 의미한다. 사람들은 재산에 대한 권리를 소유하기 때문에 기업의 활동은 그들의 소유권과 조화되어야 한다. 철강회사가 대리석 조각물과 건물을 파괴할 수 있을 정도의 나트륨 이산화물과 삼산화물로 공기를 오염시킨다면 그 회사는 다른 사람의 재산에 해를 끼치는 것이며 다른 사람의 소유권을 존중해야 한다는 도덕적인 의무 중의 하나를 준수하지 않는 것이다. 최소한 그 기업은 사업을 함으로써 발생하는 비용 중의 하나를 속였다고 할 수 있으며, 도덕적으로 그 기업은 자사가 해를 끼친 사람들의 재산에 대해 보상해 주어야 한다. 더구나 사람은 생존권을 가지고 있기 때문에 기업은 생존을 위협할 수 있는 제품을 제조하거나, 종업원을 위험하게 하는 근로조건을 만들어서는 안 된다. 페이도저(Paydozer)사(社)가 설계한 백미러(back mirror)를 부착하지 않은 땅고르기 기계뒤에 서 있던 사람이 치여 죽었을 때 그 회사는 희생자에 대한 도덕적인 책임을 져야 한다.[4)]

마지막으로 현세대의 권리와 마찬가지로 미래세대의 권리도 존중되어야 하기 때문에 기업은 미래세대의 권리를 침해하는 현재의 상황을 만들어서는 안 된다. 이와 같은 근거에 의하면 제약회사는 태아의 건강에 해(害)를 끼치는 진통제를 임산부에게 판매해서는 안 된다. 그러한 의무는 기업에 최소한의 도덕적인 요구를 한다. 결론적으로 소유권 개념에 기초한 의무론적인 논의는 도덕적 무관심이라는 기업정책을 정당화시키지 못한다.[5)]

기업활동에 대한 목적론적(teleological) 이해는 기업이 추구하는 '이익의 극대화'와 관련하여 다음과 같이 정리할 수 있다.[6)]

① 현대자본주의 경제체제(미국, 영국, 독일 등)는 불완전하기는 해도 자유시장을 실현한다.
② 이러한 체제의 자유시장요소는 다른 대안적인 체제(비 자유시장)보다 소비자의 이익을 더욱 잘 만족시켜 주어야 하는 능력에 대해 책임이 있다.
③ 시장 참여자가 단지 이익을 극대화할 것이라고 하는것은 자유시장이론의 가정이다.
④ 그러므로 기업은 다만 이익을 극대화하여야 한다.

4) 위의 책, p.131.
5) 위의 책, p.132.
6) 위의 책, p.152. 기업활동의 목적론적 이해에 대한 보다 상세한 비판에 대해서는 이 책 p.133~156 참조.

여기서 ①, ②의 경제체제와 관련된 논의는 여전히 논란의 여지가 많은 부분으로 남아 있어 분명한 결론을 내리기가 쉽지 않지만, ③의 경우에는 분명한 비판이 가능하다. 즉, 시장 참여자가 이익을 극대화해야 한다는 것이 아니라 이익을 극대화할 것이라는 전제(존재 'is')는, ④그러므로 기업은 '이익을 극대화해야 한다'(당위 'ought')는 결론을 이끌어내기에는 너무 부족하다는 것이다. 이는 어떻게 보면 명확히 설명되지 않은 실제(존재)로부터 '당위'를 도출해 내고자 하는 지난한 작업이다. 이 논의를 완성하기 위해서는 시장 참여자가 이익을 극대화 해야만 한다는 결론을 증명하기 위해 단순히 이익을 극대화할 것이라는 가정으로부터 생기는 행동을 설명해야 한다. 이는 최소한 자유시장체제의 도덕적인 장점을 명시하는 것, 예를 들면 자유시장이 어떻게 인간의 복지에 공헌하는가에 대한 설명을 포함할 것이다. 그러나 불행히도 이것은 최초의 자유시장 논의로의 순환을 의미하며 이러한 자유시장에 관한 논의는 앞의 1장, 시장·기업·사회의 관계에서 본 것처럼 논쟁의 여지가 많은 주제다. 따라서 목적론적 논의는 기업이 추구하는 이익극대화와 도덕적 무관심 정책에 대한 정당성을 자유시장이론을 통해 설명하는데 실패하고 있다고 봐도 좋을 것이다. '보이지 않는 손'(자유시장체제)을 주장한 애덤 스미스조차 도덕적인 규칙은 시장이 적절히 기능하는 사회의 필요한 측면이며, 시장의 해결책이 반드시 사회적으로 최적의 것은 아니라고 생각하였다.[7)]

02 기업의 도덕적 책임

벨라스케즈는 기업윤리를 '기업활동의 도덕적 기준을 연구하고 어떻게 하면 이 기준을 기업체계와 조직, 그리고 기업에서 일하는 개인들에게 잘 적용할 수 있는지를 모색하는 학문[8)]"이라고 규정하고, 여기에는 도덕적인 규범과 도덕적인 가치들의 분석뿐만 아니라 이 분석결과를 기업활동의 전반적인 부문에 적용하는 방법도 포함된다고 하였다. 나아가 기업윤리에서 다루고 있는 광범위한 문제들을 이해하기 위해서는 기업윤리문제를 사회구조부문과 기업부문, 그리고 개인부문으로 나누어 살펴볼 것을 제안하고 있다.[9)]

7) 위의 책, p.156.
8) 벨라스케즈, 앞의 책, p.30.
9) 위의 책, p.31.

먼저 기업윤리와 관련된 사회구조적인 문제들에 관해 살펴보면 이는 정치와 경제, 법률, 그리고 그밖의 다른 사회적인 구조와 연관성을 지닌다. 그리고 여기에는 자본주의, 법률, 규제, 산업구조, 사회관행 등을 둘러싼 문제들이 포함된다.

자동차 부품제조회사인 B.F.굿리치 사는 당시 미 공군이 설계중이었던 신형 A7D 기의 브레이크를 설계하고 제작하는 군수품 수주를 따냈고, 그 곳에서 4개의 소형 브레이크 디스크만 장착시켜 브레이크의 무게를 106파운드 이하로 크게 감소시켰다. 경영진은 이 일이 이윤이 많이 남는 일이었기 때문에 브레이크 시험을 통과하여 납품되기를 기대했다. 굿리치 사의 엔지니어였던 커밋 밴디버는 다른 기술자들과 함께 일하며 브레이크의 시험 보고서를 작성하는 일을 맡았다. 하지만 이 시험보고서는 형식적인 것이어서 미 정부가 이에 대해 이의를 제기하거나 재시험을 요구하지는 않았다. 나중에 밴디버는 이 보고서에서 디스크가 너무 소형이라 비행기착륙 시 지나친 열이 발생해 브레이크 라이닝에 손상을 가져왔다고 밝혔다. 그러나 당시 그의 상사들은 브레이크의 시험결과와는 상관없이 무조건 통과된 것으로 보고한다는 방침을 세우고 있었다. 벤디버는 그 일이 데이터를 조작해야 가능하다고 항의했지만 상사는 회사의 방침이 이미 정해졌으니 무조건 통과시키라는 명령을 내렸다. 그래서 밴디버는 이 일로 고민했다.

직장은 보수도 좋았고 일도 재미있었다. 장래도 어느 정도 보장되어 있었으며 얼마전에는 집도 구입했다. 만일 A7D 사기사건에 개입하지 않으면 마음은 홀가분할 것이다. 하지만 직장을 그만두어야 하는데 청구서나 은행대출은 어떻게 갚나? 다음날 아침 밴디버는 상사에게 전화를 걸어 통과 보고서를 쓰겠다고 말했다.

밴디버는 보고서를 작성하면서 상사에게 "조종사가 브레이크가 망가져 사망하면 양심의 가책이 되지 않겠습니까?"라고 물었다. 그러자 상사는 상관없는 일에 신경쓰지말고 시킨 일이나 잘하라고 핀잔을 주었다.[10)]

이 예에서 보듯이 굿리치 사가 디자인한 A7D 기의 브레이크를 자체시험하게 허용한 정부계약체계의 도덕성은 바로 사회구조적인 수준에서의 윤리문제를 제기한다.

기업수준에서 나타나는 윤리의 문제는 특정회사와 관련된 도덕적인 문제이며, 이는 기업의 전반적인 정책이나 관행, 조직구조의 도덕성과 관련된 문제이기도 하다. 굿리치 사가 A7D기의 브레이크 시험을 허위로 통과시키기로 결정한 일은 이에 포함된다.

마지막으로 개인에게 나타나는 기업윤리의 문제는 개인과 기업체에 속한 개인의 도덕성

10) 위의 책, pp.23-24.

에 대한 문제이다. 허위보고서 작성에 참여하기로 한 밴디버의 결정이 정당화 될 수 있는가에 대한 문제는 이에 대한 좋은 실례이다.

문제가 구조적인 것인지, 기업이나 개인과 관련된 것인지를 가려내려면 특정결론이나 예들속에 나타난 도덕적인 문제들을 점검해 봐야 한다.

03 기업의 책임; 직접적 의무와 간접적 의무

도날드슨은 기업윤리와 관련된 기업의 책임을 직접적 의무와 간접적 의무로 구분하고 애매한 점이 많은 간접적 의무를 기업윤리의 주된 문제대상으로 삼고 있다(그림 4-1 참조).[11]

기업활동의 도덕적 기준을 파악하기 위해 기업을 도덕적 행위자로 볼 경우 그들의 책임은 어떻게 규정되어야 하는가? 우선 우리는 기업이 인간과 같은 의무를 가지고 있다고 생각하는 함정에서 벗어나야 한다.

그림 4-1 기업윤리의 범위

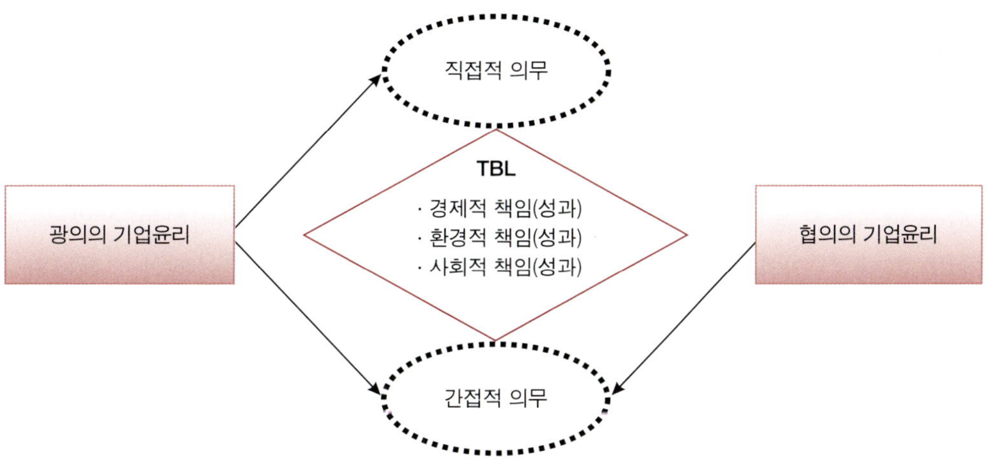

*TBL(Triple Bottom Line, 세 가지 기본 요건) : 기업이익, 환경지속성, 사회적 책임이라는 세 가지 기준으로 기업실적을 측정하는 비즈니스 원칙, 기업의 경제적 성과(Single Bottom Line)만이 아니라 사회적 그리고 환경적 성과를 통칭하며, 기업은 이를 측정하고 각각의 결과를 외부에 제공할 수 있어야 한다.

11) 도날드슨, 앞의 책, p.56-59.

인간은 그렇지 않지만 기업은 주주의 요구를 생각해야 할 의무가 있다. 그리고 인간은 그렇지 않지만 기업은 기업헌장을 준수해야 할 임무 등을 가지고 있다. 만약 기업의 의무가 인간의 의무와 같지 않다면 그들의 의무는 무엇인가?

우선 직접적 의무란 공식적이고 명시적으로 규정되어있고, 하나의 규칙으로서 주주나 종업원, 공급자나 소비자와 같이 기업과 직접적으로 관련이 있는 사람들에 대한 의무를 말한다. 예컨대 기업은 법이나 기업정관에서 규정된대로 종업원에 대한 의무도 있다. 법규(예 기업은 잘못된 제품으로 인해 피해를 본 사람에게 보상해야 한다), 또는 공급자와의 계약, 또는 종업원과의 연금계약 등은 모두 기업의 직접적인 의무에 속한다.

도덕적인 관점에서 직접적 의무는 쉽게 다루어진다. 그것은 쉽게 확인되고 구체성을 띄고 있다. 계약 혹은 법규는 그 자체가 의무를 공식화하기 위한 노력이다. 비정상적인 경우를 제외하고는 직접적인 의무가 존재한다는 단순한 사실이 그것을 이행해야 할 결정적인 도덕적 이유가 된다. 유일한 예외는 규정된 의무가 보다 근본적인 도덕적 의무와 상충되는 경우 즉 계약이 한쪽 당사자로 하여금 거짓말을 하게 하는 경우이다. 직접적인 의무에 대한 보다 복잡한 문제는 그것이 무엇이냐를 밝혀내는데 있지않고 기업이 어떻게 그것을 최대한 이행하느냐를 밝혀내는데 있다. 직접적인 의무를 어김으로써 많은 도덕적 재난이 발생하게 된다. 앞의 1장에서 후커케미칼 사가 오염규제법을 위반했을 때 그 회사는 직접적인 의무를 위반한 것이다.

간접적인 의무는 이와는 반대되는 특성을 지니고 있다. 공식적으로 규정되어 있지도 않고 경쟁자나 지역사회, 일반대중 등 기업과 직접 관련이 없는 사람들에 대한 의무이다. 공식적인 계약서가 없음에도 불구하고 기업은 경쟁자와 공정한 관계를 유지해야하고 지역사회를 파괴하지 않아야 하며 일반대중에게 해가 가지않게끔 해야하는 등의 의무를 가지고 있다고 할 수 있다. 직접적인 의무의 수혜자가 역시 간접적인 의무의 수혜자가 될 수도 있다. 즉 기업은 노조와의 단체협약과 연금계약을 존중해야 할 뿐만 아니라 종업원의 어떤 권리도 존중해야 할 의무가 있다. 기업이 얼마나 많은 의무를 져야 하는가의 문제는 논쟁거리가 될 수 있지만 기업이 어느 정도의 의무를 져야한다는 데는 이견이 없다. 심지어 공식적인 계약이 없음에도 불구하고 기업이 소비자를 속이지 않아야 하고, 민족적 편견이 담긴 광고를 하지말아야 한다는 의무를 부정하는 사람은 거의없다. 이처럼 간접적 의무와 관련된 문제는 상당히 복잡한 편이다.

네슬레(Nestle)나 브리스톨-마이어스(Bristol-Myers)와 같이 개도국 여성들에게 이유식을 파는 대기업의 예를 보자. 무료견본을 사용하는것을 포함하여 적극적인 광고를 통해 이 회사들은 제3세계 국가의 산모들이 아이들에게 모유대신 이유식을 먹이도록 선전했다. 이에대해 건강문제와 관련된 거센 도덕적 비난이 일었다. 미개발국가에서는 이런 이유식과 함께 타먹일 물에 박테리아균이 들끓고 있고, 그 산모들에겐 이유식을 계속 먹일만한 돈도 부족하며, 한번 이유식을 먹이면 다시 모유를 먹일 수 없다는 등의 이유로 논쟁이 일었다. 결과적으로 유아사망률과 영양실조가 정상적인 수준보다 높아졌다. 그런 주장들이 맞든 틀리든 그 성격상 기업에는 간접적인 도덕적 의무가 존재한다(선진국에서는 그런 제품의 판매를 금지하는 법적규제를 받지않는다).[12] 이처럼 간접적인 의무는 직접적인 의무와는 달리 윤리적인 초점을 맞추기가 어렵다. 기업이 구체적으로 어떤 간접적인 의무를 져야하는가?

여기서 우리는 앞의 [그림 4-1]에서 보는 바와 같이 광의의 기업윤리로서 직접적 의무와 간접적 의무를 모두 포함시킬 수 있고, 그 중에서 보다 규정하기가 애매한 간접적 책임을 협의의 기업윤리로 규정할 수가 있으며 실제로 기업윤리와 관련된 많은 문제는 주로 이 간접적인 의무와 관련되어 있다고 해도 과언이 아니다.

04 기업에 대한 사회적 계약의 적용

기업이 감당해야 할 직·간접의무를 논함에 있어 하나의 유용한 이론적 도구로서 우리는 '사회적 계약론'을 상정할 수 있다.

포드(Henry Ford II)는 1969년 하버드 경영대학원에서의 강연에서 다음과 같이 말했다.

"…기업과 사회 간의 계약조건은 변화하고 있다.… 이제는 광범위한 인간의 가치를 위해 공헌해야하며, 우리와 아무런 상업적인 거래가 없는 대중에 대한 의무까지도 받아들이는 것이 요구되고 있다."[13]

위에서 포드가 언급한 계약은 바로 기업의 간접적인 의무와 관련이 있다. 그가 말하는 계약은 공식적으로 명시된 의무들의 집합이 아니라 구속력이 있는 추상적인 의무들의 집합을 의미하는 것이다. 기업에 대한 사회계약이 존재한다면 이는 현실세계에서의 성문화된 계약이 아니라 과거에 철학자들이 논했던 시민과 정부 간의 사회계약과 유사한 형이상학적

12) 위의 책, p.58.
13) 도날드슨, 앞의 책, p.63.

인 것이라고 봐도 좋을 것이다.

많은 논란에도 불구하고 루소(J.J. Rousseau)의 사회계약론(The social Contract)은 개인과 국가 간의 관계를 설정하는데 커다란 기여를 하고 있다. 여기서 길게 논의할 여유는 없지만 간략히 정리하면 루소는 개인의 자유를 구속하는 국가의 권위가 어떻게 정당성을 가질 수 있는가에 대한 물음에서 시작하고 있다.

우선 집단과 사회의 형성이 왜 인간사회에 필수적으로 나타나는 것인지에 대해 루소는 물질적 결핍과 취약성이라고 결론짓는다. 그러므로 인간은 힘을 결집하고 동시에 행동하게 된다는 것이다. 그러나 여기서 어떻게 인간이 자신의 힘과 자유를 자신의 이익에 대한 위해없이 공동의 목적을 위해 사용할 수 있는가 하는 문제가 발생한다. 다시 말해서 여전히 자유로운 상태를 유지하면서 각 집단의 구성원과 재산을 공동의 힘으로 보호하고 방어할 결사를 어떻게 구성하느냐 하는 문제이다. '사회계약'이 바로 이 문제에 대한 해답이라고 루소는 역설한다.

사회에서 각 구성원은 자신의 모든 힘과 권리를 공동체전체에 맡기고 일반의지라는 최고의 권위하에 공동으로 자신의 힘을 행사한다는 것이다. 이렇게 하여 공화국이라 불리는 집단적 실체가 탄생한다. 각 구성원은 이제 주권적 권위를 공유하는 치자(治者)이고 시민인 동시에 국가의 법아래 존재하는 피치자(被治者)인 것이다.

여기서 개인은 시민으로서 가지는 이익과는 다른, 특수하고 사적인 이익을 보유하고 있음을 루소는 인정하고 있다. 그러나 이들 개인이 주권자로서의 시민의 일반의지에 복종하지 않는다면 계약은 공허한 것이다. 여기서의 계약은 교환을 위한 기본원칙으로 둘 이상의 당사자와 주고받는 것의 존재를 전제조건으로 한다. 따라서 사회계약에도 둘 이상의 당사자와 서로 주고 받는것이 필요하다. 이렇게 계약은 의무적인 것이기에, 개별인간은 "자유를 위해 강제되어야 하며", 개별적 보호에 의존하는 것이 아니라 모두에게 동일하게 적용되는 일반적 법률에 의존해야 한다고 역설한다.[14)]

이러한 정치적 사회계약은 기업의 계약을 이해할 수 있는 실마리를 제공해준다. 정치적 계약이 국가의 존재를 정당화시켜 준다면 기업과의 사회적 계약은 기업의 존재를 정당화시켜 주어야 한다고 유추할 수 있다. 이러한 사회적 계약론을 경제적인 제도에도 적용할 수 있다고 생각하는 근거는 무엇인가? 그 이유는 GM이나 마이크로소프트(Microsoft)와 같은 기업들은 사회적으로 대단히 큰 조직이기 때문이다. 대규모 기업들은 수많은 사람들의 생

14) [네이버 지식백과] 사회계약론 [The Social Contract] - 영원한 미래학자의 미래설계도(서양의 고전을 읽는다, 2006. 5. 22., 휴머니스트)

활에 영향을 미치며, 외교정책에도 영향을 미치고 여러 국가에 걸쳐 수많은 사람들을 고용한다. 또한 이들 기업은 사회와의 협력과 사회참여를 통해서만 존재할 수 있다는 점도 중요하다. 이들은 사회로부터 종업원을 고용하고 사회에 제품을 판매하며 사회에 의해 지위가 주어진다. 이 모든 것이 기업과 사회 간의 암묵적인 합의 혹은 계약이 존재한다는 것을 암시할 수도 있다. GM이 자신의 존립을 위해 사회가 일정한 의무를 가진다면 사회는 GM에게 어떤 의무를 부여할 수 있는가?

우선 생산조직인 기업이 사회로부터 필요로 하는것(사회의 기업에 대한 의무)은 기업을 하나의 행위자로서 인정한다는 점과, 토지와 천연자원을 소유하고 이용하는 권한, 종업원을 고용하는 권한 등을 가진다는 것이다. 이러한 인정과 권한을 바탕으로 생산조직은 하나의 개인처럼 행위하며 여러 가지 권한을 행사하게 된다. 예를 들어 기업은 모든 종업원과 주주에게서 허락을 받지 않고서도 신입사원을 채용할 수 있고, 계약을 체결할 수 있으며, 구매협상을 할 수 있다. 기업자체는 기업의 장비와 토지에 대한 관리자로서 간주된다. 왜냐하면 주주와 경영자는 기업을 떠날 수 있고 주식을 처분할 수도 있고 사망할 수도 있기 때문이다. 그들이 그렇게 행동하더라도 조직은 계속 자원을 통제해야 한다. 즉 작업요원을 계속 고용하며 이미 체결된 계약과 협약이 유효하도록 해야 할 책임이 있다.

이와 반면에 사회에 대한 기업의 의무를 규정하는 것은 매우 까다로운 문제이다. 사회가 기업과의 사회적 계약을 통해 기대하는 특별한 혜택이 무엇인가는 분명하지 않다. 다만 사회구성원은 거래 당사자 간의 주고 받는것을 기본으로 하는 계약의 본질상 최소한 생산조직의 존재를 인가하고 권한을 인정함으로써 발생하는 손해를 능가하는 혜택을 요구해야 한다는 가정을 할 수 있다. 여기서 가상의 계약당사자를 보통의 개인, 즉 소비자인 동시에 노동자(종업원)로 설정할 경우 이들이 기대하는 혜택은 크게 소비자로서 기대하는 편익과 비용의 최소화, 노동자(종업원)로서 기대하는 편익과 비용의 최소화, 편익과 비용의 합리적인 조정작업, 그리고 정의의 실현 등을 들 수 있다. 이에 대해 도날드슨은 다음과 같이 구체적인 설명을 부가하고 있다.[15]

두 종류의 사람들 즉, ①조직이 생산한 제품을 소비하는 소비자와, ②생산조직에서 일하는 종업원이 생산조직의 도입에 의해 혜택을 얻거나 손해를 입는다. 이 두 부류는 정확하게 구분되지 않으며, 서로 배타적이지 않다. "소비자"는 경제적인 관심을 가진 사람들을 말한다. 따라서 실제로 모든 사람들이 소비자로서의 자격을 갖추고 있다. 관리자, 노동자,

15) 도날드슨, 앞의 책, pp.75-85.

비정규적으로 근무하는 자문위원 및 기업의 이사 등을 포함하는 "종업원"은 생산조직의 생산과정에서 일하는 사람들을 말한다.

4.1 소비자에 대한 편익(便益)

가상적인 소비자의 관점에서 볼 때, 생산조직은 소비자의 경제적 이익의 만족을 증대시킬 것을 약속한다. 말하자면 생산조직의 도입이 주거, 식품, 오락, 수송, 건강관리 및 의복 등에 대한 자신들의 관심을 더욱 잘 만족시켜 주기를 기대하는 것이다. 소비자에 대한 외견상의 편익(benefits)에는 다음과 같은 것들이 포함된다.

① 아래 사항을 통한 효율증대
  가. 전문화의 이점 최대화
  나. 의사결정방법개선
  다. 고가의 기술과 자원을 이용하거나 획득할 수 있는 능력증대
② 생산수준과 유통경로 안정화
③ 책임의 분산

물론 각각의 편익에 대해서는 설명이 필요하다.

첫 번째 편익인 효율증대는 생산조직의 독특한 장점이다. 생산조직은 개별생산상태보다 낮은 노동비용으로 더 우수한 질과 저렴한 가격의 제품을 생산해낸다. 이와 같은 탁월한 능력에 대해서 몇 가지 설명이 필요하다.

①-가. 전문화의 이점 최대화

「국부론」(Wealth of Nations)에 나타난 애덤 스미스의 유명한 사상은 많은 경우 두 사람이 한 사람보다 더욱 효율적이라는 진리에 대한 증거를 제공해 준다. 핀(pin)을 생산하는 경우, 혼자서 작업하는 사람은 소량의 핀밖에 만들 수 없지만, 한 사람은 철사를 자르고, 다른 사람은 철사를 뾰족하게 하는 등의 전문화된 분업과 협업의 시스템에서는 단위당 노동자가 생산하는 핀의 비율은 급격히 증가한다. 오늘날에도 마찬가지이다. 시계, 지우개, 항생제 등을 효율적으로 생산하기 위해서는 협동에 의한 고도의 전문화가 필요하다. 그리고 우주왕복선과 같은 제품의 생산도 전문화에 의해 가능해진 것이다. 경제학자들은 많은 제품들이 규모의 경제(economies of scale)에 적용된다는 것에 의견이 일치하고 있다. 즉,

효율적으로 제품을 생산하는 것은 협동적인 전문화뿐 아니라 전문화의 정도에도 달려있다. 이러한 이유로 아메리칸 모터스(American Motors)같은 규모가 작은 기업은 자동차를 생산하는데 있어 지엠(GM)을 성공적으로 앞지를 수 없는 것이다.

생산조직의 높은 효율성은 어느 정도는 기술수준에 달려있다. 낮은 기술수준에서 이러한 전문화를 추구하는것은 덜 효율적이다. 석기시대에 혼자 작업하는 사람은 협동해서 일하는 세 사람만큼 효율적으로 청소하고 채소를 요리할 수 있다. 그러나 높은 기술수준에서는 이와 같은 현상이 적용되지 않는다.

그 반대도 역시 가능하다. 즉 진보된 기술은 한 사람이 특정한 상황에서 그 기술이 없으면 불가능했을 일을 가능하게 해준다. 콤바인 기계는 6명 또는 그 이상의 전문화된 노동력을 한 사람이 대체하게 한다. 그러나 기술수준에 관계없이 특정한 일은 전문화된 분업의 이점을 보고 있다. 철저하게 기술적인 미래사회에서도 다른 조건이 일정하다면 협력하는 과학자들이 개별적으로 연구하는 과학자들보다 더욱 효율적일 것이다.

②–나. 의사결정방법의 개선

생산조직은 개인과 마찬가지로 의사결정에서 실수할 수 있다. 그럼에도 불구하고 생산조직은 의사결정에 있어 이점을 갖는것이 사실이다.

첫째, 생산조직은 서로 다른배경을 가진 사람들의 재능을 활용할 수 있다. 새로운 가전제품을 개발하려는 웨스팅하우스(Westinghouse)의 결정은 화학자, 회계사, 기술자 및 마케팅 전문가의 지식을 필요로 한다. 한 사람이 이러한 모든 지식을 가지고 있을 수는 없다.

둘째, 생산조직은 정보의 수용력을 증가시킨다. 개인이 소규모로 정보를 수집하고 기억할 수 있다면 조직은 대규모로 이것을 행할 수 있다. 생산조직은 초인간적인 기억능력을 가진다. 즉, 어떤 기업은 성공적인 제품생산을 위한 직·간접적인 정보수집을 위해 대학보다 더 큰 도서관을 보유하기도 한다.

③ 다. 고가의 기술과 자원을 이용하고 획득할 수 있는 능력의 증대

이러한 이점(benefit)은 거의 자명하다. 다른 모든 조건이 동일하다면, 한 사람보다는 둘 또는 그 이상의 사람이 더 많은 자원을 가질 것이다. 따라서 개인보다는 생산조직이 대규모로 자본지출을 할 수 있다. 대규모의 값비싼 장비는 생산량 증가뿐만 아니라 양질의 제품생산을 위해서도 중요하다. 오늘날 빵을 생산하고자 하는 사람은 오븐, 이동조립공정 및 빵 절단기(bread slicer) 등이 없이는 경쟁할 수 없다. 그러나 이러한 장비를 개인적으로 가지고 있는 사람은 드물며, 혼자서 그것들을 운영하려고 하지도 않는다. 사람들은 생산조직에서 그들의 에너지와 자원을 결합하여 생산의 비용효과(cost effectiveness)를 증대시킬 수 있다.

④ 생산수준과 유통경로의 안정화

우리가 가정한 개별생산상태의 가상적인 사람들[16]은 비교적 안정되어 있다. 그리고 이들은 생산수준과 유통방식이 비교적 일정한 조직에 개별기능인들과 함께 참여함으로써 혜택을 얻을 수 있다. 각 기능인은 병에 걸리기도 하고 심리적인 어려움에 처할 수 있으며, 휴식을 필요로 한다. 예를 들어 우편배달을 한 사람의 우편배달부에만 의존하는 것은 대규모 우편배달조직에 의존하는 것보다 위험하다. 한 사람의 우편배달부는 수면을 취해야 하고, 먹어야 하며, 휴식을 취해야 하지만, 대규모 우편배달조직은 자지도 않으며, 먹지도 않고, 심지어 크리스마스 시즌에는 더 커지기도 한다. 일반적으로 생산조직은 소비자의 이익을 위해 시장을 안정시켜 준다.

⑤ 책임의 분산

조직은 개인과는 달리 충분한 자금력을 가지고 있기 때문에, 책임의 분산을 통해 소비자가 얻는 혜택이 훨씬 많다. 간단히 말해서, 조직은 피해를 입은 소비자에게 개별생산자보다 잘 보상해 줄 수 있다. 1970년대 후반 포드(Ford)사는 법원으로부터 설계의 결점 때문에, 뒤에서 충돌할 경우 폭발하기 쉬운 가스탱크 폭발사고 희생자에게 보상하라는 명령을 받았다. 포드(Ford)사가 희생자 및 이들의 친척에게 보상한 액수는 수백만 달러에 달했다. 포드(Ford)사만한 대규모 생산조직은 드물지만 조직은 그들의 제품에 대한 재정적 뒷받침을 개별생산자보다는 잘 할 수 있다. 이러한 사실은 대형 자동차회사의 능력과 자기집 뒤뜰에서 한 대의 자동차를 만드는 개인의 능력을 비교해 보면 즉시 확인할 수 있다.

4.2 종업원에 대한 편익(benefit)

이상은 생산조직을 도입함으로써 소비자에게 발생하는 외견상의 편익이다. 그러나 생산조직이 노동자로서의 인간에게 미치는 영향, 즉 생산조직을 위해 일하기로 결정한 개별생산상태의 노동자 및 기술자에게 미치는 영향의 관점에서도 생산조직을 살펴볼 수 있다.

16) 도날드슨은 생산조직과의 사회적 계약의 조건을 규정하기 위한 한 방편으로 계약의 한 당사자로서, 생산조직이 없는 개별생산상태 하의 개인을 상정하고 이는 개인들이 혼자서 생산하고 일하는 사회상태를 의미한다.

다음과 같은 외견상의 편익을 찾는것은 어렵지 않다.

① 소득잠재력과 사회에의 공헌능력증대
② 개인책임분산
③ 개인소득의 분배조정

① 소득잠재력과 사회에의 공헌능력증대

이와 같은 편익은 협동을 통한 전문화가 생산성을 증대시킨다는 사실의 결과이다. 애덤스미스가 예를 든 것처럼 핀을 만들기 위해 협동하는 사람들은 혼자서 작업하는 경우보다 몇 배의 핀을 만들 수 있다. 그 결과 그는 많은 소득을 올릴 기회가 증가한다. 개인이 협동하면 사회에 대한 그의 전체적인 공헌도 증대한다. 그가 사회에 대해 생산적으로 공헌해야 한다는 개인적인 책임을 느낀다거나 단순히 사회에 호의적이라면 협동을 통해 증대된 생산성은 그렇게 할 수 있는 그의 능력을 증대시킨다.

두 가지 선택이 가능하다. 그가 정상적인 봉급보다 낮게받아 순수 공헌도를 증대시키거나, 정상적인 봉급을 받고 일부를 다른 사람에게 줄 수도 있다. 전자의 예는 여성봉사연맹(Women's Service League) 또는 평화봉사단(Peace Corps)과 같은 자원조직에서 일하는 사람이며, 후자의 예는 대규모 기업을 위해 일하면서 자선단체에 기부를 하는 사람이다. 다른 조건이 일정하다면 어느경우든 생산조직에 참여하여 자신의 생산성을 증대시키는 사람의 소득잠재력과 공헌능력은 더 커진다. 물론 야심적인 경영주나 부당한 경제체제는 노동자가 발생시킨 추가적인 소득을 그들로부터 빼앗을 수 있다. 그러나 이것은 특정경영주나 경제체제의 부산물이지 생산조직 자체의 특징이 아니다.

② 개인책임분산

겉으로 보기에 노동자의 관점에서 두 번째로 얻는 편익은 책임을 분산시켜 개인을 막대한 보상요구의 위험으로부터 보호해 주는 조직의 능력에 있다. 결함이 있고 위험한 제품을 판매하는 개별생산상태인 노동자는 그의 제품이 초래한 손해에 대해 도덕적으로 책임져야 한다. 그가 만든 약품에 모르고 독약을 떨어뜨렸다면 그는 희생자에게 윤리적으로 보상해야 하며 책임의 정도는 그의 보상능력을 초과할 수 있다. 그러나 그가 생산조직에서 다른 사람들과 함께 일을 하면, 최종적인 책임은 그가 아닌 생산조직이 져야하기 때문에 유리한 입장에 서게 된다.

③ 개인소득의 분배조정

생산조직의 증대된 자원으로 노동자는 자신의(실질적) 생산능력에 의해서가 아니라 실제적인 소득의 필요에 의해서 소득분배를 받을 수 있다. 노동자 생산능력의 변화란 질병, 사고 및 나이에 따라 작업속도와 힘을 상실하는 경향 등을 포함한다. 그러나 이와 같은 변화 속에서도 노동자는 많은 소득을 필요로 한다. 노동자는 건강할때 열심히 일할 수 있지만 그가 아플때 많은 돈을 필요로 한다. 노동자는 20세 때보다 50세때 생산능력이 더 떨어질 수 있지만 그가 결혼하고 가정을 갖게되는 50세때 소득에 대한 필요는 더욱 커진다. 노동자가 생산조직에 참여할때 조직은 그를 포함한 다른 모든 사람들에게 알맞은 계획에 의해 개인소득을 분배할 수 있다. 예를 들어 소득은 근무연수에 따라 그의 생산성보다 높은 비율로 증가할 수 있으며 그가 아프거나 일할 수 없을때도 소득은 계속 지급될 수 있다.

이와 같은 노동자에 대한 외견상의 편익은 이미 언급된 소비자에 대한 외견상의 편익에 추가될 수 있다. 이것들은 개별생산상태의 이성적인 사람들이 생산조직의 도입을 정당화하는 데 이용하는 논리들을 구성하고 있다. 실제로 그러한 편익이 없다면 생산조직을 만든 인간은 어리석은 것이며 아무것도 얻을 수 없을 것이다.

이제는 이와 같은 분석을 토대로 가상적인 사회계약의 일반적인 특성을 명시하는 논의를 시작하는 것이 가능하다. 사회의 관점에서 볼 때, 생산조직의 목적은 소비자와 노동자의 이익만족을 통해 사회전체의 부를 증대시키는 것이라고 할 수 있다. 마찬가지로 지금까지 언급한 외견상의 편익은 사회계약의 특정한 조건으로 해석될 수 있다. 생산조직은 효율증진, 생산안정화 및 책임증대를 통해 소비자를 만족시켜야 한다. 동시에 소득잠재력의 증대, 개인책임분산, 소득분배의 조정을 통해 종업원을 만족시켜야 한다.

따라서 이와 같은 계약조건은 생산조직의 근본적이고 긍정적인 목표를 구성하고 있다.

다수가 아닌 소수를 위해 결정하는 것은 사회의 이익에 포함되지 않는다. 이미 언급했듯이 사회는 생산조직을 설립하지 않기로 결정할 수도 있으며, 또는 다른 기준을 가진 조직을 설립하기로 결정할 수도 있다. 더욱이 개별생산상태의 이성적인 사람들은 부를 최대화하는 가장 높은기준을 준수한 조직을 설립할 것이며, 협상을 통해 그러한 기준을 세울 것이다.

4.3 소비자와 종업원에 대한 비용

여기서 분명한 의문이 생긴다. 개별생산상태의 사람들이 사회계약조건에 동의해야 한다면, 그리고 이와 같은 조건이 사회의 부를 증대시키는 임무와 직접적으로 관련된다면, 왜 사람들은 외견상의 편익을 최대화하는 것만으로 그치는가? 왜 외견상의 비용을 최소화하려고 하지 않는가? 로크는 그의 정치적 사회계약을 구성하는 데서 이와 유사한 접근방법을 이용하였다. 즉, 그는 정부의 긍정적인 목표를 명시하였을 뿐 아니라 특권을 남용하는 정부의 경향을 인식하여 정부가 회피해야 하는 유혹을 찾아내었다. 생산조직을 도입하는 데에도 외견상의 비용이 있는가? 소비자의 관점과 노동자의 관점에서 외견상의 비용이 있는가?

소비자는 생산조직이 그들의 기술력으로 생산성을 증대시키고, 더 많은 신발, 의복, 전기공급 및 자동차를 시장에 내놓기 때문에 혜택을 받는다. 그러나 생산증대가 공해를 유발하고 천연자원을 고갈시키는 것처럼 20세기의 소비자가 고통스럽게 느끼는 결과도 있다.

많은 양의 신발, 의복, 전기 및 자동차를 생산하려면 더많은 양의 가죽과 목화, 석탄 및 철강 등이 필요하지만, 자원의 공급은 한정되어 있다. 더구나 가스엔진, 용광로, 원자로 등과 같은 훌륭한 기계는 환경을 파괴하는 부산물을 만들어 낸다. 공해의 악화와 천연자원 고갈문제는 생산조직에서 때때로 발생하는 개인의 도덕적 책임분산문제보다 더욱 명백하다.

개별생산체제에서 소비자는 제품의 품질을 보장하는 제조업자로부터 직접 제품을 구매한다. 혹은 소비자는 적어도 어디에 가야 제품을 살 수 있는지 정도는 알고있다. 가령, 구두수선공이 한 소비자에게 신발을 팔았는데, 신발에 결함이 있어 밑창이 나갔다고 하자. 이때 수선공은 소비자에게 직접 항의를 받게 된다.

이 상황을 노동자가 소비자를 직접 대면하지 않는 생산조직의 경우와 비교해보자. 노동자는 소비자의 얼굴을 모르며, 소비자를 모를수록 노동자가 갖는 심리적 책임감은 낮아진다. 노동자는 소비자가 아닌 감독자에 대해 자신의 행위를 책임진다. 때때로 감독자는 노동자보다 더욱 무관심하다. 극단적인 경우 노동자는 의도적으로 제품에 결함을 생기게 하여, 경영자에게 보복하는 "태업"(industrial sabotage)을 감행할 수도 있다.

생산조직의 잠재적인 비용에 대해 언급할 때 생산조직의 정치적 힘이 때로는 개인의 이익을 증대시키는 데 활용된다는 것을 인식해야 한다. 그러한 힘은 간혹 소비자와 일반 대중에게 손해를 끼치기도 한다. 19세기 후반 미국의 철도회사가 정부의 허가와 특권을 이용해서 대중교통수단의 발전을 막은 것처럼, 조직은 독점을 지지하고 비효율성을 악화시킬 수 있다. 또한 조직은 소비자로부터 나오는 정부의 재원을 소비자의 이익에 해가되는 쪽으로 사용할 수도 있다. 일례로, 제1, 2차 세계대전 이전 독일에서 대규모 군수품 제조업자가 정치적 영향력을 행사하여 정부가 대포, 탱크, 전투기 및 전함 등을 다량으로 구매하기 위한 재원마련을 위해 세금을 늘리도록 했던것을 들 수 있다. 이것은 결과적으로 소비자의 구매력을 감소시켰는데 독일대중의 관점에서 볼 때 이러한 정부의 군수품구매는 명백히 해가되는 것이었다.

이러한 문제는 흔히 생산조직의 도입과 관련된 소비자의 잠재적인 비용을 보여준다. 그러나 비용은 노동자에게도 생긴다.

개별생산체제의 노동자는 몇 가지 명백한 이점을 가지고 있다. 우선, 그들은 자신이 만든 제품과 또 판매되는 제품에 대해 자신이 책임져야 한다는 사실에 대한 자부심을 가질 수 있다. 그러나 생산조직의 노동자는 그렇지 못하다. 맑스(Marx)에 의하면 그들은 생산과정에서 "소외"되어 있다. 제2차 세계대전 중 미국의 항공기 제조업자는 "소외"가 생산성을 저해한다는 사실을 발견하였다. 도안공, 토목공 및 철판노동자 등이 최종적으로 완성한 비행기를 눈으로 확인했을 때 생산성은 향상되었다.

소외 및 자부심을 잃게 될 가능성 이외에도 노동자가 제품설계 및 자기업무구조에 대한 통제를 하지 못하는 경우도 있을 수 있다. 개별노동자는 자신의 상황에 맞게 시간과 조건을 조정할 수 있으나 조직 내의 노동자는 전체조직의 필요에 적응해야 한다. 일괄작업방식에서 일하는 노동자는 제품설계를 개량할 수 없고 작업계획을 변경할 수 없다. 제품의 외양(外樣)운반벨트의 속도 및 작업을 수행하는 단계까지도 노동자 자신이 모르는 타인에 의해 결정된다. 더욱이 노동자는 안전배치 또는 공장내의 오염물질수준도 통제할 수 없다.

규모가 크고 고가(高價)의 기술과 막대한 자원을 이용하는 생산조직의 능력은 노동자의 자기 통제력을 감소시킨다. 기계가 특정속도에서 가장 효율적으로 운영된다면 노동자는 그 속도에 맞추기 위해 서둘러서 작업해야 한다. 이 경우 사람이 기계를 조종하는 것이 아니라 기계가 사람을 조종하는 것과 다름없게 된다. 마찬가지로 전문화에 의해 증대된 효율성은 수천 번 반복되는 단순한 작업의 단조로움을 가져온다. 포드(Ford)사의 T형 자동차의 바퀴에 제어장치를 끼워넣는 사람은 혼자 마차를 만드는 숙련공보다 훨씬 더 숙련된 노동자였다. 그러나 그는 언제나 자동차바퀴에 제어장치를 끼워넣는 단순한 일만을 반복했던 것이다.

생산조직을 도입하지 않는다고 가정할 때 이와 같은 외견상의 비용이 드러난다. 이제까지 언급된 편익이 이러한 비용을 능가하지 않는다면 어떤 계약도 체결되지 않을 것이다.

왜냐하면 이성적인 사람은 좋은 것을 두고 나쁜 것을 선택하지 않기 때문에 어떤 계약도 체결되지 않는다. 그리고 편익이 비용을 능가한다면 부를 최대한 증진시키기 위해 생산조직은 긍정적인 목표를 추구하고 부정적인 것은 최소화해야 한다는 결론이 나온다. 지금까지의 기본적인 논의를 통해 다음과 같은 부정적인 결과를 나열할 수 있다.

소비자의 관점에서 생산조직은 다음의 것을 최소화해야 한다.

① 공해와 천연자원고갈
② 개인책임의식파괴
③ 정치적 힘의악용

한편 노동자의 관점에서 기업은 다음의 것을 최소화해야 한다.

① 노동자 소외
② 작업조건에 대한 노동자의 통제력 약화
③ 노동자의 지루함 및 비인간화(dehumanization)

따라서 사회계약은 이와 같은 부정적인 결과를 최소화해야 한다는 것을 명시해야 한다.

4.4 상호조정(trade-offs)

지금까지 우리는 사회계약에서 생산조직이 소비자와 노동자의 편익을 최대화하고 비용은 최소화해야 할 필요에 대해 살펴보았다. 그러나 최대화와 최소화의 문제, 그리고 소비자의 이익과 노동자의 이익을 상호조정(trade-offs)하는 방법을 조직이 어떻게 알겠는가? 예컨대 기업의 결정이 소비자의 이익은 증대시키는 반면에 노동자의 이익을 해치는 경우를 들 수 있다. 높은 임금과 낮은 소비자 가격 간의 오래된 상호관계를 생각해 보자. 커피공장 노동자가 높은 임금을 받는다면 커피를 마시는 사람은 비싼가격을 지불해야 한다. 반대로 환자가 낮은 진료비를 지불한다면, 의사는 낮은 봉급을 받게 된다. 이와 같은 상호조정의 관계는 봉급에 대해서 뿐 아니라 다른 영역에서도 마찬가지다. 그러면 어떻게 결정해야 하는가?

개별생산상태에 속하는 합리적인 사람은 이 질문에 어떻게 대답할 것인가? 사회계약의 관점에서는 사회의 부를 증대시키는 것이 생산조직의 기능이라고 명시하고 있다. 따라서 조직의 정책 또는 행동은 최대다수의 최대행복을 목표로 해야한다는 공리주의적인 기준을 선택할 수도 있다. 반면에 보편적인 정책 또는 규칙에 따라야 한다고 명시한 비공리주의적 또는 의무론적인 기준을 선택할 수도 있다.

어떤것을 기준으로 결정해야 할지는 어렵더라도 두 가지 사실은 명백하다. 위에서 지적한 것처럼 상호 간의 조정은 피할 수 없기 때문에 생산조직의 출현으로 개별생산상태에서보다 노동자의 이익이나 소비자의 이익이 덜 만족된다는 점이 있더라도 전체적인 부가 증대되는 한 개별생산상태의 사람은 생산조직을 설립하고 사회계약을 수립해야 한다는 논리가 가능하다.

다시말해 생산조직의 도입에 따라 잠재적인 소외, 자기 통제력의 상실 등으로 노동자의 전체적인 조건이 악화된다고 하더라도 소비자로서의 인간에 대한 편익이 이와 같은 비용을 완전히 상쇄한다면 계약의 체결을 기대할 수 있다.

4.5 정 의

모든 계약에 적용되는 단서가 있다. 상호조정이 정의의 최소한의 기준을 위반하지 않는다는 전제하에서만 사람들이 이에 동의한다는 점이다. 예를 들어 생산조직의 존재가 구조적으로 자신들을 비인간적이고, 가난하고, 노예상태로 만든다는 것을 안다면 사람들은 계약을 거절할 것이다.

이와 같은 점은 계약의 독특한 원칙 중의 하나에 대한 실마리를 제공해 준다. 즉 계약을 통해 생산조직이 부의 상호조정을 필요로 하는 행동을 취하더라도, 조직의 불공정한 행위는 금지될 것이다. 계약은 조직이 우주로케트 생산비용을 마련하기 위해 많은 노동자를 해고하거나, 감봉하는 것을 허용할 수도 있다. 여기서 소비자의 부는 증대하지만 노동자의 부는 감소한다. 그러나 노동자가 마지막 순간까지 근무하도록 하기위해 노동자에게 해고계획이 없다고 거짓말하는 것같은 엄청난 부정을 행할때는 문제가 다르다. 마찬가지로 기업이 소비자의 "이익"이라는 이름 아래 흑인이나 여성을 고용하지 않는 차별고용정책을 취할때는 문제가 다르다.

이와 같은 것들은 사회계약의 조건으로서 사회가 명백히 금하고자 하는 것이다. 따라서 우리는 "생산조직은 정의라는 일반규범내에 존재한다"는 사회계약의 원칙을 추론할 수 있다.

정의가 무엇을 요구하는지를 결정하는 것은 매우 어려운 일이다. 플라톤, 아리스토텔레스 그리고 최근의 롤즈(John Rawls)의 배분적(配分的) 정의, 배분의 공정성에 관한 글은 이와 같은 정의에 대해 많은 언급을 하였지만, 안타깝게도 우리는 여기서 정의에 대한 포괄적인 논의에 그렇게 많은 시간을 할애할 여유가 없다. 그러나 최소한 생산조직에 적용된 정의의 개념은 생산조직의 속임수와 부정을 피하고, 인간으로서의 노동자를 존중해야하며, 사회집단의 상태를 체계적으로 악화시키는 행위를 회피하는 것을 내포하고 있다고 말할 수 있다. 정의의 의미에 대한 격렬한 논쟁에도 불구하고 정의가 생산조직에 대해서는 적어도 이 정도는 의미한다는 사실에 대부분의 이론가들이 동의한다.

4.6 사회계약이 기업과의 사회적 계약에 주는 의미

지금까지 가상적인 사회계약의 개요를 살펴보았다. 우리는 개별생산상태로 존재하는 이성적인 사람의 개념을 이용하여 생산조직의 출현에 대해 그들이 요구하는 계약조건들을 알아보았다. 처음에 제기되었던 의문은 다음과 같은 것이었다.

왜 기업은 존재해야하는가?
기업의 행위를 정당화시키는 근본적인 것은 무엇인가?
기업이 나쁘게 또는 잘 행동했을 경우를 어떻게 판단할 수 있는가?

사회계약은 이와 같은 의문에 대해 답하는 데 도움을 준다. 생산조직인 기업은 자신의 특별한 이점을 확대하고, 불리한 점을 최소화하는 방법 속에서 소비자와 노동자의 만족을 추구하며 이를 통한 사회적 부의 증대를 위해 존재한다. 이것은 기업이 생산조직으로 간주되는 경우에 있어 기업의 도덕적 바탕이 된다. 또한 사회계약은 생산조직의 행위를 판단하는 도구로서의 역할을 한다. 즉, 생산조직이 계약조건을 이행할 때 그들은 올바른 행위를 하고있다고 판단내릴 수 있다. 그렇지 못할때 사회가 기업을 비난하는 것은 도덕적으로 정당화된다.

양질의 제품을 낮은 가격으로 생산하고, 정부의 특혜(favoritism)를 거부하며, 노동자의 복지를 증진시키는 생산조직은 사회계약의 기준에 의해 높은점수를 받는다. 반면에 높은 가격을 요구하며, 저질의 제품을 판매하고, 노동자의 복지를 증진시키지 못하는 비능률적인 기업은 낮은 점수를 받는다. 후자는 사회계약조건을 위반하는 것이다. 그들은 자신을 개혁해야 한다. 그렇지 않으면 그들이 존재해도 된다는 도덕적 권리를 박탈당하게 된다.

지금까지의 사회계약에 대한 논의를 통해 우리는 기업을 도덕적으로 충분히 이해하는 데까지는 미치지 못했으나, 생산조직의 도적적인 기반을 이해하기 위한 견고한 발판을 마련했다고 할 수 있다.

이와 같은 사회적 계약의 성립조건에 기초하여 우리는 생산조직인 기업의 도덕적 기반을 구축하고 나아가 이를 바탕으로 기업의 근본적이고 긍정적인 목표를 재설정 할 수가 있다. 즉, 사회적 관점에서 생산조직의 가장 기본적인 기능은 정의를 구현하면서 소비자와 노동자의 이익을 만족시켜주는 것을 통해 사회의 부를 증대시키는 것이다. 기업조직이 이러한 기대를 지키지 못할때는 도덕적 비난을 받아 마땅하다. 기업이 위험한 제품을 제조하거나 이성적인 한계를 넘어선 것을 종업원에게 요구한다면, 즉 조직이 사회와의 계약을 지키지 못할 경우 도덕적인 비난을 받아야 한다. 앞에서 기업과 사회의 계약조건의 변화를 언급한 포드2세는 사회적 계약의 의미를 정확하게 말하지 않았지만 그의 조부는 이미 기업이 자신 이상의 것에 공헌하기 위해 존재한다는 신념을 다음과 같이 표현하였다. "오랫동안 사람들은 기업의 유일한 목표는 이익을 내는 것이라고 믿었다. 그러나 그들은 틀렸다. 기업의 목표는 사회전체의 부에 공헌하는 것이다."[17]

---

17) Ewing, D.(1977), Freedom Inside the Organization, p.65, 도날드슨 앞의 책, p.89에서 재인용.

토론을 위한 자료

'가습기 살인' 정부책임 면할 수 없다

검찰의 가습기 살균제 사망사건수사는 제조·유통업체에 초점을 맞추고 있다. 그러나 이 사건은 800만명이나 되는 소비자가 아무규제없이 팔리는 살균제를 의심없이 써왔고, 그중 239명이 목숨을 잃은 대형참사다. 사망자 대다수가 병명도 모른 채 숨졌고, 지금도 피해자가 속출하는 어이없는 참사의 책임을 해당 기업들에만 물을 수 없다. 뒷북치기 규제와 부처 간 책임떠넘기기로 위험을 방치했고, 피해자들의 호소를 간과한 정부의 책임역시 묵과할 수 없다.

정부는 살균제에 사용하는 PHMG(폴리헥사메틸렌구아니딘)와 PGH(염화에톡시에틸구아니딘) 성분이 인체에 해로울 수 있다는 것을 예견했음에도 걸러내지 못했다. 예컨대 2003년 SK케미칼이 호주정부에 제출한 수출용 보고서에 'PHMG를 흡입하면 위험하다'는 내용이 담겨 있었다. 환경부는 "업체들이 원래 카펫 살균제(PHMG)와 고무·목재 항균제(PGH)로 심사를 받아놓고는 후에 가습기 살균제로 용도를 바꿨다"고 주장했다. 그러나 시민의 생명을 돌봐야 할 정부가 카펫 및 고무·목재의 살균·항균제가 사람이 직접 흡입하는 일종의 의약품으로 용도변경됐는데도 독성검사를 하지않은 사실을 어떻게 이해할 수 있다는 말인가. 환경부와 보건복지부, 산업부 등이 서로 업무를 떠넘기는 사이 피해자가 속출했다. 정부는 살균제의 위해성이 인정된 2011년 이후에도 미온대처로 일관했다. 3차에 걸친 피해자 접수기간 내내 소극적인 자세를 보였다. 그나마 지난해 12월 말에는 접수를 마감해 버렸다. 피해자들은 시민단체를 통해 뒤늦게 살균제 피해자라는 사실을 알고서 분통을 터뜨렸다. 정부는 독성물질들이 다른 장기에도 악영향을 끼친다는 보고서들을 도외시하고 폐섬유관련 질환만 피해로 인정했다. 정부의 직무유기는 이처럼 일일이 열거하기도 벅찰 정도로 많다. 그사이 해당업체들은 '살균제와 피해의 인과관계가 뚜렷하지 않다'며 시간을 벌었다.

박근혜 대통령은 어제 철저한 조사와 피해자 구제책을 주문했다. 더불어민주당은 이미 '가습기 살균제 특별법'의 입법을 추진하겠다는 뜻을 밝혔다. 뒤늦었지만 당연한 조치와 반응들이다. 그러나 이것으로 만족할 수 없다. 국회 청문회를 열어 정부책임론의 진상까지 철저히 가려내야 한다. 언제까지 세월호·가습기 살균제 사건같은 대형참사를 감내해야 하는지 묻고 싶다.

● 경향사설, 2016.04.28

'가습기 살균제 참사' 막을 수 있었던 7번의 기회

숱한 목숨을 앗아간 가습기 살균제 참사에는 크게 일곱 차례의 결정적 순간이 존재한다. 전문가와 환경단체들은 정부의 무능과 안전불감증, 기업의 무책임한 태도 등 느슨한 안전그물망 탓에 참사를 막을 수 있었던 순간마다 기회를 놓친 것이라고 지적한다.

① 1994년 첫 가습기 살균제 출시…가습기 불안심리이용 시장진입

환경·보건·산업당국이 살생물제의 호흡기 침투위험에 의문을 품었다면 가습기 살균제의 시장진입 자체를 막을 수도 있었을 것. 한국방송통신대 환경보건학과 박동욱 교수 "당시 외국에서는 가습기자체로 인한 폐질환에 대한 보고가 많이 나와 있었고, 가습기 살균제는 가습기에 대한 불안한 심리를 파고든 상품이었다. 살균제 쓰는 것이 좋다는 식의 광고가 허용된 것도 피해를 키웠다."(독성물질 전문가)

② 1997년 환경부 "유독물 아님" 고시…산자부도 초기규제실패

환경부는 관보에 PHMG 물질에 대해 "유독물에 해당 안됨" 고시. 산업자원부는 이 물질을 세정제로 간주해 판매허가. 가습기 살균제는 '자율안전확인대상 공산품'으로 취급됨. 사용방법에 따라 독성여부가 크게 달라지는 물질이 생활용품에 들어가도록 허가하면서 적절한 규제를 취하지 않은 것

③ 2000년 옥시, 독성실험없이 살균제 출시…기업윤리의 부재

옥시가 2000년 10월 한국에서 PHMG의 흡입 유해성검사도 실시하지 않은 채 '옥시싹싹뉴가습기당번' 출시. 옥시측이 인체영향에 대한 고민이 전혀없었음을 드러내는 대목

④ 2003년 가습기 살균제 제조업체들, 유독성 확인하고도 무시

호주수출과정에서 여러 정황상 PHMG 생산업체인 SK케미칼과 가습기 살균제 제조업체들은 이미

피해자들이 2013년 4월24일 국회 의원회관에서 진영 보건복지부 장관과 만나 대화하고 있다.

독성여부확인. 그러나 옥시 등 가습기 살균제 제조업체들은 독성여부를 확인하고도 무시. 막대한 인명피해를 막을 수 있었던 마지막 기회무산. 정부는 이같은 사실을 파악조차 하지못할만큼 무능

⑤ 2006~2008년 환자 잇단 발생… '괴질' 치부, 원인규명 뒷전

2006년부터 3년째 원인불명의 폐질환 환자가 서울 소재 큰 병원들에 잇따라 찾아오자 2008년 봄 주요병원 의사들이 관련질환에 대한 회의개최, 질병관리본부 인플루엔자 바이러스팀 관계자도 참석. 2009년 피해자의 증상과 사망자 수 등이 담긴논문이 발표됐지만 질본은 원인조사조차 미실시. 당시 질본관계자가 원인규명이 필요하다고 보고하고, 질본이 역학조사에 나서 원인을 규명했다면 이후의 피해자를 크게 줄일 수 있었을 것(환경단체와 전문가들)

방통대 박동욱 교수 "감염병에 대해서는 국가적 감시시스템이 어느 정도 갖춰져 있지만 피해자가 발생하기 시작했을때나 지금이나 유독물질중독에 대한 감시체계는 전무한 상태"

⑥ 2011년 동일 증상 산모환자 몰려든 병원서 우연히 원인발견

2011년 한 병원에 피해자들이 몰리며 가습기 살균제의 위해성이 드러나기까지 정부의 안전 그물망은 전혀작동하지 않음. 서울아산병원에 가습기 살균제를 사용했던 산모 7명이 우연히 같은 시기에 입원했고, 4명의 산모가 사망. 각기 다른 병원에 갔다면 원인파악에 더 오랜 시간이 소요됐을 가능성. 질본은 8월 원인미상 폐손상원인 역학조사결과 가습기 살균제가 위험요인으로 추정된다고 발표

⑦ 2011년 부처 간 책임떠넘기기…공식피해판정까지 3년 허송

2011년 원인발표이후 정부는 기업과 소비자 사이문제라며 방관. 환경부, 복지부가 서로 소관이 아

2013년 11월1일 열린 국회환경노동위원회 국정감사에서 당시 '옥시레킷벤키저'의 샤시 쉐커라파카 대표(오른쪽)가 의원들의 질의에 답하고 있다. 왼쪽은 홈플러스의 도성환 사장이다.

가습기 살균제 피해자가 2014년 8월25일 오후 국회 정문앞에서 제조회사에 대한 처벌을 촉구하는 1인 시위를 벌이고 있다. 경향신문 자료사진

니라며 책임을 떠넘기고, 피해자 조사를 위한 민관합동위원회가 복지부 어깃장 탓에 공전하는 사이 피해자들은 철저히 외면당함. 공식피해 조사결과발표와 판정은 3년만인 2014년. 가습기 살균제 참사의 처음부터 현재까지 국가는 책임지는 모습을 전혀 보이지 않은 것

● 경향신문 & 경향닷컴, 김기범 기자, 2016.05.02

토의과제

① 옥시의 가습기 살균제 사용으로 인한 사망자가 발생했을 그 당시 우리 식품의약청의 기준에는 옥시의 가습기 청소약품과 같은 제품에 대한 사전검사 규정이 미비하여 형식적으로는 옥시는 법 위반을 하지 않았다. 그러나 인간의 신체에 위해가 가해질 가능성이 충분한 제품에 대한 위험 여부에 대한 사전검사 조치는 제조사가 감당해야할 당연한 직접적 의무(반드시 법에 규정되어 있지 않다 하더라도)에 속한다고 볼 수 있다는 주장에 대한 찬반토의를 진행하고, 이 문제에 대한 당신의 견해를 제조물책임법의 조문을 참고해서 개진해 보시오.

② 기업의 반도덕적 혹은 초도덕적 행위를 근절하기위해 가령 '사업허가'(business license)제를 실시한다면 그 허가조건 속에 반드시 포함되어야 할 사항은?

③ 사회계약론의 관점에서 비도덕적인 기업에 대해 business license를 회수하는 방안에 대해 어떻게 생각하는가?

④ 앞의 남양유업사례에서 본 것처럼 대기업의 갑질횡포에 대한 사례를 들고, 소위 '갑질횡포'라는 현상이 CSR의 측면에서 어떻게 평가되어야 하는지, 법적처리로 가기전에 '갑'측이 할 수 있는 대안에는 어떤 것이 있는지 논의해 보시오.

⑤ 우리 사회에서 각종 화공약품관련 제품의 제조와 판매에 대한 엄격한 사전검열시스템의 부재가 단순한 후진국형 기술수준의 낙후탓인지, 혹은 우리사회에 만연한 생명경시풍토(산재율 세계 1위, 자살률 세계 1위, 안전불감증 등)의 산물인지, 아니면 먹고살기위해 돈벌이가 되는 일이면 무엇이든 막아서는 안된다는 정책당국과 당사자의 전근대적인 인식때문인지, 아니면 정경, 언경, 행경유착의 산물인지, 아니면 이들 모든 것이 어우러진 총체적 부실에 기인한 것인지 토의해 보시오.

제5장

기업의 사회적 책임론

INTRODUCTION

기업호감도, 10년만에 최저…"윤리경영미흡"

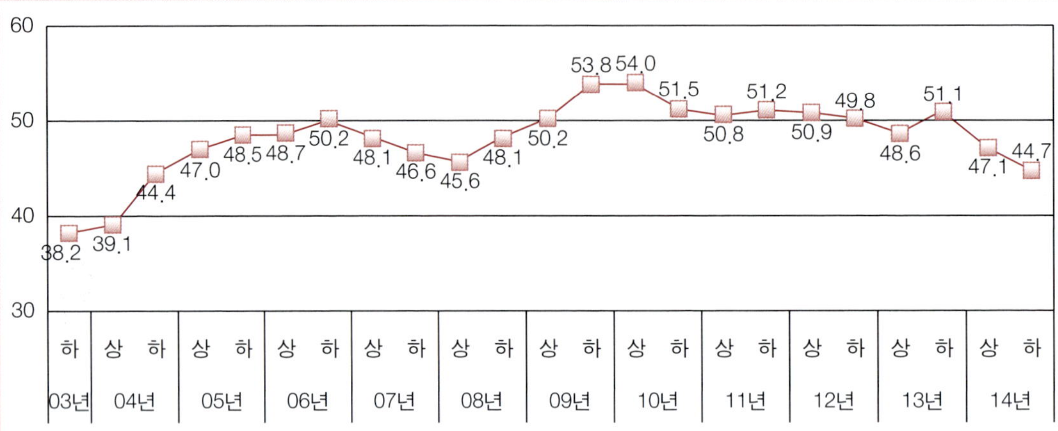

기업호감지수 변화추이 ▲ 기업호감지수 변화추이
기업에 대한 국민들의 반감이 10년 만에 최고 수준으로 높아졌다.

지난해(2014) 하반기 일명 '땅콩 회항'사건 등 일부 기업오너의 갑(甲)의 횡포가 윤리적인 문제로 지적되면서 기업호감지수가 2004년 이후 최저로 떨어진 것.

26일 대한상공회의소는 현대경제연구원과 함께 최근 전국 20세 이상 남녀 1000여명을 대상으로 '2014년 하반기 기업호감지수(CFI)'를 조사한 결과, 100점 만점에 44.7점으로 집계됐다고 26일 밝혔다. 이는 2004년 하반기(44.4) 이후 가장 낮은 수치다.

'기업호감지수'란 국민들이 기업에 대해 호의적으로 느끼는 정도를 지수화 한 것이다. 윤리경영, 생산성, 국제경쟁력, 사회공헌 등 5대 요소를 합산해 선정한다. 100점에 가까우면 호감도가 높으며, 0점에 가까우면 매우 낮은 것이다.

요소별로 점수변화를 살펴보면 전반적 호감도는 41.7점, 국가경제기여는 46점, 생산성 향상은 60.4점, 국제경쟁력은 70.7점으로 2014년 상반기 대비 점수가 전반적으로 하락했다. 윤리경영실천 부문은 22.1점에서 21.9점으로, 사회공헌활동은 39점에서 39.7점으로 소폭 올랐다.

기업에 대해 호감이 가지 않는 이유로는 '윤리경영 미흡'(57%)이라는 이유가 가장 많았다. '사회공헌 등 사회적 책임소홀'(17.6%), '기업간 상생협력부족'(15.5%), '고용창출노력부족'(9.2%) 등도 그 뒤를 이었다.

반대로 국민들이 기업에 대해 호감을 갖는 이유로 '국가경제에 기여'(33.6%), '국가 브랜드 향상'(29.4%), '일자리 창출'(28.6%), '사회공헌 등 사회적 책임수행'(8.4%)을 꼽았다.

대한상의 관계자는 "대내외 경제환경이 악화하면서 기업경쟁력이 하락하는 가운데, 노동·조세 등 기업관련 정책의 이슈화, 일부기업의 윤리적 사건 등이 겹쳐지면서 기업호감지수하락에 영향을 미친 것으로 풀이된다"고 전했다. 국내 기업가정신수준에 대해서는 '예전보다 낮아졌다'(43.3%)라는 응답이 가장 많았다. '비슷하다'(38.3%), '높아졌다'(18.4%)는 그 뒤를 이었다. 대한상의 관계자는 "기업가정신에 대한 인식조사를 시작한 2008년 하반기 조사이후 낮아졌다는 응답이 가장 많았다"며 "최근 기업가정신 쇠퇴에 대한 국민의 우려가 적지 않음을 시사한다"고 설명했다.

이상승 서울대 경제학부 교수는 "기업들이 투자기회가 많지 않아 공격적으로 경영활동에 나서기 어려운 상황이지만, 위기이후 경쟁우위를 확보하고, 새로운 성장기회를 탐색하기 위해서는 보다 적극적으로 경영활동을 펼칠 필요가 있다"고 말했다.

한편, 현재 기업들이 가장 먼저 해줬으면 좋겠다고 생각하는 것으로 '일자리 창출'(44.6%), '근로자 복지향상'(22.4%), '사회공헌 등 사회적 책임이행'(14.2%), '국가경쟁력 강화'(13%), '이윤창출을 통한 국부증진'(5.8%) 등이 꼽혔다.

● ChosunBiz.com, 전효진 기자, 2015.02.26

학습목표

기업윤리론, 컴플라이언스론, 기업사회책임론, 지속가능성론, CSR에 대한 적극론과 소극론, CSR에 대한 다양한 관점(사회적 의무론, 이해관계자론, 윤리론, 경영과정론), Carroll의 CSR 정의, Cause related Marketing

이 장에서는 기업의 사회적 책임이 경영학을 비롯한 학문분야에서 어떻게 파악되어 왔는지에 대하여 CSR에 대한 논의가 가장 활발한 미국에서의 전개를 중심으로 고찰하고자 한다. 미국에서는 기업의 사회적 영향력의 증대와 함께 기업의 사회적 책임에 관한 논의가 오래전부터 활발하게 진행되어 왔으며 기업경영과의 접점을 고려한 가운데 대학 등의 교육과정에서도 미래의 경영자육성에 충실히 반영시키고 있다.

한편 유럽과 일본에서의 논의는 약간 방향을 달리하는 부분이 있는데 이러한 점은 각국의 기업이 처한 경영환경의 차이에 따른 바가 크므로 CSR에 대한 비교론의 전개시에는 이 점을 고려할 필요가 있다. 기업이 사회 속에서 어떠한 존재인가에 대해서는 역할이 각 나라마다 다른 상황임을 고려하는 것도 중요하다. 이러한 의미에서는 발전하는 CSR규격화와 표준화에 의한 각국의 대응을 살펴볼 필요가 있다고 생각된다. 우선 이 장에서는 지금까지의 기업의 사회적 책임론의 생성과 전개과정에 대해 살펴보고 나아가 몇 가지 이론적인 관점과 연구동향에 대해 정리하기로 한다.

01 기업의 사회적 책임론의 생성과 전개

1.1 경영자의 사회적 책임에서 기업의 사회적 책임으로

기업의 사회적 책임을 둘러싼 논의는 새로운 것이라고 할 수 없으며, 이전부터의 상관습을 보더라도 원활한 비즈니스를 행하기 위한 필요조건으로 자리잡아 왔다. 세계 각국에서 정도의 차이는 있으나 장기적으로 비즈니스를 영위하려면 경영자의 윤리와 책임수행이 세상의 신뢰를 형성하는데 중요한 요건이 되고 있다는 것을 예상할 수 있을 것이다. 미국에서 기업사회의 책임에 관한 논의가 활발히 이루어진 것은 20세기 들어 대규모 주식회사가 비교적 일찍발달하면서 사회에 대한 영향력이 커진 것과 관련이 있다. 따라서 우선 미국에서 어떠한 논의가 이루어지고 있는지에 대해 살펴보기로 한다.

미국에서는 1898년에 설립된 캘리포니아대학 버클리교 상학부에서 '철학연구: 상업윤리의 역사와 원리'과목을 설치하였으며, 경영관리로서의 학문 및 실천탐구중에서 비즈니스의 윤리적 지향의 필요성을 교육과정에 준비하고 있었다고 한다.[1] 또한 이무렵 카네기, 록펠러 등 성공한 기업가가 자선행위(거액의 기부)를 했으며, 이는 현대의 사회공헌활동(philanthropy)에 해당한다고 할 수 있다. 하지만 기업가 개인의 자선적, 기부적 행위는 기업이 행하는 것과 구별할 필요가 있다. 미국의 경우 기업이 행하는 자선과 기부행위는 법적으로는 오랫동안 제한을 받아오다 마침내 1953년 뉴저지주 최고법원의 판결에 따라 기업(A.P.스미스사)의 대학기부행위가 합법적인 것으로 용인되었다.

20세기에 주식회사의 대규모화가 진행되는 가운데 경영관리를 담당하는 경영자의 역할이 중요한 존재가 되었다. 실업가인 셀던(O. Sheldon)은 1924년의 저서 '경영관리의 철학'에서 '사회적 책임'이란 용어를 사용하여 경영철학의 기본전제로서 주주의 이익추구뿐만이 아니라 기업이 사회서비스를 제공할 책임을 강조했다. 또한 벌리와 민즈(A. A. Berle & G.C. Means)는 1932년에 유명한 저서 '근대 주식회사와 사적재산'(The modern corporation and private property)을 저술하여 주식회사의 거대화와 주식소유의 분산화를 배경으로 소유와 경영이 분리된다는 것을 밝혔다. 여기에서는 소유자가 아닌 경영자가 회사를 지배하는 '경영자 지배'가 하나의 중요한 유형으로 부상하였음을 알 수 있으며, 대기업의 복잡화된 경영관리를 담당하는 주체로서 전문경영자의 역할이 중요시 되어야 한다는 것을 주장하였다. 특히 민간기업의 경영자라고 해도 공공적인 사명을 의식하여 기업을 둘러싼 다양한 구성원의 기대에 부응할 필요가 있다는 점이 강조되면서 기업의 사회적 책임이 점차 대기업 경영자의 중요한 관심사항으로 인식되었다. 게다가 'CSR의 아버지'라고 불리우는 보웬(H. Bowen)은 1953년에 저서 '비즈니스맨의 사회적 책임'에서 비즈니스맨으로서 사회가 기대하는 책임을 수행할 의무에 대해 서술하고, '경영자는 사회수탁자'라는 견해를 제시했다.[2]

이와 같이 경영자의 책임을 논하는 분위기가 조성되는 한편으로, 사회적으로 기업의 영

1) Epstein, E.M.(2002), The field of business ethics in the United States: Past, present and future, *Journal of General Management*, Vol.28, No.2, pp.1-21.

2) Bowen, Howard R., and F. Ernest Johnson(1953), *Social responsibility of the businessman*. Harper.

향력 증대에 대해 경고하는 견해도 있었다. 즉, 경영자의 회사운영에 대해서는 때로는 경영자 권력에 대한 감시와 견제를 강화하는 메커니즘의 필요성을 호소하게 되었던 것이다. 일스(R. Eells)는 1960년의 저서 '현대 비즈니스의 의미'에서 기업을 포함한 사적부문의 통치분석이 공적정부에 있어서의 통치와 마찬가지로 중요시 되어야 한다는 것을 지적하였고, 이때 '기업지배구조'(corporate governance)란 용어를 이미 사용하고 있다. 이런 논의 과정을 거치면서 기업에 대한 내적, 외적통제의 필요성이 제기되었다.[3)]

1960년대 후반이 되면서 외부에서의 기업을 향한 사회운동이 본격적으로 전개되기 시작하였다. 이스트만 코닥사의 흑인고용차별문제, 다우케미컬사의 무기제조문제 등과 더불어 1969년부터 시행된 '캠페인 GM'에서는 공중의 이익을 둘러싼 요구가 주주 제안권을 행사하는 형태로 제기되었다. 그 결과 제안된 요구에 대한 찬성표 모으기까지는 이르지 않았지만 그 후의 이사의 선임방식에 큰 영향을 미치게 되었다. 이해관계자(stakeholders)에 의한 기업영향력의 행사가 기업정책의 변경을 촉구한 수많은 사례를 바탕으로 기업이 사회의 요구를 무시할 수 없게 되면서 이해관계자 행동의 정당성이 인정되기에 이르렀다. 말하자면 기업의 지배구조에 대해 소유자 지배와 경영자 지배같은 일원적인 통치의 관점에서 벗어나 다양한 이해관계자와 관련을 가진 사회적인 제도로서의 기업역할이 중요시 되게 되었다. 이러한 인식의 확산을 바탕으로 기업의 사회적 책임론에 대한 현대적 의미가 재조명되고 있다.

1.2 기업의 사회적 책임론의 세분화

1970년대에는 미국에서 '기업과 사회'론(Business & Society: B&S)이 학문분야로 발달하게 된다. 환경문제, 소비자문제, 시민반전운동 등을 계기로 기업의 사회적 책임이 다시 논의되었으며, 기업과 사회의 관계에 대해 많은 논의를 하게 되었다. 1963년에 간행된 맥가이어(J. McGuire)의 저서 '기업과 사회'에서 비롯되었다는 '기업과 사회'론은 미국을 중심으로 한 논자들에 의해 전개되었다. 1971년에는 미국 경영학회에서 '경영에 있어서 사회적 이슈'(Social Issues in Management: SIM)의 부회(部會)가 설립되고, 미국의 여러 비즈니스 스쿨(경영관리대학원)에서 '기업과 사회'론 과목이 설치되었다.

기업윤리론(Business Ethics)도 또한 이 시기에 하나의 연구영역으로 진전을 보였다. 기

3) Eells, R. S. F.(1960). *The meaning of modern business: an introduction to the philosophy of large corporate enterprise*. Columbia University Press.

업윤리론의 학문적 기원은 철학과 윤리학을 그 기초로 하는 응용윤리학의 일부로 전개된 것과 경영학의 일부로 '기업과 사회'론을 기초로 하는 사회과학으로부터의 어프로치가 있다. 전자는 이전부터 기업경영을 지지하는 원칙과 가치관을 규범론적으로 재검토하고, 현대사회에 적합한 비즈니스 방식을 탐색하려는 변혁지향에 관한 논의가 많다. 한편, 후자는 현상에 대한 객관적인 관찰과 측정을 중시하려는 견해가 많다고 한다.[4)]

이러한 기업윤리를 둘러싼 두 가지 어프로치를 통합하려는 시도가 엡스타인(E. M. Epstein)에 의해 이루어지고 있다.[5)] 그는 '경영사회정책과정'이라는 모델을 제시하고, 다음 세 가지 요소를 열거하고 있다. 의사결정의 가치적 기반을 제공하는 '기업윤리', 사실관계의 결과로서 완수해야 할 '기업의 사회적 책임', 그리고 기업관련 이슈를 예기하고 대응하는 '기업의 사회적 대응성'이라는 세 가지로, 이러한 과정을 의사결정의 윤리화과정으로 파악하려고 하였다.

이 중에 기업의 사회적 대응성(responsiveness)에 대해 애커먼과 바우어(R. W. Ackerman & R. A. Bauer)는 1976년의 저서 '기업의 사회적 대응성'에서 다음과 같이 서술하였다.[6)] 기업은 재산과 서비스의 제공이라는 지금까지의 역할을 넘어서 사회적 성과(social performance)의 향상을 위해 사회적 이슈에 대해 사후적(reactive)이 아니라, 선견적(anticipatory), 혹은 사전 대응적(proactive)으로 행동해야 한다고 하였다. 이 경우의 방법론적 기초에 대한 견해가 그 후 프리맨(R. E. Freeman)의 1984년 저서 '전략경영론'등에서 피력되었다.[7)] 그가 제창한 것은 기업과 이해관계자와의 관련성 가운데서 현대기업과 경영행동을 이해하려는 이해관계자 어프로치이다. 이해관계자 어프로치에 의하면 기업은 다양한 이해관계자를 배려하고, 전체의 이해를 조정할 필요가 있다고 한다. 따라서 기업과 이해관계자 간에는 상호의존적인 신뢰관계가 존재하며, 그 형성과 유지야말로 기업의 사회적 책임이라고 여긴다. 또한 현대에는 기업의 사회적 책임에 관한 논의와 더불어 기업의 경제적 적응책임을 위한 논의가 '기업과 사회'론에서도 더욱 전개될 필요가 있다고 여겨지고 있다.

---

4) Epstein, E.M.(1996), *Business Ethics and the Corporate Social Policy Process*, Bunshindo and Co., 221pp. (Japanese ed.)

5) Epstein, E.M.(1987), The Corporate Social Policy Process: Beyond Business Ethics, Corporate Social Responsibility, and Corporate Social Responsiveness, *California Management Review*, Vol. 29 No. 3, Spring 1987, pp.99-114.

6) Ackerman, R. W., & Bauer, R. A.(1976). *Corporate social responsiveness: The modern dilemma*, Reston.

7) Freeman, R. E.(1984). *Strategic management: A stakeholder perspective*. Boston: Pitman.

기업의 사회적 책임론은 이상과 같이 기업과 사회론이나 기업윤리론과 같은 분야로의 세분화를 거치면서 다양한 소비자와 시민운동의 확산에 대한 기업측의 대응이라는 과정을 거치면서 그 이론적 기초를 다져오게 되었다고 볼 수 있다.

한편 1980년대에는 기업의 사회적 성과를 실증적으로 고찰하려는 연구가 많았다. 즉, 기업의 사회책임을 완수한 기업은 재무적 실적도 좋은가 하는 문제를 위시하여 학술연구의 관심이 다양한 분야로 확대되었다. 이에 대해서는 뒤에서 좀더 자세히 서술하겠지만, 재무론측의 문제에 관한 관심도 기업의 사회적 책임론과의 관계를 주시하게 되었다고 생각한다. 예를 들어, 1970년대에는 ICCR(Interfaith Center on Corporate Responsibility)이라는 다수 교회 간의 조직이 추진한 SRI(사회적 책임투자)가 확대되는 등 기업의 사회적 책임을 평가하는 투자가의 움직임도 기업평가기법의 발달을 촉진시켰다. 이처럼 시장평가의 분석관점에서도 기업의 사회성을 파악하려는 관심이 증대되었다.

1990년대가 되면 한편으로 기업지배구조에 관한 논의가 활발히 이루어지게 되면서 주주중시의 사고방식을 강조하여 경영자에 대한 규율을 확인하려는데 중점이 두어지기도 하였다. 이는 주주이외의 다양한 이해관계자에 대한 배려를 지향하는 기업의 사회적 책임에 대한 논의는 기업경영의 목표와 우선순위를 애매하게 만드는 측면도 있다는 사고방식이다. 그래서 새롭게 경영자에게 주가(株價)에 의한 경영규율을 의식하도록 하기 위해서, '기업가치'(시가총액)의 향상을 경영의 주요목표로 설정하고, 이를 위해 경영자 감시제도의 설계에 대한 필요성이 제기되기도 하였다.

또한 지구환경의 전체적인 관점에서 세계화의 진전과 더불어 다양한 관련자가 행동을 하고, '지속 가능한 발전'(sustainable development)과 '트리플 바텀 라인'(triple bottom line)과 같은 사고방식이 기업경영으로 깊숙히 침투하게 된다. 트리플 바텀 라인이란 기업활동을 경제면, 사회면, 환경면의 세 가지 관점에서 균형있게 평가하려는 사고로서 이는 영국 컨설팅 회사인 Sustainability사의 앨킹톤(J. Elkington)이 만든 신조어이다.

이러한 다양한 학문의 움직임이 기업의 사회적 책임을 고찰하는데 있어 상호 관련된 문제군을 형성하게 되었으며 이를 바탕으로 현대기업의 사회적 책임론 내지는 CSR론이 활발하게 논의되는 계기가 마련되었다.

1.3 관련 영역의 전개와 CSR론

그렇다면 이하에서는 기업의 사회적 책임론이 현대의 CSR론으로 폭넓게 발전, 전개되어

온 과정에 대해 살펴보기로 하자. 제1장에서 서술하였듯이 CSR론의 범위는 실무상의 요청이 선행적으로 전개되어 개념규정이 명확하지 않은채로 논의되어 왔다. 또한 앞에서 설명한 바와 같이 기업의 사회적 책임론의 전개를 보면 '기업과 사회'론이나 기업윤리론과 접점을 가지고 있으며, 게다가 기업지배구조론과 환경경영론 등의 논의와 중복되는 부분도 있다. 따라서 CSR론이 근거하는 영역이 반드시 자명하다고는 할 수 없으며, 또한 학문상의 구분을 명확히 하는 일이 그렇게 쉽사리 이루어질 수도 없으므로 여기서는 CSR을 비교적 폭넓게 파악하고자 한다. 그렇지만 CSR론 자체의 성립과정을 생각하는데 있어서 이러한 복수의 학문 간의 관점과 성격의 차이를 감안할 필요는 있다고 생각된다. 여기서는 기업윤리론, 준법(compliance)론, 지속가능성론의 각 분야의 사고방식에 대해 살펴보고 기업의 사회적 책임론(CSR론)의 위치를 설정해 보고자 한다.

우선 우리는 현대를 기업경영의 근간을 유지하는 가치관과 이념이 변화하는 역사적 상황이 반영되고 있는 시기로 본다. 이러한 점을 고려하면서 기업경영을 둘러싼 윤리문제를 제기한 학문적, 실무적인 진원지로서 다음의 네 가지 학문영역에 주목하고자 한다.

첫 번째로 기업윤리론을 들 수 있다. 이는 원래 응용윤리학의 한 분야로 발전해 온 것으로 기업경영을 단순한 효율성이나 이윤의 극대화 등의 관점에서가 아니라, 윤리적인 선악과 흑백의 판단을 잣대로 하여 기업이 어떤 모습이어야 하는가를 기업의 주체적인 의사결정의 문제로 고찰하는 것이다.

두 번째는, 컴플라이언스(Compliance)론으로서 준법론이라 부를 수 있는 것이다. 이는 구체적으로는 주로 기업지배구조론이나 감사론을 가리킨다. 이 논의는 회사법 등의 법적 프레임 내에서 행해지는 기업방어론적인 색채가 강한 논의이며, 실무적으로는 기업법무의 요청에 따르는 경향이 강하다고 볼 수 있다. 이 경우에는 법률이나 각종 규율에 의한 외적 강제력을 전제로 한 조직운영의 중시가 강조된다.

세 번째는, 기업사회책임론으로서 경영학을 중심으로 거론되고 있는 것이다. 이는 이해관계자 어프로치가 상정하듯이 사회의 요구에 대한 대응이라고 하는 수동적인 측면을 가지고 있다. 기업이 환경에 어떻게 적응하는가 하는 마케팅과 경영전략론을 다루는 자세와 유사한 입장을 가지고 있으며 기업은 이러한 시각에서 이해관계자와의 상호관계를 관리하고자 한다.

끝으로 지속 가능성론이다. 이 분야는 생태학이나 생물학 등 환경계의 자연과학인데, 환경경제학, 개발경제학 등이 관련영역으로 위치하고 있다. 생태계 안에서 기업이 어떻게 대처해야 할 것인가 하는 지구전체를 기준으로 한 사고가 요구되며, 환경경영도 비즈니스에 이러한 것들을 포함시켜야 한다는 태도가 요구되고 있다.

이상과 같은 네 가지의 학문적인 접근이 진행되고 있는 가운데 중요한 것은 이들 학문 간의 상호관계라고 생각한다. 특히, 이 중에서 기업사회책임론이 보여주는 '포괄성'과 같은 것과 다른 영역과의 관련성을 살펴보는 작업은 매우 중요한 것으로 생각된다. 몇 가지 예를 들면, 기업사회책임론과 기업윤리론은 이론을 전개하는데 있어 '기업과 사회'론을 공통의 기반으로 삼고 있으므로 통합될 가능성도 없지 않은 것으로 생각된다. 또한, 기업사회책임론은 어디까지나 개별기업의 입장에서 어프로치하고 있으나 동시에 지구전체의 지속가능성을 고려하는 것도 중요하다. 이런 의미에서 지속 가능성론의 영역은 기업의 사회적 책임론을 전개하는데 빠트릴 수 없는 영역으로 자리매김한다. 게다가 일반적으로 기업지배구조는 회사제도라는 프레임 안에서의 논의를 다루지만, 광의의 입장에서 폭넓게 이해관계자와의 관계관리를 지향하는 어프로치도 있다. 이러한 의미에서는 기업지배구조론도 기업사회책임론이나 기업윤리론과 마찬가지로 폭넓게 이해관계자를 다루는 사고방식을 채택해야 한다고 볼 수 있다.

이처럼 기업의 사회적 책임론은 기업윤리론, 기업지배구조론, 지속가능성론 등과 서로 관련을 가짐으로써 현대의 CSR론으로 보다 폭넓은 내용을 포괄하는 형태로 전개되고 있다.

현대 CSR론의 등장에 대해서는 이미 앞에서 그 경위에 대해 자세히 서술하였지만 지금까지의 단순한 유행현상과는 달리 기업경영의 주류로 자리매김하고 있다는 점이 중요하다. 그리고 인접영역의 논의와 폭넓은 관련을 가지면서 전개되고 있으므로 위에서 언급된 다양한 영역을 동시에 살펴볼 필요가 있을 것이다.

02 CSR을 둘러싼 이론적 관점

2.1 CSR의 적극론과 소극론

기업의 사회적 책임을 둘러싼 이론적 관점은 몇 가지 있는데, 그 중 하나는 CSR의 적극론과 소극론을 둘러싼 논의이다. 현재는 적극론에 입각하여 CSR을 논하는 것이 대세이나 한편으로는 적극론의 정당성을 확인하기 위해서 소극론의 논거를 되돌아 볼 필요도 있을 것으로 생각된다. 이에 대한 당초의 논의는 '긍정'이거나 '부정' 등의 2분법적인 논의로 파악되는 경우가 많았다. 사회적 책임의 부정론에 의하면 경영자는 주주의 대리인으로 주주에 대한 경제적 성과를 최대화할 책임이 있으며, 다른 책임을 우선해서는 안된다는 것이었다. 긍정과 부정이라는 양자택일의 사고방식은 결국 CSR의 '적극론'과 '소극론'으로 이어졌고 현재 경영학에서는 CSR 적극론을 지지하는 견해가 다수파가 되었다고 할 수 있다.

우선, CSR 소극론에 대해 살펴보기로 하자. 이 입장에서는 사업활동에 직접 연관되지 않는 자선사업이나 기부는 주주의 이익에 반하는 행위로 본다. 현대의 대기업은 소유와 경영이 분리된 상황으로 전문경영인은 주주로부터 경영을 위임받은 수탁자이다. 따라서 기업활동에서 사회적 책임이라는 것은 어디까지나 이익을 올려 주주의 배당을 확보하는 것이 중요한 전제가 된다. 소극론의 대표적 논자인 프리드먼(M. Friedman)은 이익창출을 통한 기업의 납세야말로 기업의 핵심적인 사회공헌임을 강조했다.[8] 물론 무조건적으로 이익만을 추구하는 기업을 가정한 것은 아니고 법률이나 사회규범을 준수한 후의 이익창조활동이라는 것을 전제로 하고 있다. 이러한 주장은 기업의 개별적인 자선활동은 국민전체에 고루 미치는 것이 아니므로 오히려 정부가 재정을 통해 실시하는 여러 가지 활동이 더 공평할 수 있다는 견해로 이어진다. 예를 들어 미국의 경우 제2차 세계대전이 일어나기 전까지만 해도 사회복지를 책임져야 하는 것은 정부의 역할이지 이윤을 창출해야 하는 기업의 몫은 아니라고 생각하는 사람들이 많았다.[9] 그러므로 영리기업의 사회공헌활동이 기업의 매출이나 이윤에 직접 긍정적인 영향을 주지않는다면 그것은 영리기업이 해서는 안되는 활동이라고 생각하는 경향이 강했다. 이러한 시대 분위기를 반영하는 단적인 예로 영리기업의 세금감면혜택을 들 수 있다. 기부활동이 기업의 이익에 직접 영향을 줄 때만 세금을 감면받을 수 있다는 법안(Tax Reform Act of 1935)이 제정되기도 했다.[10] 그러나 기업의 부정적 활동이 기업의 생존에만 영향을 끼치는 것이 아니라 사회전체의 안녕에도 영향을 줄 수 있다는 인식이 점점 높아지면서 이해관계자에게만 국한되어야 한다고 보던 기업의 사회공헌활동에 대한 관점이 달라지기 시작했다. 가령 산업이 고도화될수록 기업이 일으키는 환경오염의 수준이 심각해져서 사회적 책임을 가지고 스스로 절제하지 않으면 안 되는 수준에 이르고, 기업의 발세가 이해관계자뿐 아니라 산업전제의 연쇄부도상황을 이끄는 사례 능이 언론에 보도되면서 기업활동이 비단 기업내부의 문제가 아니라 사회전체의 문제라는 것

8) Friedman, M.(1970). The social responsibility of business is to make a profit. *New York Times Magazine, 33*, 122-126
9) Smith, C.(1994). The new corporate philanthropy. *Harvard Business Review*, 72(3), 105-114.
10) Kelly, K. S.(2012). *Effective fund-raising management*. Routledge.

을 인식하기 시작한 것이다.

이러한 인식변화와 더불어 1935년 세제개편안에서, 기업의 이익에 직접 영향을 주는 것이 아니라면 기부활동에 세금감면혜택을 줄 수 없다던 정부의 입장도 1954년을 기점으로 바뀌었다. 1954년 미국에서 A. P. 스미스컴퍼니(A. P. Smith Company)라는 회사를 대상으로 주주가 회사를 고소하는 사건이 일어났다. 그 주주는 해당 회사가 회사와 주주의 이익에 직접적인 관련이 없는 기부행위를 못하도록 법으로 막아달라는 소송을 제기했다. 하지만 뉴저지 대법원은 기업이 사회의 구성원으로서 기부를 하는 행위는 가능하며 이런 행위는 기업의 생존에 도움이 된다는 판결을 내렸다. 이 판결은 기업의 자선적 활동이 정당한 회사활동이라는 것을 법적으로 인정하는 계기가 되었다.[11]

이러한 과정을 거치면서 사회전반의 분위기는 기업의 CSR에 대한 수용으로 흐르게 됐으며 많은 학자들도 기업은 사회의 한 구성체로서 사회의 다른 구성원과 조화롭게 살기위해 노력해야 한다는 점에서 CSR은 정당하다는 데 의견을 모았다.[12] 보인턴(Boynton, 2002)은 기업이 자선적 책임을 다해야 하는가에 대한 논란은 이분법적 사고에서 비롯된 것이라 주장하며, 기업의 이익과 사회적 책임은 양극단에 놓여있는 개념이 아니라고 지적했다. 즉, 자선적 책임을 다하는 것이 기업의 이익을 줄인다는 이분법적 선상에 놓인것이 아니라는 것이다.[13] 역설적이게도 1970년에 기업은 이익극대화에 집중해야한다고 주장했던 프리드먼 역시 기업은 사회공익에 투자해야한다고 주장하며 기업의 사회적 책임을 강조하기도 하였다(Grow, Hamm, and Lee, 2005).[14]

데이비스와 블룸스트롬(K.Davis & R. L. Blomstrom)은 저서 기업과 사회에서 현대기업이 어째서 적극적으로 사회적 책임을 완수해야만 하는가를 이론적인 견지에서 설명하고 있다.[15] 그들의 '권력과 책임균형의 원리'에 의하면, 사회에서 기업의 부와 권력이 커지면 커질수록 기업의 책임도 커진다고 주장한다. 즉, 사회로부터 정당성을 획득함으로써 비로소 기업의 행동이 수용될 수 있다는 것이다. 따라서 권력을 갖추었으나 책임을 지지않는 존재

---

11) 배지양(2015), 기업사회공헌활동, CSR의 이해, 커뮤니케이션북스, p.14.

12) Krooss, H. E., & Gilbert, C.(1972). *American business history(Vol. 5)*. Globe Fearon; L'etang, J.(1994). Public relations and corporate social responsibility: Some issues arising. *Journal of Business Ethics*, 13(2), 111-123.

13) Boynton, L. A.(2002). Professionalism and social responsibility: Foundations of public relations ethics. *Communication Yearbook*, 26, 230-265.

14) Grow, B., Hamm, S., & Lee, L.(2005). The debate over doing good. *Business Week*, 3947, 76.

15) Davis, K., & Blomstrom, R. L.(1975). *Business and society: Environment and responsibility*. McGraw-Hill Companies.

그림 5-1 이익추구와 사회적 책임 간의 관계

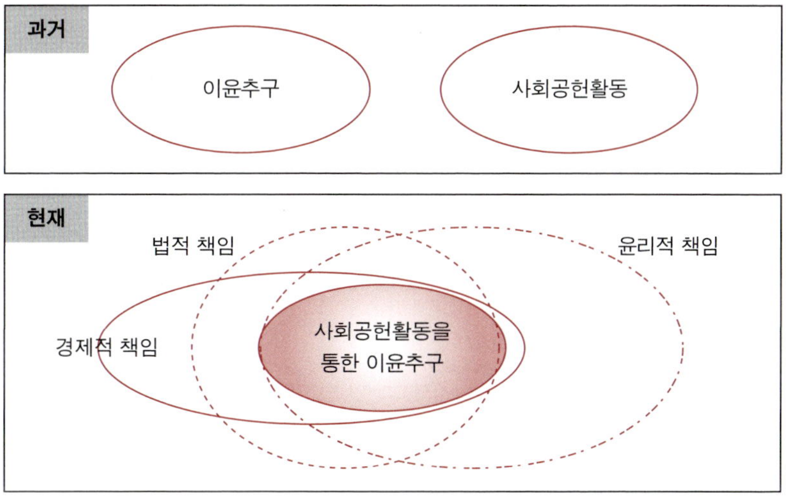

출처 : 배지양(2015), 기업사회공헌활동, CSR의 이해, 커뮤니케이션북스, p.13.

는 결국은 권력을 상실하게 된다고 보고 권력과 책임은 장기적으로 균형상태를 이루는 경향이 있다고 하였다.

이러한 CSR에 대한 이론적 견해를 통하여 현대기업의 CSR에 대한 적극적인 입장이 폭넓게 인정받게 되었다. 또한 당연한 결과로서 기업의 경제적 책임의 추구를 부정하는 것이 아니라 경제적 책임과 동시에 사회에 대한 공헌이 함께 실행되어야 한다고 생각하게 되었다(그림 5-1 참조).

2.2 CSR에 대한 관점과 정의

CSR에 대한 개념을 정의하기에 앞서 개별정의를 이끄는 기본관점(세계관)에 대해 알아볼 필요가 있다. 하나의 관점은 세상을 바라보는 창과같아 어떤 관점을 가지느냐에 따라 달라지기 때문이며, 그에 따라 실천방향도 달라지기 때문이다. 이하에서는 CSR의 정의를 내리는 데 있어 바탕이 되는 몇 가지 관점들을 소개하고자 한다(Maignan and Ferrell, 2004).[16]

16) Maignan, I., & Ferrell, O. C.(2004). Corporate social responsibility and marketing: An integrative framework. *Journal of the Academy of Marketing science*, 32(1), 3-19.

(1) CSR에 대한 다양한 관점

① 사회적 의무로서 CSR(CSR as social obligation)

여러 CSR정의 중에서 보웬(Bowen, 1953)의 정의가 비교적 널리 알려져 있다. 그는 CSR이란 영리기업이 자신이 속한 사회가 지향하는 가치와 목표에 부합하는 방향으로 일련의 정책을 수립하고 의사결정을 하고 행동해야 하는 의무라고 정의했다. 즉, 기업이 사회공헌을 해야하는 이유는 한 사회의 구성원이기 때문에 당연하다는 것이다. 그의 정의는 이후 캐럴(Carroll, 1979) 등 유명한 CSR분야 학자들이 CSR을 정의하는데 근간이 됐다.[17]

이런 관점을 가진 사람들은 기업이 사회공헌활동을 하는것은 사회적 의무로 당연한 것이라 여길것이며, 사회전반에 이득이 되는 사회공헌활동을 하지않는 기업에 대해 부정적인 평가를 내리게 될 것이다. CSR을 기획하고 집행하는 실무자 역시 이런 관점을 가지면 특정 이해집단만을 대상으로 한 활동이 아니라 넓은 의미에서 사회테두리 안에 들어오는 다양한 공중을 대상으로 사회공헌활동을 집행할 가능성이 클 것이다.

하지만 1990년대에 접어들면서 CSR에 대한 정의를 둘러싸고 학자들 간에 이견이 분분했는데, CSR을 지나치게 넓게 정의하여 기업들이 효과적인 CSR활동을 수행하는 데 기준을 제공하지 못한다는 비판이 주를 이루었다. 즉, CSR의 범위를 넓게 정의하면 기업의 주요 이해관계자뿐 아니라 사회에 속한 대다수의 사람들까지도 CSR의 대상이 되어야 한다는 주장이 제기될 수 있다는 것이다. 따라서 투입되는 비용대비 효과는 낮을 수 있다는 것이다. 이러한 비판을 기반으로 CSR의 정의에 대한 보다 구체적인 관점들이 도출되었다.

② 이해관계자에 대한 의무로서의 CSR(CSR as stakeholder obligation)

클락슨(Clakson, 1995)은 영리기업의 사회적 책임이 사회전체에 대한 책임을 의미하는 것이 아니며, 회사의 활동으로 인해 직·간접적인 영향을 주고받는 이해관계자들을 대상으로 책임을 다해야한다고 주장했다.[18] 보웬의 정의와 비교해 보면 CSR의 대상을 좀더 명확하게 한정했다고 볼 수 있다.

이 관점을 견지한 사람들은 기업이 사회공헌활동을 사회전반의 이익에 초점을 두고 집행하는 것은 낭비 혹은 비효율이라고 평가할 가능성이 있다. 실무자들 역시 이러한 관점을

17) Carroll, A. B.(1979). A three-dimensional conceptual model of corporate performance. *Academy of management review*, 4(4), 497-505.

18) Clarkson, M. E.(1995). A stakeholder framework for analyzing and evaluating corporate social performance. *Academy of management review*, 20(1), 92-117.

가지게 되면 CSR을 이해관계자들을 선별하여 집중적으로 시행하는 것으로 기획할 가능성이 크다.

③ 윤리에 기반을 둔 CSR(CSR as ethics driven)

스완슨(Swanson, 1995)은 클락슨이 제기한 이해관계자적 관점은 CSR활동이 기업의 이해에 의해 유발되는 활동인 것으로만 치부한다는 점을 지적했다. 스완슨은 CSR활동이 기업의 이해에 의해 유발되는 활동이라기 보다는 기업 스스로 옳고그름의 판단에 근거한 윤리적 활동임을 좀더 강조했다. 즉, 외부의 압력이나 사회적 기대에 부응하기보다는 기업이 스스로 사회공헌활동이 옳은 것이라 믿기 때문에 행하는 것이라는 것이다.[19)]

CSR을 실행하는 것이 사회의 외부압력 때문이 아니라 기업자체가 그렇게 하는 것이 옳다고 느낄 때 하는 것이라고 생각하는 사람들은 기업의 CSR활동을 평가할 때 효과가 있느냐 없느냐의 측면보다는 이 활동이 윤리적으로 옳은것인가 아닌가에 더 집중하여 평가할 가능성이 크다. 실무자들 또한 이 관점을 견지하게되면 활동의 효과성을 평가하여 의사결정을 내리기 보다는 어떤 활동이 윤리적으로 더 옳은 것인가에 근거하여 CSR활동을 기획, 집행할 가능성이 크다.

④ 경영과정의 일부로서의 CSR(CSR as managerial processes)

CSR활동을 기업이 사회에 적응하면서 나타나는 경영과정중의 하나라고 보는 관점도 존재한다(Watrick and Cochran, 1985; Wood, 1991). CSR은 기업을 둘러싸고있는 사회 혹은 환경을 모니터링하고, 기업과 이해관계를 갖는 사람들의 요구에 부응하며, 기업이 사회에 가지는 긍정적인 영향력을 제고하기위해 수행하는 활동이다. 이를 통해 기업은 사회와 서로 영향력을 주고 받는다. 경영활동에서 한 부분으로 떼어낼 수 있는 것이 아닌 경영과정 전반에 녹아있는 활동이라고 보는 것이다.[20)]

이러한 관점을 견지하는 사람들은 CSR을 강조하는 최근의 흐름이 새삼스럽다고 볼 수도 있다. CSR이란 것이 새로운 무언가가 아니라 경영활동의 요소요소마다 녹아있는 근간이라고 보기 때문이다. 실무자들 역시 거창한 자선적 활동을 기획하기보다는 경영전반에서 CSR이 잘 녹아져 실행되고 있는가를 모니터링하는 방식으로 CSR을 실행할 가능성이 크다.

---

19) Swanson, D. L.(1995). Addressing a theoretical problem by reorienting the corporate social performance model. *Academy of Management Review*, 20(1), 43-64.

20) Wartick, S. L., & Cochran, P. L.(1985). The evolution of the corporate social performance model. *Academy of management review*, 10(4), 758-769; Wood, D. J.(1991). Corporate social performance revisited. *Academy of management review*, 16(4), 691-718.

그림 5-2 CSR 관점, 정의, 활동의 관계

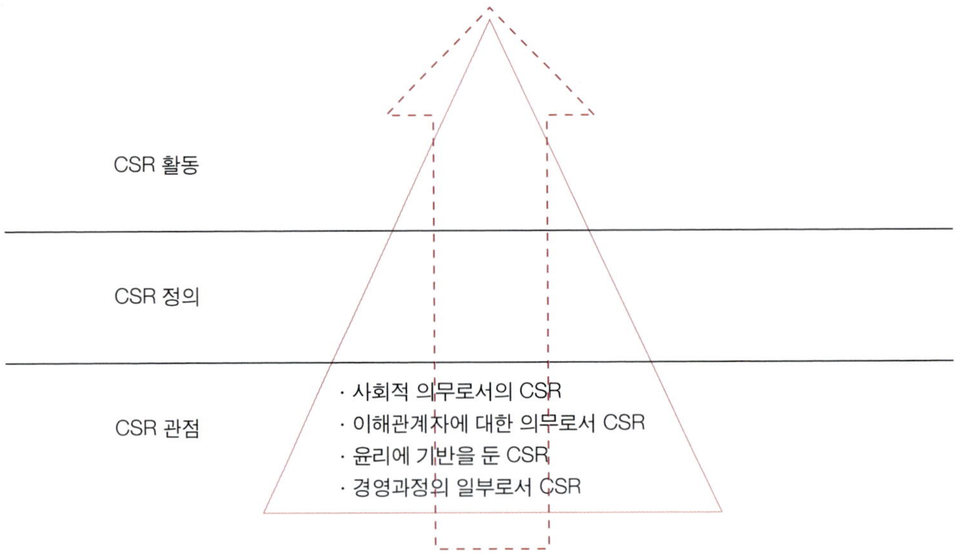

출처 : 배지양(2015), 기업사회공헌활동, CSR의 이해, 커뮤니케이션북스, p.5.

(2) CSR에 대한 구체적 정의

이상과 같이 보웬 이후 다양한 CSR에 대한 관점에 근거하여 CSR을 좀 더 명확하게 규정지을 수 있는 정의들이 도출되었다. 그 가운데 학계와 실무에서 가장 자주인용되며 그 가치를 인정받은 것은 캐럴의 정의다(Schwartz and Carroll, 2003). 캐럴은 CSR이란 기업이 자신이 속한 사회에서 가지는 경제적, 법적, 윤리적, 자선적 기대에 부응하는 것이라고 정의하고, '경제적 책임'(economic responsibilities), '법적책임'(legal responsibilities), '윤리적 책임'(ethical responsibilities), '자선적(사회공헌적) 책임'(philanthropic responsibilities) 등의 네 가지를 CSR의 구성요소로 파악하였다.[21] 그리고 각각의 구성요소 간의 관계로서 경제적 책임을 토대로 하고, 그 다음에 법적책임이 있으며, 나아가 윤리적 책임을 평가하고, 그 위에 사회공헌적 책임이 피라미드의 최상부를 형성한다고 평가했다(그림 5-3 참조).

캐럴이 정의한 네 가지 책임을 살펴보면 다음과 같다.

21) Schwartz, M. S., & Carroll, A. B.(2003). Corporate social responsibility: A three-domain approach. *Business ethics quarterly*, 13(04), 503-530.

① 경제적 책임

경제적 책임은 기업의 이익책임이며, 다른 모든 책임의 기초로써 우선되어야 한다. 경제적 책임은 살아있는 사회구성원과 마찬가지로 영리기업 역시 사회를 구성하는 하나의 경제단위로서 사회가 잘 유지될 수 있도록 일정수준의 경제적 책임을 다해야한다는 것을 뜻한다.기업은 제품/서비스를 제공함으로써 매출과 이익을 획득하지만, 시장경쟁에서 우위를 유지할 수 없으면 장기간에 걸쳐 제품과 서비스를 공급할 수 없다. 고객측에서 보면, 유용한 제품과 서비스를 지속적으로 구매하도록 하는 기업에게 강한 신뢰를 갖게 된다. 따라서 상품가격에 상응하는 품질의 제품과 서비스를 생산하기 위해 연구개발에 힘써야 한다. 또한 근로자가 안정적 생활을 영위할 수 있도록 꾸준히 일을 제공하고 그에 상응하는 혜택을 제공해야 한다. 더불어 종업원을 지속적으로 고용하여 일자리를 창출하는 것도 경제적 책임을 다하는 것으로 볼 수 있다. 더 나아가 기업이 창출해 낸 이윤을 사회에 환원하는 활동도 기업의 경제적 책임에 해당하는 활동이라 하겠다. 경제적 책임을 다하는 것이 얼마나 중요한 것인지를 보여주는 사례는 많은데, 좋은상품과 서비스를 시장에 제공하지 못하여 일자리를 지속적으로 창출할 수 없는 기업은 결국 시장에서 도태된다. 이러한 의미에서 기

그림 5-3 사회적 책임 피라미드

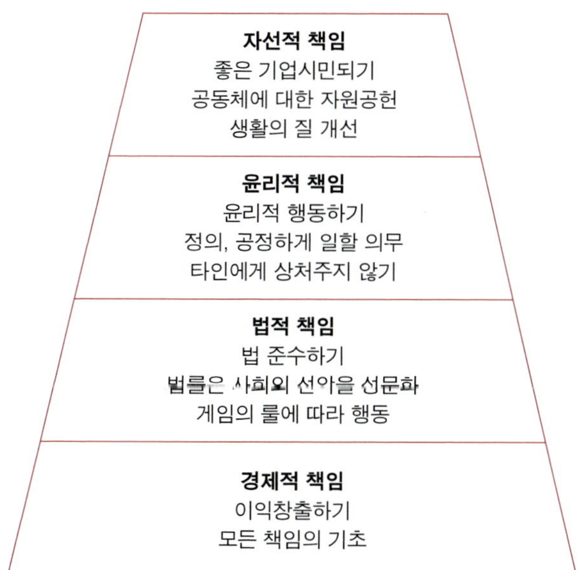

출처 : Archie B. Carroll, 'The Pyramid of Corporate Social Responsibility: Toward the Moral Management of Organizational Stakeholders', *Business Horizons*, Vol. 34 No.4, 1991, p.42.

업은 경제적 책임을 완수함으로써 계속기업(going concern)이 되어 사회에서의 기초적인 책임을 다할 수 있게 된다.

② 법적 책임

법적책임도 또한 기업이 사회적 제도로 성립하기 위해서 완수해야 할 최소한의 책임으로 규정하고 있다. 법적책임이란 기업이 속한 사회가 명문화해 놓은 법을 준수하면서 기업활동을 영위해 가는 것을 말한다. 예를 들어 기업회계의 투명성을 유지하여 기업이 이해관계자에게 나누어 주어야 할 수익 및 사회에 납부해야 할 세금을 성실히 납부하는 것도 법적인 책임을 지키는 것이다.

2001년 12월 2일, 통신, 천연가스, 철강 등 다양한 분야에 진출해 있던 엔론(Enron)이 파산했다. 충격적인 사실은 이 회사가 파산하기 전 미국 유명 경제잡지인 『포춘(Fortune)』이 엔론을 '미국에서 가장 혁신적인 기업'으로 평가했고, 파산하기 직전 연도에도 일하기 좋은 회사로 뽑혔다는 점이다. 하지만 엔론의 자산과 이익을 나타내는 수치가 거의 대부분 조작된 것이라는 주장이 2001년 8월부터 제기되기 시작하면서 엄청난 회계조작에 의해 기업이 운영됐다는 사실이 드러났다. 결국 4개월만에 회사는 파산에 이르렀다. 이 사건은 미국 자본주의의 부정적 단면을 보여주는 최악의 회계부정사태로 자주 꼽히는데 기업이 법적인 책임 중 하나인 회계의 투명성 유지를 다하지 못하면 어떻게 되는지를 보여주는 대표적 사례다.

이 외에도 기업활동을 실시하는데 있어 기본적인 법적 프레임으로 주식회사에 대한 회사법이나 상장기업에 부과되는 금융상품거래법, 소비자보호법, 제조물책임법, 각종 노동관련법규, 환경관련법규, 독점금지법과 하청법, 공익신고자보호법, 내부고발자보호법 등이 있으며, 기업은 이러한 법적인 규정을 준수하면서 적정한 기업활동을 할 것이 요구된다.

③ 윤리적 책임

다음으로는 윤리적 책임인데 법적으로 규정되어 있지는 않지만 사회구성원이 좋은 시민이 되기위해 자신을 둘러싸고 있는 사회통념의 기대에 부응하며 살아가듯이 기업도 사회의 기대에 부응하면서 기업활동을 하는 것을 말한다. 미국의 대표적 기업인 존슨앤존슨은 1982년에 터진 독극물사건에 대처하는 과정에서 윤리적 기업으로 자리매김했다. 존슨앤존슨은 기업 외부인이 고의로 타이레놀에 독극물을 주입하여 소비자 8명이 숨지는 사건이 터지자 막대한 비용손실이 발생할 것이며 테러에 타협해서는 안된다는 식약청의 권고에도 불구하고 더 이상 무고한 시민이 피해를 입어서는 안된다는 판단하에 유통되고있던 제품전량을 자발적으로 회수, 폐기처분했다. 또한 3중 안전장치를 업계최초로 개발하는 등의 노력을 통해 소비자로부터 윤리적 기업이라는 긍정적인 평가를 얻어 낼 수 있었다. 이와는 대조적으로 앞에서 본 한국의 옥시는 수 백명의 사상자를 내고도 책임회피에 급급하여 피해자들과 일반 소비자들로부터 엄청난 비난을 받고 있다. 나아가 윤리적 책임은 오늘날 업계단체의 자주규제규칙과 각종 기관이 제정한 연성법(soft law; 법률은 아니지만 기업이 따르고자 하는 사회규범) 등에 자주적으로 따르는 것으로 이를 통해 사회의 지지를 얻어 내는일도 필요하며, 법령을 초월한 사회규범을 준수한다는 의미를 포함하고 있다. 또한 개별기업에 의해 작성된 경영이념이나 윤리의 제도화시책 등에도 기업행동은 일정한 구속을 받을 수 있다.

④ 자선적(사회적 공헌) 책임

마지막으로 사회공헌적 책임인데, 이는 자선적 책임(discretionary responsibility)이라고도 하는 것으로 사회의 통념이나 법적제도에 기반을 두기보다는 기업내부의 자율판단하에 자선적인 활동을 하는것을 말하는 것으로 좋은 기업시민(Corporate Citizenship)으로서 지역과 사회공헌에 기여하고자 하는 것이다. 이러한 책임은 기업의 자발성에 기초한 것으로 책임을 완수하지 않아도 '비윤리적'이라고 간주되지는 않는다. 비록 특정사회구성원들이 기업의 직접적 이해관계자가 아니라 할지라도 기업철학에 기반을 두어 사회전반에서 자선적 활동을 하는 기업들이 점점 늘어나는 추세다.

이러한 CSR의 내용에 관한 틀은 실무선에서도 이해하기 쉬운 것이어서 많은 지지를 얻고 있다. 또한 캐럴에 의하면 CSR론의 단계를 ① '기업의 사회적 책임'의 단계, ②'기업의 사회적 대응성'의 단계, ③'기업의 사회적 성과'의 단계로 표현하여 하나의 진화과정으로 파악하고 있다. 그리고 ①에서는 기업은 경제적 책임과 법적책임을 사후적으로 완수하여 가는 단계로 받아들이고 있으며, 다음 ②에서는 사회의 요구에 대응하는 것이 아니라, 사전적·예방적으로 행동하는 단계로 파악하고, ③에서는 스테이크 홀더와의 관계개선과 사회적 이슈의 해결을 지향하는 사회적 성과를 달성함으로써 사회의 기대에 부응해 가는 단계로 파악하고 있다.

그러나 캐럴의 이러한 위계적 피라미드 모형은 마치 자선적 책임이 경제적, 법적, 윤리적 책임보다 더 중요한 책임으로 비춰져 많은 논란을 야기시켰다. 이에 캐럴은 자신의 위계적 피라미드 모형이 그러한 오해를 불러올 수 있다는 점을 인정하고 2003년 경제적, 법적, 윤리적 책임 사이에는 위계가 존재하지 않는다고 주장하며, 대신 자선적 책임은 세 가

그림 5-4 사회공헌활동의 세 가지 영역

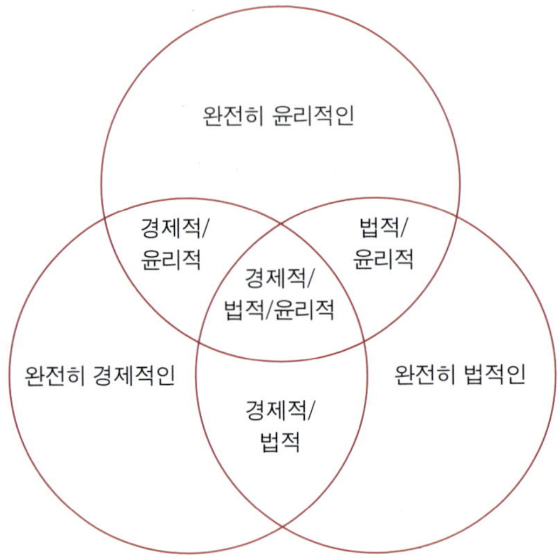

출처 : Schwartz, M. & Carroll, A.(2003), "Corporate social responsibility: A three-domain approach", *Business Ethics Quarterly*, 13(4), 509.

지 책임밑에 부속된다고 설명했다(Schwartz and Carroll, 2003). 즉 그의 최근주장을 기반으로 한다면 기업이 이익을 창출하는 일은 CSR요소 가운데 필수적인 경제적 책임을 다하고자 노력한다는 것을 의미한다. 자선적 활동을 하지 못한다고 할지라도 경제적 책임을 다하기 위해 법과 사회윤리의 테두리 안에서 이익을 창출하고자 노력하는 것 자체가 바로 기업의 CSR을 수행하는 것이라고 봐야한다는 것이다(그림 5-4 참조).

2.3 CSR을 둘러싼 실증연구

앞에서 언급한 바와 같이 프리드만은 경제학자의 입장에서 사회적 책임에 대해 소극론을 주창하였는데, 이를 계기로 1970년대부터 80년대에 걸쳐서 CSR의 효과를 검증하는 연구가 경영학 분야에서 활발히 이루어지게 되었다.

선행연구는 기업의 사회적 책임활동에의 참여가 기업성과에 어떤 영향을 미치는지를 꾸준히 질문하고 해답을 모색해 왔다. 1990년대까지 기업의 사회적 성과(CSP: corporate Social Performance)와 기업의 경제적 성과(CFP: Corporate Financial Performance)간의 관계를 규명하기위해 수많은 연구들이 시도되어 왔으나 그 결과는 혼란스러웠다. 예를 들어, 1970년대의 연구로 기업의 사회적 성과가 주주들의 경제적 성과와 아무관련이 없다는 연구가 있는가 하면[22](Alexander & Buchholz, 1978), 반대로 기업의 사회적 성과가 순이익 등 재무적 성과에 긍정적인 영향이 있다는 연구도 존재한다(Parket & Eilbirt, 1975).[23] 심지어 밴스(Vance, 1975)는 기업의 사회적 성과가 주식가격과 같은 기업의 경제적 성과와 부(−)의 관계를 보여준다고 보고하기도 하였다. 이러한 혼재된 연구결과는 1980년대와 90년대에 와서도 이어졌다.[24]

이러한 혼란스러운 결과에 대해 Wood(2010)는 기업의 사회적 성과와 경제적 성과를 분리해서 실증하려는 연구는 기업의 사회적 성과에 대한 협소한 이해에 기반한 것이라고 비판하면서 경제적 성과 역시 기업의 사회적 성과의 하나로 보아야 한다고 역설하기도 하였다.[25]

그럼에도 불구하고 기업이 사회적 책임활동에 참여하는 것이 어떤 경제적 이익과 불이익이 있는지에 대한 학문적 관심은 꾸준히 이루어져 왔다(Peloza, 2009).[26] 이를 반영하여 기업의 사회적 성과와 기업의 재무적 성과에 관한 실증연구가 축적된 2000년대에는 메타분석을 활용한 연구들이 본격적으로 나타났다. 메타분석의 결과들은 기업의 사회적 책임이 기업성과에 대체로 정(+)의 관계를 갖지만 기업의 보유자원이 중요한 역할을 한다고 지적한다.

올리츠키 등(Orlitzky et al., 2003)은 30년 동안 연구된 주요논문 52개(표본 수 33,878개)를 메타분석하여 기업의 사회적 성과와 기업의 재무적 성과 간의 한계적 정(+)의 관계가 있음을 보고하였다.[27] 또 기업의 재무적 성과 역시 기업의 사회적 성과에 긍정적인 영향을 미칠 수 있음을 보여주어 웨덕과 그레이브스(Waddock & Graves, 1997)의 여유자원(slack resource) 관점이 타당함을 지지하였다.[28]

나아가 기업의 사회적 책임의 성과 중 하나인 기업명성(reputation)은 기업의 사회적 성

22) Alexander, G. J., & Buchholz, R. A.(1978)Corporate social responsibility and stock market performance. *Academy of Management Journal*, 21(3): 479-486.

23) Parket, I. R., & Eilbirt, H.(1975), The practice of business social responsibility: The underlying factors. *Business Horizons*, 18(4):5-10.

24) Vance, S. C.(1975), Are socially responsible corporations good investment risks? *Management Review*, 64(8): 18-24.

25) Wood, D. J.(2010), Measuring corporate social performance: A review. *International Journal of Management Reviews*, 12(1): 50-84.

26) Peloza, J.(2009), The challenge of measuring financial impacts from investments in corporate social performance. *Journal of Management*, 35(6): 1518-1541.

27) Orlitzky, M., Schmidt, F. L., & Rynes, S. L.(2003), Corporate social and financial performance: A meta-analysis. *Organization Studies*, 24(3): 403-441.

28) Waddock, S. A., & Graves, S. B.(1997), The corporate social performance. *Strategic Management Journal*, 8(4): 303-319.

과와 기업의 재무적 성과 간의 관계를 매개하는 역할을 하고 있는 것으로 나타났다. 이러한 결과는 그 동안 논란이 되어왔던 기업의 사회적 책임의 성과와 재무적 성과 간의 관계를 규명하는데 있어서 기업이 보유한 자원의 중요성을 보여준다.

마걸리스 등(Margolis, Elfenbein, & Walsh, 2007)의 메타분석[29)]도 올리츠기 등(Orlitzky et al., 2003)의 연구결과와 크게 다르지 않았다. 마걸리스 등은 35년 동안 167개의 기업의 사회적 성과와 기업의 재무적 성과에 대한 실증논문들을 분석한 결과 전반적으로 둘의 관계는 통계적으로 한계적이지만 긍정적이라는 결과를 보고 하였다. 특히, 기업의 사회적 성과를 9개로 세분화하여 분석한 결과 기부금과 환경관련 성과가 기업의 재무적 성과에 가장 많은 영향을 미치는 것으로 나타나 기업의 여유자원이 기업의 사회적 책임의 중요한 선행변수가 될 수 있음을 제시하였다. 두 메타분석의 연구결과들은 그동안 기업의 사회적 책임이 경제적 성과를 이끌 수 있다는 인과관계의 방향성에 문제를 제기하면서 기업의 사회적 책임이 기업의 경제적 성과에 의해 달라질 수 있음을 축적된 실증연구를 통해 제시한 점에서 의미를 가진다. 결과적으로 이러한 연구들은 기업의 사회적 책임활동을 수행하는데 있어서 자원의 중요함을 역설해 온 이전의 주장들(Hart, 1995; Ullmann, 1985; Waddock & Graves, 1997)을 실증적으로 지지하였다.[30)]

다른 한편으로 윤리경영이 기업의 재무적 성과에 미치는 영향에 대한 사례연구들 중에는 이 두 변수 간의 높은 상관성을 보여주는 사례도 적지 않다.

먼저 미국 윤리경영전문기관인 'Ethisphere Institute'가 선정한 '세계에서 가장 윤리적인 기업(2011년에는 Microsoft, PepsiCo, UPS, GE 등 110개 기업)'의 2007~2011년 주주수익률(Return to Shareholder)을 S&P 500 기업과 비교했을 때 약 27% 대 −8.5%로 나타나 윤리경영프로그램과 재무적 성과 간에 강한 상관관계가 있음을 보여주고 있다(그림 5-5 참조). 물론 이 두 변수 간의 높은 상관관계가 재무적 성과에 대한 윤리경영의 선행성을 보여주는 것은 아니다.

개별기업의 경우 국내기업 중 모범사례로 인식되고 있는 신세계는 외환위기 이후 큰 폭

29) Margolis, J. D., Elfenbein, H. A., & Walsh, J. P.(2007), *Does it pay to be good? A meta-analysis and redirection of research on the relationship between corporate social and financial performance*. Working paper.

30) Hart, S. L.(1995), A natural-resource-based view of the firm. *Academy of Management Review*, 20(4): 986-1014; Ullmann, A. A.(1985), Data in search of a theory: A critical examination of the relationships among social performance, social disclosure, and economic performance of US firms. Academy of Management Review, 10(3): 540-557.

그림 5-5 세계에서 가장 윤리적인 기업과 S&P 500 기업 간 주주수익률 추이

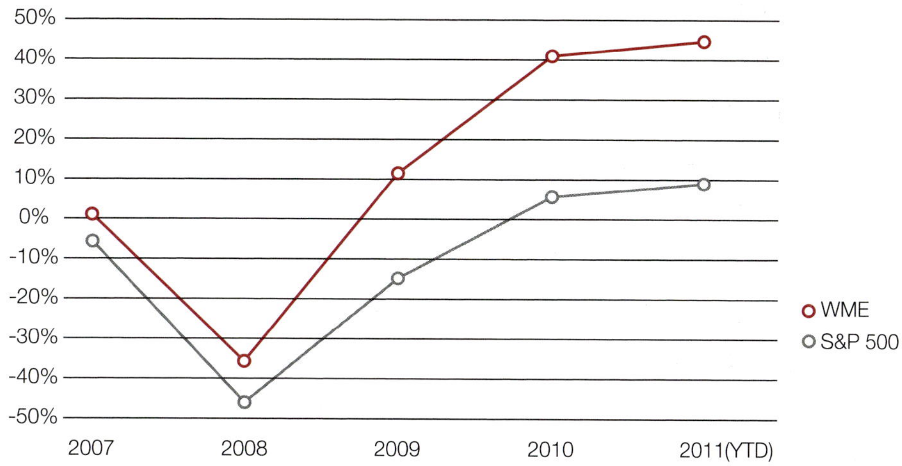

출처 : 2011 World's Most Ethical Companies, Ethisphere Institute. http://ethisphere.com/2011-world-most-ethical-companies/

의 매출감소와 이익감소, 주식가격이 1만 원 수준으로 떨어지는 등 경영위기를 맞았다. 이에 사업장별로 경영진단과 감사를 실시한 결과 유통업의 특성으로 협력업체와 관련된 부정적 행위가 적발됐고, 무엇보다 조직문화가 이러한 관행에 둔감해져 있었으며 서로 감싸주려는 분위기가 만연해 있었다. 경영층은 이러한 기업문화와 협력업체관련 비리관행이 지속된다면 회사가 무너질 위기마저 올수 있다고 판단했다. 이에 따라 1999년부터 윤리경영을 선포하고 협력업체관련 직무윤리실천을 강화해 협력업체에 대한 협조서한 발송, 금품, 향응수수 자율신고유도 등을 강도높게 추진했다. 그결과 경영정상화는 물론, 협력업체와의 상생관계가 증진되고 원가경쟁력도 강화됐다. 윤리경영도입이후 10년 간의 재무성과를 보면 매출은 4.8배, 세전이익은 17.4배, 주가는 8.3배, 신용도는 A−에서 AA+로 크게 개선됐다. 물론 이러한 경영성과 개선은 업종경기와 시장상황 등 다양한 여건에 영향을 받기 때문에 윤리경영이 기여한 부분이 어느 정도인지 명확히 식별하긴 힘들다. 다만 신세계 최고경영자가 이러한 성과개선의 50% 이상이 윤리경영에 기인했다고 단언한 점을 감안하면 윤리경영이 큰 성과 개선을 가져올 수 있다는 추론이 가능하다.[31)]

이러한 논의를 정리해보면 이른바 'CSP−CFP'의 관계에 대한 이해에는 두 가지 시각이 있다. 하나는 재무실적이 좋으면 CSR활동을 열심히 할 수 있다는 관점으로 이를 '여유자원 이론'(slack resources theory)이라고 부른다. 즉, 회사에 여유가 있으면 CSR활동에 열

31) 양세영(2011), 불확실성 시대…윤리와 신뢰의 둑 쌓아둬라, *DBR*, No.79(Apr. 2011), p.31.

심히 임한다는 사고이다. 또 하나는 CSR활동을 통해서 기업의 이해관계자에 대한 배려를 평소에 실천함으로써 기업의 재무실적이 높아진다는 것으로 이를 '선의 경영이론'(good management theory)이라 부르고 있다.

앞의 두 메타분석은 비록 여유자원이론을 지지하고 있는 것으로 보이지만 이는 'CSP–CFP'의 관계를 이해하는데 있어서 연구상의 문제점에 기인한 부분도 있는것으로 생각된다. 즉, 일반적으로 기업의 재무실적에 미치는 CSR의 공헌이 어느 정도인지 가늠하기 어려운 측면이 많기 때문이다. 기업의 재무실적의 변동은 경제전체의 시장환경이나 기업의 경영전략에 의하는 바가 크다고 생각되며, CSR의 순기여부분(net contribution)을 찾아내기는 쉽지않기 때문이다.

연구결과의 빈도수로는 다수가 선의 경영이론을 지지하나 반대결과와 무관계성을 보여주는 연구도 적지않아 아직 일관성있는 결론을 내리기는 어렵다.

이런 점에서 윤리경영이 이익창출의 촉진자로서 장기적으로 기업가치(Corporate Value) 제고에 영향을 미친다는 것을 증명하기위해 '이해관계자 이론'을 활용할 필요가 있다.[32] 기업의 전략적 이해관계자인 '소비자'와 '임직원'은 윤리경영이 경영성과에 미치는 영향에 있어 특히 중요한 연결고리역할을 한다. 기업이 고객윤리를 강화해 소비자들이 만족했을 경우 브랜드 가치와 고객충성도가 높아져 매출이 늘어나고, 경영진의 솔선하는 윤리경영 실천과 적극적 윤리의지는 조직내부의 부정사고예방은 물론 구성원의 자긍심, 소속감, 충성심을 고취시켜 조직문화의 선진화와 함께 장기적으로 기업수익에 긍정적 영향을 끼칠 수 있다.

03 CSR을 둘러싼 이론상의 과제

3.1 사업활동에 있어 CSR매니지먼트의 본질

이 절에서는 앞에서 검토해 온 CSR을 둘러싼 이론전개 상에서 어떠한 과제가 있는지에 대해 검토해 보기로 한다. CSR론의 검토에서 우선 말할 수 있는 것은 CSR에 대한 현대기

32) 양세영(2011), 위의 논문, p.31.

업의 적극적이고 능동적인 관여가 요구된다는 것이다. CSR 적극론의 주장과 관련해서는 본업과 연동한 CSR활동의 본질에 대한 인식이 중요하고, 현재도 이러한 본질을 모색하는 상황이 계속되고 있다고 할 수 있다. 즉, CSR을 어떤 방식으로 사업활동에 포함시킬 것인가 하는 CSR 매니지먼트의 본질이 중요한 과제로 대두될 것으로 생각된다.이 점에 대한 사견으로는 제품의 기술개량 등에 따른 본업을 통한 '직접적인 어프로치'와 본업을 지원하는 마케팅관련 활동을 통한 '간접적인 어프로치'가 가능하다고 생각된다.

우선, 직접적인 어프로치로는 예를 들어, 자사의 제품 그 자체에 환경부하를 줄이는 기능을 강화하는 대응방식을 들 수 있다. 백색가전(냉장고, 세탁기 등) 제품의 절전기능향상과 하이브리드 자동차 등의 환경대응기능의 강화이다. 즉, 제품개발을 통한 사업활동에 CSR을 직접 포함시키려는 움직임이다. 이러한 대응에 대해서는 CSR을 의식한 제품브랜드전략의 일환에 지나지 않으며, 본질적인 CSR이라기 보다는 오히려 일상적인 제품개발전략의 실행에 지나지 않는 것이라는 비판이 있을 수 있다. 하지만 이는 오늘날 사업활동 그 자체 내에 CSR이 내포되어 있다는 하나의 증좌라고도 할 수 있을 것이다.

한편 간접적 어프로치에 관해서는, 예를 들어 사회적 코즈(Cause; 대의)의 영역에 대한 마케팅관련 활동(Cause related Marketing; 공익마케팅으로 부르기도 함)을 지향하는 것이 있다. 사회적 코즈란, 지역사회의 건강이나 안전, 교육, 고용, 환경 등에 대해 기업이 사회적 책임을 완수하기 위해서 실시하는 활동으로 예를 들어 에이즈 박멸이나 유방암의 조기발견, 음주운전박멸, 문맹퇴치교육, 직업훈련 등에 기업이 관여하는 활동을 가리킨다. 코틀러와 리(P.Kotler & N. Lee)는 기업의 사회적 책임을 완수하기 위한 '기업의 사회적 대응'으로 6가지 활동을 들고 있다.[33] 이 중, 마케팅관련 활동으로 '코즈 프로모션'(사회적 코즈에 대해 의식이나 관심을 높이는 활동), '공익연계 마케팅'(매출의 몇 퍼센트를 특정코즈에 기부하는 것), '소셜 마케팅'(공공, 공중의 건강, 환경, 사회복지를 개선하려는 캠페인을 개발하거나 실행의 지원)을 지적하면서 많은 기업의 관여사례를 소개하고 있다. 오늘날 사회적 코즈에 대한 지원과 관여가 요구되는 기업이 그에 대한 전략적 어프로치를 지향함으로써, 사업의 성공과 CSR의 양립을 추구할 수 있는 방법을 모색하고 있다고 할 수 있다.

이처럼 경영의 실천활동 내에 CSR을 전략적으로 구성하여 일반공중으로부터 선의를 획득하고자 하는 것이 현대기업의 지속가능경영에 요구되고 있으며, 그러한 자세는 CSR 매니지먼트를 둘러싼 커다란 과제로 자리잡을 것이다.

33) Kotler, p. & Lee, N.(2005), *Corporate Social Responsibility: Doing the Most Good for Tour Company and Your Cause*, Wiley & Sons.

3.2 CSR의 수렴화와 수행방법

이 장에서는 주로 미국 CSR론의 전개에 대해 살펴보았는데, 다른 나라나 지역동향과의 공통성 및 이질성에 대해서도 생각해 볼 필요가 있다고 여겨진다. 기업은 각국의 제도적 환경에 어울리는 특징을 가지고 있으며, 글로벌화가 진행되는 가운데 미국, 유럽, 한국, 그 밖의 여러 나라에 있어 각각 CSR의 고유한 성격이 어느 정도 수렴되었는지를 의식할 필요가 있다. 이러한 문제에 대한 이론적 검토는 앞으로 더욱더 중요한 과제가 될 것으로 생각된다.

수렴과 비수렴에 관한 문제를 살펴보는데 있어 고려해야 할 점은 각종 기관이 책정한 CSR의 국제적인 규격화와 표준화에 의한 영향일 것이다. 현재로서는 다양한 기관이 다양한 어프로치를 통하여 제각각 규정을 설정하고 있는 상황이며, 내용적으로는 공통된 측면도 있지만 각각의 기관이 목적에 따라 지향점에 다소 차이가 있는것이 사실이다. 이에 대해서는 다음과 같은 점이 검토되어야 할 것으로 생각된다. 우선, 수많은 CSR규격 중, 어느 규격이 중심적인 영향력을 가질것인지. 나아가 이를 바탕으로 한 CSR규격에 대한 시행(기업으로 하여금 준수하도록 하는 구조)은 어떠한 형식과 수준을 취해야 할 것인지. 이러한 문제에 대한 검토가 큰 관심사가 될 것이다.

여기서는 이상과 같은 검토과제에 대해서 많은 것을 서술할 수는 없지만, 각자에게 설정된 CSR규범에 대한 시행구조를 어떻게 설정할 것인지가 하나의 중요한 테마가 될 것이다. 즉, CSR규범의 실행에 대한 감시활동이 중요한 과제로 대두될 것으로 보인다. 이에 대해서는 적어도 두 가지 접근방법이 있는데, 하나는 어떻게 기업내에서 내부화하고 침투시킬 것인가 하는 프로세스의 '내부화 어프로치'이며, 다른 하나는 기업의 책임을 외부에서 추궁하는 '외부어프로치'이다.

외부어프로치에 대해서는 앞에서 언급한 바와 같이, 주식시장을 비롯한 다양한 시장으로부터의 압력이 기업에 작용하고 있으며, 외부의 강제력이 현대기업을 규율짓는다는 것은 분명하다. 예를 들어, 요즈음 기업이 공표하는 CSR보고서의 내용에 대해서도 외부기관이 등급을 설정하고 있다. 컨설팅회사 등의 기관이 글로벌 리포팅 이니셔티브(Global Reporting Initiative: GRI)의 가이드라인에 입각하여 게시정보의 양과 질에 따라 등급을 설정하고 있으며, 제3자에 의한 인증결과를 내세우는 기업도 증가하고 있다. 사회책임투자(SRI)의 확대와 더불어 이러한 외부로부터의 규정이 더욱 영향력을 가지게 될 가능성이 있다.

이와 동시에 내부화 어프로치에 의한 기업의 능동적인 대응도 중시할 필요가 있다. 기업의 자주적인 대응을 촉진하는 어프로치도 CSR을 시행하는데 있어 중요한 작업으로 생각된다. 여기서는 내부화 어프로치의 한 가지 사례로 앞의 제3장에서 언급한 국제표준화기구(ISO)에 의한 사회책임규격 ISO 26000의 사고에 대해 검토해 보기로 한다. 2010년 11월에 발효된 ISO 26000은 지금까지의 IS0 14001이나 IS0 9000과는 달리, 제3자 인증을 수반하는 매니지먼트 규격이 아니라 '가이드라인 규격'으로 설정되었다. 이 경우 이 가이드라인 규격의 신뢰성이 무엇으로 보증되는지가 중요하다. 이에 대하여 다양한 이해관계자와 커뮤니케이션을 실시하면서 조직의 정보를 공개하여 책임을 명확히 하는 '이해관계자 관여'(Stakeholder engagement)가 중시될 전망이다. '이해관계자 관여'는 기업측의 자주적인 태도를 존중하는 것으로, 기업행동의 결과는 소위 '다중 이해관계자'에 의해 사후적으로 평가받게 된다. 즉, 제3자에게 인증을 받으면 되었던 지금까지의 규격과는 달리, 각각의 조직이 어떻게 사회적 책임을 완수해 갈 것인지를 검토하고 실천한다는 자주적 대응의 필요성이 높아져 갈 것으로 보인다. 이 경우 기업에 의한 다양한 이해관계자와의 관계구축 능력이 중요해질 것이다.

이렇듯이 CSR의 규격화와 표준화가 다양한 형식을 통하여 발전하는 가운데, 기업 내·외부의 어프로치에 힘입어 CSR활동의 내용이 서서히 향상될 것으로 생각된다.

04 맺음말

이 장에서는 기업의 사회적 책임론의 흐름을 20세기 초의 대기업출현으로 거슬러 올라가서, 그 전개에 대해 살펴보고 검토해 왔다. 경영자의 개인적인 책임으로부터 사회적인 제도로서의 기업책임이 권력증대와 더불어 발생한 경위에 대해 살펴보았다. 또한 이러한 기업의 사회적 책임론에 대한 논의가 오늘날 CSR론으로 보다 폭넓은 내용을 포함한 형태로 다루어지고 있음도 보았다. 그리고 현대기업이 CSR활동에 대해서 적극적인 어프로치를 지향해야 할 논거로는, 예를 들어 실증연구의 결과를 보면, 기업의 사회적 성과와 재무실적 간에 정(正)의 상관관계가 있음이 어느 정도 지지를 받고 있다는 점도 알 수 있었다.

또한 향후 CSR론의 과제로는 우선 사업활동을 직접적 혹은 간접적으로 지원하는 CSR의 바람직한 모습을 검토해 보고자 시도했다. 한편 세계 각국의 다양한 CSR대책을 전제로 할 경우, CSR에 대한 시행이 어느 정도 수준에서 기업측에 부과되어야 할 것인지에 대한 논의도 아직 남겨진 과제라고 생각된다. 이 경우, CSR의 시행은 외적인 강제뿐만이 아니라, 기업의 자주적인 대응을 기초로 한 자율적 접근도 또한 필요할 것으로 생각된다.

토론을 위한 자료

기업의 사회적 공헌과 관련된 이론적 쟁점들

I. 기업은 왜 기부하는가?

1. 이타주의(altruism)

기업의 오너나 경영진 개개인이 가지고 있는 가치체계가 기업의 자선활동에 중요한 역할을 할 수 있다. 기업자선은 심리적으로 오너나 경영인의 입장에서 느끼는 사회적 책임 또는 이타주의적 감정에서 비롯된다는 것이다(Pilllavin and Charng, 1990). 일반적으로 친 사회적 행동이나 이타주의적 행위는 동정심(sympathy) 혹은 감정이입(empathy)을 기반으로 한다(Bar-Tal, 1976). 따라서, 이러한 시각은 기업자선을 '미안한 마음을 느끼고(feel sorry) 남을 도우려는 시도에서 비롯된다고 본다. 동정심과 감정이입은 사회지도층으로서 오너나 경영인들이 가지는 빈곤문제에 대한 관심으로부터 비롯될 수 있다. 이러한 경우 기업은 비록 경제적 이익을 얻지 못하더라도 사회문제해결을 위해 친 사회적 행동을 하도록 기대되어 진다는 것이다(Grahn et al. , 1987). 즉, 사회적으로 성공한 경영인들에게는 사회지도층으로 성장하는 과정에서 사회에 진 빚을 갚고자 하는 보상심리가 내재되어 있다는 것이다(Bartling, 1999). 결국 비영리조직을 지원할 지에 대한 결정은 오너나 경영자의 자선에 대한 인식여부에 크게 영향받는다. 따라서, 이들이 특정한 사회적 이슈에 관심을 가지면 가질수록 기업이 자선활동에 더욱 적극적이게 된다는 것이다.[34)]

한편, 이러한 기업의 오너나 경영자들의 가치관과 태도는 이들의 유전자적 요소나 성장과정에서 경

34) 특히, 기업자선프로그램을 도입하는 초보적인 단계에서 이들의 가치관은 큰 영향을 미친다. 하지만 이후 프로그램의 발달과정에서 기업자선 전담부서가 생기고 기업내부에 자선프로그램이 공식적으로 제도화되는 과정에서 오너나 중역들의 개인적 성향보다는 회사전체 구성원의 적극적인 참여와 기여가 필수적이 된다. 궁극적으로 회사전체 구성원이 기업자선에 대해 가지는 긍정적인 자세가 그 회사의 일반적인 문화로 자리잡게 된다.

험한 주변환경에 의해서도 영향받는다. 즉, 어려운 사람들을 돕고자 하는 성향이 집안대대로 유전된다는 것이다. 또한 이들이 성장하는 과정에서 부모나 주변사람들이 자선에 너그러운 환경을 제공할 경우 자연스럽게 본인도 자선에 대해 너그럽게 된다는 것이다(Bartling, 1999).

2. 이익(interest) 추구

(1) 자기이익(self-interest) 추구

기업은 자선활동이 자신들의 이익에 얼마나 부합하는가를 판단한다. 만약 기업의 경영자가 자선활동을 통해 종업원의 사기를 진작시키고 제품판매율을 신장시키며, 회사의 명성을 높이고 정부의 간섭을 줄일 수 있다고 판단한다면 기업자선에 적극적일 것이다. 반대로, 자선활동이 회사에 가져다 주는 이익이 없다고 판단할 경우, 기업자선활동에 소극적일 것이다. 버트(Burt, 1983)에 의하면, 기업자선은 회사의 마케팅전략의 일환으로 다루어진다. 따라서, 기업자선은 기업광고나 소비자보호실 운영의 확장된 형태로 다루어진다. 예를 들어. 보험이나 소매업같이 소비자들과의 직접적 접촉이 잦은 업종은 건설이나 금속업보다 적극적인 광고와 기부 프로그램을 운용한다(Fry et al., 1982).

기업자선을 통해 기업들이 자기이익의 극대화를 꾀함에 따라 업종별로 나타나는 기업자선의 독특한 유형들이 존재하게 된다. 기업의 사업영역이 전국을 대상으로 하는 업종은 기업자선도 전국적으로 이루어지는 반면 사업영역이 특정지역을 대상으로 하는 경우 기업자선은 그 지역만을 타깃으로 하는 경향이 있다. 예를 들어 지역기반의 은행들은 그 지역경제의 활성화가 미래 은행수익의 증대를 의미하기 때문에, 자선활동이 해당지역의 도시개발이나 저소득층 지원사업에 집중된다. 반면에 전기회사와 같이 사업영역이 전국적인 경우에는 지역경제의 활성화보다는 전국에 위치한 대학이나 교육기관에 기부를 집중하게 된다. 또한, 무수한 대학졸업생과 대학연구소의 연구결과물을 필요로 하는 첨단정보통신기업의 경우 기업자선의 대상이 고등교육기관인 경우가 압도적으로 많다.

(2) 개발된 자기이익(enlightened self-interest) 추구

한편, 자본주의가 발달하면서 서구에서는 기업의 소유구조 형태가 개인이나 가족으로부터 대리인(agent)으로서 전문경영인에게로 바뀌게 된다. 이는 이제 기업자선이 기업소유주의 개인적인 차원에서 행하는 행위에서 주주들의 이익을 고려해야 하는 전문경영인이 영향력을 빌휘하는 기업차원의 문제로 전환됨을 의미한다.[35] 전문경영인들은 주주들 소유인 기업자금을 가지고 기부행위와 관련된 의

35) 기업의 소유와 지배의 분리는 기업자선활동을 촉진시키는 요인이 되기도 한다. 대리인 이론(agency theory)에 의하면 기업의 소유주는 전문경영인들과 상반되는 목표를 가지고 있다. 기업자선에 있어서도 전문경영인들은 기업소유주보다 이익창출에 대한 직접적인 집착이 적기 때문에 자선활동에 적극적일 수 있다. 즉, 전문경영인들에게 기업의 기부금은 자신의 돈이 아니기 때문에 자선활동에 너그러울 수밖에 없다는 것이다(Wang and Coffey, 1992).

사결정을 해야하고, 이후 주주들에게 이러한 기부행위가 회사의 이익에 공헌했음을 이해시켜야 한다. 따라서, 기업자선의 동기가 과거 소유주의 '선행을 하고자 하는 욕구'(the desire to do good)로부터 기업의 마케팅, 홍보, 세금대책과 같은 '투자지향'(investment orientation)으로 대체되게 된다(Bartling, 1999).

기업의 투자지향적 자선행위는 그 밑바탕에 '개발된 자기이익'(enlightened self-interest)추구라는 명제가 깔려있다.[36] 현대의 많은 기업들은 개발된 자기이익에 근거하여 기부를 통해 얻게되는 이익 여부를 고려한다(Morris and Biederman. 1985). 이는 기업들이 '좋은 일을 함으로써 더 발전한다'(do better by doing good)는 시각을 바탕으로 하여, 기업의 기부행위를 마케팅전략의 일환으로 간주한다. 따라서, 기부를 할 것인가 말 것인가의 결정은 한 회사의 이익창출을 위한 마케팅전략에 의해 결정된다. 마케팅전략에 의한 기부행위는 회사의 대외 이미지를 개선시키는데 영향력을 발휘한다. 일반적으로 소비자들은 사회적 책임의식을 가지고 자선행위에 적극적인 기업에 대해 우호적인 태도를 보인다(Winters, 1988). 소비자들의 우호적인 태도는 기업의 제품판매에 간접적인 영향을 미치게 되고 이는 다시 시장에서 기업의 지위를 향상시키는데 도움을 준다는 것이다.

3. 사회적 배태성(Social Embeddedness)

(1) 사회적 규범(norm)

기업자선행위는 한 사회의 규범적 절차에 의해서 행하여질 수 있다. 즉, 공존하기 위해서는 기업, 경영자, 종업원 모두가 나누어야 한다는 사회적 압력이 규범으로서 사회구조내에 배태(embedded)되어져 있다는 것이다. 각 기업의 중역들이 전국적. 지역적인 차원의 모임에서 가지는 공식적·비공식적 교류들은 기업자선의 여부와 정도를 결정하는 데 중요한 영향을 미친다. 이들 모임에서 경영자들이 받는 사회적 압력은 그들 내부의 사적모임(inner circle)에서 '집단압력'(peer pressure)으로 작용한다. 기업중역들은 이러한 모임을 통해 자신들만의 기업이익을 넘어서는 사업환경이 존재한다는 사실에 눈을 뜨게 되고, 그 결과 전체사업영역에서 우호적인 분위기 조성을 위해 시간과 비용을 지출해야 함을 배우게 된다. 결국, 경영자들은 내부의 사적모임에서 기업인이 가져야 할 사회적 책임을 서로에게 기대하고 이는 다시 구성원들 간의 집단압력으로 나타난다는 것이다(Galaskiewicz, 1997). 따라서, 기업의 사회공헌활동도 이러한 맥락에서 이해해야 된다는 것이다.

예를 들어 기업이사회 구성원 중 이러한 사적모임에 참여하는 이사들이 많은 기업일수록 기업자선에 더 활발하며, 같은 맥락에서 전국규모의 기업중역들 모임에 참여하는 비율이 높은 경영자일수록

36) '개발된 자기이익'이란 기업에 의한 사회적 공헌활동 등 직접적으로는 이익에 연결되지 않지만, 장기적으로 보았을 때에는 어떠한 형태로든 기업의 이익에 연결되는 이익을 뜻한다(Steiner, 1971).

대학과 같은 비영리조직의 이사회에 참여하는 비율이 높다는 것이다(Useem, 1984: Galaskiewicz, 1985). 지역적으로도 한 회사의 자선활동은 같은 지역내의 라이벌 관계인 회사들의 자선활동이 활발할 경우 더욱 증가하게 되고 기업자선의 많은 부분이 지역기업인 모임에서 존경받는 또래 기업인에 대한 모방으로부터 비롯된다는 것이다(McElroy and Siegfried, 1985). 따라서, 기업자선은 기업경영인들이 가져야 하는 도덕적 의무감으로 간주되어 기업인들이 지켜야 하는 규범으로 작용한다는 것이다.

(2) 네트워크

한편, 기업자선은 기업들의 자선담당부서 직원들 간의 연결망(network)에 의해서도 촉진된다. 기업의 사회공헌전담부서 직원들은 공식적 · 비공식적 만남을 통해 자신들이 지원하는 비영리조직들에 대한 정보를 주고받게 된다. 비영리조직지원시 각 기업들이 가지게 되는 지원대상에 대한 불확실성은 이러한 정보교류를 통해 많은 부분을 해소하게 된다. 이러한 만남을 통해 상대기업의 자선활동전략을 알게되고 이는 다시 자기기업의 향후 정책에 반영되어 나타난다. 특히, 동일업종에서 서로 경쟁적인 회사들의 경우, 상대기업이 기업자선활동에 어떻게 대처하는가에 민감하게 된다. 만약 상대기업이 기업자선에 적극적일 경우 이 기업이 느끼는 집단압력은 커지게 되고 많은 경우 상대기업과 마찬가지로 기업자선에 지출하는 비용이 증가하게 된다는 것이다(McElroy and Siegfried, 1985).

결과적으로 이러한 과정을 통해 나티나는 부산물이 기업간 사회공헌활동의 동형화(isomorphism)이다(Powell and DiMaggio. 1991). 각 기업들이 자선활동에 나서면서 부닥치게 되는 불확실성을 줄이기 위하여 먼저 시작한 상대기업의 공헌활동프로그램을 모방하게 되고 그 과정에서 전문직원들 간의 교류를 통해 지원대상에 대한 정보를 공유하게 됨에 따라 지역별, 업종별로 유사한 지원유형을 보이게 된다는 것이다.

결론적으로 기업이 왜 기부를 하는가에 대한 해답은 위에 열거한 여러 가지 요인에 따라 다르다. 사실 그동안 기업의 사회적 책임수행과 기업의 단기적 매출증대 간의 상관관계를 알아보려는 연구는 많이 있어 왔다. 일부연구는 기업의 사회적 책임수행과 경제적 성과 간의 상관관계가 없다는 결과를 도출하기도 하였고(Aldag and Bartol, 1978; Kedia and Kuntz, 1981), 다른 한편으로 기업자선활동은 회사의 기업이미지를 긍정적으로 증대시켜 기업인지도를 상승시킨다는 보고(White, 1980; Reder, 1995)도 나오고 있다. 하지만, 기업자선활동이 각각의 기업자체의 단기적 이익을 증대시키는 효과를 가져오는지에 대해서는 불투명하지만, 기업들 전체가 번성할 수 있는 사회적 정서를 개선시키는데는 효과적이라는 견해가 지배적이다(Useem, 1987).

II. 윤리경영과 경영성과 간의 상관관계

윤리경영을 실천하고 있는 기업들이 그렇지 않은 기업들에 비해 항상 경쟁우위를 가지고 있는 것은 아니며 비윤리적인 행위가 항상 시장이나 정부에 의해 제재를 받는것도 아니다. 따라서 윤리경영과 기업의 경영성과 사이의 관계에 대한 논의들은 매우 다양하게 나타날 수밖에 없다. 이제까지의 연구 결과들을 종합하면 ① 윤리경영과 이윤이 서로 정의관계를 갖고 있다는 윈-윈의 관점, ② 윤리경영과 이윤이 서로 상충관계에 있을 경우 나타나는 기업의 전략적 선택에 대한 논의로 정리된다.

1. 윤리수준과 이윤추구의 상생(Win-Win) 전략

윤리경영의 중요성을 강조하는 학자들은 이윤과 윤리경영의 수준은 결코 대립되는 힘이 아니기 때문에 윤리적인 행위야말로 기업이 취할 수 있는 최선의 장기적인 전략이라고 본다(Velasquez, 1998; Waddock & Graves, 1997). 우선 사회가 요구하는 윤리적인 수준과 기대를 만족시키지 못하는 기업들은 기업 이미지의 악화로 시장점유율과 수익성이 하락할 수밖에 없다. 또한 윤리수준에 문제가 있다고 판단되는 기업에 대해서는 금융기관들도 투자를 기피한다. 비윤리적인 행위의 가능성이 높은 기업들은 언제든지 막대한 벌금을 물거나 소비자들의 저항에 부딪칠 위험이 크기 때문이다. 이처럼 환경변화에 따라 증대하고 있는 경영위험 때문에 이윤과 윤리수준은 서로 윈-윈의 관계를 띠게되는 상황이 창출된다. 이를 [그림 5-6]과 같이 표시하면 기업은 윤리와 이윤이 (+)의 관계있는 영역 중 이

그림 5-6 기업의 이윤과 윤리수준에 대한 다양한 견해

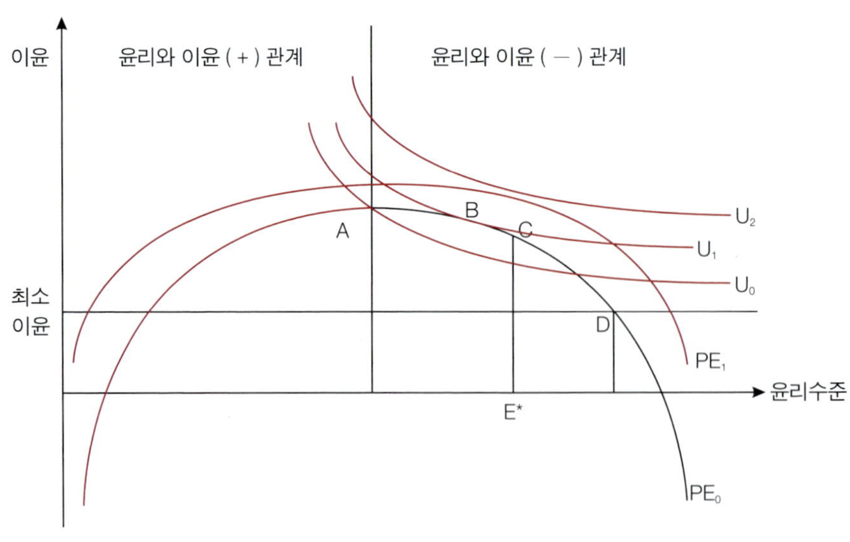

출처 : Graafland(2002)

윤이 가장 높고 윤리수준도 높은 A점을 선택한다.

그러나 이러한 윈-윈의 관점은 대단히 이상적인 가정이다. 예를 들어 소비자들이 반드시 환경친화적인 기업의 제품을 선호하리라는 보장은 없다. 이처럼 사회가 요구하는 안전이나 환경의 기준에 맞춰 만들어 낸 차별화된 제품이 시장에서 소비자들의 반응을 얻어내지 못할 경우 윤리수준을 높이려는 기업의 투자는 중단될 수밖에 없다. 실제로 윤리경영을 선포하는 많은 기업들은 초기에 이윤과 윤리수준의 정의관계를 강조하지만, 시장에서의 경쟁이 격화될 경우 윤리수준을 포기하는 경우가 발견된다. 윤리경영의 수준을 높이는데는 비용이 발생하기 때문이다.

2. 윤리수준과 이윤추구의 딜레마

윤리경영에 비용이 수반되고 이러한 비용이 보상을 받을 수 있는가 여부는 소비자들이 어떻게 반응하는가에 달려있다는 점을 고려할 경우 일반적으로 기업의 이윤과 윤리수준은 (−)의 관계를 갖는 영역에서 결정된다고 보는 것이 보다 현실적일 것이다. 이 경우 기업이 선택할 수 있는 이윤과 윤리수준의 조합은 기업이 어떠한 전략을 선택하는가에 따라 다시 세 가지의 경우가 발생할 수 있다.

(1) 기업경영을 위한 라이센스로서의 윤리

만약 윤리경영의 추진이 기업의 수익성에 부의 영향을 미치고 기업은 이윤만을 추구한다면 선택되는 윤리수준은 최저수준이 될 것이다. 그러나 이 최저의 윤리수준은 기업이 선택할 수도있고 정부나 사회가 강제할 수도 있다. 소비자의 힘이 막강하거나 시민단체나 언론의 압력이 작용할 경우 기업은 최저한도의 사회적 윤리수준을 갖추어야만 경영을 계속할 수 있다. 따라서 기업이 사회적으로 요구되는 최소한도의 윤리수준을 만족시켜야만 경영활동을 지속할 수 있다는 점에서 이러한 상황을 기업경영을 위한 라이센스로서의 윤리라고 부른다. [그림 5-6]에서 설명하자면 C점이 최소한도의 윤리수준(E*)을 만족시키는 기업의 선택이 된다.

예를 들어 경쟁격화에 대응하기 위해 저임노동력이 있는 지역에서 아웃소싱을 감행했던 많은 서구의 기업들이 비윤리적이라는 비판에 직면하게 되었던 것은 이러한 리이센스로서의 윤리를 보여주는 대표적인 예이다.

이러한 관점은 기업과 시민단체와의 명화한 역할분리라는 점에서 강점과 약점을 동시에 갖고 있다. 기업은 이윤을 극대화하고 시민단체 등은 기업이 취해야 할 윤리수준을 정한다는 점에서 매우 합리적인 것처럼 보이지만, 사회적으로 적정한 윤리수준을 어떻게 알 수 있는지 그리고 과연 이러한 기준을 기업이 만족시킬 수 있을지는 알 수 없다. 더욱이 사회가 요구하는 윤리수준을 만족시키기 위해 사회가 경제적인 희생을 감수할 의지가 있는가도 매우 중요하다. 물론 기업이 혁신활동 등을 통해서 이윤-윤리곡선을 상향이동시킬 수 있다면 이러한 딜레마는 해결될 수 있을 것이다.

(2) 기업이 수용가능한 윤리수준

이윤과 윤리수준이 서로 상충관계에 있는 경우, 기업이 이윤이 아닌 윤리수준을 극대화할 수도 있다. 이러한 관점은 사회의 견제세력들이 충분히 성장하지않은 사회에서도 윤리경영이 실천될 수 있다는 장점이 있다. 그러나 기업의 영속성이 보장될 수 있는 이윤수준이 달성되지 못한다면 경제적인 번영을 보장할 수 없다는 단점이 있다. [그림 5-6]에서는 D점이 기업의 선택으로 윤리수준은 가장 높지만 이윤수준은 가장 낮다는 점을 알 수 있다.

실제로 많은 기업들은 호황기에는 매우 높은 수준의 윤리경영을 실천하다가도 시장압력 등에 의해 이윤이 하락하는 경우 윤리수준을 낮추는 방향으로 전략을 수정하게 된다. 경쟁기업 간의 합의에 의해 품질인증의 수준을 낮추거나 정부의 규제수준을 낮춰 줄 것을 요구하는 경우 등은 기업이 수용가능한 윤리수준은 기업의 금융·재무상황에 의해 제약받을 수밖에 없다는 점을 보여주는 대표적인 예이다.

(3) 이윤과 윤리의 통합

라이센스로서의 윤리나 기업이 수용가능한 수준에서의 윤리는 모두 기업이 이윤과 윤리수준 중 어느 한쪽만을 극대화한다는 점에서 극단적인 견해일 수 있다. 보다 현실적인 가정은 기업이 양자를 모두 중요한 경영목표로 취급하며 적절한 균형을 모색한다는 견해일 것이다. [그림 5-6]에서는 B점이 이러한 유형의 기업이 취할 수 있는 선택이 되는데, A, B, C, D 중 가장 높은 효용(U_1)을 달성할 수 있다. 이는 윤리경영이 기업자율적으로 추진되는 것이 가장 바람직하다는 점을 시사한다. 그러나 B점에서의 윤리수준이 사회가 요구하는 윤리수준에 미치지 못할 경우 기업과 사회는 끊임없이 갈등을 일으킬 수밖에 없을 것이다.

〈참고문헌〉

- Aldag, R.J. and K.M. Bartol(1978), Empirical Studies of Corporate Social Performance and Policy: A Survey of Problems and Results, ed. L.E. Preston, *Research in Corporate Social Performance and Policy*, 165-199, Greenwich:JAI Press.
- Bar-Tal, D.(1976), *Pro-Social Behavior: Theory and Research*, Washington DC: Hemisphere Publishing Company.
- Bartling, H.R.(1999), The Psychology of Asking and Giving, *Association Management*, 51, 12, 55-60.
- Burt, R.S.(1983), *Corporate Profits and Cooptation: Networks of Market Constraints and Dictorate Ties in the American Economy*, New York: Academic Press.
- Fry, L.W., Gerald K. and Roger E. M.(1982), Corporate Contributions: Altruistic or for Profit, *Academy of*

Management Journal, 25, 94-106.

- Galaskiewicz, J.(1985), *Social Organization of an Urban Grants Economy: A Study of Business Philanthropy and Nonprofit Organizations*, Orlando: Academy Press.
- Galaskiewicz, J.(1997), An Urban Grants Economy Revisited: Corporate Chritable Contributions in Twin Cities, 1979-81, 1987-89, *Administrative Science Quarterly*, 42, 3, 445-471.
- Graafland, J.J.(2002), "Profits and Principles: Four Perspectives", *Journal of Business Ethics*, Vol.35, Iss.4, pp.293-305.
- Grahn, J.L., W.J. Hannaford and K.J. Laverty(1987), Corporate Philanthropy and Marketing Strategy,: A Review and Directions for Research, ed. *M.R. Solomon, AMA Educators' Proceeds, Series 53, American Marketing Association*.
- McElroy, K.M. and J.J. Siegfried(1985) The Effect of Firm Size on Corporate Philanthropy, *Quarterly Review of Economics and Business*, 25, 18-26.
- Pilavin, J.A. and H.W. Charng(1980), "Altruism: A Review of Recent Theory and Research", Annual Review of Sociology 16: 27-65.
- Powell, W.W. and P.J. DiMaggio, 1991, The Iron Cage Revisited: Institutional Isomorphism and Collective Rationality in Organization Fields, eds. P.J. DiMaggio and W.W. Powell, *The New Institutionalism in Organizational Analysis*, Chicago: University of Chicago Press.
- Reder, A(1995), "The Wide World of Corporate Philanthropy", *Business and Society Review 92*: 36-42.
- Useem, M(1984), *The Inner Circle: Large Corporations and the Rise of Business Political Activity in the US and UK*, New York: Oxford University Press.
- Useem, M(1987), Corporate philanthropy, ed. W.W. Powell, *The Nonprofit Sector*, New Haeven: Yale University Press.
- Velasquez, M.G.(1998), *Business Ethics: Concepts and Cases, 4th ed.*, Prentice Hall.
- Waddock, S.A. and S.B. Graves(1997), "The Corporate Social Performance - Financial Performance Link", *Strategic Management Journal 18*, pp. 302-319.
- Winters, L.C.(1988), Does It Pay to Advertise to Hostile Audiences with Corporate Advertising? *Journal of Advertising Research*, 28, 11-18.

- 이상민, 최인철(2002), 재인식되는 기업의 사회적 책임, 삼성경제연구소, pp.83-96.

토의과제

① 높은 윤리수준을 유지하면서 높은 이윤을 창출하기 위해서는 안전이나 환경을 고려한 차별화된 제품의 개발이 선결요건이지만 소비자들의 친환경제품에 대한 지속적인 구매도 필수요건이다. 기업이 격화된 경쟁 속에서 높은 윤리수준을 유지하면서 동시에 생존 가능한 적정이윤을 확보할 수 있는 전략적 대안은 무엇인가?

② 과거 품질과 가격은 Trade–off 관계에 있다고 하였으나 오늘날 다수의 기업들은 기술혁신과 관리혁신에 의해 이 상충관계를 극복하고 고품질 저가격의 제품이나 서비스를 출시하고 있다. 앞의 사회적 공헌에 대한 이론적 쟁점에서 흔히 윤리수준과 이윤수준은 상충관계에 있다고 말해지는데 앞의 품질–가격 관계처럼 윤리와 이윤 간의 상충관계를 극복할 수 있는 방안은 없는 것인가?

③ JIT시스템과 같은 무재고관리방식은 기업 측에서 보면 재고관리비용의 절감을 통해 기업경쟁력 강화에 기여하지만, 사회적 측면에서 보면 잦은 배송작업으로 인한 교통체증유발과 배출가스 증가로 사회가 부담해야 하는 사회적 비용을 증가시킨다. 소위 기업적 합리성이 사회적 합리성을 몰아내고 있는 셈이다. 정부는 미세먼지 등 대기오염도를 줄이기 위해 엄청난 예산을 투입하고 있으며 이는 모두 국민이 낸 세금에 의존한다. 이런 문제와 관련하여 사회와 소비자는 과연 기업에 대해 어떤 조치를 취해야 하는가?

제6장

CSR개념의 진화와 접근방법에 대한 평가

글로벌 기업들의 SNS가이드라인

▶ SNS가이드라인

소셜미디어의 사용이 급증하고 있고, 또 업무상으로도 이를 이용하는 경향이 늘어나고 있습니다. 하지만 소셜미디어의 사용은 늘 회사에 대한 오해나 불미스러운 일을 일으킬 가능성을 지니고 있으므로 주의해야 합니다. 많은 회사들이 사적·공적 용도로 소셜미디어를 사용할 경우 주의해야 할 점을 명시하고 있습니다.

▶ 사례1.

오늘날 사회적 소통에 있어서 소셜미디어가 어떠한 역할을 하고 있는지 잘 알고 있습니다. 소셜미디어 및 네트워킹에 참여할 때에는 비밀정보를 보호하고 올바르게 판단해야 합니다.

소셜미디어 사이트에서 글을 작성하고 게시할 경우

- 자신이 자사에 소속되어 있다는 점을 분명히 밝히십시오.
- 자신이 말하는 모든 내용이 회사의 공식발표로 간주될 수 있다는 사실을 항상 인지하십시오.
- 자신이 공지할 내용이 아니라면 공지하지 말고, 회사의 주요한 공시사항을 지지하십시오.
- 비밀정보를 보호하십시오.
- 항상 정직하고 정확하고 윤리적으로 행동하십시오.
- 자신의 행동에 따른 결과를 이해하십시오.

▶ 사례2.

공공의 문제에 대해서, 혹은 공개적인 장소에서 발언할 때는 개인으로서 해야 하며 자사를 대표하여 말하거나 행동할 수 없습니다. 이는 특히 소셜네트워크 미디어의 출현과 함께 더욱 중요한 사안으로 자리 잡았습니다. 이러한 서비스는 고객사, 동료, 규제기관 담당자들 모두에 의해 언제나 감시되고 있다는 사실을 인지해야 합니다. 올바르건 그렇지 않건 지역의 광장에서부터 인터넷 소셜네트워크에 이르기까지 공개적인 장소에서 한 말이나 쓰인 글은 개인의 의도보다 더 오랫동안 기록으로 남게 되며, 언젠가는 고객사나 동료가 읽게 되기 마련입니다. 따라서 개인의 발언이 의도치 않게 자사에 대한 부정적 요소를 담고 있지 않은 지, 혹은 자신이 자사를 대변하여 말하고 있다는 인상을 주지는 않는 지 신중하게 고려해야 합니다. 블로그, 위키피디아, 소셜네트워크, 가상 세계, 그 외 소셜미디어를 이용해 소통할 경우에는 자사의 소셜 컴퓨팅 지침을 따르십시오.

▶ **사례3.**

한 기업으로서 우리는 직원, 고객, 파트너 사이의 의사소통을 장려하며, 웹 로그(블로그), 소셜 네트워크, 토론 포럼, 위키스, 비디오, 기타 소셜미디어는 대화와 토론을 자극할 수 있는 훌륭한 수단입니다. 자사의 웹사이트에 게시되어 있는 소셜미디어 참여정책에는 직원이 소셜미디어에 참여할 때 지켜야 할 사항이 수립되어 있습니다.

- 자사의 윤리 및 기업행동강령과 기업 및 법률정책은 오프라인에서와 마찬가지로 온라인행동(블로깅, 온라인 토론)에도 적용됩니다.
- 미래에 제공할 상품에 대한 토론은 피하십시오.
- 다른 이들의 지적 재산권(저작권 포함)을 존중하십시오.
- 당신의 의견은 자신의 것이며 자사의 관점을 반드시 반영하는 것은 아니라는 점을 분명히 하십시오.
- 무례하고 선동적인 내용의 게시는 삼가십시오.

● 전경련 〈궁금할 때 펴보는 글로벌 기업윤리 BEST 11〉, 윤리경영 연구소, 2016.03.29

학습목표

CSR개념의 진화, 기업시민활동모형, 기업의 책임, 조직의 사회적 책임, CSR 접근방법, 방어적 · 자선적 · 홍보적 · 전략적 CSR, systemic CSR, Green wash, Blue wash, 공정무역구매, CSR과 CSV의 차이

글로벌 시장을 대상으로 사업을 전개하고 있는 수많은 기업들 중에서 아마도 CSR에 무심한 조직은 하나도 없을 것이다. 그만큼 CSR은 이제 모든 기업조직들의 생존과 직결된 과제라고 할 수 있다. 문제는 이를 어떤 관점에서 포착하여 어떤 방식으로 대응하고 풀어가느냐 하는 것이다. 다음에서 보는 바와 같이 CSR에 대해서는 조직 수 만큼의 각기 다른 개념이 부여되고 있다고 해도 과언이 아닐정도로 수많은 개념정의가 존재하고 있다. 그리고 이를 실천하는 데 있어서도 다양한 진화단계와 다양한 내용이 혼재되어 있다.

이 장에서는 20세기 중반이후 본격적으로 논의되기 시작한 기업의 사회적 책임의 개념과 그 이후의 진화과정을 살펴보고 오늘의 CSR의 양태가 어디까지 이르렀는지, 그리고 그 동안 기업조직들이 근거해온 각종 접근방법들의 특징과 문제점들에 대해 정리해 보고자 한다. 그리고 현재의 CSR접근방법이 가지고 있는 한계를 극복하고 보다 근본적인 차원에서의 기업의 사회에 대한 책임수행의 방법이 무엇인지 그 방향을 제시해 보고자 한다.

01 CSR개념의 진화

기업의 사회적 책임(CSR)의 개념은 20세기 중반 미국의 학계와 기업가들을 중심으로 주창되기 시작하였다. 1951년 미국에서 가장 큰 석유회사의 이사회 의장이었던 아브람스(Abrams, F.)는 CSR의 핵심개념으로 "주주, 종업원, 고객, 그리고 일반공중 간의 조화로운 균형"을 주장하였다. 그리고 1953년에는 경영대학 학장으로 있던 보웬(Bowen, H.)이 CSR에 관한 중요한 개념을 최초로 정리한 '사업가의 사회적 책임'(Social Responsibility of the Businessman)을 저술하였다.[1)]

1) Frederick, W. C.(2006). Corporation, be good, *The story of corporate social responsibility*, Dog Ear Publishing, LLC

표 6-1 CSR의 정의

구 분	정 의
유럽연합(EU) 집행위원회	기업들이 자발적 방식으로 사회·경제적 문제들을 자사의 기업활동 및 이해관계자들과의 상호작용에 통합시키는 개념
UN무역개발협의회(UNCTAD)	기업들이 사회의 요구사항과 목표에 어떻게 대응하고 영향을 미치는가에 관한 것
국제노동기구(ILO) 이사회	법 준수를 뛰어넘는 기업의 자발적이고 다양한 경제·사회·환경 이니셔티브
국제노동기구(ILO) 세계위원회	기업이 법적 의무를 뛰어넘어 자발적으로 전개하는 이니셔티브이며, 기업이 자사 활동이 모든 관련 이해관계자들에게 미치는 영향을 검토할 수 있는 방식
국제사용자기구(IOE)	법 준수를 뛰어넘는 다양한 사회·경제·환경분야에서의 기업의 자발적이고 긍정적인 활동
지속가능한 개발을 위한 세계기업협의회(WBCSD)	직원, 가족, 지역사회 및 사회전체와 협력해 지속가능한 개발에 기여하고 이들의 삶의 질을 향상시키고자 하는 기업의 의지

출처 : 이형준, 서영진(2004), 기업의 사회적 책임이란 무엇인가, 노동경제연구원, pp.19-20.

그 이후 CSR의 의미는 다음과 같은 역사적 진화과정을 거치면서 오늘에 이르고 있다.[2)]

- CSR1(1950–1960s) : 기업경영자는 공적 신탁자와 사회적 관리인(public trustees and social stewards)으로서 자발적이고 자선적으로 행동해야 한다.
- CSR2(1960–1970s) : 기업은 범위를 더욱 확장하여 다수의 사회적 요구에 대해 법적 요건의 준수차원에서 반응한다.
- CSR3(1980–1990s) : 기업은 사회적 계약을 통해 광범위한 이해관계자들과 지역사회를 지원하는 윤리적 기업문화를 개발할 것을 요구받았다.
- CSR4(1990–2000s) : 기업은 인류사회와 자연환경에 끼친 나쁜 영향을 제거하고 바로잡아 글로벌시민으로 거듭나야 한다.

이런 진화과정을 거치면서 CSR의 개념은 사용자에 따라 다양한 의미로 정의되어 왔으며 나아가 다양한 유사용어를 파생시켜 왔다.

우선 CSR에 대한 다양한 개념정의를 보면 〈표 6–1〉과 같다.

이외에도 기업의 사회적 책임과 관련하여 CSR외에 유사한 의미를 내포한 유사용어들이 많이 사용되고 있는데, 이들은 모두 기업의 사회적 책임을 구성하는 요소이자 실천수단들로 이해할 수 있다(표 6–2 참조).

2) Frederick, W. C.(2016). Commentary: Corporate Social Responsibility: Deep Roots, Flourishing Growth, Promising Future. *Frontiers in psychology, 7*.

표 6-2 CSR 유사용어

구 분	내 용
기업시민의식 corporate citizenship	기업을 하나의 개인시민으로 본 개념. 즉 기업은 권리와 책임을 동시에 지니며 그 책임은 사회·경제분야를 뛰어 넘는다는 의미이나 이에 대한 반론도 있음
기업의 책임 corporate responsibility(CR)	'사회적(social)'이란 단어를 쓸 경우 기업의 책임을 사회문제들에 한정시키기 때문에 사회·환경문제를 모두 포함시켜야 한다는 의미임 경제협력개발기구(OECD) : 기업과 사회와의 공생관계를 성숙시키고 발전시키기 위해 기업이 취하는 행동 국제상업회의소(ICC) : 기업들이 책임있는 방식으로 기업활동을 하고자 하는 자발적 의지 기업의 사회적 책임은 정부가 기업에 부과한 의무이며 경영층의 책임을 묻기위한 기업지배구조의 기본틀을 의미함. 이 용어를 사용하는 이들은 corporate social responsibility는 자발적 성격을, corporate accountability는 규제·구속적 성격을 가진다고 봄
조직의 사회적 책임 organizational social responsibility(OSR) · 조직의 책임 organizational responsibility(OR) · 사회적 책임 social responsibility(SR)	기업만을 따로 떼어내 다른 조직들이나 정부들과 다르게 취급해서는 안된다고 함
	국제표준화기구(ISO) SR 자문그룹 : OSR이란 조직들이 경제·사회·환경문제에 대처함에 있어 사람, 지역공동체 및 사회에 혜택을 줄 수 있는 균형잡힌 접근방법(2004. 4. 보고서)
기업의 사회적 책임 social responsibilities of business	일부 노동조합을 중심으로 사용하며, 그 구속성 여부에 관계없이 기업행동에 대한 사회의 정당한 기대감을 의미한다고 함

출처 : 이형준, 서영진(2004), 기업의 사회적 책임이란 무엇인가, 노동경제연구원, pp.21-22.

그 동안 많은 연구에서 자주 인용되는 기업의 사회적 책임의 정의는 앞 장에서 본 바와 같이 기업의 사회적 책임을 경제적, 법적, 윤리적, 자선적(재량적) 책임으로 구분한 캐롤(Carroll, A.)의 개념이다.

Carroll의 연구 이후에도 기업의 사회적 책임을 구체적으로 정의하려는 노력은 계속 이어졌는데 특히, 기업의 이해관계자들에 대한 책임이 강조되었다.[3] 예를 들어 홉킨스(M. Hopkins)는 기업의 사회적 책임을 이해관계자들을 윤리적으로 대하는 것이라고 정의하면서 기업의 사회적 책임의 궁극적인 목적은 사회구성원들의 삶의 질을 개선하는 것이라고

3) Jones, T. M.(1980), Corporate social responsibility revisited, redefined. *California Management Review*, 22(2): 59-67.

주장하였다.[4)]

한편, 베이커, 그로엔베겐, 그리고 혼트(Bakker, Groenewegen, & Hond)는 기업의 사회적 책임이 이해관계자들에 대한 책임으로 협소하게 사용되고 있다고 비판하기도 하였는데,[5)] 이를 반영하듯 비슷한 시기에 달스루드(A. Dahlsrud)는 기업의 사회적 책임의 정의와 관련하여 흥미로운 연구결과를 발표하였다.[6)]

달스루드는 1980년부터 2003년까지 구글(Google Web)과 저널에서 사용되고 있는 기업의 사회적 책임의 정의를 분석하여 총 37개의 개념들이 혼용되어 사용되고 있음을 확인하였다. 나아가 기업의 사회적 책임의 개념은 5개의 차원(환경적 차원, 사회적 차원, 경제적 차원, 이해관계자 차원, 자발적인 차원)을 포함하고 있음을 찾아내기도 하였다. 그 중 이해관계자 및 사회에 대한 책임을 포함하는 경우가 모두 88%로 가장 높았고 환경에 대한 책임을 포함하는 경우는 59%로 가장 낮았다. 이러한 결과는 앞서 살펴본 바와 같이 기업의 사회적 책임이 이해관계자 및 사회적 책임 모두를 강조한 개념들로 널리 활용되고 있음을 보여준다.[7)]

전술한 Carroll에 이어 Waddock은 기업의 사회적 책임의 개념적 진화에 대해 더욱 몰입하여 기업의 사회적 책임 및 이와 관련된 이해관계자이론, 기업시민이론 간의 개념적 차이와 관계에 대해 논의하였다.[8)] 워독의 연구 중 주목할 만한 부분은 기업의 사회적 책임의 영역인데, 이는 1990년대 이후 경영환경의 변화를 잘 포착한 것이었다. 그녀는 전 세계적으로 다국적기업들이 등장하면서 기업의 사회적 책임은 경제적 영역, 정치적 영역, 시민사회영역에서의 책임이 있다고 주장하였으며 [그림 6-1]과 같이 기업의 사회적 책임의 영역을 개념화하였다. 예를 들어 공공적 책임과 소비자들에 대한 책임은 경제적 영역이면서 동시에 정치적 책임영역으로 나타났다. 또 근로자와의 관계 및 노조와의 관계는 경제적 책임이면서 동시에 시민사회적 책임으로 제시되었다.[9)]

---

4) Hopkins, M.(2005), Measurement of corporate social responsibility. *International Journal of Management and Decision Making*, 6(3-4): 213-231.

5) Bakker, F. G. A., Groenewegen, P., & Hond,F.(2005), A bibliometric analysis of 30 years of research and theory on corporate social responsibility and corporate social performance. *Business & Society*, 44(3): 283-317.

6) Dahlsrud, A.(2008), How corporate social responsibility is defined: An analysis of 37 definitions. *Corporate Social Responsibility and Environmental Management*, 15(1): 1-13.

7) 정흥준, 신민주(2016), 인사조직연구에서의 기업의 사회적 책임에 관한 국내연구의 동향과 과제, 인사조직연구, 24/1, pp.106-107.

8) Waddock, S. A. 2004. Parallel universes: Companies, academics, and the progress of corporate citizenship. *Business and Society Review*, 109(1): 5-42.

9) 정흥준, 신민주(2016), 앞의 논문, pp.115-116.

그림 6-1 기업의 사회적 책임영역

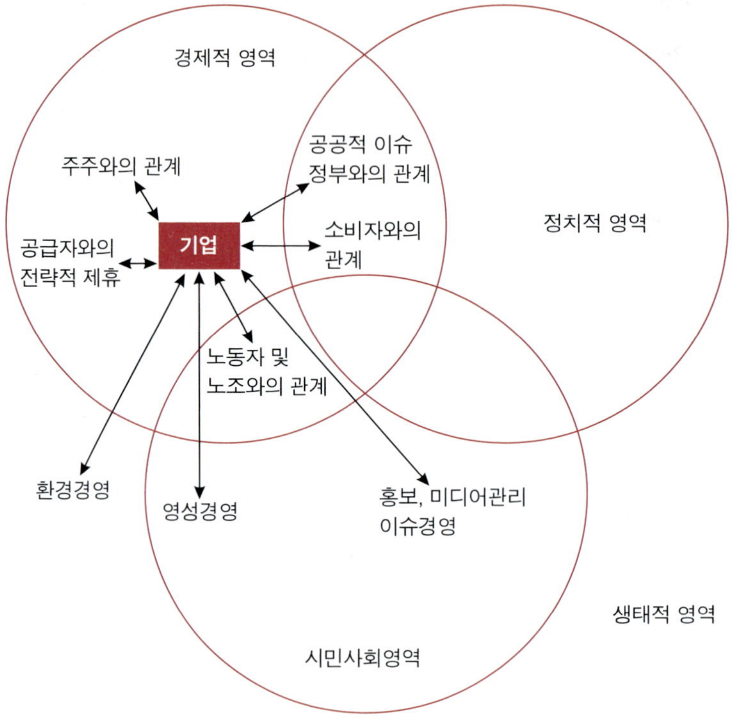

출처 : Waddock, S. A. 2004. Parallel universes: Companies, academics, and the progress of corporate citizenship. *Business and Society Review*, 109(1): 18: 정흥준, 신민주(2016), 앞의 논문, p.115에서 재인용.

이처럼 다양하게 정의되고 있는 CSR에 대해 록(R. Locke)은 여러 문헌에서 사용되고 있는 기업의 사회적 책임의 정의를 기업시민의식(corporate citizenship)의 관점에서 재해석하여 이와 관련된 기업활동을 그 동기와 수혜자 차원을 중심으로 〈표 6-3〉에서 보는 바와 같이 네 가지 유형으로 분류하여 각각의 유형에 대해 다음과 같이 설명하고 있다.[10)]

먼저 최소책임(minimalist)모형은 비교적 전통적 개념에 가까운 것으로 '기업의 사회적 책임은 주주의 부를 증대시키는 것'이라고 주장하는 Friedman의 정의를 대표적인 것으로 들고 있다. 여기서는 기업은 부의 창출을 위해 효율성에 초점을 맞추어야 하며 최적의 경제적 성과를 달성하는 것이 사회에 공헌하는 방법이라고 규정한다.

다음 자선적 모형에서는 주주의 부와 효율성의 최적화를 기업의 주 관심사로 두면서 도

10) Locke, R.M.(2002), Note on Corporate Citizenship In a Global Economy. *MIT Working Paper IPC-02-008*. August, pp.3-5.

표 6-3 록(R. Locke)의 기업시민 활동모형

수혜자 \ 동기	수단적 동기	도덕적 · 윤리적 동기
주 주	최소책임(minimalist)모형	자선적(philanthropic)모형
이해관계자	포괄적(encompassing)모형	사회운동가(social activist)모형

출처 : Locke, R.M.(2002), Note on Corporate Citizenship, In a Global Economy. *MIT Working Paper IPC-02-008*. August, p.3.

덕적 혹은 윤리적 동기에 의해서 개별관리자, 주주, 혹은 회사가 자선활동에 참여하는 형태를 띠게된다고 본다.

포괄적 모형은 경영은 주주뿐만 아니라 기업의 행위에 의해 영향을 받을 수 있는 피고용인, 소비자, 공급자, 지역사회 등 여러 이해관계자에 대해서도 책임이 있다는 관점이다.

사회운동가 모형은 기업의 사회적 책임활동의 수혜자를 기업의 결정에 의해 직접적으로 영향을 받는 집단을 넘어서 사회전체로 두는 관점을 말한다.

이런 유형화를 통해서 록은 기업시민으로서의 기업의 사회적 책임활동의 동기와 수혜가 다기화(divergence)되고 있다는 점을 강조하고자 하였다.[11)]

02 CSR의 전개과정

다른 한편으로 CSR을 기업단위의 전략실행이라는 측면에서 파악하여 그 시대적 발전과정에 대한 고찰을 통해 현재 한국의 CSR수준을 가늠해 보고자 하는 연구가 이기훈·이의영에 의해 수행된 바 그 주요한 내용을 보면 다음과 같다.[12)]

11) *Ibid*. p.5.
12) 이기훈, 이의영(2011), 사회책임경영(CSR)의 역사적 고찰과 기업의 대응전략, 「창조화 혁신」, 제4권 제1호, pp.87-117.

2.1 CSR-기업의 사회적 관리 (Corporate Social Stewardship: 1950s~1960s)

CSR에 대한 기본적인 개념이 태동하기 시작한 단계로 기업경영인들이 다양한 사회의 이해관계자들에 대한 광범위한 사회적 책임이 있다고 보던 시절이었다. 이 시기에는 최고경영자들을 중심으로 자발적인 자선적 활동이 주를 이루었다고 볼 수 있다. 여기서는 기업의 해당 기금이 가치있는 지역사회 프로젝트 등에 주로 활용이 되었는데, 대학도서관건립, 시립 및 주립도서관과 박물관건립 등이 특히 눈에 두드러지는 시기였다. 여기서 자선적·기부적 CSR활동은 최소수준에서 가진 계층과 그렇지 못한 계층 간의 차이를 줄이는 선에 그쳤다. 결국 여기서의 주요관점과 행위는 기업행위로 큰 수익을 거둔 대기업들이 주로 빈곤 및 기부활동에 중심을 두면서 최고경영자의 개인적 행위중심의 활동으로 진행되었다고 특징지을 수 있다.[13)]

이 시기 기업의 사회적 관리에 대한 기업전략은 기본적으로 전체적인 수익에 그 중심을 두고 있으며, 주주수익의 극대화에 초점을 두었다고 할 수 있다. 보웬에 따르면 주주수익의 극대화에 따른 잉여수익을 자선활동의 일부로 활용함으로써 세금감면혜택을 얻을 수 있었으며, 동시에 지역사회로부터의 신뢰와 주주들의 호의적인 투자선택을 얻을 수 있는 등 그 실행전략이 상대적으로 명확하고 일방적이었다. 이 접근방법은 프리드만의 주주중심의 자본주의와 기업의 책임에 대한 논의에서 같은 맥락으로 설명되고 있다. 프리드만에 따르면 수익의 극대화추구와 자본소유자에 대한 엄격한 책임을 통해 창출된 기업의 부(富)가 곧 기업의 사회적 책임이라 하였다. 결국 주주중심에 대한 기업의 책임이 사회적 책임이며 기업전략이었다. 이 시기의 CSR기업전략은 상대적으로 수동적인 측면이 강하고 단기적 비전과 재무적 결과에 대한 초점이 두드러진다.

2.2 CSR-기업의 사회적 반응 (Corporate Social Responsiveness: 1960s~1970s)

이 시기에는 사회적 요구에 반응하는 단계로 볼 수 있다. 1950년대에 비해 이 시기에는 전혀 다른 의미의 CSR이 발전하였다. 다양한 거리시위활동과 불매운동 등의 압력에 대응

13) Bowen, H.R.(1953), *Social Responsibilities of the Businessman*. New York: Harper.

하여 기업들이 자발적 자선활동 이상의 활동에 나서줄것을 사회적으로 요구받는 시기가 바로 이 시기이다. 특히 사회적 문제해결에 적극적으로 나서줄것을 사회전반적으로 요구하는 분위기가 커져가던 시기였다. 이 시기에 특히 기업 및 사업장에서의 인종 및 성차별의 문제해결, 산업공해문제해결, 사업장보건 및 안전문제개선, 공정거래 및 가격, 제품안정성 확보, 투자자들에 대한 정보공개, 경쟁기업들과의 가격담합거부, 거래업체에 대한 공정한 거래 등의 문제가 특히 두드러지던 시기였다. 특히 이 시기에 기업들은 이러한 사회적 요구에 대해 무언가 가시적인 행위를 요구받았다. 따라서 수동적이고 자발적이기 보다는 적극적인 "반응(response)"을 강조하는 시대적 요구에 따라 많은 최고경영자들이 실질적인 노력을 하기 시작하는 단계였다. 이 시기에 기업전략이 사회적으로 책임있는 목표를 반영하기에 이르렀다. 이 시기는 이해관계자들(stakeholders)이 기업들에 따라 구체적으로 파악되고 각 주요 이해관계자들의 요구가 구체적으로 반영되기 시작한 시기이기도 하다. 이 시기는 이해관계자가 기업에 미치는 영향에 따라 제1차(또는 핵심) 이해관계자와 제2차 이해관계자로 구분되기 시작하는 시기였다.[14)]

이 시기 기업전략은 점차 강화되는 규제(특히, 환경 및 안전관련 규제)에 대응하는 것에 그 초점이 맞추어진다. 기업의 소유주 및 주주에 대한 재무가치극대화가 기업전략의 기본을 이루고 있으며, 환경시설투자, 직원복지 및 안전시설확보 등에 대한 투자는 주주가치극대화와 갈등을 일으키는 주요원인이었다. 예를 들면, 레이첼 카슨이 '침묵의 봄(1962)'을 저술했을 당시 산업계의 반응은 환경문제를 외면하고자 하는 것이 분명하였다. 저자를 과학을 이해못하는 정신병자로까지 몰고가며 환경문제의 위험을 외면하다가 1970년대 후반에 가서야 그 위험성을 인정하게 된다. 여기서 기업전략은 규제대응적 측면이 강하고 기업 또는 산업별로 차별화된 이해관계자(기업에 미치는 중요성에 따라 1차 또는 2차적 이해관계자로 구분)에 대한 선택적 대응이 강한 시기였다.

2.3 CSR-기업윤리(Business Ethics: 1980s~1990s)

이 시기는 기업의 윤리적 차원에 대한 요구가 높아지는 시기였다. 1980년대 초반부터 CSR의 의미가 또 달라지기 시작하였는데, 여기서는 내부 경영관리차원에서 기업문화 또는

14) Ackerman, R.(1975), *The Social Challenge to Business*. Cambridge. Massachusetts.:Harvard University Press: Preston, L.E. & Post, J.E.(1975), *Private Management and Public Policy*. Englewood Cliffs, NJ: Prentice-Hall.

조직문화, 그리고 윤리적 이슈에 대한 기업내 부분위기의 유형, 기업의 정책·전략 및 의사결정과정에서의 규범적 원칙 등이 본격적으로 태동하는 시기라 볼 수 있다. 모든 기업들이 자사고유의 조직문화를 가지고 있는 것에 따라, 일관적인 유형의 CSR보다는 각 기업별 고유조직문화에 따른 특성화된 CSR유형 및 활동 등이 나타나기 시작하는 시기이다. 이 시기에 다양한 기업별 "기업윤리(business ethics) 및 윤리헌장" 등이 등장하기 시작하고 사회계약적 관점에 따른 "기업 및 사회(business and society)" 등이 다양한 기업활동과 문헌에 등장하기 시작한다. 이 시기에는 최고경영자 개인차원의 실행의지나 행위보다는 기업전체가 그 실행주체가 되어 사회요구 및 이해관계자들에 대한 기업조직적 차원의 체계적 대응 및 실행이 두드러지기 시작하였다고 볼 수 있다.[15)]

이 시기 기업전략의 특징은 이타적이면서 상호적인 전략으로 볼 수 있다. 즉, 기업이 사회적으로 보았을 때 '옳은 일'을 하는 것에 자부심을 가지고, 이것에 대해 보상을 바라지 않는 전략을 가지기 시작하는 것이다. 특히 과거 단기적 재무성과에 집착한 수동적인 CSR전략에서 상대적으로 적극적이고 공격적인 CSR전략으로 전환하는 과도기적 시기이기도 하다. 중장기적 전략을 수립하고 지역사회를 포함해 직원, 국제적 사업파트너와 공급업체 등을 포함한 포괄적 CSR기업전략을 실행하기 시작하는 시점이다. 이 시기에 사회적 책임에 대한 공격적 전략을 취함으로써 단기적 성과보다는 중장기적 성과에 초점을 두고 전략을 수립 및 실행하기 시작한 것으로 묘사될 수 있다.[16)]

2.4 CSR-기업시민의식(Corporate Citizenship: 1990s~2000s)

이 시기에 기업은 법적객체로써 다른 시민사회의 구성원과 동일한 의무와 규범을 따를 책임이 있다고 보는 시각이 두드러진다. 특히 글로벌화에 따른 글로벌 시민의식이 성장하게되고, 이 시기에 OECD(OECD Guidelines of Multinational Entreprises), 유엔(UN Global Compact), 국제표준화기구(ISO 26000) 등을 중심으로 환경 및 사회적 책임에 대한 글로벌 시민의식을 국제적으로 확산시키기 위한 노력이 등장하게되어 '기업시민의식'으로

15) Victor, B. & Cullen, J.(1988), "The Organizational Bases of Ethical Work Climates." *Administrative Science Quarterly 33*: 101-125.: Murphy, P.E., ed.(1998), *Eighty Exemplary Ethics Statements*. Notre Dame: Notre Dame University Press.

16) Murray, B. & Vogel, M.(1997), "Using a Hierarchy-of-Effects Approach to Gauge the Effectiveness of Corporate Social Responsibility to Generate Goodwill toward the Firm: Financial versus Non-financial impact." *Journal of Business Research 38(2): 141-159*.

표현되기에 이른다. 여기서 성숙된 사회의 시민으로 기업이 행한 모든 행위에 대한 책임이 있고 소유자 및 경영자가 잘못된 행위에 대한 책임을 지도록 하는 의식이 팽배하게 된다. 아동착취, 내부거래관행, 금융안전망미흡 등 글로벌화에 따른 기업의 활동반경이 커짐에 따라 동시에 이에 대한 책임도 동일하게 맡아 나갈것을 요구하는 시기이다. 이 시기는 앞서 언급된 세 가지 구분의 CSR을 포함하는 단계이며 가장 세련된 형태의 단계로 현재 우리가 직면하고 있는 단계이기도 하다. 기후변화, 사회책임투자, 세계화에 따른 빈곤문제해결 등 다양한 국제적 문제에 적극적으로 나서고 지속가능성(sustainability)에 대한 이슈를 환경·경제·사회 등의 여러 측면에서 균형있게 다루도록 하는 시도에 이르기까지, 다양하고 복잡한 문제를 다루는 단계에 이르렀다.[17] 또한 CSR이 기업시민의식으로 성장하는 단계에서는 과거 대기업 중심의 "여력이 있는 기업"이 자선 및 기부하는 행태에서 중소기업(SMEs: Small and Medium Enterprises)까지 확대되어 1인 리더 또는 최고경영자 중심의 CSR활동이 아니라, 기업단위에서 조직중심의 전략 및 실행이 이루어지는 글로벌기업 시민의식에 따라 기업경영활동이 이루어지는 단계까지 발전해 온 것이다.

이 시기 CSR기업전략은 국제적 표준에 따른 압력과 다양한 대·내외 이해관계자들의 요구사항에 대해 선택적이며 집중하는 전략을 수립하고 실행하는것으로 특징지어질 수 있다. 즉, 더욱 포괄적으로 그 적용범위가 넓어지고 다양해짐에 따라 지역 및 국제사회의 한 일원으로 기업경영활동을 하는데, 지엽적 이해관계자 및 적극적 참여와 국제적 이해관계자 및 전략적 참여가 차별화되어 실행되고 있다는 점이다. 특히, 이 과정에서 다양한 이해관계자와의 대화와 그 결과 및 이해관계자 요구가 기업전략의 한 부분으로 반영되도록 한다는 점이다. 이를 통해 기업의 경제적 목표와 사회적 목표가 동시에 반영된 경영전략을 수립, 실행하는 것이다.

2.5 CSR 인식전환-사회적 요구에 대한 적극적 대응

위에서 살펴본 바와 같이 CSR은 시대별로 다양한 의미와 개념으로 기업과 사회 간의 상호작용을 하면서 발전해 왔다. 1950년대에는 시기별로 빈부차와 국제적 이데올로기 간의 대결양상으로 부가 골고루 분배되지 못하던 시기였던 관계로 주로 대기업 중심의 소유주가 자선 및 기부 등을 해오던 시절이었다. 이 시기 CSR은 기업의 입장에서 보았을 때 사회에

17) McIntosh, M., Thomas, R., Leipziger, D. & Coleman, G.(2003), *Living Corporate Citizenship: Strategic Routes to Socially Responsible Business*. London: Prentice-Hall/Finantial Times.

베푼다는 것으로 기업경영과 별 연관성은 찾기가 쉽지 않았다. 1960년대에 들어서면서 사회가 다양해지고 발전함에 따라 이해관계자들의 요구가 증대하기 시작하고 이에 대한 기업차원의 대응이 필요하게 된다. 물론 여기서도 최고경영자의 인식 및 의식수준이 큰 영향을 미치는 요인으로 평가된다. 1970년대에 들어 기업의 활동범위와 기업 간 거래영역이 다국적으로 크게 확산되고 또 다양한 지역사회, 문화, 인종, 종교 등에 걸쳐 경영활동을 펼치면서 기업조직 내부적인 갈등 및 충돌이 발생하게 된다. 특히 기업내 인종 및 성별에 따른 갈등은 서구사회에 뿌리깊은 부분으로 이 부분이 표면으로 분출되면서 이러한 다양성을 수용하고 문제의 해결을 요구받게 된다. 1980년대에 들어서 개인차원이 아닌 기업조직 차원에서 다양한 기업문화와 사회적 이슈에 대한 적극적인 참여를 요구받게 된다.

이 시점에서 윤리헌장을 비롯해 다양한 조직내부의 경영관리문화가 변화하는 계기가 일어나게 된다. 이에 따라 CSR을 본격적으로 기업경영의 문제로 보기 시작하는 단계로 진입하게 되었으며, 최고경영자의 의식수준뿐만 아니라 기업전체 차원에서의 경영에 CSR이 크게 한 부분을 차지하면서 조직문화의 일부로 여겨지게 된다. 이후 1990년대 들어 기후변화문제를 비롯한 지속가능성 관련 환경·경제·사회분야 문제가 다양하게 이슈화되고 이에 대한 기업의 대응 또한 매우 복잡하고 쉽지않은 문제로 등장하였다.

이에 따라 기업들은 영향력이 높은 이해관계자 그룹을 구분하여 이들이 요구하는 사항가운데 우선적으로 대응해야 할 부분에 대한 고려를 반영하여 차별화된 대응을 하기 시작하고 있다. 이는 1960년대에서 70년대를 거치면서 나타났던 기업의 사회적 반응(Corporate Social Responsiveness)이 선제적 대응의 형태로 현 시점에서 새롭게 부각되고 있는 현상을 보이고 있다. 시기적 사회배경을 반영해 볼 때 과거 60~70년대에 사회적 요구가 폭발적으로 높아지고 다양했던 시점이 2000년대가 넘어서면서 다시 높아지고 있는 현상을 보이고 있는 것으로 판단된다. 특히 국제적인 금융위기 및 불안정으로 인해 미국을 비롯해 주요 유럽선진국들이 경제위기 및 침체를 경험하고 있고, 2010년 11월 현재 아일랜드의 부채가 위험수준을 넘어서 국가부도수준까지 가고있음에 경고등이 켜지고 있는 실정이다. 경제사회적 불안감이 높아지는 한편, 복지 및 사회적 갈등해소에 대한 요구도 동시에 높아지는 등 지구촌 다양한 이해관계자들의 요구가 기업들이 대응할 수 있는 수준을 넘어서는 단계까지 이르고 있는 실정이다. 그러다보니 기업들 또한 "차별화된 이해관계자그룹들의 요구"에 반응하는 수동적 입장에서 벗어나 기업경영의 이익과 CSR대응전략을 기업조직차원에서 선제적으로 개발·실행함으로써 한단계 발전된 수준의 CSR전략을 실행하고 있는 것으로 보인다(이에 대해서는 제9장 '기업의 사회적 대응관리'를 참조바람).

03 CSR의 접근방법에 대한 평가와 전망

블로우필드와 머래이(Michael Blowfield & Allan Murray)는 기업의 사회적 책임(CSR)을 [그림 6-2]에서 보는 바와 같이 '기업의 책임'(CR)이라는 주제로 다루고 있다. 이와 동일한 관점에서 웨인 비서(W. Visser)는 기존의 기업의 사회적 책임에 관한 이론과 실제가 기업의 사회에 대한 책임의 본질에서 벗어나 있다고 비판하고 이에 대한 시스템적 접근

그림 6-2 기업책임(CR)에 관한 논의의 전개과정

출처 : Blowfield, M. & Murray, A.(2014), *Corporate Responsibility*(3rd ed.), Oxford Univ. Press. p.43.

표 6-4 CSR의 단계

기업의 시대	CSR의 단계	운용 방법	핵심 구현 요소	주요 이해 관계자
탐욕의 시대	방어적 단계	필요에 따른 개입	투 자	주주, 정부, 임직원
자선의 시대	자선적 단계	기부	프로젝트	공동체
마케팅의 시대	홍보적 단계	PR	미디어	일반 대중
경영의 시대	전략적 단계	경영시스템	규 범	주주,NGOs/CSOs*
책임의 시대	총체적 단계 (Systemic)**	비즈니스 모델	제 품	규제자 & 고객

* NGOs: Non-Government Orhanization / CSOs : Civil Society Organizations
** 총체적(Systemic) CSR: Systemic CSR은 일부 전략을 바꾸는 전략적 CSR을 넘어서 전체적(holistic) 접근방식을 활용하여 조직전체에 영향을 주거나 사회전체에 변화를 가하는 변혁적 CSR이라는 의미에서 '총체적 CSR'로 번역했음. 웨인 비서지음. 김영기·이종재옮김(2014), 그동안의 CSR은 왜 실패했는가, KOSRI, p.30에서 재인용.

(Systemic CSR)이 필요하다고 주장한다.

21세기에 접어들면서 CSR은 이제 더 이상 기업의 경제적 성과를 창출하는데 필요한 하나의 장식품으로서의 위치에서 벗어나 기업경영의 가장 본질적인 과제로 다루어 져야하며 따라서 기업의 사회적 책임이라는 말보다는 '기업의 책임'이라는 용어가 보다 적합할 것이라고 비서는 주장한다. 이하에서는 비서의 논의에 따라 그간의 CSR에 관한 여러 접근방법들의 특징들을 정리하고 앞으로의 CSR의 전개방향에 대해 살펴보고자 한다.[18)]

비서는 자신의 연구결과와 60개국에 있는 CSR관련 기업들과 일한 경험을 바탕으로 기업의 사회적 책임활동이 탐욕, 자선, 마케팅, 경영, 책임의 시대를 거치면서 변화해 왔다고 결론짓고 있다.[19)] '시대'의 의미와 구분은 전반적인 문화 혹은 배경으로 이해될 수 있다.[20)] 각 시대는 방어적, 자선적, 홍보적, 전략적, 총체적 CSR단계로 각각 연결된다.

CSR의 다른 단계모델[21)]과 비슷하게(비록 한 번에 다양한 시대와 단계에서 중첩되어 활동한다고 할지라도) 기업은 위에서 제시한 시대의 단계를 연속적으로 거치면서 변화하는 것으로 생각할 수 있다. 그리고 이제는 다가오는 책임의 시대에서 기업들이 총체적 CSR단계로 이행하도록 유도해야 한다고 말한다(표 6-4 참조). 만약 기업이 여전히 처음 4단계 중 어딘가에 속

18) Wayne Visser지음, 김영기·이종재 옮김(2014), 그동안의 CSR은 왜 실패했는가, KOSRI, pp.29-57.
19) Visser, W.(2012), *The quest for sustainable business: an epic journey in search of corporate responsibity*, Greenleaf, Sheffield.
20) Visser, W.(2011), *The age of responsibility: CSR 2.0 and the new DNA of business*, John Wiley & Sons, London.
21) Zadek, S.(2004), The path to corporate responsibility, *Harvard Business Review* 82(12): 125-132.

해 있다면(비서의 표현에 따르면 CSR1.0), 우리가 당면한 환경적, 사회적, 윤리적 위기를 극복할 수 없을 뿐더러 CSR은 계속 실패할 것이라 단언한다.

3.1 방어적 CSR

탐욕은 항상 우리 곁에 있어 왔지만 탐욕의 시대는 시카고 상품거래소(CME)[22]에서 파생금융상품이 처음 거래된 1972년부터 시작되었다고 볼 수 있다. 이는 금융규제완화와 '카지노 경제(casino economy)'의 성장이 시작되었음을 의미한다. 그러나 이는 결국 2008년 글로벌 금융위기로 인해 거품의 붕괴로 이어졌다.[23]

탐욕의 시대는 '클수록 좋다'는 사상과, 시장이 사회전체의 이익에 부합하게 움직인다는 '보이지 않는 손' 이데올로기로 특징지을 수 있다. 하지만 실질적으로 월 스트리트(Wall Street)의 이익과 트레이더(trader)들에게 주어지는 보너스같은 시장의 보상들은 사악한 것들이었다. 몇몇 투기꾼들의 손에 말도 안 되는 부를 안겨줬을뿐 아니라, 결국 글로벌 금융시장에 재앙을 초래하는 결과를 가져왔다. 탐욕의 거품은 결국 리먼브라더스(Lehman Brothers)가 무너진 2008년 정점에 도달했지만, 규제되지않은 시장과 경영진의 탐욕이 어떤 결과를 가져오는지 알려 준 것은 바로 2001년 엔론(Enron)의 파산이었다.[24]

2000년 당시만 해도 엔론은 1,110억 달러의 매출을 기록하며 2만 명이 넘는 직원을 두고 있었다. 경제전문지 ≪포춘(Fortune)≫은 1996년부터 2001년까지 6년 연속으로 엔론을 가리켜 '미국에서 가장 혁신적인 기업'이라고 칭송했고, 2000년에는 신뢰할 수 있는 CSR프로그램을 보유한 '미국에서 가장 일하기 좋은 100대 기업' 가운데 하나로 엔론을 선정했다.

하지만 탐욕에서 비롯된 '회계부정'이 밝혀지자 엔론의 주식가격은 2001년 불과 10개월만에 90달러에서 몇 센트 수준으로 급락했고 결국 12월에 엔론은 파산에 이르렀다.

엔론이 붕괴되는 와중에도 탐욕은 끊임없이 이어졌다. 실제로 2001년에 경영진들은 5,500만 달러의 보너스를 받았다. 반면 직원들의 평균 퇴직금은 4만 5,000달러 수준에 불과했다. 직원들

---

22) 시카고 상품거래소(CME, Chicago Mercantile Exchange) : 미국 시카고에서 열리는 세계적인 상품 및 선물 거래시장. 회원제의 비영리 특수법인으로 1848년에 상인 83명이 주축이 돼 창립됐다. 미국에서 가장 오래되고, 거래량이 많은 선물거래소이다. 초창기에는 곡물거래를 주로 취급했으나 1970년대 후반부터 종합상품 거래소로 변모했다.

23) Visser, W.(2010), CSR 2.0: from the age of greed to the age of responsibility, In: Sun W et al(eds) *Reframing corporate social responsibility: lessons from the global financial crisis*. Bingley, Emerald

24) Visser, W.(2010), *Ibid*.

은 12억 달러의 연금을, 퇴직자들은 20억 달러의 연금을 잃었다. 그러나 경영진들은 주식을 팔아 1억 1,600만 달러를 챙겼다. 또 회계부정을 공모한 회계법인 앤더슨(Anderson)이 망하면서 8만 5,000명이 일자리를 잃었다. 6년여에 걸친 집단소송끝에 150만 명의 엔론주주들은 주당 6.79달러를 지급받게 되었다. 이 돈은 엔론의 사기행위를 방조하고 도왔다는 혐의로 주주들이 엔론의 거래은행들을 상대로 제기한 추가적 집단소송에 따라 72억 달러의 보상기금을 마련해 지불됐다.[25)]

이런 재앙에도 불구하고, 리먼브라더스 사태는 우리가 엔론의 종말로부터 얻은 교훈이 없다는 사실을 보여준다. 이미 2006년 6월 리먼브라더스 임원 중 한 명이 리먼 분석가들에게 "미국 부동산 시장은 마치 스테로이드(steroid)를 투여한 운동선수와 같다. 원래는 없었던 근육들이 스테로이드의 투입으로 일시적으로 생겨났다"라고 경고한 바가 있었다. '미국 부동산 시장은 실제 돈이 아닌 가상의 돈, 실제 가격이 아닌 부풀려진 집값, 그리고 현실에서 있을 수 없는 부동산 담보대출에 기반한 것'이었다는 이야기이다.[26)]

이런 경고에도 불구하고 리먼브라더스는 내부 직원인 래리 맥도날드(Larry Macdonald)가 '1920년대 이래 최대의 소비자 대출 횡재 가운데 하나'라고 불렀던 허상을 계속 쫓았고, 결국 '거짓경제위에 세워진 미국'을 낳았다. 이 모든 공짜돈은 우주의 자연법칙을 거스르는 것이었다. 이 과정에서 스스로에게 보상을 주기위해 월 스트리트는 전체 비금융권 직장인의 평균 월급보다 250퍼센트나 많은 보너스를 지급했고, 2003년 이후 파생상품덕에 총 보상금은 약 50퍼센트나 증가했다.

158년의 역사를 가진 기업이 6,600억 달러의 빚으로 2008년 9월 15일에 파산신청을 했을 때 월 스트리트 금융가와 실물경제, 글로벌 경제의 대부분이 나락으로 떨어졌다. 국제통화기금(IMF, International Monetary Fund)의 추정에 따르면 글로벌 금융위기가 있고 나서 이를 정리하는 데 든 금융비용은 2009년 8월 기준으로 11조 달러에 이른다. 이 비용은 궁극적으로 국민에게 세금부담으로 전가된다. 베터 마켓[27)]의 최신 연구에 따르면, 리먼브라더스 붕괴 이후 미국경제에서 12조 8,000억 달러가 증발했다고 한다.

---

25) Visser, W. and CPSL(2009), *Landmarks for sustainability: events and initiatives that have changed our world*, Greenleaf Publishing, Sheffield.

26) McDonald, L.(2009), *A colossal failure of commom sense: The incredible Inside story of the collapse of Lehman brothers*, Grown Business, New York

27) 베터 마켓(Better Markets) : 금융시스템의 개혁과 강화를 위해 공식적인 목소리를 내는 기관. 비영리기관이며 편파적이지 않은 독립적 기관으로 미국 월 스트리트 금융가의 감시자 역할을 하고 있다. 대공황 등 경제위기를 초래한 월 스트리트의 위험한 투자를 반성하고, 거대은행들이 그들의 방식대로 하지 못하도록 강력한 금융개혁을 통해 투자자를 보호하고 경제의 투명성, 책임, 감독을 보장하는 역할을 하고 있다.

국제노동기구(ILO, International Labour Organization)와 경제협력개발기구(OCED, Organisation for Economic Cooperation and Development)의 보고서는 2008년 금융위기 발발 이후 G20 국가에서 총 2,100만 개의 일자리가 사라졌다고 밝히고 있다.

여기에서 주목해야 할 점은 리먼브라더스 조차도 CSR활동에 앞장섰다는 것이다. 리먼브라더스는 CSR연례 보고서를 발행했고 2007년에는 주주들에게도 다음과 같이 선언했다.

"강력한 기업시민의식은 우리문화의 핵심요소이다. 우리는 인적자본, 글로벌수준의 네트워크, 재무적 힘을 통해 현재의 중요한 사회이슈를 해결하는 데 도움을 주고 있다."

리먼브라더스는 사회적 책임 비즈니스 영역에서 활약해 온 전문가를 지속가능성 글로벌 책임자 및 기후변화위원회[28] 대표로 영입하기도 했다. 특이하게도 리먼브라더스는 파산한 해인 2008년 런던 이스트엔드(East End)에 있는 중학교에서 10년 동안 멘토링 프로젝트를 진행한 공로를 인정받아 CSR 어워드(award)를 수상하기도 했다.

그러므로 탐욕의 시대는 '방어적 CSR'로 규정된다. 이는 결과적으로 주주가치보호를 보여 줄 때에만 모든 기업의 지속가능성과 책임실천이 가능하다는 뜻이다. 이렇게 보면 직원의 동기부여와 헌신, 생산성 등에 효과가 있다는 임직원 자원봉사프로그램이 이들 기업에서는 그리 특별한 것이 아니다. 또 오염물질통제와 같은 방어적인 지출조차도 규제를 피하거나 벌금과 벌칙을 회피하는 수단으로서 정당화되었다는 사실도 방어적 CSR의 일면을 보여주는 것이다.

하지만 인간을 죽음에 이르게 하는 암세포와 마찬가지로 탐욕의 세포도 그것이 생존하는 주변환경이 중요하다. 환경이 세포의 성장 또는 쇠퇴를 좌지우지할 수 있기 때문이다. 인간의 삶 속에서 어느 정도의 이기심은 자연스러운 것이다. 그러나 이기심이 갖고있는 파괴적인 특징을 지속적으로 관리하기 위해서는 기준과 규칙, 문화적인 금기를 활용해야 한다.

탐욕은 소수의 악덕 트레이더나 돈에 굶주린 은행만의 전유물이 아니다. 우리 모두가 탐욕의 그물에 잡혀 있었다. 실제로 글로벌 금융시장의 파멸은 다단계현상이었다. 이 안에는 경영진의 탐욕, 은행의 탐욕, 금융시장의 탐욕, 기업의 탐욕, 그리고 궁극적으로 자본주의 체제에 내재되이있는 딤욕이 읽혀있다는 의미이다.

28) 기후변화위원회(the Council on Climate Change) : 기후변화퇴치와 대응방안에 대해 영국정부에 자문하는 독립기구. 위원회는 영국의 탄소예산에 대해 조언하고, 온실가스 배출감축의 과정을 국회와 의회에 정기적으로 보고하고 있다.

3.2 자선적 CSR

자선은 탐욕과 마찬가지로 인류만큼이나 오랜 역사를 가지고 있다. 우리는 전 세계의 주요 종교에서 자선, 특히 부자들의 자선에 대한 다양한 개념을 찾을 수 있다. 이슬람교의 '자카트(zakat : 자발적으로 재산을 사회에 헌납하는 것)', 유교의 '호혜주의', 기독교의 '황금률', 힌두교의 '마차의 수레바퀴(wheels of the chariot : 부는 한 사람에서 다른 사람으로 전해지면서 발전한다)' 등의 철학을 예로 들 수 있다. 종교뿐만 아니라 모든 문화에서도 연대와 공유의 가치가 발견된다.

라틴 아메리카에는 빈곤을 줄이기 위한 자선활동인 아시스텐시알리스모(asistencialismo)가 있다. 또 남아프리카에는 우분투(Ubuntu)라는 것이 있는데, 이는 '사람은 다른 사람을 통해 존재한다'는 집단주의 개념에 기반을 둔 인도주의의 실천방식이다.

이렇게 오래되고 다양한 근원에도 불구하고 기업의 자선은 코넬리어스 밴더빌트(Cornelius Vanderbilt)나 앤드류 카네기(Andrew Carnegie)같은 19세기 미국의 철강 및 철도산업 거부들의 자선활동에서 현대적인 특성을 발견할 수 있다. 밴더빌트는 당시로서는 미국 역사상 최대 금액인 100만 달러를 기부해 밴더빌트 대학을 설립했다. 밴더빌트만큼 부유하면서 자선에 열성적이었던 카네기는 자신의 저서 부의 복음(The Gospel of Wealth)을 통해 자신의 인생철학을 세 가지로 요약했는데, 그것은 "첫째, 인생의 첫 3분의 1은 할 수 있는 한 많이 배운다. 둘째, 그 다음 3분의 1은 할 수 있는 한 많은 돈을 번다. 셋째, 마지막 3분의 1은 이렇게 번 돈을 모두 대의를 위해 쓴다"라는 것이다.

자선활동의 또 다른 상징적 인물로 록펠러(John D. Rockefeller)가 있다. 그는 석유로 자산을 축적하여 평생동안 5억 4,000만 달러를 기부했다. 1937년 98세로 사망했을 때 그에게 남은 토지자산은 '고작' 2,600만 달러였다. 록펠러의 개인적인 기부보다 더욱 의미있는 것은, 그가 자선적 전통을 자신의 가족들에게도 심어 주었다는 것이다. 아들인 주니어(Junior)는 일생동안 5억 3,700만 달러 이상을 기부했고, 2004년 록펠러 아카이브 센터(Rockefeller Archive Center)에서 발간한 보고서를 보면 록펠러 가문이 현재까지 설립했거나 기부한 72개 주요기관의 명단이 실려있다.

밴더빌트와 카네기, 록펠러가 세운 전통을 현대에도 이어가고 있는 대표적 부호로는 빌 게이츠(Bill Gates)와 워런 버핏(Warren Buffett)이 있다. 마이크로소프트(Microsoft)의 창업자 게이츠는 경제전문지 《포브스(Forbes)》가 선정하는 세계 부자순위에서 1995부터 2007년까지 줄곧 1위를 차지했으며 2012년 기준으로 순 자산이 610억 달러에 달한다. 2000년에 빌 앤드 멜린다 게이츠 재단(Bill and Melinda Gates Foundation)을 설립한 그는 2007년 재단의 자산을 무려 300억 달러까지 늘려 지지자들과 비판자들 모두를 놀라게 만들었다. 투자계의 거물로 불리는 버핏이 개인 재산의 80퍼센트 이상을 게이츠 재단에 기부하면서 재단의 자산을 2배로 증가시킨 것이다. 록펠러와 카네기의 정신을 이어받은 게이츠는 자신이 가진 부의 95퍼센트를 기부하겠다고 발표했으며, 워런 버핏은 '무언가 하기에는 충분하지만 아무것도 하지않고 살기에는 부족한' 정도의 유산만 자식들에게 남기겠다는 계획을 발표하기도 했다.

대중들의 시선을 사로잡은 또 다른 개인 자선가로는 CNN(Cable News Network)의 설립자 테드 터너(Ted Turnner), 헝가리 출신인 월 스트리트의 거물 투자자 조지 소로스(George Soros), 그리고 영국의 기업가이자 버진(Virgin)항공의 창업자인 리처드 브랜슨(Richard Branson)이 있다. 또, 서구에는 덜 알려져 있지만 이들 못지않은 인물로는 두바이의 지도자인 셰이크 모하메드 빈 라시드 알 막툼(Sheikh Mohammed bin Rashid al-Maktoum), 그리고 세계최대의 컨테이너 터미널을 비롯해 여러 사업체를 운형하고 있는 아시아의 대표적인 거부인 리카 싱(Li Ka Shing) 등이 있다.

이들을 비롯한 많은 사람들이 전형적인 록펠러유형의 자선가들이다. 이런 유형의 인물들이 가진 특징은, 첫째, 개인이 축적한 부를 자신의 이름을 딴 재단을 통해 기부하고, 둘째, 유언을 통해 기부를 공개적으로 발표하며, 셋째, 윤리적인 부의 축적보다는 부를 축적한 이후의 자선에 대해 강조를 했다는 것이다.

개인차원의 자선이 불러온 자연스러운 결과로 1800년대 말 서구에서는 기관에 의한 자선이 등장했다. 기업경영자의 개인재산이 아닌 기업의 이익을 직접 자선하는 방식이다. 기업자선은 제2차 세계대전 이후 자선활동이 활발해지면서 점차 전문화되어 별도의 재단을 설립해 제도적으로 기부를 하는 방식으로 발전했다.

실제로 2012년 미국의 상위 50개 기업재단의 자산규모를 개별적으로 보면 최소 1,500만 달러에서 최고 3억 9,200만 달러에 달한다. 또한 이들 재단의 자산을 모두 합하면 23억 달러 규모에 이른다. 하지만 이는 빌 앤드 멜린다 게이츠 재단에 비하면 상당히 적은 규모이다. 전 세계 사회공헌선두기업 CEO들의 포럼인 기업사회공헌촉진위원회(CECP)[29)]가

29) 기업사회공헌촉진위원회(CECP, The Committe Encouraging Corporate Philanthropy) : 기업자선의 양적증대에 관심있는 비즈니스 리더들의 국제포럼. 180명 이상의 글로벌 CEO와 회장들이 회원으로 가입했다. 이들의 기부는 미국기업 자선의 40% 이상을 차지하고 있다. CECP는 회원기업들에게 기업자선전문가를 위한 네트워킹, 최신연구자료 등 서비스를 제공하고 있다.

'포춘 500대 기업'의 상위 100개 중 62개 기업을 포함한 총 214개 미국기업으로부터 데이터를 수집하여 분석한 결과도 2011년 기업기부는 약 200억 달러라고 발표했다. 기빙USA(Giving USA)에 따르면 2011년 미국전체기부의 단 5퍼센트만을 기업기부가 차지했다고 볼 수 있다. 이를 보면 기업재단의 자선규모가 개인차원의 자선에 비하여 상대적으로 미미함을 알 수 있다.

록펠러와 게이츠사례는 자선의 시대를 잘 보여주는 예시이다. 자선에 대한 그들의 시각이 오늘날 기업에도 널리 퍼져있는 자선적 태도의 대부분을 반영하고 있기 때문이다. 자선적 CSR시대의 핵심은 '사회에 환원한다'는 개념이다. 흥미롭게도 이 개념은 '먼저 무언가를 가지는 것'을 전제로 한다. 자선적 CSR은 성공을 이룬 방식과는 상관없이 성공의 열매를 공유하는 원칙이다. 부를 축적한 후의 자선을 말하는 것이므로, 우선은 많은 돈을 벌고 난뒤 유산을 남기는 방법으로 그 돈을 어떻게 잘 분배할 것인가 고민하고 실행하는 것이다.

이런 태도가 만연해 있음에도 불구하고 포터와 크래머(Porter and Kramer 2002)는 자선이나 박애[30]활동이 경쟁력과 연결될 수 있다는 점을 주장하면서 자선적 CSR을 옹호했다. "물론 세간의 주목을 받는 스폰서십을 통해 기업의 이미지를 제고하면서 자선을 PR이나 광고의 일환으로 활용하는 경우가 많아지고 있다"라고 인정하면서 "그러나 자선을 보다 전략적인 방식으로 생각할 수 있다. 기업은 자선활동을 통해 해당지역의 사업환경을 개선하여 경쟁력을 높일 수 있다. 경쟁력강화라는 맥락에서 자선을 활용하면 사회적 목표와 경제적 목표를 일치시키고 기업의 장기적 사업전망을 개선할 수 있다. 이를 통해 기업은 기부를 할 수 있을 뿐 아니라 나아가 기업의 역량을 키우고 지역사회와의 유대관계를 공고히 할 수 있다"라고 주장했다.

3.3 홍보적 CSR

지속적으로 이루어지는 여러 연구들은 CSR을 강력한 마케팅 동력으로 지목하고 있다. 액센추어(Accenture)와 UN 글로벌 콤팩트(UNGC)[31]가 2010년 발표한 'CEO조사'결과

30) 자선(charity)과 박애(philanthropy) : '자선'과 '박애'는 통념적으로 유사하게 해석될 수 있지만 사회공헌활동 관점에서 보면 차이가 있다. '자선'은 개인적 이타심에 근원을 둔 일대일(1대1) 기부양상을 띠는 반면 '박애'는 인류의 삶의 질 향상을 도모하기 때문에 조직적, 전략적인 특성을 띤다. '자선'과 구분되는 '박애'의 특성이 부각되면서 기업의 경영기법을 적극적으로 도입해 좋은 성과를 거두는 비영리기관들도 등장했다.

31) UN 글로벌 콤팩트(UNGC, UN Global Compact) : 국제연합(UN)과 기업 간 협력을 통해 UN이 추진하고 있는 지속균형발전에 기업들의 동참을 장려하고 국제사회 윤리와 국제환경을 개선하고자 발의한 UN산하 전문

에 따르면, 72퍼센트의 CEO들이 지속가능 경영활동을 하는 주된동인으로 브랜드와 신뢰, 평판을 꼽았다. 다른 연구들도 비슷한 결과를 보여 주었다. 지속가능성 활동과 관련된 조직의 가장 큰 이익은 '기업 혹은 브랜드 이미지 제고'라고 답했다.

브랜드와 평판의 이점은 기업이 '홍보적 CSR'에 집착하는 경향이 있다는 것이다. 이렇게 되면 기업은 책임의 이미지를 만드는 데 있어서 마케팅을 활용하고 있지만 그 이면의 부정적인 면을 바꿀 수는 없다. 이런 관점에서 보면 담배산업이 마케팅 주도 기만전술의 대가이다. 흡연이 건강에 해롭다는 연구결과가 수십 년 동안 축적되어 왔지만[32] 담배산업은 이를 기만하는 캠페인을 지속적으로 후원해 왔다. 이러한 기만은 1994년 정점에 달했다. 미국 7대 담배회사의 경영자들이 '하원의료 및 환경소위원회(House Subcommittee on Health and the Environment of Congress)'에서 담배에는 중독성이 없다고 증언했다. 증인선서를 하고도 거짓말을 한 것이다.

그로부터 2년 뒤 연예정보잡지 《베니티 페어(Vanity Fair)》에는 '너무 많이 알고 있는 남자(The Man Who Knew Too Much)'라는 제목의 특별기사 한 편이 실렸다. 담배회사의 화학자로서 시사 프로그램인 〈60분(60 Minutes)〉에 출연해 '일곱 난쟁이'라고 별명을 붙인 CEO들과 담배산업이 행한 기만 및 속임수에 대해 털어놓을 계획을 갖고 있던 제프리 위건드(Jeffrey Wigand)의 실화를 소개한 기사였다. 위건드의 이야기는 1996년 러셀 크로우(Russell Crowe) 주연의 〈인사이더(Insider)〉라는 영화로도 만들어졌다.

이런 움직임과 세계보건기구(WHO, World Health Organization)가 추진한 금연 캠페인의 결과로 담배회사들은 잃어버린 신뢰를 되찾고 더 책임있는 모습을 보이기 위해 CSR을 활용하는 등 안간힘을 써왔다. 그리고 일부 성과를 거두기도 했다. 예를 들어, 브리티시 아메리칸 토바코(BAT, British American Tobacco)는 광범위한 이해관계자 협의에 적극적으로 참여하여 2001년 이후로 40개 이상의 지역에서 BAT지점들이 CSR보고서를 발간해 오고 있다. 이에 힘입어 UN환경프로그램, 프라이스워터하우스 쿠퍼스(PwC, Pricewaterhouse-Coopers), 영국공인회계사협회(ACCA, Association of Chartered Certified Accountants) 등 다양한 국제기구로부터 사회책임활동관련 상을 받았다. 또 다우존스 지속

기구. UN이 세계의 대기업에 세계경제의 국제화에 동반되는 여러 문제에 적극적으로 대처할 것을 호소한 선언적 맹약이다.

32) 세계보건기구(WHO)는 "담배만큼 사람을 죽이는 소비재는 없다. 담배는 에이즈, 합법적 약물, 교통사고, 살인, 자살로 인한 죽음을 모두 합친 것보다 더 많은 사람의 목숨을 앗아간다"라고 발표했다. 그리고 현재 생존하고 있는 인류 중 5억 명이 흡연으로 사망할 것이라는 분석과 함께 20세기에는 흡연으로 1억 명이 죽었지만 21세기에는 그 10배에 해당하는 10억 명 이상이 죽을 수 있다는 암울한 전망을 하고 있다.

가능 경영지수[33], FTSE 지수(FTSE Ethical Bonus Index), BITC 기업책임지수[34]로부터 우수기업으로 선정되기도 했다.

PR 메시지와 실제행동 간의 괴리로 인해 비난을 받는 경우도 적지 않다. 특히 환경문제와 연관되어 있는 석유산업의 경우가 그러하다. 대표적으로 브리티시 피트롤리움(BP, British Petroleum)을 들 수 있는데, BP는 1990년대 CEO 존 브라운(John Browne)의 주도로 환경이슈에 대해 적극적인 행동을 취했음에도 불구하고, 2000년 '석유를 넘어서(Beyond Petroleum)'라는 광고문구로 브랜드 이미지를 바꾸는 실수를 범했다. BP는 새로운 헬리오스(Helios) 브랜드조사에 700만 달러, 브랜드변화를 지원하기 위한 캠페인에 2,500만 달러를 투자했다. 이에 대해 환경단체인 그린피스(Greenpeace)는 "이는 형식이 실체에 승리한 전형적인 사례이다. BP는 지난해 재생에너지에 투자한 돈보다 올해 자사 로고홍보에 훨씬 많은 돈을 쏟아부었다"라고 힐난했다.

《석유제국의 독재자들(The Tyranny of Oil)》의 저자인 안토니아 후하스(Antonia Juhasz) 또한 BP의 행보에 의혹을 제기했다. 그는 BP가 환경보호노력이 절정을 이루던 시기에 사용된 신재생에너지 투자금액은 전체 자원탐사예산 가운데 겨우 4퍼센트 수준에 불과했으며, 이후 그 금액조차도 계속 감소하고 있다고 지적했다. 사실 BP의 환경분야실적은 기업로고 변경 이후로 매우 저조했다. 2010년 멕시코 만(Gulf of Mexico)에서 발생한 석유유출사고가 대표적 예로, BP는 손해배상을 위해 380억 달러를 별도로 챙겨 두었다. 이외에도 BP는 캐나다 앨버타(Alberta) 지역에서 고탄소 함량 타르 샌드(tar sand : 오일 샌드)의 석유를 채굴하는 데 투입된 엄청난 규모의 투자와 나이지리아에서 석유를 채굴하는 데 투입된 엄청난 규모의 투자와 나이지리아에서 석유채굴시 발생시킨 환경문제로 끊임없이 비판을 받고 있다.

환경성과에 대한 '마케팅 대 현실'의 차이를 '그린워시(greenwash)'라고 한다. 그린워시

---

33) 다우존스 지속가능 경영지수(Dow Jones Sustainability Index) : 기업의 규모뿐 아니라 환경 친화성과 노사관계, 인권, 남녀평등 등 다양한 사회적 가치를 감안해 전 세계 대표적 기업들의 비중을 조절한 뒤 일정한 포트폴리오를 구성해 만든 투자지수. 기업을 단순히 재무적 정보로 파악하는 데 그치지 않고 지배구조, 사회공헌도 등을 토대로 지속가능 경영수준을 평가해 우량기업을 선정한다. 이 지수는 2005년 12월31일을 시작으로 삼고 있으며 기준지수는 1000포인트이다.

34) 기업책임지수(BITC Corporate Responsibility Index) : 영국 최대의 사회적 기업컨설팅 전문비영리기구 '지역사회 속의 커뮤니티(BITC, Business in the Community)'가 커뮤니티, 환경, 시장, 직장 등 4개 영역으로 나눠 기업의 사회책임 전략이 어떻게 실천되고 있는지를 평가한다. 1982년 찰스(Charles) 왕세자를 중심으로 조직됐으며 런던의 본부와 11개 지역 사무소를 두고 있다. 기업들은 이 인덱스에 참가하는 것만으로도 영광으로 여긴다.

는 환경보호론자인 데이비드 벨라미(David Bellamy)가 1980년대에 처음 사용한 단어이다. 본질적인 문제를 가리기 위해 덧칠을 한다는 의미인 '화이트워시(whitewash)'에서 가져온 개념이다. 옥스퍼드 영어사전(Oxford English Dictionary)은 1999년 이 용어를 추가하면서 "특정기업이 환경적으로 책임있는 기업이라는 이미지를 만들기 위해 조직이 유포한 허위정보, 즉 조직이 환경적 책임 이미지를 구축하기위해 유포했으나 실제로는 근거가 없고 고의적으로 오도하는 것으로 인식되는 대중적 이미지"라고 정의했다.

그린워시를 하는 기업은 BP만이 아니다. 석유산업에서의 또 다른 대표적 예시로는 쉘(shell)의 광고가 있는데, 이 광고에는 굴뚝에서 꽃이 나오는 그림과 함께 "우리는 폐이산화탄소를 이용해 꽃을 재배합니다"라는 문구가 적혀있다. 이런 주장에는 극히 일부분의 사실도 들어있다. 실제로 네덜란드에서 이산화탄소를 이용해 온실에서 꽃을 재배하기도 했던 것이다. 그러나 쉘이 실제 사용한 이산화탄소는 배출량의 0.325퍼센트에 불과했다. 결국 영국 광고표준국(ASA, Advertising Standards Authority)이 해당 광고를 금지시켰다.

그린워시가 늘어나자 ASA는 1995년 영국 광고자율심의위원회(CAP)[35]규약에 환경관련 광고문구에 대한 조항을 추가했다. 그리고 1998년에는 구속력이 없는 '그린 클레임 규약(Green Claims Code)'을 발표해 광고주들에게 적합한 광고문구작성방법을 안내하고 있다. 유럽연합(EU, European Union) 또한 CSR정책에 그린워시에 대한 조항을 포함시켰다. 이 조항은 다음과 같다. "2012년부터 기업들은 불공정한 상업행위법령(Unfair Commercial Practices Directive 18)을 적용한 보고서에 제품의 환경적 영향력과 연관되어 있는 잘못된 마케팅 이슈를 포함하고, 해당 이슈에 대한 구체적 방안이 필요한지 여부를 고려한다."

물론, 이런 종류의 홍보 중심적 CSR이 환경문제에만 적용되는 것은 아니다. UN 글로벌 콤팩트가 출범한 이후 기업들은 이른바 '블루워시(bluewash)'를 시작했다. 블루워시는 UN로고의 파란색을 지칭하는 것으로, UN과의 연관성을 드러내 실제보다 더 책임있는 기업이라는 이미지를 만들려는 전략이다. 앞으로는 아직 등장하지 않은 용어이지만, 기업들이 사회에 미치는 부정적인 영향을 감추고 사회, 공동체, 노동측면에서 책임있는 기업이라는 이미지를 주기위해 '레드워시(redwash)'를 사용할지도 모른다.

35) 광고자율심의위원회(CAP, Committee of Advertising Practice) : 광고 및 판매촉진법을 제안하고 시행하는 책임을 지고 있는 기관이다. 2003년 영국의 통신법 2003((the Communications Act 2003)에 따라 설립되었다. 통신법 2003은 방송만의 독립적 존재가 아니라 '커뮤니케이션'이라는 포괄적인 개념 아래 통신과의 중첩관계로 보고 소유에 대한 규제를 더 완화했다.

3.4 전략적 CSR

경영의 시대에 떠오른 전략적 CSR은 CSR활동을 기업의 핵심 비즈니스와 연결시킨다는 것이다. 주로 종종 CSR규범준수와 사회적, 환경적 경영시스템 실천을 통해 이루어지는데, 이 과정은 CSR정책개발, 목적 및 목표설정, 프로그램실행, 감시 및 보고의 순으로 진행된다. 전략적 CSR의 역사는 빅토리아 시대(Victorian times)에 발생했던 산업복지를 '직원들의 복지를 가장 먼저 생각하는 것'으로 표현했다.

사실 캐드버리는 경영의 시대를 대표하는 기업으로 전략적 CSR실천이 시간에 따라 어떻게 나타났는지 보여준다.[36] 캐드버리 형제는 가장 진보적인 경영관행을 많이 도입한 기업가로 평가받고 있다. 그 가운데 하나는 1879년 산업도시인 버밍엄(Birmingham)에서 시골인 본빌(Bourneville)로 공장을 이전해 '정원에 지어진 공장'을 조성한 것이다. 근무조건 역시 혁신적이었다. 캐드버리는 영국에서는 처음으로 주5.5일 근무제를 도입했다. 또 의료 및 치과시설을 제공하고 연금제도를 도입했으며 은행휴무일에는 공장도 쉬게 했다.

이런 진보적인 활동과 업적에서 짐작할 수 있겠지만, 캐드버리는 공정무역과 공급사슬 윤리문제들을 해결하는데 있어서도 중요한 역할을 했다. 캐드버리 형제는 일찍이 1905년부터 열악한 노동환경을 이유로 들어 상투메(Sao Tome : 아프리카 중서부에 위치한 인구 18만여 명의 작은 국가)로부터 코코아 수입을 중단했다. 이는 결과적으로 가나(Ghana)의 코코아 산업형성에 도움을 주었다. 이로부터 100년 후 캐드버리는 사상처음으로 공정무역라벨이 부착된 초콜릿 제품을 출시한다. 이는 가나와 코트디부아르(Cote d'lvoire)에서 아동노동척결문제를 다뤄 온 캐드버리 코코아 파트너십, 지속가능한 팜오일 협의회(RSPO),[37] 국제 코코아활동기구(ICI),[38] BSCI[39] 등 캐드버리의 책임있는 공급사슬관리노력을 집대성한 결과이다.

미국의 거대 식품업체인 크래프트(Kraft)에 인수되기전까지 캐드버리는 환경, 보건, 안전에

36) Visser, W.(2011), *Op.cit.*

37) 지속가능한 팜오일협의회(RSPO, Roundtable on Sustainable Palm Oil) : 2004년 신뢰할만한 국제표준과 이해관계자들의 참여를 통해 지속가능한 팜 오일의 생산과 사용을 증진하기 위해 설립되었다. 협회는 스위스 취리히(Zurich)에 있으며, 2012년 기준으로 50개국에 1,000명 이상의 회원들이 가입했다.

38) 국제 코코아활동기구(ICI, International Cocoa Initiative) : 코코아기업, 노동조합, NGO등 다양한 이해관계자들의 파트너십이다. 코코아 콩을 생산하고 가공하는 과정에서 아동노동 혹은 강제노동이 발생하지 않도록 감독하는 미션을 가지고 있다.

39) BSCI(Better Sugar Cane Initiative) : 지속가능한 농업에 기반을 둔 글로벌 인증 프로그램. 사탕수수소매업자, 거래자, 생산자, NGO들의 협력으로 지속가능한 사탕수수를 공급, 거래하는데 기여하고 있다. 지역별 구체적인 전략과 수단에 근거한 원칙과 기준을 만들어 사탕수수 공급과정에 적용하고 있다.

서부터 마케팅, 윤리, 이해관계자 참여 등에 이르기까지 CSR의 다양한 관점을 포괄하는 19개의 기업정책을 실시하고 있었다. 이같은 내부적인 노력뿐 아니라 CSR실천을 외부에 공개적으로 선언하고, 코톨드협약,[40] 폐기물자원실천프로그램(WRAP),[41] UN밀레니엄개발목표(MDGs, Millenium Development Goals), 그리고 UN글로벌 콤팩트 등에도 적극적으로 참여했다.

캐드버리는 다른 다국적 기업들처럼 전략적 CSR의 흐름을 따라갔고, 1990년대 이후로 제정된 ISO 14001, OHSAS 18001,[42] SA8000,[43] 산림관리협의회(FSC),[44] 공정무역 및 윤리공정이니셔티브[45] 등의 각종 CSR규범과 표준을 충실히 이행했다. 사실 지난 10년동안, 지속가능성과 책임에 대한 규범들은 모든 주요산업에서 번창했다.

하지만 전략적 CSR은 규범과 기준을 도입하는 수준을 넘어 기업경영에 영향이 큰 이슈를 해결하는 CSR이니셔티브(initiative)에 초점을 둔다. 포터와 크래머에 따르면, "전략적 CSR은 가치사슬에 끼치는 나쁜 영향을 경감하는 행위나 훌륭한 기업시민의식에 머물지 않고 기업의 사회적, 경제적 이익을 확대하고 차별화하는 몇 가지 이니셔티브를 이행하는 것"이다. 그들은 "CSR이 제대로 이행되는지 판단하는 기준은 그 명분이 가치가 있느냐가

40) 코톨드협약(Courtauld Agreement) : 자원의 효율성을 개선하고 영국의 식료품부문에서 낭비를 줄이기 위한 자발적 협약. '폐기물제로경제', '온실가스배출감축' 등의 목표를 제시하고 있다. WRAP가 협약주도했으며 선도적인 소매업체, 브랜드 소유자, 제조업체 및 공급업체가 두루 참여하고 있다. 2005년 시작됐으며 현재 3단계에 진입했다.

41) 폐기물자원실천프로그램(WRAP : Waste and Resources Action Programme) : 사람들이 좀 더 효과적으로 음식재료를 사용하고, 자주 재활용에 동참할 수 있도록 음식물 낭비와 관련한 심각한 사실들을 널리 알리고 있다.

42) OHSAS 180001 : 안전부문 국제표준경영체계 통합인증이다. 품질(ISO 9001), 환경(ISO14001)과 함께 3대 인증으로 알려져 있다. 기업이 산업재해 예방과 쾌적한 작업환경조성을 목적으로 모든 조직원 및 이해관계자를 참여시켜 조직원의 안전 및 보건을 유지, 증진토록 한다. 이를 달성하기 위해 조직, 책임, 절차를 규정하고 조직 내 물적, 인적자원을 효율적으로 배분해 조직적으로 관리하는 경영시스템에 대해 인증이 진행된다.

43) SA8000 : 인권향상을 위한 비영리 국제기구 SAI(Social Accountability International)가 전세계적으로 근로자의 인권과 근로조건을 개선할 목적으로 1997년 처음 제정하고 2001년 개정한 윤리경영과 사회적 책임경영분야 세계 최초의 국제표준 규격이다. 윤리사회책임과 관련된 8개의 중점관리사항 요구조건과 1개의 경영시스템 요구조건 등 총 9가지 기본요구사항과 세부요구사항으로 이루어져 있다.

44) 산림관리협의회(FSC, Forest Steward Council) : 비영리기구 국제산림관리협의회. 국제산림관리협의회는 산림훼손 및 환경파괴를 예방하기 위해 인증제를 운영하고 있다. 지속 가능한 삼림경영이 이루어지는 숲에서 합법적인 조림 및 벌목을 통해 생산된 자연 친화적 제품에 인증을 부여한다. 이들 목재나 목재제품에는 FSC인증라벨을 부착할 수 있다.

45) 공정무역 및 윤리공정이니셔티브(Fairtrade and Ethical Trading Initiative) : 기업, 무역협회, 자원봉사조직의 연합. 윤리공정이니셔티브는 1998년 글로벌기업과 거래하는 공급업체 노동자들의 인권을 보호하기 위해 설립됐다. 아동노동금지, 노조권리보장, 근무환경개선 등에 힘쓰고 있다. 소비재를 생산하고 있는 전 세계 사람들의 노동조건을 증진하기위해 노력하는 파트너십의 형태이다.

아니라 공유가치를 창출하는 기회를 제공하느냐에 달려있다. 이는 기업에 이익이 될뿐 아니라 사회에도 의미있는 이익을 가져다 줄 수 있는가를 뜻한다"라고 결론지었다.

코카콜라는 전략적 CSR로 전환한 대표적인 기업이다. 2002년 인도 서남부의 케랄라(Kerala) 주에 있는 플라시마다(Plachimada) 마을주민들이 지하수를 고갈시키고 오염시킨다는 혐의로 코카콜라 보틀링(bot-tling) 공장을 고소했다. 2년 뒤 지역정부는 코카콜라에게 공장을 폐쇄하도록 요구했다. 2006년 뉴델리(New Delhi) 연구팀이 코카콜라와 펩시콜라가 현지에서 생산한 청량음료에서 치명적 수준의 농약이 검출되었음을 발견하자 상황은 더욱 심각해졌다. 결국 인도의 몇몇 주들은 해당제품의 판매를 금지시켰다. 초기에 코카콜라는 자사의 부정행위를 부인했다. 시추공을 뚫어 지하수를 퍼 올리는 방식으로 농사를 짓는 행태가 지하수 고갈의 주요원인이며, 오염과 관련한 주장도 입증되지 않은 것 이라고 주장했다. 하지만 대중들의 인식으론 이미 코카콜라가 진 전쟁이었다.

이후 코카콜라는 기업이 문제를 일으키는 주체가 아니라, 해결책의 일부가 되어야 한다는 사실을 깨달았다. 결국 코카콜라는 물과 관련한 부문에 전례없는 규모로 자원을 투입했다. 2007년 코카콜라는 세계자연보호기금(WWF, World Wide Fund for Nature)의 세계 7대 강 보존사업에 5년에 걸쳐 2,000만 달러를 지원하겠다고 선언했다. 또한 1,000만 달러를 투자하여 코카콜라 인도재단을 설립했다. 이를 통해 4,000개 이상의 빗물수거 및 환원프로그램을 설치했고, 인도전역의 1,000개 학교에 깨끗한 식수를 제공했다.

그보다 더 중요한 일은 그 해 6월 CEO 네빌 이스델(Neville Isdell)이 베이징(北京)에서 코카콜라의 '물 중립(water neutral)'을 선언했다는 사실이다. 그는 "물은 우리가 만드는 거의 모든 음료에서 중요한 재료이다. 안전한 물 공급에 대한 방법이 없다면, 우리 기업은 존재할 수 없다"라고 말했다. 하지만 아직 갈길이 멀다. 8년 연속으로 물효율을 개선했지만 여타 지표들을 보면 코카콜라가 2010년 생산과정에서 소모한 물의 약 23퍼센트만을 정화하는 데 그쳤다. 그럼에도 불구하고, 코카콜라는 물과 연관되어 있는 명백한 목표와 대상을 수립하고, 이를 지속가능성 관련 성과 보너스와 연계하여 지속적으로 개선해 나간다는 점에서 전략적 CSR의 전형적인 사례로 볼 수 있다.

3.5 CSR과 CSV

이와 같은 경영시스템을 통한 지속적인 개선과정은 전략적 CSR의 강점이자 약점의 하나이다. 요약하면 전략적 CSR은 기업의 핵심사업과 연관된 다양한 사회적, 환경적 이슈를 해결하지만, 결국 기업의 전략 혹은 핵심 비즈니스를 바꾸지는 못한다는 사실이다.

이는 전략적 CSR의 대표주자라 할 수 있는 마이클 포터(M. Porter)의 CSV에서 명화히 드러난다.[46] CSV(Creating Shared Value; 공유가치창출)는 기존의 CSR이 기업핵심경영활동을 확정한 후 이를 기반으로 사회공헌활동을 부차적으로 기획하는 방식인데 반해 기업이 핵심경영활동의 기획단계에서부터 사회적 혜택을 고려하여 기획하고 경영하는 것을 의미한다. 즉 CSV의 핵심은 기업이 이윤을 창출한 후 사회공헌활동에 수익을 투입하는 것이 아니라 기업의 책임활동을 기업의 비즈니스와 연계하여 지역사회와 가치를 나누면서 기업의 수익도 동시에 창출한다는 점이다.

그림 6-3 CSR과 CSV의 차이

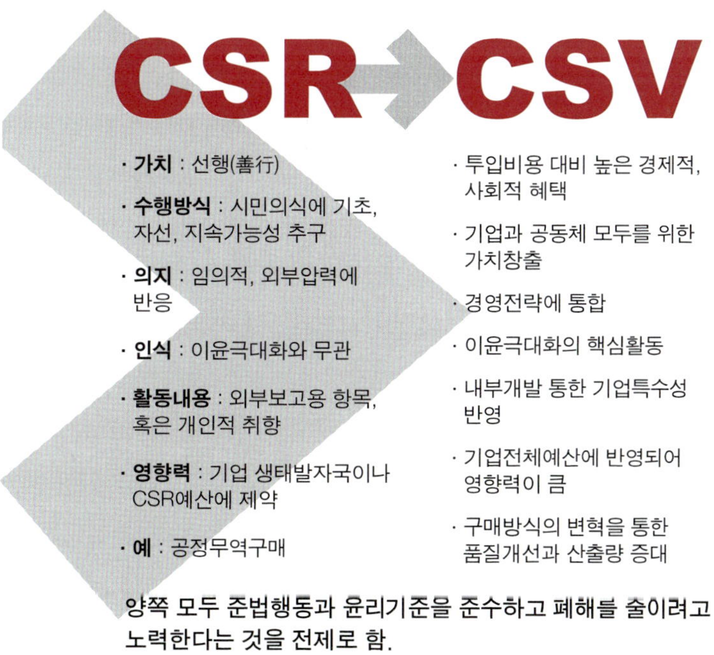

출처 : Porter, M. E., & Kramer, M. R. (2011). Creating Shared Value; How to reinvent capitalism- and unleash a wave of innovation and growth. *Harvard Business Review*, 89(1-2), 76.

46) Porter, M. E., & Kramer, M. R. (2011). Creating Shared Value; How to reinvent capitalism- and unleash a wave of innovation and growth. *Harvard Business Review*, 89(1-2), 62-77.

포터와 크래머가 제시한 CSR과 CSV의 차이를 보면(그림 6-3 참조), 우선 지향하는 가치에 있어 CSR은 선행(善行; doing good)인데 대해 CSV는 투입비용 대비 높은 경제적 · 사회적 혜택을 들고 있으며 수행방식을 보면 CSR은 시민의식에 기초한 자선활동과 지속가능성 추구방식인데 대해 CSV는 기업과 공동체 모두를 위한 가치창출방식이다. 의지측면에서는 CSR이 임의적이거나 외부압력에 대해 반응하는 수준인데 대해 CSV는 경쟁전략에 통합된 수준이며, 인식측면에서는 CSR이 이윤극대화와는 별개의 활동으로 인식되고 있는데 대해 CSV는 이윤극대화를 위한 핵심활동으로 인식되고 있다. 구체적인 활동내용에 대해서는 CSR은 외부기관에서 정해놓은 보고항목에 따르거나 경영자의 개인적인 취향에 따라 달라지는데 대해 CSV는 기업내부에서 개발되어 기업특수성을 반영하는 내용으로 구성된다. CSR활동의 영향력은 해당 기업의 생태발자국(footprint)[47]이나 CSR예산에 의해 제한받는데 대해 CSV는 기업전체예산에 반영되어 제약이 덜하다.

그림 6-4 사회공헌활동의 4대 전략유형

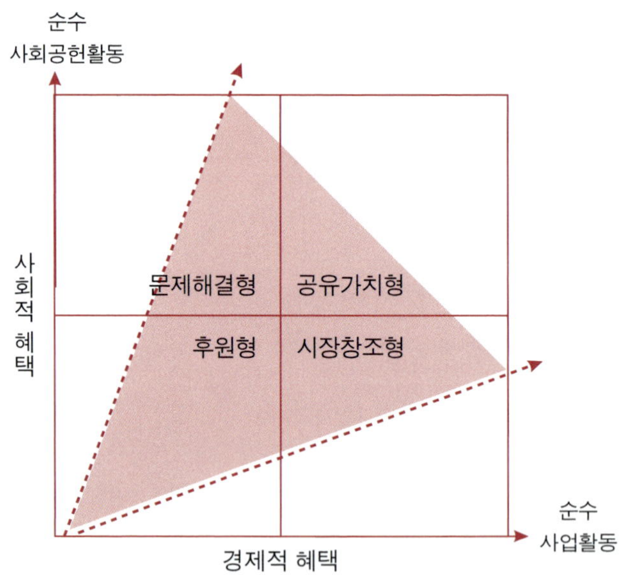

출처 : 전국경제인연합회(2010), 2009사회공헌백서, p.58; 배지양(2015), 앞의 책, p.235에서 재인용

47) 생태발자국은 인간이 지구에서 삶을 영위하는 데 필요한 의·식·주 등을 제공하기 위해 자원을 생산하고 폐기하는 데 드는 비용을 토지로 환산한 지수를 말하는 것으로, 인간이 자연에 남긴 영향을 발자국으로 표현한 것이다.

구체적인 사례로 CSR이 커피재배 농민들에게 제값을 주고 커피를 사들이는 공정무역구매(Fair trade purchasing) 수준의 활동이라면, CSV는 커피의 구매방식 자체를 변혁하여 품질개선과 산출량 증대를 도모하는 활동이다. 즉 현재의 공정무역형태에서 한걸음 더 나아가 고품질의 커피를 재배할 수 있는 클러스터를 조성하고 가난한 농부들에게 선진 친환경 농법을 전수하는 등 해당 지역에 대한 협력과 생산기반을 구축해 주는 방식으로 가치를 창출하는 것으로, 기업경영프로젝트 시작단계부터 근본적으로 사회적 가치를 높일 수 있는 방법을 고려하여 이를 기업의 이윤창출까지 이어지게 하는 것이 CSV라는 것이다(그림 6-4 참조).

이처럼 기업의 일방적인 헌신이 아닌 기업과 수혜자의 공유된 가치를 창출한다는 관점은 기업들에게 '책임'이라는 무거운 짐을 조금 내려놓을 수 있게 하고 공유가치활동을 통해 사회적 수혜자뿐 아니라 기업도 혜택을 받을 수 있으므로 기업의 이익추구활동에 대한 일반사회의 부정적인 분위기를 누그러 뜨릴 수 있다는 점에서 기업에게는 상당히 매력적인 개념으로 받아들여지고 있다. 더구나 개발도상국 저소득층 대상의 BOP(Bottomof the Pyramid)시장에서 매우 유용하게 활용할 수 있는 사업전략이라 기업들이 열광할 수밖에 없다.

그러나 앞의 [그림 6-3]에서 본 바와 같이 포터와 크래머는 CSR의 가치를 '선행'으로 규정하여 많은 사람들로 하여금 CSR을 '기업의 사회공헌'정도로 이해하도록 오도하고 있다는 점을 지적하지 않을 수 없다. CSR전체의 가치를 선행정도로 한정하는 것은 CSR의 일면만을 부각하는 결과를 초래할 수 있기 때문이다. 물론 사회공헌도 CSR의 일부이기는 하지만 CSR은 사회와 기업 간의 관계에서 필연적으로 발생하는 책임의 문제를 다루고 있기 때문에 그 범위가 CSV보다 훨씬 넓고 주제도 다양하다는 사실을 간과해서는 안된다. 국제표준화기구에서 2010년에 제정발표한 ISO 26000에서도 사회책임(SR; Social Responsibility)의 주된 범위를 인권, 노동, 환경, 공정거래 등 7가지로 정의하고 있다. 따라서 상위개념인 CSR과 사회책임경영을 실현하는 방법의 하나로 제시된 CSV를 동일기준으로 단순비교하면서 이제는 CSR에서 CSV로 전환해야 한다는 주상은 사칫 개념의 혼란을 불러올 수도 있는 잘못된 접근방법이라 할 것이다. CSR, 즉 사회책임경영은 전반적인 경영의 플랫폼으로 인식할 필요가 있다.

3.6 CSR 1.0의 실패

지금까지의 기업위주의 CSR활동은 생태계의 쇠퇴, 기후 온난화, 빈곤과 불평등문제, 그리고 부패문제 등에 대해 제대로 대응해 오지못한 것이 사실이다. 세계가 직면한 문제들에 대해 제대로 대응하지 못한 지금까지의 활동을 CSR 1.0(웹 1.0에 비유)으로 부른다면 앞으로의 기업의 책임활동은 사회전체에 영향을 미치면서 지속가능한 발전을 추구하는 CSR이어야 한다는 측면에서 CSR 2.0(웹 2.0에 비유)으로 부를 수 있을 것이다. 여기서는 우선 기존 CSR 1.0의 다양한 활동에도 불구하고 전 세계의 문제들이 개선되기는 커녕 더욱 악화되고 있다는 점에 대해 정리해 보고자 한다.[48)]

(1) 생태계 쇠퇴문제

국제환경단체인 지구생태발자국 네트워크[49)]에 따르면 인류의 생태발자국은 자본주의와 서구생활양식이 전 세계로 확산되면서 1961년 이후 지금까지 세 배 이상 증가했다. 특히 1980년대 말부터는 한계치를 벗어났다. 전 세계의 생태발자국이 지구의 생태용량을 넘어섰다는 의미이다. 한 생태발자국 조사결과에 따르면, 환경을 훼손시키지 않고 사용할 수 있는 자원의 양(면적)을 뜻하는 글로벌 생태용량이 1인당 1.8글로벌 헥타르(gha)인 데 비해 1인당 생태발자국은 이미 2.7글로벌 헥타르에 달하고 있다고 한다.

이런 환경파괴가 실제로는 얼마나 비경제적인지 많은 이들이 잘 이해하지 못한다. 2010년 UN과 트루코스트(Truecost : 영국의 기업환경평가사)가 발표한 연구결과에 따르면 전 세계 3,000대 대기업으로 인한 추정손실은 2008년 기준으로 무려 2조 2,000억 달러에 달한다.

'생태계와 생물다양성의 경제학(TEEB)'[50)]이라는 연구그룹의 2010년 보고서는 삼림파괴에 따른 지구생태계 및 생물다양성 악화로 초래된 자연파괴를 자본손실로 환산하면 매년 1조 9,000억~4조 5,000억 달러에 달한다고 보고 있다.

48) Wayne Visser 지음, 김영기·이종재 옮김(2014), 앞의 책, pp.58~73.

49) 지구생태발자국 네트워크(Global Footprint Network) : 2003년 설립된 국제적 비영리환경단체이다. 생태발자국을 통해 지속 가능성을 발전시키는 데 기여하는 국제적 싱크탱크를 표방하고 있다.

50) 생태계와 생물다양성의 경제학(TEEB, The Economics of Ecosystems and Biodiversity) : UN환경계획(UNEP)이 2010년 10월 일본 나고야 시에서 개최된 생물다양성 조건 제10회 체결국 회의(COP10)에서 제출한 보고서. 생태계의 경제적 가치를 평가한 내용이 담겨있다. 전 세계 500명 이상의 전문가가 2년간 관련 논문을 평가정리했다.

(2) 기후변화문제

기후변화 이슈만큼 우리의 환경영향과 그 경제적 비용을 극명하게 보여주는 문제는 없다. UN산하 국제협의체인 '기후변화에 관한 정부간 협의체(IPPC)[51)]'의 4차 평가보고서는 인간의 경제활동으로 1750년대 이후 대기 중 온실가스 농도가 놀랄만큼 급격히 증가했다고 결론지었다. 빙하의 두꺼운 얼음층을 뚫어 뽑아내는 긴 얼음원통인 빙핵(ice core)은 지난 수천 년 간의 기록이 쌓인 증거물인데, 이를 보면 오늘날 온실가스의 대표주자인 이산화탄소농도가 역사적인 수준을 크게 넘어서고 있음을 알 수 있다. 산업화 이전 이산화탄소 농도는 280ppm이었지만 2005년에는 379ppm을 나타내고 있다. 이는 지난 65만년 동안의 자연적인 증가치를 넘어서는 수준이다.

기후변화가 단순히 환경문제에 국한되지 않는다는 점이 강조되어야 한다. 2009년 UN개발계획(UNDP) 보고서의 추정에 따르면 지구 온난화는 하루 2달러 미만으로 생활하는 26억명의 인구에 큰 영향을 미친다. 이 가운데 최대 6억명 이상의 인구는 가뭄, 기온상승, 불규칙한 강우라는 위험에 노출될 확률이 높아지면서 농업생태계가 붕괴되어 영양부족에 시달릴 수 있다. 또 세계에서 빈곤층이 가장 많이 모여있는 지역 가운데 하나인 사하라사막이남 아프리카의 준경작지역에서는 2060년까지 생산성 손실이 26퍼센트에 달할 전망이다.

(3) 빈곤문제

글로벌화가 사회에 미치는 영향은 더 불확실하다. ≪노 로고(No Logo)≫, ≪쇼크 독트린(The Schock Docktrine)≫의 저자인 나오미 클라인(Naomi Kline, 2000, 2007)같은 비판론자들은 '구찌 자본주의'[52)]가 노동착취와 이른바 '바닥으로의 경주'[53)]를 초래했다고 주장

51) 기후변화에 관한 정부간 협의체(IPPC, Intergovernmental Panel on Climate Change) : UN산하의 세계기상기구(WMO, World Meteorological Organization)와 UN환경계획(UNEP, United Nations Environment Program)이 인간의 활동이 기후변화에 미치는 위험을 평가하기 위해 1988년 11월 공동으로 설립한 조직. 기후변화에 관련된 과학적, 기술적 사실에 대한 평가를 제공하고 국제적 대책을 마련하기 위해 구성됐다. UN산하의 정부간 협의체 성격을 띠고 있다. UN기후변화협약의 이행과 관련한 특별보고서를 작성하는 것이 주요 임무이다.

52) 구찌 자본주의(Gucci Capitalism) : 미국 로널드 레이건 전 대통령과 영국 마거릿 대처 전 총리시절 등장한 자본주의 개념, 시장이 스스로 모든 결정을 해야 하며 정부는 관여하지 않고 지켜보기만 하면 된다는 입장. 그래야만 부가 넘쳐흘러 자연스럽게 하위계층에도 혜택을 줄 수 있다는 것이다. 소위 낙수효과를 말한다. 지구환경이나 인류건강의 질보다는 소유에 더 큰 가치를 두는 자본주의이다.

53) 바닥으로의 경주(a race to the bottom) : 가격경쟁력확보를 위한 경쟁이 갈수록 심해지면서 환경기준이나 노동기준 등 비경제적 기준이 추락하는 현상. 환경정책분야에서 주로 제기된 문제였으나 최근에는 정당한 노동관행 등 사회적 측면에서도 주목하고 있다. 가격경쟁력을 높이기 위해 개발도상국의 환경기준이나 노동기준

한다. 자본은 사회적 기준과 환경기준이 가장 낮은 곳으로 흐른다는 의미이다. 이뿐만 아니라 자본주의란 본래 우리가 시장에서 관찰한 바 있듯이 불안정을 초래하도록 설계되어 있다. 그리고 이런 변동성으로 인해 가장 고통받는 사람들은 항상 가장 취약한 사람들, 다름 아닌 전 세계의 빈곤층이다.

(4) 불평등문제

UN 국제아동구호기금(UNICEF, UN International Children's Fund)가 최근 발표한 세계 불평등 리뷰[54]에 따르면 세계인구 중 상위 20 퍼센트가 전체수입의 70퍼센트 이상을 차지하는 반면 하위 20퍼센트는 불과 2퍼센트만을 차지하고 있다(2007 구매력 평가지수로 조정된 수치임). 현재 추세라면 하위층 10억명이 전 세계 수입의 10퍼센트를 차지하려면 800년 이상이 걸릴 것으로 추정된다. 소득 최하위층 가운데는 아이들과 청년이 특히 압도적으로 많아서 대략 50퍼센트가 국제적인 빈곤선인 하루 2달러 미만으로 생활하는 실정이다.

불평등은 전 세계적 혹은 국가적 현상에 그치지 않는다. 이는 기업의 문제이기도 하다. 상대적 임금수준에서 이를 확인할 수 있다.[55] 1979년부터 2007년 사이 미국에서 상위 1퍼센트의 임금은 하위 90퍼센트보다 열배 빠르게 상승했다. 그 격차는 156퍼센트 대 17퍼센트로 대비된다. 이런 차이는 CEO보수에서 확연히 드러난다. 1970년대 말 CEO보수는 일반 직장인보다 30배 많았으나 오늘날에는 그 격차가 200배 이상으로 벌어졌다. 1978년부터 2011년 사이에 일반 직장인들의 보수가 겨우 6퍼센트 오를동안 CEO보수는 무려 725퍼센트나 급상승했다.

(5) 부패문제

빈곤과 불평등을 방조하는 사회경제적 '암' 가운데 하나는 부패이다. 국제투명성기구는 각국 공공부문의 부패정도를 점수로 매긴 부패인식지수(CPI)[56]를 발표하는데, 2012년 결

을 낮춤으로써 더 열악한 환경 및 노동조건에 노출되도록 만든다. 개도국 스스로가 외국자본유치를 위해 경쟁적으로 임금 인하, 사회보장축소, 규제완화 등으로 치닫는 현상도 포함한다.

54) Oritz, I. and Cummins, M.(2011), *Global inequality: beyond the bottom billion: a rapid review of income distribution in 141 countries*, UNICEF report.

55) Economic Policy Institute(2012), *The state of working America, 12th ed.*, Research report.

56) 부패인식지수(CPI, Corruption Perception Index) : 국제적인 부패감시민간단체인 국제투명성기구(Transparency International)가 발표하는 지수. 1993년 설립된 TI는 국제사회에서 부패추방을 목표로 국제기구와 각국 정부에 국제부패방지법 제정을 촉구하는 한편 이를 위한 연구 및 정보수집 등의 활동을 하고 있는 비정부기구이다. TI의 국가별 부패인식지수(CPI) 보고서는 공무원 및 정치인들에게 부패가 있다고 인식되는

과에 따르면 176개 국가 중 3분의 2가 50점 이하를 받았다. 점수는 0 ~ 100까지로 0에 가까울수록 높은 부패정도를, 100에 가까울수록 낮은 부패정도를 나타낸다. 소말리아(8점), 아프가니스탄(8점), 북한(9점), 미얀마(15점) 등 전쟁이나 지속적인 분쟁으로 피해를 입은 정치적으로 불안정한 국가들이 하위권에 위치했다. 반면 덴마크, 핀란드 그리고 뉴질랜드가 모두 90점으로 높은 점수를 받았다.

국제투명성기구(TI, Transparency International)의 20011/2012년 세계부패지수(Global Corruption Barometer)를 보면 설문에 참여한 100개국의 일반인 10만명 이상 가운데 24퍼센트는 지난 12개월 동안 뇌물을 준적이 있다고 답했고, 58퍼센트는 지난 3년 동안 부패가 증가했다고 믿었으며, 오직 16퍼센트만이 부패가 줄었다고 응답했다. 기관의 부패와 관련해서는 68퍼센트가 정부에 대해 '부패했다' 혹은 '매우 부패했다'고 답했다. 기업에 대해서는 41퍼센트, 비정부기구(NGO)에 대해서는 24퍼센트가 그렇게 답해 대조적이었다. 부패척결에 있어서 기업을 가장 신뢰하는 사람은 겨우 6퍼센트에 불과한 데다 오스트리아, 중국, 덴마크, 홍콩, 룩셈부르크, 네델란드, 노르웨이, 스위스 그리고 터키에서는 기업들이 가장 부패한 기관으로 인식되고 있었다.

(6) CSR 1.0의 한계

이런 혼란스러운 사실과 수치들을 보면서 우리는 어쩌면 지금까지의 CSR붐이야말로 지난 수십년간 빈발했던 기업범죄들의 무의식적인 공범자는 아닌가 하는 의문을 품게 된다. 우선 엔론, 리먼브러더스 그리고 브리티시 피트롤리움 등은 행동규범과 직원윤리부터 기업봉사와 지역개발프로그램에 이르기까지 CSR활동을 충분히 해왔다. 그러나 세상의 모든 CSR프로그램들은 지난 수십년 동안 이런 조직들이 조성해 온 탐욕, 태만 혹은 편협한 이익추구문화를 거의 혹은 전혀 바꾸지 못했다. 이처럼 기존의 방어적, 자선적, 홍보적, 전략적 표현에 치우친 CSR 1.0이 환경문제라든지 빈곤과 부패문제 등에 대해 효과적으로 대응하지 못한 이유에 대해 비서는 기존의 CSR 1.0이 지엽성, 점진성, 비경제성의 세 가지 근본적 한계를 지니고 있기 때문이라고 지적하고 있다(표 3-2 참조).

지엽적인 CSR의 예를 보면 대부분의 기업들에서 자선이나 홍보목적의 CSR이 주류를 이루고 있다는 점이다. CSR은 PR과 마케팅, 대외협력, HR부서에만 머물렀다. 브랜드 자산이나 기업평판을 개선하기 위한 추가요소에 불과했다는 의미이다. 주로 선진국이나 다국

정도에 따라 각국의 부패정도를 수치화해 국가별 순위를 매긴 것이다. 1995년 첫 발표부터 국제사회에 엄청난 반향을 불러 일으켰다. 세계은행 등 7개 기구가 설문조사를 거친 결과를 취합하여 분석 발표한다.

표 6-5 CSR 1.0의 한계

한 계	실패의 본질
지엽적인 CSR	CSR이 초대형 기업에만 집중됨. 전사적 통합이 아닌 PR이나 다른 한 부서에 국한됨
점진적인 CSR	품질관리모델을 채택하여 문제의 범위와 긴급성에 부합하지 않는 점진적인 개선만을 추구했음
비경제적인 CSR	비용을 사회로 외부화하는 기업이 단기시장에서 유리하기 때문에 CSR은 항상 글로벌한 경제적 이익에 부합되지 않게 됨

출처 : 웨인비서(2014), 앞의 책, p.74.

적 기업의 자회사에서 관찰됐던 최상의 사례를 보더라도 기업들은 CSR활동을 산업영향력 관점에서 실행하거나 CSR을 경영관리시스템에 내재하는 방식으로 전략적인 CSR을 실천해 왔다. 그러나 기업의 전략적 방향이나 핵심사업, 혹은 프로세스와 제품, 서비스의 해로운 영향을 바꾸는 데는 실패했다.

점진적인 CSR의 문제점은 전사적 품질관리(TQM)[57] 활동에서 찾아볼 수 있다. 가장 널리 보급된 CSR표준인 ISO 14001과 최근 나온 ISO 26000은 MBO[58] 등 ISO 9001로 표준화된 TQM방식을 환경관리, 이해관계자관리에까지 적용하도록 설계되어 있기 때문이다. 그것 자체가 나쁘다는 의미는 아니다. 실제로 기업의 환경적, 사회적 실적에서 여러 점진적인 개선이 이루어진 것은 환영할 만한 일이다. 그러나 ISO 14001을 비롯해 MBO를 사용하는 모든 자발적인 CSR기준의 아킬레스건은 기업이 스스로 목표를 수립하고 자체적인 속도와 재량에 따라 진행한다는 데 있다. 따라서 이러한 접근법은 기업이 부추기는 소비중심의 생활방식이나 자원과 에너지 다소비형 제품과 서비스의 제공과 관련된 기업의 부정적인 영향을 개선하는 데 실패했다. 그 결과 과거 어느 때 보다 CSR이 넘쳐나고 미시적인 단계에서는 CSR의 성과가 점진적으로 개선됐음에도 불구하고 빈부격차, 삼림파괴, 생물다양성훼손, 탄소배출, 부패 등 사회, 환경, 윤리분야의 모든 거시지표에서는 상황이 개선되

57) 전사적 품질관리(TQM, Total Quality Management) : 고객만족과 관리개선을 위해 고객지향적 서비스에 초점을 두고 전 직원의 참여를 통해 지속적 서비스 개선을 도모해 나가는 통합관리체계. 과거의 품질관리와 달리 제품생산이 이루어진 후의 검사가 아닌 불량품을 예방하는 전략을 구사한다. 내부고객과 외부고객의 요구를 제품과 서비스로 만족시키기 위해 품질목표를 수립하고 목표달성을 위해 성과를 측정하며 모든 종업원의 참여를 강조한다.

58) 목표관리(MBO, Management By Objectives) : 종업원에게 업무목표만을 지시하고 그 달성방법은 종업원에게 맡기는 관리방법. 한 걸음 더 나아가 목표설정까지도 종업원에게 맡기는 경우도 있다. 어느 경우이건 관리자는 명령하지 않고 종업원의 자주적 결정에 필요한 정보를 주어 종업원 상호 간의 조정을 하게 한다. 조직의 거대화에 따른 종업원의 무기력화를 방지하고 근로의욕을 향상시키는 관리방법이다.

기는커녕 여전히 악화되고 있음을 알 수 있다. 점진적인 CSR접근법으로는 지금 필요한 규모있고 시급한 대응을 할 수 없으며 주주기반, 성장중심의 자본주의 체제아래 기업들에 만연한 무책임과 지속불가능성이라는 근본문제의 해결에 이를 수 없음을 보여주고 있다.

CSR 1.0의 마지막 한계는 CSR의 '경제적 타당성'이 많은 사람들이 생각하는 것만큼 확실하지 않거나 실현되지 않고있다는 점이다(Barnet and Salomon 2012). CSR과 경제적 성과 간의 관련성에 대한 연구결과는 무척 다양하다. 예를 들면 그리핀과 마흔(Griffen and Mahon 1997)은 25년 간의 연구를 통해 CSR과 재무적 성과의 긍정적인 연관성을 확인했다. 반면 마골리스와 왈시(Magolis and Walsh 2001)는 80개 연구결과를 검토하여 42개가 긍정적인 연관성을 보여주었고 19개는 관계가 없었으며 4개는 오히려 부정적인 관계를 보여주었다고 발표했다. CSR과 경제적 성과 간의 관련성에 대한 근본적인 질문은 "과연 시장은 기업의 지속가능 경영과 책임경영에 지속적으로 보상을 주고있는가"하는 것이다. 구체적인 연구결과를 보지 않더라도 이 질문에 대한 대답은 명백히 "그렇지 않다"라는 것이다. 극히 예외적인 경우를 제외하고 오늘날 글로벌시장은 사회적, 환경적, 윤리적 비용을 외부화하는 데 대한 보상을 단기적으로 해주고 있을 뿐이다. 책임경영이 비경제적이라는 사실은 공정무역 제품과 유기농 제품, 재생에너지가 일반제품보다 비싸다는 사실에서 여실히 드러난다. 왜 은행이나 정유업체, 자동차 회사 등이 세계에서 가장 크고 수익성이 높은 기업의 자리를 차지하고 있겠는가? 이는 기본적인 법준수를 제외하면 시장은 CSR을 옹호하는 사람들의 이상이나 시민사회운동가들의 분노에 찬 주장이 아니라 힘을 가진 사람들의 경제적 이익에 부합하도록 설계되어 있기 때문이라는 것이다.

3.7 총체적(변혁적) CSR-CSR 2.0

웨인 비서는 앞에서 언급한 CSR 1.0의 한계를 극복하고 새로운 CSR, 즉 CSR 2.0을 통해 현재 상존하는 지속불가능성(unsustainability)과 무책임성(irresponsibility)의 근본원인을 파악하여 이를 해소하고자 한다.[59] 일반적으로 이는 비즈니스모델을 혁신하고, 비즈니스 프로세스와 상품 및 서비스를 혁명적으로 바꾸고, 혁신적인 국내 및 국제정책을 위해 로비활동을 벌이는 것을 뜻한다. 기존의 전략적 CSR이 전략과 관련있는 사회문제나 환경문제를 지원하는 등의 미시적 부분에만 초점을 맞추는 데 비해 총체적 CSR은 사회나 생태

59) Wayne Visser(2014), 앞의 책, pp.49~54.

계 등 거시적인 요소들의 상호연결관계를 이해한 후, 전략을 바꿔 인류와 생태계에 더욱 효과적인 가치를 창출하는 데 중점을 둔다.

인터페이스 FLOR(Interface FLOR)의 창립자 레이 앤더슨(Ray anderson)은 1994년 카펫 타일(carpet tile) 기업으로서 새로운 비전을 제시함으로써 변혁적 CSR의 선구자가 되었다. 앤더슨은 카펫제조업이 환경을 크게 해치는 산업이라는 사실을 깨달았다. 카펫을 생산하기 위해서는 카펫원료 및 생산연료로 많은 석유와 석유 부산물을 사용해야 하기 때문이다. 카펫염색 또한 많은 물과 에너지를 소모한다. 뿐만 아니라 카펫의 수명이 다하면 매립을 하는데 매립된 폐기물은 2만 년 동안이나 썩지않고 그 상태로 유지된다는 사실이다.

앤더슨은 자사의 사업이 해결책이라기보다는 문제의 일부분이라고 결론 내렸다. 그는 폴 호켄(Paul Hawken 1994)의 말을 환언하여 "지구상에는 지속가능한 기업도 귀관도 없다. 내 기업도, 당신의 기업도, 그 누구의 기업도 지속가능하지 않다"라고 말했다. 이와 함께 앤더슨은 다음과 같은 비전을 세웠다. "인터페이스 FLOR가 세계 최초로 진정한 지속가능한 기업이 되어야 한다. 나아가 지속가능함은 물론 회복가능해야 한다. 가진 것보다 더 많은 것을 돌려줘야 한다. 또 그저 유해한 활동을 피하는 것이 아니라 적극적으로 좋은 일을 해야 한다."

레이 앤더슨과 인터페이스 FLOR가 BP나 캐드버리와 다른 점은 '인정(認定)의 깊이'와 '꿈의 크기'이다. 앤더슨은 가장 최근에 발간한 《진보적인 기업가의 고백(Confessions of a Radical Industrialist)》에서 현대의 경제시스템은 붕괴했으며 자신의 기업 또한 문제의 일부라고 인정했다. 그는 스스로를 악의적인 의도를 가졌거나 탐욕적인 목표를 추구하진 않았지만 기업이 사회와 환경에 미치는 부정적인 파급효과에 대한 문제를 다루는 데는 실패한 '약탈자(plunderer)'로 보았다. 알코올 중독에서 벗어나기 위해 가장 먼저 해야 할 일이 무엇인지를 알코올 중독자에게 물어보면 알코올에 중독되었다는 사실을 '인정하는 것'이라고 말할 것이다. 불행히도 탐욕의 시대, 자선의 시대, 마케팅의 시대, 경영의 시대에 존재했던 대부분의 기업들은 자신들이 안고 있는 문제를 여전히 부인하고 있다. 이들은 "아무런 문제가 없다", "우리들의 문제가 아니다", "사소한 문제에 불과하다"라고 생각한다.

그러나 책임의 시대를 살아가는 기업은 기업이 문제의 일부라는 점을 스스로 인정해야 한다.

또한 책임의 시대는 인정과 더불어 큰 꿈을 수반한다. 인터페이스 FLOR는 "환경에 미치는 부정적인 영향을 모두 제거하고, 무해(無害)를 넘어서 환경을 복원하는 경영을 펼쳐 더 나은 세상을 만들겠다"는 크고 대담하며 도전적인 목표, 즉 BHAG(Big Hairy Audacious

Goal)[60] 비전을 가장 먼저 세운 기업이다. 인터페이스 FLOR는 이를 '미션제로', '미션지속가능성'이라 부르고 있고 앤더슨은 이를 '에베레스트보다 높은 산을 정복하는 일'에 비유했다. 즉, 어렵기는 하지만 세심하고 주의깊은 계획을 세운다면 불가능하지는 않다는 것이다.

환경영향 제로라는 야심찬 계획은 인터페이스 FLOR의 성과를 측정하는 에코메트릭스[61] 시스템으로부터 시작된다. 이를 통해 1996년 이후 생산단위당 쓰레기 배출량은 88퍼센트, 물 사용량은 84퍼센트, 에너지 사용량은 47퍼센트, 비재생적인 에너지는 64퍼센트 감축했다. 더욱이, 인터페이스 FLOR는 온실가스(GHG, Greenhouse Gas) 절대 배출량을 32퍼센트까지 감축했다. 전 세계 에너지 사용의 31퍼센트는 재생가능한 에너지이며 원자재의 44퍼센트는 재활용되거나 바이오 원료기반의 재료라는 관점에서 보면 이는 대단한 결과이다.

인터페이스 FLOR는 인정과 꿈만 아니라 총체적 CSR을 수행한다는 측면에서도 좋은 기업의 모범이다. 인터페이스 FLOR는 지속가능하지 않은 경제시스템의 근본원인을 해결하는 혁신에 나섰다. 이른바 산업생산의 '채취–생산–폐기(Take–Make–Waste)'모델을 혁신한 것이다. 예를 들어 1995년 인터페이스 FLOR는 에버그린 리스(Evergreen Lease) 서비스를 출범했다. 이는 인터페이스 FLOR이 제품의 생산부터 설치, 청소, 유지, 교체까지 도맡아 하여 효과적인 제품회수와 재활용을 보장하는 서비스이다.

다른 혁신적인 제품으로는 온실가스배출을 상쇄하는 쿨 카펫(Cool Carpet)과 비산재(fly ash) 폐기물 및 공업용 옥수수에서 추출한 폴리유산(PLA, Poly–Lactic Acid) 섬유를 사용한 카펫도 있다. 그러나 가장 유명한 제품은 2006년 세계 최초로 발명한 접착제가 필요없는 프리레이(free lay) 카펫타일인 택타일(TacTile)이다. 인터페이스는 '도마뱀 발기술'을 적용한 이 제품으로 폐기물을 줄이고, 자원 및 에너지를 절감했다. 환경발자국은 말할 것도 없다. 기존의 접착제방식 카펫에 비해 환경발자국은 90퍼센트나 적다.

앤더슨이 이런 진보적인 비즈니스 리더의 시조는 아니다. 또 가장 진보적인 기업가라고 보기도 힘들다. 예를 들어 작고한 바디숍 인터내셔널(Body Shop International)의 설립자

---

60) BHAG : 미국의 대표적인 경영평론가인 제임스 콜린스(James Collins)와 제리 포래스(Jerry Porras)가 1994년 펴낸《비전을 가진 기업들의 성공적인 습관》이란 책에서 처음 사용한 용어이다. 크고(Big) 대담하며(Hairy) 도전적인(Audacious) 목표(Goal)의 머리글자를 따왔다. BHAG는 한 치 앞을 내다보기 힘든 글로벌시대에 기업들이 경쟁력을 가지려면 때로는 무모해 보일 정도의 공격적인 경영이 기업의 성공을 이끌 수 있다는 의미를 담고 있다.

61) 에코매트릭스(EcoMetrics) : 경제, 환경, 사회시스템을 양적으로 분석하는 지표. 지속 가능한 시스템을 만들기 위한 추론방법과 연관되어 있다. 기업활동이 지속가능한 생산 및 소비시스템에 기여하는지 여부를 판단한다. 일반적인 의미에서 에코메트릭스는 수학적 통계적 방법으로 경제현상을 연구하는 계량경제학을 뜻한다.

인 아니타 로딕(Anita Roddick)은 감히 경쟁자를 찾아보기 힘들 만큼 열성적으로 대의를 실천했다. 그녀는 기업주도의 사회운동가로 이름을 떨쳤다. 1986년 세계자연보호기금(WWF)과 공동으로 추진한 고래보호운동이 그녀가 주도한 사회운동의 시작이었다. 그녀는 이후 동물의 권리, 여성자아존중, 인권, 공정무역, 토착민권리 등 여러 사회운동에 활발하게 참여했다. 자서전인 《영적인 비즈니스(Business As Unusual)》에서 자신의 철학을 다음과 같이 정의하고 있다.

"비즈니스는 인간의 정신이 작용하는 르네상스와 같은 개념이다. 비즈니스가 고통이 되면 곤란하다. 또 돈버는 과학이 되는 것도 바람직하지 않다. 비즈니스는 사람들이 사업 그 자체가 '선한행위'임을 느끼도록 해야 한다. 다만 이는 사람을 중시하는 기업일 경우에만 가능하다."

총체적 CSR접근법을 주도한 기업으로는 세븐스 제너레이션, 그린 마운틴 커피(Green Mountain Coffee) 등 작은 기업에서부터 나이키(Nike), 유니레버(Unilever)같은 다국적 거대기업까지 다양하다. 하지만 모든 기업들이 완벽하지도 않고, 다른 분야에서는 출중하지만 일부분야에서는 잘하지 못하는 기업도 많다. 하지만 이 기업들이 CSR 2.0의 리더가 될 수 있는 이유는 총체적 변화의 촉매제로 CSR을 활용한다는 점이다. 이들 기업은 기업전략을 바꿀뿐만 아니라 산업전체관행을 변화시키는데 노력하고 있으며, 본질적으로 더욱 책임있고 지속가능한 정책개혁과 문화가치를 위해 로비활동을 벌이고 있다.

토론을 위한 자료

윤리경영 실패사례로부터 배우는 교훈

윤리경영에 실패한 많은 기업들로부터 우리는 몇 가지 교훈을 얻을 수 있다. 먼저 기업의 경영행위 전반에 걸쳐서 실패기업들이 우리에게 주는 교훈에는 어떤 것들이 있는지 살펴본다.

■ 최고 경영자의 윤리적 성향이 끼치는 영향력

옳든 그르든 간에 최고경영진의 성향과 행동은 조직전체에 스며들게 된다. CEO는 하나의 역할모델이다. CEO가 방향을 정하고 바로밑에 있는 임원들에게 영향을 끼치면 어느새 말단사원들에게까지 계속 전파된다. 가끔 예외적인 경우도 있고 내부고발자가 생길 수도 있지만 대부분 거의 무시할 만한 수준이다.

PIT, 유니온 카바이드의 오하이오 계곡오염사건, 제너럴 다이내믹스 등의 예는 최고 경영자가 윤리적으로 행동하기보다는 단기적 성과에 더 관심을 기울였기 때문에 발생한 사건들이다.

최고경영자의 비윤리적 성향이 이사회의 기계적인 마인드와 결합되어 기업이 고객과 직원들의 안전 존엄성 환경보호 등에 신경을 쓰기보다는 회사의 단기적 이익에만 중점을 두는 경우가 종종 발생한다.

이 사실을 콜베어사건에서 확인할 수 있는데, 제너럴 모터스 최고경영진은 극한상황에서 콜베어를 좀더 안정시킬 수 있는 부속품설치에 드는 단지 몇 달러의 비용을 아끼려다가 고객의 안전–때로는 임원들 본인이나 가족들의 안전까지–을 희생시켰다. 제너럴 모터스의 임원들도 개인적으로 그와 같은 위험한 결정을 내리지 않았을 것이다.

그러나 집단으로 결정을 내리는 상황이 되자 소비자의 안전보다는 회사의 수익에 더 집중하게 되었다. 결국 제너럴 모터스의 임원들은 집단적인 사고를 하면서도 이러한 결정이 장기적으로 경영에 어떠한 부정적인 영향을 끼칠지 제대로 인식하지 못했다.

■ 단기수익을 강조할 때 생기는 문제점

최고경영진이 평소에 단기수익의 극대화 및 목표실적달성을 너무 강하게 몰아붙이면 어떻게 될까? 지금 당장 직접적으로 잘못된 결정을 내리지는 않더라도 잘못을 저지르게 될 가능성이 높아진다. 이처럼 최고경영진이 목표달성을 강요하는 분위기에서 만약 직원들이 설정한 목표를 달성하기 어려운 상황에 부닥치면 이들은 할 수 없이 허위광고, 물품강매는 물론이고 뇌물공여와 가격조작 등 불법적인 행동까지도 서슴없이 저지르게 된다.

그렇다고 기업의 목표를 없애거나 낮추고 성과급제도를 없애라는 것은 아니다. 그러나 최고경영진이 목표달성을 위해 지나친 압력을 넣고, 만약 그것을 달성하지 못했을 때 이유를 막론하고 부하직원들에게 불이익을 준다면 그들이 비윤리적인 행위를 하게 될 가능성은 그만큼 높아진다. 더욱이 이런 일은 윤리적 기준이 낮고 고객을 무시하는 기업에서 발생할 가능성이 높다. 제너럴 다이내믹스 메트라이프 저축대부조합 등이 바로 이같은 사례에 속한다.

■ 최고경영진의 무한책임

예외적인 경우가 있긴 하지만 큰 사고가 발생하거나 기업이 비윤리적인 행위를 했을 때 최고경영진은 이에 대한 책임에서 자유로울 수 없다. 제너럴 모터스가 랄프 네이더를 폄하하려고했던 노력, 메트라이프의 기만적 행위 또는 ITT가 칠레에서 벌였던 내정간섭 등은 최고경영진이 기업의 비윤리적 행위에 대한 책임에서 벗어난 몇 안 되는 예이다.

최고경영진의 책임전가는 그들의 책임을 부인하려는 것이다. 그러나 모든 경영자는 부하들의 행동에 끝까지 책임을 져야 한다. 보팔사건과 알래스카 원유유출사건 등과 같은 재앙이 벌어지면 최고경영진이 좀더 눈에 띄도록 적극적으로 나서서 최선을 다해 사태를 해결해야 한다.

인도의 관리들이 유니온 카바이드 CEO를 연행했던 것처럼-모욕적인 일을 당하는 한이 있더라도-최고경영진은 이 모든 것을 감수하고 최고 경영자로서의 책임을 완수해야 한다.

만약 엑슨의 최고 경영자인 로렌스 라울이 대규모 환경재앙이 벌어진 현장에 직접 나타났더라면 엑슨의 이미지도 좋아졌을 것이고, 회사의 무관심한 태도와 냉정한 해결방법에 대한 비난의 소리도 많이 수그러들었을 것이다.

최고경영자가 자신이 가진 권력을 남용하고 회사를 자신의 부를 축적하는 수단으로 생각한다면 주주·채권자·종업원 그리고 지역사회에 손해를 입힐 수 있다. 일반적으로 최고경영진의 이러한 행동은 회계부정을 통한 실적 부풀리기로 나타난다. 엔론과 타이코 그리고 월드컴을 비롯해 이탈리아의 파르말라트 등이 이런 식의 부정행위로 망가져서 언론에 오르내렸다. 월드컴은 회계조작을 통해서 수익을 수백억 달러나 부풀렸다.

이 회사들의 최고경영자들이 한결같이 나타낸 공통점은 자신들은 부하들의 불법행위를 전혀 몰랐다고 주장하며 책임을 회피하려고 했다는 것이다. 이처럼 책임을 부하직원에게 돌림으로써 위기를 모면하려는 행위는 절대로 용납될 수 없다.

■ 윤리적 행위와 비윤리적 행위 사이의 불분명한 영역

아주 극단적인 비윤리적 경영사례도 많이 있지만 이러한 경우를 제외하고는 해당행위가 비윤리적인지 아닌지를 단정적으로 말하기 어려운 경우도 많다.

전세계적으로 규모가 가장 크고 아주 효율적인 경영을 펼치는 기업에 속하는 월마트는 항상 최저가격으로 물건을 팔기 때문에 소비자들은 무척 좋아한다. 하지만 이 기업은 납품업자나 경쟁회사, 지역경제 그리고 타사 종업원들에게는 상대하기 싫은 불량배같은 존재일 수도 있다. 그렇다면 월마트가 한걸음 양보하며 다른 이들을 배려하면서 영업하는 것이 옳은가?

나이키는 생산비를 줄이기 위해서 제 3세계 국가의 기업들에게 하청을 주고있고, 하청받은 기업들은 현지에서 어린 아이들을 고용해서 일을 시키기 때문에 비난의 대상이 되었다. 하지만 이런 식으로 경영하는 것은 나이키 뿐만이 아니다. 점점 더 많은 기업들이 아웃소싱을 통해서 제품을 생산하고 있다.

이런 추세는 더 값싼 생산노동력을 얻기 위해서 시작되었지만 이제는 고등기술을 갖춘 인력을 더 싸게 고용하기 위해서 사용되기도 한다. 여기서 중요한 점은 이러한 외부용역이 상식적인 선에서 통제할 수 있는 범위를 벗어나느냐 아니냐 하는 것이다.

다임러가 크라이슬러를 합병할 때에 '동등한 합병'을 하겠다고 주장했지만 이것은 말뿐이었다는 사실이 곧 드러났다. 이같은 행위는 비윤리적 행위인데 법원이 이 문제의 옳고 그름을 법적으로 판단할 것이다. 하지만 이러한 행위가 기업협상이라는 전쟁터와 권력을 얻기위한 투쟁에서 전혀 용인될 수 없는 부분이냐 하는 것은 여전히 논란의 여지가 있다.

■ 선두따라 하기 증후군의 허위

경쟁사를 따라하다가 동종업계의 대부분의 업체들이 비윤리적 행위에 발을 담그는 경우를 많이 보아 왔다. 저축대부조합산업과 1980년대와 그 이전의 방위산업체들이 바로 이런 범주에 속한다.

이처럼 무리를 지어 행동하는 데는 크게 두 가지 이유가 있다. 첫째, 다른 모든 기업들이 이렇게 하므로 무작정 따라해야 할 때가 있고 둘째, 그렇게 하지 않으면 경쟁에서 뒤처지거나 자사의 생존이 보장되지 않기 때문이다.

그러나 다시 생각해 보면 이런 생각이 잘못됐다는 것을 알 수 있다. 이런 일을 벌이는 무리나 집단이 올바르게 그리고 신중하게 행동하는 경우는 거의 없다. 이런 집단은 오히려 무모하고 방종해지기 쉽다. 단기적으로는 비윤리적인 행위나 불법적인 행위가 발견되지 않고 또한 외부의 강력한 반대에 부딪치지 않을 수 있다. 그러나 언젠가 반드시 처벌을 받게 된다.

■ 은폐하려는 문제는 반드시 발견된다

기업이 비윤리적인 행위를 은폐하는 경우 나중에 진실이 밝혀졌을 때는 사건이 발생한 처음부터 진실하게 대응했을 때보다 훨씬 더 심각한 결과를 불러일으킨다.

달콘 실드가 아주 좋은 예이다. 달콘 실드는 자사 제품을 사용한 고객의 부상 그리고 심지어 사망 사고까지 계속해서 부인하고 은폐하려 했으므로 소송에 휘말리고 결국 망하게 되었다. 또한 제너럴 모터스도 콜베어에 대한 안전보고서를 무시하고 강력한 비판세력을 제외시키는 방법으로 사실을 은폐하려했던 전과가 있다. 엑슨도 벨디즈호 때문에 큰 사고가 발생했을 때 책임을 다른 쪽으로 전가하려는 시도를 한 적이 있다.

다른 이들을 비난하거나 비난에서 벗어나려고 하는 것은 인간의 본성이다. 그러나 오늘날에는 언론의 추적과 일반대중의 감시 때문에 예전처럼 쉽게 책임을 회피할 수 없다.

■ 극단적인 비용감축의 위험

기업들은 회사사정이 좋을 때는 쉽게 비용을 지출하고 직원의 수를 늘리지만, 상황이 안 좋아지면 비용을 감축하는 데 주력한다. 그런데 이처럼 극단적인 방식으로 기업을 운영하는 것은 위험천만한 일이다. 과도한 비용지출이나 방대한 조직은 수익을 엄청나게 떨어뜨린다. 특히 경기가 좋지않을 때 수익저하가 더 두드러진다. 그러나 오히려 비용을 지출하는 것보다 과도하게 비용을 삭감하는 것이 더 위험할 수 있다.

인도 보팔에서 벌어진 사태와 알래스카 원유유출사태는 과도한 비용삭감 때문에 벌어진 재앙으로 안전대책에 심각한 손상을 가져왔다. 뿐만 아니라 환경에 발생한 여러 문제와 사고를 처리하는 과정에도 큰 영향을 끼쳤다.

알 던롭이 선빔과 스콧 페이퍼에서 시행했던 몇몇 정책들은 지나친 구조조정의 문제점을 단적으로 보여주는 예이다.

■ 대외적인 이미지의 중요성

일반인들이 기업을 어떻게 생각하느냐 하는 것을 기업의 대외적 이미지라고 한다. 제너럴 모터스, 유니온카바이드, 네슬레, 달콘 실드, 유나이트 웨이 저축대부조합, 제너럴 다이내믹스, 록히드 방위산업체, 엑슨 등은 기업 이미지가 훼손당한 대표적인 사례들이다. 이들 기업은 명백하게 잘못했으므로 언론의 공격을 받았다.

비록 이런 이미지 하락이 매출과 수익에 얼마나 해를 끼쳤는지를 명확하게 추산할 수는 없으나 무척 심각한 손상을 입었다는 것만은 분명한 사실이다. 아직도 많은 기업들이 기업 이미지의 중요성을 깨닫지 못하고 오히려 해치는 행위를 하고 있다. 또한 기업 이미지가 악화되었을 때 당하는 불이익과 좋은 이미지를 가진 기업이 누릴 수 있는 장점들을 간과하고 있다.

대외적인 이미지가 나쁜 기업은 부정적인 이미지에서 좀처럼 벗어나기 어렵다. 이는 소비자들의 신뢰, 종업원과 경영진의 능력, 채권자 또는 다른 업체와의 협조 등에도 영향을 준다. 조사기관의 감시대상이 될 수 있을 뿐 아니라 언론의 주목을 받게 된다. 언론은 기업 이미지에 영향을 받기도 하고, 때로는 새로운 이미지를 만들어 내기도 한다.

■ 언론의 힘

제너럴 모터스, 유니온 카바이드, 네슬레, 달콘 실드, 유나이트 웨이 저축대부조합, 제너럴 다이내믹스, 록히드 방위산업체, 엑슨, 존슨앤존슨 사건 등은 언론의 힘을 직접적으로 보여 준 예이다.

이들 언론은 기업의 대외적 이미지를 손상시킬 수도 있으므로 경영에 치명적일 수 있다. 언론은 문제를 확대시키거나 기업이 숨기고 싶어하는 무분별한 행위를 더 과장해서 보도할 수 있다. 보통 부정적인 측면을 강조하면 더 많은 인기를 끌게되므로 언론은 애써 그와 같은 측면을 강조하는 경향이 있다.

특히 유명한 기업이 관련된 사건에서는 언론이 대중의 집단행동에 불을 지르고 시위대와 비판자들의 수를 늘리는 데 일조하기도 한다. 그러나 존슨앤존슨의 타이레놀 사건의 예에서 볼 수 있듯이 언론을 긍정적으로 이용하면 눈앞의 위기를 지혜롭게 극복할 수도 있다. 기업의 대외적 이미지 또는 명성에 대해서는 다음과 같이 일반화시킬 수 있다.

- 기업이 고객을 만족시키기 위한 노력을 게을리하거나 사회와 환경보호분야에서 긍정적인 이미지를 잃게된다면 그 기업의 좋은 이미지는 금방 퇴색할 수 있다.
- 널리 알려진 대기업들은 대중의 감시를 벗어나기 힘들기 때문에 회사의 명성을 지키기 위해 주의깊게 행동해야 한다.
- 기업의 이미지를 향상시키는 것은 무척 어렵고 시간이 많이 걸리는 일이다.
- 광고판매제품의 품질과 안전도 가격책정 등 마케팅 노력이 대외적 이미지에 가장 큰 영향을 끼친다. 이러한 요소들은 가장 잘 드러나며 따라서 비난의 대상이 되기 쉽다.
- 환경보호단체와 에이즈 관련단체 등 특수이익집단은 언론의 집중보도를 통해 세력을 확보하기도 한다.
- PR을 통해서 대외적 이미지의 문제를 해결할 수 있는 경우는 거의 없다. 예를 들면 네슬레 엑슨

또는 방위산업체의 이미지는 PR을 통해서 해결할 수 있는 간단한 사안이 아니었다. 기업은 입으로만 떠들거나 언론에 홍보하는 것에 그치지 않고 기업전체의 역량을 쏟아 대외적 이미지를 더욱 향상시키기 위한 노력을 기울여야 한다.

● e매니지먼트㈜ 윤리경영연구소 나상억 소장, 경영지원실, 2011.07.22

토의과제

① 전세계적으로 효율적인 경영을 펼치는 월마트는 항상 최저가격으로 물건을 팔기 때문에 소비자들은 무척 좋아한다. 하지만 이 기업은 납품업자나 경쟁회사, 지역경제 그리고 타사 종업원들에게는 상대하기 싫은 불량배같은 존재일 수도 있다. 이럴 때 월마트가 한걸음 양보하여 다른 이들을 배려하면서 영업하는 것이 옳은가? 아니면 공정한 제3자가 나서 월마트에게 양보를 권유하는 방안에 대한 당신의 생각은?

② 나이키는 생산비를 줄이기 위해서 제 3세계 국가의 기업들에게 하청을 주고 있고, 점점 더 많은 기업들이 아웃소싱을 통해서 제품을 생산하고 있다. 이런 추세는 더 값싼 생산 노동력을 얻기 위해서 시작되었지만 이제는 고등기술을 갖춘 인력을 더 싸게 고용하기 위해서 사용되기도 한다. 무분별한 아웃소싱으로 인해 아동노동, 임금착취, 고용불안가중 등의 문제가 야기되고 있는데 이러한 문제를 야기시키는 기업활동은 흔히 전략적 경영의 이름하에 자행되고 있는데 이에 대한 상식수준의 통제의 필요성이 제기되고 있다. 여기서 말하는 상식주준의 통제는 어떤 의미이며, 그것은 과연 공정거래관점에서 기업과 사회 모두에게 수용될 수 있는 것인지 토의해 보시오.

③ 공정무역제품과 유기농제품, 재생에너지가 일반제품보다 비싸고 그와 관련된 기업들의 수익성이 비참여업체보다 떨어지는 것이 현실이다. 거기다 은행이나 정유업체, 자동차 회사 등 커다란 사회적 비용을 유발시키고 있는 기업들이 세계에서 가장 크고 수익성이 높은 위치를 차지하고 있다. 이런 현상에 대해 CSR 1.0을 비판하는 사람들은 기본적인 법 준수를 제외하면 시장자체가 힘을 가진 사람들의 경제적 이익에 부합하도록 설계되어 있기 때문이라고 주장하고 있다. 이러한 주장에 대한 당신의 입장과 당신이 생각하는 대안을 다른 사람들의 대안과 함께 토의해 보시오.

④ 앤더슨은 가장 최근에 발간한 《진보적인 기업가의 고백》에서 현대의 경제시스템은 붕괴했으며, 자신의 기업 또한 문제의 일부라고 인정했다. 그는 스스로를 악의적인 의도를 가졌거나 탐욕적인 목표를 추구하진 않았지만 기업이 사회와 환경에 미치는 부정적인 파급효과에 대한 문제를 다루는 데는 실패한 '약탈자(plunderer)'로 보았다. 그러나 불행히도 대부분의 기업들은 자신들이 안고있는 문제를 여전히 부인하고 있다. 이들은 "아무런 문제가 없다", "우리들의 문제가 아니다", "사소한 문제에 불과하다"라고 생각한다.
이러한 기업들의 대응방식은 경영자들의 의식의 문제인가, 아니면 기업조직의 존재양식에 기인한 것인가? 그리고 이에 대한 사회적 차원의 해결방안으로 어떤 것을 제안할 수 있는지 토의해 보시오.

⑤ W. Visser가 말하는 소위 CSR 2.0에서 채택하고자 하는 총체적 접근방법의 구체적 내용을 CSR 1.0과의 비교를 통해 정리하고 그 타당성 여부에 대해 토의해 보시오.

제 3 부

CSR에 대한 이해관계자 접근

모든 조직은 일반 유기체가 그렇듯이 외부환경에 어떻게 적응하는가에 따라 생존여부가 결정된다. 앞에서 보았듯이 이해관계자들은 기업의 내·외부환경을 구성하는 핵심요소다. 이해관계자는 재화와 서비스를 기업에게서 제공받지만, 기업은 사업을 계속하는 데 필요한 사회적 정당성을 확보하려면 공급자, 고객, 종업원, 주주, 기타 이해관계자들에게 의존해야 한다. 따라서 이해관계자들이 기업을 어떻게 평가하는가는 기업이 무엇을 하는가 만이 아니라 어떻게 하느냐에 달려 있다. 우리는 이 '어떻게'를 구상하는 데 있어 이해관계자 접근이 21세기 글로벌 기업환경에 대응하고자 하는 기업들에게 가장 적합한 대안이라고 생각한다. 물론 이 외에도 기업 내부의 핵심역량에 기반을 둔 프라할라드와 하멜(C.K. Prahalad & Gary Hamel)의 자원기반관점(Resource Based View)이나, 5세력 모델(five-forces model)을 기반으로 한 포터(Michael Porter)의 산업조직론적 접근이 '어떻게'를 구상하는 유용한 대안으로 평가되고 있으나 각기 CSR을 구현하는 데는 치명적인 약점을 지니고 있는 것도 사실이다. 전자인 자원관점의 경우 기업내부특성에 초점을 맞춤으로써 기업이 영위되는 외부환경을 소홀히 한다는 점을 들 수 있다. 후자인 산업관점의 경우 기업경영을 생존을 위한 제로섬 게임으로 간주함으로써 이해관계자들과의 관계는 대립적으로 설정될 수밖에 없고 기업이 살아남기 위해서는 상대적 우위를 점하기 위한 전투에서 이해관계자를 쓰러뜨려야 한다. 다시 말하면 고객이나 공급자의 이익은 기업의 불이익이 된다는 것이다. 이는 CSR에서 주장하는 기업의 책임과는 양립할 수 없는 시각이다. 더구나 포터가 제시한 5개 세력에는 기업의 이해관계자 중 구매자, 공급자, 경쟁자의 셋만 포함되어 있다. 기업경영과 CSR에서 중요하게 다루어야 할 지역사회, 정부처럼 기업의 경쟁환경을 극적으로 바꿀 수 있는 중요한 이해관계자가 빠져있다.

제3부에서 우리가 다루고 있는 이해관계자 접근에 서면 기업은 자신의 활동으로 인해 영향을 받는 외부의 여러 구성원이 누구인지 확인할 수 있고 동시에 이해관계자들 간에 서로 모순되는 요구들의 우선순위를 정할 수도 있다. 또한 CSR에 대한 이해관계자 접근을 전략기획과 일상적인 기업운영에 통합시킴으로써 기업은 이해관계자들의 요구에 보다 효과적으로 대응할 수 있다. 아울러 외부환경에 대한 적극적인 대응을 통해 기업은 지속가능경영의 선순환과정에 편승할 수 있게 된다. 반면 점점 더 글로벌화하고 상호연결된 세계에서 핵심 이해관계자들을 무시한다면 기업은 세찬 저항을 받아 좌초될 위험에 빠지게 되어 자칫하면 기업의 생존 자체가 위태롭게 될 수도 있다.

이런 관점에서 제3부에서는 기업과 이해관계자, 기업과 공공적 이슈, 기업의 사회적 대응관리 등의 주제로 시스템론에 입각해서 주요 이해관계자들의 기업활동에 대한 영향력과, 기업의 주요 이해관계자와의 상호작용방식 등에 대해 살펴보고자 한다.

제7장

기업과 이해관계자

INTRODUCTION

Walmart의 딜레마[1)]

Walmart는 세계 최대의 백화점 기업으로 2009년 1월 31일 마감된 회계연도 매출액이 4,010억 달러이다. 미국 내에서 Wal-Mart Stores, inc.는 4,200여 개 매장을 운영하고 있다. …국제적으로는 전 세계 16개 시장에서 3,600개 매장을 운영하고 있다. …미국의 140만여 명을 포함하여 전 세계에서 200만 명 이상을 고용하고 있다.[2)]

Walmart는 매우 성공적이고 영향력있는 기업으로 연간 총 수입이 "세계 거의 30개 나라의 경제력보다 더 크고"[3)] 더 빨리 성장하고 있다. 이런 성공의 바탕에는 비용 최소화라는 기업전략이 있는데 바로 이런 전략은 이해관계자들에게 여러 가지 방식으로 영향을 끼치는 많은 정책과 결정에 의해 달성되고 있다.

"Wal-Mart는 양날의 칼이다. 그것도 아주 예리한 칼이다"라고 말해진다. "가격측면에서 소비자들이 좋아하는 그 무엇, 즉 싼 가격이 아니면 Wal-Mart가 그렇게 문전성시를 이루지 않을 것이다. 반면에 Wal-Mart는 저임금 노선을 강하게 견지함으로써 자기회사에서 일하는 사람들만이 아니라 주변지역 사회에게도 임금과 소득증가를 갉아먹는 수많은 질 낮은 일자리를 만들고 있다."[4)]

Walmart에게는 잠재적인 위험이 많이 있다. 소비자들이 지금 회사가 제공하는 싼 가격을 좋아하기 보다 오히려 회사가 경제와 사회에 미치고 있는 부정적 영향을 더 많이 우려한다면 어떻게 될까? 지방 소도시에서 대형마트가 미치는 영향을 우려하는 지방정부들은 이미 Walmart의 성장을 제약하고 있다. 더 많은 월급을 받을 수 있는 일자리가 있어도 종업원들은 Walmart에서 계속 일하겠다고 할까? 공급업체들은 Walmart의 시장 규모와 범위를 즐기면서도 동시에 가격인하압력을 두려워하는 이해관계자들이다. 이런 다양한 이해관계자들의 반응은 장기에 걸쳐 Walmart의 사업전략에 어떤 영향을 미칠까? CSR관점에서 본 이 회사의 전망은 어떨까? 다음 질문에 대해 생각해 보자.

Walmart는 사회에 유익하다? 그렇다!

☺ 소비자를 위한 낮은 가격(저 인플레이션)

☺ 경제적으로 어려운 지역에 좋은 일자리

☺ 다양한 영역의 상품

☺ 공급망 관리(SCM)를 새로 정의하고 기술주도의 효율성을 추구함

☺ 생산성 향상

Walmart는 사회에 유익하다? 아니다!

☹ 해외 공급자에게 일자리 빼앗김

☹ 노동자들의 단체 대표권에 대한 강력한 반대

☹ 상대적으로 낮은 임금과 수당

☹ 경쟁자들(때로는 공급자까지)의 사업포기로 인한 경쟁과 소비자 선택 감소

☹ 직장 내 차별, 불법 이민자 채용, 시간외 수당 지급거부 등을 둘러싼 법적 소송

---

1) Werther, Jr., W.B. & Chandler, D.(2011), *Strategic Corporate Social Responsibility*, 양춘승옮김(2012), 기업의 사회적 책임과 전략, 동서미디어, pp.69-70.

2) http://walmartstores.com/FactsNews/참조.

3) TimWeiner, "Wal-Mart Invades, and Mexico Gladly Surrenders," *New York Times*, Dec. 6, 2003.

4) Constance L., Hays, "When Wages Are Low, Discounters Have Pull," *New York Times*, Dec. 23, 2003.

학습목표

시스템론, 주요 이해관계자, 기업의 직접적 이해관계자와 간접적 이해관계자, 주요 이해관계자의 권력, 주요 경영환경(정부, 경제, 환경, 기술 등)이 기업경영에 미치는 영향력, 리엔지니어링, 사회계약, 인적자본, 지식경제, 환경보호

기업은 개인, 조직, 사회의 다양한 부문들과 매우 복잡한 관계를 맺고 있다. 이러한 관계는 경영자에 대해서 세심한 배려와 행동을 요구한다. 어떤 조직도 강약의 차이는 있으나 이해관계자(stakeholder)의 영향으로부터 자유로울 수 없다. 이해관계자와의 관계여하에 따라 기업은 시장과 시장 외 부문 양쪽 모두의 환경에 대해 어떤 행동을 취해야 할 것인지 결정하게 된다. 최신기술, 경쟁, 일반시민의 의식변화, 환경보호에 대한 관심, 정부의 정책 등의 여러 측면에서 경영자는 기업활동을 둘러싼 이해관계자의 다양한 요구에 직면하고 있다. 그와 동시에 경제적 성과도 달성해야 한다.

이 장에서는 다음과 같은 주요한 문제의식에 초점을 맞추어 논하기로 한다.

- 왜 기업과 정치와 사회는 서로 밀접하게 관련되어 있는가?
- 기업은 사회의 다른 부문들과 어떤 관계에 있는가?
- 기업에 있어 직접적 이해관계자는 누구이며, 간접적 이해관계자는 누구인가?
- 왜 이해관계자는 기업에 있어서 중요한가? 또, 기업의 존속에 어떤 영향을 미치고 있는가?
- 21세기 기업환경을 개척해 나가기 위해서는 어떤 변혁능력이 필요한가?

01 기업의 경영환경

매일같이 신문지상을 채우는 많은 사건들이 기업과 경영자의 의사결정으로부터 발생하고 있다. 이와 같은 의사결정이란, 신제품, 고용정책, 광고, 생산이나 제조를 위한 입지, 마케팅전략 및 미래의 연구개발활동에 관한 것이다. 현대사회에 있어서 기업활동의 양상은 다이나믹하고, 다양하고, 또 끊임없이 변화하고 있다. 활기로 가득 차있는 사건도 있는

가 하면, 정체하고 있는 것도 있다. 그러나 기업활동의 영역에서 이루어지고 있는 의사결정 중에서 많은 것은 세계 속에서 '기업과 사회'의 관계를 형성하고 있는 시대의 조류와 근원적인 영향력이 반영되고 있다. 다음은 이에 대한 실례이다.[5)]

① 여름은 바캉스, 여행의 계절이다. 그러나 최근 항공업계는 단체교섭시기를 맞아 노사간 긴장이 고조되고 있다. 예를 들면, 유나이티드 항공의 조종사들은 조종사 노조와 사측과의 노사교섭이 타결되지 않고 오래 끄는 동안 무계약 상태로 업무에 임하고 있었다. 결국 2000년 여름동안, 유나이티드 항공에서는 불만을 품은 조종사들이 초과근무를 거부했다. 이것이 악천후와 공항혼잡으로 악화되고 있던 항공 스케줄을 더욱 악화시켰다. 그 결과 회사도 승객도 모두 악몽과 같은 시간을 보냈다. 결국 유나이티드 항공은 1개월 동안 2500회 이상의 비행 스케줄을 취소하게 되어 수억 달러의 손실을 보게 되었다. 상황을 한층 더 악화시킨 것은 고객들이 지금부터는「프렌드리 스카이(유나이티드 항공)」은 이용하지 않겠다며 경쟁 항공회사로 옮겨가기 시작했다는 점이다.

② 투자가에게 쇼크를 준 뉴스가 있었다. 미국과 유럽정부는 휴대전화의 서비스 프로바이더로 첨단을 달려온 스프린트(Sprint)사를 매수하기 위한 MCI월드컴(MCI/WorldCom)사의 신청을 기각했다. MCI월드컴사 그 자체가 이전에 합병한 기업이다. 월드컴은 MCI보다 규모는 작았지만, 실적이 좋은 글로벌 통신기업으로 MCI를 340억 달러에 매수하였다.[6)] 스프린트사의 매수신청을 거부한 것에 대해 미 법무성과 EU의 공무원들은 '경쟁정책'에 근거하여 이 합병이 미국과 유럽의 전기통신서비스에 반경쟁적인 영향을 미친다고 말했다. 소비자 그룹과 경쟁상대인 복수의 기업도 그 매수에는 반대하고 있고, MCI월드컴이 이전의 합병 시에 선언한 계약을 준수하지 않은것에 강한 의문을 제기하였다. 이러한 경위에 비추어 정부의 공무원들은 MCI월드컴이 미국과 유럽의 다른 기업에 대해 부당한 경쟁을 하지 않는다고 약속했지만, 그것을 준수할 것으로 기대하기에는 많은 의문이 있다고 표명했다.

③ 워너램버트(Warner-Lambert)는 세계적인 제약회사로 뉴저지주의 모리스프레인에 본사가 있다. 미 법무성에 의하면, 동사는 푸에르토·리코(Puerto Rico)의 폐수처리 공장으로부터 배출되는 오염수준에 대해 허위보고를 하여 그 대가로 300만 달러의 벌금이 부

---

5) Post, J.E., Lawrence, A.T. & Weber, J.(2002), *Business and Society: Corporate Strategy, Public Policy, Ethics(10th ed.)*, The McGraw-Hill Companies, Inc. p.4.

6) 이 금액은 1991년 엑손모빌의 합병 때, 1000억 달러와 2000년의 독일 텔레콤과 보다폰의 합병 때 제안된 1250억 달러로 인하여 존재가 흐미해졌다.

과되었다. 또 동사는 허용도를 넘은 오폐수를 3년간 347회에 걸쳐서 무단방류한 사실로 고발되어 67만 달러의 민사벌금을 지불하였다. 공장관리자는 대장균, 금속류, 석유, 유지를 포함한 34종류의 오염물질에 관한 폐수샘플의 수집과 분석을 적절히 하지 않았다는 과오를 인정했다. 그 결과 그는 금고 2년 3개월의 형벌을 부과받았다.

④ 이스트만·코닥(Eastman Kodak)사의 임원이 조직개혁을 공표했을 때, 뉴욕주 로체스터의 시민들은 커다란 불안감을 가졌다. 로체스터에서 '빅·파더·옐로우'(Big Father Yellow)로 불리는 코닥사는 오랫동안 그 시에서 최대의 고용자주이자 납세자이며, 상품과 서비스의 구매자였다. 코닥사는 세계적으로 지명도 높은 회사로서 사진필름과 화상장치를 세계에 판매하고 있다. 몇 십년간이나 사진필름사업을 독점하고, 고가전략을 통한 고수익을 실현하기 위해서 시장 지배력을 행사해 왔다. 그러나 이러한 가격전략은 새로운 경쟁을 일으키는 요인이 되었다. 일본의 후지필름이 저가격과 고품질로 미국시장에 참가하였다. 코닥사는 후지필름에 시장 점유율을 빼앗겨 회사의 실적이 악화되자 새로운 글로벌 경영으로 중점을 이동할 것을 공표하고 종업원 1만명의 고용조정을 발표했다. 코닥사는 종업원에게 명예퇴직금과 전직알선을 약속했다. 로체스터 시장은 정리해고된 종업원의 재취업을 확신한다고 말하며, 언론에 코닥사의 공약에 감사한다는 뜻을 표명하였다. 2000년에는 중국이 코닥제품의 세계 제2위의 마켓이 되었다.[7)]

이상의 예를 통해 우리는 현대의 경제체제하에서 기업활동에 영향을 미치고 있는 강력한 요인들이 있음을 알 수 있다. 왜 MCI월드컴사는 스프린트사(Sprint)를 합병하고 싶어했는가, 또 당국은 왜 이에 반대하여 규제하려고 했는가, 왜 코닥사는 사업구조를 재편성하고, 중국시장에 관심을 가지지 않으면 안 되었던 것일까? 기업활동의 경쟁형태변화는 월드컴이나 코닥과 같은 기업의 경영계획에 영향을 미치게 된다. 새로운 기술은 많은 이익을 낳지만, 동시에 어떤 제품은 시대에 뒤떨어짐으로써 제품생산 그 자체를 중지하지 않을 수 없다. 경쟁은 새롭고 우수한 제품을 만들어 내야하는 압력을 낳는다. 그러나 제품이나 서

7) 지난 1880년대 설립된 코닥은 아날로그 카메라에 쓰이는 필름 제조업체였다. 1975년 디지털카메라를 처음 발명하면서 사진에 혁신적인 변화를 가져왔다. 당시 "버튼을 누르기만 하세요. 나머지는 우리가 다 알아서 합니다"라는 슬로건을 내걸어 디지털카메라를 홍보했다. 하지만 필름판매가 줄어들 것을 우려해 디지털카메라 사업에 소극적으로 일관했고, 결국 후발주자들에게 시장을 내줘야 했다. 그 이후 몰락해 2012년에는 뉴욕 연방법원에 파산보호를 신청하기에 이르렀다. 구조조정 일환으로 코닥은 상징성을 지니고 있었던 카메라 제조에서 손을 뗐다. 그러나 1년 만인 2013년에 파산보호를 졸업했고 지난해에는 연간 적자규모를 7500만달러로 전년 1억 1800만달러에 비해 많이 줄였다. 올해 1월 코닥은 새로운 카메라를 출시할 계획이라고 밝혔다. 디지털 뷰파인더를 갖추고 있으면서도 아날로그의 특징을 지닌 중간형태의 카메라에 대한 수요가 있다고 판단한 것이다. 권소현기자, 이데일리, 2016.03.16.

비스가 개인의 프라이버시와 같은 고객의 권리를 침해하면 윤리적 문제를 일으킬 수도 있다. 유나이티드 항공이나 코닥의 사례는 종업원, 투자자, 기타 고객의 이해가 교차하고 때로는 대립하는 것을 보여주고 있다. 이러한 충돌은 올바르게 행동해야 하는 기업의 과제를 복잡하게 만들고 있다. 자연환경의 중요성, 기업과 경영자에 의한 불법행위로부터 일반시민을 보호하기 위한 정부의 규제 필요성은 워너램버트(Warner-Lambert)사에 대한 법무성의 소송으로 명확하게 나타났다. 이러한 예는 모두 기업과 기업활동이 이루어지는 장소인 사회와의 사이에는 복잡하지만 도전할만한 점이 존재한다는 것을 보여주고 있다.

모든 기업활동은 사회 속의 다양한 사람, 집단, 조직과 복잡한 관계를 형성하고 있다. 어떤 것은 의도했던 대로 바람직한 것이고 어떤 것은 예기치 않게 바람직하지 않은것도 있다. 바람직하든 바람직 하지 않든, 자발적이든 그렇지 않든 기업활동과 관련된 사람과 조직은 기업의 결정, 행동, 업무 등과 일정한 이해관계를 갖고 있다. 고객, 공급업자, 종업원, 오너, 채권자, 커뮤니티는 기업이라는 경제활동에 의하여 영향을 받고 있다. 그들은 기업과 이해관계를 가지고 있고 그들의 지지여부는 기업활동의 승패를 좌우하는 중요한 요인이 되고 있다.

현대의 기업은 규모의 대소에 관계없이 거대한 글로벌 비즈니스 시스템의 일부이다. 인터넷이 커뮤니케이션의 영역을 확대함에 따라 기업은 더욱더 지식 창조적이어야 하고, 세계에서 일어나고 있는 사회문제, 사건, 이해의 대립 등에 대해 자세하게 알수 있게 된다. 종업원 수가 50명이든 5만명이든 관계없이 기업이 고객, 공급업자, 종업원, 커뮤니티 등과 연결되어 있다는 것은 이들이 다방면에 걸쳐 기업의 성공여부를 결정하는 강력한 영향요인임을 말해준다. 그러므로 기업, 정부, 사회라는 3자 사이의 관계를 시민의 입장과 경영자의 입장 양쪽 모두로부터 이해하는 것이 중요하다. 커뮤니티 속의 일반시민으로서의 견해든, 혹은 경영자, 종업원, 또는 기업가로서의 견해든, 우리 개개인은 기업환경이 강한 힘으로 기업의 운명을 좌우하고 있다는 점을 인식할 필요가 있다. 성공하는 기업은 경제적 활동과 사회적 활동을 어떻게 융합할지를 연구하고 있다. 또 성공한 경영자는 기업활동의 확대를 꾀하면서 동시에 전체적으로 이해충돌을 최소화하여 이익을 최대화함으로써 가치를 만들어 내고자 하고 있다.

02 기업 · 정부 · 사회의 상호의존시스템

앞의 예에서 본 것처럼, 기업, 정부, 사회의 각 요인들은 서로 강한 상호의존관계에 있다. 기업활동은 사회 속의 여러 요인에 충격을 주고, 정부의 결정은 대부분의 경우 직접적으로 또는 간접적으로 기업활동에 영향을 미치게 된다. 물론 기업과 정부 양자의 의사결정은 연속적으로 사회의 다른 여러 영역에 영향을 주고 있다. 이러한 상호의존관계를 조정해 나감에 있어 경영자는 여러 외부요인과 기업과의 중요한 관련성을 이해함과 동시에 경영자 자신이 사회시스템과 경제시스템으로부터 어떠한 영향을 받고있는지, 또 경영자의 의사결정에 따라 그러한 시스템에 어떠한 영향을 미치고 있는지 등을 이해할 필요가 있다.

2.1 시스템론의 관점

일반시스템이론은 경영사상에 큰 영향을 미쳤다. 시스템이론에 의하면, 모든 생물 유기체는 자신이 속해있는 환경 속의 다른 여러 요인들과 상호작용하면서 영향을 주고받는다. 생존의 비결은 적응하는 능력이다. 즉 변화해 가는 환경상황에 적절히 대응해 나가는 것이다. 현대의 주식회사와 같은 유기체에 대한 시스템 분석은 경영자가 기업과 다른 세계와의 관계를 올바르게 인식하는 데 커다란 도움을 준다.

기업과 정부 그리고 사회의 상호 관련성에 관한 가장 일반적인 견해는 국민의 경제활동, 정치생활, 문화 사이의 시스템적 관계를 강조하는 사회적인 관점이다. 어떠한 사회든 경제적, 정치적, 문화적인 영향이 서로 융합하고 있다. 이러한 요인들의 융합은 기업, 정부, 커뮤니티 등의 조직이 사회속에서 수행하고 있는 역할을 나타내고 있고, 사람, 제도, 이념 등으로부터 발생하는 기대를 나타내고 있다.[8)] 바꾸어 말하면 우리의 활동장소인 「현실」은 경제와 정치와 문화의 영향력이 융합한 것이다(그림 7-1 참조).

또한 기업활동은 많은 사업, 산업, 섹터 등과 연관되어 있다. 정부에는 지방정부, 중앙정부, 그리고 점점 더 중요시 되고있는 글로벌 정치환경이 포함된다. 또 사회는 많은 부문

8) Putnam, R. D.(1995). Bowling alone: America's declining social capital. *Journal of democracy*, 6(1), 65-78.

그림 7-1 기업환경시스템

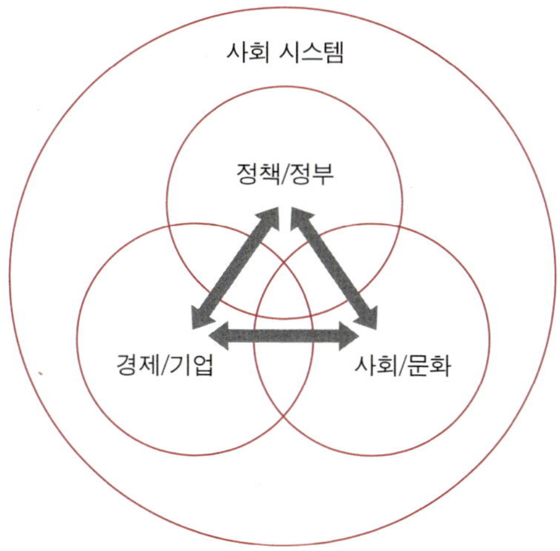

출처 : Post, J.E., Lawrence, A.T. & Weber, J.(2002), *Business and Society: Corporate Strategy, Public Policy, Ethics(10th ed.)*, The McGraw-Hill Companies, Inc. p.6.에서 수정 인용.

(segment), 집단, 그리고 이해관계자로 구성되어 있다. 과거기업은 시장을 통해서만 다른 요소와 서로 연관되어 있다고 생각되었으나 이제 기업과 사회는 많은 시장 외적부문에서도 서로 밀접하게 상호작용하는 관계를 형성하고 있는 것으로 인식되고 있다. 경제적인 요인과 동일하게 문화적, 정치적인 제요인의 영향을 받아 기업의 의사결정이 이루어지고 있음은 주지의 사실이다. 또한 기업은 사회의 정치와 문화에 영향을 주고있는 것도 사실이다.

나아가 지역 간, 국가 간의 지리적 격리는 정보통신기술과 인터넷의 발달로 더이상 문제가 되지 않게되어 시장은 말 그대로 글로벌 마켓으로 바뀌고 있다. 특히 최근 SNS의 급속한 확산은 지리적, 문화적 차이와 상관없이 세계의 각 지역사람들 간의 소통을 촉진하고 있다.

이처럼 기업과 사회 간의 밀접한 관계가 가져오는 결과의 하나는 연못에 던진 작은 돌이 멀리 퍼져나가는 파문을 일으키듯이 많은 기업의 의사결정이 사회적인 영향력을 갖게 된다는 것이다. 그리고 또 하나의 귀결은 기업의 성공이 사회의 그 기업에 대한 행동과 태도에 의해 결정된다는 것이다. 때로 기업은 사회로부터 요구되는 무거운 과제를 이기지 못해 질식하는 경우도 있다. 세금은 투자된 자금의 재이용이 가능한 범위내에서 결정되든가, 혹은 자본이 세부담이 낮은 국가로 이전하는 것을 막을 수 있는 수준에서 결정되어야 한다. 환경규제에 따라서는 어떤 산업의 경우 높은 코스트의 유발로 인해 사업을 계속해 나가기가 힘들다거나, 또는 기술적으로 무리가 있다는 것이 밝혀짐으로써 공장폐쇄나 실업자를 양산하게 될 수도 있다.

노동조합이 회사의 지불능력 이상의 임금이나 근로조건을 요구하면 그 기업의 경쟁력은 떨어질 수밖에 없다. 그러므로 기업의 의사결정은 사회에 긍정적인 면과 부정적인 영향을 미칠 가능성이 있다. 또 사회의 요구는 기업활동의 성공여부에 커다란 영향을 미치게 된다.[9]

2.2 이해관계자의 개념

기업이 극히 빈번하게 또 밀접하게 사회와 상호작용하는 경우에 기업과 다른 집단들과의 사이에 이해의 공유와 상호의존관계가 발전해 간다. 즉 조직은 이해관계자와 상호작용하고 있는 것이다.[10] 이해관계자(stake holders)란, 「조직의 결정, 정책, 운영에 영향을 미치거나, 혹은 조직으로부터 영향을 받는 사람이나 집단 등의 이해관계자」를 일컫는다. 이해관계자의 수와 그들이 가지는 이해의 다양함은 매우 폭넓어 기업의 결정을 극히 복잡하게 만들가능성이 있다. 이해관계자에는 기업이 생성하는 이익을 나누어 갖는 경우가 있는가 하면 기업활동으로 발생하는 리스크를 부담하는 경우도 있다. 물론 이익을 얻는 사람이 반드시 리스크를 지는 사람이라고는 할 수 없다. 뛰어난 결정은 이해관계자들의 욕구를 고려하면서 그 결정이 미치는 효과에 대해 충분한 주의를 기울임으로써 얻어질 수 있다. 상호대립하는 의견을 비교검토하는 것은 경영자의 여러 가지 업무가운데 가장 중요한 것이라 할 것이다.

기업과 이해관계자 간의 관계는 세월의 경과와 함께 바뀌어 왔다([자료 1] 참조: 이 자료는 IBM에서 이해관계자의 개념이 어떻게 발전해왔는지를 보여주는 예이다). 과거에 경영자는 단순하게 그들의 제품을 제조하거나 구매하는 이해관계자에게 주의를 기울이는 것만으로도 충분했다. 그렇기 때문에 제품과 서비스를 가능한 한 효율적이고 효과적으로 시장에 공급하는 것에 집중하면 그것으로 족했다. 관련성이 깊은 이해관계자의 수는 삼각의자로 그려지고 있었고, 그것은 종업원, 투자가, 고객으로 한정되어 있었다. 오늘날 기업활동은 한층더 복

9) Frederick, W.C.(1995), *Values, Nature, and Culture in the American Corporation*. New York: Oxford University Press

10) Freeman, R.E.(1984), *Strategic Management: A Stakeholder Approach*, Marshfield. MA: Pitman. 1984: Donaldson, T. and Preston, L.E.(1995) "The Stakeholder Theory of the Corporation: Concepts, Evidence, Implications," *Academy of Management Review*, January 1995, pp.71-83.

IBM: 삼각의자의 시대는 끝났다?

IBM은 세계에서 가장 성공한 기업조직의 하나로서 다음은 IBM 내에서 이해관계자의 개념이 어떻게 발전해 왔는지를 보여주는 좋은 사례가 되고 있다.

- 토마스. J. 왓슨(Thomas J. Watson, Sr.)은 1950년대에 IBM의 회장으로, 경영자의 역할은 종업원, 고객, 그리고 주주라는 3각으로 이루어져 있는 의자의 균형을 잡기위한 역할을 담당하는 것이라고 말했다. 3자의 동등성을 강조하기 위해서 왓슨은 연설이나 회합에서 3개의 집단을 언급하는 경우 항상 순서를 바꾸었다. 이때 벌써 중요한 주체가 이해관계자라는 생각을 하고 있었던 것이다.
- 이에 더하여 왓슨의 아들인 토마스. J. 왓슨 주니어는 1990년에 출판한 IBM에 관한 그의 저서에서 상기의 3개 집단 외에 다수의 다양한 이해관계자가 출현하고 있다는 것을 강조했다. 이러한 이해관계자란, 커뮤니티, 예술단체, 대학, 외국정부, 그 외 다수가 있었고 이들은 왓슨 쥬니어가 리더십을 발휘했던 시대에 회사와 상호작용해 나갔다.
- 존 에이커(John Akers)는 주주나 채권자와 같은 중요한 이해관계자의 기대에 부응할 수 없었기 때문에 1993년에 IBM의 최고경영자(CEO) 자리를 퇴임하게 되었다. 다수의 다리로 구성된 의자는 균형을 잃어 버렸다. 투자가는 다시 권력의 자리에 올라 에이커를 퇴직시켰다.
- 에이커의 후계자인 루이스. V. 거스너(Louis V. Gerstner, Jr.)는 회사의 모든 이해관계자와 상호작용할 것을 역설하고, 1990년대 말에 IBM의 사운을 180도 전환하는 눈부신 성공을 이끌어냈다. 그 결과 IBM의 모든 이해관계자에 이익을 주었다. 이와 같은 이해관계자에는 투자가, 종업원, 고객, 커뮤니티, IBM이 공동으로 참가하는 프로그램에 의해 지원받는 많은 교육기관이 포함되어 있었다.

● 출처 :Post, J.E., Lawrence, A.T. & Weber, J.(2002), *Business and Society: Corporate Strategy, Public Policy, Ethics(10th ed.)*, The McGraw-Hill Companies, Inc. p.9.

잡하게 되어 중요한 이해관계자의 수도 증가했다. 경영자는 회사의 모든 이해관계자의 이해관계에 귀를 기울여 균형을 유지하기 위해 적극적으로 노력하고 있다. 만약 각각의 정당한 관심사를 무시할 경우 이해관계자는 사업에 손해를 수는가, 혹은 기업에 협력하는 것을 거부할 것이다.

긍정적인 면에서 기업의 이해관계자는 문제가 발생했을 경우에 회사를 지지하고 협력해주는 믿음직한 존재가 될 수 있다.

앞의 제1장 도입부에서 소개한 매사추세츠주 로렌스시의 몰덴밀스(Molden Mills)사는 공장이 전소할 정도의 대규모 화재가 있었다. 회사의 오너인 아론 퓨어스타인(Aaron

Feuerstein)이 회사를 이전하지 않고 그 도시에서 공장의 재건을 표명하자 몰덴밀스사의 이해관계자그룹은 회사의 재건을 적극적으로 도왔다. 회사재건을 위해 종업원, 그 지역의 공무원, 주지사, 주 의회의 리더, 저명한 비즈니스 리더 등이 지원을 아끼지 않았다. 주 하원의원이나 상원의원은 정부의 노동성 장관이나 대통령에게 회사를 지원하기 위해서 연방법에 따르는 구제조치를 할 수 있도록 설득하였다. 마침내 회사는 재건되어 실질적으로 모든 종업원이 새로운 공장에서 일할 수 있었다. 퓨어스타인 사장은 비즈니스 히어로로 초빙되어 많은 상과 명예로운 칭호와 칭찬을 받았다. 그는 모든 명예를 회사재건을 위해 애써준 지역의 각 구성원들에게 돌리며, 기업의 많은 우호자나 지원자에게 감사의 말을 잊지 않았다.

부정적인 면으로는 많은 기업이 이해관계자의 희망을 무시함으로써 비롯된 비난과 고통이다. 그것은 이해관계자가 잘못되어 있다는 생각때문이라든가, 혹은 불만을 갖고있는 소비자, 종업원, 정부의 감시위원들은 그다지 중요하지 않다는 잘못된 생각으로부터 야기된다. 그런 방만한 태도는 자주 회사에 커다란 손실을 초래하게 된다. 오늘날에는 예를 들면, 건축업자는 주민의 반대가 강한 지역에서는 공장을 짓지 못한다는 것을 잘 알고 있다. 발전소, 쓰레기 소각로, 혹은 주택을 건설하기 위해서는 지역주민들과 함께 작업을 진행시켜나감과 동시에 상황에 따라 지역주민들과 상호신뢰관계를 유지할 필요가 있다. AT&T사의 전 회장인 존 데벗(John deButts)은 삼각의자의 이해관계자에 대하여 다음과 같이 말하고 있다. "불쾌한 일이 반복해 일어나는 분위기에서는 삼각의자의 정상적인 가구기능을 전혀 완수할 수 없다. 마치 나무에서 고기를 구하는 것과 같은 것이다"[11)]라고 하였다.

오늘날 대부분의 이해관계자는 기업활동에 대해 마치 바늘로 찌르는 것과 같은 힘을 갖고 있다. 그러나 몰덴밀스사의 예가 보여준 바와 같이 이해관계자와의 관계는 회사의 자산 중에서도 매우 중요한 것이다. 많은 전문가나 경영자층에의하면 이해관계자와의 네트워크는 오늘의 기업에 있어 조직이 갖는 부의 원천이다.[12)] 그러한 부를 구축하고 손실로부터 지키기 위해서는 기업은 광범위하고 다양한 이해관계자의 요구를 고려한 어프로치를 필요로 하게 된다. 기업활동은 사회나 정치와 전혀 관련이 없는 상태에서 수행할 수 없을뿐더러 뛰어난 경영전략은 이러한 뒤얽힌 이해관계자와의 문제를 고려해야만 한다.

---

11) deButts, J.(1978), "A Strategy of Accountability." In William Dill, ed,. *Running the American Corporation*. Englwood Cliffs. NJ: Prentice Hall, p.141.

12) Post, J.E., Preston, L.E. and Sachs, S.(2001), *Redefining the Corporation; Stakeholder Management and Organizational Wealth*, Palo Alto: Stanford University Press.

2.3 직접적 이해관계자와 간접적 이해관계자

기업은 다양한 방법으로 사회와 상호작용을 하고 있고, 기업과 이해관계자와의 관계도 상대에 따라 달라진다.

[그림 7-2]는 기업이 유익한 제품과 서비스의 공급이라는 중요한 목적을 수행하는 능력에 영향을 미치는 집단과의 상호작용관계를 보여주고 있다. 투자가(주주)와 채권자는 회사에 금융자산을 제공하고, 종업원은 작업기능과 지식으로 공헌하고, 공급업자는 원재료, 에너지 자원, 기타 용품을 공급한다. 또 도매업자나 유통업자, 소매업자 등은 공장으로부터 판매점이나 소비자에게 제품을 이동하는 역할을 담당하고 있다. 모든 기업은 제조된 제품이나 서비스에 대해서 만족하고 대가를 지불하는 고객을 필요로 하고 있다. 그리고 대부분의 기업은 시장에서 유사한 제품이나 서비스를 제공하는 다른 기업과 경쟁하게 된다. 이러한 것은 어떤 기업에 있어서도 사회와 연결되는 기본적인 상호작용이며 이러한 상호작용은 기업의 주요한 경제적 사명을 정의하는데 도움이 된다.

기업이 사회와 갖고있는 주요한 관계에는 고객을 위해 제품이나 서비스를 산출한다는 중

그림 7-2 기업과 직접 이해관계자와의 관계

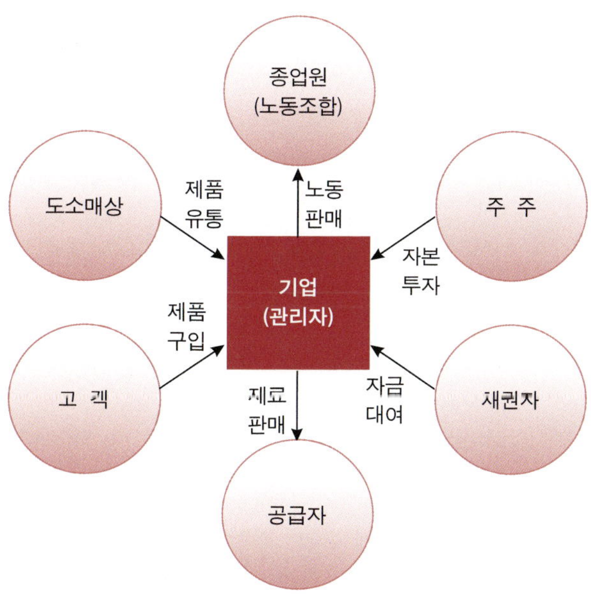

출처 : Post, J.E., Lawrence, A.T. & Weber, J.(2002), *Business and Society: Corporate Strategy, Public Policy, Ethics(10th ed.)*, The McGraw-Hill Companies, Inc. p.11.

요한 사명을 수행하는데 빠뜨릴 수 없는 모든 직접적인 관계가 포함되어 있다. 이러한 상호작용은 통상 시장에서 이루어지고 매매의 과정을 수반하게 된다. 이러한 직접적인 관계는 기업전략이나 경영자의 방침을 결정하게 되고 직접적 이해관계자(primary stakeholders: 제1차적 이해관계자라고도 한다)의 중요성을 명확하게 한다. 이와 같은 직접적 이해관계자는 기업의 존속과 활동에서 없어서는 안 되는 존재이며, 여기에는 고객, 공급업자, 종업원, 그리고 투자가가 포함된다.

그러나 [그림 7-3]이 나타내고 있는 바와 같이 기업이 관계하고 있는 영역은 이러한 직접적 관계를 넘어서 사회의 다른 이해관계자에게도 미치고 있다. 조직활동속에서 혹은 조직활동과 관련되어 다른 집단이 이해를 표명했을 경우에 간접적인 상호작용이나 관계가 발생한다. 간접적 이해관계자(secondary stakeholders: 제2차적 이해관계자라고도 한다)는 회사의 주요한 활동이나 결정에 의해 직접, 또는 간접적인 영향을 받게되는 사회 속의 사람이나 집단이다. 간접적 이해관계자에는 일반시민, 다양한 수준의 정부, 사회활동그룹, 기타 등이 포함되어 있다.

이러한 상호작용과 이해관계자를 「간접적」이라고 부른다고 해서 이들이 직접적인 것보

그림 7-3 기업과 간접적 이해관계자와의 관계

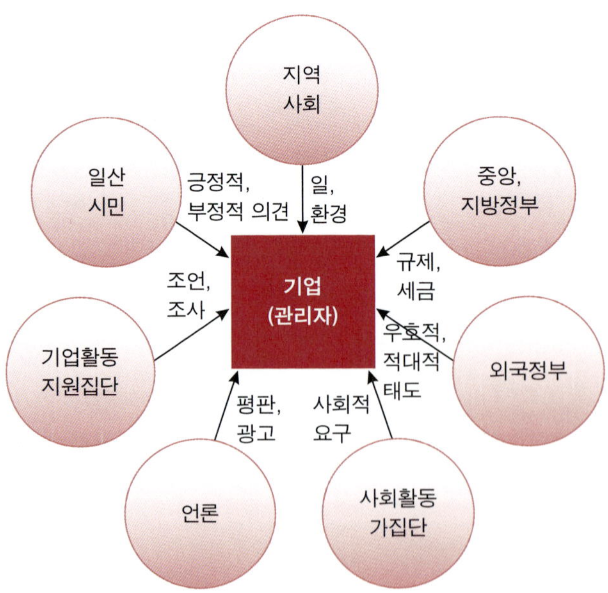

출처 : Post, J.E., Lawrence, A.T. & Weber, J.(2002), *Business and Society: Corporate Strategy, Public Policy, Ethics(10th ed.)*, The McGraw-Hill Companies, Inc. p.12.

다 중요하지 않다는 의미는 아니다. 여기서 「간접적」이라는 것은 기업활동을 수행하는 통상의 활동결과로 생기는 것이라는 의미이다. 직접적, 간접적이라는 관계영역은 반드시 명확하게 구별되는 것은 아니다. 그것은 한쪽의 영역으로부터 다른 한쪽의 영역으로 차례로 변화해 나가는 일도 있기 때문이다. 예를 들면, 제품(예, 자동차)의 안전성, 혹은 환경에의 영향이 고객에게 있어서 직접적인 관심사인 것과 동시에 그 제품의 사용과 수반되어 축적되는 영향이 커뮤니티 전체에 있어서 안전성, 혹은 환경에 대한 우려라는 간접적인 관심사로 연결될 수도 있다(예, 자동차의 배기가스에 의한 스모그, 미세먼지 등).

기업활동에 관한 직접적 상호작용과 간접적 상호작용을 연결함으로써 기업과 사회가 어떠한 상호작용모델을 형성하고 있는지를 알 수 있다. 기업과 사회의 상호작용모델은 기업의 기본적인 역할이 사회의 경제적 공헌에 있다는 것을 나타내고 있다. 그러나 이것은 또한 경영자는 기업의 경제적인 이해와 동일하게 사회전체의 편익이 증진될 수 있도록 결정하고 행동하지 않으면 안 된다는 것을 의미하고 있다. 궁극적인 목표는 가능한 한 폭넓은 방법으로 생활의 질을 높이는 것이고 이러한 생활의 질은 사회에 의해서 규정되는 것이다. 기업은 사회가 필요로 하는 제품이나 서비스를 제조하고 제공하기 위해서 활동하고 그 활동이 사회에 어떠한 영향을 미치는지를 인식함으로써 사회에 대한 사회적 및 경제적 영향에 관심을 가지게 된다.

2.4 이해관계자의 이해관계와 권력

이해관계자에는 수많은 형태가 있고 잘 조직화된 것이있는가 하면 생각보다 조직화되지 않은것도 있다. 이와 같이 다양하기 때문에 기업경영자에게 있어 이해관계자의 관심사를 이해하고 대응하는 것은 한층 더 어려운 실정이다. 각각의 이해관계자는 조직과 독자적인 관계를 유지하고 있고, 경영자는 이러한 관계를 이해하고 대응해야 한다. 예를 들면 주주는 기업 속에서 소유권에 관련된 이해를 갖고 있다. 기업의 경제적 건전성과 존속은 주주에 대해 재성적인 영향을 미지게 된다. 즉, 그들의 개인적 부와 관련된 문제이다. 고객, 공급업자, 소매업자는 각기 다른 이해관계를 가지고 있다. 기업에 있어 소유자의 가장 큰 관심사는 투자에 대한 담보가치를 달성하는 제품이며, 고객과 공급업자의 가장 큰 관심사는 제품과 그 대가의 교환을 유리하게 대체하는 것이다. 각각의 이해관계자는 서로 상대의 이해에 대해 별로 관심을 갖지 않는다. 그리고 상당수의 주식을 보유하는 연금기금을 비롯하여 적은 주식만을 소유한 개인 소유자에 이르기까지 다양한 종류의 소유자가 존재하고 있다는 점을 고려한다면 이러한 이해관계자의 위상은 매우 복잡해진다.

정부, 공공적 이익집단, 커뮤니티 등은 각기 다른 의미로 기업과 연결되어 있다. 일반적으로 그들의 이해는 기업의 제품과 서비스를 판매하거나 매입하는 사람들 혹은 소유자의 재정적 이해보다도 광범위하게 널리 퍼져있다. 그들은 환경을 보호하고, 인권을 보장하고, 혹은 좀 더 폭넓은 사회적 관심을 높여가기를 희망하고 있다. 경영자는 이러한 이해관계자의 이해를 주의깊게 파악할 필요가 있다.

다양한 이해관계자에는 여러 가지 유형이 있고 보유하는 권력의 정도에도 차이가 있다. 이 경우에 이해관계자가 가지는 권력이란, 소송을 제기하거나 희망하는 결과를 확실시 하기위해서 경영자원을 이용하는 능력을 의미한다. 전문가의 상당수는 이해관계자가 갖는 이와 같은 권력에는 의결권, 경제적 권력, 정치적 권력이라는 세 가지 유형이 있음을 인정하고 있다.

의결권(Voting Power)은 이해관계자가 투표할 수 있는 정당한 권리를 가지는 것을 의미한다. 예를 들면, 각각의 이해관계자는 자신이 보유한 회사주식의 지분율에 적합한 의결권을 갖고 있다. 주주는 전형적인 예로 합병, 매수, 기타 특별한 과제사항에 대한 중요한 의사결정을 위해서 투표할 기회를 가지고 있다. 특정한 상황과 관련된 정보를 이용한 투표에 의해 투자가 보호되도록, 또 안정된 수익이 보장되도록 기업의 정책에 영향을 미치고 있다.

고객, 공급업자, 소매업자는 기업에 대해 경제적 권력(economic power)을 갖고 있다. 공급업자는 기업이 계약상의 책임을 지지않는 경우 공급을 제한하거나 주문을 거부할 수 있다. 고객은 기업이 바람직 하지않은 방침을 세우면, 그 기업의 제품구매를 거부할 것이다. 또 고객은 상품가격이 너무 비싸고 품질이 나쁘거나 안전성이 낮고 사용하기에 불편하면 그러한 제품을 보이콧 할 수 있다.

정부는 법률, 규제, 혹은 소송을 통해서 정치적 권력(political power)을 행사한다. 정부기관이 직접적으로 정치권력을 행사하는 것에 반해 이해관계자는 새로운 법률을 통과시키거나, 규제를 제정함으로써 정부가 정치적 권력을 행사하도록 촉구하여 간접적으로 정치적 권력을 이용하게 된다. 이와 같이 정부기관도 기업 그 자체를 포함한 이해관계를 가지고 있음을 알 수 있다.

각기 다른 이해관계자가 갖는 권력 간의 상호작용에 대해서는 인기영화의 주제가 된 두 가지의 가상현실을 통해 살펴볼 수 있다. 존 트라볼타(John Travolta)가 연기한 '시빌 액션'(Civil Action)이라는 영화 속에서 매사츄세츠주의 워반에 사는 시민그룹은 음료수로 사용되는 우물

속에 유출된 유독화학물질을 투기했다는 의혹을 제기하고, W.R 그레이스(W. R. Gracce)사와 비트리스 식품회사(Beatrice Foods)를 고소했다. 사망하거나 병에 걸린 사람들의 가족측에서는 유족들이 두 회사를 상대로 정부에 정치적 권력을 행사하도록 촉구하였고 이에 따라 민간 그룹과 정부기관에 의해 조사가 실시되었다. 소송과 시민에 의한 압력으로 유독물질의 투기와 물 공급의 보호가 중요한 정치적 과제가 되었다. 이와 유사한 이야기는 줄리아 로버트(Julia Roberts)가 연기한「에린 브로코비치(Erin Brockvich)라는 영화에서도 그려지고 있다. 캘리포니아주의 공익사업체에 의한 대규모 쓰레기처분이 평균보다 훨씬 높은 커뮤니티주민의 발병율과 관련되어 있었다. 여기에서도 시민은 기업을 대상으로 법적인 호소를 하며 결국 기업이 몇 년 전부터 수집한 과학적 데이터를 발견하게 되었다.[13)]

이해관계자는 비록 혼자일지라도 한 가지 이외의 복수의 권력을 행사할 수도 있다. 상기의 두 가지 케이스에서 희생자 가족은 관련된 회사를 고소했다(정치적 권력의 행사). 이 외에 그들은 또 그 회사의 제품을 보이콧 할 수가 있었고(경제적 권력의 행사), 혹은 해당 회사의 주식일부를 살 수도 있었다. 그리고 위임장 쟁탈전에서 이사와 경영진을 내쫓기 위해서 오너로서 의결권을 행사할 수도 있었던 것이다(주주로서의 권력행사).

2.5 이해관계자 연합

이해관계자 집단은 항상 사회속에서 각각의 상호관계를 바꾸고 있다. 이해관계자 연합(stakeholder coalitions)이란 특정한 과제나 문제에 대해서 공통의 견해를 갖는 동시에 행동을 같이하는 이해관계자들의 일시적인 연합체이다. 연합관계에는 완전히 지역적이거나, 하나의 과제나 문제로 초점이 좁혀져 있는 경우도 있다. 그러나 멤버가 국가나 세계로 펴져있는 조직으로 구성되는 광역적인 연합도 많이 있다. 자연환경보호나 인권향상을 위한 운동은 주(洲)별조직, 국가별 조직, 국제적 조직이라는 수많은 조직을 끌어들여 공식적인 조정이나 정책결정이 거의없는 상태로 추진되고 있다. 다른 운동 중에는 매우 다양하지만 중심적인 정책입안위원회나 집단을 통해서 조정된 절차로 추진되고 있는 것도 있다.

이해관계자 연합이 정태적인 것은 아니다. 오늘은 하나의 기업과 밀접하게 관련되어 있는 집단이 내일은 관계가 희박해 지는 경우도 있다. 어느 때는 매우 돌출된 논의의 대상이 되었던 과제가 다른 과제로 교체되는 경우도 있을 수 있다. 어떤 시점에서는 조직에 거의

13) Post et al.(2002), *Op.cit*. pp.13-14.

전면적으로 의존하고 있던 이해관계자가 다음 시점에서는 그렇지 않은 경우도 있다. 사태를 한층더 복잡하게 하는 것은 제휴가 변화해 나가는 과정이 대기업의 모든 부서에서 한결같게 발생하는 것은 아니라는 것이다. 대기업의 어느 부문과 관계가 있는 이해관계자가 그 조직의 다른 부문과 거의 혹은 전혀 관계를 갖지않는 경우도 자주있는 일이다.

이해관계자 연합은 최근 들어서 더욱더 국제적으로 거듭나고 있다. 통신기술은 정치적인 경계선과 상관없이 같은 의견을 가진 사람이 의견을 교환할 수 있도록 발전하고 있다. 휴대전화, 인터넷, 컴퓨터, 팩스 등은 다국적기업의 기업활동이 세계의 모든 지역에서 어떻게 전개되고 있는지를 감시하는 집단에서 강력한 도구가 되고 있다.

예를 들면, 필라델피아주에 본부가 있는 미국의 다국적기업인 스콧 제지회사(Scott Paper Company)가 인도네시아의 주요한 섬의 하나인 수마트라(Sumatra)섬에 새로운 제지공장과 펄프처리공장을 건설하기 위해서 인도네시아 정부와 계약을 체결하고자 했을 때, 인도네시아의 환경보호단체가 격렬하게 반대했다. 그들은 그 계획에 반대하고 새로운 공장의 건설을 저지하기 위해 투쟁을 선언하였다. 그들은 제지공장이 수마트라(Sumatra)섬의 열대우림을 파괴한다고 염려하고 있었다. 펄프공장과 제지공장이 공기와 수자원오염을 초래하는 것은 잘 알려져 있기 때문에 인도네시아의 환경보호단체는 천연자원방위회의(NRDC: Natural Resources Defense Council)를 포함, 미국의 친구들에게 연락을 했다. NRDC의 직원은 스콧사에 대해서 어떤 압력을 가하면 효과가 있는지를 집중적으로 검토했다. 그 결과 스콧티슈와 같은 잘 팔리고 있는 일용품을 포함한 스콧사의 제품을 전국적으로 보이콧 하는것이 가능하다는 결론을 얻었다. 이러한 위협이 스콧사의 중역들에게 전해지자 그들은 보이콧에 대한 회사의 취약함을 인정하고 인도네시아에서의 계획을 철회하기로 결정했다. 인도네시아 정부는 세수증대와 고용창출을 기대하고 있었지만 계획이 빗나가 버렸다. 정부는 결국 펄프공장과 제지공장의 건설을 일본기업에 요청했다.[14)]

이와 같은 사례는 국내의 환경운동가 네트워크와 국제적인 운동가 네트워크가 '기업과 사회'의 관계에서 발생하는 문제에 관심을 가진 미디어와 결합됨으로써 연합을 어떻게 발전시켜 나가고 있는가를 보여주며, 나아가 직접 행동주의가 어떻게 기업에 더욱더 강력한 전략적 요인으로 다루어 나가야 할 과제인가를 잘 보여주고 있다. 기업활동의 문제가 글로벌이 되면될수록 그 대응이나 해결방법도 더욱더 글로벌화 되어 갈 것이다. 비정부조직

14) Post et al.(2002), *Op.cit.* pp.14-15.

(NGO: Nongovernmental Organization)은 기업을 상대로 자신들의 활동을 전개하고 있지만, 지구온난화,[15] 인권, 그리고 국제무역과 같은 문제에 대해서 논의하기 위해 정기적인 회합을 갖고 있다. 21세기에는 이해관계자들 간의 연합은 더욱더 증가하면서 모든 산업이나 기업에 한층더 중요한 변수가 되고 있다.

03 기업과 사회의 관계형성에 대한 영향요인

기업활동은 사회나 정치와 관계없는 공간에서 경영되는 것이 아니다. 실제로 대부분의 기업은 기회와 위협 두 가지가 공존하는 사회적, 경제적, 기술적, 정치적인 변화의 소용돌이 속에서 경영되고 있다. 지역시장의 요구를 충족시키는 소규모의 기업조차도 가격변동, 공급의 혼란, 정치적인 사건이 유발하는 불확정요인에 의해 영향을 받게 된다. [그림 7-4]는 '기업과 사회'관계의 형성에 영향을 미치는 중요한 요인들을 보여주고 있다. 다음에서는 이들 영향요인들에 대해 알아보고자 한다.

3.1 경제적 경쟁: 전략적 도전과 사회적 도전

경제적인 경쟁은 기업에 있어서도 또 사회에 있어서도 변혁을 위한 강력한 영향요인이 된다. 경쟁은 고객에게 서비스를 효율적으로 실시하고, 새로운 니즈를 발견하고, 이에 대응하기 위해서 기업에 동기를 부여하게 된다. 기업은 어떻게, 또 어디서 경쟁할지에 대해서 항상 생각하게 된다. 이 장 서두의 이스트만 코닥사의 사례에서 보았듯이 기업은 전략적 사고를 통해 기업경영을 재구축해 나가게 된다. 기업조직의 변경작업은 제품이나 서비스의 질적개선, 코스트 인하, 그리고 고객응대속도의 향상 등을 위해 도입된다. 이와 같은 새로운 기업경영의 재설계는 리엔지니어링(reengineering)으로 불려지고 있다.

이해관계자에 대한 기업의 책임은 기업의 전략수립시 중요한 검토대상이다. 예를 들면 기업입지를 변경하는것은 지역주민이나 커뮤니티에 중요한 영향을 줄 가능성이 있다. 시설이 폐쇄될지도 모르고 제조시스템이나 배송서비스 시스템의 변경에 의해 제거되는 업무

15) Revkin. A.(2000), "Treaty Talks Fail to Find Consensus in Globa1 Warming," *New York Time*, November 26, 2000, pp.A1. A16을 참조.

그림 7-4 '기업과 사회'관계의 영향 요인

출처 : Post, J.E., Lawrence, A.T. & Weber, J.(2002), *Business and Society: Corporate Strategy, Public Policy, Ethics(10th ed.)*, The McGraw-Hill Companies, Inc. p.16.

에 종사하던 종업원이 해고될 수도 있다. 장기간 기업업무에 종사해온 사람은 조기퇴직이나 해고통지라는 정신적인 압력을 기업으로부터 받게 된다.

기업과 이해관계자의 관계는 대부분의 경우 서로가 어떠한 방향으로 행동해야 할 것인가에 대해 암묵적 이해 또는 일종의 사회계약(social contract)을 형성하고 있다. 이러한 암묵적 이해는 '구속의 굴레'(ties that bind)[16]라 불린다. 사회계약은 기업의 경영전략이 변경되는 경우에 필연적으로 영향을 받게 된다. 종업원의 책임도 바뀌지 않을 수 없다. 또 기업이 커뮤니티와 관련되든가 자선에 기부하는 일도 기업이 경제적으로 어렵게 되면 감소할 수밖에 없다. 이러한 사회계약의 변화는 1990년대에는 빈번하게 발생했다. 이러한 변화로 미국기업에서는 500만 개가 넘는 일자리가 없어지게 되었고 대표적인 연구자들 가운데는 「좋은 회사」는 소멸했다고 결론지은 사람도 있다.[17] 이러한 다운사이징은 경제의 대부분의 분야에서 발생하게 되었다. 그 중에서도 제조, 금융 서비스, 소매 그리고 운수업종이 가장

16) Donaldson, T. and Dunfee, T.(1998), *Ties That Bind*, Boston: Harvard Business School Press.

17) Houck, J.W. and Williams, O. eds,(1996). *Is the Good Corporation Dead?*, South Bend, IN: University of Nortre Dame Press. 이 표현을 처음으로 쓴 것은 Samuelson, R.J., "R. I. P.: The Good Corporation," *Newsweek*, July 5. p.41.

심한 영향을 받았다.

기업은 대부분의 경우 인원삭감을 원활하게하고 그에 따른 부정적인 영향을 최소화하려고 한다. 정리해고로 퇴직하는 종업원에 대해 각각의 근속연수에 따라 연금을 보장함과 동시에 일정기간(30일부터 4년까지)의 건강관리수당의 지불이나 재훈련, 또는 교육지원 등을 실시했다. 예를 들어 코닥사에서는 실업자에게 해고수당, 직무훈련, 그리고 새로운 업무를 주선함으로써 고용조정의 어려움을 감소시키고자 하였다. 그러나 이러한 상황에서 사람은 극도의 상실감을 느끼게 되고, 그것이 자살, 알콜중독, 정신장해, 자식과 배우자에 대한 폭력증가 등의 사회문제로 나타났다.

기업의 경영전략변화는 다른 사회적 관계에도 동일한 영향을 주고 있다. 기업이 폐쇄되면, 외부의 이해관계자는 피해를 받게 된다. 예를 들면, 공급업자, 도매업자, 연관기업(레스토랑, 소매업, 은행, 영화관 등)의 모든 경제주체가 피해를 입게 된다. 연쇄적으로 일자리 수, 세수입, 근로의욕의 감소 등을 지역사회에 유발하게 된다. 살아남은 종업원도 인원삭감에 수반되는 심리적인 충격을 느끼게 되고 경영진이 장래에 어떤 행동을 취할것인지에 대해 불안을 느끼게 된다. 이에 대해 청바지 회사인 리바이 스트라우스[Levi Strauss]같은 경우에는 종업원들이 원하는 고용보장계약서를 작성함으로써 그 불안에 대응하고 있다. 이런 약속문서는 맹약(compacts), 서약(convenants) 또는 사회계약(social contracts)이라 불리며 종업원과 고용주 간의 관계가 갖고있는 독특한 성격을 잘 보여주고 있다.

연구자들 가운데는 회사와 이해관계자 간에 새로운 사회계약(new social contract)이 나타나고 있다고 믿는 사람도 있다.[18] 왜냐하면 기업활동의 실태가 변화하면서 이해관계자와의 관계도 필연적으로 바뀌게 되고 이에 따라 기업의 책임과 행동이 새롭게 설정되기 때문이다. 새로운 사회계약이 의미하는 것은 경영자와 기업이 모든 이해관계자와의 관계를 이해하고 그들에 대한 기업의 영향력을 인식하여 부정적인 면을 최소화함과 동시에 건설적인 공헌을 최대로 하기위해 이해관계자 관리활동에 전념하는 것이다. 이러한 어프로치는 경영자와 기업이 적절한 행동을 취해서 그것을 적절한 방법으로 행하는 것이 가능하다는 전제하에서 진행되게 된다.

이러한 방침에 따라 기업전략을 철저하게 재정립하는 것은 경영에 대한 새로운 사고방식

18) Post, Preston, and Sachs, *Redefining the Corporation*. 또 다음도 참조. Post. J.E.(1995), "The New Social Contract," in Oliver Williams and John Houck, eds., *The Global Challenge to Corporate Social Responsibility*, New York: Oxford University Press.: Bruyn, S.T.(1991), A Future for the American Economy: The Social Market, Stanford University Press.

을 요구하고 있다. 새로운 전략의 수립은 종업원, 고객, 그 외의 사람 등 인간을 제1순위에 두고 경제적 요인을 제2순위에 두는 것을 적극적으로 인정하는 것이다. 일반적으로 종업원은 업무달성정도를 그 질에 의해 평가받는다. 그러나 그들은 종업원인 동시에 다른 한편으로 가족의 구성원이자 커뮤니티의 주민이며, 정당의 지지자이자 향상심, 문제, 희망, 그리고 욕망을 가진 인간이기도 하다. 현명한 경영자는 사람이 생산적인 자산 – 인적자본(human capital)이라고도 불리는 – 인 동시에 감정에 흐르기 쉬운 존재이기도 하다는 것을 잘 이해하고 있다.

어느 조사에 의하면 사회적 평판이 좋고 양호한 사회적 성과를 올리는 기업은 그 기업을 사회와 결부시켜 넓은 시야를 만들어 가는 톱 매니지먼트 집단을 보유하고 있다고 한다.[19] 이러한 경영자들은 대부분의 경우 사회문제를 해결하려면 사회에 도움이 되는 방법으로 해야 한다고 생각한다. 이러한 자세를 취하는 경영자들은 단기적인 이익획득에 과도하게 집중하는 것이 아니라 장기적인 관점에서 기업활동을 하고 있다. 기업의 미래계획을 세울때 경제적인 목표와 동일하게 사회적 목표에 높은 우선순위를 두고 있다. 이러한 자세는 경제적인 경쟁압력으로부터 기업을 예방하는 것도 아니고 기업활동의 곤란한 과제(예, 리스트럭처링(restructuring)이나 조직재편성)를 경영자가 피해 갈 수 있도록 해주는 것도 아니다. 다만 이러한 자세는 기업을 둘러싼 모든 이해관계자의 이해를 통합하도록 기업전략을 입안하는데 도움을 주는 것이다.

이러한 이념의 실천방법을 모색하는 기업에는 대규모부터 소규모까지 많이 존재한다. 사회적 책임을 위한 기업활동, 즉 경제적, 사회적 양 측면에서 성공하기 위해서 책임을 지고자 하는 기업 가운데 어떤 조직은 10년도 걸리지 않아서 1000개 이상의 회원기업을 갖는 수준까지 성장한 것도 있다.[20] 이러한 네트워크의 발전에 기여하는 리더기업의 하나가 바디샵 인터내셔널(Body Shop International)이다. 이 회사는 자연화장품, 비누, 세면용품 일체를 프랜차이즈를 통해서 제조 및 판매하고 있다. 바디샵의 창업자겸 책임자인 애니터 로딕(Anita Roddick)은 스스로 비전을 다음과 같이 말하고 있다.

최근 들어 많은 기업은 소위 '흔히있는 기업활동'을 추구해 왔다. 나는 이와는 달리 좀더 소규모의 기업운동의 일환을 담당해 왔다. 그 운동이란 이상주의를 계획의 기본에 두려고 하는 것

---

19) Fombrun, C.J.(1996), *Reputation Realizing Value from the Cororate image,* Boston, MA: Harvard Business School Press. 또 조직의 전략적 자산으로 평판의 역할과 관리에 초점를 맞춘 잡지로서 다음도 참조. *Corporate Reputation Review*.

20) Business for Social Responsibility at www.BSR.org를 참조

이다. 우리는 기업이 건설적인 사회변혁의 원동력이 될 수 있고 또 그렇게 되지않으면 안 되는 통찰력과 이해력에 도움이 되는 새로운 패러다임(paradigm) 내지 완전히 새로운 프레임워크를 필요로 하고 있다. 위험한 악폐를 피하는 것만이 아니고, 적극적으로 좋은 것을 실천하지 않으면 안 되는 것이다.[21)]

흥미로운 것은 최근 설립된 기술지향의 새로운 기업(닷컴 회사)의 상당수는 보디샵에 의해 신봉되고 있는 이념과 유사한 가치관을 갖고 있다. 이러한 기업의 종업원은 매우 열심히 일하는데, 그들은 즐겁게 일하는 업무환경에 있고 제대로 대우를 받고있다고 믿고 있다. 이처럼 창업자의 가치관을 살리는 것은 이러한 기업에서 일하는 많은 사람에게 있어서는 스탁옵션이나 부자가 될 수 있는 기회와 마찬가지로 중요한 것이다. 이러한 기업의 성공은 다른 기업의 경영방침을 변경하도록 압박한다. 또 더욱더 사회 지향적인 기업경영을 바탕으로 경쟁력을 강화하여 성공할 수 있도록 한다.

어쨌든 이러한 주장은 일관성을 갖고 있으나 고도의 수준에서 경제적 성과를 실현할 수 있는지 여부는 지금으로서는 아직 명백하지 않다. 분명한 것은 '기업과 사회'관계는 끊임없이 변화하고 있다는 것이다. 즉, 이 관계는 최근 몇 년간 급속히 변화해 왔고 또 앞으로도 이러한 경향은 변함이 없을 것이다. 기업전략이 성공을 거두기 위해서는 기업이 사회속에서 건설적인 역할을 계속 완수할 수 있도록 보장하는 경영자를 필요로 하고 있다.

3.2 윤리적 기대와 공공적 가치

윤리적 기대는 기업환경의 극히 중요한 부분이다. 일반시민은 기업활동이 윤리적으로 이루어질 것을 기대하고 또 기업의 경영자가 윤리적인 원칙을 준수하기를 바라고 있다. 바꾸어 말하면 경영자가 의사결정을 할때에 무엇이 정당하고 무엇이 부당한가, 또 무엇이 공정하고, 무엇이 불공정한가 등 도덕적으로 올바른 것이란 무엇인가라는 지침에 따르기를 희망하고 있다.

윤리적인 기준은 사회에 따라 각기 차이가 있다. 윤리에 대한 의미가 다르고 또 윤리학이 규정하는 의미에서 조차 차이가 있음에도 불구하고 다른 사회의 사람들 간에 받아들여지고 있는 공통의 윤리적인 합의는 문화의 차이에 의해 방해받지 않는다. 예를 들면, 유럽연합(EU) 사회헌장은 가맹국 간에 공통의 취업권이나 인도적인 직장대우를 장려하고 있

21) Anita Roddick(2001), *Business as Unusual*. New York: Thorsons/Harper Collins.

다. 경제선진국들이 포함되어 있는 경제협력개발기구(OECD)는 국제통상에서의 외교관료 뇌물증여금지조약을 채택했다.[22)]

인권문제는 기업활동에 있어 더욱더 중요한 것이 되고 있다. 몇 년에 걸친 국제적인 압력은 남아프리카의 지도적인 정치가들에게 아파르트 헤이트(남아공의 인종분리정책)와 같은 인종차별을 그만두도록 작용하여 왔다. 또 남아프리카의 비즈니스 리더에 대해에서도 정부의 정책집행에 이의를 제기하도록 촉구하여 왔다. 최근에는 많은 정보원(源)에 의거한 압력이 중국, 미얀마, 나이지리아와 같은 국가에서의 인권침해제기에 초점을 맞추고 있다. 또 미국, 캐나다, 영국 등의 종교단체가 글로벌기업의 책임에 관한 원칙을 제안했다. 2000년에는 유엔사무총장(Secretary-General Kofi Annan)이 선진적인 기업에 관한 유엔의 글로벌 컴팩트(the United Nations Global Compact)를 발표했다. 그 내용은 기업활동을 하는 어느 장소에서도 기본적 윤리원칙의 이행을 약속한다는 것이다.[23)]

기업이 보다 윤리적이어야 하는가 아니면 경제적 효율을 우선해야 할 것인가라는 것은 이제 더 이상 선택의 문제가 아니다. 사회는 기업에 대해서 동시에 양쪽 모두여야 할 것을 요구하고 있다. 윤리적 행동은 기업에 있어 사회적 성과의 중요한 측면이다. 일반대중으로부터의 지원과 신뢰, 즉 기업활동의 정당성을 인정받기 위해 기업은 이 두 가지의 사회적 요구, 즉 높은 경제적 성과와 고도의 윤리적 규범의 균형, 더 나아가 이들을 통합시키는 방법을 찾아내지 않으면 안 된다. 기업이 이해관계자에 대해서 윤리적으로 행동하면 사회에의 공헌은 늘어난다. 그러나 기업이 윤리적으로 행동하지 않는 경우에는 신뢰와 성공에 필요한 일반시민의 지원을 상실할 위험에 직면하게 된다.

비즈니스 리더는 시간의 경과에 따라 계속 바뀌는 일반대중으로부터의 기대(public expectations)를 충족시켜야 한다는 과제에 직면하게 된다. 어제 받아들여진 행동이 오늘도 허용된다고 할 수는 없다. 다양한 종류의 비윤리적 행위나 차별이 이전에는 용인되기도 했으나 오늘날에는 사회규범이 그러한 행위를 받아들이기 어렵게 되고 그러한 행위를 저지른 경영자는 반드시 책임을 져야 한다. 일반대중이 안고있는 윤리적 행동에 대한 기대는 제품에 대한 고객의 기대와 동일하게 기업활동에 직접 연관된다. 기업은 윤리와 경제양쪽 모두를 충족시키지 않으면 성공하기 어렵다.

22) 「29개국 외교관의 뇌물비합법화에 동의」(Edmund Andrews, New York Times, November 21. 1997, pp.A1, C2.)

23) UN Global Compact on 'Guide to Corporate Sustainability', 기업의 지속가능성에 관한 가이드로서 인권, 노동, 환경, 부패방지에 관한 UN서약, https://www.unglobalcompact.org/

3.3 정부와 공공정책의 역할변화

정부의 역할은 최근 20여년 간에 걸쳐 많은 국가에서 급격하게 바뀌어 왔다. 1970년대 말에는 세계적인 개혁바람이 경제적·정치적 분야, 그리고 사회제도에 불어닥쳤다. 개혁에 대한 요구가 많은 사회나 국가로 매우 광범위하게 확산되어 나갔다. '사람들에게 힘을!' 등과 같은 새로운 슬로건을 내건 세력이 사회적 변화의 핵심으로 떠올랐다. 국가 지도자들은 이전과 같은 제도적 권력을 확실하게 장악할 수 없었다. 일반대중은 정치가를 신뢰하지 않게 되고 정부의 정책수립과 수행에 대한 보다 강력한 통제를 바라고 있었다. 사회주요 제도의 수뇌부에 너무 큰 권력이 집중되어 있다고 생각하고 일반대중은 이에 대해 민주적인 개혁을 요구했던 것이다. 이것을 정부권력의 위양(devolution)현상이라고 불렀다.

미국에서는 이러한 정치적인 변화가 기업활동에 영향을 미치는 두 가지의 중요한 아이디어를 제공하였다. 즉, 산업의 규제완화와 민영화이다. 소련에서 '기업과 사회'의 관계에 영향을 미친 주요한 아이디어는 글라스노스치(정보공개)와 페레스트로이카(개혁, 재건)이다. 중국에서의 주요한 사회적 요구로는 시장의 자유화와 경제시스템의 새로운 분권화를 들 수 있다. 어느 예를 보더라도 중앙집권적인 정부권력은 한층 더 분권화로 전개하지 않을 수 없게 되었다. 20세기 말, 동유럽제국, 라틴아메리카, 그리고 아시아의 많은 국가들에서는 이러한 모델에 의거한 다양한 수준의 개혁이 이루어져 왔다. 그 결과 현대사회에서 정부와 기업의 역할에 대한 재평가가 이루어지게 되었다.

기업의 입장에서 볼 때 정부에 관한 이러한 글로벌수준에서의 개혁은 무엇을 의미하는 것일까? 첫째, 가장 중요한 것은 보다많은 기업활동의 자유와 기회를 확장하는 것이다. 지금까지 아무것도 없었던 지역에 자유시장이 들어섰을 때에 기업은 이익기회를 손에 넣을 수가 있다. 예를 들면, 1990년대에는 유럽, 일본, 그리고 미국의 기업이 대거 중국에 진출했다. 그러나 그러한 기업도 중국정부당국이 기업의 의사결정에 대해서 중앙집권적인 권력을 부활시키려는 징조를 보였을 때, 예를 들면 인터넷에 의한 정보유통을 제한하려고 했을때에 신중한 자세로 바뀌었다. 개혁은 기업활동에 기회와 동시에 리스크도 제공한다. 동유럽제국이 정부에 의한 통제를 완화시켜 서유럽제국과의 경제적 교류를 희망했을 때, 많은 기업은 이익기회를 추구하여 나갔다. 그러나 불안정한 환률과 문화적 복잡성같은 요인들이 기업의 리스크로 작용하여 진출기업의 상당 수가 커다란 손실을 입었다. 동유럽제국은 경제적 제도나 정치적 제도의 구조전환에 따른 인플레, 실업, 국민소득의 감소라는 문제에 부딪쳐 고군분투하였다. 1990년대 초 어느 정치학자는 다음과 같이 예측했다. 「냉전은 끝났다. 그러나 이것은 매우 위험한 평화이다……. 민족과 민족 간에, 가진자와 못 가진 자와의 사이에서 정부와 가두의 항의시위자들과의 사이에서, 산업자본가와 노동자 간에 대립과 갈등이 증대하고 있다.」[24] 이러한 견해는 예언적이어서 이후 실제로 민족 간의 대립, 이데올로기 간의 대립, 그리고 경제적인 대립이 보스니아, 세르비아, 그리고 코소보 등에서 격렬하게 전개되었다. 정치적 폭풍이 많은 경우 다른 방향으로 거칠게 불어닥쳤다. 중앙집권적이고 권위주의적인 정부에서 민주적이고 자유주의적인 정부로의 전개는 기업에 있어 긍정적인 면과 부정적인 면을 모두 불러들였다. 기업은 자주 매우 커다란 불확실성과 리스크에 직면하게 되었다.

러시아는 세계에서 가장 광대하고 자원이 풍부한 국가 중의 하나이다. 공산주의가 붕괴한 이후에 미하일 고르바쵸프(Mikhail Gorbachev), 보리스 엘친(Boris Yeltsin), 블라디미르 지리노프스키(Vladimir Zhiranovsky), 블라디미르 푸틴(Vladmiri Putin) 등이 권력투쟁의 와중에 휘말렸다. 정치의 불확실성은 중앙 아시아의 석유산업이 발전해 오는 과정에 큰 영향을 미쳤다. 미국의 다국적 기업 석유회사인 셰브론(Chevron)사는 오히려 소련의 공화국인 카자흐스탄에 막대한 투자를 해 왔다. 공화국의 정치적 번영이 쇠퇴해 가고, 유동화해 가는 상황이 되면서 셰브론사의 정치적 리스크도 증대하였다. 경쟁상대인 로열 더치 셸(Royal Dutch Shell: 영국/네덜란드), 토탈(Total: 프랑스) 같은 다국적 석유회사는 셰브론사가 탐사하던 지역의 굴착권을 손에 넣으려 하고 있다. 각 기업은 정부 내 유력정치가들과 친분관계를 갖고 있다. 새로운 국영석유회사인 러시아의 가즈프롬(Gazprom)과 말레이시아 페트로나스(Petronas)는 미국기업을 배제하려고 획책하고 있다. 수십억의 오일달러가 위험에 처해있고, 셰브론사의 이사들도 그것이 매우 위험한 상태에 있다는 것을 알고 있다. 1980년대에 셰브론사는 수단에 십억 달러를 투자하고 손실을 입었다. 셰브론사는 카자흐스탄과 중앙 아시아에 비즈니스 찬스가 있다고 보았지만, 경영진은 정치적 리스크가 비즈니스 기회를 능가할 가능성이 있음을 인정하고 있다.[25]

정치적 영향력과 이념적 영향력의 불안정성은 중요한 비즈니스 리스크로 작용한다. 기업과 그 경영자는 그러한 위험을 무시할 수 없다. 그것을 간과하면 치명적인 결과를 초래한다. 변화하는 정치현실을 회사의 기업전략 속에 얼마나 잘 통합해 갈 것인가를 배우는 것

24)「동유럽이 투자가에게 큰 이익과 큰 위험의 기회를 제공하고 있다」(*Wall Street Journal*, January 11, 1991. p.A6)
25)「파이프 라인을 둘러싼 새로운 이해」(Shelia N. Heslin, *New York Times*, November 10. 1997. p.A37.)

이 기업과 경영자에게 요구되는 기본적인 요건이 되어 왔다. 이해관계자를 관리해 가는 것은 이를 위한 중요한 방법이다.

예를 들면, 로열 더치 쉘사는 페루의 카미시 지역에 매장된 석유와 가스자원의 성공적인 개발 가능성 여부를 평가하기 위해 우호적인 이해관계자 분석을 실시하였다. 이 지역의 상업상의 장래성에도 불구하고 이 회사는 다음과 같이 결론을 내렸다. 만약 굴착이 개시되면 환경보호단체나 현지주민의 이해를 포함한 여러 이해관계자들의 이해가 반드시 적정하게 보호될 수 없다는 것이었다. 그 결과 이 회사는 이 프로젝트에서 철수하였다.[26)]

이해관계자에 대한 이러한 분석은 앞으로 더욱 중요하게 될 것이다. 지난 수 십년 동안 미국에서는 정부의 역할이 상당히 변화하고 있다. 정부는 일찍이 항공, 운수, 통신산업을 지배해 온 「명령과 통제」(command and control)라는 상당히 오래 된 타입의 규제를 중지하였다. 연방정부는 담배산업이나, 마이크로 소프트사의 반독점사례, 그리고 MCI월드컴사(MCF/World Com)의 합병신청과 같은 상황에 대해 여전히 중요한 법률적 조치를 취하고 있다. 국민의 요망에 맞춰서 주와 지방자치단체에 권한이 이전되도록 많은 노력이 이루어졌는데 그래도 연방정부에 의한 권한행사는 아직도 높은 비중을 차지하고 있다.

오늘날 기업은 과거 어느 때 보다 더 자유로운 활동을 보장받고 있다. 즉 기업은 어디에 진출하든, 어디서 자원을 조달하든, 또 제조한 제품을 어디에서 판매하든 자유이다. 문제는 자유로운 기업활동과 이해관계자들의 요구 간의 균형을 어떻게 찾아갈 것인가 하는 것이다.[27)]

3.4 생태계와 천연자원문제

기업이 추진해야 할 가장 중요한 사회적 도전의 하나는 경제활동과 환경적으로 지속 가능한 경영 간의 균형을 잡는 것이다. 농업, 광업, 공업생산은 필요한 제품과 서비스를 공급하는 동시에 폐기물과 오염을 만들어 냈다. 폐기물이나 오염은 증대하는 인구, 도시화, 그리고 더 좋은 제품과 서비스의 대가로서 사회적 차원에서 제공받은 가치를 차감한 부작용이다. 공업화 사회(미국, 일본, 독일, 러시아, 한국 등)는 세계의 오염과 폐기물 발생 중(인구 대비) 높은

26) Post, Preston, and Sachs, *Redefining the Corporation*, chap.6.
27) Friedman, M.,「새로운 산업혁명」(Lindley H. Clark. Jr., *Wall Street Journal*, November 23, 1993, p.A16.)에 인용된 것.

비율을 배출하고 있다. 그 이유는 이러한 오염, 폐기물이 높은 경제활동수준에 따른 부산물이기 때문이다. 제3세계 신흥국에서는 급속한 경제성장률과 오염관리능력의 한계에 의해서 이들이 공업화에 박차를 가할수록 세계의 환경문제는 더욱 심각해질 수밖에 없다.

개인적 차원에서 소비자는 자동차, 냉장고, 에어컨, 그리고 컴퓨터와 같은 오염배출제품을 원하고, 구매하고, 사용하기 때문에 폐기물과 오염의 내용에 대한 대부분을 책임지고 있다. 널리 보급된 제품포장이나 세제, 제초제, 건전지, 부동액 등과 같은 독성을 가진 제품의 확산은 세계적인 환경문제의 원인이 되고 있다.

환경문제가 초래하는 영향력은 국가라는 경계를 초월하여 확산되고 있다. 오존층의 파괴는 세계적 규모로 건강과 농업에 위협을 주고 있다. 체르노빌 원자력발전소 사고는 유럽의 여러 국가에 위험한 방사능을 방출시키고, 지구전체에 방사능 구름을 형성시켰다. 석유의 유출은 많은 국가의 바다나 해안을 더럽혀 왔다. 열대우림지역의 삼림을 벌채하거나 태우는 것은 세계의 기상상태에 커다란 영향을 미치고 있다.

오염관리, 폐기물의 최소화, 천연자원의 보전을 포함한 환경보호(environmental protection)는 모든 국가들에 있어서 높은 정책 우선순위가 되었다. 국제협정에서는 오존층 파괴, 생물 다양성, 지구의 온난화와 같은 가장 긴박한 문제에 대응하기 위한 다양한 협의가 이루어져 왔다. 그러나 정부나 산업계의 지도자들은 자원의 이용을 필요로 하는 경제활동과 자원의 보존을 필요로 하는 지구환경보호와의 사이에서 지속 가능한 균형을 달성해 나가지 않으면 안 된다는 것은 출발점에 지나지 않는다고 인정하고 있다. 비즈니스 리더와 경영관리자는 기업의 본사로부터 지역의 소매점에 이르기까지의 모든 단계에서의 기업활동에 대하여 그들의 의사결정에 환경보호의 사고를 받아들일 필요를 느끼고 있다.

오늘날 대부분의 기업은 제품, 제조과정, 구매활동, 기업전략 등을 지속 가능한 경제적, 또는 환경문제에의 대응 필요성의 측면에서 어떻게 조정해야 할 것인가를 학습하고 있다. 환경에의 유해한 영향을 감소시켜 가는것은 기업의 경영자에게 있어서 중요한 사회적 도전과제인 것은 향후에도 변함이 없을 것이다. 오염과 폐기물은 완전하게 없어지지는 않겠지만 그 양은 제품 디자인의 개선, 보다 좋은 관리방식, 그리고 재이용 가능한 재료의 리사이클링 등에 의하여 줄일 수 있다. 환경오염을 일으키는 사고는 막을 수 있고 정화의 노력도 새로운 노하우나 과학기술에 의해 확실히 개선될 것이다. 궁극적인 목적은 인간의 요구와 자연의 한계가 양립 가능한 균형을 달성하는 것이다.[28)]

28) Hoffman, A.J.(2000), *Competitive Environmental Strategy: A Guide to the Business Landscape*, Washington, DC: Island Press.

3.5 과학기술과 새로운 지식

과학기술은 '기업과 사회'에 영향을 주는 가장 극적인 힘이다. 과학기술은 모든 크기나 형태나 기능과 관련하여 기업의 제품생산 프로세스를 빠른 스피드로, 싸게, 그리고 낭비없이 제조할 수 있도록 해줌과 동시에 활동을 신속하고, 신뢰가 높은 것으로 하는 새로운 학습의 형식을 포맷에 도입하는 소프트웨어를 만들어 내고 있다. 과학기술은 현대사회가 필요로 하는 것이나, 다양한 문제나 관심에 따르기 위한 새로운 장치나, 새로 대응하는 방법을 낳기 위해서 인간의 상상력을 활용하는 것과 관련되어 있다. 실제로 정부의 통계가 나타내는 것에의하면, 컴퓨터나 전기통신산업은 1990년대를 통해서 57%성장하고, 1999년에 8660억 달러를 넘어서 2000년까지는 1조 달러를 넘기는 수준까지 성장하여 건설, 식품, 자동차 제조를 추월하여 국가 최대의 산업이 되었다.[29)]

동시에 또 과학기술은 문제를 해결하거나, 업무를 수행하기 위해 새로운 방법을 창안하기 위해서 다른 분야의 지식과 통합을 시작하였다. 예를 들면 전기통신에서 세 가지 타입의 정보전달방식 – 음성, 데이터, 영상 – 은 기존의 분리전송방식에서 광대역 수신장치 하나로 가능하게 되었다. 무선 송수신장치는 실제로 어디에서나 어떤 종류의 정보라도 액세스 할 수 있게 되었다.

인터넷이 많은 기업활동을 바꾸어 감에 따라 개인인증을 위한 안전확보의 수단이 없다는 것이 법률문서에의 컴퓨터의 사용을 방해하였다. 2000년에 미국의회는 법률문서에 사용되는 개인의 '디지털 서명'(digital signature)을 승인하는 법안을 통과시켰다. 생물계량학(biometrics)이라는 과학이 개인인증에 대하여 새로운 과학기술을 탄생시켰기 때문에 이와 같은 것이 가능하게 되었다.

생물계량학(Biometrics)은 생물과학과 컴퓨터과학을 통합한 분야의 과학이다. 이러한 새로운 지식분야의 응용사례는 신분인증절차와 관련된 것이다. 과학자는 같은 지문의 인간이 두 명이 있을 수 없다는 것을 알고 있다. 그러므로 지문은 신분인증의 가장 확실한 방법이다. 과거에는 개인의 손가락에 잉크를 칠해 종이에 날인했다. 그것을 타인이 날인한 것과 비교했다. 연방수사국(FBI)과 같은 과학수사실에는 수많은 지문이 들어가 있는 파일이 있다. 지금은 컴퓨터로 지문을 디지탈화 할 수 있어서 그것을 컴퓨터 화면으로 재생할 수 있다. 이를 과거의 파일로 보관하던 시절과 비교하면 매우 빠르게 조사할 수가 있게 되었다.

---

29)「당신의 비즈니스에 E-비즈니스를 어떻게 접목시킬 것인가?」(특별 보고)(*The Economist*, November 11-17. 2000).

생물계량학은 지금 이러한 인증과학에 있어서 다음의 발전단계를 가능하게 하고 있다. 새로운 스캐너는 화상면에 손가락을 올려두면 지문이 신분증명카드의 소유자와 일치하고 있는지 여부를 즉석에서 확인할 수 있다. 이러한 인증기술은 건강관리증명서의 인증, 복지수당의 수급자격, 크레디트 카드의 승인, 공항 입출국 수속 등의 신속한 처리를 위해 사용되고 있다.[30)]

새로운 과학기술은 또 어느 사람에 있어서는 부정적인 영향을 미칠 가능성도 있다. 예를 들면 만약 생물계량학의 스캐너가 일반적으로 사용되면 잉크에 의한 인쇄방식은 시대착오라고 판단되어 잉크패드의 제조업자와 잉크패드회사의 종업원 생활이 희생된다. 그럼에도 불구하고 사회전체적으로는 생물계량학의 인증은 극히 효과적이며 자원의 생산적인 활용법이라고 인정되고 있다. 이와 같이 새로운 과학기술은 오늘날의 기업에 대해 새로운 지식과 그 응용의 이해와 대응을 하도록 강요하고 있다.

많은 과학기술은 경쟁상의 효과를 가짐과 동시에 광범위한 사회적 영향력을 갖고 있다. 새로운 과학기술을 개발하려면 기업과 경영자는 그러한 기술을 사용함에 있어서 윤리적인 관계를 검토하도록 요구받고 있다.

예를 들면, 의학 전문가가 어떤 사람으로부터 다른 사람에게 장이나 심장과 같은 장기를 이식하는 방법을 배우는 경우, 이식을 언제행할지, 어떤 상태일때에 행해야 할 것인지와 관련된 결정을 병원이 받아들일 때의 기준을 둘러싸고 윤리상의 문제가 발생한다. 이러한 결정은 장기 제공자와 이식을 받는 사람 양방향으로 관련된다. 인간의 죽음을 확인할 수 있는 것은 언제, 어떤 상태인가, 장기에 따라서는 제공자가 사망하기 전이거나, 의료팀이 곧 사망한다고 확신한 후에 이식을 해야 할 것인가, 살아있는 제공자가 신장, 눈, 폐, 혹은 그 외의 장기를 인도해도 괜찮을 것인가 하는 문제에 대한 윤리적 기준의 확립이 필요하다.

새로운 과학기술의 이용이 가능하게 됨에 따라서 윤리적인 의사결정에 대한 설명의 요구는 더욱 더 복잡하게 된다. 태아의 근육조직을 사용한 실험에서 한 번 죽었다고 여겨지는 세포를 재생시키는 것이 가능하게 되었다. 병원이나 의료관계자는 뇌졸중, 척수손상 등 치료될 전망이 없다고 생각되는 어찌할 도리가 없는 건강상태의 환자를 치료하는데, 중절된 태아의 근육조직을 사용할 수 있을지 여부를 결정하는데 고심하고 있다.

과학기술은 전문가들이 지식경제(knowledge economy)라고 부르는 것을 만들어 냈다. 이것은 새로운 지식이 다양한 형식에서 새로운 산업과 기업활동을 창출하여 개인, 가족,

30) 「생물계량학: 앞으로의 새로운 문제」(*The Economist*. September 9-15, 2000. pp.85-91). 또 다음 참조. Boone. R.(2000), "Biometrics Making an Impression in Identification," www.dbusiness.com, July 18.

커뮤니티, 그리고 세계의 제도에 궁극적인 형태로 영향을 주는 것으로 오래된 산업이나 기업활동을 쇄신하고 고쳐 나가는 경제이다. 이러한 이유로 과학기술은 기업과 사회 양쪽 모두에 있어서 중요한 변혁력의 하나로 인식되고 있다.

04 21세기의 기업전략

어떤 국가에서도 '기업-정부-사회'는 복잡한 상호의존관계를 형성하고 있다. 시스템 이론으로 설명하는 바에 의하면, 모든 유기체(생물학적인 것이든, 조직과 같은 사회학적인 것이든)는 자신들이 처한 주요한 환경에 의해 영향을 받고 있다. 조직이 살아남고 그리고 존속해 나가려면 환경의 변화나 상황에 어떻게 적응해 나가야 할 것인가라는 것을 배우지 않으면 안 된다. 여기에는 뛰어난 리더십을 필요로 한다.

이러한 '기업-정부-사회'가 뒤얽힌 상호작용은 하나의 이해관계자 시스템, 즉 회사의 결정이나 활동에 대해 영향을 받음과 동시에 또 그러한 결정에 영향을 받게되는 집단을 만들어 내게 된다. 이러한 이해관계자에 대한 분석, 즉 그들은 어떤 것이고, 어떤 힘을 갖고 있고, 또 서로 어떤 방법으로 상호작용하고 있는지를 분석하는 것은 이해관계자의 관심이나, 요망의 본질, 그리고 그러한 관계의 변화과정을 경영자가 이해하는데 도움을 준다. 이해관계자의 네트워크 형성과정이 자연스러운 것이라면 경영자는 이러한 관계를 어떻게 이해하고 활용해야 할 것인가라는 것을 배우지 않으면 안 된다. 21세기 기업은 이러한 인식에 기초한 기업전략을 책정하는 것이 매우 중요하다고 인식하는 경영자를 가져야 한다.

'기업과 사회'의 관계는 끊임없이 변화하고 있다. 사람, 조직, 그리고 사회적 과제도 변화하고 있다. 그러므로 불가피하게 새로운 문제가 발생함에 따라 경영자는 새로운 해결방법을 찾아낼 것을 재촉받고 있다. 실효성을 축적해 가기 위해서는 기업전략은 일반대중의 마음 속에 있는 가장 크고 가장 중심적인 문제에 내응하지 않으면 안 된나. 사람들이 기업에 기대하는 것은 높은 경쟁력과 수익성, 그리고 이해관계자의 합리적인 기대에 적합한 책임있는 행동이다. 21세기 기업은 새로운 기술, 경제적인 경쟁, 정치의 동향, 그리고 이해관계자로부터 영향을 받게 된다. 이해관계자는 제품이나 서비스를 구매하고, 노동이나 아이디어를 제공하며, 그들의 커뮤니티가 우호적으로 관계를 확대해 줌으로써 기업의 의사결정 속에 그들의 이익이 반영되기를 기대하고 있다.

이 장의 요점

- 「기업-정부-사회」는 상호작용시스템을 형성하고 있다. 상호 간에 영향을 주고, 상호 간에 작용을 하고, 또 상호존재없이는 성립되지 않기 때문이다. 경제적, 정치적, 그리고 문화적인 생활은 모든 국가에서 서로 얽혀 있다. 또 동시에 그들은 사회의 독자성을 규정하고 있다.
- 어떤 기업이든 사회 속에서 다른 기업과 경제적·사회적으로 관계를 갖고 있다. 의도한 것도 있지만 의도하지 않는것도 있고, 또 긍정적인 것이 있는가 하면, 부정적인 것도 있다. 기업의 기본적인 사명과 관련된 것은 직접적인 관계이다. 그러나 이러한 직접적인 활동과 동시에 간접적인 관계도 부수적으로 태어나게 된다.
- 기업과 상호작용관계에 있으며, 성과에 대해 이해관계를 갖는 사람, 집단, 조직은 그 기업의 이해관계자이다. 기업과 가장 밀접하고 직접적으로 관련된 사람이나 집단과 조직은 직접적 이해관계자이며, 간접적으로 결합되어 있는 사람이나 집단은 간접적 이해관계자이다.
- 이해관계자는 조직에 이익을 가져오거나, 또 도전해야 할 과제를 주는 방식으로 경제적 권력, 정치적 권력, 혹은 기타 권력을 행사할 수가 있다. 이해관계자는 또 단독으로 활동할 수도 있고, 기업에 영향을 미치기 위해서 제휴를 형성할 수도 있다.
- 기업이 21세기로 나감에 따라 많은 광범위한 권력이 「기업과 사회」의 관계에 영향을 미치게 된다. 이러한 권력은 경제적 경쟁이나 기업활동에 관한 전략적인 중점을 변경할 것을 요구하기도 한다. 즉, 윤리적인 요구나, 일반대중의 가치기준변화이며, 정부의 역할재평가, 생태계나 천연자원의 문제이며, 또 과학기술이 갖는 변환기능이다.

토론을 위한 자료

인랜드 내셔널 뱅크(Inland National Bank: 가상은행)[31)]

인랜드 내셔널 뱅크(INB: Inland National Bank, 이는 일종의 가상은행이다)의 소량거래업무에 관한 전략적 플래닝 책임자인 에이미 밀러(Amy Miller)는 어려운 문제에 직면하고 있었다. INB는 최근 다른 지방은행인 가정저축은행을 매수했다. INB의 최고경영자는 회사의 소량거래업무를 재편하려고 몇 개의 지점을 폐쇄하게 되었다. 미국의 중서부에 있는 중견도시에 거점을 두고있던 INB는 커뮤니티와의 관계와 견실한 재무상의 실적에 의해 좋은 평판을 얻고 있었다. 은행의 지점을 재편성한다는 결단은 경제적 판단에 의한 것이었지만, 이에 따라 많은 지역주민에게 어떠한 영향을 미치게 될지에 대하여 에이미는 고심하고 있었다. 특히 그녀는 두 개의 소량거래지점을 걱정하고 있었다.

① 록데일 지점

이 지점은 가정저축은행의 작은 지점이었다. 여기에서의 문제는 분명했다. 커뮤니티 주민은 고령이고 경제적으로도 쇠퇴하고 있었다. 가정저축은행은 오랜 세월에 걸쳐 설비를 근대화하지 않았다. 그러므로 설비를 개선하기 위해서는 큰 투자가 필요했다. 에이미는 그 코스트를 대략 50만 달러라고 추측했다. 커뮤니티 주민의 재정적인 장래성이 그러한 투자에 알맞을지 어떨지는 분명하지 않았다. 가정저축은행은 록데일에 지점을 가진 마지막 남은 은행이었다. 다른 모든 은행은 5년전에 지점을 폐쇄하고 있었다. 만약 그 지역의 사무소가 폐쇄되면 록데일의 고객은 자동차나 버스로 10분 정도의 칼바 하이트의 INB의 지점을 이용할 수밖에 없었다. 칼바 하이트의 지점은 로컬버스의 노선에 있는 편리한 장소에 설치되어 있었다.

② 노스 매디슨 지점

에이미 밀러는 또 록데일에 인접한 지역인 노스 매디슨의 지점도 걱정이었다. 노스 매디슨은 저소득지역이며, 평균소득이 1세대당 2,000달러로 시내의 어떠한 지역보다 낮았다. 노스 매디슨의 주민 상당수는 생활보호나 공적보조를 받고 있었다. 가정저축은행은 노스 매디슨의 상업지구인 메인 스트

31) Post, J.E., Lawrence, A.T. & Weber, J.(2002), *Business and Society: Corporate Strategy, Public Policy, Ethics(10th ed.)*, The McGraw-Hill Companies, Inc. pp.26-28.

리트에 지점 사무소가 있었다. INB는 10년 전에 노스 매디슨 지방지점을 폐쇄하였다.

INB의 기업전략부서의 경영책임자는 노스 매디슨의 쇼핑상가와 같이 편리한 장소에 지역의 지점 대신에 현금자동지불기(ATM: automatic teller machines)를 설치할 것을 논의하고 있었다. 그 조치는 지점 내 도합 20 개의 일자리를 빼앗게 된다. 그 때문에 종업원 중에 매우 적은 사람만이 은행에 남게 될 것이다. INB의 최고경영자(CEO)는 과학기술이 고객에게 얼마나 좋은 서비스를 제공할 수 있는가를 몇 번이나 연설해 왔다. 은행은 고객을 위해서 전혀 새로운 온라인 서비스를 도입하기로 발표하였다.

③ 기타 제요인

록데일의 주민은 합병발표가 이루어진 2~3일 뒤에 가정저축은행의 지점 앞에서 데모그룹을 조직했다. 현지의 텔레비전 방송국은 이를 보도하기 위해서 스탭을 파견하였다. 인터뷰에 답한 어느 현지 주민은 다음과 같이 말했다. "INB는 노인을 마음 속으로부터 싫어하고 있다. 록데일에 살고있는 것은 노인뿐이다. 그들은 사람보다 돈이 우선이다"라고.

INB는 또 몇 명의 시 직원으로부터도 항의전화를 받았다. 시라 토마스(Sheila Thomas)는 록데일과 노스 매디슨의 두 지역에 걸친 시의회 의원으로 당선되었다. 그녀는 은행의 계획에 대해 솔직하게 의견을 말하고, 은행이 시민 모두에게 성실하게 대응하고 있는지 여부에 대하여 의문을 나타냈다. 텔레비전의 인터뷰 중에 "은행이 사람 대신에 ATM기를 설치하는 것은 주민의 기분을 몹시 실망시키는 것은 틀림이 없다"고 토마스는 말했다. 에이미 밀러는 시라 토마스를 존경하지만, 한편으로는 시의회 의원이 매스컴을 활용하는 수완이 야심적인 정치가라는 것을 인정했다.

INB는 연방정부와 몇 개 주의 은행국이 규제하는 업무감사제도 하에서 영업활동을 하고 있다. 이 은행은 이러한 관계당국에 의해 좋은 평가를 받고 있었지만 지점의 재편계획은 그 이미지를 흐리게 하였다. 「연방 지역사회재투자법」(CRA: federal Community Reinvestment Act)하에서 INB는 그 예금이 어디에서 왔으며 어디로 투자되는지를 공시해야 했다. 이것은 예금자가 생활하고 일하는 커뮤니티에 자금이 공정하게 재투자 되는것을 보장하는데 도움이 되었다. 이 법률은 은행이 커뮤니티의 요구를 배려하도록 하기 위해서 은행담당직원에게 상당한 권한을 부여하게 되었다.

커뮤니티 주민이나 상가주인의 이의제기는 INB의 지점폐쇄를 허가해야했던 주의 은행담당직원의 주의를 끌었다. 은행담당직원이 갖고있는 예전의 기준은 제안된 활동에 의해 은행의 재무적인 지불능력이 좋아지는지 여부였다. 최근 들어 지사는 새로운 주 은행이사를 임명했다. 그 주 은행이사는 「현지에 투자를」, 「과학기술과 같이 사람에게 투자를」과 같은 은행을 압박하는 많은 스피치를 해 왔다. 록데일과 노스 매디슨에는 새로운 어려운 문제가 발생하였던 것이다.

④ 결 단

INB의 최고경영책임자와 최고경영위원회와의 최근 회합에서 밀러는 주의 은행담당직원이 IBN에 록데일과 노스 매디슨의 주민에 의해 발생한 문제에 대응할 계획안을 제출하도록 요청하고 있음을 알았다. 그녀는 주말까지 INB의 최고경영책임자에게 행동방침을 제의할 팀의 구성멤버에 임명되었다. 이팀리더는 그날 오후에 모임을 소집했다. 그가 제안한 것은 INB에 있어 이 문제를 해결하는 하나의 방법은 어느 하나의 지점을 폐쇄해야 한다는 것이었다. 밀러는 록데일과 노스 매디슨 지점에 대한 그녀의 분석자료를 회의에 제출하라는 지시를 받았다.

토의과제

1. 이 장 말미의 INB사례와 관련하여;

① 이 사례에서 이해관계자는 누구일까? 어느 쪽이 직접적 이해관계자이고, 어느 쪽이 간접적 이해관계자인가? 이들은 어떤 영향력을 갖고있는 것일까? 이들은 서로 어떻게 관련되어있는 것일까? INB에 대한 이해관계자들의 관계를 관계도로 그려보자.

② 만약, INB가 은행지점을 하나, 혹은 둘 다 폐쇄할 것을 정한 경우, 「기업–정부–사회」의 관계는 어떤 역할을 서로하게 될 것인가? 문제는 어떻게 전개되어 나갈까? INB의 경영진은 어떤 일에 가장 중점을 두고 생각하지 않으면 안 되는가?

③ 에이미 밀러는 팀에게 무엇을 제안해야 할까? 한 개 지점을 폐쇄한다는 제안은 은행에 있어서, 혹은 커뮤니티에 있어서 문제의 해결이 될 것인가? 당신은 어느 지점을 폐쇄하면 좋다고 생각하는가?

④ 은행은 폐쇄의 충격을 완화하기 위해서 어떤 조치를 강구할 수 있는가? 혹은 강구해야 하는 것일까?

2. 도입부의 Walmart사례와 관련하여 당신이 Walmart의 CEO라면 어떻게 대응할지 당신의 의견을 제시해 보시오.

3. IBM의 '삼각의자' 개념에서 당신이 배운것을 정리해 보시오.

제8장

기업과 공공적 이슈

01 왜 공공적 이슈가 발생하는가?
02 공공적 이슈의 라이프사이클
03 홍보기능
04 이슈관리
05 공공적 이슈에 대한 전략적 접근

포드 모터(Ford Motor Company 이하 포드)는 세계에서 가장 성공한 자동차 메이커 중의 하나이다. 포드는 전 세계 고객에게 자동차나 트럭의 혁신적 디자이너 및 제조업체로서의 명성을 얻고 있다. 그럼에도 불구하고 포드 자동차가 고객의 기대에 못 미치고 있는 것이 있다. 그것은 포드 자신의 실수일 수도 있고 타이어 등의 핵심부품을 공급하고 있는 협력업체의 과실일 수도 있다. 2000년 포드는 자사의 인기 라인인 스포츠 유티리티 비클(SUV)에 위험한 타이어가 사용되고 있는 것이 발각되는 문제에 직면하게 되었다. 그 타이어는 브리지스톤 파이어스톤(Bridgestone/Firestone: 일본 타이어업체로 포드의 장기거래처)에 의해 제조된 것이었다. 60명 이상의 사망자 및 수백 건의 교통사고가 파이어스톤 타이어를 탑재한 포드의 SUV와 관련이 있다는 것이 드러나자, 양사는 일반시민의 관심의 소용돌이 속에 휘말리게 되었다. 이 사건은 과거 포드가 직면해 온 다른 위기를 환기시키는 계기가 되었다.

포드는 과거 80년 이상 자동차와 경트럭을 판매해 왔고 현재도 북미지역에서 매년 수 백만대의 자동차를 판매하고 있다. 예를 들면, 포드는 1990년대초 5년간 북미지역에서 2,600만대의 자동차와 경트럭을 판매했다. 불행하게도 이러한 자동차가 운전기사나 승객에게 안전하지 않으며 때로는 위험하다고 생각될 경우가 있었다. 포드는 자사제품에 대한 일반대중의 신뢰가 떨어지면서 공공적 이슈에 대한 전략적 대응방법을 개발해야 한다는 심각한 경험을 세 번이나 겪었다. 제품 설계상 최초로 가장 큰 문제가 된 것은 핀토(Pinto)라는 자동차에서 발생했다. 핀토는 다른 자동차와 부딪쳤을 때 순간적으로 발화하여 폭발한다는 설계결함이 있는 연료탱크를 사용하고 있었다. 저렴한 안전장치 정도만 장착되어도 이러한 발화의 대부분을 막을 수가 있었다는 비난을 받았다. 결국 포드가 핀토를 리콜하고 피해자 가족의 배상청구에 응할 때까지 포드를 대상으로 수많은 소송이 제기되었다.

포드는 1990년대 중반에 이른바 '불타는 포드'(the Flaming Ford)라는 사건에 직면했다.[1] 이 사건에서는 내부의 누전과 과열로 인해 스티어링부분에서 화재를 발생시키는 점화장치(이그니션, ignition)상의 문제가 있었다. 포드는 1993년까지 캐나다의 자동차 소유주로부터 적어도 300건, 미국의 자동차 소유주로부터는 800건 이상의 화재에 관한 보고를 받았다. 그 사건의 대부분에서는 자동차 전체가 화염에 싸여 운전기사가 부상을 입었다. 포드는 이그니션 시스템에 결함이 있다는 것을 부정하고 전체적인 안전성만을 주장했다. 사건이 확대되면서 피해자들은 집단소송을 제기하였고 더 나아가 소송관련 협력을 받기 위해서 같은 문제를 경험한 다른 포드차의 소유주를 찾기 시작했다. 변호사들은 '불타는 포드차 오너의 모임'(Association of Flaming Ford Owner)이라는 이름의 웹사이트를 열었다. 그 사이트의 상단에는 화염에 싸인 트럭사진이 실려 있었고, "당신은 화재를 일으키는 이그니션을 사용하는 포드제 자동차의 소유자 2,600만명 중의

한 사람입니까?"라고 묻고 있다. 사이트의 열람자는 데이터 베이스 구축을 위한 기본정보를 입력하고 소유한 포드 차의 모델과 제조년도를 클릭하면 이그니션 시스템, 미해결소송, 다른 원고에 관한 최신정보를 손쉽게 얻을 수 있었다. 이 웹사이트에 의해 고객은 옛날보다 훨씬 신속하고 완전한 정보에 의거하여 클레임을 제기할 수 있게 되었다. 포드 임원들은 고객이나 비평가 등도 비즈니스의 대항수단으로 인터넷을 이용하는 것에 놀랄 수밖에 없었다.

2000년에 파이어스톤 타이어문제가 알려지게 되었을 때 인터넷은 모든 사람의 전략적 대응수단으로 활용되었다. 포드차 오너는 제품리콜정보를 인터넷을 통해 얻고 있었다. 포드와 파이어스톤 또한 E메일과 자사의 웹사이트를 이용하여 상황을 알리고 대응절차에 대해 설명하고 있었다. 또, '미국 고속도로 안전수송협회'(NHSTA: National Highway Safety Transportation Agency)는 인터넷을 통해 일반시민으로부터의 정보와 반응을 모니터링하고 있었다.

● Post, J.E., Lawrence, A.T. & Weber, J.(2002), *Business and Society: Corporate Strategy, Public Policy, Ethics(10th ed.)*, The McGraw-Hill Companies, Inc. pp.30-31.

1) www.flamingfords.com/flamingl/cgi 참조. www.ford.com도 함께 참조.

학습목표

매크로 환경, 환경스캐닝, 「실적과 기대」의 차이, 공공적 이슈, 공공적 이슈의 라이프사이클, 홍보매니지먼트, 이슈관리의 프로세스, 위기관리, 이해관계자 관련 이슈에 대한 대응전략

기업은 많은 공적 및 사회적 이슈에 직면하고 있다. 기업은 각각 그 활동과 관련된 독자의 이해관계자 관계 및 공공적 이슈에 대응하지 않으면 안 된다. 기업경영자는 이해관계자 관계나 공공적 이슈(public issues)에 대응하는데 많은 시간을 소비하게 된다. 퍼블릭 어페어즈(Public Affairs) 직무를 전문으로 하는 담당자를 선임하는 조직도 많으며 공공적 및 사회적 이슈에 대한 대응은 모든 경영자가 수행하지 않으면 안되는 중요한 직무로 생각되고 있다.

위의 포드자동차의 사례를 통해보면 기술이 상거래방법과 사회적 이슈(social issues)에 대응하는 방법 등의 양자를 변화시키고 있다. '핀토'사건에서는 정보를 정리하는것이 곤란하였기 때문에 마무리하는데 몇 년이나 걸렸으나, '불타는 포드'사건에서는 인터넷이 사용됨으로써 보다 신속히 마무리되었다. '스포츠 범용차(SUV)의 타이어'문제에서는 정보통신기술에 의해 재빨리 일반시민이 사정을 알게 되었다. 현재 많은 기업이 공급업자, 판매처, 고객에 대한 대응을 개선하기 위해서 인터넷을 이용하고 있다. 그와 동시에 변호사, 사회운동가, 일반대중도 공공적 이슈에 대한 지식을 획득하고, 다른 사람을 활동의 강력한 동인으로 조직화하기 위해 인터넷을 이용하고 있다. 그러므로 SNS를 포함한 인터넷은 기업활동을 촉진시키기 위한 도구인 동시에 제품, 기업활동, 사회적 영향을 포함한 여러 문제에 관한 일반대중의 인식을 촉진시키는 도구가 되고 있다. 앞의 스포츠 범용차의 결함 타이어에 대한 포드의 대응을 통해 기술이 윤리와 사업전략을 어떻게 밀접하게 관련짓고 있는가를 알 수 있다. 현대의 기업사회에서는 기업들이 자신이 행하는 모든 의사결정과 실수 등을 관찰할 수 있는 능력을 가진 무수한 이해관계자로부터 도피할 곳은 점점 더 줄어들고 있다.

이 장에서는 다음과 같은 중요한 문제와 목적에 초점을 맞춰 논하고자 한다.

- 왜, 전략적 경영은 적절한 거시환경분석에 의거하는가?
- 왜, 이해관계자의 기대가 경영자나 조직으로 향하는 것인가?

- 공공적 이슈가 확산되어가는 라이프사이클이란 어떤 것인가?
- 기업의 홍보활동의 기능에 대한 사명이나 목적은 어떤 것인가?
- 조직은 특정한 공공적 이슈에 대응하기 위해 어떤 전략을 이용할 수 있는가?
- 이슈관리시스템은 어떤 활동으로 구성되는가?
- 기업은 이해관계자 관계를 전략적으로 관리하기 위해 어떻게 해야할까?

01 왜 공공적 이슈가 발생하는가?

포드의 경험이 제시하는 바와 같이 기업은 이해관계자를 무시할 수 없다. 고객, 공급업자, 경쟁기업 등은 경영자에게 압력을 가하는 파워를 신속히 조직화할 만큼의 능력을 갖고 있다. 물론 모든 클레임이 정당한 것도 아니고 모든 이해관계자가 도리에 합당한 요구를

그림 8-1 기업의 거시 환경

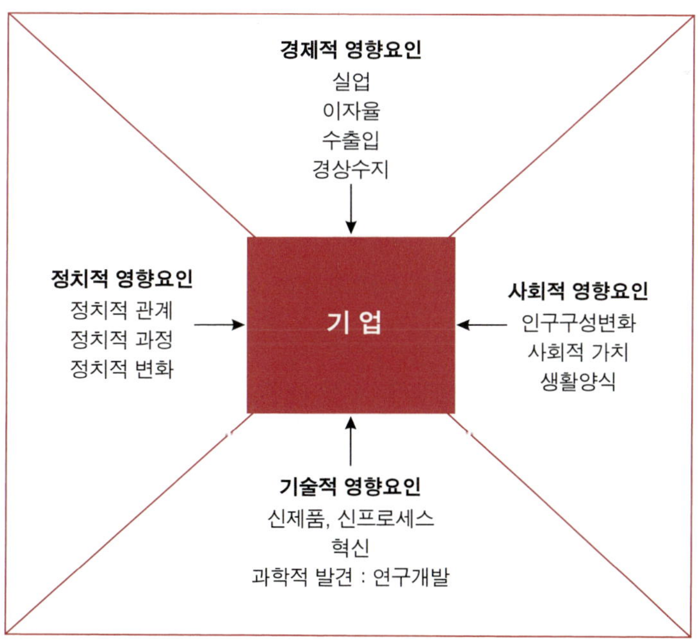

출처 : Post, J.E., Lawrence, A.T. & Weber, J.(2002), *Business and Society: Corporate Strategy, Public Policy, Ethics(10th ed.)*, The McGraw-Hill Companies, Inc. p.32.

하고 있는것도 아니다. 그러나 자사의 이해관계자의 관심사를 무시하는 경영자는 스스로를 위태롭게 만들고 기업을 궁지에 몰아넣게 될지도 모른다.

현대의 기업환경에 있어 조직은 이미 자신의 생활이 기업활동과 밀접한 관련을 갖고있는 정당한 이해관계자를 무시할 수 없다. 첫째로 많은 이해관계자(예를 들면, 주주, 종업원, 공급업자)는 기업과 정당한 관계에 있고 통상적으로 기업의 성공에 어느 정도의 가치를 제공하고 있다. 둘째로 이해관계자를 무시한다는 것은 '불타는 포드'사건에서 포드가 직면했던 사회적 저항캠페인과 같은 리스크에 직면하게 된다. 그러므로 많은 조직이 이해관계자 문제에 직면하게 되면서 문제에 대응하기 위한 시스템적인 대책을 강구해 왔고 또 중요한 이해관계자와의 관련에 대해서 보다 전략적이고 장기적인 수단을 개발해 왔다.

1.1 기업의 거시환경

기업은 경제적 및 사회적으로 유효한 전략을 구축하기 위해서 환경정보에 대한 관리체계를 필요로 한다. 환경분석에 의하여 경영자는 주요 이슈나 트렌드에 관한 정보를 획득하고 이러한 정보에 의해 위협을 최소한으로 억제하기 위한 전략을 구축할 수 있게 된다.

경영자는 외부환경의 다양한 요인에서 무엇이 발생하고 있는지를 이해하지 않으면 안 된다. 기업과 경영자에게 있어 주요한 환경은 사회적, 경제적, 정치적, 기술적이라는 네 가지로 구분할 수 있다(그림 8-1 참조).[2] 이러한 기업의 거시환경은 「사실」(fact), 「경향」(trend), 「이슈」(issue), 「이념」(idea)을 포함, 거의 무한할 정도의 많은 정보로 구성되어 있다. 네 가지 부문(segment)은 각기 정보가 집약하는 영역을 나타내고있고 그 중의 어떤 것인가가 기업에 있어 중요하게 관련된다.

[그림 8-1]에서 보는 바와 같이 사회적 부문은 사회의 인구구성변화, 생활양식, 사회적 가치에 관한 정보에 초점을 맞춘다. 경영자는 인구의 변화(예를 들면, 베이비 붐), 인구의 특성(예를 들면, 평균연령), 새로운 생활양식의 출현, 사람들이 선호하거나 기피하는 사회적 가치를 이해할 필요가 있다.

경제적 세그먼트는 사회에 있어 기업이 직면하는 일련의 경제요인이나 경제상황에 초점을 맞춘다. 예를 들면 이자율, 실업, 해외로부터의 수출입, 기타 많은 요인에 관한 정보가 기업에 관련되어 있다. 경제적 세그먼트는 모든 기업조직에 커다란 영향력을 미치고 있다.

2) Fahey, L. & Narayanan, V.K.(1986), *Macro environmental Analysis for Strategic Management*, St. Paul, MN: West, pp.28-29.

정치적 세그먼트는 사회에 있어서의 특정한 정치적 관계, 관계의 변화, 사회에서 정치적 의사결정이 행해지는 프로세스를 의미한다. 예를 들면 조세규정의 변화에 의하여 수입이나 조세부담이 재차 배분된다. 이것은 사회의 여러 세그먼트 사이의 정치적 관계와 관련되어 있다. 기업행동에 관한 기준을 설정하는 규제기관의 설립 및 해체는 정치적 수단의 변화의 예이다.

기술적 세그먼트는 회사 안에서 발생하는 기술적 발전과 외부의 잠재적 위험이 포함된다. 부정적인 사회적 영향력을 수반하는 새로운 제품, 제조방법, 원재료, 과학적 활동의 전체적인 수준, 과학의 진전이 이러한 영역에서 중요한 것이다. 파이어스톤(Firestone)사의 결함 타이어나 포드사의 이그니션 스위치와 같은 문제는 많은 기업에서 이루어지고 있는 기술적 분석의 하나이다.

[그림 8-1]에서 보는 바와 같이 거시환경(macro environment)은 서로 관련되어 있으면서 서로 영향을 주는 부문 간의 상호관계시스템이다. 예를 들면 포드 모터(Ford Motor Company)사의 경영자는 결함타이어 문제에 성공적으로 대응하기 위해 사회적, 경제적, 정치적, 기술적 요인에 관하여 스스로 지식을 결집하지 않으면 안되었다. 포드는 경제적인 문제에 대해 기술적인 해결책을 필요로 하고 있었다. 이와 동시에 포드에 대한 소비자운동의 법적 및 제도적 영향력에 대해 이해할 필요도 있었다. 경영자는 그러한 문제가 기업에 위기를 가져왔을 때 그 요인들에 대해 학습을 한다. 그러나 보다 바람직한 것은 각 부문이나 부문 간의 상호관계에 대하여 이것이 조직에 부정적인 영향을 주기전에 미리 충분히 이해해 두는 것이다.

(1) 환경스캐닝

환경스캐닝(environmental scanning)은 외부의 사회적, 경제적, 정치적, 기술적 환경을 분석하는 경영기법이다. 스캐닝은 비공식적으로, 또는 공식적인 매니지먼트 프로세스로 이루어진다. 어떤 방법으로 이루어지든 스캐닝에는 정보수집, 분석, 처리가 포함된다. 잘 이루어지면 위기를 회피하고 기회를 찾아낼 수 있도록 지원하게 된다. 환경스캐닝은 다음과같은 방법으로 반복적으로 이루어진다. 그것은 정부, 사회에 대한 경향분석, 기업이 속한 산업이나 경제섹터, 혹은 기업이 사업을 전개하고 있는 국가에서 발생하고 있는 이슈의 분석, 기업에 있어 중요한 개인, 그룹, 조직에 관한 이해관계자 분석이다.

- 경향분석(trend analysis)은 미래에 대하여 현재의 경향에 관한 추측이나 결과를 이해

하여 제시하는 것이다. 특히 제품이나 서비스의 수명이 장기간에 걸치는 기업에 있어서는 장기적인 경향을 이해할 필요가 있다. 예를 들면, 생명보험업은 30, 40, 50년간 계속될지도 모르는 장기계약을 맺는 경우가 많다. 보험계약자로부터 급부금을 신속히 지불하도록 재촉을 받을 수 있으며 몇 십년이나 생명보험료를 지불할지도 모른다. 또 수명이 길어져 라이프 스타일이 더욱 활동적으로 되는 경향은 연금제도나 연금계약에서 보험업자가 지불하는 연금지급회수의 계산을 변경시킨다. 이러한 경향이나 합의를 이해하지 않으면 기업과 보험수령인 및 연금수급자에게 손해를 주는 불완전한 재무계획을 수립하게 된다.

- 이슈분석에서는 현재 발생하고 있고 또 미래에 일어날 수 있는 기업에 영향을 미치는 특정사안에 대하여 상세하게 평가를 한다. 많은 기업에서는 퍼블릭 어페어즈(Public Affairs) 담당자가 경제적, 사회적 이익의 기회를 찾고 다수의 사회적 이슈를 꼼꼼히 추적 및 감시한다. 예를 들면 워너 램버트(Warner-Lambert)사에서는 중대한 사회적 이슈에 대응하는 것이 기업의 이미지를 높이고 종업원이 자사에 대하여 긍지를 갖게 함으로써 자신들을 궁지에서 구출할 수 있다고 믿고 있다. 램버트사에서는 말기적 질병의 호스피스 케어나 지역폭력문제에 대한 대응 등 다양한 사회적 이슈를 다루고 있다. 또 각종 이슈에 대응하기 위한 교육프로그램이나 지역에의 출장프로그램도 제공해 왔다.[3)]
- 이해관계자 분석(stakeholder analysis)은 외부환경을 구성하는 사람들, 그룹, 조직 등에 초점을 맞춘다. 그 기업의 직접적 이해관계자와 간접적 이해관계자의 관심사가 무엇인지 이해함으로써 장차 어떤 종류의 요구가 발생할 것인지를 경영자가 보다 정확하게 예측하게 된다. 포커스 그룹(의견청취를 위한 특정집단)에 대한 의견조사나 전문가의 보고서비스 등 이러한 정보를 수집하는 데는 많은 방법이 있다. 노조간부나 지역환경보호단체와의 비공식적인 논의는 이러한 그룹에게 무엇이 중요한 문제인가, 또 왜 중요한가에 대해 경영자가 이해하는데 큰 도움이 된다.

기업은 하루 밤 사이에 사회적으로 대응하게 되는 것은 아니다. 새로운 태도가 형성되고, 새로운 일상적인 작업이 학습되어 새로운 정책과 행동 프로그램이 설계되지 않으면 안 되는 것이다. 사회적으로 반응하기 위한 전략을 달성하기 위해서는 많은 장애를 극복하지 않으면 안 된다. 여기에는 경영자 그룹 간의 보고체계같은 구조적인 것도 있고 어떤 것을

3) "Warner-Lambert's World, Social Responsibility", www.warner-lambert.com/info/social html, July, 9,1997

실시할 때 지금까지의 방식을 바꾸는 문화적인 것도 있다.

1.2 공공적 이슈의 발생

기업이 이해관계자와 좋은 관계를 구축함에 있어 새로운 방법을 추구하는 이유의 하나로 그동안 적대적인 접근이 종종 실패해 왔다는 점을 들 수 있다. 어떤 문제의 최초의 징후로서 기대가 충족되지 않은 이해관계자나 그 집단으로부터의 민원, 반대, 항의 등이 있다. 예를 들어 어떤 일단의 주민들이 지역 내 공장에서 나오는 냄새와 연기에 반대할지도 모른다. 시민이 지방대학의 과학실험을 위한 원숭이나 쥐의 사용에 항의할지도 모른다. 종업원이 회사의 카페테리아에서 마련된 식사를 한 뒤 제조공정에서 사용되는 화학약품의 가스를 흡입한 후에 기분이 나빠졌다고 민원을 제기할지도 모른다. 각각의 경우에 이러한 민원은 기업경영자가 보다 주의깊게 검토해야 할 문제의 초기경고인 것이다.

1.3 '성과와 기대'의 갭

상기의 각 사례에서는 기업의 실적과 이해관계자 그룹의 기대 간에 차이가 발생하고 있었다(그림 8-2 참조). 이해관계자의 기대에는 정당한 기업활동을 수행하는 구성요소에 대한 사람들의 의견, 태도, 신념 등이 혼재하고 있다.

예를 들면, 커뮤니티의 주민들은 공장에서 배출되는 유해배기가스를 받아들이려고 하지 않는다. 동물을 소중히 생각하는 사람들은 과학실험이라는 미명하에 동물에게 고통을 주

그림 8-2 기대와 성과의 차이

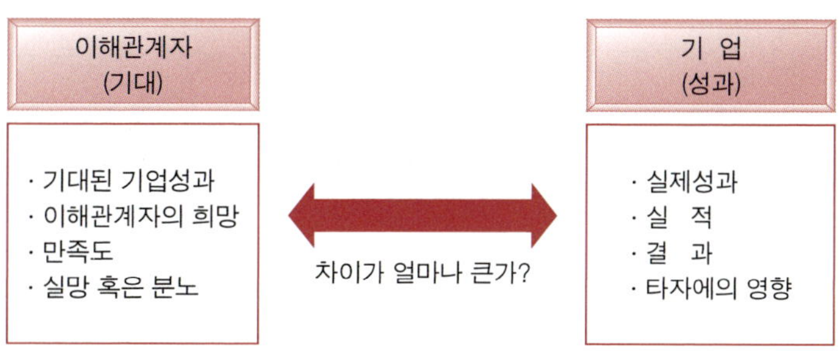

출처 : Post, J.E., Lawrence, A.T. & Weber, J.(2002), *Business and Society: Corporate Strategy, Public Policy, Ethics(10th ed.)*, The McGraw-Hill Companies, Inc. p.35에서 수정 인용.

는 것이 비도덕적이라고 생각한다. 식중독에 걸리거나 가스로 숨이 막히거나 하는 종업원은 이러한 자신들의 건강을 위험에 빠지게 하는 기업을 윤리적이라고 생각하지 않는다. 다음의 사례는 어떤 기업이 어떻게 해서 스테이크 홀더의 감정을 읽거나, '성과와 기대'차이(performance expectations gap)가 확대되기 전에 적절히 행동했는지를 보여주고 있다.[4)]

2000년 11월, 장난감 회사인 차일드 가이던스(Child Guidance)사는 캘리포니아에 본사가 있는 잭스 퍼시픽(Jacks Pacific)사가 제조하고, 자사 브랜드로 판매되던 장난감 '춤추는 캐터필러'(the Wiggle Waggle Caterpillar)를 90만개 이상 리콜했다. 이 리콜은 텍사스주 엘파소에 사는 생후 5개월의 여자아이가 음악에 맞춰 춤추는 캐터필러 완구의 작은 플라스틱 볼이 목에 막혀 죽음에 이르게 된 뒤에 이루어졌다. 차일드 가이던스사는 전 제품의 리콜을 확실히 하기위해 연방기관인 소비자제품안전협회(the Consumer Product Safety Commission)와 함께 움직였다. 이 제품은 1998년 5월부터 2000년 6월까지 판매되고 있었다. 이러한 10인치의 장난감은 4곡을 연주하며 여러 가지 소리를 내지만 두 아이의 목을 막히게 하였다. 부모들이 회사에 전화하면 같은 가격의 다른 장난감으로 교환하도록 권했다.

질식사한 여자아이와 유사 사건들의 아이들은 생후 5개월이거나 그 이하였지만 캐터필러의 장난감은 1세 및 그 이상의 어린이 전용으로 설계되어 있었고, 또 그렇게 라벨에도 표시되어 있었다고 잭스의 사장 겸 최고운영책임자(COO) 스테펀 버만(Stephen Berman)은 말했다. 그에 의하면 이 장난감은 불만이 제기되기 이전은 물론 이후에도 적절한 안전 테스트에 모두 합격하였다.「그러나 우리는 사려깊게 생각하여 새로운 사건이 발생하지 않기를 바라는 마음에서 리콜을 단행했던 것이다」고 버만은 말했다.[5)]

경영자나 조직이 자사의 이해관계자의 기대나 신념을 가능한 한 빨리 이해하는 데는 충분한 이유가 있다. 예를 들면 안전에 대한 관심을 이해하지 않는 것은, 또 차일드 가이던스사가 상기의 사례에서 행한 것처럼 적절한 대응을 행하지 않는 것은「성과와 기대」의 갭을 확대시켜 버린다. [그림 8-2]에서 보는 바와 같이 이러한 격차는 이해관계자의 기대와 기업의 실적과의 차이를 나타내고 있다. 이 갭이 확대됨에 따라서 이해관계자의 반발이라는 리스크도 확대된다.

4) "Child Guidance Toy Recall", *Los Angeles Times*, July 22, 2000, p.C1.
5) Post, J.E., Lawrence, A.T. & Weber, J.(2002), *Op.cit.*, p.35.

02 공공적 이슈의 라이프사이클

이해관계자에 관한 효과적인 매니지먼트는 공공적 이슈가 예측가능한 형태로 진전된다는 것을 이해하는 것부터 시작된다. 바꾸어 말하면 이슈를 둘러싸고 어떻게 압력이 형성되어가는지, 또 그것이 어떻게 미디어나 정치가의 관심을 끄는 문제로 변모해 가는지를 경영자는 예측할 수 있다.

공공적 이슈(public issue)는 어떤 조직이 해야 할 일에 대한 이해관계자의 기대와 기업, 정부기관, 비영리 조직 등의 실적과의 차이가 존재할 경우에 발생한다. 포드사의 경영진은 '타오르는 포드' 멤버가 이그니션의 결함문제에 대해 최초로 눈치챘을 때에 그들이 어떻게 행동하고 그 문제에 반응하는지를 예측할 수가 있었다. 이처럼 공적이슈에 대한 기업의 대응방법의 하나가 [그림 8-3]과 같은 '공공적 이슈의 라이프사이클'(public issue life cycle)모델이다. 이 모델은 공공적 이슈가 확산함에 따라 경과하는 기본적 단계를 제시한 것이다.

그림 8-3 공공적 이슈의 라이프사이클

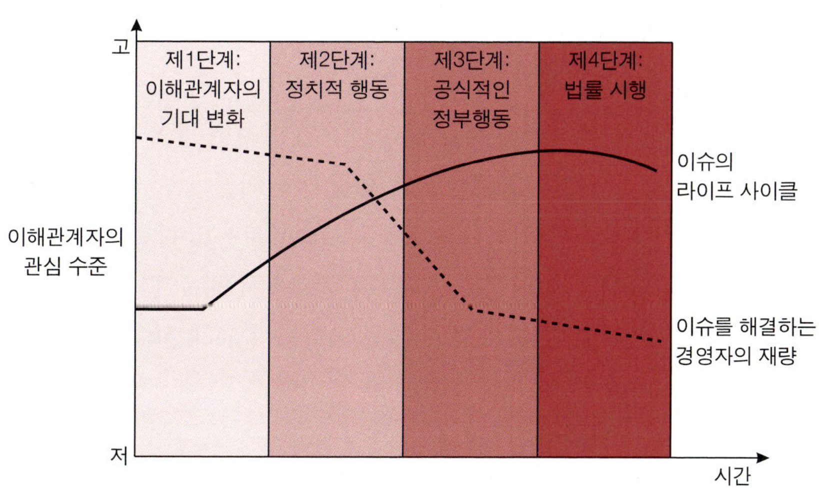

출처 : Post, J.E., Lawrence, A.T. & Weber, J.(2002), *Business and Society: Corporate Strategy, Public Policy, Ethics(10th ed.)*, The McGraw-Hill Companies, Inc. p.36.

2.1 공공적 이슈의 라이프사이클의 각 단계

일반적으로 사회적 관심이라는 것은 자연적인 진전을 따라서 라이프사이클로 간주할 수 있는 일련의 단계를 통해서 발전한다. 경영자는 이슈가 발전하는 패턴을 인식하여 초기의 경고사인을 간파하여 문제를 예측하고 그것이 위기상황에 도달하기 전에 해결할 수 있다. [그림 8-3]에서 볼 수 있듯이 공공적 이슈의 라이프사이클에는 네 가지의 단계가 있다. ①이해관계자의 기대변화, ②정치적인 행동, ③공식적인 정부행동, ④법률의 시행 등이다.

(1) 제1 단계: 이해관계자의 기대변화

공공적 이슈는 이해관계자의 기대가 충족되지 않았을 때 시작된다. 여기서의 불만은 지역공장의 대기오염에 반대하는 소규모 주민집단, 연구소의 과학적 실험에 사용되고 있는 원숭이의 복지에 대한 동물애호가의 걱정, 증세(增稅)를 행하는 정부에 대한 유권자의 분노까지 다양한 형태로 존재한다. 앞에서 논의한 것처럼 일단 격차가 커지게 되면 공공적 이슈의 씨앗이 배태된다.

미국의 담배산업만큼 커다란 정당성 격차에 직면하고 있는 산업도 드물 것이다. 이 산업은 금연풍토의 확산속에서 많은 싸움을 경험해 왔다. 1960년대까지 흡연은 매혹적이고 세련된 행위라고 인식되었다. 1940년대 광고에는 군복을 몸에 걸친 영화배우가 출연하여 흡연이 매력적이고 애국적이란 인상을 주었다. 게다가 광고는 여성 흡연자를 사회적으로 해방시켜 자립적이라는 이미지를 부각시켰다.

오늘날 흡연에 대한 일반시민의 인식은 크게 달라졌다. 흡연은 흡연자 자신뿐만 아니라 그 주위사람에게도 위험하다는 이유로부터 받아들이기 어려운 것이 되었다. 건강전문가들은 담배연기나 건강에의 악영향으로부터 해방되어 생활할 권리를 일반시민은 가지고 있다고 주장한다. 시, 주, 혹은 지방정부마저도 비흡연자가 담배연기로부터 해방되는 것을 보장하기 위한 절차를 밟고 있다. 예를 들면 1993년 흡연반대 주장자는 주(週) 10명 이상의 노동자가 정기적으로 사용하는 건물(개인의 집 이외)에서의 흡연을 금지하기 위해 상하 양원에서 '혐연환경법'(the Smoke-free Environment Act)의 입법화를 제안했다.[6)]

필립 모리스(Philip Morris)나 R.j.레이놀즈(R.J.Reynolds)와 같은 담배업체들은 오랜 동

6) McGowan, R.(1995), *Business, Politics, and Cigarettes*, Westport, CT: Praeger/ Quorum Books.

안 건강에 대한 악영향이라는 이슈에 대해 함께 대응해 왔다. 비판이 높아짐에 따라 담배제조업체는 흡연규제에 반대하는 사람들과 지지하는 사람들을 식별하게 되었다. 비흡연자는 규제를 요구하고 있지만 담배업체는 흡연자도 권리를 가지고 있다고 주장하여 왔다. 이러한 테마를 강조함으로써 담배제조업체는 흡연자와 비흡연자의 권리균형을 유지, 타당한 기대를 설정하고 타협의 공동기반을 만드는 방법을 찾아냄으로써 논의를 형성하려고 했다.

각 이익집단은 멤버를 보호하기위해 정부에 대응을 요구함으로써 이슈의 발생을 밝혀야 할지도 모른다. 경영자는 다른 이해관계자가 정부에 무엇을 원하는지를 이해하고 정부가 자신들의 기업활동을 위해 행동해 주도록 의뢰할 준비를 해야 한다. 예를 들어 미국기업은 국제무역의 대립에 의해 외국경쟁기업의 불공정 무역관행에 이의를 제기하도록 연방정부에 의뢰하게 되어 있다.

미국의 자동차업체는 일본에서 보다 많은 미국 자동차의 판매인가를 획득하기 위해 미국연방정부의 지원을 요구했다. 도요타, 닛산, 혼다 등의 일본 자동차업체들이 상위의 시장지위를 확보하고 있는 미국시장과는 매우 대조적으로 일본은 GM(General Motors), 포드, 크라이슬러(Chrysler)의 자동차 판매에 국내시장을 개방하는 것에 매우 소극적이었다. 미국기업은 일본정부의 정책이 폐쇄시장을 악용하고 있다고 비난하였다. 그러므로 미국정부는 미국기업을 대신하여 일본에 정책을 바꾸도록 요구할 수 있는 유일한 존재였다.[7)]

(2) 제2단계 정치적 행동

어떻게 해야 정부가 문제에 대응하게 할 것인가? 정부기관의 대응을 바라는 공적이슈에 관한 의제는 엄청나지만 모든 공공적 이슈에 정부가 대응하는 것은 아니다. 매년 주정부와 연방정부의 대응을 바라는 많은 문제의 대부분이 필요한 지원을 이끌어 낼 수 없기 때문이다. 왜냐하면 정부조직이 설치된 곳에서는 어디서나 정치적 주선가(political advocates; 일종의 로비스트)가 문화의 일부로 되어 있기 때문이다.

강하고 유효한 리더십을 발휘하기 위해서는 항상 혁신운동을 주도하는데 충분할 만큼 일반대중의 관심을 끌 필요가 있다. 예를 들면 1960년대의 미국시민권 운동에는 마틴 루터 킹 Jr. 박사(Dr. Martin Luther King Jr.)의 카리스마적 리더십이 존재했다. 다른 운동에서도 다양한 퍼스낼러티를 가진 리더십이 존재했다. 랄프 네이더(Ralph Nader)는 그가 미국 대

7) Post, J.E., Preston, L.E. and Sachs, S.(2001), *Redefinig the Corporation: Stakeholder Management and Organizational Wealth*, Palo Alto: Stanford University Press.

통령 후보가 되기전부터 유명한 저서 「어떤 속도라도 위험」(unsafe at any speed)[8] 등에서 위험한 제품에 대한 상세한 기술적 분석으로 시민의 지원을 끌어냄으로써 자동차의 안전성을 요구하는 투쟁을 지휘하였다. 글로리아 스테이넘(Gloria Steinem)과 베티 프리던(Betty Friedan)은 여성의 권리에 뛰어난 주장자였다. 지금은 타계한 시저 챠베스(Cesar Chaves)는 행거 스트라이크와 함께 제품 보이콧으로 농가의 어려움에 대한 시민의 관심을 이끌어 냈다. 매리언 라이트 에델먼(Marion Wright Edelman)은 아동옹호기금(the Children's Defense Fund)에서 뛰어난 리더십을 통해서 아이들을 위한 강력한 발언권을 확보했다. 이들 지도자는 각각 시민과 정치가들에게 자신들의 이슈를 각인시키기 위해 자신의 개성과 지식을 이용하였다. 또 개혁운동의 리더십은 정치시스템 그 자체 속에서 나오기도 한다. 예를 들어 1990년대 중반 하원의원 뉴트 깅그릿지(Newt Gingrich)는 연방정부의 권력을 축소시키는 정치개혁운동을 이끌었다. 1990년대 후반에 상원의원 존 매케인(John McCain)은 선거에서 정치자금조달에 관한 규칙을 변경시키는 캠페인을 이끌었다.

또 다른 드라마틱한 사건은 정부에 법률제정을 촉구하는 것이다. 인도 보팔에서 발생한 유니온 카바이드(Union Carbide)사의 화학공장오염사고와 같은 환경위기, 최근 타코스(tacos: 옥수수 가루를 반죽하여 얇게펴서 구워만든 조각에 야채나 고기를 싼 멕시코 요리) 속에서의 유전자 변형 옥수수의 발견은 정부에 환경보호를 위한 법을 강화하라는 환경보호집단의 시민압력을 창출하는 역할을 수행하였다. 일반시민이 기업에 도전하기 위해서 충분한 지원기반을 구축하려면 수 개월 또는 수 년이 걸릴 수도 있다. 그러나 일정한 이슈가 해결되지 않고 남아있는 경우 집단이 정식으로 조직되어 팜플렛, 뉴스, 웹 페이지, 인쇄물, 전자통신 등 다양한 방법을 통해 그 문제에 관한 캠페인이 벌어진다. 그들은 미디어의 주의를 이끌어내서 신문, 텔레비전, 라디오 보도라는 결과를 이끌어낸다. 이렇게 함으로써 이슈는 대중의 관심을 끌어내는 데 성공하면서 정치적 중요성을 갖는 것으로 이행된다.

'민간항공위원회'(the Civil Aeronautics Board)가 흡연자는 기내에서 비흡연자로부터 떨어지지 않으면 안된다는 것을 규칙화했을 때 간접흡연에 반대하는 정치적 운동이 시작되었다. 정치적 진전에 따라 GASP(Group Against Smoking Pollution) 등 다양한 흡연반대그룹의 설립이 이어졌다. GASP는 간접흡연에 의해 발생하는 병을 호소하는 사람들의 요청을 접수하였다. 그들은 흡연규제의 제정을 요구하는 기업을 지원했다. 환경보호청(the Environmental Protection Agency)은 간접흡연에 의해 매년 수천이라는 사람이 죽어가고 있음을 보여주는

8) Nader, R.(1965), *Unsafe at Any Speed2*, New York: Grossman.

통계표를 발간하였고 간접흡연 소송의 판결은 서서히 비흡연자 측에 유리하게 되었다.

1997년 6만명의 항공사 객실승무원들이 담배회사를 대상으로 간접흡연 피해에 대한 보상을 요구하는 소송을 제기하였다. 소송의 심리가 진행되는 동안 담배회사가 승무원들과의 합의를 통해 협상을 끝냈다. 간접흡연에 대한 사회적 압력은 더욱 드세졌다. 예를 들면 2000년에는 메리랜드주(州)의 프렌드십 하이츠(Friendship Heights) 거리에서는 커뮤니티에 영향을 미칠지도 모른다는 이유로 옥외에서의 흡연이 모두 금지되었다. 담배회사는 이 규제가 헌법위반이라고 고소하였고 이 소송은 재판으로까지 진행되었다.[9)]

정치가는 일반시민의 관심에 흥미를 가지고 있고 대부분의 경우 일반시민을 대표하는 활동을 하고 싶어한다. 정부고관은 일반시민의 기대와 기업의 실적과의 격차를 메우는 데 사용될 수 있는 다양한 종류의 권력을 가진 새로운 이해관계자이다. 일찍이 워싱턴에서는 담배업계의 로비단체가 상하원 의원들의 강력한 연합지원을 얻고 있었다. 그러나 흡연반대 압력이 높아짐에 따라 공무원이나 정치 입후보자는 흡연반대 법률을 지지하는 연설을 하게 되었다. 또 담배업계의 로비단체에 대한 비판의 선봉에 서기도 하였다. 정치관계자들의 관여는 보다많은 이해관계자를 형성하게되고 이는 기업이나 경영자가 대처해야 할 이슈를 더욱 복잡하게 만들게 된다.

(3) 제3단계: 공식적인 정부행동

많은 사람들이 정치적 공방에 말려 들어감에 따라서 문제해결을 위해 법률이나 규제를 떠올리게 된다. 입법안이나 규제초안이 제시되면 공공적 이슈는 새로운 수준으로 이행된다.

과거 10년간 흡연반대 활동가를 지지하는 많은 법적인 조치가 취해져 왔다. 흡연반대의 입법화는 전국, 다수의 주, 도시에서 시행되어 왔다. 연방정부는 유효한 경고문을 제공하기 위해서 담배의 라벨에 쓰여져 있는 건강에 대한 경고문을 크게 인쇄할 것과 4분기별로 메시지를 교환할 것을 요구했다. 많은 커뮤니티에서는 레스토랑에서 흡연자가 이용할 수 있는 범위를 설정하고, 직장의 비흡연자는 법률상 자신들의 직접적인 작업장을 금연구역으로 선언할 수가 있게 되었다. 게다가 오피스빌딩, 레스토랑, 공공건물에서는 흡연을 완전히 금지하는 도시도 나왔다.

기업은 통상법률을 제정하거나 수정할 때, 변호사, 로비스트, 전문적인 정치컨설턴트를 대리인으로 한다. 경영자가 정부위원회나 규제기관에서 증언하기 위해서 불려가는 일도

9) "Nation's Toughest Smoking Ban is Adopted", *New York Times*, December 13, 2000, Nutimes.com

있다. 기업의 고문변호사나 로비스트는 어떠한 제안이 기업에 최적인가, 혹은 최악인가를 파악하여 기업이익에 반하는 입법안을 늦추고 변경하기 위해 노력한다.

예를 들면 담배회사는 흡연반대 운동과 싸우기 위해서 수 백명의 로비스트, 변호사, 정치고문을 고용하고 있다. 담배산업은 법률활동과 로비활동에 들어가는 비용으로 연간 6억 5000만 달러 이상의 지출을 계상하였다. 그들은 개별적으로, 또 산업협회인 「담배협회」(the Tobacco Institute)를 통해서 과학조사의 결과에 이의를 제기하면서 흡연반대 제안을 타파하기 위해 움직여 왔다. 여기에는 두 가지의 강력한 주장이 이용되었다. 하나는 5000만명의 미국인 흡연자가 아직도 흡연의 자유를 포함한 개인적 권리를 가지고 있다는 주장이며, 또 하나는 담배제품에 부과되는 몇 백만 달러의 세금은 시나 주의 중요한 수입원이라는 것을 주장한다. 흡연반대법안에 대한 명백한 입장을 유보한 의원들 중에는 담배에서 얻어지는 세수입을 잃게되는 것이 정부에 어떠한 결과를 초래할 지를 걱정하면서 동시에 차기선거에서 입법에 반대캠페인을 펴는 흡연자의 분노를 사는 것을 걱정하여 지지를 중지하는 경우도 있다.[10)]

(4) 제4단계: 법률의 시행

공공정책에 대한 의사결정이 곧 바로 그 정책의 자동적인 실행으로 연결되는것은 아니다. 새로운 법률이나 규제의 타당성에 대해서는 법적활동을 통해서 이의를 제기하는 것이 일반적이다. 그렇지만 그 법적문제가 해결되면 기업은 그 법률을 준수해야 한다.

새로운 법률이나 규제가 시행됨에 따라 이해관계자의 이슈에 대한 관심은 안정되던지 혹은 감퇴하는 경향을 보인다. 새로운 법률에 대하여 법령의 해석이나 범위를 검증하기 위해서 자주 소송이 발생한다. 그 검증재판이 종료되면 통상적으로 법의 적용주체는 법률에 따를것이고, 또 법을 준수함으로써 공적이슈에 대한 일반시민의 관심은 감소해 나갈것이다. 그렇지만 그 법률이 파괴되고 무시되면 이해관계자의 기대와 기업실적과의 사이에 새로운 격차가 발생되기 때문에 그 문제는 다시 부상하게 된다.

기업은 일련의 프로세스단계에서 어떻게 정책이 제정될지에 영향을 줄 찬스를 아직 가지고 있다. 철강회사가 오염관리와 관련하여 이루어 낸 것이나, 자동차 회사가 에어백이나, 다른 안전장치를 도입할 때 한 것같이 기업은 법령준수기준을 완화하도록 규제당국과 교섭할 수가 있다. 또 법률이나 규제의 합헌성을 조사하도록 법정에 호소함으로써 법적인 절차를 취하는 것도 가능하다. 그렇지 않으면 기업은 정부부문 간의 대립을 유도할 수도 있다.

---

10) Post, J.E., Lawrence, A.T. & Weber, J.(2002), *Op.cit.*, p.40.

예를 들면 의회는 투표를 통해 대통령의 결정을 뒤집는 경우도 있다.[11)]

2.2 계속되는 이슈

공공적 이슈에 관한 논의는 정책이 시행된 다음에도 오랫동안 지속되는 경우도 있다. 정책을 지지한 그룹은 새로운 정부관리가 법률을 변경하거나 재해석할 가능성이 있다는 것을 알고, 그 이슈를 계속 검토하는 경우도 있다. 정책에 반대한 그룹은 정책의 부정적 효과를 증명하기 위해 일하는가 하면 반대로 지지한 그룹이 긍정적 결과를 증명하기 위해 일하는 경우도 있다. 정부관리는 편익이 코스트 이상으로 가치가 있는지 여부, 또 보다 효과적인 방법, 혹은 보다 염가의 방법으로 정책목표를 달성할 수 있는지 여부를 파악할려고 한다.

공공적 이슈는 개발단체, 단체연합, 정부정책, 정책프로그램, 법률, 규제, 재판소 명령, 정치적 조치 등의 복잡한 관계를 만들어 서로 복잡하게 얽히게 마련이다. 각각의 단계에서 항상 어떤 일이 일어나고 있고 그것이 기업이나 경영자에게 있어 중요한 이슈가 된다. 따라서 기업이나 그 외의 이익집단은 적절한 방법으로 문제를 예측하고 대응해야 한다. 이것이 뛰어난 매니지먼트의 핵심이다.

03 홍보기능

공공적 이슈로 제기되는 기업에 대한 압력이나 더욱더 복잡하게 되어가는 조직과 이해관계자와의 관계에 대해 많은 기업이 대외적인 것을 관리하기 위해 전문스탭부문을 설치해 왔다. 특히 이해관계자와 관련된 이슈가 증대하고 있고, 이러한 이슈들이 기업에 있어서 더욱더 복잡하고 중요하게 되어가는 점을 고려하면 기업의 홍보(public offairs) 기능의 생성은 최근 수십 년간 주요한 혁신의 대상이 되었다.[12)]

11) 전형적인 법적·정치적 로비활동에 관한 사례는 Johnson, H. and Broder, D.S.(1996), *The system: The American Ways of Politics at the Breaking Point*, Boston: Little, Brown.에서 논의되고 있다

12) Post, J.E. and Griffin, J.J.(1997), "Corporate Reputation and External Affairs Management", *Corporate Reputation Review* 1, pp.165-171. 홍보활동의 세계적 움직임은 Henry Stewart Publishing에서 2001년부터 간행되고 있는 Journal of Public Affairs에 기재되어 있다.

3.1 홍보관리

홍보매니지먼트(기업의 대외홍보활동)는 기업의 대외관계, 특히 정부규제기관, 커뮤니티 등의 외부의 이해관계자와의 관계를 적극적으로 관리하는 것으로 파악된다. 이러한 기능은 다른 명칭으로 대외적 어페어스(external affairs)와 기업관계(corporation relations) 등이 있다. 커뮤니티관계, 정부관계, 미디어 기업관계에 대해서 개별부문을 설치하는 기업도 있다. 퍼블릭 어페어즈부문의 설치는 고도의 홍보업무를 전개하는 캐나다, 오스트레일리아, 유럽 등의 많은 기업에 의해 세계적인 추세가 되어가는 것으로 보인다.

이 기능에 대해서는 많은 명칭이 사용되고 있지만 조직이 외부의 이해관계자에 대해서 효과적으로 대응하는 경우에 어떠한 활동이 매니지먼트되어야 할 것인가에 따라서 기업 간에 넓은 합의가 존재한다. 〈표 8-1〉에서는 미국 대기업 및 중견기업 250사 이상의 홍보부문에서 수행되고 있는 다양한 활동을 볼 수 있다.

이러한 활동들은 모두 많은 이해관계자와 관계하는 조직의 요구와 연결되어 있다. 이러한 활동 중에서 어느 정도가 이해관계자로 이름이 붙여진 그룹을 가리키고 있는지 주목해 보자(예: 연방, 주, 지방정부관계; 커뮤니티관계; 미디어관계; 종업원관계; 투자가관계). 어떤 것은

표 8-1 250개 기업의 홍보활동

연방정부 관계(87%)	PR (54%)
주 정부관계(83%)	미디어 관계(54%)
지역사회관계(61%)	종업원과의 커뮤니케이션(49%)
거래협회관계(84%)	교육문제 관계(35%)
지방정부관계(79%)	자원봉사자 프로그램(40%)
기업기부(73%)	광고(28%)
풀 뿌리 레벨에서의 관리(81%)	국제적인 퍼브릭 어페어즈(43%)
사회문제의 관리(83%)	환경문제 업무(22%)
정치활동 위원회(75%)	주주 관계(18%)
공익그룹관계(58%)	기관투자가 관계(13%)
규제업무(55%)	소비자관계 업무(13%)

출처 : Foundation for Public Affairs, State of Public Affair, 2000, Washington, DC: FPA. 2000 및 JE. Post and J.J. Griffin State of Corporate Public Affair, 1996, Washington, DC: FPA, 1997

하나 또는 복수의 이해관계자와 분명하게 연계되어 있는 활동을 나타내고 있다(예: 정치고문 위원회, 민간수준에서의 대응, 환경문제관계). 어느 연구그룹은 다음과 같이 기술하고 있다.

홍보부문의 본질적인 역할은 기업의 외부로 향한 창구와 같은 것으로 생각되며, 경영자는 그 창구를 통해서 외적인 변화를 인식, 감시, 이해하고, 이와 동시에 사회는 이 창구를 통해서 기업의 정책이나 업무에 영향을 미친다. 이러한 경계를 넘어서는 역할에는 주로, 조직에서 조직으로의 정보의 흐름이 관련되어 있다. 많은 기업에서 그 역할은 재무적 자원이 정치적인 기부금의 형태로 사회의 다양한 이해관계자 그룹에 흘러가는 것을 의미하고 있다.[13)]

[그림 8-4]에서 보는 바와 같이 이해관계자에 관한 이슈 및 업무와 관련하여 홍보활동의 책임을 정의하려면 세 가지의 중요한 요소, 즉 사회적·정치적 지식과 정보, 내부 커뮤니케이션, 대외적 행동프로그램 등이 필요하다.

- 사회적·정치적 정보(Social and political intelligence) : 홍보부문은 우선 사회적·정치적 지식을 수집 및 분석하여 다른 경영자들을 위해 준비할 책임이 있다. 중요한 이슈

그림 8-4 홍보의 3요소

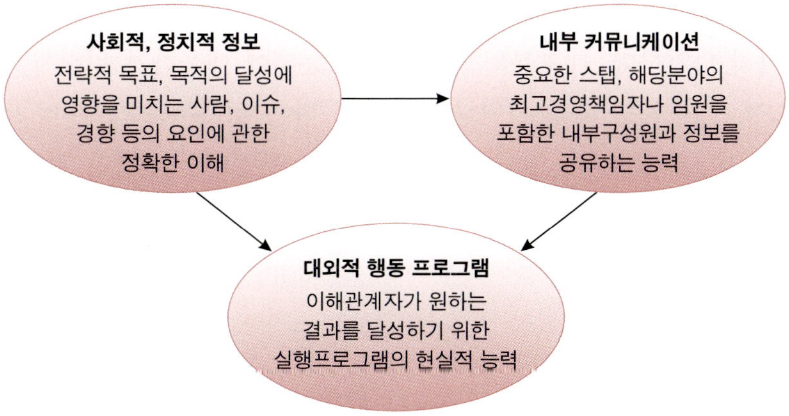

출처 : Post, J.E., Lawrence, A.T. & Weber, J.(2002), *Business and Society: Corporate Strategy, Public Policy, Ethics(10th ed.)*, The McGraw-Hill Companies, Inc. p.43.

13) Boston University Public Affairs Research Group(1981), *Public Affairs Offices and Their Functions: A Summary of Survey Results*, Boston: Boston University School of Management. p.1.

의 인식, 경향의 예측, 외부환경에 있는 활동가 등이 연구된다. 만약 홍보부문이나 스탭이 없으면 조직은 이러한 정보를 수집하는 다른 대체수단을 갖추어야만 한다.

- **내부 커뮤니케이션**(Internal communication) : 홍보부문에서는 사내 모든 관계자에게 얻은 정보를 전달하지 않으면 안 된다. 홍보부문은 통상적으로 최고경영책임자나 상급임원에게 일상 업무보고서를 제출한다. 특별한 보고서가 이사회, 전략책정자, 기업활동부문의 담당자에게 제출되는 경우도 있다. 대부분의 공공적인 이슈는 조직 내 다양한 부서 담당자의 이해나 견해의 조정을 필요로 한다. 이 조정을 통해 복잡한 이슈에 대해 합리적인 견해를 만들어 내는 것이 매우 중요하다.
- **대외적 행동프로그램**(External action programs) : 홍보부문에는 중요한 외부의 이해관계자를 목표로 한 행동프로그램을 작성하여 실행할 책임이 있다. 기업은 보도진과의 정기적인 상호작용을 위한 미디어와의 접촉방법에 관한 프로그램이나, 커뮤니티와의 접촉을 강화하기 위한 커뮤니티 문제프로그램을 갖추어야 하며, 기업의 요구를 국회의원이나 정부관리에게 확실하게 전달하기 위한 주·연방정부에의 로비활동업무를 하게 된다.

대부분의 기업에서는 홍보계획이나, 홍보부문을 통솔하는 상급 관리자나 담당임원을 두고 있다. 이러한 인물은 기업의 중역회의 멤버인 경우가 대부분이고, 기업의 주요한 전략이나 정책의 의사결정에 전문적인 의견을 제공한다. 이 부문의 크기나 지원스탭의 규모는 기업에 따라 다양하다. 대부분의 기업은 홍보문제에 대응하기 위해서, 그리고 홍보활동을 계획, 조정, 실행하는 것을 지원하기 위해서 다른 업무부문으로부터 인력을 지원받는다. 이와 같이 기업의 홍보부문에 의한 정책·계획의 책정이나 실행은 기업의 주요한 기업활동과 밀접한 관련을 갖는다.

04 이슈관리

이슈관리(issue management)는 구조화된 체계적 프로세스이며 그 프로세스를 통해서 기업은 기업활동에 있어 중요한 문제의 하나인 공공적 이슈에 대응한다. 많은 요인이 관련되어 있기 때문에 기업이 공공적 이슈를 완전하게 통제하는 경우는 거의 없다. 그러나 이슈가 발생함에 따라 그것을 감시하는 매니지먼트 시스템이나, 조직에 대한 부정적인 영향을 최소화하고, 긍정적 영향을 최대화하는 활동에 담당자를 배치하는 등의 매니지먼트 시스템을 구축할 수 있다. 이슈관리에 있어 가장 체계적인 어프로치를 실행하고 있는 기업이 다우 케미컬(Dow Chemical Company)이다.

다우 케미컬의 임원에 의하면, 동사는 조기경고, 조기대응을 하기 위해서 1990년대에 이슈관리시스템을 처음으로 구축하였다. 그 목적은 다우 케미컬의 경영자에 의하면, 공공적 이슈를 평가하고, 해당 이슈의 긍정적인 가능성을 촉진 및 향상시켜서 부정적인 가능성을 방지 및 억제하는 것이다. 어떤 경영자의 말에 의하면, "그 목적은 선택범위가 좁아져 책임이 확대되기 이전의 생성단계 초기에 이슈를 인식하는 것이다. 이슈관리와 위기관리와의 차이는 타이밍이다."[14)]

공공적 이슈가 확산됨에 따라 경영자의 이슈관리에 대한 영향력은 줄어든다. 바꾸어 말하면 기업이 이슈에 대응하는 시기가 빠르면 빠를수록 해당조직이나, 그 외의 사람이 수용할 수 있는 결과를 이끌어 내기가 수월하다. 이른바 이슈관리방법이나 프로세스는 이러한 목적을 달성하기 위해 사용되는 기본적인 수단이다. [그림 8-5]는 전형적인 이슈관리시스템의 구성요소를 보여주고 있다.

그림 8-5 **이슈관리의 프로세스**

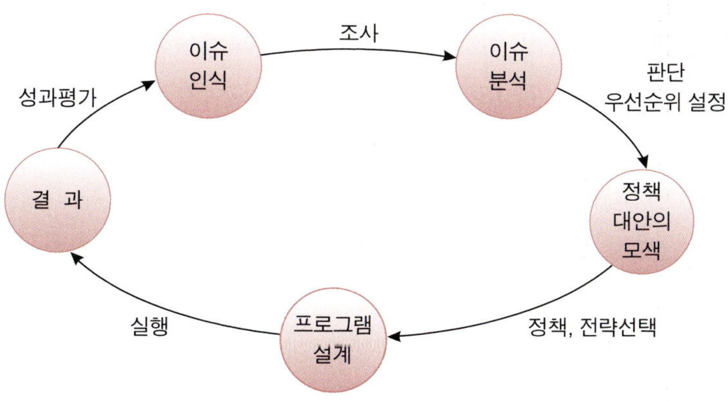

출처 : Post, J.E., Lawrence, A.T. & Weber, J.(2002), *Business and Society: Corporate Strategy, Public Policy, Ethics(10th ed.)*, The McGraw-Hill Companies, Inc. p.45.

14) Post, J.E., Lawrence, A.T. & Weber, J.(2002), *Op.cit.*, p.44.

- **이슈의 인식**(issues identification) : 여기서는 사회와 관련된 다양한 문제를 인식하기 위해 신문, 기타 미디어, 전문가의 견해, 커뮤니티의 관심 등을 적극적으로 세밀하게 조사한다. 발생하는 이슈를 찾아내는 데는 다양한 방법이 있으므로 담당자는 스스로의 노력을 어떻게 최적화시켜 집중시킬 것인가를 결정하지 않으면 안 된다. 기업들은 자신의 이해와 관련이 있는 아이디어, 테마, 이슈 등을 탐색하기 위해서 인터넷을 포함한 전자데이터베이스를 이용하는 경우가 많다.
- **이슈의 분석**(issues analysis) : 이슈의 내용이나 의혹을 인식하면 곧 바로 이를 분석해야 한다. 예를 들면 다이옥신문제에 대한 분석이 진행됨에 따라 다이옥신이 위험요인으로 작용하는 화학상의 프로세스에 대해 과학자들 사이에 많은 논의가 이루어진다. 또 다이옥신 오염은 정화할 수 있는지 여부, 어떻게 정화할 수 있는지에 대해서도 많은 논쟁이 오고 가게 된다.

이와 유사하게 담배회사는 연구자들에게 간접흡연과 질병과의 관련성을 주장하는 연구 등을 검증하는 연구에 투자한다. 이슈의 분석은 두 가지의 기본적인 의문에 해답을 얻고 싶어하는 경영진의 요망에 의해 이루어진다. ① 이 이슈는 자신들의 기업활동에 어떠한 영향을 미치는가? ② 이 이슈가 공공적 이슈의 라이프사이클의 새로운 단계로 확산될 가능성은 어느 정도인가?

- **정책옵션**(policy options) : 이슈의 영향과 발생 가능성은 담당자에게 이 이슈가 기업에 있어서 얼마나 중요한가를 가르쳐 준다. 그러나 무엇을 해야하는지는 가르쳐 주지 않는다. 정책대안을 작성하는 것은 다양한 선택가능성을 창출하는 것으로 연결된다. 여기에는 윤리적 고려, 기업의 평판·명성, 계량 불가능한 다양한 요소로 구성되어 복잡한 판단이 요구된다. 때로 경영진은 내부시책, 업무절차, 제품 그 자체의 변경을 필요로 하는 결정을 내리기도 한다. 예를 들면, 펄프·제지회사는 제조과정에서 염소를 제거하기 위해 새로운 표백기술을 개발하는데 투자하기로 결정한다. 경영진은 또 정부관리, 일반시민, 미디어의 견해 등을 바꾸는 것에 힘을 기울이기도 한다. 이슈에 대한 적절한 대응의 시기가 무르익지 않으면 아무것도 하지않는 것도 하나의 선택지가 될 수 있다. 씽크탱크(think tank)와 같은 조사기관은 대체적인 정책옵션에 대한 유용한 아이디어원이 될 수 있다. 이러한 기관은 환경보호정책, 세제, 최저임금, 규제 등 많은 정책옵션의 토픽에 대해 기관지를 발행하고 있다.
- **프로그램의 설계**(program design) : 정책옵션이 선택되면, 기업은 적절한 프로그램을

디자인하고 실행해야 한다. 예를 들면 담배회사는 흡연 반대파가 준동하는 도시, 주, 지방도시 등 모든 곳에서 반대파에게 대항하는 정책을 선택하였다. 그러한 프로그램은 법안을 구체화하거나, 법안에 영향을 주거나, 법안을 폐기하는 것에 대한 담배산업의 개입없이는 흡연반대법률이 제정되지 않도록 확실하게 대비하는 식으로 디자인되었다. 이러한 '전방위에 걸친 전투'(fight on every front)식의 정책은 매우 고가의 프로그램이 요구되었지만 수년에 걸쳐 담배회사 전략에 있어 불가결한 부분이 되었다.
이른 시기에 이슈를 인식함으로써 기업은 정치적 자본이 필요하게 되기전에 이를 구축할 수 있다. 일반적으로 기업은 다른 조직을 지원함으로써 명성을 얻는다. 그렇게 함으로써 지원받은 조직이 기업의 아군이 되는 것이다. 수년에 걸쳐 필립 모리스사는 예술의 후원자가 되었다. 수백만 달러가 미국미술관, 예술갤러리, 예술공연단체 등의 지원에 사용되었다. 뉴욕에 본사를 둔 필립 모리스사는 뉴욕시의회가 제기한 법령하에 레스토랑과 공공장소에서 완전한 흡연금지 조례가 통과될 것이라는 상황에 직면했다. 필립 모리스사의 임원들은 자사로부터 조성금의 혜택을 받은 예술기관에 전화하여 시의회에 대해 이러한 전면적인 금연조례 도입에 대하여 항의하여 줄 것을 의뢰했다. 필립 모리스사는 만일 이러한 금지령이 통과될 경우 뉴욕으로부터 철수하고 예술단체에 대한 지원도 폐지할 수밖에 없다고 전달했다. 예술단체는 이것이 예술활동에 있어 얼마나 중요한 일인지를 시의회에 전달하도록 의뢰를 받았다.[15)]

- **결과의 평가**(Evaluation of results) : 기업이 이슈관리프로그램을 도입하게되면 당연히 그 결과에 대해 검토하고 만약 필요하다면 조정을 하지않으면 안 된다. 정치적인 이슈를 평가하는 데는 상당한 시간이 걸리기 때문에 특정한 이슈를 맡은 담당자는 이해관계자의 행동이나 유효성에 대하여 최신정보를 상급관리자에게 정기적으로 보고하는 것이 중요하다. 기업은 특정이슈에 대한 접근방법을 바꾸거나 재고하는 경우도 있다.

4.1 단일 이슈관리

공공적 이슈는 전통적으로 기업의 홍보부문 스탭 혹은 정부관계 담당스탭에 의해 관리된다. 최근의 경향으로는 이슈관리를 맡을 책임은 해당이슈로 인해 가장 큰 영향을 받을 것으로 예상되는 부문의 담당자에게 맡겨진다. 예를 들면 세율이나 감가상각명세서에 관한

15) "Hooked on Tobacco Sponsorships", *New York Times*, January 13, 1998, p.22. 필립 모리스사의 예술조직에 대한 현재의 지원형태는 www.philipmorris.com에 제시되고 있다.

이슈는 회사의 세무담당관리자에게 맡겨지게 되며, 미국 중남부에 있는 오클라호마주의 털사공장에서 트럭수송에 대한 현지주민의 반대문제는 당연히 털사공장의 공장장에게 맡겨진다. 국제적인 군사제품·산업제품 메이커인 TRW는 「쿼터백시스템」(quarterback system)을 구축함으로써 영업담당관리자에 의한 이슈관리의 선구자가 되었다. 그 시스템에서는 한 사람의 담당자가 사내 각 부문에서 차출된 종업원으로 구성된 팀의 업무를 조정한다.

하나의 문제가 기업활동의 복수영역과 관련될 때 이슈관리팀이 그 문제에 대응하기 위해서 구성된다. 이러한 팀은 '쿼터백개념'을 바탕으로 이슈에 의해 가장 직접적으로 영향을 받는 영역에서 온 담당자가 통솔한다. 담당자는 이슈를 '소유'하며, 기업이 그 문제를 관리하기위해 적절히 행동하는 데 대한 책임을 지게 된다. 필요에 따라 기업내의 다른 영역으로부터 온 전문가가 팀에 배속된다. 팀은 전자메일이나 다양한 기술을 활용하여 각 부서의 종업원으로 조직화된다.

예를 들면 다우 케미컬사는 염소와 관련된 공공적인 이슈에 대응하기 위해 글로벌 이슈관리팀을 구성했다. 다우는 세계 최대의 염소 생산기업의 하나로 현재의 생산체제에서 널리 이용되고 있는 화학약품인 염소의 사용을 금지하거나, 규제하는 법안에 매우 큰 이해관계를 갖고 있었다. 글로벌 이슈관리팀의 멤버가 미국, 유럽, 아시아 태평양 지역으로부터 모였는데 그 팀은 염소이용의 변경으로 영향을 받을 가능성이 있는 사내 각 제조사업부에서 온 과학자, 공장장, 매니저 등으로 구성되었다. 글로벌 이슈관리팀은 다우가 염소에 대한 코멘트를 내보낼 때 모순이 없도록 하기 위해서 염소의 과학적 연구를 분석하고, 전세계의 정부활동을 추적하여 문제의 다양한 측면에 대한 조사를 조정하고 회사 내의 정부관계 담당스탭과 협동하였다.[16)]

이슈관리팀은 통상적으로 어떤 이슈가 기업에서 높은 우선순위에 설정되는 경우에만 설치된다. 이는 현대의 매니지먼트가 기업내의 이슈관리임무에 태스크 포스나 기타 일시적인 팀을 이용하는 경향이 있다는 것을 반영하고 있다. 공공적인 이슈를 관리하기 위해서는 기업활동의 다른 측면과 동일하게 많은 인원의 스탭이나 비용이 드는 관료기구를 만드는 것보다는 오히려 유연성이 중요하다는 것을 기업은 그 간의 학습을 통해 배웠다.

16) Post, J.E., Lawrence, A.T. & Weber, J.(2002), *Op.cit.*, p.47.

그림 8-6 이슈의 우선순위 매트릭스

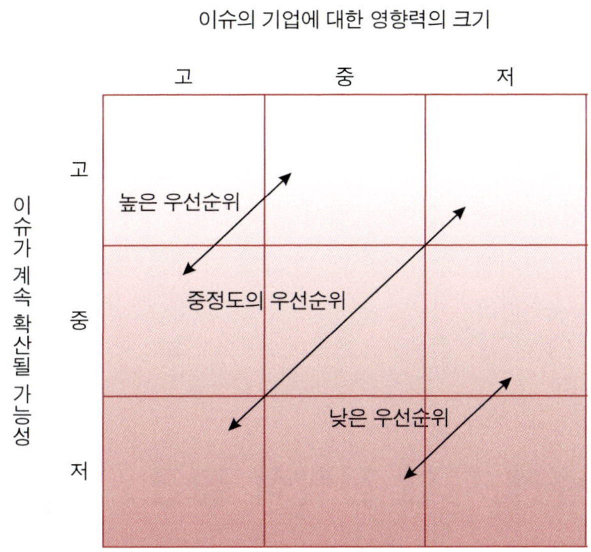

출처 : Post, J.E., Lawrence, A.T. & Weber, J.(2002), *Business and Society: Corporate Strategy, Public Policy, Ethics(10th ed.)*, The McGraw-Hill Companies, Inc. p.48.

4.2 복수의 이슈관리

많은 공공적 이슈에 직면하고 있는 기업은 최대의 관심을 확보할 수 있도록 우선순위를 설정할 필요가 있다. 많은 기업은 [그림 8-6]에서 보는 바와 같이 이슈의 우선순위 매트릭스를 이용한다. 기업이 적극적으로 대응할 수 있는 문제의 수는 이용가능한 자원, 특히 인적자원에 달려있다. 만약 자원이 한정되어 있으면 높은 우선순위의 이슈(기업에 최대의 영향을 미치면서 동시에 발생할 가능성이 최대인 것)만을 담당자가 대응할 수 있도록 할당한다. 기업은 그만큼 중요하지 않은 이슈나, 산업차원에서의 대응이 적절한 이슈를 다루는 데는 업계조합이나 컨설턴트를 이용하는 경우도 있다.

4.3 위기관리

모든 조직은 종업원들이 완전한 정보를 갖고있지 않은 채 곤란한 문제에 대해 신속히 행동하지 않으면 안되는 상황에 자주 직면하고 있다. 위기관리(crisis management)는 사고, 재해, 대참사, 상해 등의 위기적이고 즉시적인 충격에 대응하기 위해서 기업이 이용하는 프로세스이다. 산업사고(폭발 등), 석유유출, 선박난파, 항공기사고, 결함제품의 리콜 등이 기업이 직면하는 전형적인 위기라고 할 수 있다. 기업이 해야 할 일이나, 해서는 안될 일에 대해 외부의 전문가, 정치가, 옵서버로부터의 강한압력이나 많은 제안을 받는 가운데 문제가 공공적인 이슈의 라이프사이클을 통해서 확산되어 나가게 된다. 대규모조직은 통상 위기관리계획을 작성하여 종업원을 이러한 상황에 대처할 수 있도록 훈련한다. 그러나 위기라는 것은 그 특징상 화재현장에서 의사결정을 하는 것과 같은 중대한 감정적 압박을 사람들에게 주게 된다. 위기를 효과적으로 관리해 나가는 주요한 시도 중의 하나로서 미디어에 대응하는 것을 들 수 있다.

05 공공적 이슈에 대한 전략적 접근

[그림 8-7]은 경영자나 기업이 외부의 이슈에 대응하는 세 가지 단계를 요약한 것이다. 위기관리단계에서 문제가 분출할 때 경영자는 커다란 압박감 속에서 의사결정을 해야한다. 위기단계에서는 일반적으로 경영자가 미디어, 정부당국, 종업원, 관련있는 지역주민에게 대응할 것이 요구된다.

이슈관리(Issue management)단계에서는 중요한 문제를 취급하지만, 기업과 경영자는 행동의 방향성에 대해 생각하는 시간을 위기단계에 비해 많이 갖는다. 조직이 대책을 세워

그림 8-7 외부관계관리에 대한 전략적 접근

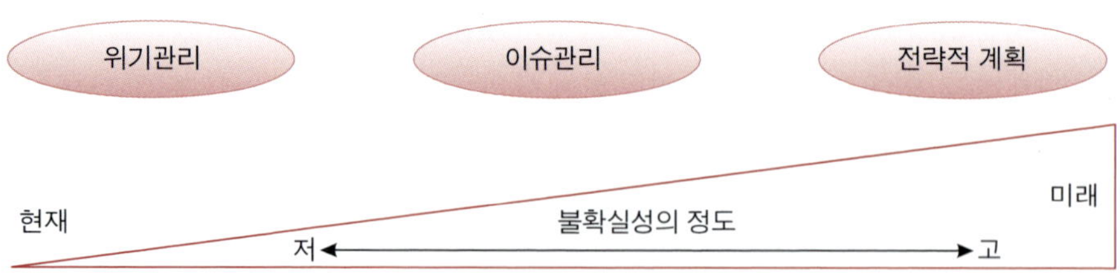

위기관리	이슈관리	전략적 계획
· 현재, 현시점에 초점	· 단기 및 중기적 문제에 초점	· 장기적 및 중기적 초점
· 의사결정자에 대한 강한 압박	· 의사결정자에 대한 상당한 압박	· 의사결정자에 대한 한정된 압박
· 궤도수정의 기회없음	· 궤도수정의 기회 약간 있음	· 궤도수정의 기회풍부
· 반응적 모드의 행동주체	· 선행적, 상호적 모드의 행동주체	· 선행적(예상적) 모드의 행동주체

출처 : Post, J.E., Lawrence, A.T. & Weber, J.(2002), *Business and Society: Corporate Strategy, Public Policy, Ethics(10th ed.)*, The McGraw-Hill Companies, Inc. p.49.

이해관계자와 상호작용을 하면서 다양한 이슈를 처리해 갈 수 있다.

전략적 계획(strategic planning)단계는 정보를 수집하고, 이해관계자와 대화하고, 대체적인 행동계획을 고려하는데 충분한 시간을 조직과 그 경영자에게 제공한다. 이해관계자 관계나 공공적 이슈를 효과적으로 관리해 나가기 위해 기업과 그 경영자는 이러한 모든 상황에서 주요이슈에 대응할 준비를 해야한다. 이러한 도전에 필요한 준비를 지원하는 가이드라인이 있다.

첫째로 경영자는 기업의 이해관계자를 인식하고, 정보의 공유, 상담, 논의를 통해서 그들이 영향을 받게 될 의사결정에 참가할 권리를 그들에게 인정하지 않으면 안 된다. 둘째로 기업은 스스로의 계획이 긍정적이든 부정적이든 많은 이해관계자들에게 어떤 영향을 주는지를 사전에 고려해야 한다. 가능한 한 언제라도 이해관계자의 지원을 받고, 또 부정적인 영향이 발생했을 때에도 이에 대해 적극적으로 설명할 수 있도록 계획을 세우는 것이 당연하다. 셋째로 기업은 이슈를 신중하면서도 일관성있게 관리하고, 만약 잘못된 대응으로 인해 문제가 확대되어 생각지도 못한 예상외의 문제가 발생할 가능성도 염두에 두어야 할 것이다.

예를 들면 포드는 공급업자, 딜러, 고객 등과 중요한 관계를 구축해 왔다. 포드는 정기적으로 제품의 구매자를 조사하여 자동차나 트럭, 서비스문제 등 다양한 고객만족을 위하여 대응해 왔다. 이러한 어프로치는 기업이 이해관계자에 대한 의사결정의 영향력과 이해관계자로부터의 반응에 대응해 나간다는 제2의 원칙에 적응할 수 있도록 하는 것이다. 2000년에 파이어스톤 타이어문제가 발생했을 때 포드는 자신들의 고객이 누구인가, 또 어떻게 그들과 연락을 할 수 있는지를 알고 있었다. 예상외의 공급업자가 불가피하게 등장할지도 모른다. 그러나 포드가 학습한 것처럼 고객이나 기타 이해관계자의 반응을 보고 대처하는 것이 중요하다. 이그니션 불량에 의한 화재발생사건의 해결을 거부했을 때는 효과적으로 대응하는 것에 실패했다. 그러나 파이어스톤 타이어를 리콜한 수개월간의 고객대응에서는 당시와 비교하면 매우 효과적으로 대응하였다고 볼 수 있다.

실제로 이해관계자 관계나 외부이슈에 대한 전략적 관리에서는 경영자가 조직행동과 그 다양한 가치관의 연계, 또 조직의 개입과 그 실행을 연계해 나갈 필요가 있다. 이해관계자의 기대는 현재와 미래행동의 기본틀을 형성한다. 효과적인 전략적 계획과 라이프사이클 전체에 미치는 이슈관리방법을 통해서 기업은 조직과 종업원, 고객, 공급업자, 기타 이해관계자에게 유익한 이해관계자관계를 구축할 수 있다.

○ 대응전략

기업은 다양한 방법으로 이해관계자의 압력에 대응한다. 어느 기업은 외부로부터 어느 정도 강한반대나 압력이 있다고 하더라도 자신들의 계획을 끝까지 밀어부친다. 또 다른 기업은 외부로부터 강한압박을 받을경우에만 변경을 한다. 또 자사에 유리한 방향으로 이해관계자를 적극적으로 유도하려고 시도하는 기업도 있다. 또 자사의 목표 및 목적과 변화하는 시민의 니즈, 목표, 기대 등을 조화시키는 방법을 찾아내려는 기업도 존재한다. 이러한 어프로치는 [그림 8-8]에서 보는 바와 같은 무반응적, 반응적, 선행적, 상호적인 대응전략(strategies of response)으로 나누어 볼 수 있다.

기업은 특정한 이슈나 문제에 대응할 때 이러한 전략 중의 하나 또는 둘 이상을 동시에 이용한다. 때로 기업은 어떤 이슈에 대응하는데 매우 의도적으로 시간을 들이는 경우가 있다. 또한 동일한 기업에서도 어떤 이슈가 큰 문제로 발전하기 전에 그 이슈를 의도적으로 사전에 저지하려는 때도 있다. 많은 종류의 이슈에 대처할 때 이러한 전략의 하나 혹은 둘 이상의 대응방법을 활용하려는 기업도 존재한다. 다만 그것이 단순한 매니지먼트 스타일인지 아니면 특정한 이슈에 대해 대응할 때 사용하는 의도적인 전략인지는 명확하지 않다. 다음의 예에서 보는 바와 같이 오늘날의 전략은 기업환경이 변화함에 따라 바뀌지 않으면 안될 것이다.

그림 8-8 이해관계자 관련 이슈에 대한 대응전략

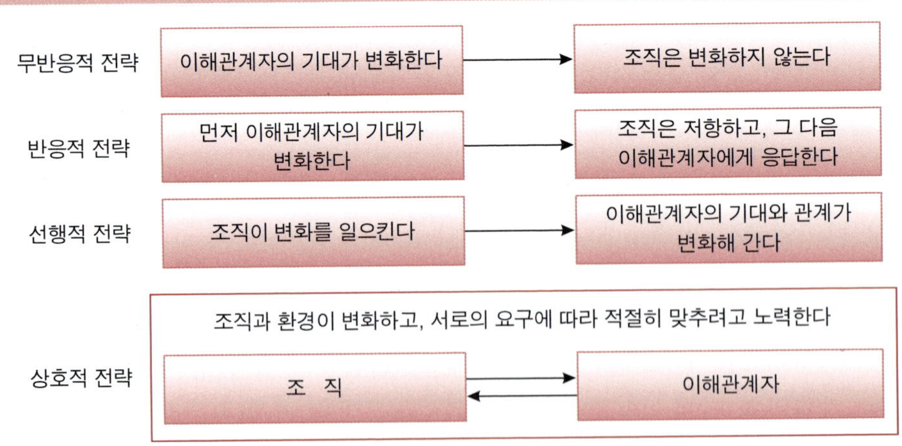

출처 : Post, J.E., Lawrence, A.T. & Weber, J.(2002), *Business and Society: Corporate Strategy, Public Policy, Ethics(10th ed.)*, The McGraw-Hill Companies, Inc. p.50.

석유회사는 오랫동안 원격지나 교통 등이 곤란한 지역에서 석유를 탐색해 왔다. 연안에서의 탐색은 허리케인, 블리자드, 빌딩의 높이에 달하는 높은 파도 속에서 깊은 해양에 굴착장치를 건조하여 조작해야 하는 점이 큰 과제이다. 또 아프리카, 아시아, 라틴 아메리카 국가들의 깊은 정글에서는 다른 종류의 문제가 부상하고 있었다. 로열 더치 쉘(Royal Dutch Shell)이나, 모빌(Mobil)과 같은 기업이 굴착이나 생산활동이 초래하는 환경에 대한 중대한 영향을 무시하고 조업하는 등 현지 사람들의 권리를 무시한채 운영해 왔던 것에 대해 오랫동안 비난이 지속되자, 세계적인 활동가 조직에 의한 보이콧이나 다양한 항의의 타켓이 되었다. 쉘과 모빌은 이러한 항의에 방해를 받았기 때문에 막대한 가능성을 가진 페루의 벽지 카미시(Camisea)의 풍부한 가스자원을 개발할 때에는 다른 방법을 이용했다. 쉘과 모빌은 정부관리, 현지의 환경그룹, 국제적인 어드바이저 등과 협동하여 현지 인디언 부족이나 비판자와 함께 작업하도록 노력했다. 계획은 현지상황을 충분히 고려하려 수립되었고 쉘이나 모빌은 현지의 의견을 수렴함으로써 존경을 획득하였고, 자신들의 전통적인 방법을 변경하였다. 이러한 프로세스는 카미시개발의 일시중단을 가져왔으나 향후 상황이 호전이 된다면 재개될지도 모른다.[17)]

17) Post, Preston, and Sachs, *Redefining the Corporation*, Ch.6 참조.

이 장의 요점

- 매크로 환경은 조직에 대해 경제적, 사회적, 기술적, 정치적 이슈를 유발한다. 경영자는 핵심이 되는 전개를 이해하고, 기업에 주는 영향을 평가하기 위해 외부에 시각을 돌리는 것을 학습하지 않으면 안 된다.
- 이해관계자의 기대는 그것이 충족되지 않은 경우, 사회적 관심의 구조를 바꾸는 행동을 일으켜 그것이 기업이나 정부압력으로 이어진다. 실적과 기대와의 갭이 존재하는 경우는 공공적인 이슈의 형성을 자극한다.
- 공공적인 이슈의 라이프사이클은 정치화, 공식적인 정부활동, 법률에 의해 명령된 변화의 실행이라는 진전을 나타낸다. 공공적인 이슈가 이러한 단계를 거치는 과정에서 경영자는 실적과 기대와의 차이가 좁혀지지 않는 경우에 무슨 일이 일어나는지를 예측할 수 있다.
- 조직의 공식적인 업무기능은 조직목표를 달성하기 위해서 사회적 및 정치적 환경에 관한 정보의 수집 및 분석, 내부 관계자와 소통, 이해관계자와의 상호작용이라는 업무를 담당한다.
- 이슈관리방법에는 이슈의 인식과 분석을 수반한다. 정책옵션의 작성, 프로그램설계, 실행 등 이러한 활동의 결과에 대한 평가가 이루어진다.
- 이해관계자 관계의 전략적 관리에는 이해관계자와 그 이해의 인식, 이해관계자와의 관계를 전개하기 위한 사전적인 계획수립의 책정, 과제사항이나 위기에 신속하고 효과적으로 대응할 준비가 수반된다.
- 기업은 공공적인 이슈에 대한 응답에 대해서 무반응적, 반응적, 사전적, 혹은 상호적 전략을 책정할 수 있다. 무반응적 전략을 고집하는 기업도 존재하지만, 대부분의 기업은 스스로 관리하려는 이슈에 대해 개별적인 전략을 설정한다.

토론을 위한 자료

맥 스포트 라이트에서의 맥도날드

데이브 모리스(Dave Morris)와 헬렌 스틸(Helen Steel)은 전세계의 관심이 쏠린 법정에서 거대한 다국적 기업에 도전할 수 있다고 생각하지 않았다. 그러나 그들은 도전하였고, 또 이를 실행함에 따라 그들은 세계에서 가장 뛰어난 마케팅 조직의 하나에 대한 투쟁에 성공했다.

① 문 제

데이브 모리스(43세)와 헬렌 스틸(31세)은 맥도날드(McDonald's)가 임금체불 노동자를 이용하고, 환경을 파괴하여 사람의 건강을 위태롭게 하고 있다고 비난하는 전단지를 런던의 대로에서 돌렸다는 이유로 맥도날드를 비방중상하고 있다며 고소당했다. '맥도날드는 무엇이 나쁜가?'(What's Wrong with McDonaJd's)라는 제목의 전단지에는 맥도날드가 지방, 당분, 염분이 높고, 식이섬유, 비타민, 미네랄 등이 낮은 제품을 판매하고 있으며, 이들 모든 요인은 유방암, 대장, 심장병 등에 영향을 준다고 주장하였다. 또 전단지는 맥도날드가 정크푸드를 판매하기 때문에 눈길을 끄는 장난감 등을 미끼로 쓰거나, 종업원에게는 충분한 임금을 지불하지 않거나, 폐기된 페키지상태로 쓰레기 더미를 만들거나, 동물을 학대하거나, 가축농장을 위한 도로를 건설하기 위해서 남미의 열대우림의 파괴를 촉진하고 있다고 고발했다.

맥도날드는 브랜드와 명성을 지키기 위한 세계적 규모의 전략에 따라 전단지 배포중지명령을 받기 위해 소송을 제기하기로 결정했다. 그러기 위해서는 모리스와 스틸을 고소하고, 손해배상법정심리를 진행하는 것이 필요했다. 런던의 언론들은 이 논쟁을 보도하고, 사건을 '맥리벨'(McLibel)이라고 명명했다. 모리스와 스틸이 주 105달러의 복지수급 생활자와 파트타임의 바텐더라는 것이 밝혀지자 다윗과 골리앗의 싸움이라는 이미지가 부각되었다.

② 전략과 대응전략

영국의 명예훼손법(British libel law)은 미국과는 달라서 비교적 한정적이며, 언론자유보호가 비방중상소송에 대한 광범위한 책임면제를 포함하고 있다. 맥도날드는 영국의 법정에서 소송을 추진하기로 결정하고, 문서에 의한 명예훼손의 전문가 리차드 램프톤(Richard Rampton)을 고용하여 법률팀의 수장으로 하였다. 나중에 밝혀진 사실이지만, 램프톤은 일당을 3285달러 이상을 요구했다. 의사록에는 313일의 청취조사 및 130명을 초과하는 목격자의 증언이 적혀 있었다(몇 사람은 2주에 걸쳐서 증언). 재판에서는 4만부 이상의 문서와 2만 페이지 이상의 기록등본이 작성되었다.

맥도날드는 소송으로 자신들의 사업에 대한 비판을 저지할 수 있다고 생각했지만 그것은 완전히 오판이었다. 논쟁이 시작된 이래 맥리벨지원 캠페인이 변호자금을 기부하도록 도왔고, 영국에서 200만이 넘는 전단지를 배포함으로써 맥도날드에 대한 일반시민의 캠페인을 이끌어 냈다. 이 그룹은 또 웹사이트(www.mcspotlight.org)를 만들어 재판자료로 500페이지에 이르는 맥도날드의 개요, 필름 클립, 15개국어로 만들어진 다양한 기록을 문서로 만들어 올렸다. 웹사이트는 모리스와 스틸에 대한 지원을 이끌어냈고, 맥도날드에 대한 반대캠페인을 글로벌 조직으로 만드는 툴이 되었다. 맥도날드는 웹사이트를 폐쇄시키고자 하였지만 모리스와 스틸의 지원자들은 캠페인을 지속하기 위해서 다른 사이트를 만들 위험이 있었다.

모리스와 스틸은 변호사를 고용할 여유도 없어서 스스로 재판을 진행하기로 하였다. 그들은 지지자들의 지원금으로 세계의 목격자들을 만나러 다녔다. 그들은 법정에서 맥도날드의 경영자에게 반대심문을 벌이고, 자신들이 거짓말을 퍼트리기 위해서 비방중상한다는 전단을 맥도날드가 발행했다고 해서 맥도날드에 대해 명예훼손 반대소송을 냈다.

③ 교 섭

맥도날드는 모리스와 스틸과의 교섭에 의해 화해하려고 했다. 맥도날드의 대변인은 서로 받아들일 수 있는 해결방법은 두 가지가 있다고 말했다. 모리스와 스틸은 맥도날드가 13만 달러와 19만 달러 사이의 손해배상을 요구하고 있다고 말했다. 그러나 맥도날드는 2명이 회사를 비난하지 않는다는 것을 보증하는 것뿐이라고 설명하고 법적인 형식으로 손해배상을 청구했다. 모리스와 스틸은 맥도날드의 본사(일리노이주 오크 블룩)로부터 임원들이 세 번에 걸쳐서 법정 외에서 화해에 동의하도록 설득하러 왔다고 주장했다. 그들은 같은 주장을 하는 다른 사람을 소송하지 않는다고 맥도날드가 보증하지 않는 한 화해에 응하는 것을 거부한다고 주장했다. 그러나 이 조건은 맥도날드가 거절하였다.

④ 평 결

모리스와 스틸은 만약 맥도날드에 재판에서 패소할 경우 이 소송에 대해 상소권을 행사하겠다고 말했다. 그들은 또 유럽인권재판소(the European Court Human Rights)에 소송을 제기하겠다고 위협했다. 맥도날드의 대변인도 만약 맥도날드가 최초의 재판에서 모리스와 스틸에 질 경우 상급재판소까지

상소한다고 말했다.

이 재판은 3년 이상에 걸쳐서 진행되었고 영국재판사상 최장의 사건이 되었다. 로저 벨 판사는 평결에서 모리스와 스틸이 제3세계 각국의 환경파괴에 관한 허위의 성명과 맥도날드 식품이 일반시민의 소비에 있어서 위해하기 때문에 위험하다고 주장함으로써 맥도날드를 비난한 것을 인정했다. 그러나 판사는 또 모리스와 스틸이 어린아이의 노동, 임금률, 몇 가지의 식품관련 주장에 대한 문제에서는 맥도날드를 비난하고 있지않다는 것을 인정했다. 마지막으로 판사는 모리스와 스틸에게 맥도날드에 대해 손해배상으로 총 10만 달러를 지불하도록 판결하였다.

모리스와 스틸은 승리를 선언하고 맥도날드에 대한 손해배상을 거부하고 상소하였다. 그들의 지원자들도 싸움을 지속할 것을 조언했다. 맥도날드는 비방자에 의한 비판을 받아들이는 것을 학습했다. 이들의 웹사이트(www.mcspotlight.org)는 맥도날드의 정책이나 업무의 대부분을 비판하는 세계적인 매체가 되었다. 이 사이트의 「이슈」(issues) 항목에는 영양, 광고, 고용, 환경, 동물, 자유발언, 확장범위, 자본주의와 같은 주제들이 다루어지고 있다.

● 출전 : Mcspotlight.org와 www.mcdonalds.com. John Vidal, Burger culture on Trial, New York: New Press, 1997: Ray Moseley, "Three-Years Trial Pets Burger Giant against a Pair of Leafleteers". *Boston Globe*, June 15, 1997, p.A23 참조. Eric Schlosser, Fast Food Nation, Boston: Houghton Mifflin, 2001eh 참조.

토의과제

1. 이 장 말미의 맥도날드 사례와 관련하여;

   ① 원래의 이해관계자는 누구였을까? 이해관계자의 기대는 무엇이었을까? 모리스와 스틸이 전단지를 나눠주고 나서 10년이 지난 오늘날, 이해관계자는 누구일까?

   ② 「성과와 기대」의 격차를 메꾸기 위해 맥도날드는 어떤 행동을 취할 수 있었을까?

   ③ 이 문제는 공공적 이슈의 라이프사이클을 통해서 어떻게 발전했는가? 계기가 되는 요인은 무엇이었나?

   ④ 당신이 맥도날드의 임원이라고 가정하고, 이 재판이 시작되었을 때 이슈관리팀을 소집하도록 부탁을 받았다고 가정하자. 당신의 팀에 어떠한 기능을 기대할 수 있을까?

   ⑤ 현재, 맥도날드는 모리스와 스틸에 대응하기 위해서 어떤 절차를 취할 수 있을까?

2. 이 장의 본문 중에 제시된 차일드 가이던스사의 사례와, 한국의 옥시 가습기 살균제사건의 사례를 기업측의 대응을 중심으로 비교·평가하고 각 기업별 적절한 대응방식을 제시해 보시오.

3. 담배산업의 국민경제에 미치는 영향을 전망하고, 만약 당신이 환경노동보건복지분과에 소속된 국회의원이라면 현재의 한국의 흡연관련정책을 어떻게 평가하고 향후 어떤 정책대안을 수립하고 싶은지 논거와 함께 제시해 보시오.

제9장

사회적 대응관리

INTRODUCTION

글로벌 제약회사의 사회적 대응

2000년까지는 에이즈(AIDS)가 아프리카 대륙전역에서 유행하게 되었다. 추정 2300만명의 사람들이 에이즈를 발병시키는 바이러스에 감염되었다. 이러한 위기를 더욱 악화시킨 것은 많은 아프리카 사람들이 에이즈 투병을 위한 매우 고가의 치료약을 구입할 경제적인 여유가 없다는 사실이다. 2000년 5월에 세계 5대 제약회사는 에이즈 치료약의 판매가격을 미국 본토의 가격보다 85%에서 90%까지 내려서 그 당시 아프리카 제국의 할인가격보다 5분의 1정도 수준으로 인하하여 판매하는 데 합의했다. 더구나 거대기업으로부터 몇 백만 달러의 자금이 에이즈와 투병하고 있는 아프리카 단체에 기부되었다. 예를 들면, 브리스톨 마이어스(Bristol-Myers)사는 남아프리카에서 에이즈와의 투병을 촉진할 수 있도록 5년간 1억 달러를 투입하였다. 국제 에이즈 예방 의사단(International Association of Physicians In AIDS Care)의 임원인 조시 주니가(Jose Zuniga)는 "기업에 의한 원조활동은 이전부터 바라던 훌륭한 생각이다"라고 말하고 있다.

기업에 의한 이와 같은 관대한 조치는 미디어에서 극찬을 받았지만, 이는 곧 제약회사에서는 사회적 사업에 대한 우려 요인이 되었다. 아프리카 제국의 많은 곳에서 에이즈 치료를 위탁받고있는 사람들은 제약회사가 여전히 매우 고가로 약품을 제공하고 있는 것에 실망하였다. 아프리카의 관련직원은 미국, 유럽 등 제약회사와의 교섭과 병행하여 브라질이나 인도의 복제약품 메이커와 교섭하기 시작하였다. 아프리카의 에이즈 프로그램에 대한 기업헌금은 기부금의 사용방법에 대해 규제가 있고, 그것이 치명적인 병에 대응하는데 상당히 방해가 된다고 아프리카의 의료관련 부서의 관리들은 지적했다. 예를 들면, 보츠워너 에이즈 카운셀링센터(an AIDS counseling center)의 창설자인 에드워드 바라렌거(Edward Baralengwa)는 1500달러의 기부금은 서류를 넣는 수납장의 구입을 위해 이용하도록 지정되어 있다고 불만을 터트렸다. "나는 1500달러가 있으면 전화요금을 지불하지, 서류수납장을 구입하지는 않을 것"이라고.

세계 최대 제약회사의 선의는 에이즈 감염과 싸우고 있는 아프리카 위생 프로그램의 실천 및 문화와 연결되어 있는 것으로 밝혀지고 있다. 몇 개월에 걸친 오랜 교류끝에 화이저 제약(Pfizer)은 5000만 달러의 비싼 에이즈 약을 기증하기로 결정했다. 베링거 인겔하임(Boehringer Ingelheim)은 산모로부터 아기로 전이되는 감염을 막기 위해 새로운 항 에이즈 약을 무료로 콩고 공화국에 제공했다. 약품회사 글락소(Glaxo)도 세네갈에 두 종류의 에이즈 치료약을 정상가격의 10분의 1에 제공하기로 합의했다. 다른 제약회사도 에이즈 치료약을 필요로 하는 이들 아프리카 제국에 최저가격, 혹은 무료로 제공하는 움직임에 참여하기로 하였다.[1)]

● Post, J.E., Lawrence, A.T. & Weber, J.(2002), *Business and Society: Corporate Strategy, Public Policy, Ethics(10th ed.)*, The McGraw-Hill Companies, Inc. p.80.

---

1) Michael Waldholz. "Makers 0f AIDS Drugs Agree to Slash Prices for Developing World," *Wall Street Journal*, May 11. 2000. pp.A1, A12: Michael Waldholz, "Bristol-Myers Finds Pledging AIDS Aid Is Easier than Giving It." *Wall Street Journal*, July 7, 2000, pp.A1. A6: and Rachel Zimmerman, "Pfizer Offers AIDS Drug to South Africa," *Wall Street Journal*, November 29, 2000, pp.A3. A8

학습목표

기업의 사회적 대응, 기업시민, 협동형 파트너십, 전문적 학습, 관리자 학습, 최고경영자의 철학, 사회적 대응전략, 사회적 대응의 구조, 라인 매니저의 관여, 기업 필랜스로피, 사회감사, 사회업적감사

사회적 대응기업은 이해관계자(stakeholder)와의 우호적인 관계를 배려하고 촉진하기 위해 노력하고 있다. 이와 같은 기업에서는 기업의 사회적 책임이라는 흐름에 새롭게 발생하는 이슈를 설정하고, 이러한 이슈에 대해 적절한 기업정책이나 프로그램으로 대응하고자 한다. 이 장에서는 사회적 대응관리(socially responsive management)와 관련되는 프로세스, 활동, 평가기준에 대해 살펴보고자 한다.

이 장의 주요과제 :

- 경영자가 사회환경에 대응하는 방법은 어떤 집단이나 사회적 영향에 의해 변화하는가?
- 사회적 대응모델은 몇 단계로 구성되는가?
- 기업이 사회환경을 효과적으로 관리하기 위해 고려해야 할 중요한 요소는 무엇인가?
- 오늘날의 경영환경에서 실천되는 기업의 사회적 책임의 원칙은 어떤 것인가?
- 기업이나 사회는 어떻게 사회적 책임전략의 유효성을 평가할 수 있는가?

01 기업과 사회적 환경

1960년대와 70년대에 걸쳐 기업을 사회적으로 관리하려는 이해관계자에 의한 수 십년에 걸친 도전이 미국에서 활발하게 전개되면서 사회적 대응전략을 구사할 수 있는 많은 사회적 환경이 나타났다. 이해관계자에 의한 도전은 다양한 집단에서 발생하였다.

① 미국 자동차산업에 대하여 보다 안전한 자동차를 요구했던 랄프 네이더에 의해 선도된 소비자운동은 제품의 안전성, 정보의 정확성, 제품의 경쟁적인 가격을 요구했다.

② 환경보호운동가는 1970년대 제1회 「지구의 날」(Earth Day)을 개최하고, 기업이 공기와 수질에 대해 책임을 지도록 요구했다.
③ 베트남 반전운동가는 군·산복합체관련 기업이 무기, 화학병기의 생산을 포기하고 이른바 평화재산업으로 전환하라고 요구했다.
④ 시민권운동으로부터 조직된 흑인단체는 종업원의 고용, 승진, 육성에 대한 차별적 처우를 철회하도록 압력을 가했다
⑤ 여성계는 여성에 대한 편견과 차별하는 성향을 가진 경영자를 규탄했다.
⑥ 모든 근로자는 인종이나 성별에 관계없이 보다 안전한 노동조건을 요구했다.
⑦ 각종 커뮤니티는 핵에너지 플랜트의 건설, 조업, 운영 등의 독성물질사용 및 수송에 대해 항의하였다.

이와 같이 다양한 이해관계자는 경영자가 이러한 업무를 수행하도록 경영환경을 극적으로 변화시키고 있다. 이들 그룹의 사회운동에 대한 전반적인 공헌은 기업의 사회적 책임 개념을 구체화한 데다 기업의 다양한 대응을 요구하고 있다. 즉 기업의 사회적 대응력에 대한 인식수준을 높이는 데 기여하였다.

앞장에서 본 것처럼 기업의 사회적 책임은 자선원칙과 스튜어드십 원칙에 근거하고 있다. 이들 개념은 공공자원에 대한 배려, 기업의 자선활동(philanthropy)으로 표현된다. 그러나 기업의 사회적 대응의 기초는 공공적 이익의 수탁인으로서 기업의 역할을 인식하거나, 상급 경영자의 관용에 맡길 사항이 아니라는 것이다. 기업의 사회적 대응력(corporate

표 9-1 기업의 사회적 책임, 기업의 사회적 대응, 기업시민 간의 대비

	기업의 사회적 책임	기업의 사회적 대응	기업시민
기 원	1920년대	1960년대	1990년대
전 제	자선원칙과 스튜어드십 원칙	다수의 사회적 이해관계자 그룹의 요구	이해관계자그룹과의 협동적 파트너십의 구축
목 적	사회전반의 도덕적 의무	이해관계자에 대한 기업의 실천적인 대응	파트너십에 의한 비즈니스 기회의 발견
활 동	공공적 이익에 대한 필랜스로피(philanthropy: 자선행위), 수탁	사회 프로그램	기업의 사회적 성과, 재무적 성과의 관리

출처 : Post, J.E., Lawrence, A.T. & Weber, J.(2002), *Business and Society: Corporate Strategy, Public Policy, Ethics(10th ed.)*, The McGraw-Hill Companies, Inc. p.83.

social responsiveness)은 이해관계자의 사회적 요구를 전달하기 위해서 기업이 구축하는 프로세스나 이해관계자에게 영향을 주는 기업의 사회적 활동 속에서 인식되는 것이다. 기

자료 9-1 | **기업시민 원칙**

좋은 기업시민은 윤리적 태도로 거래활동을 하도록 노력하고, 모든 이해관계자의 요구에 균형을 잡을 수 있도록 주의를 기울이며, 환경을 보호하도록 노력해야 한다. 기업시민원칙은 다음과 같다.

윤리적 경영행동

1. 이해관계자와의 관계에서 공정하고, 성실한 경영관행을 보장한다.
2. 모든 종업원에게 높은 행동기준을 설정한다.
3. 경영자와 임원차원에서 윤리적 감시를 한다.

이해관계자에 대한 커미트먼트(commitment)

4. 모든 이해관계자의 편익을 위해서 기업경영을 하도록 노력한다.
5. 이해관계자와의 성실한 대화를 하도록 노력한다.
6. 대화를 존중하도록 노력한다.

커뮤니티

7. 기업과 커뮤니티 상호관계를 촉진한다.
8. 기업을 경영하고 있는 커뮤니티에 투자한다.

소비자

9. 소비자의 권리를 존중한다.
10. 품질이 좋은 제품과 서비스를 제공한다.
11. 진실되고 필요한 정보를 제공한다.

종업원

12. 가족적이고 우호적인 직장환경을 제공한다.
13. 책임있는 인적자원 관리에 노력한다.
14. 종업원에 대한 공정한 보수와 임금시스템을 제공한다.
15. 종업원과 개방적이고 유연한 커뮤니케이션을 실시한다.
16. 종업원의 능력개발에 투자한다.

투자가

17. 투자에 대한 경쟁적 수익을 획득한다.

공급업자

18. 공급업자와 공정한 거래를 한다.

환경에 대한 배려

19. 환경을 배려한다.
20. 지속적인 개발을 위해 개입한다.

● 출처 : Davenport, Kim(1999), "Social Auditing: The Quest for Corporate Social Responsibility," in James Weber and Kathleen Rehbein, eds., *IABS* 1997 Proceeding 8th Annual Conference, pp. 196-201, "The Social Auditing Teaching Packet"

업의 사회적 책임과 기업의 사회적 대응을 대비한 것이 〈표 9-1〉에 정리되어 있다.

최근까지 기업시민이란 용어는 이해관계자를 위한 기업의 책임있는 행동을 언급할 때 사용되어 왔다. 기업시민(corporate citizenship)의 개념에는 솔선하여 「기업과 사회」의 문제를 전달하는 것, 이해관계자와 파트너십을 구축하는 것, 사회전략적 목표를 향해 비즈니스 기회를 발견하는 것, 재무적 성과만의 관심에서 재무적 성과와 사회적 성과의 균형확보 비전으로 변혁하는 것 등이 포함되어 있다.[2] 기업시민원칙은 [자료 9-1]에 제시되어 있으며 주요한 이해관계자들에 대한 대응원칙이 기술되어 있다.

기업시민활동의 중심에 존재하는 것은 협동형 파트너십(collaborative partnerships)이다. 이 파트너십에서는 기업도 함께 참여하여(정부의 부국(部局), 커뮤니티, 특정의 이익단체, 학교 등) 복잡한 사회문제에 대응하고 있다.

미니애폴리스(Minneapolis: 미국 미네소타주의 동남부)는 지속적인 높은 범죄율에 시달렸으며, 「머더폴리스(Murderopolis)라는 불명예스러운 별명을 얻고 말았다. 이에 대응하기 위해 허니웰(Honeywell), 제너럴 밀즈(Genera1 Mills), 아리나 헬스 시스템(Alina Health Systems) 등을 포함한 몇 개의 현지 기업들이 미네소타 힐스(HEALS: Hope, Education, Law and Safety)를 구축하는 데 합의하였다. 이들 기업들은 또 커뮤니티의 다양한 이슈에 대응할 뿐만 아니라,(지역으로부터) 신입사원모집과 고용까지 다루고 있다.[3]

02 사회적 대응의 수행

기업은 하룻밤 사이에 사회적으로 대응할 수는 없다. 이러한 프로세스에는 시간이 걸린다. 새로운 태도가 육성될 필요가 있고, 그리고 일과가 학습되어 새로운 정책이나 활동프로그램이 구축되지 않으면 안 된다. 일단 기업이 사회대응전략을 실행하는 체제가 정비되었다면 사회적 목적을 달성하기 위한 특정의 가이드 라인에 따라야 한다. 사회적 대응전략을 수행하려면 많은 장해를 넘어야 한다. 이 가운데에는 경영자 사이의 보고관계와 같은

2) Altman, B. W., & Vidaver-Cohen, D.(2000). A framework for understanding corporate citizenship. *Business and Society Review*, 105(1), 1-7.

3) Googings, B.K. & Rochlin, S.A.(2000), Creating the Partnership Society: Understanding the Rhetoric and Reality of Cross-sector Partnerships, *Business and Society Review*. 105(1), 127-144.

구조적인 것도 있으며, 혹은 특정직무분야에서는 남성 또는 여성만 해당되는 역사적 패턴과 같은 문화적인 것도 있다.

2.1 기업의 사회적 대응모델

어떻게 거대기업이 사회적 대응을 효과적으로 실행할까에 대해서는 [그림 9-1]에 나타나 있다. 이 모델에서 제시된 대응프로세스에는 세 가지 단계가 존재한다. 각각의 프로세스에 대해 살펴보면 다음과 같다.

(1) 정책형성단계

사회적 대응의 제1단계에서는 기업은 대응할 필요가 있는 주변환경의 요소를 인식하게 된다. 1960년대와 1970년대에 변모하는 사회환경에서 반복적으로 확인할 수 있었던 것처럼, 이해관계자의 기대가 변화한 후 새로운 인식이 나타난 것이다. 이해관계자의 압력의 존재여부를 파악함으로써 경영자는 사회환경이 주는 자극을 통해 다양한 이슈, 문제나 관심, 사회적 경향에 어떻게 대응할지를 판단하게 된다.

그림 9-1 기업의 사회적 대응에 관한 3단계

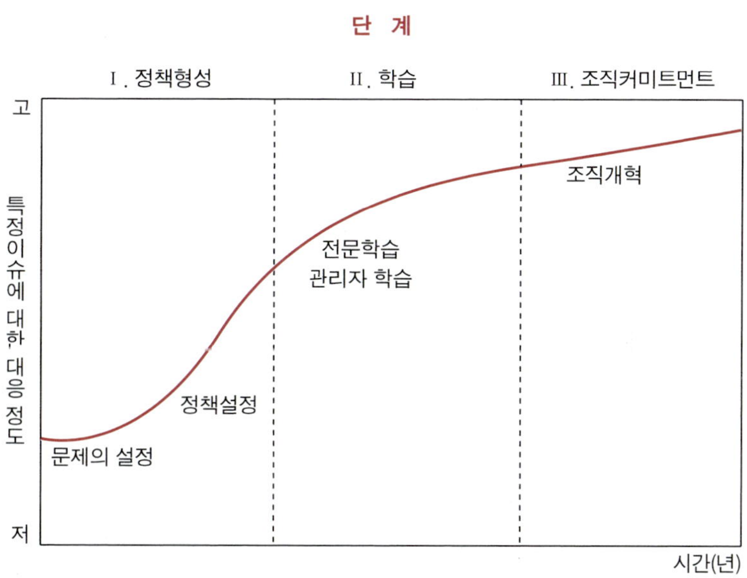

출처 : Adapted from Robert W. Ackerman and Roymond A. Bauer(1976), *Corporate Social Responsiveness: The Modern Dilemma*. VA: Reston, 1976.

루슨트 테크놀로지(Lucent Technology)는 다양한 글로벌 노동력과 기술을 바탕으로 한 교육의 중요성에 높은 우선순위를 두고 있다. 이 회사는 이와 같은 목적을 위해 루슨트 테크놀로지 재단을 통해서 세계의 젊은이들에게 자신들의 가능성에 대한 동기를 부여하는 데 3200만 달러를 기부했다. 이 재단은 프로젝트 그래드(GRAD: Graduation Really Achieves Dreams: 졸업이 실제로 꿈을 실현한다)와 같은 프로그램을 지원해 왔다. 이 프로젝트는 뉴저지주 뉴워크(Newark, New Jersey)의 학교에서 「읽기, 쓰기, 수학」 등에 대한 학생성적의 향상을 통해 고교 및 대학의 졸업생 수를 늘리는 것을 목적으로 하고 있다. 유치원에서 12학년제 초등학교에 이르는 교육제도를 개선하기 위한 컬리지나 대학에의 연구지원비, 동료교원의 지원을 통한 교원능력개발방식의 모범사례개발, 다양한 배경을 가진 젊은이들에게 협업할 기회를 제공하는 루슨트 링크(Lucent Links)사업 등과 같은 모든 활동은 루센트 테크놀로지 재단에 의해 지원되고 있다.[4)]

기업의 사회적 대응은 톱 매니지먼트나 임원에 의해 신중하고 정교하게 만든 정책에 의해 관리되어야 한다. 이러한 정책은 다양한 측면을 가진 조직의 대응방법을 변화시키는 틀을 제공한다. 예를 들면 새로운 생산정책은 제품의 품질개선과 업무상의 장해를 제거함과 동시에 수질오염을 줄일 수 있어야 한다.

(2) 학습단계

일단 사회문제-예를 들어 지역 커뮤니티의 문맹관련 문제-로 인식되어 일반정책의 대상으로 확정이 되면 기업은 이 문제에 대해서 어떻게 대응할지를 학습하고, 새로운 정책이 잘 작동되도록 해야 한다. 여기에는 전문학습과 관리자 학습의 두 가지 학습이 필요하다.

전문적 학습(specialized learning)은 사회기술전문가(sociotechnical expert) - 예를 들면 성인이나 유아에게 적합한 독서기술을 익힌 전문가 등 - 을 기업의 임원이나 경영자에게 조언을 하기 위해서 고용함으로써 일어난다. 커뮤니티의 문맹율이나 고용에 있어서 소수민족(Minority)에 대한 편견문제, 교내폭력, 유해화학물질의 폐기 등과 같이 기업이 서투른 사회문제에 대응할 때에 사회기술전문가가 제시하는 전문지식은 사회적 대응의 초기단계에 매우 큰 도움이 된다.

관리자 학습(Administrative learning)은 조직의 일상적 업무를 관리하는 기업의 감독자나 경영자가 사회문제에 대처하기 위해서 필요한 새로운 일과를 학습하는 것을 말한다. 기

---

4) Lucent Technologies *Annual Report* at www.Lucent.com/news/pubs/annual. 참조

술적 전문가는 문제해결을 위한 출발점에 있는 기업을 지원할 수 있지만 모든 일을 한 사람의 기술적 전문가가 해낼 수는 없다. 사회적 대응에는 모두 사람들과의 협력과 지식이 필요하며 사람들 간의 상호작용이 핵심이다.

AT&T의 학습네트워크는 전자커뮤니케이션에서 미국청년들을 지원하기 위해서 1억 5000만 달러의 비용을 들인 5년 계획의 프로그램이다. AT&T는 미래의 잠재고객인 몇 천명의 학생에게 무료로 음성메시지 서비스나 무료음성 메일박스를 제공했다. 이 프로그램의 온전한 실행을 위해서는 온라인 상의 조언이 필요하였다. 이를 위해 AT&T의 매니저나 기술적 전문가, 기업조직을 뛰어넘은 다른 조직의 종업원들이 이들에 대한 지도에 나섰다.[5)]

(3) 조직 커미트먼트(commitment) 단계

최종단계에서는 완전한 사회적 대응의 달성을 요구한다. 즉, 조직은 새로운 사회정책을 제도화하지 않으면 안 된다.[6)] 처음의 2단계에서 학습된 새로운 정책과 일상적인 업무처리가 기업전체에서 매우 효과적으로 받아들여지게 되면 이러한 정책이나 일상적인 업무처리는 기업활동의 통상적인 업무의 일부분으로 간주된다. 예를 들면, 톱 매니지먼트의 특별한 지시가 없어도 현장 매니저가 커뮤니티의 교육시스템이나 학생의 요구에 대응할 수 있게 되면 사회적 대응정책이 제도화되기에 이르렀다고 간주할 수 있다.

변화에 저항하는 일반적인 조직압력의 존재는 기업의 대응능력을 개선하는데 시간과 노력이 필요하다는 점을 시사해 주고 있다. 과거에는 거대기업이 고용기회의 균등이나, 공해대책과 같은 주요한 사회적 이슈 혹은 사회문제에 대하여 제1단계에서 제3단계로 나아가는데 대개 6년에서 8년 정도 걸렸다. 그 중에는 다른 기업보다 유연하게 대응하거나 혹은 어렵게 대응하는 기업도 있고해서 사회적 이슈의 성격과 기업의 대응여하에 따라 소요되는 시간은 상당히 달라진다. 그러나 분명한 것은 경영자의 의지와 같은 내부요인이나 이해관계자의 지속적인 대응과 같은 외부요인이 효과적인 변혁을 일으키는데 필수적이다.

---

5) "AT&T to Give 110,000 Schools Free Services," *Wall Street Journal*, November 1. 1995. pp.A3. A12.

6) Ackerman, R.(1973), "How Companies Respond to Social Demands," *Harvard Business Review*, July. August 1973, pp.88-98

2.2 사회정책에 대한 기본 틀

조직 커미트먼트 단계에 이르게 되면 기업은 전략적인 사회정책을 이끄는 전문적 가이드 라인을 개발해야 한다. 전략경영을 전문으로하는 2인의 학자가 기업사회정책의 성공확률을 높이기 위한 일련의 가이드 라인을 제시하고 있다.[7] 그들은 사회정책이 다음과 같은 사항에 유의해야 한다고 지적하고 있다.

- **한정된 목적을 향한 활동프로그램에 집중하라** : 어떠한 기업도 사회적 책임의 모든 분야에 폭넓게 개입할 수는 없다. 노력을 집중할 수 있는 분야를 선택하면 달성정도를 높일 수가 있다. 위스콘신주에 거점을 둔 업무용기기 공급업자인 로리 슈림겐(Rowley-Schlimgen)은 회사가 소재한 지역사회에 대한 종업원들의 자원봉사활동을 장려하였고 매년 기업이 주최하는 리얼 히어로상 만찬회(Real Heroes Awards Dinner)에서 이들 종업원을 표창하고 있다. 이벤트로부터 발생하는 수익은 버저(Badger)지역의 적십자사를 지원하는데 사용되었다.
- **기업이 생산하는 제품이나 서비스와 관련된 활동프로그램에 집중하라** : 시티뱅크(Citibank)는 싱가폴 경영대학(SMU: Singapore Management University)과 제휴하여 금융교육을 전문으로 하는 재단을 설립하였다. 은행원은 자신들의 현장경험을 바탕으로 금융, 은행업무, 경제에 대해 자발적으로 강의를 했다. 이러한 커뮤니티프로그램의 목적은 싱가폴 신흥경제에 필요한 리스크 선택전략을 이해하고, 싱가폴의 새로운 글로벌기업에 대한 시티뱅크의 투자행동을 이해하는 싱가폴 경영대학 졸업생을 확보하는데 있었다.[8]
- **인근지역에서 활동프로그램을 시작하라** : 멀리 떨어진 지역으로 프로그램을 확장하거나 혹은 활동을 개시하기 전에 프로그램은 지역 내 이슈나 사회적 요구에 대응해야 한다. 시카고에 근거를 둔 통학버스를 사업으로 있는 레이첼 버스회사(Rachel's Bus Company)는 시카고 도심지의 경제적 부진문제를 해결하기 위한 사회프로그램을 개발했다. 사장인 레이첼 후브커(Rachel Hubka)는 회사본부를 도심에 두고 커뮤니티에서 적임자를 고용했다. 이러한 대응은 기업이 활동하는 도심지역에 강한 자부심을 키

7) Carroll, A.B. and Hoy, F.(1984), "Integrating Corporate Social Policy into Strategic Management," *Journal of Business Strategy*, Winter, pp.48-57.

8) McNulty, S.(2000). "Banking on Experience," in *Responsible Business: Financial Times Guide*, December 2000. p.16.

우는 것을 목표로 한 것이다.

- **종업원의 활동을 촉진하라** : 기업의 대표자보다는 종업원이 개인적으로 참여한 프로그램이 미래지향적 참가와 커미트먼트를 촉진한다. 주택건립운동(Habitat for Humanity) 프로그램에 대한 지속적인 참여를 통해 콜드웰 은행(Coldwell Banker)은 다양한 지역에서 가정에 행복을 가져다 주거나 주택건축을 돕는 영업사원을 선발했다. 1997년에는 네 명의 콜드웰 은행 종업원들이 그 프로젝트를 위해서 헝가리의 고돌로(Godollo)까지 날아갔다. 그 이전까지 종업원들은 미국에 있는 다양한 도시에서 주택개축운동을 지원하였다.

03 사회적 대응력의 제고

기업은 어떻게 사회적 대응력을 높일 수 있을까? 이미 고전이 된 문헌에서 연구자이자 컨설턴트인 미국의 로버트 밀(Robert Miles)은 다음과 같이 말하고 있다.

미국의 거대기업 경영리더가 직면하는 문제는 경영정책이나 경영활동에 영향을 주는 사회적 이슈가 지금까지와는 달리 크게 증가하고 있다는 점이다. 모든 산업에 보편적으로 적용되는 사회적 규제가 증가했을 뿐만 아니라 사회적 환경개선을 위한 기업특유의 도전적 과제 또한 크게 증가하고 있다.[9)]

이러한 압력에 대응하기 위해 기업들은 사회환경을 관리하는데 지금까지 보다 더 큰노력을 경주하고 있다. 사회환경은 커뮤니티와 정부당국으로부터 영향을 받는 많은 기업활동도 포함하고 있다. 대부분의 최고경영자는 사업과 관련된 대외섭외(external affairs)에 다른 어떤 활동보다 더 많은 시간을 소비하고 있다. 대부분의 경영자들은 자신이 환경과의 도진을 이해하고 관리에 도움이 될 수 있도록 유능한 스텝을 육성하기 위해 많은 인사, 시간, 예산을 할당하고 있다. 어떤 기업에는 다른 기업과 비교하면 사회적 압력이나 사회적 규제에 대해 취약한 곳이 있으며 이러한 취약성의 원인이 되는 요인이 확인되고 있다. 기업은 다음과 같은 경우에 보다 취약하다.

9) Miles. R.H.(1987), *Managing the Corporate Social Environment*, Englewood Cliffs, NJ: Prentice Hall,

- 규모가 크거나 유명기업이어서 공격대상이 되기 쉬운 기업
- 미디어나 사회활동그룹에 의해 자주 시비대상이 되는 시가지에 있는 기업
- 일반에게 필수품으로 간주되는 소비재를 생산하는 기업
- 사용자에게 손해나 피해를 일으킬 수 있는 제품이나 서비스를 제공하고 있는 기업
- 높은 공공성이 요구되는 규제가 많은 산업에 종사하는 기업

3.1 최고 경영자의 철학

기업이 사회적 환경에 대해 어느 정도나 관여할 것인지를 결정하는 것은 주로 경영자의 가치에 의존하고 있다. 즉 사회에서의 기업의 역할에 대해 경영자가 어떤 생각을 가지고 있느냐 하는 철학에 따라 달라진다. 이를 최고경영자의 철학(top management philosophy)이라 부른다. 사회적 요인의 충격에 민감하고 전략적으로 이해관계자를 관리하고자 하는 경영자는 기업은 경제, 사회적 존재라는 인식을 받아들이고 있다. 기업은 변화하는 사회적 환경에 적응할 의무를 갖는다는 생각을 하고 있다. 이들 경영자는 새로 발생하는 사회적 이슈에 대해 경영자의 책임을 경제적 관점에서 이해하는 경영자보다 경영정책이나 경영활동을 더 적극적으로 수정하려는 경향을 가지고 있다. 사회적 대응력이 높은 기업의 경영자는 최근 핵심적인 이해관계자에 대한 이해만이 아니라 기업의 모든 이해관계자를 이해하려고 노력한다. 그들은 사회적 성과를 장기에 걸쳐 산업에 영향을 주는 것이라는 넓은 의미로 파악하고 있다. 가장 중요한 것은 이들 경영자가 기업의 경제적, 사회적 목적을 기업운영이나 경영자 성과를 지도하고 평가하기 위해 개발한 기업의 사업계획, 측정, 보수시스템 속에 통합하는 것이다.

IBM은 기업시민정신의 기능을 다하기 위한 전략(Strategy for Corporate Citizenship)에서 다음과 같이 기술하고 있다. "우리는 기술이 기업경영에서 중요한 것과 마찬가지로 교육이나 직업훈련 등의 사회적 요구를 해결하는 데도 기술이 도움이 될 것으로 생각한다. 그리고 우리는 우리고객들에게 하는 것과 마찬가지로 다양한 사회적 기여활동에 대해서도 신중하게 계획을 세우고, 그것을 수행하고, 지원해야 한다." 이와 유사한 기업전략과 사회전략의 통합전략은 파인 웨버의 가치지침(PaineWebber's Value Statement)에서 확인할 수 있다. "책임있는 참여형의 기업시민정신은 기업과 커뮤니티전체의 영속적인 번영을 위해 필요하다."[10)]

10) Post, Lawrence, & Weber(2002), *Op. cit.*, p.88.

3.2 사회적 대응전략

사회적 대응력을 갖춘 최고경영자의 경영철학을 기업경영의 바탕에 두면서 기업은 사회적 대응전략(socially responsive strategy)을 발전시켜야 한다. 이러한 전략적 지향성은 기업의 이익만을 강조하거나 기본적으로 사회적 대응에 반대하는 것과 같은 어프로치에 대해 협동적이고 문제해결적인 접근을 강조하려는 것이다.

협동적, 문제해결형의 전략은 모든 이해관계자와의 개방적인 커뮤니케이션이나, 신뢰를 기초로 한 장기적 관계의 유지를 강조하는 것에 특징이 있다. 경영자는 서로 호혜적인 타협을 추구하는 규제자문위원회나, 업계단체에 참가함으로써 협동적 자세를 나타내려는 것이다. 그렇지만 이러한 경영자는 그들의 전략이 순수하게 이타주의적인 것은 아니라고 주장하고 있다. 그들은 이해관계자와 지속적인 관계를 유지하고, 서로 편익을 가져올 수 있는 문제해결형 전략을 탐구하는 것은 기업의 장기적 존속을 보장하는 것이라고 인식하고 있다. 사회적 대응전략에서의 협동성과 장기적 사고의 중요성을 나타내는 사례로 이 장의 첫머리에서 다룬 세계최대 제약회사에 의한 아프리카의 에이즈 감염에 대한 대응을 볼 수 있다.

3.3 사회적 대응의 구조

사회적으로 대응력이 높은 조직이 되기 위한 다음의 단계는 조직구조를 외부의 사회적 도전에 대응하고 사회적 대응전략을 적절히 수행할 수 있도록 변혁하는 것이다. 이 사회적 대응구조(socially responsive structure)는 기업의 최고 경영자가 가지고 있는 가치나 신념에 의해 발전되고 사회적 대응력이 있는 경영전략을 통해 나타나는 것이다.

북미 닛산은 안전운전, 청소년 지향프로그램, 가치교육, 과학기술, 문화예술, 지역개발과 같은 사회적 활동을 우선시 하는 자선촉진위원회(Philanthropic Steering Committee)를 창설했다. 위원회의 멤버에는 닛산의 홍보담당 매니저, 4개 부문의 매니저, 기업의 법무 및 인적자원 부문으로부터의 대표가 포함되고, 여기서는 1만 달러 이상을 요구하는 안건에 대해 심사를 하고 있다. 1만 달러 이하의 기업기부를 요구하는 요청에 대해서는 닛산 홍보담당 매니저가 심사하여 승인한다.[11]

11) *Ibid*.2, p.89.

3.4 라인 매니저의 관여

사회적 대응력이 높은 기업이 되기 위한 마지막 요소는 라인 매니저가 전략적 프로세스에 관련되는 정도이다. 라인 매니저의 관여정도는 기업의 사회적 대응전략 프로세스의 세련성 정도에 의존하고 있다. 프로세스를 정밀하게 하면 할수록 라인 매니저에 의한 관여는 필수적이다.

대부분의 경우 라인 매니저를 깊이 관여시키는 일은 매우 어렵다. 처음에는 스탭부문이 전략 프로세스를 개발하지만, 라인 매니저는 곧 이어 기업의 사회적 대응전략수행의 책임을 맡지 않으면 안 된다. 예를 들면 자선기부와 종업원의 자원봉사프로그램이 통합된 전략을 개발하면, 라인 매니저는 가치있는 대상을 선별하여 적절한 수준의 기부금액을 정하고, 자원봉사할 종업원을 할당하는 데 가장 좋은 적임자가 된다.

예를 들면, 쿠퍼 인더스트리(Cooper Industries)는 종업원이 거주하고, 일하고, 봉사하고 있는 해당지역에 자금지원을 하는 것이 중요하다고 생각하고 있다. 이 목적을 위해서 현지의 인적자원관리자, 공장관리자 등은 기업재단의 이사에게 승인을 요청하기 전에 직장 및 공장측에서 종업원의 커뮤니티를 대상으로 한 기부금액을 검토하거나, 우선순위를 정하는 작업을 한다.[12)]

이와 대조적으로 스탭부서 직원만을 믿고 라인 매니저가 별로 참가하지 않는 기업에서는 편협하고, 방위적이고, 수동적인 사회적 대응의 태도를 보이게 된다. 이러한 접근에서는 라인 매니저나 종사자는 사회환경의 영향에서 격리되어 버린다. 라인 매니저의 참여정도는 주로 최고경영자의 철학에 의해 영향을 받게되고, 대개 기업의 사회적 대응전략과 기업구조에 따라 좌우된다.

04 사회적 대응관리의 실천

앞의 제8장에서 논한 기업의 사회적 책임의 두 가지 기본적 원칙 – 자선원칙과 스튜어드십 원칙 – 에 의거한 사회적 대응관리나 실천은 현대기업경영의 많은 측면에서 확인된다.

12) *loc. cit.*

4.1 기업자선활동

기업자선활동(corporate philanthropy)은 자선원칙의 현대적인 표현이다. 스튜어드십 원칙은 제7장에서 설명한 바와 같이 「기업과 사회」는 밀접하게 관련되어 있고, 상호의존하고 있다는 인식이 확산되고 있는 현대에 있어서야 말로 의미있는 활동이다. 기업과 사회의 상호이해에 대한 호혜적 인식은 정책설정과 운영과정에서의 주의의무나 사회적 관심의 책임을 기업에 부과하고 있다. 주요한 자선적 기부활동사례가 [자료 9-2]에 나타나 있다.

자료 9-2 | **주된 자선(philanthropy) 활동**

기업재단, 개인, 기업그룹은 사회적 자선활동에 적극적으로 관여하고 있으며, 다음 사례는 그 중의 일부이다.

- 마이크로소프트(Microsoft Corporation)의 공동 창시자인 빌 게이츠(Bill Gates)는 아내 메린다(Melinda Gates)와 함께 220억 달러를 빌 앤드 메린다 게이트 재단(the Bill and Melinda Gates Foundation)에 기부한다고 발표했다. 이 기부는 국제적인 예방접종이나 어린이 건강프로그램을 위해 주어졌다.
- 투자가인 조지 소로스(George Soros)는 아동과 공중위생프로그램이나, 최신의 예술이나, 문화프로그램, 중소기업육성 등을 지원하는 소로스 재단 네트워크(the Soros Foundations Network)에 20억 달러를 기부한다고 발표했다.
- CNN의 창설자로 타임 워너(Time Warner)의 부회장인 테드 워너(Ted Warner)는 국제적인 어린이의 건강이나 환경프로그램지원을 위해 약 15억 달러를 유엔기금(The United Nations Foundation)과 터너 재단(Turner Foundation)에 기부한다고 발표했다.
- 투자신탁회사인 아메리칸 센추리(American Century)의 공동 창설자인 제임스 E. 스토워스(James E. Stowers)는 부인인 버지니아(Virginia)와 함께 3억 6000만 달러를 의학연구를 위해서 스토워스 연구소(the Stowers Institute for Medical Research)에 기부하여 생물의학의 연구프로젝트를 지원하고 있다.
- 마이크로소프트의 공동 창설자인 폴 알렌(Paul Allen)은 3억 5000만 달러를 알렌기금과 시애틀에 있는 비영리 음악박물관인 뮤식 프로젝트체험관(the Experience Music Project)에 기부한다고 발표했다.
- 화학산업의 허스트먼 그룹(the Huntsman Group)의 회장 존 허스트먼(John Huntsman)은 유타대학, 펜실베니아대학 워튼 파이낸셜 스쿨, 브리감영대학, 허스트먼 암센터 등에 3억 5000만 달러를 기부한다고 발표했다.
- 인터내셔널 데이터 그룹(International Data Group)의 창설자인 패트릭 J. 맥거번(Patrick J. McGovern)은 로 하프 맥거번(Lore Harp McGovern)과 함께 3억 5000만 달러를 매사추세츠 공과대학

(MIT)과 맥거번 뇌연구소(the McGovern Institute for Brain Research)에 기부한다고 발표했다.

- 인그램 인더스트리의 지주회사(Ingram Industries)의 회장인 매사 R. 인그램(Martha R. Ingram)은 3억 달러를 밴더빌트대학 암연구소(Vanderbilt University for cancer research), 장학금 프로그램, 비즈니스 스쿨, 음악학교의 프로그램에 기부한다고 발표했다.

● 출처 : Greenfeld, K.T.(2000), "A New Way of Giving," *Time*, July 24, pp. 49-59.

4.2 종업원의 자원봉사활동

종업원의 자원봉사활동(volunteerism)은 비교적 새로운 현상이다. 대부분의 거대기업은 자선적인 기부활동을 전개하고 있지만, 종업원이 지역사회에서 전개하는 자원봉사활동은 개인적인 수준에 머물고 있다. 최근 들어 기업은 조업하고 있는 지역사회에서 자원봉사활동을 추가하면서 기업내부 및 외부의 이미지를 개선하는 방법으로 지역서비스 활동을 하고 있다. 포인트 오브 라이트 재단(The points of Light Foundation)에 의하면, 미국성인의 56%에 해당하는 약 1억 6000만명이 매년 199억 시간을 자원봉사활동에 투입하고 있다. 자원봉사활동에 참가하는 노동력은 상근 노동자가 900만명이고 2250억 달러의 인적자원 가치가 있는 것으로 나타나고 있다.

보스턴 은행(현재의 FleetBoston)은 종업원에게 자원봉사활동을 수행할 기회를 제공하기 위해 지역 내 집단에 의해 설계된 전자메일시스템을 이용하고 있다. 그 결과 종업원은 본인이 살고있는 지역에서 자원봉사자를 필요로 하는 단체를 쉽게 찾을 수가 있다. 휴스턴에 있는 엔론(Enron Corp.)의 경영진은 자원봉사활동을 통해 종업원의 채용이나 팀 구축을 지원함으로써 종업원의 자원봉사활동이 기업에 이익을 가져다 주는 것으로 인식하고 있다. 종업원이 이러한 활동을 하는 것은 승진의 기준이 될 수는 없지만, 어느 경영진이 지적하듯이 "해고되는 일은 없다"는 것이다. KPMG의 피트 머윅(Peat Marwick)은 지역서비스 활동을 리더십 육성의 중요한 요소로 간주하였다.[13)]

종업원의 자원봉사활동은 종업원에게 창조성, 신뢰, 팀워크, 인내력 등을 육성하는데 도

13) "Volunteer Programs Are Being Fine Tuned to Help Corporate Goals," *Wall Street Journal*, December 24, 1998, p.A1.

자료 9-3 | **지역사회에의 봉사활동이 직무기능을 개선**

시카고에 본거지를 둔 가정위생용품 회사인 헬렌 커티스(Helene Cartis)는 지역사회에 대한 자원봉사활동을 경영발전프로그램으로 통합하여 결과적으로 종업원과 기업 모두 이익을 얻게 되었다. "이 프로그램은 종업원에게 커뮤니티 서비스활동을 통한 경험으로 개인적으로는 물론, 직업적으로도 성장할 수 있는 학습기회를 종업원에게 제공하고 있다." 헬렌 커티스의 대커뮤니티 관계부장인 앤 슈월츠(Ann Schwarts)는 다음과 같이 설명하고 있다. "우리의 목적은 종업원이 개발하고 싶은 스킬을 스스로 확인하게 하고 이들과 협력하여 이러한 스킬을 연마할 수 있는 방법과 논거를 찾아내도록 돕는 것이다."

프로그램의 목적은 커뮤니티 서비스 활동에서 얻을 수 있는 비즈니스 스킬의 가치를 공식적으로 인정하고, 이러한 실천적인 스킬을 커뮤니티 활동으로부터 비즈니스에 응용하고 있다. 이는 경영자와 종업원의 비즈니스 역량을 육성하는 또 다른 방식을 보여주는 것으로종업원과 기업 모두에게 낮은 리스크로 학습을 경험할 수 있도록 함으로써 결과적으로 기업조직과 커뮤니티의 개선에 공헌해 나가는 것이다. 헬렌 커티스의 경영자는 종업원의 자원봉사활동에 대해 기업가치를 강화하는 것으로 파악하고 있다. 어느 종업원이 "이 프로그램은 헬렌 커티스의 문화와 잘 어울리는 것으로 우리 회사 최고경영자(CEO)의 가치관을 반영한 것이다"라고 지적하였다.

● 출처 : "Using Community service Projects to Improve Employee job Skills", *Issues in Corporate social Responsibility*, Bames and Associates Publication, Spring 1996, p.9.

움이 되고 있다. 또 조직몰입, 기업에 대한 충성심, 직무만족 등을 촉진시키는 기능과 태도를 구축할 수 있다. 자원봉사활동을 하는 종업원의 사기는 통상의 경우보다 3배 이상 높다. 연구결과에서는 기업의 자원봉사활동과 보다 좋은 신체적 건전성, 정신적 건전성, 사회적 상호활동 등에는 정(正)의 관계가 있는 것으로 나타나고 있다. 종업원의 자원봉사프로그램의 사례는 [자료 9-3]에서 보는 바와 같다. IBM과 콜롬비아대학 비즈니스 스쿨의 공동조사에 의하면, 자원봉사활동과 ROA(순자산 이익율), ROI(투자 수익률), 종업원의 생산성 간에는 명확한 상관관계가 있는 것으로 파악되고 있다. 커뮤니티에 강한 연대감을 가진 기업은 수익성과 종업원의 사기수준이 모두 높은 점수를 나타내는 경향이 있다.[14]

14) Post, Lawrence, & Weber(2002), *Op. cit.*, p.91.

4.3 사회적 책임 실천우수기업에 대한 표창

그동안 기업의 사회적 책임행동에 대한 인식은 점차 높아져 왔다. 「경제우선도(평가) 평의회」(CEP: Council Economic Priorities)는 최초의 표창사업을 주최했다. CEP는 정기적으로 거대기업의 사회적 활동을 보고하는 기업의 감시단체이다. 1987년에 CEP는 사회적 책임있는 행동에 현저한 성과를 올리고 있는 기업을 표창함으로써 올바른 사회적 행동을 장려하고 있다. 2000년도 CEP의 표창을 받은 기업리스트는 [자료 9-4]에 나타나 있다. 이와 더불어 반사회적 활동을 한 기업에는 비판을 가하고 있다.

1989년에 재계, 학계, 노동계, 미디어계 등의 리더에 의해 설립된 「비즈니스 엔터프라이스 트러스트(Business Enterprise Trust)는 「용기있는 성실, 또한 사회적 사명에 의거한 행동」에 따라 사회적 책임을 실천한 비즈니스 리더나 개인을 표창한다. 트러스트상은 사상충증(river blindness) 약품을 개발한 머크 앤드 컴퍼니(Merck & Company), 1년에 8개월만 한시적으로 고용하는 60명의 이민자가 포함된 종업원들에 대해 종업원 지주계획을 세운

자료 9-4 | 2000년도 미국기업의 사회공헌 대상(American's Corporate Conscience Awards) 수상기업 리스트

- 다이버시티상(Diversity Award)
  데니즈 레스토랑(Denny's Restaurants): CEP로부터 미국에서 가장 다양성이 높은 직장으로 수상.
- 글로벌 윤리상(Global Ethics Award)
  브리스톨 마이어즈 스퀴브(Bristol-Myers Squibb): 글로벌 제약회사
- 종업원 임파워먼트상(Employee Empowerment Award)
  캐리 릴스(Carris Reels): 버몬트주의 러트랜드(Rutland, Vermont)에 있는 산업용 스풀의 제조업자이며, 종업원 지주제를 실시하고 있다
- 환경 스튜어드십상(Environmental Stewardship Award)
  Collins & Aikman Floorcoverings(Dalton, Georgia); Ricoh Corporation(West Caldwell, New Jersey); Horizon Organic Holding Corporation(Longmont, Colorado)

● 출처 : Wall Street Journal, April 27. 2000. p.A1

맥커이 널스리 컴퍼니(Mckay Nursery Company), 적극적인 에이즈 교육프로그램을 개척한 레스토랑과 푸드 서비스사업을 하는 다카 인터내셔널(DAKA International), 건설업계에서 경력을 쌓고자하는 여성을 지원하기 위해 「여성고용촉진을 위한 적극적인 대책」(Female Employment Initiative)을 추진한 줄리아 스태쉬(Julia Stasch)에게 주어졌다.[15]

2001년 2만 6000명 이상을 대상으로 수행된 미국의 한 조사에서 기업은 「최고의 평가」(best reputation)를 받는 것으로 인식되고 있다. 기업의 평판에는 수익창출 이상의 것이 포함된다. 즉 다양한 이해관계자들로부터 발생하는 기대나 요구에 적절히 대응하는 것이 요구된다. 이 용어에는 소비자, 종업원, 투자자에게 매력적인 기업경영을 펼치는 것도 포함된다. 최고의 평가를 받은 기업 중에는 존슨 앤드 존슨(Johnson & Johnson), 메이테그(Maytag), 소니(Sony), 홈데포(Home Depot), 그리고 인텔(Intel) 등이 포함돼 있다. 특히 사회적 책임분야에서 높은 평판을 받은 기업에는 홈데포, 존슨 앤드 존슨, 다임러 크라이슬러(Daimler Chrysler), 앤호이저 부쉬(Anheuser-Busch), 그리고 맥도널드(McDonald's) 등이 꼽힌다.[16]

05 기업의 사회감사

사회감사(social auditing)는 1953년에 개시되어 기업에 사회적 대응력이 있는 경영을 실시하도록 장려하고 있다.

오늘날 사회감사에서는 두 가지 관점에서 기업경영의 사회적 및 윤리적 영향이 검토되고 있다. 내부관점에서는 '사회적 사명 선언서'(Mission Statement)의 목표에 맞춘 업적의 평가이다. 외부적으로는 다른 기업의 조직행동이나 사회적 규범과 비교하는 것이다.[17]

최근 사회감사의 요청은 미국에서 만큼이나 유럽에서도 강세를 띄고 있다. 영국의 연구자인 조지 고이더(George Goyder)는 다음과 같이 상력하세 호소하고 있다.

---

15) O'Toole, .(1991), "Do Good. Do Well: The Business Enterprise Trust Awards," *California Management Review*, Spring, pp.9-24.

16) Alsop, R.(2001), "Survey Rates Companies Reputations, and Many Are Found Wanting," *Wall Street Journal*, February 7. pp.B1. 86.

17) Bowen, H.R.(1953), *Social Responsibilities of the Business*, New York: Harper.

제1차 산업혁명으로 산업국가의 성립을 본 국가들에 대해 자연법의 원리인 상호부조의 원칙으로 돌아가라고 하는 제2의 시대가 도래했다. 영국에는 남은 시간이 별로 없다. 우리는 이제 책임있는 기업을 필요로 하고 있다.[18)]

1970년대에 경영자들은 사회감사와 관련된 재무제표를 기업의 경영의사결정에 이용하고자 할 때 그다지 자신이 없었다. 경영자는 사회적 비용이나 사회적 편익을 기업의 주요활동, 특히 수익에서 제외하고 고려하고자 했다. 결과적으로 경영자는 사회적 영향을 고려한 재무회계는 사회적 책임전략의 탐구나 그런 전략의 평가에는 별로 도움이 안된다고 생각하였다.[19)]

이런 회의주의에 대응하기 위해 연구자들은 사회적 성과감사(social performance audit)와 기업평가어프로치(corporate rating approach)를 개발하고자 하였다. 특히 김 데이븐포트(Kim Davenport)에 의해 전개된 20개의 항목에 기초한 평가표가 이 장 앞부분의 [자료 9-1]에 나타나 있다. 이런 종류의 감사에서는 이상적인 사회적 책임척도로 기업활동을 평가하거나, 기업활동의 성과척도를 다른 조직과 비교하는 작업이 이루어지고 있다. 예를 들면, 만일 기업이 지역학교의 개인지도 프로그램을 지원하는 경우, 업적감사는 종업원의 자원봉사활동 시간뿐만 아니라, 프로그램이 미치는 사회적인 영향도의 지표로 학생의 시험점수변화에 대해서도 평가를 실시하게 된다.

21세기 기업경영에서는 사회감사에 대한 관심이 매우 높아지고 있다. 환경에 대한 책임, 종업원과 소비자의 안전과 건강, 커뮤니티와 지역발전, 정보보호 등의 분야에서의 업적에 대한 글로벌한 관심의 고조는 사회감사를 통한 기업의 대응이나 평가기관의 관심을 불러일으키고 있다.

사회적 성과감사는 쉘(Shell), BP·아모코(BP Amoco), 넛웨스트 그룹(Natwest Group), 캐멀롯(Camerot), 그리고 유나이티드 유틸리티즈(United Utilities)에 의해 이용되고 있다. 사회감사의 사례 중 하나로 바디샵(Body Shop)을 들 수 있다.

---

18) Goyder, G.(1993), *The Just Enterprise - A Blueprint for the Responsible Company*, London: Adamantine Press.

19) 이 논의는 William C. Fredrick, "Auditing Corporate Social Performance: The Anatomy of a Social Research Project," in Lee E. Preston. ed., *Research in Corporate Social Performance and Policy*, vol. 1, 1978, pp.123-137부터 시작된 것이다. The special issue of Business Ethics: A European Review, January 2001도 확인. 사회감사에 관한 여러 견해가 제시되고 있다.

기업의 사회적 윤리적 업적을 독립적인 입장에서 평가하는 사회감사가 바디샵(Body Shop)의 경영진의 위탁을 받아 수행되고 있다. 보고에서는 미션 스테이트먼트, 기업의 필랜스로피, 환경보호나 동물애호분야에서 바디샵사에 높은 평가가 주어졌다. 그러나 감사를 담당한 스탠포드대학 커크 핸슨(Kirk Hanson) 교수에 따르면, 이 회사는 사회로부터 비판을 받아들이는데 미숙하고, 공공 및 미디어와 별로 좋은 관계를 형성하고 있지 않다고 한다.[20]

마텔 토이(Mattel Toy Company)사는 전세계에 산재한 자사의 사회적 성과를 평가하기 위해 체계적인 사회감사를 시작했다. 세계의 제조공장을 지속적으로 감시하려는 시도로 학계와 비영리조직의 대표자로 구성된 「마텔 독립감시위원회」(MIMCO: Mattel Independent Monitoring Council)를 창설했다. 「마텔 독립감시위원회」는 멕시코와 아시아에서의 자사의 근로조건, 현장에서의 의료시설, 종업원 연수, 임금, 시간외 노동의 관리에 대해서 조사를 했다. 「마텔 독립감시위원회」의 멤버로서 사회적 대응 프로그램의 비평가인 와이덴바움(Murray L. Weidenbaum) 박사는 "새로운 마텔 독립감시위원회의 감사는 개발도상국에서 기업활동을 하는 미국기업이 현지에서의 임금과 근로조건을 높일 수 있는 기회임을 보여주고 있다"고 말했다.[21]

5.1 감사기준

기업의 사회적 업적평가에 관한 기준은 다양한 조직에 의해 개발되고 있다. 이들 기준에는 「CERES」(Coalition for Environmentally Responsible Companies)에 의한 「GRI」(Global Reporting Initiative), 「ISO」(International Organization for Standardization)의 14001 표준, 「ISEA」(Institute of Social and Ethical Accountability: 사회윤리설명책임연구소)에 의한 「AA(Account Ability: 설명책임 리포트) 1000」 등이 포함되어 있다. 이들 감사기준의 주요 특징은 〈표 9-3〉에 제시되어 있다.

이들 감사기준은 아직도 생성단계에 있다. 그리고 지원조직은 기준을 지속적으로 개선하도록 관여하고 있다. ISEA의 AA1000에서는 보다 일반적인 사회적 및 윤리적 감사기준에 초점을 둔 봉사활동을 촉진하는 효과가 있었다. 이에 대해 CERES에 의한 GRI나 IS014001은 주로 사회적 목표와 경제적 목표를 양립시키는 형태이고, 환경에 대한 책임을

20) Kim Davenport, "Social Auditing: The Quest for Corporate Social Responsibility," in James Weber and Kathleen Rehbein, eds., *IABS* 1997 Proceeding 8th Annual Conference, pp.196-201

21) AOL New PR Newswire, May 25, 2000.

표 9-3 감사기준의 특징 및 개요

	CERES Global Reporting Initiative	ISO14001	ISEA AA 1000
제정년	1997년	1996년	1999년
목 적	경제적, 환경적, 사회적 지속가능성을 결합시키는 것	사회적, 경제적인 요구와의 균형을 유지하면서 환경보호를 지원한다	품질에 대한 사회적, 윤리적 회계 감사 및 보고
자기보고에 의한 메리트	1. 업적 VS 정책을 평가하는 내부수단 2. 이해관계자와의 효과적인 대화를 구축 3. 이해관계자와의 대화를 촉진하고, 공유하는 프레임워크	1. 에너지 절감분야의 파악 2. 환경 리스크를 삭감 3. 법제도와 규제의 준수유지 4. 환경 리더십의 대가를 받아들이는 것 5. 오염을 방지하고, 낭비를 절감한다 6. 이해관계자와의 관계개선 7. 가장 바람직한 보험율의 설정 8. 경쟁우위의 획득	1. 효과적인 이해관계자와의 관계 2. 다기화된 글로벌 경영에서의 효과 3. 신입기업과의 시너지 확립 4. 계획수단과 품질모델의 결합 5. 공공부문에 있어서 설명책임의 확립 6. 업적전체의 향상

출처 :Global Reporting Initiative. www.globalreporting.org: ISO14000.org: AA1000. www.accountability.org.uk

대상으로 한다. 세 가지 모두가 공통으로 가진 기준은 기업내부로는 경제적 이익, 기업외부로는 환경과 주요 이해관계자에 대한 사회적 이익의 양자를 고려한 경영을 기업이 하도록 촉구하는 것이다.

사회적 대응활동에 종사하는 기업은 다양한 기준을 사용하고, 이해관계자나 일반대중에 대해서는 온라인으로 입수가능한 보고서를 발표하고 있다. 온라인 기업 디스클로저(Online Corporate Disclosure)는 "이제는 매우 많은 온라인 리포트가 존재하고 있으며, 이들 모든 보고서를 다 살펴보는 것은 어렵다"[22]고 보고하고 있다. 그보다 여기서는 영국기업이나 유럽기업에서는 별로 볼 수 없는 「좋은」사례에 대해 살펴보는 것이 유익할 것이다. 이들 사례에는 리복(Reebok), 브리티쉬 텔레콤(British Telecom), 브리티쉬 에어웨이(British Airways), 트레이드 크래프트(Traid-craft plc), 노스크 하이드로(Norsk Hydro), 볼보(Volvo), 다임러 벤츠(Daimler Benz) 등의 온라인 리포트를 포함하고 있다.

22) WWW.dUndee.ac.uk.accountancy/csear/corporthtml.

이 장의 요점

- 기업이 직면하고 있는 수많은 사회적 이슈에 대응하기 위해 경영자는 공식적으로 사회적 대응전략을 발전시키고, 적극적으로 기업시민의 개념을 전달할 필요성에 대해 고찰해 왔다.
- 사회적 대응모델에는 정책단계, 학습단계, 그리고 조직 커미트먼트 단계 등의 3단계가 있다.
- 기업의 사회적 환경을 관리하는 프레임워크에는 다음 네 가지 중요한 요소가 포함되어 있다. 최고경영자의 철학, 사회적 대응전략, 사회적 책임구조, 라인 매니저의 관여
- 실천적인 사회적 대응경영은 기업의 자선활동이나 종업원의 자원봉사활동의 형태로 이뤄진다.
- 기업의 사회적 감사는 사회적 환경에 대한 기업의 관리정도를 평가하기 위해서 활용된다.

토론을 위한 자료

밴시티의 사회감사

> 뱅쿠버 시민저축신용조합(Vancouver City Savings Credit Union; Van City)은 민주적이고, 윤리적이며, 혁신적인 금융 서비스를 회원에게 제공하고 있다. 양호한 재무업적을 통해서 우리는 회원과 지역사회의 자조노력과 경제적 번영을 위한 촉진자로 봉사하는 것이다.
>
> -VanCity Mission Statement-

위의 미션 스테이트먼트에 의거하여 밴시티(Van City)는 기업의 사회감사나 「사회보고서」(Social Report)를 발간하는 사회적 책임전략에 나섰다. 사회감사에 대한 움직임은 밴시티가 애뉴얼 리포트에서 사회회계 감사부문을 설치한 1999년부터 시작하였다. 이 부문에서는 종업원, 스탭, 커뮤니티, 환경 등에 대한 영향과 정보를 공개했다. 1997년에 밴시티는 사회보고서 부문을 설치하여 그 사회감사 프로세스를 감시하고, 증명하는 것을 두 개의 독립적 입장에 있는 외부감사법인에 맡겼다. 이러한 감

사 프로세스는 경영의 「정보공개와 설명책임」을 향상시키고자 하는 밴시티의 목적을 달성하는데 기여한 것으로 인식되었다(이 감사 프로세스는 앞에서 서술한 AA 1000의 가이드라인에 따른 것이다).

밴시티는 브리티시 컬럼비아주의 뱅쿠버에 본사가 있고, 회원소유의 종합서비스금융기관이다. 1999년 그룹전체 연결자산은 64억 달러이고, 회원권 소유자는 26만 1000명에 이르고, 1700명 이상의 종업원을 거느리고 있다. 1990년대 밴시티 경영자는 사회감사는 관리자들과 이해관계자에게 사회적 및 환경적 성과에 대한 벤치마크를 설정하고, 그 벤치마크를 달성하는데 필요한 정보를 제공하는 것이 중요하다고 생각하고 있었다. 이 점에서 사회보고서는 어느 정도 밴시티가 기업의 책임에 대해 몰입하고 있는지를 측정하는 바로미터가 되고 있다. 밴시티에서 사회적 책임은 현금을 기부하고, 가치있는 목적을 위해 자원봉사활동에 시간을 보내는 것 이상을 하고 있다. 이 조직에서는 회원과 스탭에 대한 책임을 존중하고, 커뮤니티를 지원하는 사업활동이 이루어지고 있다.

밴시티는 사회적 책임에 있어서 리더가 되기위해 노력하고 있다. 그러한 노력은 다음과 같은 전략적 목표에서 확인할 수 있다.

- 사회적으로도, 환경적으로도 책임있는 제품을 제공한다.
- 장학금 및 표창사업, 자선사업, 커뮤니티 서비스 등을 통해서 커뮤니티 복지향상을 위해서 투자한다.
- 사회적으로나, 환경적으로 책임있는 기업활동을 전개한다.
- 관련된 개인과 지역사회에 적극적인 차별적 서비스를 제공하는데 필요한 사회적, 환경적 책임을 고양한다.

해당 이슈와 문제영역을 확인하기 위해서 조직의 주요 이해관계자(조직의 활동에 영향을 미치거나, 받거나 하는 모든 사람들과 집단으로 밴시티에 의해 규정됨)에는 밴시티의 회원, 스탭, 다양한 커뮤니티 조직 등이 포함되어 있다. 이와 함께 이해관계자에 대한 정보는 과거의 조직적 조사, 밴시티의 매니저와의 인터뷰, 연구, 회사의 내부자료, 연구기록 등을 통해 얻고 있다.

사회보고서는 다양한 밴시티의 이해관계자, 밴시티의 회원, 스탭, 신용조합, 커뮤니티, 자연환경, 공급업체, 제휴처, 캐나다 시민은행(Citizens Bank of Canada), 밴시티 엔터프라이즈(Vancity Enterprises Ltd.), 그리고 밴시티 커뮤니티 재단(the Vancity Community Foundation) 등을 통해 체계화된 것이다. 사회보고서에는 밴시티의 장점과 단점 두 측면에 대해 지적하고 있다. 예를 들면, 회원의 80% 이상이 밴시티 서비스에 어느 정도 만족한 편이고, 완전히 만족하는 경우는 43%에 그쳤다. 경영자는 2001년까지 완전히 만족하는 비율을 50%까지 끌어올릴것을 목표로 설정하고 있다.

1997년 및 1998년부터 1999년의 밴시티 보고서의 중요한 논점은 다음과 같다.

- 이사진에서 차지하는 여성의 비율이 캐나다 신용조합은 30%, 캐나다 은행이 14%인 것에 비하여 밴시티에서는 64%이다.
- 3억 4000만 달러 이상의 대출을 사회주택공급프로그램, 비영리조직 등을 위해서 제공하고 있다.
- 윤리적으로 선정된 투자신탁에 대한 투자를 위해 밴시티 회원들에게 일련의 윤리기금(Family of Ethical Funds)이 제공되었으며, 1997년까지 약 2억 9200만 달러가 투자되었다.
- 밴시티의 환경펀드가 가입된 VISA카드는 3만 5000명 밴시티 멤버에 의해 사용되고 있다. VISA 수익의 5%가 지역의 환경프로젝트에 투자되었다.
- 밴시티 스탭멤버의 87%는 밴시티가 일하기에 좋은 곳이라고 외부사람에게 권유하고 있다.
- 리스크 평가조사결과에 따르면, 밴시티에서는 직장의 주요이슈에 대한 평가에서 무차별, 무희롱 정책(no discrimination/no harassment policy)을 수정하였다.
- 밴시티는 지배적인 윤리정책이 없는것으로 확인된 뒤, 외부인들이 밴시티가 지향하는 가치들을 인식할 수 있도록 기업전체에서 윤리정책을 개발하고 전파하는데 노력하였다.
- 밴시티의 세전이익 중에서 4.7%가 커뮤니티에 대한 기부금으로 사용되고 있다. 그리고 기부할 때는 다수의 밴시티스탭이 어느 커뮤니티에 기부할 것인지를 선정하는 데 참여하였다.
- 환경책임에 대한 관심의 고조는 에너지 효율적인 정책을 수행하여 낭비가 없는지 감사하고, 금융기관에 대해서 독자적인 환경보고서를 작성하도록 촉구한다.

● 출처 : VanCity's 1997 and 1998-1999 Social Report(www, vancity.com/socialreport에서 입수가능)

토의과제

1. 이 장 말미의 밴시티의 사례와 관련하여;

   ① 밴시티와 같은 조직은 다양한 사회적, 경제적 이슈에 대응하면서 경제적 목표를 달성할 수 있을까? 그렇게 생각하는 이유, 혹은 그렇게 생각하지 않는 이유에 대해 말하시오.

   ② 기업의 사회적 대응의 3단계 중에서 밴시티의 사회감사 시도는 어느 정도까지 진행되어 있는가?

   ③ 자료 9 –1에 기재된 데이븐포트(Davenport)에 의한 20가지 원칙에서 제시된 기업시민 이슈 중에서 밴시티는 어느 이슈에 가장 치중하고 있는가? 어떤 원칙이 고려되지 않고 있는지 지적해 보시오.

2. 이 장의 도입부에서 본 사례와 관련하여 왜 항 에이즈 약을 제조하는 제약회사는 사회적으로 바로 반응을 보이는 자세를 좀처럼 나타내지 않은 것인가, 이들 활동을 성공시키기 위해서는 어떤 도움이 필요한가, 어떤 사회환경의 변화에 의해 기업은 사회적 대응행동을 취하게 되는지 토의해 보시오.

3. 기업의 자선활동이나 종업원의 지역사회에 대한 봉사활동이 기업경영에서 갖는 의미를 평가하고 이러한 활동과 기업시민의식(corporate citizenship)과의 관련성에 대해 토의해 보시오.

제4부

기업과 윤리경영

제 10 장

기업의 윤리적 딜레마와 윤리프로그램

GE는 잭 웰치(Jack Welch)가 17년 간의 CEO 생활을 시작한 1981년에 극적변화를 경험했다. 그는 혁신, 도덕적 성실성, 충성심의 옹호자였다. 전 최고경영 책임자(CEO) 레그 존즈(Reg Jones)와는 대조적으로 잭 웰치가 믿은것은 이익, 이익, 그리고 이익이었다. 이 철학은 GE를 성공한 기업모델로 변신시켰다. 잭 웰치 지휘하에서 GE는 세계에서 이익을 가장 많이 올리는 가장 가치있는 기업이 되었고, 투자자들에게 22년 연속 배당을 증액하였다. 1982년부터 1997년 사이에 이 기업의 시장점유율 가치(company market share value)는 1155%나 증가했다. 1997년까지 GE는 평가액이 2000억 달러를 돌파한 최초의 기업이 되었고, 그 액수는 10년 전의 570억 달러에서 시작한 것이었다. 2000년까지 GE의 시장가치는 5000억 달러를 넘었다.

이와 같은 성공을 이루기 위해 잭 웰치는 몇 가지 잔혹한 지령을 내리지 않으면 안 되었다. 잭 웰치가 GE를 지배한 이후 30만명 이상이 실직했다. 그는 미국 내 98개의 공장을 폐쇄 혹은 매각했는데 이는 1980년 당시 조업하고 있던 228개 공장의 43%에 해당한다. GE의 화학자 마크 마르코비치(Mark Markovitz)가 관찰한 바에 의하면, “잭 웰치가 이해하는 모든 것은 이익증가이다. 그가 말하는 비전은 바로 사람들을 해고하는 것이다.”[1)]

GE내에서의 반윤리적 활동이 상당히 표면화된 이후 잭 웰치의 경영스타일은 비판에 노출되었다. GE 자회사인 피바디 증권(Peabody securities)에서의 용도가 불분명한 10억 달러 유용사건은 1990년대 최대스캔들의 하나였고 이 사건으로 연방증권거래위원회는 다양한 부정행위를 이유로 경영자 세 명을 처벌하였다. GE의 텔레비전 네트워크 중에서 간판 뉴스매거진 쇼인 NBC 데이트 라인은 제네랄 모터즈의 픽업트럭에 로켓을 부착하여 생방송 중에 폭발하는 프로그램을 방송하였다. 1992년에는 GE의 항공기 엔진사업부의 관리직이 미합중국 정부로부터 4200만 달러의 제트기 수주를 위해서 이스라엘 장군에게 뇌물을 제공한 죄를 인정하였다. 이 사업부는 GE가 계약기간을 지킬 수 없었던 제트엔진을 미공군에 매각하였다고 내부 고발되었고 이 소송을 해결하기 위하여 연방정부에 720만 달러를 1995년에 지불하였다.

윤리스캔들이 소란스러웠던 기간 중이었음에도 불구하고 잭 웰치는 GE이사회로부터 재무적 성공에 대한 보상으로 1996년말까지 1억 달러가 넘는 미실행의 옵션을 받았다.

● Post, J.E., Lawrence, A.T. & Weber, J.(2002), *Business and Society: Corporate Strategy, Public Policy, Ethics(10th ed.)2*, The McGraw-Hill Companies, Inc. p.126.

1) O'Boyle, T.F.(1999), “Profit at any Cost,” *Business Ethics, March-April*, pp.13-16.

학습목표

윤리적 카리스마 리더, 미덕윤리, 개인의 정신성, 도덕성 발달단계, 기업문화, 윤리적 풍토, 공리주의적 추론, 인권, 공정, 윤리문제에 대한 분석적 접근방법, 윤리규범, 윤리담당 책임자, 윤리핫라인, 윤리감사, 포괄적 윤리프로그램

기업에서는 다양한 윤리문제가 대두되고 있다. 거기에는 공통성이나 보편성을 찾아보기 힘든 각종 윤리문제가 빈번하게 발생하고 있다. 기업에서 윤리문제가 발생하는 원인은 무엇이며, 기업은 그에 대해 어떻게 대응해야 할 것인가를 다루는 것이 윤리경영의 주요과제가 된다. 윤리경영을 통한 윤리적 성과(ethical performance)의 향상을 위해서는 구체적인 몇 가지 단계를 거쳐야 한다. 윤리특성 속에서 가장 중요한 요인은 경영관리적 가치관과 미덕, 그리고 종업원의 개인적 특성이다. 윤리규범, 윤리위원회, 그리고 종업원의 윤리훈련이라는 다양한 조직적 방위수단을 도입하거나 재검토하는 것은 기업의 윤리적 행동을 개선하는 것으로 이어진다. 이러한 윤리프로그램은 사람들의 권리를 존중하며 올바르고 공정한 해결을 위해 노력하는 행동에 의해 그 영향을 받는 모든 사람들에게 가장 커다란 선을 달성하는 데 대한 관심을 높여줌으로써 종업원이 스스로의 윤리적 추론을 개선할 수 있게 해준다.

이 장에서는 다음과 같은 중요한 문제에 초점이 맞추어져 있다.

- 기업에서 발생하는 윤리문제의 원인은 무엇인가?
- 경영자의 중요한 목적과 가치는 무엇인가?
- 기업윤리에 있어 개인의 특성 및 정신성은 어떠한 역할을 하는 것일까?
- 기업문화와 노동풍토는 경영관리자 및 종업원의 윤리적인 견해에 어떠한 영향을 미치는가?
- 윤리적 과제사항을 분석하는 경우, 해악과 편익에 대해서, 인권에 대해서, 그리고 사회정의에 대해서 어느 정도의 가중치를 두어야 하는가?
- 윤리규범, 윤리훈련프로그램, 윤리핫라인 등의 개선노력의 장점과 단점은 무엇인가?

01 기업에서 발생하는 윤리문제의 원인과 딜레마

윤리경영을 논함에 있어 우선 윤리문제를 야기시키는 원인이 무엇인지를 찾아보는 작업은 윤리문제가 기업경영과 그 관련자들에게 미치는 영향을 최소화하는 데 필요한 출발점이 될 수 있다. 주된 이유의 몇 가지가 〈표 10-1〉에 정리되어 있다.

1.1 사리사욕

사리(personal gain) 혹은 탐욕이라고도 할 수 있는 자기이익추구가 윤리문제를 일으키는 원인이 되고 있다. 기업은 바람직하지 않은 가치관을 가진 사람을 고용하는 경우가 있다. 그러한 사람들은 다른 종업원, 회사, 사회에 해를주는지 여부에는 무관심한채 자기이익을 다른 모든 것에 우선시킨다.

자기이익을 다른 모든 요건에 우선시키는 경영관리자나 사용자를 윤리적 자기중심주의

표 10-1 왜 기업에서 윤리문제가 발생하는가?

이 유	윤리문제의 성격	전형적 어프로치	태 도
사리사욕	자신의 이익 대 타인의 이익	자기중심적인 견해	「이것이 갖고 싶다」
이익에 대한 경쟁의 압력	기업의 이익 대 타자의 이익	현실주의적인 견해	「우리들은 어떻게든 상대를 이기지 않으면 안 된다」
기업목적 대 개인의 가치관	상사의 이익 대 부하의 이익	권위주의적인 견해	「내가 말한 대로 해라」
이문화에 대한 모순	기업의 이익 대 다양한 문화적 전통이나 가치관	민족중심적인 견해	「외국인은 선악에 대하여 이상한 사고를 하고 있다」

출처 : Post, J.E., Lawrence, A.T. & Weber, J.(2002), *Business and Society: Corporate Strategy, Public Policy, Ethics(10th ed.)*, The McGraw-Hill Companies, Inc. p.113.

자(ethical egoist)라고 부른다. 이런 사람은 자기중심, 탐욕이라고 할 수 있을 만큼 자기이익밖에 생각하지 않는다. 그리고 탐욕은 윤리적 자기중심주의자들에게 공통적으로 나타나는 특성이다. 윤리적 자기중심주의자들은 윤리규칙이라는 것은 자기자신 이외의 사람들을 위해서 만들어 졌다고 믿고 있으므로 다른 사람들이 수용하는 윤리원칙을 무시하는 경향이 있다. 이타주의 – 자기이익을 희생하고서라도 타인의 이익을 위해서 행동한다 – 는 감상적이라거나 혹은 비논리적이라고까지 생각하고 있다. 「자신의 이익만을 생각한다」는 것이 윤리적 자기중심주의자의 모토이다.

1999년 세계는 마틴 프란켈 사건(the Martin Frankel story)의 전개에 주목하고 있었다. 그것은 4개월 이상에 걸쳐 국제적으로 지명수배된 금융업자가 도망 다니고 있었기 때문이다. 소방대원이 프란켈의 300만 달러나 하는 맨션에 출동, 거기서 사람이 탈출한 뒤의 빈집과 돈세탁리스트가 적힌 노트를 발견한 뒤부터 사건수사가 시작되었다. 수사당국은 프란켈에 의해 단기투자가들의 자금이 적어도 2억 1500만 달러 이상 투자되었으나 모두 증발한 것으로 판단하였다. 이 펀드 중의 몇 개는 스위스 은행계좌에서 발견되었다. 나머지 펀드는 프란켈이 자동차, 부동산, 금, 800만 달러의 다이아몬드 구입자금으로, 또 기소회피자금 등으로 사용되었다. 최종적으로 1999년 가을, 프란켈은 사기, 돈세탁, 협박, 음모 등 36개 혐의로 체포, 기소되었다.[2)]

1.2 이익에 대한 경쟁의 압력

어려운 경쟁에 노출되면 기업은 자사의 이익을 지키기 위해 반윤리적 행위에 개입하는 경우가 있다. 이는 재무실적이 평균을 밑도는 기업에서 특히 발생하기 쉽다. 조사에 의하면 재무실적이 나쁜 기업, 이익이 적은 기업은 탈법행위와 관계되기 쉽다는 것이다.

그러나 재무상황의 불안정성이 위법 혹은 반윤리적 비즈니스의 유일한 원인은 아니다. 왜냐하면 이익을 올리고 있는 기업에서도 윤리원칙에 반하는 행동을 하는 경우가 있기 때문이다. 실제로 기업의 재무상황과 상관없이 반윤리적 풍토를 만들어 내는 것은 이익에 대한 단순하고 맹목적인 충동일 수 있다.

이익경쟁이 전기통신산업에서 두 가지 새로운 서비스 - 슬래밍(slamming)과 크래밍(cramming) - 의 동기가 되었는지도 모른다. 먼저 슬래밍이란 고객몰래 혹은 고객의 허락없

2) Pollack, E.J., Pacelle, M. and Rhoads, C.(1999), "Frankel's Life on the Lam Ends in Arrest," *Wall Street Journal2*, September 7, pp.C1, C4.

이 새로운 전화회사로 변경해 버리는 상황이다. 1999년에 전화회사가 고객으로부터 받은 고충의 절반은 슬래밍에 관한 것이었다. 크래밍은 고객이 신청하지도 않은 서비스에 대한 요금청구를 받았을 때 발생한다. 이 두 가지 새로운 서비스는 일반적이 되어 있다. 뉴욕주 그레이트넥에 살고 있는 고객은 "나는 이들 간의 경쟁으로 골치가 아프다. 내가 원하는 것은 쓸데없이 걱정하지 않고 그저 편하게 전화를 이용하는 것이다"고 불평하고 있다.[3)]

가격유지정책은 성장률이 한계에 이른 시장에서 기업이 이에 대한 대응책으로 자주사용하는 상투적인 수단이다. 위법일 뿐만 아니라, 가격유지정책은 자유경쟁하에서 설정되는 가격보다 높은 가격을 지불한 고객에게 있어서는 반윤리적 행동이라고 할 수 있다. 기업은 부정하게 경쟁을 피하고, 자기의 이익을 지키기 위해 가격을 고정하려고 하는데 이와 유사한 사례를 다음에서 볼 수 있다.

그래파이트(graphite) 전극분야 세계 1위의 메이커인 유카 인터내셔널(Ucar international)의 전 사장은 가격유지정책의 위법성을 시인하고 17개월의 금고형과 125만 달러의 벌금을 지불했다. 이러한 판결은 같은 죄목으로 1년 전에 그의 회사가 받은 1억 1000만 달러의 형사처벌에 추가적으로 부가된 것이다. 가격유지정책으로 유죄판결을 받은 그 외의 사례로는 일본의 쇼와덴고 주식회사가 그래파이트 전극의 가격유지정책에 관련된 벌금으로 2900만 달러를 지불한 사건과, 캐나다의 치눅(Chinook) 그룹이 수많은 비타민제의 가격유지정책을 폈다고 인정되어 500만 달러의 벌금을 지불한 사건을 들 수 있다.[4)]

1.3 기업목적 대 개인의 가치관

기업활동에 있어 윤리적인 대립은 기업이 추구하는 목적이나 이를 달성하기 위한 수단이 종업원에게 수용되지 않을 때 발생한다. 만약 종업원이 인지한 악습에 대해 기업에 수정을 요구하지 않고 나중에 불만과 관련된 기밀을 공개하면 내부고발이라는 사태로 연결될 수도 있다. 이러한 상황에서 종업원이 할 수 있는 또 하나의 든든한 방법은 소송이다. 이 선택은 정부의 각종보호법의 덕분으로 최근에는 종업원에게 금전적으로나 직업적으로도 위험이

3) Keller, J.J.(1998), "It's Hard Not to Notice Phone-Service Leaves a Lot to Be Desired," *Wall Street Journal*, April 17, pp.A1, A4.

4) Fairclough, G.(1998), "Ucar to Pay Record $110 Million in Federal Probe of Price Fixing," *Wall Street Journal*, April 8, p.88; "Ex-Ucar President Set to Plead Guilty in Price-Fixing Case," *Wall Street Journal2*, September 30, 1999, p.A1O.

적은 방법이 되고 있다.

폴 브랜치(Paul Blanch)는 자신이 근무하는 코네티컷주에 있는 노시스트 유티리티(Northeast Utilities)의 경영자를 내부고발하였다. 브랜치는 공장조업에 있어 안전상의 과실을 밝혔다. 이 불만을 제기한 직후 브랜치는 마이너스 직무평가를 받거나 내부감사와 같은 괴롭힘을 받았다. 브랜치가 정부의 보호를 요청하자「원자력규제위원회」(Nuclear Regulatory Commission)는 그에 대한 이러한 행위에 대해서 노시스트 유티리티사에 10만 달러의 벌금을 부과했다. 5년 후 브랜치는 노시스트 유티리티사의 옴부즈인이 되었다. - 그의 역할은 회사를 대신해서 회사의 악행에 대한 고충을 듣거나 조사하는 것이다.[5)]

이러한 반항적인 방법을 선택할 수밖에 없었던 종업원은 트러블 메이커는 아니었다. 그는 문제를 수정하기 위해 사내의 절차를 밟으려고 노력하였다. 윤리적 딜레마가 부상하게 된 원인은 종업원 자신이 다른 종업원, 고객, 회사자체, 그리고 일반사회를 손상시킨다고 생각되는 명령에 따르도록 회사측으로부터 회사의 목표와 그 달성수단을 강요받았기 때문이다. 브랜치나 다른 고발자들을 살펴보게되면 그들은 반윤리적인 일을 하도록 강요받거나 명령을 받았다. 그들의 마음속에 있는 윤리나침반은 그들의 회사목표나 달성수단과는 어긋나 있었다. 내부고발자에 의해 조직부정을 바로 잡은 또 하나의 기회를 다음의 사례에서 찾아볼 수 있다.

플로리다주에 있는 작은 도매업자인 벤어케어(Ven-A-Care)사는 제약회사로부터 약을 구매하여 그것을 현지의 환자에게 판매하고 있었다. 밴어케어사의 사원인 자체리 벤틀리(Zachaly Bentley)는 정부의 의료보장제도인 메디케어로부터 제약회사에 1회 복용시 56달러의 환불이 이루어지는 1회 복용의 양이 50밀리그램인 약이 있는데, 이 약에 대해서 그의 회사가 10달러씩 지불하고 있다고 지적했다. 제약회사에 대해 10년에 걸쳐서 연방, 주 정부의 조사, 법정투쟁이 이루어졌다. 만약 이를 중지하게되면 고객의 비용을 몇 백만 달러나 줄일 수 있는 이러한 관행을 폐지하는 것에 대해서 20사 이상이 정부와의 대화에 응하기 시작했다.[6)]

---

5) Ward, M.L.(1993), "Regulator Says Connecticut's Largest Power Company Harassed Worker," *New York Times*, May 5, p.B6; Kerber, R.(1998), "Two Pals Whose Work Closed a Nuclear Plant Come to a Bitter Parting," *Wall Street Journal*, March 12, pp.A1. A1O.

6) Cloud, D.S. and McGinley, L.(2000), "How a Whisle-Blower Spurred Pricing Case Involving Drug Makers," *Wall Street Journal*, May 12, pp.A1, A8.

1.4 이문화 간의 모순

무엇보다 까다로운 윤리문제의 몇 가지는 자국의 윤리기준과 다른 윤리기준을 가진 사회에서 사업을 하는 기업에서 발생한다. 오늘날 어떤 나라에 본사를 두고 있는지와는 상관없이 모든 다국적기업의 정책담당자나 전략입안자들은 이런 종류의 윤리적인 딜레마에 직면하고 있다. 다음과 같은 상황을 생각해 보자.

미국의 잠옷 메이커는 어린이용 잠옷의 내염성 향상에 사용되는 화학약품이 아이들의 피부를 통해 흡수되어 암을 발생시키는 원인이 된다는 것을 발견했다. 이러한 잠옷이 미국 국내에서 판매금지가 되었을 때 제조회사 중에는 아직 이러한 화학약품이 법적으로 규제를 받지않는 국가의 도매업자에게 잠옷 소재를 판매해 버린 회사도 있었다.

질문 해외판매는 합법이기는 하지만 그들의 행동은 윤리적인가? 수입국가가 금지하지 않았다고 해도 인체에 안전하다고 할 수 없는 제품을 판매하는 것이 윤리적인가?

혼다가 오하이오주에 자동차 공장을 건설하기 시작한 당시에 혼다는 공장 건설지로 주민의 대부분이 백인들인 두 곳의 시골마을을 선택하였고, 그 후 공장에서 반경 30마일 이내에 살고있는 사람이 직무응모자로서 적격이라고 하였다. 이 정책에 의해 가장 가까이 있는 대도시인 컬럼버스에 사는 아프리카계 미국인은 배척되었다. 이보다 이전에도 혼다는 취직이 거부된 고령자로부터 연령에 의한 직무차별소송에 휘말려 합의금으로 50만 달러 가깝게 지불하는 것에 동의하였다.

질문 혼다의 고용정책, 이는 일본에서는 거의 문제가 될 리 없지만 오하이오주에서는 반윤리적이라고 할 수 있을까?

이러한 에피소드는 윤리적 상대주의에 대한 문제를 제기하고 있다. 윤리원칙 – 바른 행위와 잘못된 행위를 해도(海圖)에 그리는 것을 도와주는 것 – 은 사회별로 정의한 윤리에 의미를 부여하는 방식에 따라 엄격하게 해석되어야 하는 것인가? 마이너리티(minority), 노년의 노동자, 그리고 여성의 직무기회에 대한 일본인의 태도는 윤리적으로 봐서 미국인의 태도와 같은 정도로 타당한 것일까? 어린이용 잠옷메이커는 윤리적으로 충분히 생각한

다음 혹은 애매모호한 상태에서 암 발생의 위험이 있는 잠옷소재를 정부기관이 어린이 건강피해에 대하여 보호시책을 갖추지 못한 국가에 매각한 것일까? 윤리적인 책임은 누가져야할까? 어떠한 윤리기준, 혹은 어떠한 기관이 만든 윤리적 기준이 지침으로 이용되어야 하는 것일까?

기업활동이 더욱 글로벌화하여 보다 많은 기업이 윤리적 전통이나 문화가 다른 해외시장에 진출하게되면 위에서 제기된 의문이 보다 빈번하게 발생할 것이다. 종업원이나 경영자가 전술한 것과 같은 심리적 스트레스를 회피하고 싶다면 그들은 명확하게 제시된 회사의 방침을 윤리적 기준으로 정할 필요가 있다.

02 윤리적 성과의 중심요인

기업이 직면하는 윤리적 딜레마를 극복하고 높은 윤리적 성과를 달성할 수 있는 방법은 무엇일까? 기업의 윤리적 성과를 향상시키기 위해 중요한 것은 경영관리자의 가치관과 미덕, 개인의 특성과 정신성, 기업문화와 윤리풍토, 도덕적 딜레마의 분석에 도움이 되는 도구, 그리고 이익을 올리면서 높은 윤리실적을 확보하는 기업의 절차나 구조의 실용적인 변혁을 종합적으로 이용하는 것이다.

특히 기업이 윤리실적을 향상시킬 수 있을지 여부는 경영자의 목표, 가치관, 그리고 미덕. 경영지도자 및 종업원의 개인적 성격과 정신성. 조직문화 속에 녹아있는 전통, 태도, 올바른 윤리적 활동이 녹아있는 비즈니스 관행의 형성 등에 달려있다.[7)]

2.1 경영관리자의 목표와 가치관

경영관리자는 기업이 윤리적으로 활동하는지, 그렇지 않으면 반윤리적으로 활동하는지에 대하여 열쇠를 쥐고있는 요소의 하나이다. 중요한 의사결정자인 경영관리자는 기업의 윤리적 풍토를 조성할 기회를 다른 사람들보다 많이 갖고 있다. 이러한 경영관리자, 특히 최상위 경영관리자의 가치관은 거기서 일하는 다른 사람들의 본보기로서의 역할을 담당하고 있다.

7) Post, J.E., Lawrence, A.T. & Weber, J.(2002), *Business and Society: Corporate Strategy, Public Policy, Ethics(10th ed.)*, The McGraw-Hill Companies, Inc. p.126.

표 10-2 1990년에 미국인 경영자가 중시하는 가치의 비율(N=413)

수단 지향적 가치	목적 지향적 가치		
	자기중심	타인중심	합 계
경쟁중심	53.5%	21.8%	75.3%
도덕중심	18.4	6.3	24.7
합 계	71.9	28.1	100.0

출처 : James Weber, "Managerial Value Orientations: A Typology and Assessment," International Journal of Value-Based Management 3, no.2(1990), pp.37-54.

〈표 10-2〉에서 미국인 경영관리자의 대부분은 자기자신에게 관심을 가지고 있고, 자기의 능력향상에 관심이 높은 것을 알 수 있다. 그들에게 있어서 중요한 가치는 쾌적하고, 두근거리는 생활이고, 능력, 지성, 책임감을 몸에 지니는 것이다. 한 연구에 의하면 최근 CEO들은 자기이익 지향적이고, 단기지향적 경향, 즉 연구개발이나 자본지출이라는 장기투자에 가치를 두기 보다는 오히려 기업이익을 직접 끌어올릴 가능성이 있는 단기목표달성에 초점을 맞추고 있다는 것을 알 수 있다.[8] 그러나 어떤 경영관리자는 세계인류의 평화나 사람들의 기회균등이라는 것으로 대표되는 다른 사람의 관심에 큰 가치를 두고 있다. 4명 중 1명의 경영자는 이런 종류의 가치 – 도덕적 가치 – 를 강조하고 있다. 이런 관리자는 다른 사람을 용서하는 것, 다른 사람의 도움이 되는 것, 정직하게 행동하는 것에 보다 큰 가치를 두고 있다.

일반적으로 말해 미국인 경영관리자의 가치관은 1960년대 이후의 경영관리자 가치관에 관한 연구에서 알 수 있듯이 오랫동안 별로 변화하지 않고 있다. 그러나 관리자의 가치관은 문화에 따라 다를 수 있다. 미국인 경영자는 러시아인 경영자에 비해서 조직의 경영자원에 대해 보호적이고 규칙준수에 보다 열심이라고 알려져 있다. 독일인 관리자는 함께 일하기 힘든 경향은 있지만 다른 유럽연합의 경영자들보다 윤리적이라고 말해진다. 연구자들에 의하면 중국인은 미국인보다 이익에 관심이 높고 기쁘게 뇌물을 받지만, 미국인도 윤리적 추론에 있어서는 개발도상국인 베리즈(Belize)의 응답자보다 더 취약했다. 전체적으로 말하면 가치관과 윤리적 추론은 문화가 다르면 어느 정도 다르다는 것이다.[9]

8) Harrison, J.S. and Fiet, J.O.(1999), "New CEOs Pursue Their Own Self-Interests by Sacrificing Stakeholder Value," *journal of Business Ethics2*, 19, pp.301-308.

9) George, E., Milman, C. and Deshpande, S.P.(1999), "A Comparison of Ethical Practices of Russian and American Managers," *International journal of Value-Based Management*, 12, pp.129-136; Priem, R. et. al.(1998), "Moral Judgment and Values in a Developing Nation: A Comparative Analysis," journal of

미래의 경영관리자들은 어떨까? 전미 비즈니스 스쿨의 학생 2100명 이상을 대상으로 조사한 바에 의하면, 그들의 79%가 기업은 사회에 대한 자신들의 영향력을 잘 생각해야 한다고 느끼고 있음을 알 수 있었다. 이러한 영향력은 기업의 환경책임, 기회균등의 실천, 종업원 가족의 취급, 기타 윤리문제 속에 나타났다. 조사학생의 반수는 그들이 「사회적으로 매우 신뢰할 수 있다」고 생각한 회사를 위해서 일한다면 급료가 적더라도 상관없다고 대답하고 있다. 약 반수(43%)의 학생들은 윤리적 책임감을 보여주지 않는 고용자를 위해서는 일하지 않겠다고 대답하고 있고 이는 도덕적 가치관 쪽으로 초점이 이행되고 있다는 것을 시사한다고 말할 수 있다.[10)]

조직리더십의 유효성에 관한 최근의 논의는 자주 개인의 가치관에 집중하고 있다. 예를 들면 강렬한 도덕적 성격을 표출하는 윤리적 카리스마 리더(ethical charismatic leader)는 부문이나 조직전체에 좋은 영향을 미치는 능력이 있다. 높은 도덕적 기반을 전제로 하는 것에는 위험이 수반하지만 윤리적 카리스마 리더는 부하들에게 최선을 발휘시키는 타인 중심적 시점을 갖고 있는 사람으로 간주된다. 1990년대 미국 경영자에게 지배적이었던 가치관과는 다른, 이 윤리적인 경영관리자가 가지는 도덕적 기준을 비즈니스 리더들이 가지면 직장에서 조우하는 곤란한 도덕적 결정에 대해 보다 능숙하게 임할 수 있을 것이다.[11)] 이 윤리적 리더십은 동시에 종업원이나, 일반사회가 안고있는 경영관리자에 대한 나쁜 이미지를 바꾸어 줄수도 있을 것이다. 1999년의 조사에서는 상급 관리자를 매우 성실한 사람들이라고 믿고 있는 종업원은 단지 47%에 지나지 않았다. 「비즈니스 위크」지가 실시한 전문직의 평판에 관한 여론조사에서는 비즈니스인은 은행가, 저널리스트, 노동조합의 간부와 함께 거의 최저수준이었다.

2.2 미덕윤리

철학자 중에서 덕목이나 개인의 성격에 의거한 윤리학설을 최초로 전개한 것은 고대 그리스의 아리스토텔레스(Aristoteles)가 있다. 일반적으로 미덕윤리(virtue ethics)의 경우 초점이 되는것은 선량한 인간이 가져야 할 성격특성이며 그것은 이러한 가치가 인간을 좋은 행동으로 향하게 하는 것으로 이론화되기 때문이다. 미덕윤리는 올바른 행동을 위한 규칙

Business, 17, pp.491-501.

10) Hamkonds, K.(1997), "Bleeding Hearts at B-School?" *Business Week*, April 7, p.8.

11) Howel, J.M. and Avolio, B.J.(1992), "The ethics of Charismatic Leadership: Submission or Liberation?" *Academy of Management Executive*, 6, pp.43-54.

에 초점을 맞추고 있다기보다는 사람으로서의 본연의 자세나 가치관에 기초하고 있다. 도덕적 미덕은 사람을 도리에 따라서 사는것을 가능하게 해 주는 습관이며 이러한 도리가 사람을 극단적으로 달리게 하는것을 막는데 도움을 준다. 아리스토텔레스는 다음과 같이 말하고 있다. “도덕적 미덕은 과잉과 부족이라는 두 가지 악덕 사이의 중용이며, 그것은 감각, 소망, 행동에 있어서 중용에 이르게 하는것을 목표로 하고 있다.”[12)]

아리스토텔레스에 의해 인정된 도덕가치에는 용기(courage), 절제(temperance), 정의(justice), 그리고 사려분별(prudence)이 있다. 성 토마스 아키나스(St. Thomas Aquinas)는 도덕적으로 바람직한 덕목 리스트에 크리스트교의 가치관인 신념(faith), 희망(hope), 자애(charity) 등을 덧붙였다. 아키나스는 그의 덕목윤리관념에 있어서의 중요한 목적인 ‘개인과 신과의 융합’을 완수하기 위해서는 이러한 가치를 첨부하는 것이 불가피하다고 믿고 있다. 그밖에 덧붙일 수 있는 덕목에는 정직(honesty), 동정심(compassion), 관용(generosity), 충실(fidelity), 성실(integrity), 자기통제(self-control) 등이 있다.

2.3 개인의 성격, 정신성, 도덕성 발달

클래런스 월튼(Clarence Walton)은 오랜기간 경영관리자의 행동에 대한 관찰을 바탕으로 개인의 성격은 비즈니스에 있어서 윤리표준을 높이기 위한 중요한 요인 중의 하나라고 말하고 있다. “충실한 사람들은 성실한 조직을 만들다. 성실한 조직을 만들면 그들은 도덕적인 경영관리자가 된다. 그들은 조직이나 사회를 보다 더 좋게하는 특별한 사람들이다”라고 하였고, 다른 사람들도 이 의견에 찬성하고 있다. 여기에는 질 높은 윤리표준을 갖고 있기로 유명한 기업의 경영관리자 24명을 성실히 연구한 베테랑 기업경영자 한 사람도 포함되어 있다. 그는 윤리적 리더십과 개인의 신념체계, 가치관의 사이에 밀접한 연관성이 있음을 강조하고 있다.[13)]

(1) 개인의 정신성

개인의 정신성(personal spirituality), 즉 지고한 존재, 종교조직, 혹은 자연이나 기타 외

---

12) Velasqez, M.G.(1998), *Business Ethic: Concepts, and Cases, 4th. ed.*, Upper Saddle River, NJ: Prentice Hall, pp.130-139.

13) Walton, C.C.(1988), *The Moral Manager*, Cambridge, MA: Ballinger, p.33: Liebig, J.E.(1990), *Business Ethics: Profiles in Civic Virtue*, Golden, CO: Fulcrum.

적힘과 인생을 이끌어가는 힘(external, life-guiding force)에 대한 개인의 신념은 항상 인간기질의 일부이다. 미국인의 48%는 일상적으로 직장에서 그들의 신앙에 대해서 이야기할 기회가 있다고 보고하고 있다. 그리고 78%의 사람들이 인생에서 정신적 성장의 필요성을 느끼고 있는데 이 숫자는 1994년에 20%에 지나지 않았던 것에 비하면 비약적으로 증가하였다. 요즘들어 사람들의 업무와 정신성을 통합하려는 움직임이 활발하게 이루어지고 있는 것으로 보인다.

타코 벨(Taco Bell), 피자 헛(Pizza Hut), 월 마트(Wal-Mart) 등과 같은 기업은 입원중의 종업원에게 병문안을 가거나, 감정적인 스트레스가 쌓여있는 사람을 돕거나, 자살방지책으로 전속목사(chaplains)를 고용하고 있다. 이들 전속목사는 종업원의 결혼식을 거행하거나 장례식 때 가족을 위문하기도 한다. 미국의 몇 천명이라는 경영자가 아침예배로 그들의 하루를 시작하고 있다. 미네아폴리스에서는 150명의 기업경영자가 점심때 모여 컨설턴트가 성서에서 인용하는 비즈니스 상의 해결방안에 귀를 기울이고 있다. 「기업을 위한 국제기독교 단체」(the Fellowship for Companies for Christ International)에 따르면 직장에서 정기적으로 열리는 「성서를 읽고 기도하는 모임」(Bible and prayer groups)은 1만을 넘고 있다.[14)]

호주 맥킨지가 실시한 조사에 따르면, 기업이 종업원에게 정신기법을 사용한 경우 생산성은 향상되고 퇴직자는 줄어들었다고 보고되고 있다. 정신성을 갖추고 있는 조직을 위해 일하는 종업원들은 일이 힘들다고 생각하는 경우가 적고 그들의 가치관이나 행동면에서 반인륜적인 타협을 하는 일도 적으며 일에 대한 헌신도도 높아지고 있다. 프랑스 석유회사 엘프 아키타느(Elf-Aqitane)의 자회사인 엘프 아토솀(Elf-Atochem)에서는 정신성을 갖추기 위한 방법을 종업원에게 가르침으로써 생산성, 직원관계, 그리고 고객 서비스가 개선되었다. 이 회사에 의하면 종업원에게 그들이 업무에서 정신적으로 어느 정도 고무되어 있는지를 보임으로써 경상지출을 200만 달러 삭감할 수 있었다고 보고하고 있다.[15)]

그렇지만 직장에서 종교의 색채를 전면에 내놓는 경향에 반대하는 사람들도 있다. 그들은 기업은 비종교적, 즉 비정신적 기관이라는 전통적 신념을 갖고 있다. 그들은 장사는 장사이며, 정신성은 회사의 임원실이나 판매플로어가 아닌 교회나 유대 교회당이나 명상하는 곳에 놔두는 것이 가장 좋다고 믿고 있다. 이는 물론 정교분리주의 사고방식의 반영이

14) Conlin, M.(1999), "Religion in the Workplace: The Growing Presence of Spirituality in Corporate America," *Business Week*, November 1, pp.151-158.

15) Mitroff, I. and Denton, E.(1999), *A Spiritual Audit of Corporate America*, San Francisco: Jossey-Bass.

라고 볼 수 있다.

기업환경에 정신성(또는 영성)을 주입하는 것에는 철학적 대립 이외에도 몇 가지 절차상의 문제가 존재하고 있다. 여기에는 다음과 같이 많은 의문이 제시되고 있다. 즉, 누구의 정신성을 높여야 하는것인가? 그것은 최고 경영책임자의 정신성인가? 만약 직장이 다양화하면 할수록 직장의 정신성도 다양화해야한다면, 어느 종교의 사제를 데려와야 하는 것인가? 혹은 어느 종교의 의식이 거행되어져야 하는 것인가? 기업은 불가지론자의 종업원을 어떻게 취급해야 하는 것인가? 이처럼 직장에서 정신성에 반대하는 사람들은 직장으로부터 정신성을 계속 배제하는 근거로 무수한 실행상의 과제를 지적하고 있다.

개인의 가치관이나 성격이 직장에서 종업원의 의사결정이나 행동에 강한 영향을 미치는 것과 마찬가지로 가치 스펙트럼의 어떤 관점이든 타인의 정신성이나 종교적 가치는, 어떻게 기업이 운영되고 기업수익이 어디로 지출되어야 하는지 결정하는 데 강한 영향을 미치고 있다.

(2) 경영관리자의 도덕성 발달

개인의 가치관, 성격, 정신성이 일체가 되어 직무상의 윤리문제를 취급하는 데 강한 영향력을 미치고 있다. 사람은 각각 다른 개인의 역사를 가지며 가치관, 성격, 정신성도 각각 다른 방법으로 발달시켜 왔다. 따라서 그들의 윤리문제에 대한 생각도 다르다. 이것은 다른 인간과 같이 기업의 경영관리자에 대해서도 해당된다. 바꾸어 말하면 기업관리자들 간에 도덕성 발달단계(stages of moral development)에서 차이가 나는것은 어쩔 수 없다는 것이다. 어느 사람은 높은 수준에 있다고 판단되고 또 어떤 사람은 낮은 수준에 있다고 판단될 수 있다.

사람들이 도덕적으로 성장하고 발달하는 단계가 〈표 10-3〉에 나타나 있다. 아이로부터 성숙한 성인에 이르는 대부분의 사람들은 도덕적 추론능력(moral reasoning capabilities)을 제1단계로부터 착실하게 상승시켜 간다. 시간이 지남에 따라 그들은 도덕적 추론을 발달시켜서 그 능력을 높여간다. 처음에 그들은 자기중심적인 견해(제1단계)밖에 갖지 못하고, 처벌의 회피, 권위자의 명령에 맹목적으로 복종하는 것밖에는 인식하지 못한다. 천천히 그리고 가끔 어려운 상황에 직면하면서 아이는 올바른 일과 잘못된 것을 거의 상호이익의 문제로 학습한다. 즉, 「너의 장난감으로 놀게 해주면, 나의 장난감으로 놀게 해준다」(제2단계).

청년기에 개인은 보다 넓은 세계에 발을 내디뎌 작은 친구서클, 급우 등의 친밀한 집단 속에서 집단생활에서의 기브 앤드 테이크를 학습한다(제3단계). 다양한 연구로부터 집단내

표 10-3 도덕성 발달단계와 윤리적 추론

	연령 집단	발달 단계와 주요한 준거윤리	윤리추론의 기반
↑ 도덕발달의 방향	성숙한 성인	**제6단계** 보편원칙: 정의, 공정, 보편적 인권	원칙중심주의적 의론
	성숙한 성인	**제5단계** 특정의 사회관습을 초월한 도덕적 신념: 인권, 사회계약, 폭넓은 입헌원칙	원칙중심주의적 추론
	성 인	**제4단계** 큰 의미에서의 사회: 관습, 전통, 법률	사회중심주의적 및 법률중심주의적 추론
	성인초기 청년기	**제3단계** 사회집단: 친구, 학교, 직장의 동료, 가족	집단중심주의적 추론
	청년기 청년기전기	**제2단계** 보수탐색: 자기이익, 자기욕구, 호혜주의	자기중심주의적 추론
	유아기	**제1단계** 처벌회피: 처벌회피, 권력에 복종	자기중심주의적 추론

출처 : Kohlberg, L.(1981), *The Philosophy of Moral Development*, New York: Harper & Row.

의 상호작용이 도덕추론의 수준을 개선하는 환경을 제공해 준다는 것을 알게 된다. 이 프로세스는 성인초기까지 지속된다. 이 시기에는 타인을 기쁘게 하거나 타인으로부터 칭찬받거나 하는 것이 적절한 행동의 단서로서 중요하다. 대부분의 사람들은 이 시점에서 자기중심의 시점보다는 오히려 타인지향에 초점을 맞출 수 있게 된다.

완전한 성인에 도달하면 – 대부분의 근대산업국가에서는 10대 후반부터 20대 초반 – 대부분의 사람은 선악을 설명하는 적절한 방법으로 사회의 관습, 전통, 법률에 따른 추론에 초점을 맞출 수 있게 된다(제4단계). 제5단계, 제6단계에서는 특수한 종류의 도덕추론으로 이어진다. 그 이유는 우리사회의 고유한 규칙, 관습 등 법률을 초월한 단계에 도달할 수 있기 때문이다. 그들은 인권과 인간존엄의 입헌적인 보장, 평등한 취급, 표현의 자유라는 폭넓은 원칙이나 관계에 대해서 유리적 추론에 의거할 수 있는 능력을 가지게 된다. 도덕성발달의 최종단계에서는 선악의 의미는 정의, 공정, 그리고 모든 인류에게 공통의 권리라는 보편적 원칙에 의해 정의된다.[16]

16) Kohlberg, L.(1981), *The Philosophy of Moral Development*, San Francisco: Harper & Row; Colby, A. and Kohlberg, L.(1987), *The Measurement of Moral, Judgment, Volume I: Theoretical Foundation and Research Validations*, Cambridge, MA: Cambridge University Press.

최근에 연구자들은 오래된 조사결과에 이의를 제기하여 대부분의 경영관리자들이 제2단계 내지 제3단계의 추론력에 기초한 평가기준에 의지하고 있다는 것을 발견했다. 그들은 사회관습이나, 법에 부수하거나, 혹은 그 이상의 고도의 도덕추론능력을 갖고 있을지도 모르지만 경영자들의 시야에 보이는 것은 주로 자기이익이고 가까운 직장집단이나 가족과의 관계로 정의되고 있다. 제2단계, 제3단계에 기초하여 추론하는 경영자에게 있어서는 그들의 개인적 보수(報酬), 다른 사람으로부터의 승인(承認), 회사의 규칙준수 등이 그들의 윤리에 대한 중요한 나침반이 되고 있다. 직장에 있는 한 윤리적 준거집단은 비교적 좁은 범위이다. 경영관리자들에게 있어 비즈니스를 하는 올바른 방법은 그것이 그들 자신에게 어떠한 영향을 미칠까(제2단계), 그리고 상사나 동료가 선으로 또는 악으로 받아들이는 것(제3단계)에 좌우되고 있다.[17)]

경영자의 도덕적 성격의 개발은 기업에 불가결한 것이 되고 있다. 어떤 종류의 윤리문제는 경영관리자들에게 자기중심적인 이익(제1 및 제2단계)을 넘어서 기업이익(제3단계의 추론)을 넘어서고, 그리고 사회의 관습이나 법률에만 의지하는 것(제4단계의 추론)도 넘어서는 움직임을 요구한다. 필요로 하는것은 영향을 받는 모든 사람들을 배려하는 태도, 다른 사람의 권리나 그들의 인간성의 본질적인 부분의 수용(제5단계 및 제6단계 판단의 조합)이라는 토대위에 개인적인 성격이 구축되는 경영자이다. 그 명령이 회사전체의 방침에 영향을 미치는 높은 지위에 있는 경영자의 도덕추론은 기업 내외에 강력하고 오랜기간동안 영향을 미칠 것이다.

2.4 기업문화 및 윤리적 풍토

개인의 가치관 및 도덕적 성격은 기업의 윤리적 성과를 향상시키는 요인이며 중요한 역할을 하고 있다. 그러나 이는 단독으로 존재하고 있는 것은 아니다. 왜냐하면, 개인의 가치관이나 성격은 기업문화의 영향을 받고 있기 때문이다.

기업문화(corporate culture)란 그 회사에서 일하는 모든 사람들이 보통 행동이란 무엇인가를 생각할 때에 떠올리는 생각, 관습, 옛날부터 일하는 방식, 기업의 가치관, 공유된 의미라는 것이 서로 섞여있는 것이다. 문화란 「거기서 일을 하는 방법」이다. 두 명의 전문가가 그 압도적인 영향력을 검증하고 있다.

17) Weber, J. and Gillespie, J.(1998), "Differences, in Ethical Beliefs, Intentions, and Behaviors," *Business & Society*, pp.447-467.

어떤 기업도 - 실은 어떤 조직도 - 문화를 갖고 있다. ……(그리고 그것은) 조직전체에 큰 영향력을 미치고 있다. 즉 그것은 사실상 모든 것에 영향을 미친다 - 누가 승진하는지, 어떤 결정이 이루어지는지부터 종업원이 옷을 입는 방법, 스포츠에 대한 취미까지……. (신입사원이) 회사를 선택할 때 그들은 대체로 인생을 선택하고 있다고 해도 과언이 아니다. 문화는 그들의 반응을 강력하게, 한편 섬세한 방법으로 만들어 간다. 문화는 그들을 업무가 빠른 노동자로 혹은 늦은 노동자로 만드는 것이 가능하고, 엄격한 관리자로 혹은 쉽게 친숙해지는 관리자로 되게 할 수가 있고, 팀 플레이어도 혹은 독불장군도 되게 할 수 있다. 그들이 수 년간 일하는 동안 본인도 모르는 사이에 문화에 의해 자신의 미래상을 형성하는 충분한 조건이 형성되어 가는 것이다.[18)]

캘리포니아주에 본거지를 두고 있는 전자기기 제조기업인 휴렛 팩커드(Hewlett Packard)는 가치와 윤리에 중점을 두는 기업으로 잘 알려져 있다. 이러한 문화는 종업원에 의해 HP류로 불리고 있는데 거기에서 가장 중요한 가치는 종업원에 대한 신뢰, 존경, 개방적 소통, 이익과 책임의 공유, 개별종업원에 대한 관심, 그리고 정직과 성실성이다. 이러한 윤리지향의 문화영향은 경영자에게도 종업원에게도 같이 나타나고 있다. 휴렛 팩커드의 어느 경영자의 이야기에 의하면, "HP 사람들을 흥분시키는 일은 쉽지 않지만 윤리문제가 되면 부지불식 간에 사람들이 모여든다"고 한다. 다른 경영자는 "어찌된 영문인지 책사(策士), 개방적이지도 않고 솔직하지도 않은 사람, 진실을 얼버무리거나 방침의 경계를 걷는 사람은 오랫동안 근무하지 못한다. 그들은 승진후보에서 탈락하든지 여기를 근무하기에 기분좋은 환경이 아니라고 생각하든지 어느쪽이다"고 말했다.[19)]

(1) 윤리적 풍토

대부분의 조직에서 도덕적 분위기를 찾아낼 수 있으며 사람들은 윤리적 풍토를 느낄 수 있다. 어떤 행동이 인정되고 어떤 행동이 금지되고 있는지 그들에게 말을 걸어보면 힌트나 단서를 찾아낼 수 있다.

무엇이 받아들여지고 무엇이 받아들여지지 않는지에 대한 종업원들의 묵시적인 이해를 윤리적 풍토(Ethical climate)라고 부른다. 그것은 기업 내의 윤리적 풍토를 좌우하는 기업문화의 일부이다.

---

18) Deal, T.E. and Kennedy, A.A.(1982), *Corporate Cultures: The Rites and Rituals of Corporate Life*, Readings, MA: Addison-Wesley, pp.4, 16.

19) Post, J.E., Lawrence, A.T. & Weber, J.(2002), *Op.cit.*, p.133

표 10-4 윤리적 풍토의 구성요인

윤리기준	윤리적 관심의 중점		
	개 인	기 업	사 회
에고이즘 (자기중심주의적 접근)	자기이익	기업이익	경제적 효율
박 애 (타자사고 접근)	우 정	집단이익	사회적 책임
원 칙 (성실성 접근)	개인의 도덕성	회사의 규칙, 절차	법률 및 전문직업인 규범

출처 : Victor, B. and Cullen, J.B.(1988), "The Organizational Bases of Ethical Work Climates," *Administrative Science Quarterly*, 33), p.104.

윤리적 풍토를 조사하는 하나의 방법이 〈표 10-4〉와 같다. 윤리의 판단기준에는 종류가 다른 세 가지가 있는데 그것은 이기주의(자기중심적 성향), 박애(다른 사람에 대한 관심), 원칙(자기자신의 성실성, 집단규범, 그리고 사회의 법률을 존중하는 것) 등이다. 이러한 윤리판단기준은 개인, 기업, 그리고 넓게는 사회와 관련된 딜레마에 응용할 수가 있다.

예를 들면 만약 경영자가 윤리적 이슈에 박애정신으로 임했다고 하면 그이는 종업원과의 관계를 우호적인 것으로 하려고 할 것이고, 팀 플레이의 중요성이나 기업이익을 위해서 서로 협력하는 것의 중요성을 강조할 것이며 사회적 책임을 완수할 수 있는 행동지침을 추천할 것이다. 반면 윤리문제에 대해 이기주의를 취하는 경영자는 자기이익, 기업의 이익확대 및 효율화의 추진을 무엇보다 가장 중시할 것이다.

연구자들은 하나의 조직 속에 몇 가지의 풍토, 즉 하위풍토가 존재하는 것을 발견했다. 예를 들면 만약 종업원이 공공기관의 규제담당자와 접촉할 기회가 많으면 그 집단의 분위기에서는 원칙, 혹은 성실성 어프로치(법률 및 전문직업인의 규범적 풍토)를 연상시키는 것이 발견될지도 모른다. 반면 전술한 것과 같은 영향으로부터 격리되어 일상업무가 보다 높은 개인보수나 기업수익에 대한 관심과 연동되고 있는 종업원의 경우 그 풍토는 자기 이익적, 혹은 기업이익적인 것이 될 것이다.[20)]

기업문화는 종업원에 대해 윤리위반이 수용될 가능성이 있는지 여부를 알려주는 신호이기도 하다. 무엇이 올바르고 무엇이 잘못되어 있다고 생각하는가를 신호로 보내므로 기업

20) Weber, J.(1995), "Influences upon Organizational Ethical Subclimates: A Multi-Departmental Analysis of a Single Firm," *Organization Science*, 6, pp.509-523.

문화 및 윤리풍토는 기업이 바람직하다고 생각하는 방향으로 그들의 행동을 유도하는 강한 압력이 된다. 이런 종류의 압력은 윤리적으로 바람직한 실무행동을 촉진할 수도 있고 혹은 방해할 수도 있다. 박애적 윤리풍토에서는 종업원이나 외부 이해관계자의 이해(利害)에 틀림없이 높은 우선순위가 메겨지는 것 같다. 그러나 에고이즘적 풍토에서는 종업원이나 경영자는 자기이익 이외의 이익은 어떠한 것도 무시해도 되는것이 장려된다. 그 좋은 예로 「컬럼비아/HCA」를 들 수 있다. 이 회사에서는 최고경영자가 어떤 일을 해서라도 재무적 성과를 올리도록 몰아붙였던 것이 많은 관리자들에게 다른 이해관계자의 이해를 경시하는 결과를 초래하였다.[21)]

03 기업의 윤리문제분석

기업의 경영자나 종업원은 업무상 윤리적 이슈가 발생했을 때 그들의 생각을 정리해 주는 일련의 지침을 필요로 하고 있다. 이 지침은 ① 윤리문제의 본질을 명확히 하고 분석해 준다, ② 어떤 행동방침이 윤리적 결과를 가져올 것인지를 결정하는데 도움을 준다. 〈표 10-5〉에 정리한 바와 같이 윤리적 추론에 대하여 다음과 같은 세 가지 방법을 이러한 분석에 이용할 수 있다.

표 10-5 윤리적 추론의 세 가지 방법

방 법	주요한 결정요인	행동이 윤리적인 상황	한 계
공리성	편익과 비용의 비교	순편익이 순비용을 초과하고 있다	어떤 종류의 인적 비용 및 사회적 비용은 측정이 곤란 다수파가 소수파의 권리를 무시할 수도 있음
권리성	권리의 존중	기본적인 인권이 존중된다	상반될 권리의 균형을 꾀하는 것이 곤란
공정성	공평한 분배	편익 및 비용이 공평하게 분배된다	편익과 비용을 측정하는 것이 곤란 공평한 분배에 관한 합의의 결여

출처 : Post, J.E., Lawrence, A.T. & Weber, J.(2002), *Business and Society: Corporate Strategy, Public Policy, Ethics(10th ed.)*, The McGraw-Hill Companies, Inc. p.135.

21) Post, J.E., Lawrence, A.T. & Weber, J.(2002), *Op.cit.*, pp.524-535.

3.1 공리성 - 편익과 비용의 비교

윤리에 대한 하나의 어프로치는 공리성(Utility), 즉 그 행동, 혹은 결정으로 만들어 낼 수 있는 재화의 총액을 강조하는 것이다. 이러한 윤리어프로치는 공리주의적 추론(utilitarian reasoning)이라고 불린다. 이것은 비용·편익분석이라고도 불리는데 그 이유는 이러한 어프로치에서는 결정, 방침, 행동의 비용과 편익을 비교하기 때문이다. 여기서 말하는 비용과 편익에는 경제적인 것(금전총액으로 표현된다), 사회적인 것(사회전체에 대한 영향), 인간적인 것(일반적으로 심리적, 혹은 정서적 영향)이 포함된다. 기업이 모든 비용과 편익을 합계하여 서로 비교한 후 순비용 혹은 순편익이 밝혀진다. 만약 편익이 비용을 웃돌면 그 경우 이 행동은 윤리적인 것으로 여겨진다. 그 이유는 그 행동이 사회의 최대다수의 최대행복을 낳고 있기 때문이다. 만약 순비용이 순편익보다 크다면 그 경우의 행동은 반윤리적인 것이 된다. 왜냐하면 좋은 일보다 해가 많이 만들어지고 있기 때문이다.

공리주의적 추론의 주된 결점은 비용과 편익의 양쪽 모두를 정확하게 측정하는 것이 곤란하다는 것이다. 금액으로 측정할 수 있는 것도 있지만 – 재화의 생산, 판매, 임금총액, 이익 – 그 외의 항목, 예를 들면, 종업원의 사기, 심리적 만족, 인생의 가치라는 것은 측정하기 어려운 것이다. 인간적 비용 및 사회적 비용은 정확하게 측정하는 것이 곤란하다. 만약 그것이 측정할 수 있다 하더라도 비용–편익계산은 불완전할 것이고, 그리고 전체결과가 좋은 것인가, 나쁜것인가, 윤리적인가, 반윤리적인가를 파악하는 것은 곤란할 것이다. 공리주의적 논의의 또 하나의 한계는 다수파 사람들이 소수파 사람들의 권리를 무시할 수 있다는 점이다. 공리주의적 추론은 기본적으로는 어떤 행동의 최종결과에 초점을 맞추므로 이 추론과정을 이용하는 경영자는 최종결과에 도달하기 위한 수단에 대한 고찰을 등한히 하는 경우가 자주 있다.

이러한 결점이 있음에도 불구하고 비용–편익분석은 비즈니스 계에서 널리 이용되고 있다. 경제적 및 재무적 성과를 측정하는데 이용되는 경우 이 기법은 매우 잘 기능하므로 기업경영자들은 이 기법의 한계를 충분히 모른 채, 혹은 의사결정에 있어서 윤리의 품질을 개선시키는데 도움이 되는 기법이 그 외에도 많이 있다는 것을 눈치채지 못한 채 중요한 윤리문제의 결정을 이 기법에 의지하고 있다.

예 공장폐쇄는 윤리적인가? 공리주의적 추론을 이용하면 의사결정자는 모든 편익(기업의 최종손익의 개선, 투자자에 대한 투자수익률의 상승 등)과 비용(종업원의 일시 해고, 커뮤니티에 대한 경제적 활동의 감소 등)을 비교 검토하지 않으면 안 된다.

3.2 권리 - 주어진 권리의 결정과 보호

인권(human rights)은 윤리적 판단(ethical judgment)을 내리기 위한 또 하나의 기초이다. 권리란 개인이나 집단에 어떠한 자격이 주어지는 것, 혹은 특정한 방법으로 취급하는 자격이 주어지는 것을 의미한다. 무엇보다 기본적인 인권에는 생존권, 안전권, 언론의 자유, 자유로운 결정권, 알 권리, 정당한 법의 절차를 받을권리, 재산권 등이 있다. 이러한 권리를 부정하거나 다른 개인이나 집단이 이러한 권리를 보호하는 것을 게을리 하는것은 일반적으로 반윤리적이라고 생각된다. 비록 그 사람과 의견이 맞지않거나 싫더라도 만약 그 사람들도 나를 존중해준다면 타인을 존중하는 것은 인권의 본질이다. 윤리적 추론에 대한 어프로치는 개인은 그들자신을 단지 인간이라는 것만으로 최고의 가치로 취급해야 하는 것이라고 생각한다. 다른 사람의 목표나 목적을 부정하면서 동시에 자기목적을 위해서 다른 사람을 이용하는 것은 반윤리적이다.

윤리적 추론의 기초로 권리를 이용하는 것의 최대의 한계는 상호대립하고 있는 권리간의 균형을 잡는 어려움이다. 예를 들면 종업원의 사생활보호와, 종업원의 정직성을 심사하여 회사의 자산을 보호할려는 고용자의 권리는 서로 충돌할 수 있다. 권리는 또 다국적기업이 생산기지를 해외로 이전하는 경우 본국에서는 고용이 상실되고 해외에서는 새로운 고용이 창출되는 경우에도 충돌한다. 이런 경우 누구의 고용에 대한 권리가 존중되어야 하는 것일까?[22)]

이런 종류의 문제가 있음에도 불구하고 인권의 보호와 촉진은 개인 및 조직의 행동을 판단하는데 있어서 중요한 윤리기준이다. 확실히 개인의 생명, 자유, 프라이버시, 성장, 인간의 존엄에 대한 권리를 부정하는 것은 반윤리적이라는 것에 대부분의 사람들은 동의할 것이다. 인간의 조건을 명확하게 하는 것, 그리고 인간의 잠재능력을 실현하는 방법을 나타내는 것에 기초한 이들 제권리(諸權利)는 윤리적 추론이 있는 종류의 공통분모, 즉 윤리적

---

22) Boatright, J.R.(1997), *Ethics and the Conduct of Business, 2d ed.*, Upper Saddle River, NJ: Prentice-Hall; Velasquez, M.G.(1998), *Business Ethics: Concepts and Cases, 4th, ed.*, Upper Saddle River, NJ: Prentice-Hall, pp.85-102.

행동이나 결정을 위한 본질적 조건을 나타내는 것이 된다.

> **예** 공장폐쇄는 윤리적인가? 인권적 추론에 의한다면 의사결정자는 영향을 받는 모든 사람들의 권리를 고려해야 한다(그 기업의 설립으로 지역사회에서 쫓겨난 노동자나 기업소유자의 사업권 대(vs) 일시해고나 공장폐쇄가 통고된 종업원의 권리, 공장폐쇄 대(vs) 그 결정은 자신들의 의무라고 믿는 관리자들의 자유로운 결정권 간의 대립)

3.3 공정성 – 그것은 공평한가?

윤리적 추론의 세 번째 방법은 공정성(justice)과 관련되어 있다. 인사관리상의 공통된 의문은 그것이 공평, 혹은 공정한가라는 것이다. 종업원은 임금지불기준이 공평한가를 알고 싶어한다. 소비자는 쇼핑을 할때에 공정한 가격이라는 것에 관심을 갖고 있다. 신세제가 제안되면 공평성과 관련하여 많은 논쟁이 발생한다 – 어디에 세금이 부과되는지, 공평한 세부담을 회피하는 것은 누구인가?

공정, 혹은 공평은 이익 및 부담이 일반적으로 인정된 어떠한 규칙에 준거하여 균등하게 분배되었을 때에 실현된다. 사회전체에서 사회적으로 공정하다고 하는 것은 사회의 수입과 번영이 사람들에게 공평한 비율로 분배되는 것을 의미한다. 이 경우의 공평한 분배란 반드시 균등분배를 의미하는 것은 아니다. 대부분의 사회는 사람들의 요구, 능력, 노력, 그리고 사회복지활동에 어느 정도 기부했는지 등을 고려하고자 한다. 이러한 요인이 같은 경우는 거의없기 때문에 공평한 분배는 개인별, 그리고 집단별로 다르다. 공정한 추론은 공리주의적인 추론과 같지 않다. 공리주의적 추론을 이용하는 사람은 자신과 다른 사람의 어느 쪽이 많은가를 보기 위해서 비용과 편익을 합산한다. 즉 편익이 비용을 웃돌고 있으면 그 경우의 행위를 윤리적이라고 생각한다. 공정한 추론을 이용하는 사람은 누가비용을 부담하고 누가 편익을 얻었는지를 생각한다. 즉 분배가 공평하다고 생각되는(사회의 규칙에 따라) 경우라면 그 행위는 공정한 것으로 인정될 것이다.

예

공장폐쇄는 윤리적인가? 공정한 추론을 이용하면, 의사결정자는 편익(그 회사, 투자가 등에 대한)과 비용(실업한 종업원, 커뮤니티 등)의 분배에 대해 고려해야 한다. 공정하기 위해서 공장을 폐쇄하는 기업은 실업한 노동자의 편익으로 직무 재훈련이나 재취업의 알선을 위한 추가적 비용을 받아들이는 결단을 해야 한다. 이 기업은 또 이러한 상황에서 공정척도의 균형을 도모하기 위해서 커뮤니티에 대해서 일정기간 기부활동을 한다는 결정을 내릴 필요가 있다.

3.4 윤리적 추론의 기업활동에의 적용

기업사회에 몸을 두고있는 사람은 누구라도 직장에서 발생하는 윤리문제를 충분히 이해하기 위해 전술한 세 가지 윤리적 추론기법을 이용할 수가 있다. 위의 세 가지 기법 모두를 동시에 이용하는 것은 대체적으로 가능하다. 세 가지 방법 중 하나만을 이용하는 것은 위험하며 자칫하면 일어날 수 있는 모든 가능한 윤리상의 복합적 측면을 온전히 이해할 수 없게 된다. 이는 또 다른 사람에게는 받아들이기 어려운 치우친 윤리적 결과를 가져올지도 모른다.

[그림 10-1]은 사람이 윤리의 문제나 과제사항에 직면했을 때 이용할 수 있는 편리한 분석절차를 도시하고 있다. 이러한 분석을 할 때 두 가지의 일반법칙을 이용할 수 있다.

(1) 전원일치의 룰

만약 당신의 결정이나 방침, 혹은 행동이 윤리적인지, 반윤리적인지를 알고 싶다면, [그림 10-1]에 열거한 세 가지의 질문을 우선 물어보라. 그림의 제2단계에 나타나 있는 바와 같이 세 가지의 질문 모두에 「네」라면, 그 결정, 방침, 혹은 행동은 아마 윤리적일 것이다. 모든 질문에 「아니오」라면, 당신은 아마 반윤리적인 결정, 방침, 행동 등에 직면하고 있음을 알아야 한다. 절대적으로 확실하다고 할 수는 없지만 그 이유는 사람이나 집단이 나르면, ① 이용하는 정보의 원천이 완전히 다를수도 있다, ② 비용과 편익의 측정방법이 다를지도 모른다, ③ 공정의 의미가 같지 않을지도 모른다, ④ 다양한 권리에 대한 평가가 다를지도 모르기 때문이다. 그럼에도 불구하고 분석자가 이러한 세 가지 질문에 전원일치의 해답을 얻고 있을 때는 - 모두 「네」, 혹은 모두 「아니오」- 언제라도 거의 확실하게 윤리적 혹은, 반윤리적의 어느쪽이라고 결론을 지어도 좋은 경우이다.

그림 10-1 윤리문제에 대한 분석적 접근방법

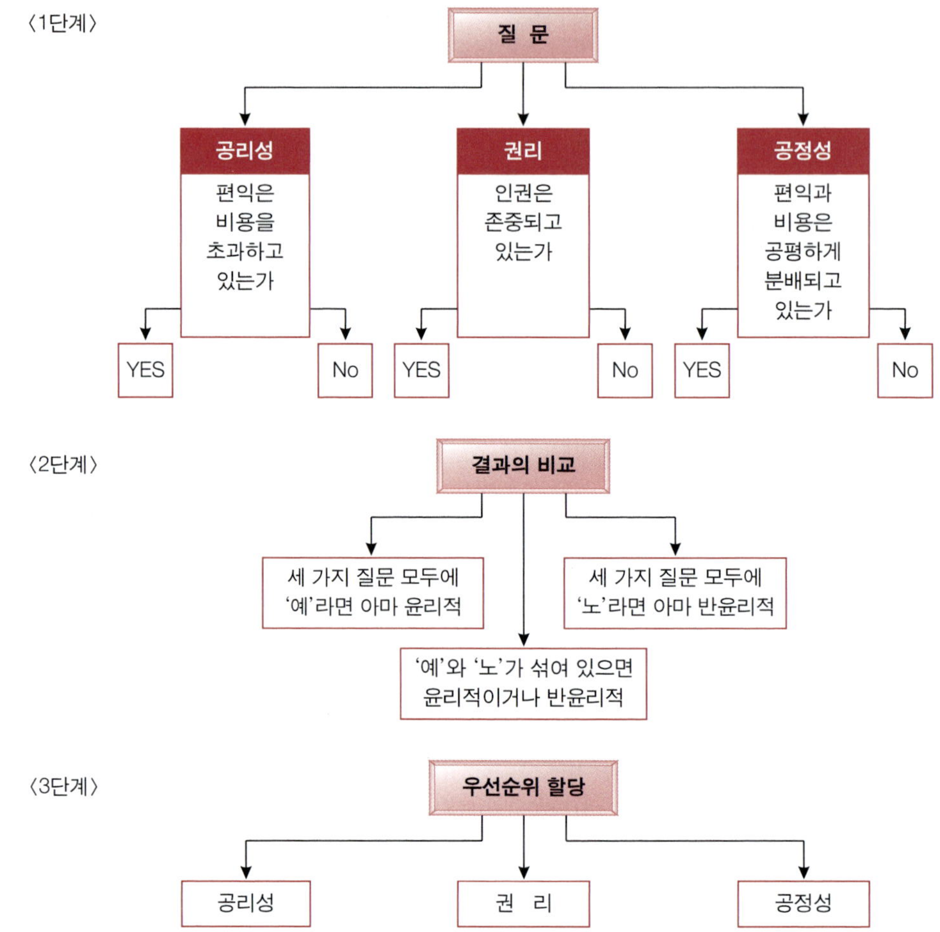

출처 : Post, J.E., Lawrence, A.T. & Weber, J.(2002), *Business and Society: Corporate Strategy, Public Policy, Ethics(10th ed.)*, The McGraw-Hill Companies, Inc. p.138.

(2) 우선순위의 룰

전원일치의 룰이 적용되지 않을 경우에는 어떻게 하면 좋을까? 두 가지가 「예」이고 한 가지가 「아니오」, 혹은 그 외 다양한 조합이 있을 수 있지만, 그 경우에는 어떻게 하면 좋을까? 그러한 경우 선택이 필요하다. [그림 10-1]의 제3단계에 나타나는 바와같이 경영자나 종업원은 이 경우에 윤리적 추론의 세 가지 기법으로 우선순위를 매긴다. 경영자에게 있어서도, 종업원에게 있어서도, 혹은 조직에 있어서도, 가장 중요한 것은 어떤것인가? 공리성. 권리, 그렇지 않으면 공정성 중 어떤것이 최우선적인 것인가? 그것들은 어떠한 평가를 받아야 할 것인가? 판정을 하여 우선순위를 결정하지 않으면 안 된다.

이러한 판정이나 우선순위는 기업문화나 윤리풍토의 영향을 강하게 받는다. 기업이해에 관심이 강한 윤리풍토의 기업에서는 기업의 비용과 편익을 계산하는 공리주의적 어프로치에 아마 높은 가치를 할당할 것이다. 자선적인 윤리평가기준에 기초한 윤리풍토를 강조하는 기업에서는 종업원의 다양한 권리를 보다 존중하거나 모든 이해관계자를 정당하게 취급하는 것을 보다 존중하는 것과같은 결과가 될 것이다. 법률이나 전문직업인 규범의 윤리풍토에서는 법에 따르는 것이 우선순위의 맨 처음에 올 것이다.

선택의 대상이 되는 윤리적 추론의 타입은 경영관리자의 가치관, 특히 최고경영자의 가치관이나 기업내 관련된 의사결정자의 개인적 성격에 크게 의존하고 있다. 사람들의 욕구나 권리에 민감한 사람의 경우 자기자신이나 자신의 회사를 다른 모든 조건에 우선시키는 사람들도 있다.

04 기업내 윤리의 활성화

윤리적 성과의 질을 향상시키기 위해서 기업은 일상업무 속에 윤리세이프가드(보호수단)를 구축할 필요가 있다. 이것을 윤리의 제도화라고 부르기도 한다. 어느 정도의 조직들이 이러한 보호수단을 채용하고 있는가는 〈표 10-6〉에 나타나 있다.

표 10-6 직장에서의 윤리세이프가드

윤리세이프가드 수단	1992년 「포춘」지 1000사	1999년 「포춘」지 1000사	1996년 SW PA 조직	2000년 1500명의 종업원
직장에서의 윤리 장려	93		71	
윤리규범의 개발	93	98	57	79
윤리위원회의 창설	13		14	
윤리실의 설치			17	30
윤리핫라인			9	51
윤리실, 혹은 핫라인		50		
윤리훈련의 제공	25		20	55
감사 · 평가의 실시			11	23

출처 : Post, J.E., Lawrence, A.T. & Weber, J.(2002), *Business and Society: Corporate Strategy, Public Policy, Ethics(10th ed.)*, The McGraw-Hill Companies, Inc. p.139.

자료 10-1 | 윤리프로그램에 대한 두 가지 어프로치와 유효성

하버드 비즈니스 스쿨의 교수인 린 페인(Lynn Paine)은 1994년 「하버드 비즈니스 리뷰」(Harvard Business Review)에 발표한 논문에서 윤리 어프로치에 대해 두 가지 다른 어프로치를 논하고 있다. 그녀가 분명히 한 것은 법령준수에 기초한 어프로치와 성실성에 기초한 어프로치이다.

페인에 의하면, 준법 프로그램(컴플라이언스 프로그램)은 법적 처벌을 피하는 것에 그 근원이 있다. 이 결과를 요구하는 기업은 그들의 종업원이 따라야 할 규칙과 가이드 라인을 설정하게 된다. 이 어프로치에서는 종업원 행동을 준법성이 풍부한 것으로 하기 위해서 위법행위가 발견되었을 때의 벌칙의 무서움을 강조한다. 「법을 깨트리지 말아라. 만약 법을 깨트리면 체포되어 처벌을 받을 것이다」라고 단순하게 표명된다. 이 법률가 지향적 어프로치는 종업원은 물질적 자기이익에 의해 이끌리는 존재, 즉 개인적인 비용을 피하는 것을 바라고 있을 뿐 그들의 도덕적 정당성에는 무관심한 것을 전제로 하고 있다.

불행하게도 준법 프로그램은 종업원이 스스로의 행동을 도덕적으로 수정하고 싶다는 생각을 나타내는 조사결과가 나와서 곤란해지고 있다. 종업원은 법률에 따르는 것을 일반적으로 바라고 있지만, 그것은 만약 따르지 않으면 법률에 의해 처벌을 받을지도 모른다는 이유뿐만 아니라, 그것이 올바른 일이라는 이유이기 때문이기도 하다. 따라서 페인은 윤리프로그램의 성실성에 기초한 어프로치를 강조하고 있다.

성실성에 기초한 윤리프로그램은 법률에 대한 관심과 윤리적 행위에 대한 종업원의 책임에 대한 관심을 연결한 것이다. 이러한 프로그램은 가이드 라인으로 일반원칙에 의거한 종업원의 자기통제풍토를 만들어 낸다. 기업의 윤리규범을 체득한 형태로 종업원은 성실하게 행동하고, 정직하고 공정한 환경 속에서 기업활동을 하지 않으면 안 된다고 자주 듣는다. 이러한 가치관에 기초하여 기업은 비즈니스 관계를 육성 및 유지할 것이고, 이익을 올릴 수가 있을 것이다. 종업원은 사회적 존재, 즉 다른 사람이나 조직의 복지에 관심을 갖는 존재로서 이해되고 있다. 물질적 자기이익뿐만 아니라 최고경영자가 신봉하는 조직의 이상이나 가치관이 종업원에게 영향을 준다.

1999년에 출판된 연구에서 연구자들은 다음 사항을 발견했다. 즉, 법령준수에 기초한 윤리프로그램에서는 반윤리적 행위의 감소가 관찰되었고, 종업원의 윤리적 조언에 대한 요구가 늘었으며, 직장에서의 윤리적 이슈에 관한 종업원의 지식이 증가하고 있었다. 성실성에 기초한 윤리프로그램도 성공적인 것으로 밝혀졌다. 이 프로그램은 다음과 관련이 있다. 즉 직장에서의 윤리적 이슈에 관한 지식의 증가, 성실성에 대한 의식의 고양, 윤리적 조언에 대한 요구의 증가 등으로 인해 반윤리적 행위가 감소하고, 조직몰입(commitment)의 증가와 함께 종업원이 상사에게 나쁜 정보를 앞서서 이야기하게 된다. 그리고 성실성에 기초한 프로그램 덕분에 보다 좋은 결정이 이루어진다는 인식이 형성된다.

● 출처 : Paine, L.S.(1994), "Managing for Organization Integrity," *Harvard Business Review*, March-April, pp. 106-117; Weaver, G.R. and Trevino, L.K.(1999), "Compliance and Values Oriented Ethics Programs: Influences on Employees' Attitudes and Behavior," *Business Ethics Quarterly*, 9. pp. 315-335.

4.1 기업내에 윤리세이프가드를 구축한다

경영자에게도, 종업원에게도 일상의 윤리상황을 어떻게 처리하면 좋을 것인지 안내가 필요하다. 즉, 그들 자신의 개인적인 윤리나침반은 잘 기능하고 있을지 모르지만 그들은 회사로부터 방향성을 나타내는 신호가 보내지기를 바라고 있다. 이런 종류의 윤리적인 자각과 방향성을 제공하기 위해서는 몇 가지의 조직적 단계를 밟게된다. 이러한 조직적 노력으로 특히 중요한 것이 윤리세이프가드 프로그램구축에 대한 법령준수에 기초(준법프로그램)한 어프로치와 성실성에 기초한 어프로치의 두 가지 어프로치로서 자세한 내용이 [자료 10-1]에 제시되어 있다.

4.2 최고경영자의 관심과 몰입

상급 관리자들이 종업원에 대하여 모든 기업의 의사결정에서 윤리는 높은 우선순위를 받아야한다는 신호를 보냈을 때 전사적으로 윤리실적 개선을 위한 커다란 일보를 내딛게 된다. 개인적인 경험으로 말하면 방침을 선언함으로써 또, 행동을 지지하는 말을 적극적으로 함으로써 최고경영자들은 자신들의 메시지를 전달할 수가 있다. 「톱의 강조여부는 중요하다 - 그리고, 그것은 항상 보여지고 있고, 흉내를 낸다」고 뉴욕의 컨설팅 회사인 부즈 알렌 앤드 해밀튼(Booz Allen & Hamilton)의 부사장이며, 최고 재무책임자이기도 한 마타 클럭 고스(Martha Clark Goss)는 말하고 있다. 성희롱(sexual harassment) 문제든, 공급업자에 대한 성실한 대응의 문제든, 비용지출문제든, 윤리문제에 대한 상급 경영자의 관심(혹은 무관심)과 몰입은 일상적인 종업원의 행동에 영향을 미침으로써 윤리적 직장을 만들어 내는데 가장 핵심적인 방위수단(safeguards)이다.

4.3 윤리규범

앞의 〈표 10-6〉에서 보는 바와 같이 미국의 대기업 거의 모든 회사, 그리고 전체적으로도 대부분의 기업이 윤리규범(ethics codes)을 갖고 있다. 이러한 윤리규범의 목적은 경영자나 종업원이 윤리적 딜레마에 조우했을 때 그들에게 지침을 제공하는 것에 있다. 윤리규범의 기초에 있는 원리는 국가에 따라 다르다. 미국이나 남미에서 규범은 도구적인 것, 즉 회사의 방침이나 사회의 법률을 엄수하기 위해서 종업원이 따르는 규칙이나 절차를 제공하는 것으로 받아들여지고 있다. 일본에 있어 대부분의 규범은 법령준수, 기업의 가치관, 사명의 선언이 들어가도록 받아들이고 있다. 가치관과 사명을 나타내는 규범은 유럽이나 캐나다의 기업에서도 일반적이다.[23)]

일반적으로 윤리규범은 다음과 같은 문제에 대한 길잡이를 제공한다. 즉, 공급업자로부터의 답례품의 수수, 이해대립의 회피, 소유정보의 안전확보, 차별적 인사정책의 회피, 환경보호 등이다. 종업원의 협력과 폭넓은 참가를 요구하는 것이 가장 유효한 규범이다. 연구자에 의하면, 윤리규범을 문서화하는 것만으로는 직장에서의 윤리촉진에 불충분하다. 윤리규범은 종업원 사이 및 외부 이해관계자(고객, 공급업자, 경쟁상대 등)에게 넓고 빈번하게 배포되지 않으면 안 된다. 윤리규범에 영혼을 담기 위해서는 일상의 기업활동에 규범의 영향력을 침투시키기 위한 종업원에 대한 윤리훈련이 지속적으로 이루어지지 않으면 안 된다.[24)]

머크 앤드 컴퍼니(Merck & Company)사는 자사의 윤리규범을 작성함에 있어 3단계 프로세스를 개발했다. 제1단계는 조직분석의 실시이다. 여기에서는 21개국에 이르는 국가의 종업원의 대표적 샘플, 무려 1만 명에 대해서 다음의 질문이 이루어졌다. 즉, "우리는 주주, 고객, 공급업자, 종업원, 그리고 일반사회로부터 어떠한 회사로 인식되면 좋겠다고 생각하십니까?" 제2단계는 규범설정이다. 종업원에 대한 조사나 집단별조사, 그리고 개별면접결과에 기초하여 전세계의 사업본부로부터 모인 상급경영관리자들이 강령을 설정하였다. 이 규범에는 다섯 가지 표현상의 요건이 있었다. 즉, 읽기 쉬울것, 실천적이고 합리적일 것, 가치에 기초할것, 충분히 구체적이지만 과도하지 않을것, 시각에 호소할것 등이다. 이 규범은 22개국 언어로 번역되었다. 제3단계는 이 규범에 대한 철저한 이해이다. 이 규범을 종업원에게 배포하고, 훈련과정을 거침으로써 머크사는 규범에 대한 이해를 철저하게 하였다. 머크사는 훈련을 외부 전문가에게 위탁하여 훈련프로그램도 현지어로 이루어졌다.[25)]

4.4 윤리위원회

앞의 〈표 10-6〉에서 보는 바와 같이 다수의 기업이 윤리문제에 방향성을 주기위해 윤리

23) Berenbeim, R.C.(1999), *Global Corporate Ethics Practices: A Developing Consensus*, New York, Conference Board.

24) Stevens, B.(1999), "Communicating Ethical Values: A Study of Employee Perceptions," *Journal of Business Ethics*, 20, pp.113-120.

25) Berenbeim, *Global Corporate Ethics Practices*, p.23.

위원회(ethics committee)를 설치하고 있다. 이 위원회는 이사회의 상급위원회가 될 수 있고, 그 위원장에는 일반적으로 최고경영자와 친한 외부이사가 참가하고 있다. 또 그 이외의 경우에서도 위원회 멤버는 최고경영진 클래스의 사람들로 선출되어 있다.

삼림관련 제품 메이커인 웨어하우저(Weyerhaeuser)사는 1977년에 방위산업에 있어서 최초의 윤리위원회를 설치했다. 이 회사의 위원회는 13~19명의 멤버로 구성되어 있고 정기적으로 회합을 가지며 설치 이후 매년 이 회사가 직면하는 150여 개의 윤리적 이슈를 취급하고 있다.

뉴욕에 본사를 둔 전력회사 오렌지 앤드 락랜드 공익사업사(Orange and Rockland Utilities)는 횡령의 책임과 위법한 정치헌금에 의해 회사가 혼란을 겪은 후에 윤리규범에 따라 윤리평의회(ethics council)를 설치했다. 이 평의회의 멤버에는 예상한 대로 법무, 인사, 감사의 대표가 들어가 있을뿐만 아니라 평사원 대표도 들어가 있었다. 이 평의회에는 또한 4개의 노동조합으로부터 - 고객 서비스의 판매원, 재고관리계, 검사계, 비서 - 4인의 조합원이 경영자에 의해 선발되어 평의회 위원으로 활동하였다.[26)]

4.5 윤리담당책임자

1980년대와 1990년대를 통해서 대기업에서 잇달아 일어난 윤리의 타락이 많은 기업에 새로운 직무를 만들게 했다. 즉, 윤리담당책임자(ethics officer)이다. 「10년 전(1986년)에는 그들은 실제로 존재하지 않았다」라고 벤트리 컬리지(Bentley College) 기업윤리센터의 설립자이며, 센터장인 W. 마이클 호프만(W. Michael Hoffman)은 말하고 있다. 1996년까지 미국의 주요기업 중 35~40%가 윤리담당임원을 두고있다고 그는 지적하고 있다.[27)]

윤리담당책임자의 명령으로 윤리대책실을 가장 빨리 설치한 기업의 상당수는 제네랄 다이내믹스(General Dynamics), 마틴 마리에타(Martin Marietta)와 같은 미국정부와 방위계약을 맺는 기업이었다. 1991년 이래 윤리담당책임자는 많은 산업으로 확대해 갔지만 그 중에서도 규제가 심한 통신기업이나 공기업같은 기업이 현저했다. 「윤리담당책임자협회」(The Ethics Officers Association)에 의하면 2000년까지 650사 이상이 회원이 되었다. 윤리담당임원이나 그 스탭들이 직장에서의 윤리향상을 목표로 이 장의 앞 부분에서 논의한 윤

26) Post, J.E., Lawrence, A.T. & Weber, J.(2002), *Op.cit.*, p.142.

27) Campbell, K.(1996), "Ethics 0fficers Roam Hall More U.S. Workplaces," Christian Science Monitor, June 21, 1996, p.8.; Khalfani, L.(1996), "Business Tries to Keep the Wilves out of the Flock, *Washington Post*, August 11, p.H4

리적 방위수단의 대부분 - 윤리규범, 윤리핫라인, 윤리훈련, 윤리감사 - 을 활용했으며 그것이 윤리대책실의 새로운 발전을 가져왔다.[28)]

스프린트(Sprint Corporation)사가 다음의 문제에 직면했을 때 - 윤리대책실을 어디에 설치해야 할 것인가 - 스프린트사는 두 가지의 좋은 해답, 즉 법무, 혹은 재무를 결합시킬것을 결정했다. 법무부가 통상의 윤리프로그램을 운영하고 있었지만 윤리담당책임자는 이 회사의 감사였다. 최고경영자는 이러한 편성은 윤리프로그램의 신뢰도를 향상시킴과 동시에 법무와 재무의 영향력도 균형을 이룰 것이라고 믿었다.

1997년 「헬스케어 컴플라이언스 협회」(the Health Care Compliance Association)는 컴플라이언스 및 윤리담당책임자를 위한 대학을 설립했다. 이 대학은 3단계의 증명을 발행하고 있었다. 하나는 정회원, 이 자격은 2년 간의 실무경험과 25시간의 컴플라이언스 훈련을 마친 다음에 주는 것이다. 특별회원은 5년 간의 실무훈련과 35시간의 훈련을 달성함으로써 주는것이다. 공로회원은 컴플라이언스에 관한 논문을 개인명의로 발표하여 전문직업인으로서 준법정신의 발전에 지대한 공헌을 하고, 대학의 준법전문직업인 평의원을 지내고 대학의 교원으로 근무한 후에 수여된다.[29)]

4.6 윤리옴브즈인

옴브즈인(ombudsperson)은 낭비, 사기행위, 권력남용, 기타 반윤리적 행위에 대한 기업방위의 최전선을 담당하는 사람이라고 할 수 있다. 이러한 방위수단은 산업계로부터 인기를 얻게되었고, 과거 경영자나 종업원에 의한 반윤리적 행위로 실패를 경험했던 기업에 있어서는 특히 그렇다.

일찍이 미국 전신전화회사(AT&T: American Telephone and Telegraph)의 일부이었던 퍼시픽 벨(Pacific Bell)사는 부정한 강압적 판매전술, 전화호출 포르노 업자에게 회선이용허가, 그리고 텔레마케팅 업자나 다이렉트 메일 업자에게 고객 리스트를 매도함으로써 고객의 프라이버시 침해 등으로 비난을 받았을 때, 심각한 윤리문제가 대두되었다. 그 대응책의 하나로 회사가 설치했던 것이 옴브스맨실이었다. 그 역할은 자신들의 직속상사에 관한 것은 보고하지않는 경향이 있는 종업원들로부터 윤리에 대한 불만을 개인적으로, 그리고

28) 윤리 담당 책임자 협회(Ethics Officers Association)의 사이트 www.eoa.org 참조.

29) Singer, A.W.(1998), "Coming Soon: Certification for Compliance Officers," *Ethikos*, September-October, pp.12-13.

은밀하게 듣는 것이다. 스탭은 그후, 조사를 하여 대변자로서 행동한다. 「우리는 종업원들이〔윤리적〕이슈를 제기하더라도 안전하다고 느끼는 환경을 만들어 내려고 노력하고 있고, 회사 내에 지원체제를 만들어 내려고 노력하고 있다」고 회사의 홍보부장은 말하였다.[30)]

4.7 윤리핫라인

종업원이 어떤 종류의 윤리문제로 고민하고 있지만 그들의 직속상사에게는 그것을 제출하기 어려운 경우 종업원들이 사내의 윤리핫라인(ethics hot line)에 전화할 수 있는 회사도 있다. 이 윤리핫라인은 일반화되어 있으며 「윤리자원센터」(the Ethics Resource Center)의 조사에 의하면 기업의 절반이 실시하고 있다. 이러한 증가요인에는 1991년 미국기업 양형 가이드라인(U.S. Corporate Sentencing Guidelines)이 의회를 통과한 영향도 있을 것이다. 이 가이드 라인에서는 기업에 대해서 「위법행위를 발견 및 억제하는데 유효한 계획」을 설정할 것을 요구하고 있다. 대부분의 기업에서는 이것을 종업원들이 보복을 무서워하는 일 없이 이용할 수 있는 보고체제의 구축이라고 해석하는 것 같다.

오하이오주 컬럼버스에 있는 아메리칸 일렉트릭 파워(AEP: American Electric Power)에서 윤리핫라인의 설치를 결정했을 때, 이 회사는 유명 조사회사인 핑커톤 서비스(Pinkerton Services)사의 조언을 받았다. AEP사는 핫라인에 24시간 체제로 인원을 할애하는것은 문제가 있다고 느끼고 있었다. AEP는 또 신뢰성에 대해서도 걱정하고 있었다. 만약 종업원이 핫라인에 전화했을 경우, 그들의 종업원은 비밀을 지킨다는 경영자 측의 약속을 믿어 줄것인가? 이 때문에 우선 핑커톤 서비스사가 전화를 받아 불만이나 의문에 대하여 상세하게 접수를 받고, 전화한 사람에게 코드 번호가 할당되었다. 다음에 전화는 AEP회사의 법인 및 환경법준수 담당 책임자인 앨버트 모엘러(Albert Moeller)에게 전달되어 조사를 허가받을지, 혹은 어떤 행동을 취할 필요가 있는지를 결정한다. 처음 2년 간은 이 회사의 핫라인에는 700건의 전화가 있었다. 경영자 측은 전화가 걸려온 수가 많은 것은 회사 내의 반윤리적 행동수준이 높았기 때문이 아니라 신윤리제도의 보급을 위해서 제공한 답례품 때문이라고 생각한다.[31)]

벨 헬리콥터 텍스트론(Bell Helicopter Textron)사의 전 윤리담당책임자이었던 다니엘 카일(Daniel Kile)은 핫라인의 이용방법에는 세 가지가 있다고 지적한다. 세 가지는 ① 이해

30) "Pacific Bell; Dial E for Ethics," *Ethikos*, May-June 1990, p.5
31) Singer, A.W.(1997), "Bracing for Deregulation, AEP Boosts Ethics Training," *Ethikos*, July-August, pp.1-3, 16.

가 대립하는 행동 및 적절한 답례품의 수령 등을 포함한 행동에 관해 적절하게 윤리적 설명을 하는 것, ② 충분한 증거가 존재하지 않는 반인륜적 행위를 적절한 권위자에게 알리는 길을 만드는 것, ③ 종업원이나 다른 이해관계자에게 업무에 관한 모든 화제에 대해 일반정보를 입수하는 수단을 주는 것.[32] 윤리핫라인은 다른 윤리방위수단과 함께 그 기능을 발휘할 수도 있다. 그와 같은 예는 레이손(Raytheon)사에서 볼 수 있다. 이 회사에서는 핫라인이 경영관리자에 대해 새로운 윤리훈련프로그램을 개발할 필요성이 있음을 조기에 경고하는 시스템으로 도움이 됐다.

4.8 윤리훈련프로그램

〈표 10-6〉에서 볼 수 있는 바와 같이 수많은 기업이 윤리훈련프로그램을 실시하고 있고, 그 비율은 중소기업의 20%, 대기업은 55%에 이르고 있다. 훈련은 일반적으로 매년 교육이 이루어졌고, 평균 2시간 이내였다. 윤리훈련은 평사원보다 오히려 경영관리자들에게 실시하였고 일반적으로는 트레이너에 의한 강의와 그룹 디스커션이 주된 내용이었다. 윤리훈련이 가장 잘 이루어지고 있는 것은 대기업이다.[33] 예를 들어 유니온 퍼시픽 철도(Union Pacific Railroad), 던 앤드 브래드스트리트(Dan and Bradstreet), 도넬리 코퍼레이션(Donnelly Corporation), NYNEX, 리바이 스트라우스(Levi Strauss) 등과 같은 회사는 모두 1980년대 초반에 종업원을 위한 윤리에 관한 광범위한 윤리훈련계획을 개발하였다. 기타 기업은 예를 들면, 하니웰(Honeywell), 노스럽(Northrup), 휴즈 에어크래프트(Hughes Aircraft), 해리스 코퍼레이션(Harris Corporation) 같은 기업은 이 시기 그들의 기존 윤리훈련프로그램을 최신의 것으로 대규모로 갱신하였다.

캘리포니아주에 있는 록히드마틴(Lockheed-Martin Corporation)은 윤리법령준수분야에서 기술적 혁신자로 알려져 있다. 1995년 이 회사는 인터넷 상에 자사의 윤리규범을 개재하였는데 이것이 일반에 보급된 것은 2000년이다. 다음 해에 록히드마틴은 자사의 연차 법령준수훈련을 온라인에 게시했다. 1999년까지 록히드마틴사의 법령준수훈련의 약 80%가 디지털화되어 CD-ROM 훈련모듈에 담겨 있다. 그 내용은 수출통제, 뇌물, 팁, 안전, 군사판매, 직장에서의 성희롱 등에 이르고 있다. 종업원들은 처음에 법령준수 훈련용 CD에 접속할 것이 요구되고, 그

32) "Operating an Ethics Hotline: Some Practical Advice." *Ethikos*, March-April 1996. pp.11-13.

33) Beard Center for Leadership in Ethics, Ethics Initiatives in Southwestern Pennsylvania: A Benchmarking Report, Pittsburgh, PA: Dequesne University, 1996.

후에 연차 재훈련용으로 설계된 프로그램을 참조하는 것이 요구되고 있다. 록히드 마틴사에 의하면 윤리훈련프로그램을 CD-ROM화한 주된 이유는 유연성이 있고, 사용하기 쉽고, 정보를 재빠르게 전개할 수가 있기 때문이라고 말한다.[34)]

4.9 윤리감사

자사의 윤리방위수단의 유효성에 목표를 맞춘 평가방법을 개발하거나 종업원의 윤리가 증가했다는 확실한 증거를 바라는 기업도 있다. 그때 이용되는 하나의 기법이 윤리감사(ethics audit)이다. 일반적으로 감사담당자는 윤리감사기간 중에 밝혀진 자사의 윤리기준으로부터의 일탈을 모두 기록하도록 되어 있다. 다음에 윤리감사책임자에게 보고하여 그들의 주의를 환기한다. 각 운영주체의 경영관리자는 전년의 감사에서 지적된 기준으로부터 모든 일탈에 그들이 어떠한 시정조치를 강구했는지를 감사담당자에게 보고서로 제출할 것이 요구된다. 경영관리자는 또 신입사원들에 대해서 얼마나 윤리기준을 알렸는지, 다른 종업원들에 대해서는 기준을 지키고 있다는 것을 지속적으로 관찰하는 방법을 얼마나 구축했는지를 서면으로 보고한다.

1990년대 종반 센던트 코퍼레이션(Cendant Corporation)이 3억 달러의 분식이익을 계상하였던 것이 발각되었을 때 이 회사의 감사프로그램이 기능하지 않았던 것이 드러났다. 이 사태발생의 가장 심각한 문제는 감사팀의 구성 그 자체에 있음이 드러났다. 최고 경영책임자가 너무 빈번하게 "물 흐르듯이 잘 흘러가야 한다. 배를 너무 흔들지마라"라고 멤버들을 재촉했던 것에 있었다고 웨이스트 경영연구소(Waste Management)의 로버트 "스티브" 밀러(Robert "Steve" Miller)소장은 말했다. 그의 견해에 의하면 감사팀에는「몇 명의 독립된 지휘관」이 필요하다.[35)] 기업이 윤리감사개발에 경험을 쌓아감에 따라 이러한 윤리보호수단의 유효성이 향상하는 것은 틀림이 없다.

34) Singer, A.(1999), "Lockheed-Martin Moves beyond the Internet to Internet Compliance Training," *Ethikos*, May-June, pp.5-8

35) Lublin, J.S. and MacDonald, E.(1998), "Scandals Signal Laxity of Audit Panels," *Wall Street Journal*, July 17, pp.B1, B9.

4.10 포괄적인 윤리프로그램

효과적인 윤리설계도를 만드는 데 있어 특히 중요한 것은 여러 가지 적절한 윤리방위수단을 포괄적인 프로그램 속에 통합하는 것이다. 미국 종업원에 대한 「윤리자원센터」(Ethics Resource Center)의 조사에서는 자신들의 고용주가 포괄적인 윤리프로그램, 즉 윤리규범, 종업원의 윤리훈련, 전화상담, 윤리실을 통합하는 프로그램을 개발해 왔다고 대답한 것은 겨우 33%에 지나지 않았다. 그러나 놀랄만한 발견은 종업원을 위한 윤리적 작업환경을 조성하는데 있어 포괄적인 윤리프로그램이 극적인 효과를 거두고 있다는 점이었다. 그러한 프로그램을 갖고있는 기업에서 일하는 사람들은 직장에서 윤리적으로 잘못된 행동에 대해 적절한 권한을 가진 사람에게 보고하는 경향이 있었고, 그에대한 회사의 조사나 대응에 대부분 만족하는 경향이 있었다. 이에 반해 윤리규범밖에 갖지 않은 기업은 포괄적인 윤리프로그램을 가진 기업보다 윤리적 책임감이 약하고, 직장에서 윤리적으로 잘못한 행동을 지적하는 것이 불가능한 것으로 인식된다.[36)]

4.11 기업윤리상

윤리적 풍토의 창조나 윤리실적의 향상을 위해 1989년부터 기업윤리잡지(Business Ethics Magazine)사가 주최하는 기업윤리상(Corporate Ethics Awards)이 운영되고 있다. 이 상의 평가기준에는 다음과 같은 사항이 포함되어 있다.

① 윤리적인 방법을 제시한 해당분야의 리더일 것
② 성실함을 보여주는 프로그램이나 주체성을 가지고 있을 것. 그리고 회사의 구석구석까지 그 내용이 스며있을 것
③ 그 윤리적 행동이 커다란 의미를 줄 만큼 전국적으로 중요한 존재일 것
④ 적어도 하나의 영역에서 윤리적 성과가 도드라질 것
⑤ 최근 곤란한 상황에 직면하여 그것을 성실하게 극복한 기업

최근 윤리적 리더십 상을 수상한 기업에는 다음과 같은 것들이 있다.

---

36) Joshua Joseph, *2000 National Business Ethics Survey, Volume I: How Employees Perceive Ethics at Work*, Washington, DC: Ethics Resource Center, 2000.; *Ethics in American Business: Policies, Programs, and Perceptions*, Washington, DC: Ethics Resource Center, 1994

- **스미스클라인 비챔**(SmithKline Beecham)제약 : 전세계로부터 림프관 피라리아증 박멸의 선구자로서 10억 달러의 기부를 했던것에 대해
- **BNA사**(BNA, Inc.) : 반세기 이상 긴 세월에 걸쳐서 종업원 지주제를 유지하는 것에 대해
- **아이슬랜드**(Iceland Company) : 영국에서 비유기농 야채와 같은 가격으로 모든 유기 야채를 판매함과 동시에 윤리적 식품소매에 대해
- **S. C. 죤슨**(S. C. Johnson) : 60년간에 걸쳐서 커뮤니티의 지속 가능한 발전에 투자해 왔던 것에 대해[37]

이러한 기업이나 다른 수상기업은 기업윤리의 역할모델로서 모범을 보여주고 있다. 윤리적 가치에 대한 그들의 공헌 및 유효한 윤리프로그램의 확립을 향한 그들의 노력은 기업이라는 것이 재무적인 성공뿐만 아니라 윤리적으로도 성공할 수 있음을 보여주고 있다.

37) "12th Annual Business Ethics A wards," Business Ethics, November-December 2000, pp.10-14

이 장의 요점

- 기업활동에 있어서 윤리문제가 발생하는 이유는 다양하지만 그 이유로써 소수 사람들의 이기적 행동, 이익에 대한 경쟁상의 압력, 개인의 가치관과 기업문화의 충돌, 전세계적으로 기업활동을 하는데 있어서의 이문화 간의 모순 등을 들 수가 있다.
- 경영관리자의 일반적인 가치관은 기업목적에 우선순위를 둔 기업지향적인 경향이 있다. 경영관리자는 다양한 가치 속에서 자주 유능한 것에 가치를 두는것과 동시에 쾌적하고 자극적인 생활을 보내는 것에 중요도를 두고 있다.
- 타인의 성격 및 정신성은 경영관리자가 윤리적 딜레마에 대처할 때에 중요한 역할을 완수하는 것이다. 개인의 정신성은 직장에서 일반적으로 논의할 때에도 표출되고, 노동시간 중, 노동시간 외의 기업후원활동에도 영향을 미치고 있다.
- 기업문화 및 윤리적 풍토는 거기서 일하는 모든 사람들의 태도나 행동을 형성하는 경향이 있고 때로는 높은 수준에서의 윤리적 행동이 되어 나타나는 경우가 있는가 하면 그다지 바람직하지않은 윤리실적이 되어 나타나는 경우도 있다.
- 비즈니스계에 있는 사람은 크게 세 가지 타입의 윤리적 추론을 윤리적 딜레마 분석에 이용할 수가 있다. 즉, 공리주의적 추론, 권리추론, 공정성 추론이다.
- 기업은 가치에 기초한 윤리프로그램을 책정함으로써 윤리실적을 향상시킬 수 있으며, 이러한 윤리프로그램의 성공여부는 최고경영자의 리더십에 좌우되며, 윤리규범, 윤리위원회, 윤리대책, 윤리훈련프로그램, 윤리감사라는 조직적인 방위수단에 좌우된다.

토론을 위한 자료

PPG사의 기업윤리프로그램

1883년에 설립된 PPG 인더스트리(PPG Industries)사는 특수유리제품과 산업용 특수화학제품을 제조하는 세계굴지의 공급업자였다. 1999년 당시 피츠버그에 본사를 둔 이 회사는 세계 23개국에 120곳의 제조시설을 운영하여 78억 달러의 매출액을 올리는 다국적기업이었다.

정직하고 공정하고 우수한 회사라는 평판을 유지하기 위해서 PPG 인더스트리사는 다면적 윤리프로그램을 개발하고 있었다. 그 토대가 된것은 이 회사의 가치관(values), 미션(사명), 등이 기록되어 있는 「PPG 인더스트리사 청사진」(PPG Industries Blueprint)이라고 불리는 것이었다. 무엇보다 새로운 것은 1998년에 개정된 이 공문서는 이 회사의 중요한 가치관으로 소비자에 대한 헌신, 종업원의 존엄, 인권, 공헌에 대한 경의, 사회의 이익과 니즈를 인식하는 것, 성실, 높은 윤리표준을 향해 헌신적으로 노력하는 것, 지속적 개선과 책임공유에 초점을 맞춘 공급업자와의 관계, 주주에 대한 책임을 들고 있다.

방침 및 계획을 통해서 이러한 가치를 실무에 활용하기 위해서 PPG의 경영자는 몇 가지 윤리적 방위수단을 도입했다. 예를 들면, 2000년에 개정된 PPG사의 「기업행동지침」(Business Conduct Policies)은 PPG 인더스트리사의 회장겸 최고 경영책임자(CEO)의 다음과 같은 말로 시작되고 있다. “이 방침은 우리 회사의 가장 높은 윤리표준을 나타내는 것이고, 성실성은 타협의 대상이 아니며 우리가 기업활동을 하는데 있어서 기초를 이루는 것이다. …… 그리고 경우에 따라서는 우리 사원에게 제약을 부과하는 것이고, 법률보다 엄격한 실천을 부과하는 것이기도 하다.” 이러한 「기업행동지침」은 PPG의 종업원이 조우할 윤리적 과제사항을 분명히 명시할 뿐만 아니라, 윤리적 과제사항에 어떻게 대처하면 좋을지에 대한 지침을 나타내는 것이기도 하다. 이 지침은 다음과 같은 말로 끝맺고 있다. “선량하고, 책임감이 있고, 윤리적인 기업시민으로서 활동하기 위해 필요한 모든 노력을 하는 것, 그리고 현재 존재하고, 운용되고 있는 모든 해당법률을 준수하는 것, 그것이 PPG 및 자회사, 대리인, 종업원의 지침이다”라고 하였다.

「기업행동지침」은 PPG사의 활동에 있어 윤리적 풍토를 명확하게 설정하고 있었지만, 경영진은 PPG사와는 다른 문화나 역사를 가지는 해외기업 몇 사를 매수하였으므로 명확하게 글로벌시점에서 생각할 필요성을 느끼고 있었다. 그래서 글로벌 윤리위원회를 창설하고, 그 멤버를 유럽, 아시아, 남북아메리카에 있는 PPG의 활동거점으로부터 선발했다. 그 역할은 다음과 같은 윤리적 과제사항에 관해서 톱 매니지먼트에 조언하는 것이다. 회사의 방침이나 행동규범에 관한 충고를 하고, 윤리프로그램을 개발하고, 윤리적 이슈를 재점검하는 기회를 제공하는 것이다. 게다가 1991년에 미국 양형 가이드라인 연방법(the U.S. Federal Sentencing Guidelines)의 통과 이후에는 컴플라이언스 위원회의 역할도 설정되어 있었다.

글로벌 윤리위원회가 정한 가장 중요한 행동의 하나는 PPG사의 「글로벌 윤리규범」(Global Code of Ethics) 초안의 책정이었다. 특히 이 글로벌 규범은 회사의 윤리표준의 중요성을 재확인하고 신입사원과 미래의 종업원에게 회사의 윤리훈련을 소개하고 회사가 사원에게 기대하는 윤리표준의 높이를 소개하는 것으로 한층 더 PPG사의 윤리적 신념의 중요한 요소가 집약되어 있으므로 기본적인 참고문헌으로 도움이 되도록 하였다. 윤리규범은 PPG사와 고객, 공급업자, 경쟁상대와의 관계를 망라하고(답례품, 부적절한 접대, 제품 안전성이라는 문제), PPG사의 사원에 대한 책임(건강, 안전, 다양성 이슈)을 망라하고 있다. 이 강령에서는 또 기업자산보호에 대해(예를 들면 정보자산의 안전성), 일반대중이나 행정부 공무원에 대한 기업의 책임(기업의 로비활동부터 환경책임에 이르는 범위의 사항)에 대해서도 논의하고 있다. 마지막으로 이 글로벌 규범은 지역에 의한 법률이나 관습의 차이, 보고되는 일탈행위의 차이, 직장에 있어서의 잘못된 행위의 차이를 제시하고 있다.

윤리적으로 잘못된 행위를 하는 사례가 모두 확실히 보고되도록 PPG사는 1999년에 윤리핫라인을 창설했으며 통화료 무료회선의 운영은 전화를 걸은 사람의 익명성을 확실히 보호하기 위해서 아틀랜타에 있는 별도의 회사에 맡겼다. PPG사의 종업원으로부터의 전화내용은 종업원 관계에 대한 질문부터 사기행위, 차별적 대우, 이해대립, 소유정보의 누설에 관한 보고 등에 이르고 있었다. 윤리핫라인을 통한 커뮤니케이션에 의거하여 PPG 인더스트리사는 기업내의 커뮤니케이션 경로를 개선하고 방침을 변경하고 필요에 따라서 위반자를 기소했다.

PPG사의 다면적 윤리프로그램은 경제적 책임을 완수하면서 윤리문화를 유지하는 방법을 찾는 비즈니스 계의 일례이다. PPG사의 현재의 회장겸 최고 경영책임자(CEO)는 다음과 같이 설명하고 있다.

> "우리의 공통목적을 위해서 힘을 합쳐 모두 함께 일합시다. 즉, 우리의 고객이나 사회의 니즈를 충족시킬 수 있는 재화나 서비스를 제공합시다. 종업원에게 안전하고, 건강하고, 좋은 노동환경을 제공합시다. 우리의 주주에 대해서 최고의 배당을 제공합시다. 우리가 활동하고 있는 각국, 각 커뮤니티에 좋은 기업시민으로 공헌합시다."

● 출처 : PPG사의 [기업행동지침](Business Conduct Guidelines) 및 「글로벌 윤리규범」(Global Code of Ethics)로부터 인용. 기타 정보는 「PPG사 청사진」(PPG Industries Blueprint) 및 PPG사 안전법령준수 담당자인 레지 베커(Regis Becker)의 인터뷰로부터 인용.

토의과제

1. 이 장 말미의 PPG 인더스트리 사례와 관련하여;

   ① 이 장에서 밝혀진 윤리문화에서 보면, PPG 인더스트리사를 가장 잘 가리키고 있는 것은 어떤 윤리문화일까? 직장의 윤리의식촉진에는 이 문화가 최고라고 생각되는가?

   ② 이 장에서 서술된 윤리방위수단의 몇 가지가 PPG 인더스트리사의 기업윤리프로그램으로 채용되고 있었는가?

   ③ PPG 인더스트리사의 윤리프로그램에서 다음 단계로 필요한 것은 무엇인가? 당신이라면 어떤 제안을 할것인가?

2. 이 장 본문 중의 센던트 코퍼레이션 사례와 관련하여 만약 이 회사의 감사팀에 독립된 지휘관이 존재했다면 문제가 된 분식회계처리를 예방할 수 있었을까? 논거와 함께 당신의 의견과 대안을 함께 제시해 보시오.

3. 이 장 도입부의 GE사례와 관련하여, 잭 웰치는 최근에 사상 유례없는 재무적 성공에 의해 실증된 성공한 경영자의 표본일까? 아니면 「승리가 전부」라는 신조 때문에 다른 사람들의 존경이나 윤리원칙이 결여된 반윤리적 경영자의 대표일까? 윤리적 경영자는 재무적으로 성공한 경영자일 수 있는지, 그렇지 않으면 윤리와 이익은 상호 배타적인 것인가? 만약 잭 웰치가 반윤리적 경영자라고 한다면 GE 이사회는 이러한 타입의 리더십을 어떻게 배제할 수 있을지 토의해 보시오.

제 11 장

기업 컴플라이언스와 인테그리티 경영

INTRODUCTION

"부장님이 수상해요" 金대리 외부업체를 두드리다 [내부고발도 아웃소싱시대… 기업·정부기관 등 300여곳 시행]

은밀하게 완벽하게, 호루라기 삑~
내부 제보자 신원확실하게 보장, 스마트폰 터치로 간단하게 제보
노출우려했던 고발자들 몰려들어 횡령·성희롱 등 부정행위고발
법무부·경찰청·금융사도 위탁

#사례1 : "○○백화점 매장직원이 상품권 수백만원어치를 빼돌린 것 같습니다. 고객에게 증정하는 '10% 할인'쿠폰도 빼돌렸고요." 지난해 A기업의 한 법무팀 직원은 외부 부정부패신고대행업체가 보낸 문자메시지를 받았다. A기업이 확인해보니 제보내용은 사실이었다. A기업은 해당 직원을 조사해 징계처분을 내렸다.

#사례2 : KB국민은행은 지난해 직원이 국민주택채권을 위조해 100억원대를 횡령한 사건을 겪은 이후, 10억원의 포상금을 내걸고 직원 내부비리에 대한 제보시스템을 구축했지만, 1년간 제보건수가 1건에 불과해 내부고발제도자체가 유명무실해졌다. 국민은행측은 고심끝에 내부비리고발업무를 외부 전문업체에 아웃소싱하기로 했다. KB금융지주 관계자는 "아무리 내부제보자에 대해 신분노출을 최대한 보장해줘도, 업무용 PC를 통해 홈페이지에서 제보하는것은 IP주소기록에 남는 문제가 있고 또 어떻게든 조직에 소문이 퍼져나가 해당직원이 고통받는 경우가 있었다"고 말했다.

A기업 B대리의 내부비리고발 경로

A기업 B대리는 C부장이 공개 입찰 없이 한 납품업체와 단독 계약을 체결한 대가로 500만원을 받았다는 사실을 알게 됨 ▶ B대리는 법무팀에 신고할 것을 고려했지만, IP 추적을 통해 신분이 노출될까봐 고민 ▶

B대리는 내부비리고발대행 D업체가 배포한 QR코드 명함을 스마트폰으로 스캔, 스마트폰 화면에 '신고하기' 창으로 연결 ▶ B대리는 C부장의 금품수수 일지를 상세하게 기록 후 '신고하기' 버튼 누름 ▶

D업체는 신고내용을 접수한 뒤, B대리의 신분 보호를 위해 스마트폰 IP 주소 즉시 삭제 ▶ D업체는 A기업 법무팀에 B대리의 신고 내용 SMS로 통보 ▶ A기업은 C부장의 금품 수수 사실을 확인하고 징계

기사 관련 일러스트 ▲ 일러스트=박상훈 기자

KB금융지주로부터 이 업무를 위탁받은 업체는 '○○○'이라는 부정부패 신고대행업체다. ○○○처럼 기업의 내부비리고발업무를 대신

처리해 주는 전문기업이 ○○기업윤리경영연구원·○○컨설팅 등 3~4곳 되는데, 금품수수, 성희롱, 공금횡령 등 직원들의 내부비리를 고발하는 업무를 외부에 위탁하는 기업이 크게 늘어나면서 이 같은 신종 비즈니스가 성업 중이다. 현재 이들 업체에 비리제보업무를 맡긴 기관과 기업체는 300여곳으로, 법무부, 국민안전처, 경찰청, 대구시청, 국민연금관리공단, 한국수력원자력, 성주그룹, 메리츠금융그룹 등이 고객명단에 들어 있다.

미국과 일본 등 선진국에서는 내부비리고발업무를 외부업체에 아웃소싱하는 것이 관행으로 정착돼 있다. 현재 미국은 6000여개, 일본은 3500여개 기관과 기업이 내부비리고발업무를 외부기관에 아웃소싱하고 있다. 오필환 ○○기업윤리경영연구원장은 "내부고발자들이 신분이 노출돼 '왕따'를 당하기 십상인데, 외부업체를 이용하면 이런 문제를 차단할 수 있어 기업체들의 문의가 잇따르고 있다"고 말했다.

◇철저한 신변보호가 경쟁력의 원천

내부고발업무 위탁업체들의 경쟁력의 원천은 내부고발자에 대한 철저한 신분보호 노하우이다. 이들은 내외부고발자의 '익명성'을 어떻게 보장할까. 비결은 제보접수와 동시에 IP기록 등 제보자 정보를 삭제하거나 유출을 막는 최첨단 보안시스템의 사용에 있다.

내부고발위탁업체는 우선 기업체 직원들에게 QR코드가 담긴 명함과 스티커를 배포한다. 내부고발자가 스마트폰으로 QR코드를 스캔하면 스마트폰 화면에 '신고하기' 창이 뜨고, 고발자는 이 창을 통해 고발내용을 적은 뒤 '신고하기' 버튼을 누르면 된다. 신고를 접수한 위탁업체는 신고자의 IP주소 등 인적정보를 삭제한 뒤 해당 기업법무팀이나 인사팀 직원에게 휴대폰 문자메시지로 신고 내용을 전달한다. 레드휘슬 박애경 이사는 "제보내용이 유출되면 모든 손해배상관련책임을 업체가 진다는 '보안각서'를 쓰고 계약을 진행한다"고 말했다.

위탁업체들은 연간 500만~600만원의 수수료를 받고 개별기관, 기업과 계약을 맺는다.

레드휘슬의 지난 1월 제보를 유형별로 보면, 알선청탁·특혜제공(41.6%)이 가장 많고, 금품수수·공금횡령(12%), 성추행·성희롱(11.8%) 등의 순이었다. 제보내용은 업종별로 달라 금융기관의 경우, 수십억원대 부정대출·횡령제보가 많고, 공공기관의 경우 소액의 금품수수·접대비리가 많이 접수된다고 한다.

B기업 감사실 관계자는 "인사시즌이 되면 '승진대상인 ○○부장은 부적절한 인물이다'는 식의 음해성 제보가 넘쳐나지만 인사와 관련된 제보는 인사가 끝난 뒤 처리하는 것을 원칙으로 삼고 있다"고 말했다.

◇비리에 대한 직원 경각심 높이고, 갑의 횡포줄이는 효과

내부비리고발을 외부업체에 아웃소싱하면 내부제보가 활성화된다. A유통기업의 경우, 위탁업체를 쓰면서 상품권 유용 등 직원들의 비리에 관한 제보가 30~40% 늘었다. B교육청의 경우 학부모들로부터 촌지를 수수했다는 교사들에 대한 제보를 받고 5명을 징계처분했다. C금융사 관계자는 "직원들의 자금횡령관련제보가 일부 사실로 드러나 징계처분을 내렸다"고 말했다.

내부비리고발의 활성화는 하도급업체에 대한 갑(甲)의 횡포를 줄이는 효과도 나타나고 있다. 한 제조업체의 부장급 직원은 "예전엔 하도급업체 임직원들을 만날 때 '우리한테 밉보이면 불이익을 주겠다'는 식으로 겁을 많이줬는데, 내부고발업무를 아웃소싱한 이후엔 하도급업체를 파트너로 대하는 자세가 정착되고 있다"고 말했다. 김성수 서울대 경영학과 교수는 "미국 등 선진국은 직원 근무연한이 짧고, 법이나 규정을 중시하기 때문에 옆자리 회사동료도 잘못하면 고발하는 시스템이 정착되어 있지만, 우리나라는 회사동료를 지켜주는 성향이 강해 내부고발문화가 약하다"며 "그러나 국내기업·기관들에도 근무연속이 짧아지고, 윤리경영을 중시하는 기업문화가 자리잡아 가고있어 내부고발이 점점 늘어날 것"이라고 말했다.

● 조선일보, 이신영 기자, 2015.02.17

학습목표

기업비리 관련이슈, 기업의 윤리수준, 컴플라이언스 경영, 인테그리티 경영, 컴플라이언스 프로그램의 전개, 미연방양형가이드라인

기업에 대한 사회의 시선이 점점 엄격해지고 있다. 그결과, '사회의 상식'과 동떨어진 '기업의 상식'에 입각하여 행동하는 기업은 기업비리라는 이름하에 비판의 화살을 맞게 된다. 또한 기업내부에서 발생한 부정행위와 비리가 이른바 내부고발에 의해 표면화되는 경우도 증가하고 있다. 자동차 메이커의 리콜은폐문제, 식품회사의 쇠고기 위장사건, 과자 메이커의 유통기한이 지난 원재료 사용의 문제 등은 모두 내부관계자에 의한 고발을 계기로 표면화된 것이다. 비리를 완벽하게 숨길 수 있는 시대는 지나갔다.

한편 사회적 책임을 완수하는 기업, 윤리적인 행동을 취하는 기업을 높이 평가하고 칭찬하는 움직임도 있다. SRI(사회적 책임투자) 등이 그 전형이라 할 수 있다. 비판이든 칭찬이든 간에 기업에 요구되고 있는 것은 기업의 성실성이다. 기업의 '성실성(혹은 진정성)'을 나타내는 개념을 경영학에서는 '인테그리티(integrity)'라고 부른다.

이 장에서는 윤리경영의 출발점인 '컴플라이언스' 경영과, 좀더 진전된 '인테그리티'경영에 대해 서술하기로 한다. 우선 기업이 윤리적이기 위해서는 컴플라이언스 어프로치와 인테그리티 어프로치 등의 두 가지 방법이 있음을 제시하고, 컴플라이언스의 의미와 컴플라이언스 어프로치의 한계에 대해 서술하기로 한다. 그리고 마지막으로 인테그리티 매니지먼트에 대해 설명하기로 한다.

01 컴플라이언스 경영의 대두와 개념

1.1 컴플라이언스 경영의 대두배경

다국적 기업에 의한 인체에 유해한 가습기 소독제의 제조와 판매, 대기업의 식중독사건이나 리콜은폐문제, 식품위장사건, 분식결산, 고객정보유출 등 너무 많아서 일일이 열거하

기가 힘이 들 정도로 기업비리가 빈발하고 있는 게 작금의 현실이다. 이러한 비리를 야기한 기업은 비리가 매스미디어에서 거론되는 가운데 서툰대응으로 인해 사회로부터 차가운 비판을 받는 기업도 많다. 그 결과 사업을 지속하기 곤란한 상황에 처하여 타사의 지원을 받거나 폐업을 하게되는 경우도 다반사로 일어나고 있다. 기업비리가 회사를 망하게 하는 시대가 된 것이다.

일반적으로 기업비리가 될만한 용어는 기업이 일으킨 사고나 범죄, 기업내지는 사원에 의한 비윤리적 행동을 모두 포함하게 된다. 그리고 그 전형적인 것은 관계 영역별로 〈표 11-1〉과 같이 정리할 수 있다.

구체적으로 살펴보면, 경쟁관계에서 보면 기업연합, 입찰담합, 뇌물증여 등이 전형적인 기업비리이다. 소비자관계에서는 유해상품, 결함상품, 허위 및 과대광고 등이 이에 해당한다. 투자자관계에서 말하자면 내부자거래, 이익공여, 분식결산, 사원관계에서는 노동재해, 과로사, 성희롱, 지역사회관계에서는 산업재해, 산업공해 등을 들 수 있다. 그리고 정부관계에서는 탈세, 부정한 정치헌금, 보고의무의 위반, 허위보고 등이 있으며, 국제관계에서는 조세회피, 소셜덤핑, 부정한 자금세탁 등이 있고, 지구환경관계에서는 환경오염, 자연파괴 등을 들 수 있다.

하지만 이러한 기업비리의 리스트를 자세히 살펴보면 사실은 문제의 성질이나 원인, 발

표 11-1 관련 영역별 기업비리

관계영역	소셜 이슈
경쟁관계	기업연합, 입찰담합, 거래처 제한, 시장분할, 차별대가, 차별취급, 부당염가판매, 지적 재산권 침해, 기업비밀침해, 뇌물증여, 부정 리베이트 등
소비자관계	유해상품, 결함상품, 허위 및 과대광고, 악덕상법, 개인정보누설 등
투자자관계	내부자 거래, 이익공여, 이익보증, 손실보전, 작위적인 시세형성, 시세조종, 분식결산 등
사원관계	노동재해, 직업병, 정신위생장해, 과로사, 고용차별(국적, 인종,성별, 연령, 종교, 장애자, 특정 질병환자), 전문직 윤리침해, 프라이버시 침해, 성희롱 등
지역사회관계	산업재해(화재, 폭발, 유해물의 누설), 산업공해(배기, 배수, 소음, 전파, 온열), 산업폐기물 불법처리, 부당공장의 폐쇄, 계획도산 등
정부관계	탈세, 뇌물증여, 부정한 정치헌금, 보고 의무의 위반, 허위보고, 검사방해, 수사방해 등
국제관계	조세 회피, 소셜덤핑, 부정자금의 세탁, 다국적 기업의 문제행동(뇌물증여, 열악한 노동조건, 공해방지 설비의 미비, 이익송환, 정치개입, 문화파괴) 등
지구환경관계	환경오염, 자연파괴 등

그림 11-1 컴플라이언스 경영의 배경과 내용

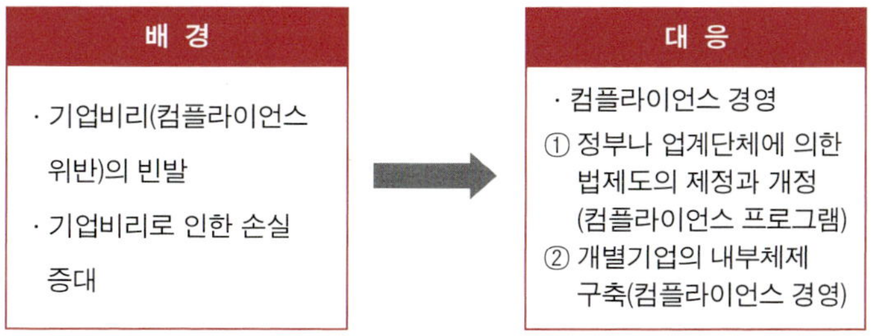

생 장소가 다른 것이 혼재하고 있음을 알 수 있다. 그러므로 기업비리방지책을 강구하는 것에는 매우 큰 곤란이 따른다. 따라서 기업에는 임기응변적인 대응이 아니라 체계적인 대응이 요구된다. 한편 기업비리가 다발하는 것은 해당기업뿐만이 아니라 자본주의사회전체의 신뢰를 흔드는 것으로도 이어진다. 기업비리가 다발하면 제품이나 서비스를 안심하고 이용할 수 없게 되기 때문이다. 따라서 정부나 업계단체에 의한 기업비리방지를 목적으로 한 법제도의 제정, 개정 등과 같은 대응이 필요하다. 기업비리방지를 목적으로 한 ① 정부와 업계단체에 의한 법제도 제정, 개정 등의 활동(컴플라이언스 프로그램), ② 개별기업의 내부체제구축 등을 '컴플라이언스 매니지먼트'라고 한다(그림 11-1 참조).

1.2 컴플라이언스의 개념

(1) 다양한 컴플라이언스 개념

컴플라이언스(compliance)는 원래 명령·요구 등에의 복종과 종속을 의미하는 용어이다. 비즈니스의 문맥에서는 법령준수, 윤리법령의 준수 등으로 주로 번역된다. 이것이 의미하는 바는 기업이 규칙에 따라 공정하고 공평하게 업무를 수행하는 것이다. 여기에서 말하는 규칙의 해석을 둘러싸고 여러가지 혼란이 발생한다. 즉, ① 규칙을 엄밀하게 법령에 한정시켜 해석하는 경우, ② 법령에 추가로 사내규정과 매뉴얼이 포함된다고 해석하는 경우, ③ 여기에 추가하여 사회규범(윤리)까지도 포함된다고 해석하는 경우이다. 따라서 ①에서 ③ 중에서 어느 입장을 취할 것인가에 따라 앞에서 서술한 번역용어도 바뀌게 된다.

그러나 ①과 같이 법령에 한정시켜서 해석하는 것은 그다지 일반적이지 않고, ②처럼 법령에 추가로 사내규정과 매뉴얼이 포함된다고 해석하는 경우이거나, ③ 여기에 추가하여

그림 11-2 협의의 컴플라이언스와 광의의 컴플라이언스

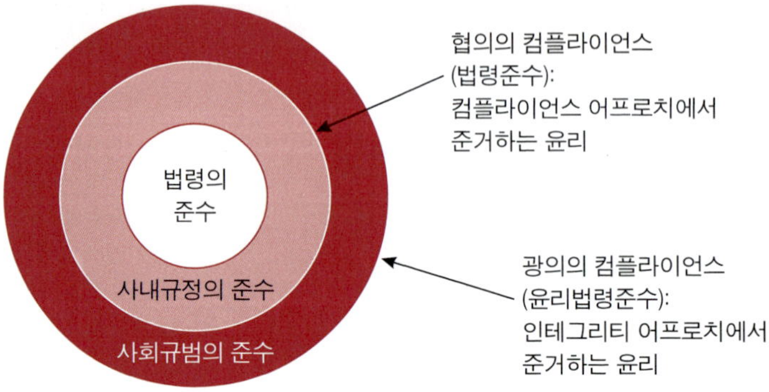

사회규범(윤리)까지도 포함된다고 해석하는 경우가 많다. 이렇게 파악하면, ②를 협의의 컴플라이언스, ③을 광의의 컴플라이언스 혹은 인테그리티경영으로 간주할 수 있다(그림 11-2 참조).

실무에서는 '컴플라이언스'가 협의로 사용되는 기업도 있지만 광의로 사용되는 기업도 있다. 또한 예를 들어 의학과 약학의 영역에서 '컴플라이언스'란 복약준수, 즉 처방받은 약을 지시대로 복용하는 것이다. 따라서 각 기업에 따라 컴플라이언스라는 말이 의미하는 바를 올바르게 이해하기 위해서는 충분한 주의가 필요하다. 그리고 이 장에서는 일단 협의의 의미로 컴플라이언스를 사용하기로 한다.

(2) 컴플라이언스를 둘러싼 오해

컴플라이언스를 협의로 파악했을 경우 법령을 중심으로 한 규칙을 준수하는 것에 주목적을 두게 된다. 그러나 규칙의 준수에는 다음 세 가지 문제가 존재한다.

첫 번째로, 규칙으로 모든 행동을 규정할 수는 없다. 예를 들어 법조문에 '공공미풍에 반하지 않는 한'이라는 구절이 명시되어 있는 경우가 있다. 이 경우에 무엇이 공공미풍에 반하는 행위이며 무엇이 공공미풍에 반하지 않는 행위인가에 대한 주체적인 판단이 요구된다.

두 번째로, 규칙만 지키면 된다는 생각을 넓히도록 한다. 규칙에 없는 사항에 대해서는 그 시비를 가리지 않고 행동으로 옮길 가능성도 있다. 혹은 소위 탈법행위와 같이 법에서 빠져나갈 구멍을 찾는 행동을 취하는 경우도 생각할 수 있다. 즉, 규칙화되어 있지 않은 것은 모두 좋은 것이라는 논리의 비약이 생긴다. 이러한 해석은 기업비리의 발생 가능성을 높이는 요인이 된다.

그림 11-3 기업윤리경영의 발전단계

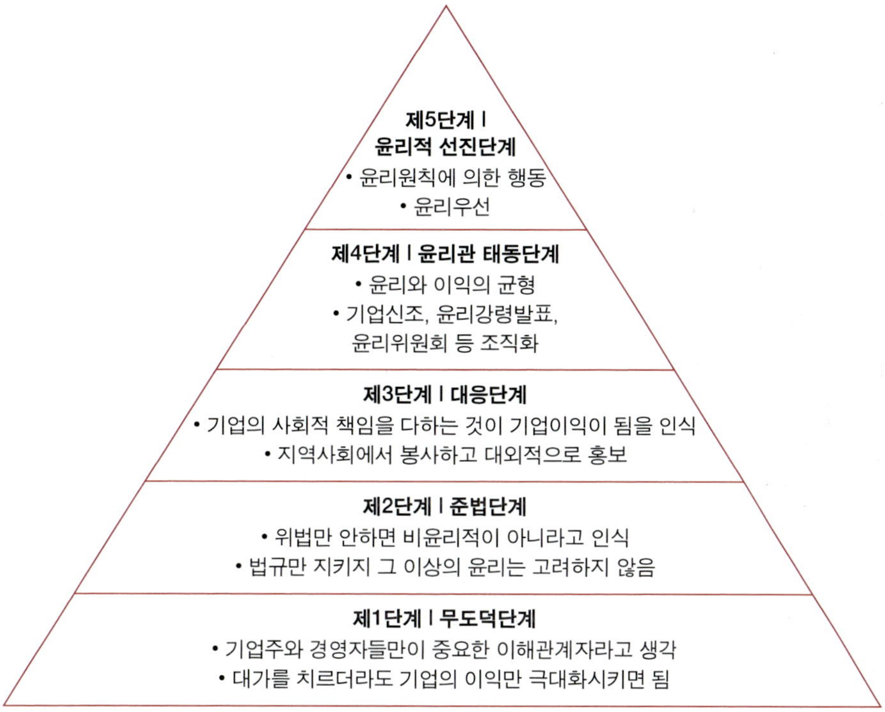

세 번째로, 규칙이 완수하는 역할을 이해하지 못하게 된다. 규칙이 갖는 본래적인 의미를 이해하지 못한채로 형식적으로 규칙을 준수하고 있다면 상황이 바뀌었을 경우에 생각하지 못한 비리를 초래할 수도 있다. 또한 규칙이 형해화할 가능성도 존재한다.

이상과 같이 협의의 컴플라이언스는 법령을 중심으로 한 규칙을 준수하는 것을 의미하지만 여기에는 규칙의 의미와 역할에 대한 이해가 필수적으로 수반되어야 한다. 소위 법의 정신을 이해하고 있어야만 비리를 방지할 수 있다.

이와 같은 컴플라이언스 접근방법은 다른 말로 준법경영이라고 하여 유리경영의 발전단계에서 보면 가장 초보적인 단계라고 할 수 있다.

라이덴바흐와 로빈(Reidenbach. R. E, & Robin. D. P, 1991)은 기업이 이윤추구와 윤리적 고려를 어떻게 균형시키는가를 기준으로 기업조직의 윤리수준을 5단계로 구분하였다(그림 11-3 참조).[1)]

1) 이종영(2003),「기업윤리-이론과 실제」, 삼영사, pp.87-89.

제1단계는 무도덕단계(amoral stage)이다. 이 단계는 기업의 소유주와 경영자를 이해당사자로 보고 이익의 극대화를 행동의 주목적으로 한다. 만약 비윤리적인 행위를 하다가 드러나면 처벌을 받으며, 이익을 내기위한 대가로 생각하고 그래도 이익이 크면 그런 비용은 감수한다. 이 단계는 비윤리적이지만 윤리적 문제에 대해서는 전혀 고려하지 않는 단계이다.

제2단계는 준법단계(legalistic stage)이다. 이 단계는 기업이 윤리적 행위를 하려고 노력하지는 않지만 적어도 법규는 준수하려고 한다. 따라서 이 단계의 기업은 기업의 윤리적 의무는 법규를 어기지 않으면 된다고 보고 그 이상의 노력은 하지 않는다.

제3단계는 대응단계(responsive stage)이다. 이 단계부터 윤리적 문제를 생각하기 시작한다. 기업의 사회적 책임을 인식하기 시작하고, 회사의 공장, 사업장이 있는 지역주민들의 이해문제를 고려하며, 대외적 이미지를 고려하려고 한다. 그러나 기업은 이익의 극대화를 먼저 염두에 두고, 그것을 위하여 윤리적인 경영을 한다.

제4단계는 윤리태동단계(emerging ethical stage)이다. 이 단계는 기업윤리와 기업이익의 균형을 찾으려고 노력한다. 따라서 기업의 목적, 기업의 경영이념 등을 규정할 때에 윤리를 반영시킨다. 기업윤리강령제정, 기업윤리위원회설치가동, 윤리문제를 인사평가에 반영시키고, 때로는 이익을 포기하더라도 기업윤리행위를 오히려 중요시 여긴다.

제5단계는 윤리선진단계(developed ethical stage)이다. 이 단계는 윤리적으로 가장 높은 단계인데, 명확한 윤리관과 윤리원칙을 천명하여 모든 기업구성원이 그 원칙에 따라서 윤리와 관련된 기업문제를 개선하고 해결하도록 요구하고 있다. 중요한 것은 기업이익을 윤리 다음의 고려사항으로 취급한다.

물론 이러한 기업윤리발전단계는 실제로 반드시 순차적으로 전개되는 것은 아니며 둘 이상의 단계가 동시에 추진되는 조직도 없지않을 것으로 보인다. 이를 통해서 보면 컴플라이언스 접근방법은 준법경영으로서 윤리경영의 출발점에 해당한다고 볼 수 있다.

02 상법상의 컴플라이언스의 의의와 역할

상법상의 컴플라이언스 프로그램은 기업에 대한 형사책임의 귀속논의로서 제시된 것이다.[2] 그러나 최근 들어 기업을 둘러싼 환경이 변화하면서 컴플라이언스 프로그램은 기업에 대한 새로운 규제패러다임으로 주목받고 있다. 아울러 회계와 기업운영의 적정성확보라는 측면까지 함께 고려되는 내부통제시스템으로 발전하고 있다. 이런 점을 고려할 때 현대적 의미에서 컴플라이언스 프로그램은 기업에 대한 새로운 규제패러다임의 제시이면서 동시에 기업에게 새롭게 요구되는 환경변화에 적극적으로 대응하기 위해 필요한 기업경영시스템으로 진화하고 있다고 할 수 있다. 이하에서는 현대적 의미에서 컴플라이언스 프로그램이 필요한 이유 및 기대역할에 대해 살펴보고자 한다.

2.1 컴플라이언스 프로그램의 필요성

기업의 행위는 모든 이해관계자에게 중요한 영향을 미치며 따라서 국가를 운영하는 행정주체는 기업의 행위에 대해서도 어느 정도 규제할 필요성이 있다. 기업들이 이러한 규제에 자발적으로 따르지 않는 경우 강제적으로 그 목적을 달성하기 위하여 제재수단을 마련하고 있는데, 이는 크게 ① 행정적 제재와 ② 형사적 제재, 그리고 ③ 민사적 제재의 세 가지 수단으로 구분할 수 있으며 새로운 유형의 제재수단들이 계속 등장하고 있다. 그러나 이러한 다양한 제재수단을 마련하고 있음에도 불구하고 기업의 법률위반행위는 감소하지 않고있다. 즉 현재기업의 법률위반행위가 근절되지 않는것은 적절한 제재수단이 없어서가 아니라 기업의 자발적 준수의지를 이끌어내지 못하기 때문이다.

적절한 규제효과를 이끌어내기 위해서는 현행 제재(sanction)중심의 규제에서 벗어나 인센티브중심의 규제로 전환할 필요가 있다. 물론 보다 강력한 규제가 필요하다는 주장도 없지 않다. 그러나 개인과 달리 법인인 기업은 위반행위자를 처벌하는 것으로 동일한 위법행위에 대한 억지효과를 기대하기 힘들다. 위법행위를 한 종업원 개인을 처벌해도 그 자리는

2) 곽관훈(2013), 상법상 준법지원제도의 과제 및 활용방안, 「법과 정책」, 19/1, pp.21-46.

또 다른 종업원으로 채워지기 때문이다. 또 강력하게 규제를 해서 위반행위를 한 기업을 폐쇄하는 것도 가능하다. 그러나 이 경우 그 피해가 소비자, 주주, 종업원, 지역사회 등 위반행위의 피해자에게 미치는 현상(spill over)이 발생할 수 있다는 점에서 또 다른 문제를 야기시킨다. 이런 점을 고려할 때 사후적 제재중심규제는 한계를 가질 수밖에 없으며 미국의 연방양형기준과 같이 컴플라이언스 프로그램을 갖춘 기업에 대해 책임을 경감해주는 등의 방법, 즉 인센티브중심의 규제로 전환할 필요가 있다.

또 하나의 관점은 기업의 의사결정프로세스를 중심으로 생각해 볼 필요가 있다. 전적으로 개인의사에 따라 범죄가 이루어지는 자연인과는 달리 법인인 회사는 의사결정프로세스를 통해 법률위반행위가 발생하게 된다. 즉 개인에 대한 강력한 처벌만으로 기업의 법률위반행위를 막는 것은 한계가 있다는 점이다. 기업의 윤리적인 관행은 개인에 의해 결정되는 것이 아니라 조직문화가 갖는 가치관, 자세, 행동패턴을 반영하는 것이기 때문이다.

이런 관점에서 볼 때 제재중심의 사후적 규제는 기업에 대한 효가적인 규제가 되기어렵다. 따라서 기업 스스로 법규를 준수할 수 있는 인센티브를 부여하는 방식으로 전환할 필요가 있으며 그 방안이 될 수 있는 것이 바로 컴플라이언스 프로그램이라고 볼 수 있다.

2.2 기업역할에 대한 사회적 요구의 변화

컴플라이언스 프로그램이 중요하게 된 또 하나의 원인은 기업역할에 대한 사회적 요구가 변화하고 있다는 점이다. 과거 경제학자 프리드만의 말처럼 '기업의 가장 큰 사회적 책임은 이윤창출'이라고 믿었던 시기가 있었다. 그러나 시대적 상황이 변화함에 따라 기업에 대한 사회적 요구에도 커다란 변화가 이루어지고 있다. 주지하는 바와 같이 이미 2000년에 UN은 인권, 노동, 환경, 부패방지를 골자로 하는 기업의 지속가능성에 대한 지침으로서 'UN Global Compact'를 공포한 바 있으며 여기에는 2013년 현재 약 130여 국가가 참여하고 있다. 또한2010년 기업을 포함한 조직의 사회적 책임에 관한 국제규격으로 ISO 2600이 성립되었다. 또한 2011년 6월에는 UN 인권이사회에서도 기업의 인권침해를 예방하고 관리하기 위한 국제기준으로서 기업과 인권에 관한 기본적인 틀로서 "Guiding Principles on Business and Human Rights: Implementing the United Nations " Protect, Respect and Remedy" Framework'를 채택하였다. 이들 원칙들에는 공통적으로 기업의 인권에 대한 고려, 즉 인권경영이 주요내용으로 포함되어 있다. 또 다른 한편으로 최근에는 유럽을 중심으로 사회적 책임투자(Socially Responsible Investment)가 발전하고 있으며, 기업의 목적자체가 변화한 형태인 '사회적 기업'도 증가하고 있는 상황이다. 즉 이제는 기업을 단순히 이윤만을 추구하는 존재가 아니라 다양한 사회적 목적을 위해 존재하는 사회의 한 구성원(corporate citizenship)으로 인식하고 있는 것이다. 따라서 아무리 많은 이윤을 획득하였더라도 그 과정에서 환경문제, 노동문제, 인권문제 등을 발생시키는 경우 해당기업은 그 존립마저 위협받을 수 있는 상황이 되고 있다.

이러한 상황에서 ISO 2600이나 UN의 글로벌컴팩트 등은 기업의 법률위반행위 등을 사전에 예방할 수 있는 자율적 시스템의 구축을 요구하고 있다. 즉 단순히 법률위반행위라는 결과만을 규제하는 것이 아니라 그 과정에 대한 규제로 전환하고 있는 것이다. 즉 컴플라이언스 프로그램의 구축은 기업의 존립을 위해 반드시 준수해야 할 새로운 규제패러다임이 되고 있다.

2.3 미국 컴플라이언스 프로그램의 기원과 전개

미국에서 컴플라이언스 프로그램이 등장하고 성장한 배경에는 기업에게 형사책임을 귀속시킬 수 있는 근거를 찾기위한 과정에서 이루어졌다.[3] 과거 자연인을 매개로 한 접근방법은 기업의 거대화·복잡화에 따라 설득력을 상실하게 되었고 그 대안으로 제시된 것이 컴플라이언스 프로그램모델이다. 이러한 변화는 기업에게 적정한 형사책임을 부과하기위한 귀속원리를 자연인을 대상으로 한 범죄론적 사고에서 벗어나 시스템의 미비나 조직구조의 흠결에 대한 법적비난에서 찾는 새로운 접근방식으로의 변화를 의미한다.

미국의 컴플라이언스 프로그램은 1991년 연방양형가이드라인을 제정하면서 더욱 중요한 의미를 가지기 시작한다. 1960년대까지 미국의 경우 범죄자에 대한 인식은 일종의 환자로 보는 '의료모델'(medical model)이었으나 60년대 이후 범죄의 증가에 따라 범죄자에 대한 처우모델이 '정의모델'(justice model)로 전환되었다. 이에 따라 처벌의 목적도 '사회복귀'에서 '적정한 응보'로 바뀌었다. 이러한 과정에서 양형상의 공평화를 주된 목적으로 양형가이드라인이 도입되기에 이른다.

구체적으로 1984년 '포괄적 범죄규제법'(Comprehensive Crime Control Act of 1984)을 제정하였으며, 이 법의 일환으로서 '양형개정법'(Sentencing Reform Act of 1984)을 제정하여 양형시스템의 포괄적인 개혁이 시작되었다. 이에 따라 1991년 11월에 '조직에 대한 연

3) 곽관훈(2013), 앞의 논문, p.27.

방양형가이드라인'(Federal Sentencing Guidelines for Organizations)이 제정되었는데 이 가이드라인은 단순히 기업 등 조직에 대한 양형의 통일화만을 지향하는 것이 아니고 기업에 대한 형사제재의 목적을 명확히 하는 동시에 새로운 형사제재의 방법 등을 채용하고 있다는 점에서 중요한 의미를 지니고 있다.

03 미국에 있어서 제도화의 동향

3.1 방위산업 이니셔티브[4)]

1980년 미국에서는 로날드 레이건이 대통령으로 당선되었다. 미국경제를 재건하기 위하여 레이건 정권은 1981년 2월에 '경제재건계획'을 발표했다. 이 정책의 핵심이라 할 수 있는 네 가지는 ①국방비를 제외한 세출의 삭감, ②감세, ③규제의 완화, ④인플레이션의 억제였다.

그 결과 미국에서는 국방비의 증액에 따라 방위관련산업이 매우 융성하였다. 그러나 원래 국방성과 방위산업 간의 거래는 매우 폐쇄적인 부분이 있어서 담합이나 과잉청구, 뇌물, 사례금 등의 부정이 1980년대 중반부터 차례로 드러나게 되었다.

사회적인 비판에 기초하여 레이건 정권은 방위산업의 구조적인 부패문제에 대해서 몇 가지 대응조치를 강구하였다. 그 중 하나는 일련의 비리를 조사하여 향후의 대책을 검토하기 위한 특별위원회, 통칭 '패커드위원회'를 설치하였다.

1986년 패커드위원회는 중간보고를 발표했다. 정부의 규제강화만으로는 충분하지 않으므로 방위산업에 속하는 기업이 각각 윤리법령준수프로그램을 도입할 것을 요구하는 내용이 포함되었다. 이 중간보고의 제안을 구체화한 것이 방위산업이니셔티브이다.

당초에 GE 등 18사가 이러한 대응을 하고, '비즈니스의 윤리와 행동에 관한 방위산업 이니셔티브의 원칙(이하, DII원칙)'을 채택하여 이를 준수할 것을 약속했다. DII원칙은 다음의 6가지 원칙으로 이루어진다.

① 각 기업은 기업 내에 높은 도덕적 가치관을 확립하기 위해 윤리강령을 제정하고 이를

4) 高巖, Donaldson, T.(2003), ビジネスエシックス(Japanese ed.), 文真堂, 2003년, pp.305~308.

충실히 실행한다.

② 각 기업은 정해진 윤리강령하에 사원이 각자의 책임을 완수하도록 교육한다.

③ 각 기업은 윤리강령위반에 관한 내부고발을 장려한다. 이때 내부고발자를 보호하여야 한다.

④ 각 기업은 자기관리의 의무로 연방조달법의 준수상황을 감시한다. 또한 동법의 위반이 있을 경우에 그 사실을 관계당국에 자발적으로 보고하기 위한 절차를 제정한다.

⑤ 각 기업은 DII원칙수행의 모범사례를 상호간에 배우기 위해서 매년 실시하는 모범사례포럼에 참가한다.

⑥ 각 기업은 사회에 대해 설명할 책임을 진다.

이상의 6개 원칙은 후술하는 '연방양형가이드라인'의 작성시에 참고가 되었다. 따라서 방위산업이니셔티브는 미국에 있어 컴플라이언스 매니지먼트체제의 확립에 커다란 계기가 되었다고 볼 수 있다.

3.2 연방양형 가이드라인[5)]

1980년대 초 미국에서는 연방법원의 판결에서 양형에 불균형이 보이는 등 양형에 일관성이없다는 비판이 의회를 중심으로 높아졌다. 따라서 의회는 양형결정용의 가이드라인을 작성하기로 하였다.

우선 1987년에 '개인에 관한 양형가이드라인'이 작성되었다. 그리고 1989년에 '조직에 관한 양형가이드라인'이 작성되었으며 1991년부터 시행되었다. 양형가이드라인에 관한 자세한 것은 전8장으로 이루어진 [가이드라인 매뉴얼]에 기재되어 있다. 이중 기업에 관련된 것은 제8장의 '조직에 관한 양형가이드라인'이다. 여기에서 말하는 '조직'이란 기업, 파트너십, 연금기금, 조합 등 일반적인 조직을 말한다.

[가이드라인 매뉴얼]의 제8장에는 네 가지 일반원리가 기술되어 있다. 첫 번째는 부정행위에 의해 발생한 손해는 변상해야 한다는 것이다. 두 번째는 실질적으로 위법한 목적을 수행하기 위한 조직이라면 전재산을 몰수하는 정도의 '징벌적 배상'을 부과한다는 것이다. 세 번째는 상술한 것 이외의 조직에 대한 징벌적 배상이 '기준벌금액'과 '유죄점수'를 곱하여 산출된다고 하는 것이다. 네 번째는 징벌적 배상 이외의 제재가 가해져야 할 경우 혹은

5) 위의 책, pp.309-315.

향후 범죄행위가 발생할 가능성을 제거하기 위하여 반드시 어떠한 대응을 하여야 할 경우에는 '보호관찰'의 형벌이 조직에 언도된다는 것이다.

양형가이드라인의 특징은 동일한 범죄라하여도 내용이나 상황 등에 따라 벌금의 금액이 다르다는 점으로 집약할 수 있다. 구체적으로 말하면 부정에 관여한 인물의 직위나 입장의 차이, 과거 유사범죄의 유무, 은폐의도의 유무, 유효한 윤리법령준수프로그램의 유무, 수사의 협력태도에 따라 징벌의 내용에 차이가 나는 구조로 되어있다. 특히 유효한 윤리법령준수프로그램을 설치한 조직에 대해 관대한 조치를 취한다는 점이 중요한 포인트이다.

여기에서 말하는 유효한 윤리법령준수프로그램이란 다음의 7가지 조건을 충족시키는 것이다.

① 컴플라이언스를 위한 일련의 기준과 절차
② 기준의 준수상황을 감독하는 책임자의 임명
③ 부정행위에 관련될 가능성이 있는 인물에 대해서 권한을 주지않는 보증
④ 기준과 절차를 철저히 주지하는 시스템의 채용
⑤ 범죄행위를 감시, 감독, 통보하는 시스템의 채용
⑥ 적절한 징계제도를 통한 기준준수의 철저
⑦ 범죄행위를 방지하는 적절한 조치

여기에 더하여 2004년 11월에 개정된 연방양형가이드라인에서는 새로이 8번째 조건인 ⑧부정행위에 대한 위험평가(리스크 어세스먼트)의 책정이 추가되었다.

이와 같은 '당근과 채찍'의 효과를 내포한 연방양형가이드라인의 존재가 미국기업에 컴플라이언스체제의 정비를 진척시켰다고 일컬어진다.

04 한국에서의 제도화 동향

한국에서의 컴플라이언스 관련제도로서는 준법지원인 제도를 들 수 있다. 이하에서는 이와 관련하여 한국의 준법지원제도와 그 한계에 대해 간략히 정리해 보고자 한다.[6)]

6) 곽관훈(2013), 앞의 논문, pp.34-37.

4.1 준법지원제도의 개요

(1) 준법지원인

자산규모가 5천억원 이상인 상장회사는 준법통제기준을 작성하여야 하며, 이에 관한 업무를 담당하는 준법지원인을 1인 이상 두어야 한다(상법 제542조의 13 제1항, 시행령 제39조). 다만 다른 법률에 따라 내부통제기준 및 준법감시인을 두어야 하는 상장회사는 제외하고 있다(시행령 제39조 단서). 이는 이미 준법감시인을 두고있는 금융회사를 제외하기 위한 규정이다. 준법지원인이 될 수 있는 자는 ①변호자 자격을 가진 사람, ②대학에서 법률학을 가르치는 조교수 이상의 직에 5년 이상 근무한 사람 및 그밖에 법률적 지식과 경험이 풍부한 자로서, ③상장회사에서 감사·감사위원·준법감시인 또는 이와 관련된 법무부서에서 근무한 경력이 합산하여 5년 이상인 사람이다(제54조의 13 제5항, 시행령 제41조).

준법지원인은 선량한 관리자로서 주의의무를 이행하여야 하며(제542조의 13 7항), 임기는 3년이며 다른 법률에서 준법지원인의 임기를 보다 단기로 정하고 있는 경우에는 그 법률에 따른다(제543조의 13 제11항). 한편 상장회사는 준법지원인이었던 사람에 대하여 그 직무수행과 관련된 사유로 부당한 인사상의 불이익을 주어서는 아니된다(제542조의 13 제10항).

(2) 준법통제기준

최근 사업연도말 현재 자산총액이 5천억원 이상인 상장회사는 법령을 준수하고 회사경영을 적절하게 하기 위하여 임직원이 그 직무를 수행함에 있어 따라야 할 준법통제기준에 관한 기준과 절차를 정하도록 하고 있다. 이를 준법통제기준이라 하며 기존 금융기관의 준법감시제도와 비교할 때 주로 준법영역에만 초점을 맞추고 있다는 점에서 차이가 있다.

준법통제기준에 포함될 내용에 대해서는 시행령에서 개괄적으로 정하고 있으며 구체적인 내용은 법무부가 제정한 '상장회사 표준준법통제기준'에서 제시되고 있다. 법무부는 준법통제제도에 대한 시행령제정이후 상장회사협의회와 공동으로 '상장회사준법통제기준표준모델제정위원회'를 운영하여 2012년 4월 3일에 '상장회사 표준준법통제기준'을 제정하여 발표한 바 있다. 준법통제란 회사가 사업운영상 준수해야 할 제반법규를 체계적으로 파악하고 임직원의 법규준수여부를 자체적으로 점검하여 위법행위를 사전적으로 예방하고 각종 법적 위험에 체계적으로 대응하기 위하여 채택하는 일체의 정책수립과 통제활동과정을 의미한다(표준준법통제기준 제2조). 여기서 법적위험이란 임직원이 법령을 준수하지 않음으로써 민사·형사·행정적 책임이 발생하거나 계약상 효력이 인정되지않아 손해가 발생할 위험을 말한다.

4.2 준법지원제도의 의의와 한계

준법지원제도는 기존의 사후적 회사감독시스템이 갖는 한계를 극복하고 사전적인 점검시스템의 도입이 필요하다는 인식하에 도입된 제도이다. 즉 사전예방적 시스템이라는 점에서는 컴플라이언스프로그램과 일맥상통한다. 그런데 상술한 바와 같이 컴플라이언스시스템은 기업에 대한 형사책임의 귀속논리로서 발전해왔다는 점을 고려할 때 양자는 근본적인 차이를 가지고 있다고 볼 수 있다.[7)]

첫 번째 차이점은 컴플라이언스프로그램은 사람이 아닌 시스템을 중심에 놓고 있는 것에 반해 준법지원제도는 여전히 사람을 중심에 놓고 있다는 점이다. 앞서 살펴본 상법이나 표준준법통제기준의 경우는 물론 학계의 논의도 주로 준법지원인의 임기, 역할, 독립성 확보 등에 대해 규정하고 있다는 점을 통해 알 수 있다.

컴플라이언스프로그램이 도입된 가장 큰 이유는 자연인을 매개로 기업에게 책임을 부과하는 것이 부당하다는 인식에서 출발한다. 기업에게 형사책임을 귀속시키기 위한 전통적 이론은 '대위책임이론'의 경우 먼저 종업원의 '범의'가 인정되어야 하는데 현대기업의 경우 조직이 복잡화, 분권화됨에 따라 누가 책임을 져야 할 종업원인지가 불분명하다. 이에 따라 회사의 형사책임을 자연인을 매개로 하는 것이 아니라 회사운영과 관련한 시스템의 미비 및 조직구조의 흠결에서 찾는 '기업시스템과실책임'으로 이론 구성을 하는 것이 바로 컴플라이언스 프로그램인 것이다. 즉 거대화된 현대기업에 있어 자연인 개인을 규제대상으로 하는 것이 아니라 기업시스템전체를 규제대상으로 하고 있는 것이다. 이에 비해 준법지원제도는 여전히 기업규제를 사람중심의 규제로 보고 있다. 물론 처벌대상이 아니라 규제주체로서 준법감시인이라는 자연인을 대상으로 하고 있다는 점에서 미국의 경우와 다소 차이가 있다. 그러나 사람을 대상으로 규제한다는 것과 사람이 주체가 되어 규제한다는 것은 기업의 경영시스템을 규제대상으로 하지 않는다는 점에서 큰 차이는 없어 보인다.

두 번째로 컴플라이언스프로그램은 '당근'으로서의 의미를 갖는데, 준법지원제도는 '채찍'으로서의 의미를 가지고 있다는 점에서 차이가 있다. 미국의 경우 연방양형기준의 도입

7) 곽관훈(2013), 앞의 논문, p.36.

을 '당근과 채찍'으로 이야기하고 있다. 기업에게 부과한 벌금액수를 대폭 인상한 것은 '채찍'이며, 컴플라이언스프로그램을 갖춘 경우 벌금을 경감해 주는것은 '당근'에 해당한다는 것이다. 이에 비해 준법지원제도는 당근보다는 채찍의 의미가 강한 것으로 보여진다. 현행 법상 준법지원제도를 도입하지 않는 경우 벌칙이나 불이익에 대한 규정이 없다. 그러나 준법지원인이 법정기구로서 선임이 강제되고 있다는 점을 고려할 때 이를 위반하는 경우 이사의 임무해태를 구성하게 될 것이다. 즉 경영진에게는 새로운 부담이 늘었지만 이로 인해 어떠한 이익도 없는 상황이다. 상술한 미국의 경우 컴플라이언스프로그램이 강제된 것이 아니고 이를 잘 갖추고 있는 경우 형사책임 등을 감해주겠다는 당근으로서 제시된 것과는 거리가 있다.

컴플라이언스프로그램으로서의 준법통제제도는 상술한 바와 같이 임직원의 법규준수 여부를 자체적으로 점검하여 위법행위를 사전적으로 예방하고 각종 법적위험에 체계적으로 대응하기 위해 채택하는 일체의 정책수립과 통제활동과정을 의미한다(표준준법통제기준 제2조). 즉 기업의 내부 프로세스를 통제하는 것으로서 기업 스스로 이를 준수할 의지가 없는 한 형해화될 수 밖에 없다. 기업의 자발적 의지를 이끌어내기 위해서는 형사책임의 경감 등과 관련한 구체적인 당근이 제시될 필요가 있다. 물론 기업이 당연히 준수해야 할 법규를 준수하였다고 하여 이에 대해 인센티브를 부여하는 것은 부당하다는 견해도 없지 않다. 그러나 기업에 대한 효율적인 규제라는 측면에서 미국을 비롯한 많은 국가들이 이러한 인센티브 규제로 전환 혹은 병용하는 상황이며 국내의 경우에도 형사법계를 중심으로 인센티브 부여의 필요성이 논의되고 있다는 점에 주목할 필요가 있다.[8]

05 컴플라이언스와 인테그리티 어프로치

5.1 컴플라이언스와 인테그리티 어프로치의 차이

앞의 제10장에서 본 바와 같이 페인(L. S. Paine)에 의하면, 윤리적인 기업이 되기 위한 어프로치에는 컴플라이언스(준법) 어프로치와 인테그리티(성실성) 어프로치 등의 두 가지가

8) 준법지원제도에 대해 형사법적 인센티브부여가 필요하다는 형사법적 논의는 김재윤, "준법지원제도의 도입에 따른 형사법적 인센티브",「인권과 정의」제425호(2012.5)참조.

존재한다.[9)]

컴플라이언스 어프로치에서는 윤리적인 것을 법령준수라고 해석한다. 합법적인것은 윤리적이라는 인식이다. 컴플라이언스 어프로치를 채용하는 기업은 자사의 행동기준을 책정하는데 있어서 가장 일차적으로 법령준수를 목표로 한다. 이 경우의 윤리는 허용범위를 나타내는 경계선, 내지는 제약조건과 같은 의미를 갖는다. 따라서 컴플라이언스 어프로치를 채용하는 경우에는 법령위반의 회피에 초점을 두고 규칙과 기준을 준수하기 위해서 엄격한 통제를 하게 된다.

컴플라이언스 어프로치는 '연방양형가이드라인'이 발효된 이래 많은 미국기업에서 채용되어 왔다. '연방양형가이드라인' 아래에서는 법령위반의 방지를 위한 프로그램이 정비되어 있는 기업이 위법행위를 했을 경우 양형이 큰 폭으로 경감된다. 그렇기 때문에 사원에게 법령준수를 강조하는 기업이 증가했던 것이다.

인테그리티 어프로치는 컴플라이언스 어프로치보다 폭넓은 것으로 원칙에 따른 자기규제에 초점을 두게 된다. 인테그리티 어프로치를 채용하는 기업은 윤리를 행동제약의 조건으로 하지 않고 자체행동의 지침이 되는 가치관으로 파악한다. 법령의 준수자체는 중요하다고 생각하지만 이것만으로 윤리적 경영이 완성된다고는 생각하지 않는다. 법령준수의 범위를 뛰어넘는 중대한 국면이 존재한다고 생각하기 때문이다.

인테그리티 어프로치는 다음의 두 가지 특징을 갖는다. 첫 번째로, 법령은 윤리적인 기준 가운데 일부분에 지나지 않으며 법령은 해당기업의 의사결정이나 행동이 어떠해야 할 것인지를 시사하는 중요한 가치이념에 대해 다루는 것이 아니라고 본다. 두 번째로, 인테그리티 어프로치에서는 행동을 올바른 방향으로 이끌어 가기위해서는 결과를 관리하기보다는 과정을 관리하는 것이 중요하다고 본다. 그러므로 '윤리'는 법무부문에 관련된 기능이 아니라 경영자나 관리자와 관련된 기능이라고 본다. 경영자는 물론이고 각 계층의 관리자 자신이 조직을 어떻게 리드하고 어떻게 관리할 것인가가 기업내에 '윤리'를 침투시키거나 정착시키는데 있어 중요하다.

두 가지 어프로치 그 자체의 차이는 컴플라이언스 어프로치가 '~하지마'라는 입장을 취하는데 비하여 인테그리티 어프로치는 가치관에 입각하여 '~하자'라는 입장을 취하는 것으로 집약할 수 있다. 혹은 양자의 차이는 집에서 기르는 개를 뜰에서 놀도록하는 방법을 비유로 들어 이해할 수도 있다. 컴플라이언스 어프로치에서는 개를 뜰에서 놀게하고 싶어

9) Paine, L. S.(1994). Managing for organizational integrity. *Harvard business review*, 72(2), 106-117.

서 180㎝의 로프로 개를 나무에 묶어놓고 나무에서 180㎝ 이내에서는 완전히 자유롭게 놀 수 있도록 하는 방법을 택한다. 한편 인테그리티 어프로치에서는 개에게 뜰을 이용하는 방법을 교육하고 훈련시켜서 로프로 묶어 두지않고 자유를 주는 방법을 택한다. 이러한 두 가지 어프로치의 특징을 집계한 것이 〈표 11-2〉이다. 물론 두 가지 어프로치는 어디까지나 이념적인 것이어서 어느 기업의 전략이 엄밀하게 어느 쪽으로 분류된다는 것은 아니다.

표 11-2 컴플라이언스 어프로치와 인테그리티 어프로치

		컴플라이언스 어프로치	인테그리티 어프로치
특징	정신적기반	외부로부터 강제된 기준에 적합	스스로 선정한 기준에 의한 자기규제
	목 적	위법행위의 방지	책임있는 행위의 수행
	리더십	변호사 주도	변호사, 인사담당자의 협력 하에 경영자 주도
	방 법	교육 개인재량 범위의 축소 감사와 통제 벌금	교육 리더십 명확한 책임 조직전체의 제반시스템 의사결정 프로세스 감사와 통제 벌금
실천	전제로 하는 인간상	물질적인 자기이익으로 이끄는 자립적 존재	물질적인 자기이익만이 아니라, 가치관, 이상, 동료에게로 이끄는 사회적 존재
	기 준	형법과 행정법	기업의 가치관과 소망 법률을 포함한 사회적 책임
	스 탭	변호사	경영자와 관리자(변호사 등의 협력)
	실시내용	적법기준의 설정 교육과 커뮤니케이션 부정행위에 관한 보고의 취급 조사의 실시 준수상황감시의 감독 기준의 강제	기업의 가치관과 기준을 스스로 작성 교육과 커뮤니케이션 기업 내 시스템에의 편성 지도와 상담의 실시 가치 달성도의 평가 문제발견과 해결 준수상황의 감독
	교 육	적합기준과 시스템	의사결정과 가치관 적합기준과 시스템

출처 : Paine, L. S. (1994), Managing for organizational integrity. *Harvard business review*, 72(2), p.113.

5.2 컴플라이언스 어프로치의 한계

(1) 컴플라이언스 어프로치의 문제

법치국가라는 것을 전제로 한다면 법령을 경시하는 기업의 존재가 용납될리가 없다. 그러한 의미에서 컴플라이언스 어프로치를 부정할 수는 없다. 또한 오늘날 기업을 둘러싼 환경의 복잡성을 고려한다면 컴프라이언스 체제를 구축하지 않으면 기업이 법적책임을 완수하는 일도 어려울 것이다. 그렇지만 컴플라이언스 어프로치에도 한계가 존재한다.

첫 번째로, 기준이 되는 법령에 대한 한계이다. 법령은 일반성이 높기 때문에 여기에서 규정하고 있는것은 평균적인 존재에 기대할 수 있는 수준을 요구하는 것에 불과하다. 보다 높은 수준을 요구한다면 다른 기준이 필요해진다. 또한 법령은 과거의 상황에 대응하기 위해서 제정된 것이기 때문에 사회의 기대라는 관점에서 보면 그것은 '과거'의 기대가 된다. 따라서 미래와 관련된 사항의 선악을 판단하는 기준이 될 수는 없다. 게다가 컴플라이언스 어프로치는 법령체계가 정비된 국가를 전제로 하고 있으므로 개도국 등 법령체계가 정비되지 않은 국가와 지역에서 기업이 사업활동을 하는 경우에는 전사적인 기준과 정합성을 갖춘 독자적인 기준을 설정하지 않을 수 없다.

두 번째로, 조직운영의 한계이다. 컴플라이언스 어프로치는 기본적으로는 재량권을 줄이고 감독을 강화하여 규칙위반에 대해 엄격한 처분을 부과하는 성격을 지닌다. 이것은 최근에 확대되고 있는 기업 내의 낮은계층까지 의사결정의 권한을 위양하려는 사고와는 지향성을 달리하는 것이다. 또한 컴플라이언스 어프로치를 추진하면 최종적으로는 컴플라이언스 매뉴얼의 분량이 방대해질 것이다. 그러나 두꺼운 컴플라이언스 매뉴얼을 참고하면서 업무를 실시하는 것은 비현실적이다.

실제로 기업에 대한 사원으로부터의 요구의 대부분은 법령으로 규정된 범위에서 해결할 수 있는 것은 아니다. 사원불만의 대부분은 인사나 처우의 공정함, 의사결정의 적절함, 관리자 언동의 적절함 등에 관한 것이다. 그리고 위법행위를 일으키는 근본적인 원인은 의사결정이나 행동규범, 기업풍토, 보수제도 내부에 존재하는 경우가 많다. 컴플라이언스 어프로치에 의거하여 정비된 시스템은 일반적으로 이러한 부분까지 접근하지는 않는다.

이런 점을 감안하면 컴플라이언스 어프로치를 채용하는 것만으로 윤리적인 기업으로 보는 것에는 한계가 있음이 분명하다.

(2) 인테그리티와 CSR

최근에 CSR에 주목이 집중되고 있다. 여기에서는 CSR이라는 관점에서 기업의 인테그리티에 대하여 생각해 보기로 하자.

CSR의 대표적인 정의는 '기업이 사회로부터의 다양한 기대와 요청에 따르는 것'이라 할 수 있다. 이 정의에 따르면, 기업이 CSR을 수행하기 위해서는 사회의 다양한 기대에 대응할 필요가 있다. 이러한 기대를 카테고리별로 정리한 것이 앞의 제4장에서 본 캐롤의 사회적 책임에 관한 '피라미드 모델'이다(그림 11-4 참조). 이것은 CSR을 경제적 책임, 법적책임, 윤리적 책임, 사회공헌적(philanthropic) 책임이라는 네 가지 파트로 나누어 생각한다.[10)]

그림 11-4 사회적 책임 피라미드모델과 행동기대 및 역할기대

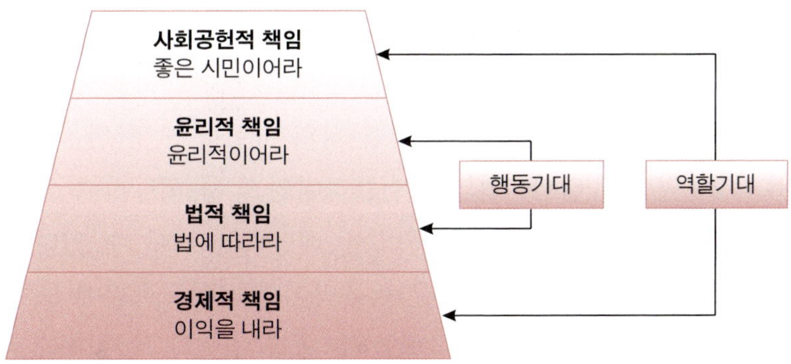

출처 : Carroll, A.B. & Buchholtz, A.K.(2006), *Business & Society: Ethics and Stakehotder Management*, South-Western, p.39에서 가필.

피라미드모델의 최하층에 위치하는 것은 경제적 책임이다. 이것은 기업에는 사회가 요구하는 재정과 서비스를 제공하고 이익을 올릴 책임이 있다는 것이다. 두 번째 층에 위치하는 것은 법적 책임이다. 기업에는 법률과 규제라는 규칙의 범위 내에서 업무를 수행하는 것이 기대된다. 세 번째 층은 윤리적 책임이다. 윤리적 책임이란 기업이 성문화되어 있지는 않지만 사회의 멤버가 기대하는 활동을 하거나 혹은 반대로 금지된 활동을 하지 않도록 하는 책임이다. 일반적으로 윤리와 가치의 변화는 법률의 제정에 선행한다. 따라서 법적 책임을 부여하는 것만으로는 불충분하므로 윤리적 책임이 요구된다. 최상층은 사회공헌적

10) Carroll, A.B. & Buchholtz, A.K.(2006), *Business & Society: Ethics and Stakehotder Management*, South-Western, p.39.

책임이다. 구체적으로는 기업시민으로서의 책임을 완수할 필랜스로피(사회공헌활동)에 임한다는 것이 그 내용이다.[11]

주의해야 할 것은 이 '피라미드모델'이 완수해야 할 책임의 순위를 나타낸 것은 아니라는 것이다. 어디까지나 CSR이란 기업에 경제적, 법적, 윤리적, 사회공헌의 책임을 동시에 달성하도록 요구한다.

이와 같이 CSR를 파악했을 경우 경제적 책임과 사회공헌적 책임은 기업에 역할로서 기대되는 것이라고 볼 수 있다. 즉 '역할기대'라고 할 수 있다. 한편, 법적책임과 윤리적 책임은 기업이 역할을 완수하는 과정에서 적절하게 행동하거나 혹은 행동의 결과에 대해서 적절히 대처하는 것에 대한 기대, 즉 '행동기대'로 간주할 수 있을 것이다.

여기에서 말하는 '행동기대'는 인테그리티 어프로치가 상정하는 '윤리'에 상당하므로 인테그리티 어프로치를 채용하는 기업은 CSR을 완수하고자 하는 기업임을 알 수 있다. 바꾸어 말하면 컴플라이언스 어프로치를 채용하는 것만으로는 CSR을 충분히 완수했다고는 할 수 없다.

이 두 가지 어프로치의 윤리에 대한 인식의 차이를 보면 컴플라이언스 어프로치가 상정하는 '윤리'는 앞에서 말한 '협의의 컴플라이언스'에 해당하며 인테그리티 어프로치가 상정하는 '윤리'는 '광의의 컴플라이언스'에 해당한다고 할 수 있다(그림 11-2 참조). 이렇게 두 가지 어프로치를 파악하면 기업은 컴플라이언스 어프로치에 그치지 않고 인테그리티 어프로치를 지향할 필요가 있음을 이해할 수 있을 것이다. 현실적으로 컴플라이언스 어프로치를 채용하는 기업이 인테그리티 어프로치로 전환하는 경우를 많이 볼 수 있다.

06 인테그리티 매니지먼트[12]

성실한 조직을 구축하는 것은 매우 어려운 작업이다. 그러나 기업이 사회적 책임을 진정으로 완수하기 위해서는 이에 임하지 않으면 안 된다. 조직의 인테그리티를 구축하고 유지하는 활동을 여기에서는 인테그리티 매니지먼트라고 부르기로 한다. 이 인테그리티 매니지먼트에는 '윤리적 프레임을 구축한다' '조직을 구축한다' '행동으로 모범을 보인다' '외

11) *Ibid.*, pp.40-44.
12) Paine, L. S.(1994), *Op.cit.* pp.111-112.

그림 11-5 인테그리티 매니지먼트의 4단계

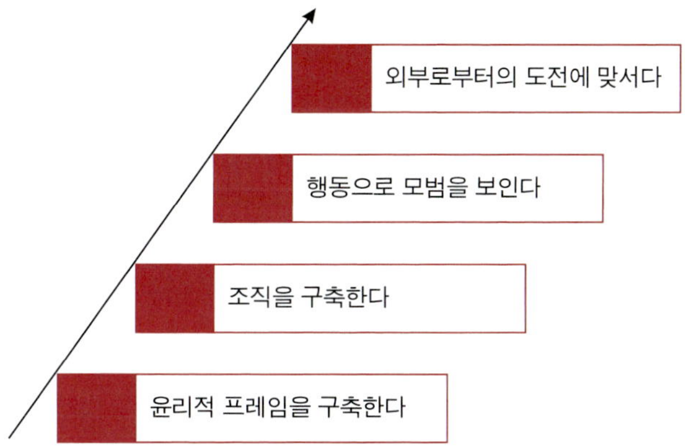

부의 도전에 맞선다'라는 4단계가 있다(그림 11-5 참조).

제1의 과제는 '윤리적 프레임을 구축한다'는 것이다. 인테그리티는 책임과 이상에 대한 체계를 전제로 하고 있다. 따라서 기업은 이러한 전제를 명확하게 정의한 윤리적 틀을 구축해야 한다.

윤리적 프레임의 원리를 구축함에 있어서 책임의 개념에 포함되는 다음 세 가지 요소에 대해 검토할 필요가 있다. 첫 번째는 목적인데 구체적으로는 '이 조직의 궁극적 사명은 무엇인가?' '사명의 달성을 촉진하기 위해서 무엇을 목표로 할 것인가?'라는 물음에 대한 검토를 통해서 조직의 존재이유와 가치관을 명확히 하는 것이다.

두 번째는 원칙으로 구체적으로는 '이 조직의 의무는 무엇인가?' '이 조직에서 정당한 행동이라고 용인받을 수 있는 권력의 범위는 어느 정도인가?' '어떠한 이상을 내세울것인가?'하는 물음에 대한 검토를 통해서 조직의 권리, 의무, 가치관을 확인하는 것이다. 세 번째는 인간으로 구체적으로는 '이 조직의 중요한 구성원은 누구인가?' '이들의 권리, 요구, 정당한 권리는 무엇인가?'하는 물음에 대한 검토를 통해서 조직이 봉사해야 할 사회의 이익이란 무엇인가를 밝히는 것이다.

인테그리티 경영의 제2의 과제는 '조직을 구축한다'는 것이다. 조직의 구조와 시스템설계에 주위를 기울이는 것은 조직의 인테그리티를 구축하고 유지하는데 대단히 중요하다. 조직의 구조나 시스템이 윤리적 프레임과 정합성이 결여된다면 조직구성원들은 혼란한 메시지를 받게 된다. 이러한 상황에 처하게 될 경우 조직구성원은 책임있는 행동을 취하기 어려워진다. 반대로 생각하면 조직의 구조, 시스템과 윤리적 틀과의 사이에 정합성이 유지되고 있는 경우 조직구성원들은 책임있는 행동을 취할 기회나 능력, 동기를 지니기 쉬워진다. 이로써 조직에 윤리적인 행동을 촉진하는 상황을 확립할 수 있다. 구체적으로는 리더십, 관리와 감독, 고용과 승진, 실적평가와 보수, 계획입안과 목표설정, 예산과 자원배분, 정보와 커뮤니케이션, 감사와 통제와 같은 시스템에 대한 윤리적 틀과의 정합성을 확인할 필요가 있다.

제3의 과제는 '행동으로 모범을 보인다'는 것이다. 조직의 인테그리티를 구축하고 유지하는데 제일 중요한 것은 리더가 직접 행동으로 보이는 것이다. 특히 리더의 행동은 그 기업의 윤리적인 자세를 가장 명확하게 제시한다. 만일 경영자나 관리자가 정해진 윤리기준에서 일탈한 행동을 취했을 경우 사원은 그 이후 그 윤리기준을 경시하게 될 것이다. 또한 자사의 윤리기준, 가치관에 구애되어 일종의 리스크가 발생한 경우에는 그러한 가치기준과 가치관을 지켜려는 리더의 강력한 의사표시가 필요하다. 이 책의 앞 부분에서 본 존슨앤 존슨의 타이레놀 사건의 대응은 확실히 이러한 케이스의 좋은 예라고 할 수 있다.

제4의 과제는 '외부로부터의 도전에 맞서'는 것이다. 조직의 인테그리티를 방해하는 요인이 조직외부에 존재하는 경우가 있다. 예를 들어 경쟁사가 거래처에 뇌물이나 리베이트를 주고있는 경우 혹은 경쟁사가 현장의 안전성을 경시하면서 코스트를 삭감하는 경우에는 자사가 경쟁상 불리한 입장에 처하게 되므로 조직 인테그리티의 유지가 곤란해질 가능성이 높다. 이러한 상황에서 조직의 인테그리티를 유지하기 위해서는 외부환경에 대한 대응이 중요하다. 구체적으로는 법률이나 규제를 바꾸도록 작용하거나 업계의 관행을 바꾸도록 대응할 것이 예상된다.

이상과 같은 단계를 밟아서 조직의 인테그리티구축과 유지를 달성하게 된다.

07 맺음말

이 장에서는 컴플라이언스와 인테그리티 매니지먼트에 대하여 살펴보았다.

윤리적인 기업 혹은 사회적 책임을 완수하는 기업이 되기 위해서는 컴플라이언스 어프로치를 채용하는 것만으로는 불충분하다. 인테그리티 어프로치를 채용하는 것이 중요하다.

그러나 컴플라이언스 어프로치와 인테그리티 어프로치가 대립한다고 생각해서는 안 된다. 양자는 상반하는 어프로치가 아니라, 오히려 상호보완하는 관계이기 때문이다. 이러한

의미에서는 양자를 적절히 조합하면서 조직의 인테그리티를 높일 필요가 있다.[13)]

그렇다고 인테그리티 어프로치를 만능이라고 할 수는 없다. 경영자나 관리자가 앞에서 서술한 4단계에 입각하여 인테그리티 매니지먼트를 전개했다고 해도 스스로가 윤리적인 실패를 범하거나 자사가 큰 잘못을 범할 가능성을 완전히 배제할 수는 없다.

높은 수준의 인테그리티로서 조직을 구축하고 이 상태를 유지하기 위해서는 책임을 인식하고 올바른 일을 하는것에 대한 강한 의지가 필요하다. 이러한 대처가 성공할 것인지 실패할 것인지의 여부는 경영자, 관리자의 지식, 기능, 노력의 여하에 달려있다. 또한 비윤리적인 행동이나 무책임한 행동은 조직의 구조나 시스템 중 어느 쪽인가가 미비되어 있다는 것의 증명이기도 하다. 경영자와 관리자에게는 이러한 조직구조나 시스템의 미비, 불충분에 대한 부단한 체크 등이 필요하다.

인테그리티 매니지먼트는 계속적인 대응이다. 사회는 경영자가 컴플라이언스만을 의식하지 않고 인테그리티를 의식하여 기업경영에 임할것을 요구하고 있다.

---

13) Driscoll, D.-M., Hoffman, W. M. and Murphy, J. E.(1998), "Business Ethics and Compliance: What Management Is Doing and Why." *Business and Society Review*, 99: 35~51

토론을 위한 자료

Compliance Management : 컴플라이언스 경영은 모두의 경쟁력

#1. 원인터내셔널 영업 3팀 오상식 과장과 김동식 대리는 차기년도 신사업계획을 작성하라는 지시를 받고 고민에 빠진다. 진척없는 회의만 계속하며 보고 마감일이 다가오는 와중에 우연히 신입사원인 장그래의 선배가 경쟁사 신사업기획팀에 재직하고 있는 것을 알게 된 오상식 과장은 장그래 사원에게 법인카드를 주면서 선배를 만나 식사를 하면서 경쟁사 신사업관련내용을 알아보도록 지시한다.

#2. 원인터내셔널 자원 2팀 안영이 사원은 회사의 경력직 채용공고를 보고 평소에 알고 지내던 경쟁사의 자원개발 전문컨설턴트를 추천하기로 결심한다. 업무관계를 통해 전문성을 보유하고 있는 것을 이미 알고있었고 마침 경쟁사에서 퇴사하기로 했다는 소식을 들었기 때문이었다. 안영이 사원은 자원 2팀 마 부장에게 보낼 추천이메일을 작성하면서 채용을 통해 경쟁사의 노하우를 자연스럽게 습득할 수 있다는 내용으로 기대효과를 부각시켰으며 공명심에 최영후 전무를 참조로 넣었다.

최근 화제를 몰고왔던 드라마 '미생(未生)'의 내용이 아니라 대부분의 직장생활과정에서 한두 번쯤은 겪을 수 있거나 혹은 겪어 본 상황일 것이다. 일상적 업무활동 중 하나로 생각되는 이같은 내용들도 영업비밀(경쟁사 정보)의 부정취득이나 공명심에서 경쟁사 인력채용을 직접적으로 지시하지 않은 임원까지 보고과정에서 이메일의 참조 수신자로 넣는 행위가 해당임원이나 회사에 어떠한 영향을 미치는지 컴플라이언스의 시각에서 곱씹어본다면 이 상황은 '미생(未生)'이라는 단어보다는 '사석(死石)'이라는 단어가 더 잘 어울릴 것이다.

컴플라이언스의 시대: 기업경쟁력의 새로운 패러다임

컴플라이언스가 하나의 시대적 화두가 되고 있다. 미국에서는 이미 10여 년 전 엔론, 월드컴 등의 대규모 분식회계사건을 통해 거대기업도 그릇된 의사결정 한 번으로 무참히 무너질 수 있음이 드러났다.

또한 2005년 중반이후 국내기업의 해외시장진출이 큰 폭으로 증가하면서 국내법규뿐만 아니라 진출해 있는 현지시장의 컴플라이언스에 제대로 대응하지 못할 경우 해당기업은 물론 국가경제에까지도 악영향을 미칠 수 있게 되었다. 세계경제의 개방화, 글로벌화가 가속화되면서 컴플라이언스의 경계선은 더 이상 국내에 국한되지 않으며 이에 따른 피해규모도 과거와 비교가 불가할 정도로 확대되고 있다.

최근 경영환경의 변화는 컴플라이언스 경영을 기업이 준수해야 하는 최소한의 준거기준에 머무르지 않고 기업경쟁력의 한 축으로 작용할 수 있게 하고 있다.

최근 들어 컴플라이언스에 관련해 규제당국의 제재수위가 높아지고 있는 추세이며 일부기업의 경우 후발기업을 견제하는 수단으로 카르텔(담합) 자진신고, 지적재산권·영업비밀관련소송, 부패관련 이슈제기 등을 활용하는 것도 하나의 트렌드라고 할 수 있다.

정당한 권리를 행사하는 경우에는 문제가 없겠으나 최근 발생하고 있는 해외(미국)기업과의 영업비밀·지적재산권 등의 소송은 국내기업을 견제하려는 권리남용의 성격이 강한것이 사실이다. 이러한 컴플라이언스를 무기로 하는 공격에 속수무책으로 당하지 않기 위해서는 내부적으로 컴플라이언스 경영체계의 면역력을 강화하는 것이 시급하다.

경쟁당국[14]의 개입이나 소송이 발생하게 되면 과징금, 벌금이나 생산중단으로 인한 재무적 손실이 발생할 뿐만 아니라 기업의 이미지와 명성이 실추되기 때문에 후발주자의 경우 상대적으로 더큰 유무형의 피해가 발생할 가능성이 높다. 또한 시민의식성장과 소셜네트워크서비스(SNS)의 급속한 발달로 인해 기업의 컴플라이언스 측면에서의 이슈발생은 (사실 여부를 떠나) 기업이미지와 평판의 손상으로 직결되고 이는 기업의 시장점유율에까지 영향을 미칠 수 있다.

특히, 개별국가 안에서 일어난 위법행위일지라도, 다른 나라에 영향을 미치는 경우라면 해당국법이 적용되는 '역외적용'원칙이 공정거래법과 부패방지분야에선 이미 적극적으로 적용되고 있다. 실제로 현재까지 국내기업들이 외국경쟁당국으로부터 부과받은 과징금 총액은 3조 3,000억 원을 넘으며, 절반가량(1조 6,000억 원)이 최근(2010년 이후)에 발생한 제재금액이다. 싯가 3,000만 원짜리 승용차 11만대를 고스란히 헌납한 셈이다.

이중 국제카르텔(담합)로 인해 미국, 유럽연합(EU) 등 외국경쟁당국으로부터 부과받은 과징금 및 벌금액수는 총 2조 4,000억 원으로 전체과징금 총액 중 73%에 달하는 액수다. 이렇듯 공정경쟁법리에 대한 경쟁당국의 강력한 법집행기조는 앞으로도 지속될 것으로 예상되어 해당기업들의 각별한 주의가 요구된다.

14) 경쟁당국: 기업의 독점적, 불공정한 행동 즉, 반경쟁행위를 규율함으로써 시장의 경쟁성을 촉진하고 유지하는 국가기관(예: 한국 공정경쟁위원회·US Fair Trade Commission 등).

반독점법 위반관련 법정형 조정(2004년)

구 분	벌금(미국 달러)	징 역
개 인	35만 → 100만	3년 → 10년
법 인	1,000만 → 1억※	–

※법인벌금은 Max(1억달러 · 소비자 피해액×2 · 사업자 이득×2)를 부과함.

반독점법 위반 벌금 총액추이

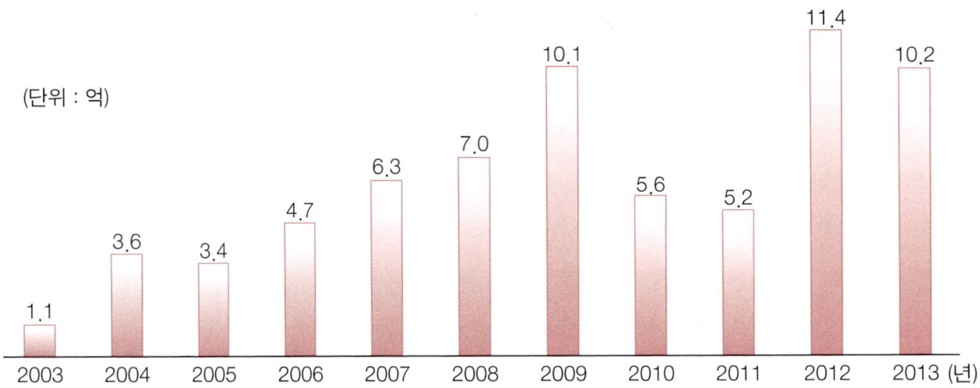

※출처 : 미국법무부, Deloitte Analysis

EU 과징금 산정기준개정(2006)

구 분	개정 전	개정 후
기본 과징금	법위반 정도에 따른 정액	EU지역 매출액의 30% 이내
공동행위기간	1년 증가할 때마다 기본과징금 10%씩 증액	1년 증가할 때마다 기본과징금 100% 씩 증액
Entry Fee		카르텔 참여만으로 매출액의 15~25% 과징금 부과
가중/감경		가중 사유확대/감경사유축소, 상습위반시 100%까지 가중

출처 : 공정거래위원회, Deloitte Analysis

구체적으로 미국은 2004년에 반독점법 위반에 따른 벌금과 징역의 제재한도를 큰폭으로 상향시켰으며 이에 따라 벌금총액, 징역형 선고비율(37%→70%)과 평균구속기간(8개월→25개월)의 형사제재 실적지표도 동반상승했다.

유럽연합집행위원회 경쟁총국(Directorate General Competition)은 카르텔적발을 정책의 최우선 순위에 두고 법집행을 강화하고 있으며 2006년 과징금 산정기준을 개정해 과징금을 대폭 증액했다.

중국도 2008년 반독점법을 도입(역외적용 조항 명문화)해 2013년에 최초로 액정표시장치(LCD) 담합건으로 외국기업에 과징금을 부과한 이래, 국민생활과 밀접한 주류, 분유, 의약분야 등을 중심으로 조사와 처벌을 강화하고 있다. 그밖에 싱가포르, 일본, 말레이시아 등 우리나라와 교역량이 많은 국가의 경쟁당국도 경쟁법집행을 강화하고 있다.

반부패분야에서는 경제협력개발기구(OECD)의 뇌물방지협약이 정착되면서 직원을 포함해 법인을 처벌하는 것을 넘어 뇌물로 얻은 수익까지 모조리 환수한다는 개념이 널리 확산되고 있어 단기적 이익을 목적으로 뇌물을 건네다 향후 사업기회까지 영구적으로 박탈당할 수 있다.

특히 FCPA[15]의 경우, 미국법이지만 외국기업도 처벌할 수 있는 광범위한 관할권 설정으로 유명하다. 미국증권거래소에 상장된 외국회사를 포함해 미국주식예탁증서(American Depositary Receipt·ADR)를 발행한 외국회사도 포함된다. 미국과는 상관없는 외국기업 임직원의 제3국 공무원에 대한 뇌물제공행위에 미국통신망이나 미국은행전산망을 이용한 것만으로 FCPA규정위반에 해당될 수 있다.

독일 지멘스는 2000년대 초반 중국, 러시아, 이라크 등 외국정부 관계자에게 4,238회에 걸쳐 총 14억 달러의 뇌물을 건넸다가 미국과 독일정부에 벌금으로 각각 8억 달러를 물어야만 했다.

FCPA 벌금 Top 10

순위	기업	벌금	연도
1	Siemens	800백만 달러	2008년
2	KBR Haliburton	579백만 달러	2009년
3	BAE	400백만 달러	2010년
4	Total	398백만 달러	2013년
5	Snamprogetti Netherlands	365백만 달러	2010년
6	Technip	338백만 달러	2010년
7	JGC Corporation	219백만 달러	2011년
8	Daimler	185백만 달러	2010년
9	Alcatel-Lucent	137백만 달러	2010년
10	Magyar / Deutsche Telecom	95백만 달러	2011년

출처 : 미국 법무부, 미국증권거래위원회, Deloitte Analysis

15) 해외부패방지법(Foreign Corrupt Practice Act): 미국회사 및 미국과 관련이 있는 회사, 개인, 기관의 외국공무원 대상 뇌물제공을 방지하기 위한 목적으로 제정된 미국법.

ADR를 발행한 노르웨이의 한 석유회사는 이란 석유사업관련 이권확보를 위해 미국 뉴욕소재 은행계좌를 통해 이란 공무원에게 2차례 뇌물을 제공한 건이 적발되어 과징금 2,000만 달러를 냈다.

FCPA가 아직 국내기업에 직접 적용된 사례는 없으나 벌금액이 수천만 달러에서 수억 달러에 달할 정도로 막대해 각별한 주의가 요구되며 특히 미국 법무부(US DOJ)는 FCPA 위반에 대한 승계자 책임(sucessor liability)을 폭넓게 인정하고 있어 해외기업 인수·합병(M&A) 시 철저하고 충분한 실사가 필요하다.

공정거래와 부패방지분야 외에도 기업이 노출되어 있는 컴플라이언스 리스크 관리대상영역은 영업비밀, 특허, 인사·노무, 환경·안전 등 기업의 일상적 경영활동전반에 걸쳐 있다. 그러나 실제 업무수행과정에서 현업은 마치 빙산의 일각만을 보는 것과같이, 노출되어있는 컴플라이언스 리스크 중 일부만을 인지하고 있을 뿐이다. 설사 인지하고있는 분야라고 할지라도 형식적인 외부법률·규제의 준수에 치우쳐 있는 경우가 대부분이다.

이제는 단순히 외부법률과 규제준수 리스크의 관리라는 소극적 측면이 아니라, 실행력 있는 컴플라

기업의 주요 컴플라이언스 대상 영역과 위반사례

	리스크 유	회 사	법률 행위	결 과
경쟁 심화	담 합	반도체 제조사	미국 DRAM 가격담합 유죄 인정(2005)	3억 달러 과징금, 임원 징역
		LCD 제조사	미국 LCD 가격담합 유죄 인정(2008)	4억 달러 과징금, 임원 징역
기술혁신 가속화	경쟁자 정보	글로벌 항공사	부적절한 경쟁사 정보 이용	6억 달러 합의금, 벌금
	지적재산권	글로벌 칩셋 제조사	자회사가 경쟁사 기술을 라이선스 없이 사용	현재 소송 진행 중
	특허권	글로벌 칩셋 제조사	칩셋에 대한 특허 침해	고객들의 잇단 주문 취소로 판매량 하락
글로벌 규제 확산	환경 규제	글로벌 전자회사	제품에 법적 규제 이상의 카드뮴 함유	리콜에 따른 금전적 손실 1억 6,000만 달러 및 이미지 추락
	반독점	글로벌 칩셋 제조사	유럽 내 경쟁사 판매 견제를 위한 불법 리베이트 제공	14억 5,000만 달러 벌금
이해관계자 감시 강화	뇌 물	글로벌 전자회사	비자금 조성 및 뇌물 제공	CEO 사퇴, 주요 임원 고발
	성희롱	글로벌 완성차업체	북미CEO의 여비서 성희롱	뉴욕포스트 1면 게재, CEO 사퇴
	환경 안전	글로벌 정유사	원유선적 시설을 바다에 묻으려는 시도	불매운동, 매출 감소, 이미지 추락

출처 : News Clip, Deloitte Analysis

이언스 경영체계를 수립해 기업의 컴플라이언스 면역체계(compliance immune system)를 확보하는 것이 기업경쟁력의 핵심요소로 인식되는 패러다임 변화가 일고 있다. 컴플라이언스 경영을 통해 기업의 투명성을 높이고 소비자와 종업원, 주주와 채권자, 주변사회 등 이해관계자에 대한 건전한 책임을 다하는 것은 기업의 생존을 위한 필수요건, 즉 지속가능경영(sustainability)과도 직결되어있는 문제라고 인식해야 한다.

이제는 컴플라이언스가 기업경영의 시대적 화두가 된 것이다.

컴플라이언스 경영의 역사

컴플라이언스(compliance)는 '누군가의 희망이나 요구에 따르고 순종한다'는 동사 comply의 명사형으로서 follow나 obey와 비슷하나 '순종'과 '굴복(yield)'의 의미가 조금 강하다.

이를 기업경영과 연관지어 생각해 본다면, 컴플라이언스의 뜻은 회사 임직원들이 사회적으로 승인된 내·외부 준거기준(법·규정·회사사규나 매뉴얼·문화·관습·사회적 책임 등)을 수용하고 이행하는 조직의 문화라고 정의할 수 있다.

이러한 컴플라이언스 경영의 진화는 기업 비즈니스의 외형적 성장과 이에 따른 경쟁심화와 그 궤를 같이 한다. 1960년대에 이르러 비즈니스와 규제영역양면에서의 복잡성이 증가하면서 현대적 컴플라이언스의 기초가 출현하기 시작했고, 1970년대 '워터게이트사건(Watergate scandal)'과 '록히드사건(Lockheed bribery scandals)'이 비슷한 시기에 발생하면서 컴플라이언스의 중요성에 대한 인식이 정점에 도달했다.

워터게이트사건 수사과정에서 400여 개의 미국기업들이 해외에서 3억 달러 이상의 뇌물을 뿌렸다는 사실과 록히드사에서 1950년대 후반부터 1970년대까지 항공기판매를 위해 서독, 네덜란드, 사우디아라비아, 일본 등 여러 나라에 뇌물을 뿌린 일련의 사실이 적발되었다. 특히 록히드사건으로 인해 일본에서는 다나카 가쿠에이(田中角榮) 전 총리가 구속되었으며, 미국에서는 비즈니스활동에서의 뇌물공여관행에 대한 비판적 여론이 들끓었다. '도덕외교'를 표방하던 카터행정부는 기업인들의 반발에도 불구하고 1977년에 FCPA법안을 관철시켰다. FCPA제정으로 인해 '미국기업의 발목만 묶였다'는 불만에 미국정부는 다른 나라들을 압박해 1997년 OECD의 반부패협약체결을 유도함으로써 반부패 컴플라이언스를 국제적 이슈로 만들었다.

반부패기조에서 출발한 컴플라이언스 경영은 1991년 미국양형위원회(United States Sentencing Commission)가 '미 연방 기업범죄양형가이드라인(Sentencing Guideline For Organization)'을 공표함으로써 전환점에 도달한다. 기업범죄 양형가이드라인이 공표되기 전에도 컴플라이언스 프로그램이 존재했었지만, 이 가이드라인의 공표는 컴플라이언스 프로그램을 비즈니스의 본류로 합류시킨 주요한 요인으로 작용하게 되었다.

기업범죄 양형가이드라인 제정으로 기업범죄의 기소 및 구형과정에서 컴플라이언스 경영체계는 주요한 고려요소가 되었으며 2004년에 강화된 양형가이드라인에 다음과 같은 7대 원칙이 명시되었다.

1. 컴플라이언스 가이드라인 및 절차
2. 경영진의 리더십 및 컴플라이언스 문화
3. 컴플라이언스 체계운영을 위한 합리적인 노력
4. 컴플라이언스 가이드라인과 절차에 대한 교육 및 의사소통
5. 컴플라이언스 프로그램의 유효성에 대한 모니터링, 감시 및 평가
6. 컴플라이언스 프로그램 운영성과에 대한 인센티브 및 징계조치
7. 위법행위에 대한 대응 및 시정조치사항

컴플라이언스 경영 7대 원칙은 회사의 비즈니스 현황에 맞게 해석해 유효성있게 구축하고 운영한다면 행정부의 단속 및 징계, 법무부(검찰)의 기소 및 구형, 법원의 양형, 민사책임 등의 감경에 두루 영향을 미치는 주요한 고려요소가 될 수 있다.

이처럼 미국을 중심으로 컴플라이언스 프로그램에 대한 보상과 제재(incentive & penalty)원칙이 되는 법규와 가이드라인이 정비됨으로써 컴플라이언스 경영체계확산의 토대가 마련되었다.

컴플라이언스 경영의 장애물

해외 선진기업들은 컴플라이언스 경영의 중요성을 인식하고 전사차원에서 컴플라이언스 관리체계를 구축, 운영함으로써 기업가치를 극대화시키는 촉매제로 활용하고 있다. 그러나 컴플라이언스 경영체계를 도입했다고 선언하는 대부분의 국내기업의 경우 관련법규에 대한 나열식 프로파일링, 법규제·개정사항의 단순공유, 담당자·부서지정을 통한 제한적 컴플라이언스 경영체계구축에 초점을 맞추어 진행하고 있어 실행력측면에서는 많은 의문점을 남기고 있는것이 사실이다.

그렇다면 국내기업 컴플라이언스 경영의 실행력 확보를 저해하는 여러 가지 환경적, 구조적 요소들은 과연 무엇일까?

우선, 업무성과중심의 평가체계에 익숙한 현업은 대부분 명시적으로 평가기준에 포함되어 있지않은 컴플라이언스를 업무성과달성의 장애물로 인식하는 경향이 있다.

또한 컴플라이언스 관련이슈의 발생은 현업이 알고도 일부러 준수하지 않는 경우(이러한 경우는 보통 전략적 판단에 근거한 수용이거나 부정 · 범죄의 가능성이 높다)보다는 명확히 인지하지 못해 즉, 잘 알지못해서 발생하는 경우가 대부분이다. 현업 일상업무수행과정에서 반드시 지켜야 할 사항을 기술한 '상시

적인 준거기준'이 미흡한 것에 기인한다. 상시적인 준거기준관점에서 단순히 법령 제·개정정보만 제공하는 것은 현업이 준거해야하는 내용을 전달하는 데 한계가 있다. 법령사항이 일상적 업무수행과정에서 어떻게 해석되는지, 어떤 업무프로세스단계에서 무엇을 챙겨야 하는지를 비즈니스 언어로 해석해 현업의 눈높이에 맞추는 것이 중요하다.

실행력있는 컴플라이언스 경영 프로그램의 핵심요소

실행력있는 컴플라이언스 경영체계를 구축하기 위해서는 전담운영조직, 현업과 합의를 거쳐 일상 업무수행과정에서 즉시 활용할 수 있는 관련준거기준이나 매뉴얼 등 하드웨어적 요소가 필요하다.

또한 소프트웨어적 요소로서, 컴플라이언스 체계운영의 효과성과 효율성을 보장하기 위한 자가점검이나 모니터링과 개선활동 등이 정기적으로 수행되어야 하고 임직원의 인식전환을 위한 준법문화 확산교육도 병행되어야 한다. 그리고 조직의 규모에 따라 차이가 존재할 수 있으나 자가점검, 모니터링의 효과성 향상을 위한 정보기술(IT)시스템도 핵심요소 가운데 하나다.

해외선진사례에서 앞의 5대 요소들은 대부분의 회사에서 구축하고 있는 내용이며 이 중에서 현업의 비즈니스 언어로 정의된 준거기준, 정기적 컴플라이언스 프로세스의 운영, 교육을 통한 컴플라이언스 문화확산이 가장 중요한 3대 요소로 정의될 수 있다.

준거기준(Rule Set)

준거기준은 현업업무수행과정에서 즉시 참조할 수 있는 컴플라이언스 사항을 집대성한 것으로 매뉴얼, 강령, 가이드라인 등 다양한 형태를 가질 수 있다. 가장 중요한 것은 현업입장에서 업무변화시 반드시 준수해야 하는 핵심사항을 도출, 기술하는 것이다. 또한 컴플라이언스 준거사항은 조직·서비스별로 개별단위에서 준수하는 것뿐만 아니라 전체업무프로세스의 관점에서 상호연계되고 일관성 있게 정의되어야 한다.

컴플라이언스 프로세스: Not one and done

컴플라이언스 경영체계는 일회성 구축프로젝트가 아니다. 경영활동을 수행하는 한 기업은 컴플라이언스를 수행해야 한다. 또한 비즈니스환경 및 사업이 변화함에 따라 컴플라이언스도 이에 맞게 변화해야 한다. 신규 컴플라이언스 리스크의 식별 및 이에 대한 현업의 자가평가, 평가결과에 따른 개선, 컴플라이언스 부서의 독립적인 모니터링 등 컴플라이언스 프로세스가 확립되어야 한다.

특히, 자가점검과 독립적 모니터링은 컴플라이언스 경영체계의 효율성과 효과성을 판단할 수 있는 가장 효과적인 요소로 기업들이 인식하고 있다.

준거기준에 기반한 자가점검은 단순히 체크리스트를 통해 법규준수여부를 점검하는 것을 의미하는

컴플라이언스 프레임워크

컴플라이언스 운영 프로세스

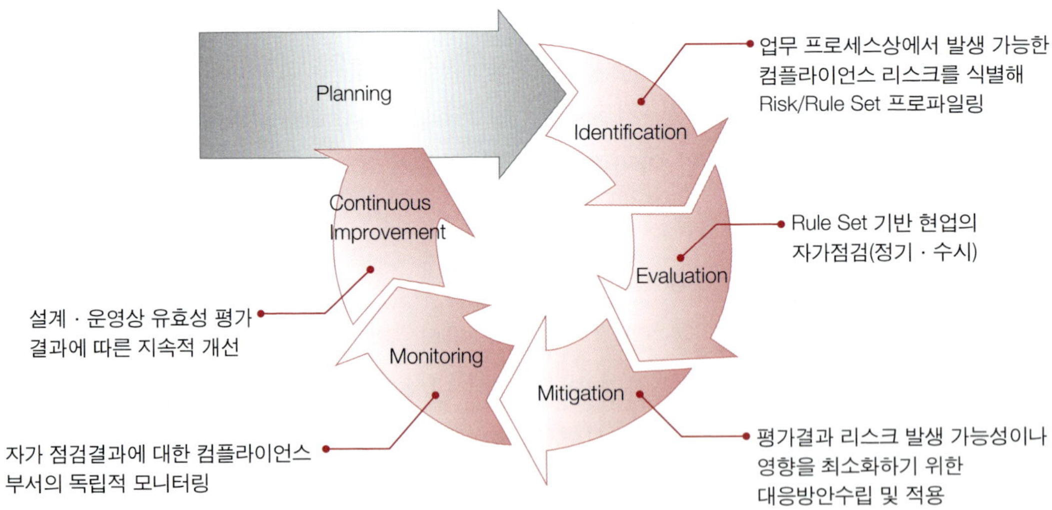

것이 아니라 회사 모든 임직원이 스스로의 준법의지를 확인하고 그 의지를 표현하는 과정이다. 이러한 과정에서 임직원들은 스스로 컴플라이언스 지식을 습득하고 리더로서의 역량을 키우게 되며 이를

컴플라이언스 프로그램의 효과성 평가방법

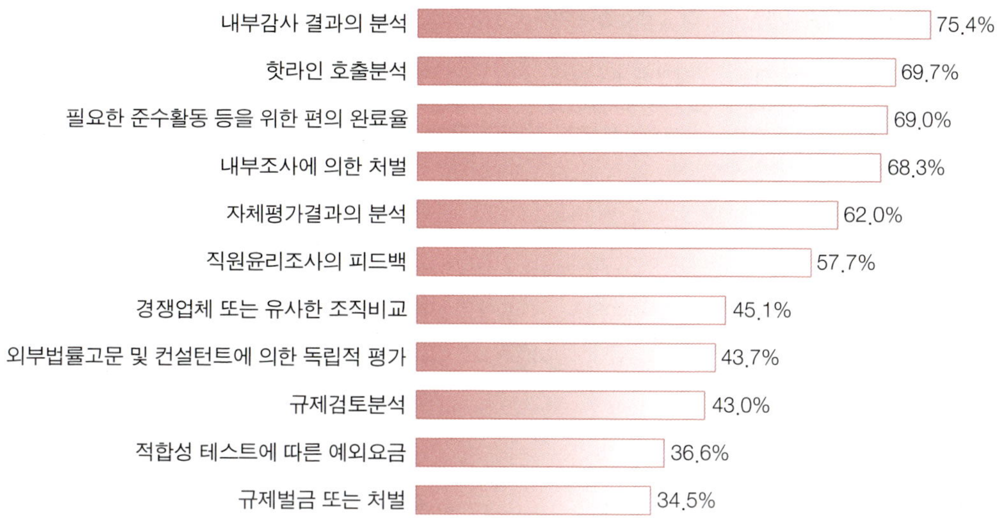

출처 : In Focus Compliance Trends Survey 2014, Deloitte & Compliance Week

통해 컴플라이언스 경영은 자연스럽게 기업 내 문화로서 뿌리내리게 된다.

인식강화 및 문화확산

컴플라이언스는 본질적으로 임직원 개개인의 행동으로 실천된다. 컴플라이언스 경영이 진정한 성과를 거두기 위한 핵심성공요인은 컴플라이언스 목표에 대한 경영진과 기업구성원들의 인식(mind set)의 전환이다.

시스코(CISCO)는 이러한 배경에서 직원들의 컴플라이언스 인식강화를 위해 다양한 관련자원을 제공, 관리하고 있으며 시스템을 활용한 교육 및 커뮤니케이션 수단을 마련해 직원들의 인식강화와 컴플라이언스 문화확산을 지원하고 있다.

컴플라이언스 경영프로그램의 실행력을 높여라: 형식을 넘어 실행으로

컴플라이언스 경영의 내재화를 위해서는 컴플라이언스 경영체계를 구성하는 핵심요소의 마련과 운영이라는 '형식'을 필요로 하는 것은 분명하다. 그러나 형식만으로는 컴플라이언스 경영의 성공을 보장할 수 없다.

많은 기업들은 10여 년 전부터 컴플라이언스(준법)·윤리경영 또는 사회적 책임경영, 지속가능경영 등을 도입하고 관련 보고서 작성과 외부평가 등을 진행해 왔다. 그러나 이러한 형식적인 활동이 컴플라이언스 경영의 성공과 실패를 가늠하는 유일한 척도는 아니다.

시스코 컴플라이언스 Decision Tree 예시

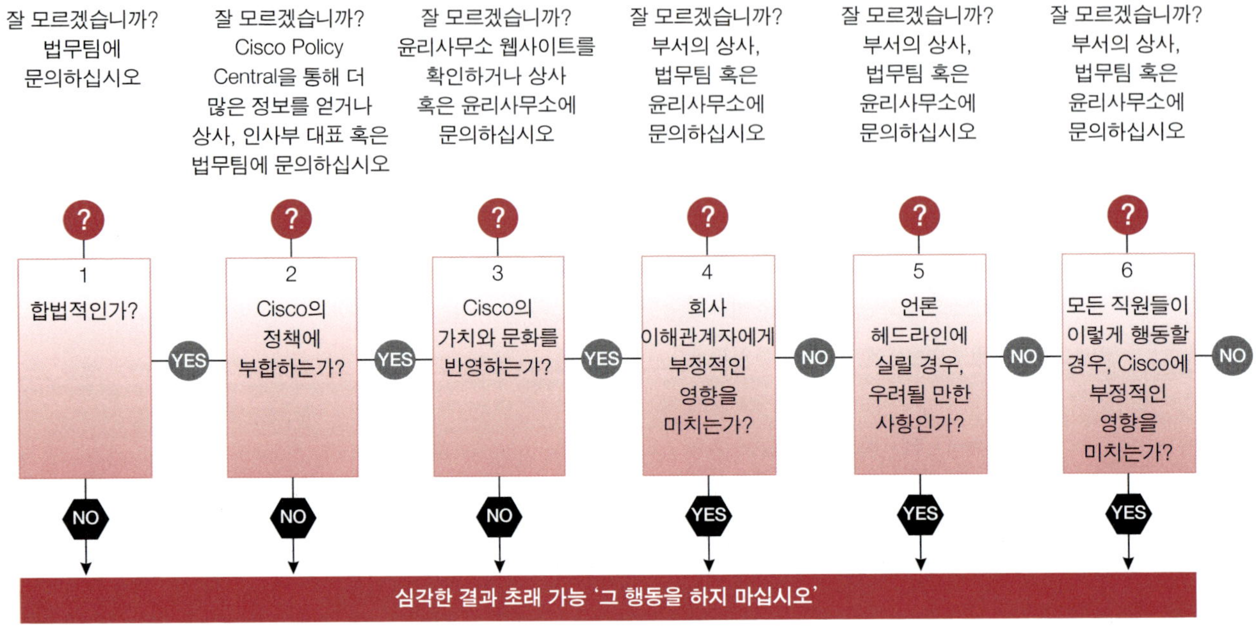

외부기관들의 평가가 단순히 가이드라인이나 규제에서 요구하는 '형식'의 구비여부에만 초점을 맞추고 있기 때문에, 기업구성원들이 이 평가결과에 만족해 컴플라이언스 경영의 근본적 목표를 간과하게 된다면, 오히려 컴플라이언스 경영의 지속적인 실행과 개선을 위한 기업내부의 긴장감과 노력의 강도를 저하시킬 위험마저 있다.

컴플라이언스 경영의 선도업체로 평가받는 지멘스의 창립자 에른스트 베르너 폰 지멘스는 "단기적인 이익을 위해 사업을 하지 않겠다"라는 경영철학을 선언했고 이를 기반으로 구축된 실행력있는 컴플라이언스 경영체계는 준법·윤리경영을 지멘스의 고성장을 이끌어 낸 원동력의 하나로 만들었다.

실제로 미국의 컴플라이언스·윤리경영연구기관인 '에티스피어 인스티튜트(Ethisphere Institute)'에서 선정한 '세계에서 가장 준법적이고 윤리적인 기업'의 최근 5개년간 주주 수익률을 S&P500기업과 비교했을 때 준법·윤리경영측면에서 형식과 실질을 갖춘 기업들이 결과적으로는 뛰어난 재무적 성과를 거둔 것으로 분석되었다.

컴플라이언스 경영은 '미생(未生)'의 단계에서 '완생(完生)'의 경지를 추구하는 것과 같이 시시각각 변화하는 환경에 따라 항상 변모해야 한다. 이를 위해서는 컴플라이언스 경영체계구축, 운영을 위한 하드웨어와 더불어 실행력을 바탕으로 한 소프트웨어적 실질이 조화되어야 할 것이다.

컴플라이언스 경영이 모두의 경쟁력인 시대다.

● 권우철, 양천호(2015), Deloitte Anjin Review, January 2015 No.4

토의과제

① 기업의 사회적 책임이라는 관점에서 컴플라이언스 경영과 인테그리티 경영이 갖는 의미와 한계를 비교 · 검토하고 글로벌 경영환경의 변화와 관련하여 향후의 전개방향에 대해 토의해 보시오.

② 미국의 연방 양형 가이드라인과 한국의 준법지원인 제도가 각 국의 컴플라이언스 프로그램에 미치는 영향에 대해 평가하고, 본문에서 제시된 한국의 준법지원제도의 인센티브규제로의 전환의 필요성에 대한 당신의 의견과 대안을 제시해 보시오.

③ 기업비리의 빈발과 그로 인한 인적, 물적, 경제적 손실을 최소화하기 위해 미국의 경우 비리를 저지른 기업에 대해 매우 엄중한 징벌규정을 적용하고 있으나 한국은 미국에 비하면 매우 미약한 수준에 있는 것이 사실이다. 한국에서 기업비리에 대한 징벌규정의 현 수준을 주요항목별로 (앞의 표 11-1 참조) 평가하고, 비리근절을 위한 정부차원의 대응방안과 기업의 컴플라이언스 경영차원에서의 대응방안에 대해 토의해 보시오.

④ 기업은 비록 법인격을 가지고 있다고 하지만 기업이 저지른 비리에 대해 자연인에게 죄를 묻는 방식으로 감옥형을 부과하거나 할 수 없고, 그 책임자를 가려 처벌하기도 쉽지 않다. 결국 기업행동은 그것이 책임있는 사회구성원으로서의 행동이든 아니면 비리와 관련된 행동이든 회사운영시스템, 혹은 의사결정시스템의 좋고 나쁨과 관련되어 있다고 볼 수 있다. 따라서 기업이 건전한 기업시민으로서의 책임을 다하도록 유도하기 위해서는 기업경영시스템의 윤리적 운영이 긴요하다 할 것이다. 이런 점을 고려하여 기업경영시스템의 윤리수준을 높일 수 있는 대안에 대해 토의해 보시오.

⑤ 기업이 건전한 사회구성원으로서의 책임을 다하기 위해서는 컴플라이언스 경영수준을 넘어서 인테그리티 경영으로 나아가야 한다고 말해진다. 그런데 일반 자연인의 경우에도 그 윤리수준에 있어 천차만별인 것처럼 기업의 윤리수준도 여러 단계가 있을 수 있고 법을 어기지 않는 한 인테그리티로의 전환을 강요할 수도 없는 게 사실이다. 어떻게 하면 기업의 윤리수준을 제고할 수 있을지 그 방안에 대해 토의해 보시오.

제12장

글로벌경영과 기업윤리

01 윤리의 상대주의와 절대주의
02 글로벌경영과 기업윤리
03 윤리적 리더십의 개발

글로벌기업들의 선물관련 윤리강령

[애플] 사업상 선물교환

직원은 다음의 모든 조건이 충족되지 않는 한 현재 또는 잠재적 거래처, 공급자, 고객 또는 기타 사업상 동료와 선물이나 접대를 주고받을 수 없습니다.

- ▶ 명목가치 : 가치가 US $150 미만일 때. 이 이상의 경우는 부사장의 승인을 받아야 합니다(부사장 수준의 간부는 보다 상위 경영자의 승인을 받아야 합니다).
- ▶ 관습적 기준 : 품목이 관습적인 사업상 선물이고 공개적으로 알려져도 애플을 당황스럽게 하지 않을 때. 현금선물은 절대로 용인되지 않습니다. 현금을 주고받는 것은 뇌물이나 리베이트로 간주되고 예외없이 애플의 정책에 어긋납니다.
- ▶ 특혜적 대우금지 : 선물의 목적이 특별하거나 특혜적 대우를 위한 것이 아니어야 합니다.
- ▶ 합법적 기준 : 선물을 주고받는 것이 그 위치와 상황에서 합법적이어야 합니다.
- ▶ 받은 사람이 공무원이 아닐 것 : 사전에 관련부서의 점검을 받지않고 절대로 미국이나 외국 공무원에게 식사, 접대 또는 다른 가치있는 품목을 포함한 선물을 제공하지 않아야 합니다.

이 정책은 조직으로서의 애플이 무료 제품이나 서비스를 받고 평가하는 것을 금지하지 않습니다. 공개적이고 법적인 요건을 충족하는 선물은 주고받을 수 있으며, 애플의 사업에 이익이 될 경우 애플이 장비를 회사나 조직에 제공할 수 있습니다. 또한 경영진에 의해 승인을 받았고 이해상충을 초래하지 않는다면 애플의 직원은 사업과 관련된 사회적 행사에 참석할 수 있습니다.

[마이크로소프트] 선물 및 접대

마이크로소프트는 비즈니스 환경에서 선물 또는 접대를 제공하거나 받을 때 올바르게 판단하고 신중을 기하고 절제할 것을 요구합니다. 선물제공 및 접대관행은 문화마다 다를 수 있습니다. 그러나 제공하거나 받는 모든 선물과 접대는 법률에 부합해야하며, 공여자 또는 수령자의 정책을 위반하지 않아야 하고 현지관습 및 관행에 맞아야 합니다.

우리는 마이크로소프트가 현재거래를 하고 있거나 거래를 할 가능성이 있는 개인 또는 회사에 선물, 접대 또는 어떠한 실질적 가치가 있는 호의도 요구하지 않습니다. 또한 공급업체, 파트너 또는 고객이 마이크로소프트와 거래를 하거나 유지하기 위해 선물 또는 접대를 제공하거나 개인적

호의를 제공해야 한다고 느낄 수 있는 상황이 되도록 행동하지 않습니다.

▶ 선물 및 접대 기본사항이해

- ◉ 제공하거나 받는 모든 선물 및 접대는 다음에 부합해야 합니다.
- ◉ 합리적이어야 합니다.
- ◉합당하고 정당한 비즈니스 목적을 지녀야 합니다.
- ◉ 마이크로소프트의 최선의 이익을 위해 독립적으로 업무상 결정을 내리는 것을 방해하지 않아야 합니다.
- ◉ 법률을 준수해야 합니다.
- ◉ 현지관습 및 관행에 부합해야 합니다.
- ◉ 해당 사안에 대한 공여자와 수령자의 정책을 위반하지 않아야 합니다.

다음과 같은 일부선물은 항상 금지됩니다.

- ◉ 현금 또는 현금 등가물
- ◉ 뇌물, 리베이트 또는 의도가 순수하지 않은 모든 것
- ◉ 정책에서 금지하는 행위를 수행하기 위해 개인자금을 사용하는 행위
- ◉ 공무원의 친구 또는 가족에 대한 선물 또는 접대
- ◉ 가치가 나가는 것 중 부적절한 느낌을 주거나 마이크로소프트에 당혹스런 결과를 초래할 수 있는 모든 것

[페이스북] 선물과 접대

현재나 미래고객이나 사업파트너와 선물이나 접대를 주고받는 것은 특히 품목의 가격이 클 경우 잠재적 이해충돌을 초래할 수 있습니다. 선물(꽃다발이나 의류품 등)은 일반적으로 품목의 가격이 US $200 미만일 때는 괜찮습니다. 추가적으로 특정한 사업상 접대(현지 문화행사 또는 스포츠 경기관람 초대 또는 사업파트너와의 기념식사 등)는 다음과 같은 경우 적절할 수 있습니다.

- ◉ 그 접대가 합리적이고 관례적이며 사업관계를 증진할 때
- ◉ 접대비용이 과도하지 않을 때

- 그 접대가 파트너와의 사업관계에 관한 의사결정을 부적절한 방향으로 편향되게 하거나 부적절한 행위를 초래하지 않을 때

현금 등가물, 대출 또는 보답으로 뭔가를 제공해야 하는 품목은 절대로 주고 받지않아야 하며, 현재 또는 잠재적인 거래처나 사업파트너에게 선물이나 접대를 강요하지 말아야 합니다.

이득을 취하거나 거래를 유지하기 위해 또는 부당한 경쟁우위를 획득하기 위해 공무원에게 그 어떤 가치있는 것도 제공해서는 안됩니다. 다만 정당한 목적이 있고, 그것이 그 공무원의 행위 또는 행위하지 않음에 대한 대가가 아니라면 적당한 선물이나 식사, 여행 및 접대에 대해서는 페이스북의 '반부패정책'을 참고하십시오.

● 전경련 〈궁금할 때 펴보는 글로벌기업윤리 BEST 11〉, 윤리경영연구소, 2016.02.15

학습목표

윤리적 상대주의와 절대주의, 윤리제국주의, 글로벌윤리경영의 4요소, UN글로벌 컴팩트, 도덕적 상상력, 윤리적 리더십, 윤리관련 리더십 유형, 윤리적 리더십개발

일반적으로 기업활동이 다국가 단계나 다지역단계를 넘어서 진정한 글로벌화에 직면하게되면 문화 간의 충돌에 직면하게 마련이다. 같은 자본주의 국가인 미국과 한국의 예를 들어보면 변호사가 인구 1인당 30배 이상되는[1] 전자의 기업풍토와 후자는 매우 이질적이라고 할 수 있다. 한국에서 미국으로 진출한 기업이나 한국에 진출한 미국기업은 이처럼 서로 다른 법률환경에 적응할 필요가 있으며, 경우에 따라서는 법률환경을 변화시키는 로빙(lobbing) 등의 홍보활동으로 자사에 유리한 환경을 창조할 수도 있다. 그러나 거대한 다국적기업이 개발도상국의 정치부문에 개입하는 것은 1970년대초 ITT가 칠레의 아옌데 좌파정권의 붕괴에 관여한 예에서도 볼 수 있듯이 기업윤리적인 면에서는 바람직하지 않은 행위이다.

이런 관점에서 선악의 판단기준이 되는 윤리의 글로벌화란, 세계 각국, 혹은 민족가치관의 다양성을 바탕으로 자민족 중심주의(ethnocentrism)에 빠지지 않도록 유의할 필요가 있다. 그러나 남아프리카공화국에 있어서의 아파르트헤이트(인종 차별정책)를 시인하기가 어렵듯이, 또한 한국의 입장에서 미국의 소총 제조업자가 주장하는 자위용 무기소지의 자유를 시인하기 어렵듯이, 한 국가의 전통에 뿌리를 내린 관용도 글로벌한 관점에서는 비판의 대상이 될 수도 있다. 이러한 인식에 기초한 다문화주의란 단순한 문화상대주의나 윤리상대주의가 아니라 과도한 인간성의 억압을 비판하고 그 위에 각 문화의 존재가치를 인정하려는 입장이다.

또한 한 국가나 한 민족의 기업윤리나 기업문화를 다른 것과 한데 묶는다는 것은 논의의 엄밀성을 결여시키는 것이 된다. 어느 업계에서 '업계의 상식은 사회의 비상식'이라고 말해지는데 이는 업계에 따라 윤리감각이 다르다는 점을 지적하고 있다. 그리고 기업내부에서도 사원의 연령대에 따라 다르거나 또는 세대를 초월하여 공통적인 감각이 있으며, 더구

1) 2007~2008년 현재 한국은 변호사 1인당 국민 8174명인데 비해 미국은 268명, KDI

나 국제지향파와 국내지향파는 사물을 판단하는 기준에 차이가 있을 수 있다. 또한 전략 결정자와 집행자가 남성인지 여성인지에 따라서도 경영방식이 달라질 수 있다.

이 장에서는 다양한 가치관의 병존을 전제로 하여 기업이 글로벌경영의 전개과정에서 직면하는 문제를 기업윤리의 시점에서 검토하고, 글로벌경영에서 문제시 되는 인권과 노동, 환경과 부패 등 중요한 이슈에 대한 대응을 살펴보고 글로벌경영에서 발생하는 윤리적 마찰을 최소화할 수 있는 방안에 대해 정리해 보고자 한다.

01 윤리의 상대주의와 절대주의

기업윤리에 대한 논의가 활성화하게 된 배경에는 여러 가지 이유가 있겠지만 그 중에는 기업의 다국적화, 글로벌화라는 역사적 상황이 큰 영향을 미치고 있다고 할 수 있다. 국내에서 단일민족, 문화, 언어, 종교, 가치관을 전제로 비즈니스 활동을 할 때는 별 문제가 되지 않았던 것이 경제발전의 단계, 법체계, 사회구조, 상관습, 여러 가지 제도 등이 다른 외국을 상대로 할 경우에는 큰 문제가 되는 경우가 자주 발생한다.

이 문제에 대한 접근방법은 과거부터 크게 나누어 두 가지 상반된 입장이 주장되어 왔다. 하나는 '로마에 가면 로마법을 따라야 한다'는 입장에서 진출한 상대편의 문화, 사회관습에 이쪽이 맞추어야한다는 사고이며, 또 하나는 어디까지나 자국, 자사의 방식을 일관성 있게 견지하는 방식이다. 전자의 입장은 국가나 문화가 다르면 각각 규범이 다른 것은 당연하므로 보편적, 절대적인 규범은 있을 수 없다고 주장하여 상대주의(Relativism)로 불리고, 후자의 입장은 자국이나 자사의 가치관이나 규범의 타당성을 믿고 그것을 받아들이는 쪽에 강요하는 '절대주의(Absolutism)' 혹은 '윤리제국주의(Ethical Imperialism)'로 불린다.[2]

예를 들면 다음과 같은 사례에 직면했을 때, 우리는 어떻게 하면 좋은가?

사례 1

한국의 어느 대기업 건설회사가 서아프리카의 어느 국가로부터 교량건설공사를 의뢰받았다. 설계기사가 현장에 도착하니 국가적인 프로젝트로서 국가전체의 기대가 걸려있다는

2) Donaldson, T. and Werhane, P.(1988), *Ethical Issues in Business: A Philosoρhical A- ppoach*, 3rd ed., Prentice-Hall, Part 1.

것을 피부로 느낄 수 있었다. 이 국가의 교통사정은 한국의 30년 전을 생각나게 하는 상황이었으며, 자동차 수도 한국의 3분의 1 이하였다. 그러나 이 국가의 경제는 급성장중이며 교통량도 향후 비약적으로 성장할 것으로 전망되었다. 그런데 설계의 세세한 점을 검토하는 중에 이 국가의 교량안전기준이 매우 낮다는 것을 알게 되었다. 한국의 건설기준으로 보면 도저히 인가를 받지못할 것이다. 현지 담당자에게 이러한 취지를 전달하자 예산관계상 방법이 없다고 한다. 현지법을 위반하는 것은 아니지만 만약 이 기준대로 건설한다면 5-6년 안에 대형사고가 발생하든지 아니면 다시 건설해야만 하는 매우 비효율적인 결과를 초래하게 될 것이 자명하다. 어차피 건설을 해야한다면 제대로 해보고 싶다는 생각이 들어서 정부의 한 고위관료에게 이런 사정을 이야기 했더니 부디 그렇게 하기를 바란다며 차액분에 대해서는 한국정부로부터 원조를 받도록 하는 방안이 어떨까 하는 이야기가 나왔다.

사례 2

이탈리아에서는 매년 법인세를 신고할 때 다른 국가와는 다른 관행이 오랜세월 묵인되어왔다. 그것은 경상이익을 그대로 신고하는 것이 아니라 실제이익의 30%에서 70%를 신고한다고 하는 것이다. 그 때문에 많은 법인이 이중장부를 만들어 주도면밀하게 준비를 한다. 물론 이 행위는 이탈리아 국내의 세법상 탈세행위임에는 변화가 없지만 이탈리아 세무 당국도 이러한 사정은 충분히 알고 있으며 통상 신고마감 6개월 후에 '사정청취소환장'이라는 것을 받게 되어 있다. 이것을 받으면 담당자가 이탈리아 세무당국과 '교섭'이라는 절차를 밟게되는데 이것도 오랜 관습이었으며, 이탈리아에는 '코마시어리스터'라는 세무교섭 전문가가 있어 기업이든 개인이든 이 문제를 이들 전문가에게 맡겨 아무것도 손대지 않는 것이 보통이다. 얼마정도의 추징과세로 수습이 될 것인지는 '코마시어리스터'의 '능력과 인맥'에 달렸으며 실제로 어느 정도의 추징금을 징수당했는지는 밝혀지지 않는다. 다만 코마시어리스터 자신이 받는 '서비스료'를 포함시켜도 실제로 지불하는 금액은 제대로 신고한 경우보다 적다는 것만은 확실하다. 그런데 어느 대형은행이 로마지점을 개설하고 당신이 그곳의 초대지점장으로 부임하게 되었다고 가정하자. 그리고 초년도의 법인세 신고시기가 가까워져서 나름대로 이익이 발생했다고 가정할 경우 당신이라면 '이탈리아식 신고'를 할 것인지 아니면 신용을 가장 중시하는 은행으로서는 불투명한 '코마시어리스터'의 손을 잡지말아야 할 것인가?[3)]

3) Kelly, A(1988), "Italian Tax Mores", Donaldson, T, and P, Werhane, *Ethical Issues in Business: A Philosophical Approach*. 3rd ed., Prentice-Hall.

이러한 케이스의 곤란한 점은 종전의 학문이 모든 경우에 적절한 판단을 이끌어 주지 못한다는 것에 있다. 경제학자, 사회학자, 문화인류학자와 같은 사회과학자에게 조언을 구했다면 각각의 경제적, 사회적, 문화적인 '사실'을 기술하고 분석해 주지만 어떤 판단을 내려야 하는가에는 이르지 못한다. 이 방식은 부정과 부패의 온상과 같은 상황에 대한 개인적인 견해는 제시할 수 있을지 모르겠으나 선악의 판단에 개입하는 발언은 삼가는 경우가 대부분이다. 그리고 결과적으로는 이러한 '당위판단의 정지'가 무비판적인 현실긍정을 초래하고 나아가서 '로마에 가면 로마법을 따라야 한다'는 상대주의로 이끌게 된다.

반대로 철학이나 윤리학과 같은 규범학의 학자에게 조언을 구하면 각각의 사회나 문화와 같은 구체적인 상황을 건너뛰고 갑자기 추상적인 원리원칙에 기초하여 '인간은 항상 정직해야한다'와 같은 빼도 박도 못할 결론을 도출하여 버린다. 이와 같은 경직된 보편성은 중층적이며 매우 다양한 현실이나 유연하고 정서적인 깊이가 있는 인간관계의 다이너미즘이 모두 무시되게 되어 소위 윤리적 독선, 혹은 윤리적 제국주의에 빠지게 된다. '윤리적 제국주의'가 독선적인 억측이 되어버리거나 고리타분한 자기 정당화를 강요하게 되는 이유가 여기에 있다.

이러한 사례에서는 단순한 사실의 기술, 분석(그것이 무엇인지)을 반복해 보아도 방침이나 해답은 보이지 않는다. 오히려 여기에서는 법이나 윤리와 같은 규범에 관한 당위판단(그것이 어때야하는지)을 고려하면서 동시에 각각의 문화나 사회의 특수성을 충분히 받아들이는 형태의 판단을 내려야만 한다.

어쨌든 다원적인 국제사회에서의 기업행동을 고려하면 상대주의나 윤리제국주의 등이 문제의 해결에는 별로 도움이 되지않으며 그것은 또한 종전의 실증주의적인 사회과학적 어프로치와 사변적이고 이론적인 철학과 윤리학적 어프로치의 양쪽 모두가 시대의 요청에 대한 적격성을 결여하고 있다고 할 수 있다.

이러한 사례에 대응하기 위해서는 구체적인 사실분석에 근거하면서 분명한 규범원리라든지 경영이념을 지도자가 제시할 필요가 있다. 기업경영이라는 실증성과 규범적인 요소를 통합한 판단이 요구되는 상황에서는 양자를 통합하는 규율(discipline)이 필요하다. 현재로서는 그러한 요구에 대응할 수 있는 이론적 통합체계[4]가 아직 존재하지 않는 만큼 현

4) 이러한 상황에 대한 대응의 일환으로 '국제적 공동체주의'(International Communitarianism)라고도 불리는 '통합사회계약이론'(ISCT; Integrative Social Contracts Theory)이 도널드슨(T. Donaldson)과 던피(T. Dunfee)에 의해 제안되고 있다. Donaldson, T. and Dunfee, T.(1994), "Toward a Unified Conception of Business Ethics: Interative Social Contracts Theory." *Academy of Management Review*, Vol.19, No. 2, pp.252-284.

장에서 위력을 발휘할 수 있는 것은 결국 평소에 잘 단련된 윤리적 리더십과, 사전에 잘 형성된 기업의 윤리기준에 입각한 컴플라이언스 경영, 혹은 인테그리티 경영의 적용일 것이다. 이런 점을 감안하여 이하에서는 기업경영의 글로벌화에 따라 발생하기 쉬운 윤리적 이슈와 그에 대한 대응방안, 그리고 윤리적 리더십의 형성에 대해 정리해 보고자 한다.

02 글로벌경영과 기업윤리[5)]

경영활동의 글로벌화는 윤리경영에도 새로운 문제를 가져온다. 인권, 뇌물, 환경, 제품의 특성 등은 글로벌기업이 직면하는 대표적인 윤리적 이슈들이다.

이러한 문제를 해결하는 과정에서 본사의 윤리적 가치와 진출국의 윤리적 가치가 충돌하는 경우가 자주 발생할 수 있다. 여기서는 기업경영의 글로벌화에 따라 발생하는 윤리적 문제들과 효과적인 대응의 중요성을 살펴보면서 국내기업들이 해외진출 시 직면하게 되는 윤리적 마찰을 최소화하기 위한 방안에 대해 알아보고자 한다.

2.1 기업경영의 글로벌화와 윤리

기업의 활동영역이 전 세계로 확장되면서 기업윤리문제 역시 국제적인 영역으로 발전하고 있다. 본국보다 훨씬 엄격한 법적, 윤리적 기준을 요구하는 국가에서 경영활동을 전개하는 경우가 있는가 하면, 자국보다 훨씬 느슨한 규제와 특수한 윤리규범이 지배하는 국가에서 활동해야 하는 경우도 발생한다. 예를 들어 미국은 법적체계가 강력하고 유럽은 환경과 노동관련규범이 특히 엄격하다. 반면에 개발도상국들은 기업활동에 대한 제반법규는 미숙하지만 부패 및 뇌물문제, 인권문제 등이 비즈니스의 장애요인으로 작용하기도 한다. 또한 기업의 국제화는 이해관계자의 확대를 의미한다. 서로 다른 법적, 윤리적 규범을 가진 다양한 정부, 근로자, 소비자, 시민단체와 조우하기 때문이다. 이러한 상황에서 적절한 원칙이 없다면, 현지의 경영자는 물론 기업전체가 혼란에 직면하게 된다.

따라서 기업들은 기업윤리의 국제적 표준화 추세에 대한 이해는 물론 기업고유의 전략적

5) 대한상공회의소(2007), 기업윤리의 딜레마 : 사례와 해법, pp.147-162.

대응이 필요하다. 실제로 UN은 1999년 "The Global Compact"를, OECD는 2000년 "Guidelines for Multinational Enterprises"를 제정하여 인권, 환경, 노동, 부패 등과 관련하여 글로벌기업이 준수해야 할 경영원칙을 권고하고 있다. 국제표준화기구(ISO)도 기업의 사회적 책임 및 윤리경영에 대한 표준화 작업을 진행 중이다.

국내기업들은 국제법을 비롯한 글로벌원칙을 준수함은 물론 기업고유의 전략적 지침을 통해 글로벌경영과 관련된 윤리적 리스크에 대응해야 한다. "본사의 기준에는 맞지않지만, 현지에서는 통용되는 경우 어떤 의사결정을 내려야 윤리적인가?", "무조건 자국의 기준을 따를 것인가? 아니면 무조건 현지의 기준을 따를것인가?", "양자의 중간을 취하면 무조건 안전한 것인가?" 등은 기업경영의 글로벌화와 더불어 흔히 직면하게 되는 윤리적 딜레마의 내용들이다. 특히 국내기업의 법적·윤리적 규범은 선진국과 개도국의 중간에 위치하고 있으므로 글로벌기업윤리에 각별히 주의해야 할 것이다.

2.2 글로벌경제의 윤리적 이슈

(1) 인권문제

해외공장에서 벌어지는 아동 노동, 저임금 등은 초국적 기업이 직면하는 대표적인 윤리적 이슈이다. 나이키(Nike)와 갭(Gap) 그리고 리바이스(Levy Strauss) 등 세계적인 의류회사의 대부분은 직영공장없이 디자인과 기술개발에 주력하고 생산은 비용이 저렴한 전 세계의 글로벌 소싱을 활용하고 있다. 의류업계 외에도 많은 노동집약적 업종들이 노동비용이 저렴한 중국 등과의 경쟁을 이겨내기 위해 글로벌 소싱이라는 세계화 전략을 활용하고 있다. 그러나 이들 기업들은 대부분 열악한 노동환경과 저임금으로 악명높은 하도급 공장으로부터 제품을 조달한다는 점 때문에 미국을 비롯한 전 세계 시민단체들로부터 비판받고 있다.

이러한 비판에 대해 이들 기업들은 초기에는 계약공장에서 해결할 일이라는 소극적인 자세를 취했으나 최근 들어서는'인권'문제를 글로벌경영의 중요한 영역으로 인정하고 있다. 예를 들어 리바이스는 비즈니스 파트너 선정 시 지켜야 할 '글로벌 소싱 및 운영가이드라인(Global Sourcing and Operating Guildeline)'을 개발하여 적용하고 있다. 이들은 거래기업이 본사와 배치되지 않는 일련의 윤리기준을 만들어 거래할 것을 강조하고 있다. 1990년대에 리바이스는 방글라데시의 두 공급회사가 방글라데시에서는 허용되는 14세 이하의

미성년자를 고용한 사실이 알려지자, 해고와 동시에 월급을 지급하고 공급업자로 하여금 14세 때 다시 고용하도록 확약할 것을 요구하여 관철시킨 바 있다. 갭은 전세계의 공장들은 현지의 환경관련법을 준수해야하며 법의 수준이 갭의 기준보다 낙후되어 있을 경우 갭의 원칙에 준하도록 개선할 것을 권고하고 있다. 그밖에도 체벌, 강제노동, 감옥노동, 아동노동 등과 관련된 업체와는 거래하지 않는다는 방침을 분명히 하고 있다. 나이키 역시 1998년 조지 부시대통령의 미디어 담당특보와 마이크로소프트(MS)사에서 사회공헌을 담당했던 마리아 아이델을 부사장으로 영입하여 윤리경영 및 사회적 책임영역의 개혁을 시도한 바 있다.

특히 나이키는 2001년판 「사회적 책임보고서」에서 노동, 환경, 사회공헌 등에 대한 자사의 원칙을 정비함과 동시에 세계최고의 스포츠용품 회사로서 과오가 있었음을 인정했다. 더 나아가 나이키는 경쟁업체인 갭, 세계은행, 대학 등과 공동으로 '글로벌 얼라이언스(Global Alliance)'라는 비영리기관을 설립하여 조사활동 등을 지원하고 하다.

2001년 7월 중국에 진출한 일본기업이 가발공장에서 분실된 가발원모를 찾는다며 여직공 56명을 모아놓고 몸수색을 강행한 적이 있다. 당시 관영신화통신 등 중국언론들이 이 사건을 대대적으로 보도하면서 불리한 여론이 급속도로 확산되었고, 급기야 시(市) 노동국에서 자체조사에 착수하여 몸수색을 진두지휘한 책임자를 추방하는 조치를 단행했다. 이는 중국의 인권상황을 과소평가함으로써 위기를 자초한 결과다. 몸수색자체도 불법이지만, 무엇보다 중국인의 자존심을 짓밟았다는 점에 중국전체가 분노하는 상황으로 여론이 조성되었고 사태가 악화된 것이다.

기업들은 국제경영에서 발생하는 인권문제에 관한 한 해당국의 법은 최저한의 수준일 수도 있다는 점을 인식해야 한다. 따라서 가능한한 진출기업들은 인권문제에서 만큼은 현지의 기준과 관계없이 선진국 수준의 원칙을 준수해야하며 근로자들의 삶의 질 개선을 위한 성의를 보여야 한다. 또한 현지의 근로자들과 열린 자세로 대화할 수 있는 내부지침을 보유해야 한다.

(2) 부패와 뇌물

뇌물문제 역시 개도국에 진출하는 기업들이 직면하는 중요한 윤리적 이슈 중 하나이다. 자국에 부패방지법이나 뇌물공여금지법 등이 존재하더라도 현지에서 활동하는 많은 경영자들은 뇌물을 통한 성과의 유혹에 쉽게 흔들릴 수 있다. 실제로 뇌물은 상황에 따라 일종의 커미션이자 보상으로 비즈니스의 필수적인 요소이며 현지에서 관습으로 통용되는 경우

자료 12-1 | **'뇌물' 문제에 대한 상반된 태도 : IBM vs. 모토롤라**

① IBM의 뇌물사건

IBM은 명성에 걸맞지 않게 해당국 정부와 거래하는 과정에서 뇌물스캔들에 관련된 경우가 종종 있었다. IBM 아르헨티나는 1994년 아르헨티나의 주요은행 중 하나인 '방코 드라 나 시옹'으로부터 2억 5,000만 달러 규모의 납품계약을 체결하면서 정부 및 은행임원 등을 포함 약 2,100만 달러의 뇌물을 제공한 것으로 알려졌다. 1997년에는 멕시코 경찰청의 전산 현대화시스템 작업과 관련해서도 뇌물을 통한 수의계약사실이 폭로되자 IBM은 3,750만 달러 상당의 현금과 컴퓨터를 기부하고 사건을 마무리한 바 있다.

② 모토롤라의 뇌물문제에 대한 대응

모토롤라의 현지 중역은 회사전체의 연간 수익률을 25%나 올릴 수 있는 거래상담에서 남미국가의 정부관리가 리베이트를 요구했다는 이유로 거래중단을 결정하고 이를 본사에 통고했으며 최고경영자는 거래포기를 수용한 바 있다. 중국에서는 공장가동을 앞두고 소방공무원들이 대가를 요구하자 대신 장학금을 지급하는 방법으로 문제를 해결하기도 했다. 인도에서는 금품을 요구하면서 공장에 전기공급을 차단하자 공장가동을 연기하면서까지 요구를 거절했고 이후 "요구해도 뇌물을 주지않는 회사"로 소문나면서 부당한 요구가 대폭 감소한 경험이 있다.

● 출처 : 대한상공회의소(2007), 기업윤리의 딜레마 : 사례와 해법, p.152.

세금처럼 불가피하다는 인식이 지배하는 지역도 적지 않다. 특히 부패의 정도가 심한 현지국에서 뇌물없이 어떻게 경쟁력을 확보할 것인가는 진출기업들이 가장 크게 고민하는 윤리적 문제 중 하나이다.

그러나 기본적으로 뇌물은 본국의 뇌물공여방지법에 저촉되는 불법행위이며 기업전체적으로도 비용상승 등의 부정적 결과를 초래한다. 아무리 미화를 하더라도 오로지 뇌물제공자 등 거래와 관련한 소수만이 이익을 보는 부당한 행위이다. 따라서 경영자들로서는 명확한 원칙제공과 더불어 창조적인 모범사례를 개발하려는 노력이 필요하다.

(3) 유해제품판매

선진국에서 금지된 품목을 개도국 등 다른 국가에서 생산하거나 판매할 수도 있다. 예를 들어 위험한 화학물질을 생산하거나 핵폐기물을 저개발국에 폐기하는 행위 등이다. 1970

년대 이후 미국과 일본, 유럽지역 국가들은 환경적으로 유해한 산업에 대한 법적규제를 강화하기 시작했고 이에 따라 유해물질을 생산하는 선진 다국적기업들은 규제를 피해 아시아, 아프리카 등지로 진출했다. 결과적으로 각종 유해물질을 취급하는 공장과 시설이 인도를 비롯한 개발도상국들에 집중되었다.

이러한 환경 속에서 미국 유니온 카바이드 사의 인도 보팔시 공장폭발같은 대형사고가 발생했다. 1984년 인도 보팔시에 소재한 살충제 공장에서 가스누출사고가 나자 유니온 카바이드 사는 사고의 원인을 Union Carbide India에 돌리고 본사도 피해자라고 강변했다. 이 사건은 인도정부의 공식통계로 3천 5백여명이 사망하고 후유증으로 수만 명이 정상적인 활동을 하지 못하고 있는 것으로 집계되고 있는 대형사고였다. 4년여의 소송에서 인도정부에 4억 7천만 달러를 지급하고 해결되었으나, 여전히 후유장애인과 시민단체 등이 보상을 요구중이다.

위의 사례와는 반대로 자국에서는 전혀 문제가 되지않는 제품도 현지국의 문맹, 위생, 문화적 가치와 충돌하는 경우도 있을 수 있다.

(4) 선진국의 법과 규제에 대한 몰이해

미국에서는 리콜제도·제조물책임법 등이 매우 엄격하게 적용되기 때문에 제품안전상의 결함으로 사고가 발생하면 기업으로서는 돌이킬 수 없는 치명타를 입게된다. 일본의 도시바는 제품의 결함 가능성을 무시하다 1999년 1월에 미국 법무부로부터 노트북 6만 대의 디스켓 조정장치의 결함을 지적하는 21억달러 규모의 소송에 직면한 경험이 있다. 도시바 측은 1년여 간의 논쟁끝에 2000년 10월 결국 3,350만 달러를 보상키로 하고 소송에 합의했다.

유럽에서는 노동자권익보호와 환경규제가 특히 강하다. EU는 전기 및 전자제품제조에 사용되는 수은, 카드늄, 납 등 유해물질의 사용을 2006년부터 금지하고 있다. 미국의 몬산토사는 세계보건기구로부터 인증받은 유전자조작식품을 유럽에 수출하려 했으나 실패했다. 환경 및 삶의 질에 특히 민감한 유럽인들의 정서에 맞지않고 이에 따라 현지의 유통업체가 거래를 거절함은 물론 유럽정부들도 수입을 금지했기 때문이다. 특히 당시 광우병파동 등으로 보건당국에 대한 대중의 신뢰도가 극히 저조한 상태였음에도 불구하고 몬산토사는 유전자조작식품의 안전 및 환경친화성 등에 대한 정보제공마저 소홀히 다루었고 이 때문에 그린피스 등 반대단체의 정보가 소비자들에게 일방적으로 각인되었다. 몬산토사의 사례는 유럽의 규제환경과 소비자들의 정서를 윤리적으로 해석하지 못함으로써 시장진출에 실패한 대표적인 사례이다.

(5) 문화 및 관습측면

종교적 관행과 신념은 소비패턴에 영향을 미치며 종교적 인물이나 단체의 로비가 기업활동에 부정적 영향을 줄 수도 있다. 정치권과 마찬가지로 종교단체와의 대립으로 기업이 얻을 수 있는 것은 거의 아무것도 없다.

1997년 미국 이슬람교 평의회는 나이키가 1996년에 새로 출시한 농구화에 붙인 불꽃모양의 로고가 아랍어로"Allah"를 지칭하는 문자와 유사하다고 지적했다. 이에 이슬람교의 모독 가능성이 제기되고"나이키가 이슬람교를 공격한다"고 주장하자 나이키는 이미 판매된 운동화 3만 8천 켤레를 서둘러 리콜하고 이슬람교도들에게 사과할 수밖에 없었다. 제품출시 초기에 유통업자들이 이러한 가능성을 경고했으나 무시하다가 결국 대규모리콜로 연결된 것이다.

현지에 진출한 해외기업이 현지관습에 도전하거나 윤리적 결함을 보일 경우에도 심각한 위기를 초래할 수 있다. 예를 들어 영국에 진출했던 미국 로버트 아룬델사는 영국기업에서는 관례화된 티타임을 없앰으로써 노동자들의 반발을 초래하고 끝내 공장을 철수해야 했다.

글로벌기업이 성희롱사건, 고용차별 등 윤리적, 도덕적 문제로 언론의 주목을 받을 경우 회사신뢰도는 급격히 추락한다. 미쓰비시 자동차 미국 현지법인은 사내에서의 성희롱을 방치했다는 혐의로 70여명의 여종업원들에게 성희롱 소송사상 가장 큰 액수인 3,400만 달러(약 4백억 원)의 보상금을 지급했다. 사태초기에 회사는 성희롱 사실자체를 적극 부인하고 직원들을 동원하여 항의시위를 벌였으나 여론이 불리하게 돌아가자 결국 혐의사실을 대부분 시인하고 말았다.

2.3 글로벌경영에서 윤리적 마찰의 최소화 방안

(1) 글로벌윤리경영의 4요소를 이해하고 실행

선진국에 본사를 두고 있는 글로벌기업은 해외진출 시 글로벌 윤리경영측면에서 다음과 같은 네 가지 요소를 고려해야 한다.

첫 번째는 본사의 윤리원칙이다. 본사가 갖고있는 윤리강령과 행동규준이 해외에서의 윤리적 문제를 해결하는 과정에서도 가장 기본적인 원칙이다.

두 번째 요소는 국제법을 비롯한 글로벌원칙이다. 국제적 원칙들은 법적 구속력은 개별 국가에 위임되어 있으나 문제발생 시 중요한 판단근거로 작용한다.

따라서 현지에 진출한 경영자들은 UN의 글로벌컴팩트(2000년), OECD의 국제상거래 뇌물방지협약(1997년), ILO의 노동기준 등 대표적인 글로벌원칙을 숙지해야 한다.

세 번째 요소는 본사의 윤리적 가치를 우선적으로 적용하는 경우이다. 이는 윤리적 가치는 상황에 따라 쉽게 변화하는 것이 아닌 만큼 본사의 윤리강령을 지사나 해외거래기업에도 동일하게 적용함으로써 글로벌윤리의 문제를 해결하는 방식이다. 국가별 문화적 차이보다는 자국의 윤리적 기준을 중시한다는 점에서 자문화중심주의, 윤리적 제국주의라는 비판을 받을 수 있으며 경직성이라는 단점이 있다. 그러나 국제 비즈니스의 복잡성을 덜어주고 자국의 이해관계자들과 미디어로부터 공격받을 가능성도 적으며 진출국에 대한 계몽적 효과까지 보유하고 있다는 점에서 세계적인 초국적 기업들이 가장 선호하는 접근방식이다.

넷째, 진출국의 여건과 윤리적 기준을 우선하는 문화적 상대주의의 접근방법이다. 이는 보편적인 윤리적 기준의 존재를 믿지않으며 옳고그름은 오로지 특수한 문화적 연관속에서 고려해야 한다는 관점에 근거를 두고 있다. 이러한 방식에서는 경영자들이 각 문화권 간의

그림 12-1 글로벌윤리경영을 위해 고려해야 할 네 가지 요소

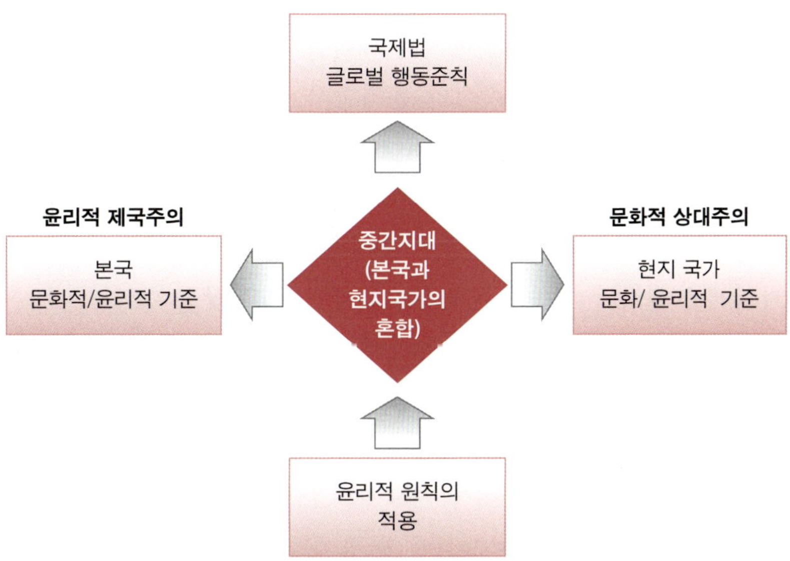

출처 : 대한상공회의소(2007), 기업윤리의 딜레마 : 사례와 해법, p.156.

윤리적 차이를 존중하여 본사의 윤리기준을 무조건적으로 적용하지말고 상황에 따라 대처해야 한다. 이 경우 전 세계에 보편적으로 적용되는 가치, 예를 들어 인권, 공평성 등의 가치에 대해서는 원칙을 견지하되, 나머지 분야에 대해서는 윤리적 가이드라인을 유연하게 적용한다.

예를 들어 노동조건은 현지 룰에 따르되, 강제노동이나 인권과 관련된 분야에서는 보다 엄격한 원칙을 적용한다. 위와 같은 문화적 상대주의의 입장은 자칫하면 원칙없는 의사결정으로 연결되어 비윤리적 행위를 유발할 가능성이 높기 때문에 본사의 세심한 관리가 필요하다.

위의 네 가지 요소 중 자사의 윤리적 원칙을 보유하는 일과 국제적 원칙에 대한 이해는 필수사항이며 현지에서의 태도는 전략적 선택사항이라 할 수 있다. 일반적으로 선진국에 진출할 경우에는 가능한 높은 수준의 윤리적 원칙을 가이드라인으로 선택하는 것이 바람직하다. 반면에 개도국 진출시에는 문화적 상대주의의 관점을 유지하는 유연한 전략을 구사하는 방안도 고려해 볼 수 있다.

(2) 윤리적 이슈에 대한 현지 부서의 대응역량 제고

윤리경영시스템의 다국적 적용을 위해서는 현지부서의 경영자 선발과정에서부터 이문화 경험과 윤리적 기준을 중시해야 한다. 또한 자사의 기준과 지역별 윤리기준의 차이를 토론하고 이를 윤리정책과 가이드라인에 반영해야 한다.

현지진출인력에 대해서는 지속적인 윤리감사 및 교육·훈련도 중요하다. 모토롤라는 현지부서의 윤리역량강화를 위해 14개의 지역별로 윤리위원회를 운영하면서 글로벌기업윤리의 현안과제들을 해결하고 있다.

본사에 지나치게 의존하는 시스템은 윤리적 이슈에 대한 현지 부서의 무관심을 낳는다. 또한 위기시에도 신속한 대응이 곤란해지는 문제점을 낳을 수 있다.

텍사스 인스트루먼트 사는 현지부서의 윤리적 책임을 강화하기 위해 해외진출국의 경영자들로 구성된 '글로벌 비즈니스 운영위원회(Global Business Practices Council)'를 설치하여 글로벌윤리와 교육에 치중하고 있다.

현지의 거래업체 및 소비자와의 관계에서는 타협할 수 없는 윤리적 마지노선을 설정하고 일관되게 적용하는 방식이 바람직하다. 특히 인권문제, 신체의 자유, 언론 및 집회의 자유 보장 등에 대해서는 국제적인 규칙을 반드시 준수해야 한다.

시어즈 백화점은"노동자의 건강과 안전을 위반해서 제품을 만드는 회사와는 거래하지 않는다"는 원칙을 준수하고 있으며, 뱅크 오브 아메리카는 환경보존과 인권존중을 개발도상국에 대한 차관의 전제조건으로 삼고 있다.

국내기업들은 현지 대사관 및 코트라 등과 협력하여 현지국의 법·규제변화와 윤리적 기준에 대한 정보를 습득하고 공유할 수 있는 시스템을 구축할 필요가 있다. 또한 민간단체가 대학 및 전문기관과 연계하여 중견·중소기업의 해외진출 시 필요한 글로벌윤리역량을 교육하는 방안도 마련할 볼 수 있을 것이다.

개별기업차원에서는 기존 교육프로그램을 보완하거나 별도의 단기프로그램을 추진할 수도 있다. 현지에서는 거래기업체 등과의 네트워크를 활용하여 지역사회의 발전에 공헌할 수 있는 협력방안을 추진함으로써 만일의 상황발생 시 우호적 여론을 조성할 수 있는 기반을 확보하는 장기적인 안목도 필요하다.

(3) 도덕적 상상력 발휘

윤리적 이슈는 경직적인 원칙보다는 유연한 대응능력을 통해 보다 효과적인 해결이 가능하다. '도덕적 상상력'(moral imagination)이란 기업윤리의 갈등상황에서 문제를 원칙에 따른 양자택일의 문제로만 해석하지 않고, 창의적 접근을 통해 제 3의 대안을 모색하는 과정이다. 코카콜라가 이집트에서 뇌물요구에 순응하지 않고 과실수심기 프로젝트를 진행하겠다는 제안을 통해 대중적 신뢰를 확보한 경험은 도덕적 상상력의 좋은 사례이다.

그러나 국제적으로 준수해야 할 기초적인 윤리규범은 반드시 준수해야 한다.

인권의 문제나 공평성의 문제 등 인류공통으로 적용되는 가치라면 선진국은 물론 후진국에서도 이를 침해하는 행위는 절대수용될 수 없다. 예를 들어 특정국가에서 환경규제가 상대적으로 느슨할 수는 있지만, 인권과 관련된 문제에서는 선진국과 후진국의 구별이 없다. 신체적 자유, 소유권, 차별적 대우의 금지, 안전, 언론 및 집회의 자유, 최소한의 의무교육, 정치적 참여보장 등이 이러한 범주에 속한다.

만약 국가별로 차별화된 강령 또는 정책을 사용한다면, 본사와의 구체적인 의사소통이 중요하다. 윤리강령을 모두 차별화 할 수는 없기 때문에 결국 사안별로 본사의 윤리사무국과 협조할 수 있는 의사소통채널이 구축되어야 할 것이다.

03 윤리적 리더십의 개발

3.1 윤리적 리더십이란 무엇인가?

최근 미국경영자협회(American Management Association)는 "현재의 비즈니스 환경에서 효과적인 리더가 되기위해 필요한 자질은 무엇인가"에 대한 조사를 실시한 바 있다. 이 질문의 응답자 중 56%가 "윤리적 행동"을 가장 중요한 덕목이라고 응답했으며, 다음으로 51%가 건전한 판단능력, 47%가 유연한 적응력을 지적했다(복수 응답). 이처럼 '윤리적 리더십'은 리더가 갖추어야 할 새로운 리더십 유형으로 급부상하고 있다. 그러면 윤리경영의 절대명제로 강조되는 윤리적 리더십이란 무엇인가?

윤리적 리더십이란 "기업의 일상적인 경영과정에 윤리적 가치를 통합시킬 수 있는 리더의 역량"을 말한다. 윤리적 리더십은 "개인적 차원의 윤리"와 "경영자로서의 윤리"라는

그림 12-2 윤리적 리더십의 구성요건

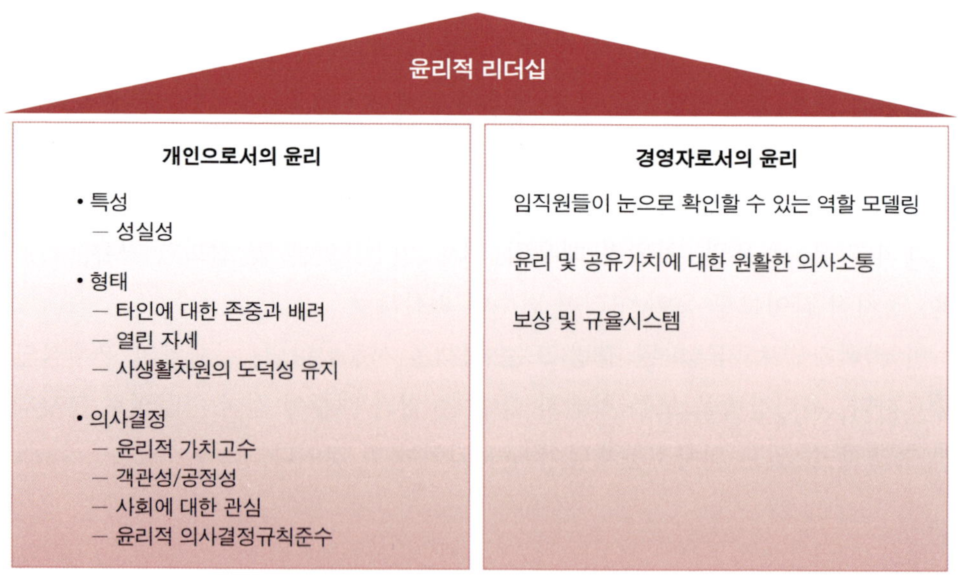

출처 : 대한상공회의소(2007), 기업윤리의 딜레마 : 사례와 해법, p.100.

양대축으로 구성된다. 개인적 차원의 윤리적 특성이 결여되는 경우 임직원들에 대한 호소력이 약화되며, 경영자로서의 윤리역량이 부족할 경우 조직전체로의 확산이 어려워진다. 특히 대규모조직에서는 '리더가 윤리적'이어도 그 사실조차 임직원들에게 전파될 수 있는 기회가 제한될 수 있다.

3.2 윤리적 리더십의 요건

개인으로서의 윤리측면은 특성(traits)과 행태(behavior) 그리고 의사결정측면으로 구분해 볼 수 있다. 우선 윤리적인 개인의 특성이란 언제 어떠한 상황에서도 안정적으로 유지되는 개인의 성격을 말하며 성실성(integrity)을 갖추어야 한다. Integrity의 어원은 'in (not) + tegr(touch)'로 누구도 더럽힐 수 없는 고결함, 신성함, 무결점 등을 의미한다. 즉, 정직(honesty)과 신뢰(trustworthiness)를 포함하는 개념이다. 최고경영자가 성실성의 덕목을 갖추어야 임직원들이 윤리적 문제를 리더에게 제기할 수 있다.

개인의 행태측면에서는 먼저 타인을 배려(concern for people)할 줄 알아야 한다. 지위고하를 불문하고 타인을 존중할 줄 아는 마음가짐이 필요하다. 아울러 열린자세(being open)를 유지해야 임직원들이 나쁜뉴스를 전달할 수 있다. 임직원들에게 나쁜소식은 징계의 대상이 아니라 논의해야 할 현안과제라는 인식을 줄 수 있어야 한다. 아울러 사생활 차원에서 도덕성(personal morality)을 유지해야 한다. 임직원들은 최고경영진에게 평균 이상의 도덕성을 요구하는 경향이 있으며, 최고경영자의 도덕성은 임직원들의 행동을 규율하는 기준이 된다.

마지막으로 의사결정에 있어서는 윤리적 가치와 원칙을 견지하고, 객관적이고 공정한 판단을 지향하며, 공동체와 사회를 배려하면서 의사결정의 규칙에 따르기 위해 노력해야 한다.

윤리적 리더십의 두 번째 요건은 개인이 아닌 경영자로서의 윤리역량이다. 일반적으로 개인적인 차원에서 윤리적인 특성들을 구비하면 곧 윤리적 리더십을 갖춘것으로 인식한다. 그러나 개인이 윤리적이라는 사실만으로는 임직원들에게 메시지를 전달하기에 부족하다. "사람이 좋다, 윤리적이다"라는 평가만으로는 윤리적 리더십을 발휘할 수 없다. 따라서 개인적으로 윤리적인 품성을 지니는 차원을 넘어 조직전체에 기업윤리의 메시지를 전달할 수 있는 경영자로서의 윤리역량이 필요하다. 이를 위해서는 첫째, 임직원들이 눈으로 확인할 수 있는 역할모델을 수행해야 한다. 앞서 지적했듯이 경영자의 말과 행동은 곧 임직원들의 행동을 규정하는 원칙이 된다. 구조조정중인 기업에서 최고경영자가 비행기 퍼스트 클래스이용을 자제하고, 최고경영진의 급여부터 삭감하는 것과 마찬가지로 CEO의 솔선수범하는 자세가 전제되어야 한다. 만약 거래처로부터 선물받지않기 운동을 전개하면서 CEO가 유명오페라나 운동경기장의 VIP석에 등장한다면 임직원들은 최고경영자를 신뢰하지 않을 것이다. 임직원들은 CEO가 자신의 지갑에서 나온 돈으로 티켓을 구매했다고 믿지않을 것이기 때문이다. 임직원들은 윤리강령이나 행동규칙이 모두에게 공정하게 적용되고 있는가에 매우 민감하다. CEO가 무감각하게 수용하는 관행도 임직원들에게는 매우 민감할 수 있음에 유의해야 한다.

둘째, 윤리적 리더십을 발휘하기 위해서는 윤리와 기업공유가치에 대한 의사소통을 활성화해야 한다. 대부분의 경영자들은 윤리적 문제에 대해 언급하기를 기피한다. 그러나 최고경영진이 가치와 윤리에 대해 언급하지 않으면 임직원들은 절대로 윤리와 가치를 중요하게 생각하지 않는다. 최고경영자가 가치와 윤리에 대해 전문가적인 지식을 가질 필요는 없으며 의사소통을 위한 지지자로서의 역할을 수행하면 된다. 미국의 한 저명한 기업윤리학자는 최고경영진이 임직원들과 윤리와 가치에 대해 의견을 교환하는 과정을 청소년 성교육에 비교한 바 있다.

학교나 전문적인 강사가 얼마든지 있지만, 부모의 교육이 특히 효과가 크고 절대적으로 필요하듯이 기업윤리에 있어서도 최고경영진의 명확한 발언이 필요하다는 점을 강조한 것이다.

셋째, 조직 내에 보상시스템을 확립하기 위해 노력해야 한다. 직급과 상황에 관계없이 일관된 원칙하에 이루어지는 보상과 처벌이 중요하다. 예를 들어 공금의 사용은 크기의 문제가 아니라 원칙의 문제다. 아무리 작은 돈이라도 원칙에 어긋나면 처벌을 받아야 하고 비교적 큰 돈이라 하더라도 목적이 규정과 부합된다면 허용해야 한다. 특히 위로 엄격하고 아래로 관대한 조치가 필요하다. 하급직원들만 윤리교육의 대상이 되고 스트레스를 받는 풍토가 조성될 경우 윤리적 가치의 확립은 더욱 어려워진다.

3.3 윤리적 리더십의 개발

윤리적 자질을 지닌 개인이라고 해서 반드시 윤리적 리더십을 지닌 리더라고 할 수는 없다. 〈표 12-1〉에 분류된 것처럼 윤리적 리더십의 구성요건에 따라 경영자를 비윤리적 리더, 위선적인 리더, 중립적인 리더, 윤리적 리더로 구분해 볼 수 있다. 위선적인 리더는 대체로 말만하고 개인적으로는 실천하지 않는 리더다. 이 경우 임직원들은 기업윤리에 대해

표 12-1 윤리적 리더십의 구성요건에 의거한 리더의 유형구분

		개인으로서의 윤리	
		강(强)	약(弱)
경영자로서의 윤리	강(强)	윤리적 리더 (Ethical Leader)	위선적 리더 (Hypocritical Leader)
	약(弱)	윤리적으로 중립적인 리더 (Ethically Neutral Leader)	비윤리적 리더 (Unethical Leader)

출처 : 대한상공회의소(2007), 기업윤리의 딜레마 : 사례와 해법, p.102.

냉소적이고 불신을 갖게 된다. 윤리적으로 중립적인 리더란 윤리적인 품성은 존재하지만, 경영자로서의 윤리역량이 부족하여 실제 임직원들이 윤리적인 리더로 간주하지 않는 경우다. 임직원들이 리더가 윤리적 문제를 중요시한다는 점조차 인식하지 못하는 상황인 것이다. 윤리적 리더십개발이란, 결국 비윤리적 리더는 물론 위선적인 리더와 윤리적으로 중립적인 리더를 모두 윤리적인 리더로 바꾸기 위해 노력하는 과정이라고 할 수 있다.

A. 윤리적 리더십 개발, 하나

"자신의 윤리적 특성에 대해 평가하고 훈련하라"

개인적 차원에서 자신이 중요시하는 윤리적 가치를 정리하는 작업이 출발점이다. 리더들은 대체로 경영자로 성장하는 과정에서 자연스럽게 윤리적 리더십을 갖게 될 것으로 기대하지만, 기회를 얻지 못하는 경우도 얼마든지 있을 수 있다. 특히 최근 들어 단기적인 경영성과가 중시되면서 성실성이나 신뢰의 가치를 제대로 평가받지 못한 채 리더의 지위에 오를 가능성이 높아지고 있다. 그러나 리더가 되는순간 개인의 윤리적 특성은 더 이상 사적영역이 아니다. 성장과정에서 기업윤리라는 가치에 대해 크게 고민해 보지못한 리더의 경우에는 독서, 세미나, 워크샵, 개인자문 등을 통해 스스로 훈련의 기회를 마련해야 한다. 윤리적 속성은 타고난 인격이 아니라 학습과 훈련을 통해 개발되는 것이며, 훈련과정을 통해 윤리적 가치에 대한 지식과 권위를 확보할 수 있다.

표 12-2 윤리적 리더십 수준평가를 위한 Quick Test

설문항목 \ 응답내용	전혀 그렇지 않다		거의 그렇지 않다		거의 그렇다		매우 그렇다
우리의 리더는 조직의 윤리적 요구사항들과 기대를 이해하고 있다.	1	2	3	4	5	6	7
우리의 리더는 자신이 임직원들에게 요구하는 윤리적 기준과 일관되게 행동한다.	1	2	3	4	5	6	7
우리의 리더는 다른 어떤 책임보다 윤리적 책임을 중요하게 생각한다.	1	2	3	4	5	6	7
임직원들은 윤리적인 문제를 제기하기 위해 자유롭게 리더를 만날 수 있다.	1	2	3	4	5	6	7
우리의 리더는 일상적인 경영활동에서 발생할 수 있는 잠재적인 윤리적 갈등을 해결하는데 앞장선다.	1	2	3	4	5	6	7
우리의 리더는 특수한 윤리적 상황이 발생했을 경우 조직의 누구에게 자문을 구해야 하는지 알고 있다.	1	2	3	4	5	6	7
우리의 리더는 임원들의 윤리적 행동과 의사결정에 대한 책임을 기꺼이 수용한다.	1	2	3	4	5	6	7
우리의 리더는 일상 생활에서도 임직원들의 윤리적 의사결정과 행동을 인식하고 보상하기 위해 노력한다.	1	2	3	4	5	6	7

주 : 각항목별로 4점미만 : 윤리적 리더십의 효과가 없다.
4~6점 : 윤리적 리더십이 겨우 작동하고 있다.
7점 : 윤리적 리더십이 효과적으로 작동하고 있다.
출처 : 대한상공회의소(2007), 기업윤리의 딜레마 : 사례와 해법, p.104.

B. 윤리적 리더십 개발, 둘

"현재 기업 내의 윤리적 리더십 현황을 파악하기 위해 노력하라"

경영자들은 임직원들이 자신의 윤리적 특성 및 역량에 대해 어떻게 생각하고 있는지를 점검할 수 있는 정보창구가 필요하다. 최고경영진은 언제나 우화에 나오는 '벌거숭이 임금님'이 될 수 있음에 유의해야 한다. 자신은 윤리적 리더십을 발휘하고 있지만, 임직원들에게는 전혀 전달되지 않는 상황이 발생하는 것이다. 다음과 같은 간단한 Quick Test를 통해 본인이 속한 조직의 윤리적 리더십 수준을 평가해 보는것도 방법이다.

C. 윤리적 리더십 개발, 셋

주어진 상황에 따라 리더십 행사 스타일을 결정하라

윤리적 리더십의 현황에 대한 판단이 주어졌다면 다음은 어떤 수단을 통해 리더십을 행사할 것인지를 결정해야 한다. 윤리적 리더십이라해서 항상 부드러운 것은 아니고 조직의 변화를 위해서는 독재적인 리더십, 카리스마 리더십 등 다양한 리더십 유형이 활용될 수 있다. 윤리적 리더십의 행사방식은 조직문화와 상황에 따라 차별화된다. 기존의 잘 다듬어진 윤리경영시스템을 유지하고 미세조정만 수행하면되는 상황에서는 '설득(persuasion)'과 '이해촉진(facilitation)'을 통해 임직원들의 역량을 발휘시키면 충분하다. 그러나 조직이 심각한 윤리적 위기에 처해있거나 이해관계자들로부터 변화의 요구가 거세질 경우에는 '보상시스템을 활용한 조종(manipulation)'과 '강제적인(coercion) 수단'이 불가피할 것이다.

D. 윤리적 리더십 개발, 넷

윤리적 리더십을 지원하기 위한 제도적 시스템을 구축하라

임직원들이 보복의 두려움없이 윤리적 문제를 제기할 수 있는 구조를 구축해야 한다. 임직원을 대상으로 한 설문조사, 360도 회전평가와 같은 수단을 활용한 쌍방향 커뮤니케이션 통로의 개설이 대표적인 예가 될 수 있다. 선발, 승진, 평가 등을 윤리적 가치와 연결시키는 방법도 있다. 승진과정에서 기업가치 및 도덕성 준수가 업적에 우선한다는 원칙 등을 제시할 수 있다면 임직원들이 윤리적 리더십의 가치를 체감할 수 있을 것이다.

우리나라의 경우 각 기업들은 도덕성에 대한 양적평가기법 등으로 고민하지만, 서구기업도 특별한 평가기법을 갖고있는 것은 아니다. 책임자의 서면평가 및 그에 대한 사후적 책임이 평가의 기본요소이자 거의 유일한 객관적 근거가 될 뿐이다. 문제는 우리나라의 경우 모두 좋 은평가를 적용해 버리거나 고의로 나쁜 평가를 적용할 수 있다는 우려때문에 윤리성에 대한 평가가 대부분 형식적으로 운용된다는 점이다. 그러나 이러한 평가태도자체가 비윤리적 행위다.

이 경우 최고경영자는 사후적으로 문제가 발생했을 때 평가자에게 책임을 부과함으로써 평가의 공정성을 기할 수 있다. 양적평가에 매달리려고 하는 태도는 평가에 따르는 권한과 책임을 회피하려는 소극적인 핑계에 불과하다.

E. 윤리적 리더십 개발, 다섯

윤리적 리더십의 모범사례를 구축하라

상위경영자들은 윤리적 리더십의 표본이 된다. 따라서 상위경영자들이 의사결정과 행동을 통해 조직의 윤리적 가이드라인을 제공해야 한다. 구성원들은 리더가 관심을 기울이는 사항에 집중하는 경향이 있다. 상위경영자들이 윤리적 가치에 대해 관심을 보이면 직원들도 윤리적 문제를 외면할 수 없다. 필요하다면 상위경영자들의 교육훈련을 강화해야 한다. 또한 중대사안발생 시 윤리적으로 대응할 수 있는 용기가 필요하다. 윤리적 리더십은 위기시에 효과를 발휘한다. 위기시에 리더는 가장 엄격하고 높은 수준의 윤리적 기준을 선택해야 한다. 가장 유혹이 큰 시기인 만큼 임직원들에게 미치는 영향력도 가장 클 수밖에 없음을 인식해야 할 것이다.

나이키(Nike) - 개도국 계약공장의 노동 · 환경문제[6)]

"우리들의 사업모델은 창업 당시인 1964년이나, 현재나 동일하다.
우리는 디자인, 연구개발, 마케팅, 판매에 집중 투자함으로써 성장하며,
제품의 생산은 다른 업체들과의 계약을 통해 해결한다."

(나이키의 공식 홈페이지, nikebiz.com 中)

일본의 저가·고품질의 스포츠용품들이 미국 시장에 밀려들어오던 1960년대 나이키의 창업자인 필립 나이트(Philip Knight)와 빌 바워만(Bill Bowerman)은 시장의 변화 흐름속에서 사업기회를 포착했다. 일본기업들의 공세에도 여전히 미국 내 경쟁업체들은 생산원가가 높은 미국과 독일에서의 제조를 고집하고 있었다. 따라서 자신들이 디자인한 제품들을 일본기업에게 하청 생산해 판매한다면 가격경쟁력을 확보할 수 있을 것이라는 계산이었다.

1970년대 들어 일본업체들의 제조단가도 상승하자 대안으로 한국, 대만, 중국, 태국 등으로 하청공장이 확대되었다. 1980년대에는 미국 내 공장을 아예 폐쇄하고 대부분의 생산을 아시아 지역에서 충당했는데, 1982년 나이키 제품의 86%가 한국과 대만에서 생산되었다. 한국과 대만의 생산단가도 경제발전과 함께 상승하자 이번에는 한국과 대만의 하청업체들로 하여금 상대적으로 인건비가 더 저렴한 인도네시아, 중국, 베트남 등으로 공장을 이전할 것을 주문했다. 한국 및 대만의 공급업체들에게는 일정 규

6) Richard M. Locke, "The promise and perils of globalization ; The case of Nike", 대한상공회의소(2007), 기업윤리의 딜레마 : 사례와 해법, pp.158-162에서 재인용.

모 이상의 주문을 약속하는 동시에 나이키 직원을 현지공장에 파견하여 생산 및 품질관리를 지원하도록 조치했다.

이로써 동남아시아 지역의 생산네트워크가 구축되었다.

그러나 하청업체들과 나이키 간의 관계는 제품특성에 따라 상황이 달랐다. 예를 들어 상대적으로 자본 집약적인 성격의 신발류는 몇몇 한국과 대만의 하청업체들에게 생산이 집중되었다. 신발류에 관한한 나이키 본사와 하청업체는 장기적 관계를 맺고 본사가 디자인을 송부하면 하청업체는 프로토타입을 제작해 본사의 승인하에 산하의 동남아시아 공장에 생산주문을 하는 방식으로 업무진행이 체계화되어 있었다. 따라서 나이키 본사의 규정이 하청업체들에게 적용되기 용이한 환경이었다. 반면 의류생산은 사정이 달랐다. 유행에 민감한 제품의 특성상 특정업체들에 생산이 집중되기 보다는 다수의 업체들과 단기계약을 맺는 경우가 많았다. 따라서 하청업체들에 대한 주문량이 크지 않았으며, 이러한 공장들에 대한 정기적인 점검도 본사 입장에서는 쉽지 않은 상황이었다.

사업모델의 근간이 된 '글로벌 아웃소싱'은 사실 나이키에게는'양날의 검'과 같았다. 생산비의 절감으로 얻어진 이익을 혁신적 디자인과 마케팅에 투자해 세계 최대의 스포츠용품 회사로 성장했지만 그 성장의 이면에는 저개발국가에 대한 사회적 책임에 충실하지 못한 기업이라는 비난도 존재했던 것이다. 1980년대에도 이미 저임금, 열악한 근무환경, 인권문제 등으로 비판적 시각이 있었으나 1990년대에는 인도네시아, 캄보디아, 파키스탄 등지에서 잇달아 노동인권문제가 언론에 기사화되면서 나이키는 저개발국 노동력 착취의 상징처럼 여겨졌다.

구체적인 사례들을 살펴보자.

1990년대 초반 인도네시아에서는 나이키 제품 생산공장 근로자들의 저임금문제가 이슈화되었다. 당시 6개의 공장에서 근무하는 25,000명의 근로자들은 정부의 최저임금인 일당 1달러에도 미치지 못하는 임금을 받고 있었다. 인도네시아에서 활동하던 NGO들이 이러한 사실을 언론에 적극 알리기 시작했다. 1993년 CBS가 노동자들의 투쟁에 대해 방송하고 난 뒤 1994년 들어 이코노미스트, 뉴욕타임즈 등 다수의 언론들이 나이키를 비난하는 기사를 내보냈다. 나이키 측에서는 현지 공장이 하청업체에 의해 운영되기 때문에 자신들과 무관하다고 주장했다. "우리는 생산과정에 대해 잘 모른다. 우리는 마케터(marketer)이자 디자이너(designer)다", "그들은 우리의 하청업체다. 따라서 우리가 감독해야 할 의무가 없다" 그러나 여론의 비난은 악화되었다. 결국 나이키는 1999년 계약공장의 노동자 임금을 법적 최저임금보다 높은 수준으로 유지하겠다고 발표했다.

1990년대 중반 파키스탄 하청공장에서는 '아동노동(Child Labor)' 문제가 대두되었다. 1996년 라이프지는 12살 소년이 나이키 축구공을 만드는 사진을 담은 기사를 내보냈는데, 이 기사로 인해 소비자단체, 노동단체 등을 비롯한 다수의 NGO들이 나이키 축구공의 불매운동을 벌였다. 이 사건의 여파는 매우 컸다. 나이키는 주로 가내수공업형태로 생산되던 축구공의 제작을 12개의 재봉공장(stitching center)에서 전담하는 방식으로 변경했다. 국제노동기구(ILO)와의 협약을 통해 아동노동을 방지하기 위한 감시위원들이 현지조사를 시행했으며 나이키는 자사의 계약공장에서 일하는 어린이들이 발견되면 즉시 이들을 귀가 조치하고 이들이 법적 근로연령이 될 때까지 임금과 학비를 지원할 것을 약속했다.

1997년에는 베트남 지역의 공장에서 환경오염과 작업환경안전문제가 불거졌다. 유해물질인 톨루렌(Toulene)이 기준치 보다 6~177배 높은 것으로 측정된 것이다. 더구나 이러한 유해화학물질이 근로자의 건강을 위협하는데도 특별한 안전조치가 취해지지 않았으며 이는 나이키의 내부규범에도 위배되는 것이었다. 이 사건은 나이키의 신뢰도에도 큰 타격을 주었다. 우선 환경오염문제가 나이키가 고용한 회계법인인 어네스트영(Ernest&Young)사의 하청업체에 대한 감사과정에서 밝혀졌다. 더구나 이 사건이 있기 얼마 전에 나이키의 후원으로 UN 주미 대사의 현지공장조사가 있었는데 이 당시에는 이러한 환경오염문제에 대한 언급은 없었다.

위에 열거한 세 가지 대표적인 사례 외에도 크고 작은 사건들이 나이키의 기업 이미지를 크게 악화시켰다. NGO에 의한 문제제기, 언론의 비난, 여론의 악화, 다시 NGO에 의한 감시강화로 이어지는 악순환이 반복되었다. 특히 여론을 좌우하는 언론의 냉혹한 비판은 끊임없이 이어졌다. 나이키는 NGO들의 反세계화 및 反노동착취 운동의 주요 타겟이 되었다.

옥스팸(Oxfam)의 NikeWatch 캠페인, 프레스포체인지(Press for Change)의 nikewages.org 사이트 등 시민단체들은 인터넷을 통해 정보를 공유하고 연대하면서 나이키를 더욱 압박했다. 소비자단체와 노동단체들은 불매운동에 적극 가담했는데 일부 학생단체들의 압력으로 대학들이 나이키의 스포츠용품 납품을 취소하기도 했다.

초창기 이러한 시민사회와 언론의 압력에 대해 해당국가와 계약공장의 문제라는 태도로 일관하던 나이키도 근본적인 변화를 모색할 수밖에 없었다. 최초의 시도는 1992년 하청업체에 생산시설 내 기본적인 근로 및 환경/건강문제에 관한 '행동강령(code of conduct)'준수를 서약할 것을 요구한 것이다.[7] 1998년부터는 신발공장의 최소 근로연령을 18세로, 그 외 의류 등 공장은 16세로 높였다. 작업장 내 공기의 질도 미국 노동안전위생국(OSHA)의 기준에 맞추도록 요구했다.

이 외에도 나이키는 몇 가지 눈에 띄는 조치를 취했다. 먼저 관련 전담부서를 설치했다. 1993년 나이

표 12-3 주요 언론에 등장한 나이키 관련 부정적 기사 건수 추이

주제어	'92	'93	'94	'95	'96	'97	'98	'99	'00	'01
노동착취공장(Sweatshop)	1	1	7	3	65	159	103	46	91	96
아동노동(Child Labor)	0	6	3	50	53	79	21	32	32	12
착취(Exploitation)	4	7	4	3	24	59	43	20	33	26
합 계	5	14	14	56	142	297	167	98	156	134

주 : 미국 내 상위 50개 신문 및 해외 국별 상위 5% 신문에 인용된 회수 기준

키 환경행동팀(NEAT), 1996년 노동관행(Labor Practice)부 등을 차례로 설립했고, 2000년 6월에는 이들을 기업책임 및 준법부(Corporate Responsibility and Compliance Department)로 통합했다.

2001년에는 동 부서는 생산과 준법적 의사결정 간의 연결고리를 탄탄히 한다는 취지로 의류사업부로 이관되었다. 특히 노동 및 환경관련 준법감독을 담당하는 85명의 전담인원들이 매일 신발 하청공장을 방문하여 준수실태를 점검하기 시작했으며, 의류품목의 하청공장들은 수가 많은 관계로 매월 점검을 실시했다. 전담인력 외에도 전 세계 하청업체들을 관리하는 1,000여명의 생산담당인력들은 사내 준법 프로그램을 이수해야 한다. 이러한 교육훈련 외에도 직원들이 담당하는 하청공장의 노동 및 환경 규정준수수준의 개선정도에 따라 인센티브를 지급하는 시스템도 운영하기 시작했다. 하청업체를 관리 감독하는 대표적인 프로그램이 SHAPE이다. 나이키의 하청업체들은 1차로 나이키 직원들에 의한 감사를 정기적으로 받아야 하며, 2차로 외부 컨설턴트의 점검을 받아야 한다. 하청업체들이 가격이나 품질면에서 경쟁력이 있다 하더라도 감사결과 근로조건 및 작업환경측면에서 나이키 내부기준에 합당치 않으면 퇴출될 수 있는 것이다.

나이키의 변화는 외부 비영리단체와의 관계 개선노력에서도 찾아볼 수 있다.

나이키는 다국적기업의 기업시민정신(corporate citizenship)을 증진하기 위한 'UN글로벌 콤팩트'에도 가입했으며, '근로자와 지역사회를 위한 글로벌 연합'의 창립멤버이기도 하다. 의류산업의 기업체연합, Apparel Industry Partnership을 전신으로 한 '공정한 노동연합(Fair Labor Association)'에도 적극적으로 참여하고 있다.[8)]

나이키의 이러한 노력은 하청업체들에게 중요한 변화를 가져왔다. 예를 들어 신발생산에 있어 유화원자재의 사용을 최소화할 수 있었다. 이러한 점은 비판자들로부터도 인정받는 부분이지만, 여전히 근로조건이나 낮은 임금 등에 대한 비난이 사라진 것은 아니다.

7) 그러나 '행동강령'의 내용을 이해하지 못하는(문맹) 근로자들이 많고, 구조적으로 이들이 고용주에게 행동강령의 준수를 요구하기 어렵다는 점에서 비판을 받고 있다.

8) FLA는 1996년 빌 클린턴 당시 대통령의 제안으로 출범한 기구인데, 기업체들의 연합이라는 특성상 초창기에 비판을 받았으나, 최근에는 회원기업들의 하청업체에 대한 독립적인 외부기관의 감사를 추진하는 등 공익적 활동을 강화하고 있다.

토론을 위한 자료

통제힘든 해외법인 부패, 내부제보로 막자

한국에 현지법인을 둔 유럽계 A사는 한국지사의 한 직원으로부터 익명의 제보를 받았다. 한국지사의 지사장이 정기적으로 본사에 보고하는 경영실적을 조작하도록 지시한다는 내용이었다. 그러나 제보내용만으로는 어떤 방법으로 경영실적이 조작되고 있는지 정확히 파악하기 어려웠다. 또 익명으로 제보됐기 때문에 제보자로부터 추가정보를 얻을 수도 없었다.(실제 대부분의 제보는 객관적인 증거제시나 검증된 내용이라기보다 단지 일련의 의혹들에 대한 목록형식인 경우가 많다.) A사는 제보가 접수된 이상 제보내용에 대한 진위여부를 확인할 필요가 있었다.

이는 실제사례를 일부 가공한 것이다. 글로벌경영이 가속화하면서 이런 일을 경험하는 기업들이 늘고 있다. 2010년 미국의 ACFE의 연구보고서[9]에 따르면 전체기업 내 부정의 40.2%가 직원, 고객, 공급자 등의 제보로 적발됐다. 제보시스템(Whistleblower Hotline 또는 Ethics Helpline)이 가장 효과적인 부정적발수단임을 알 수 있다. 국내의 다양한 기관에서 제보시스템을 운영하고자 하는 노력은 기업 내 부정을 적발하기 위한 매우 바람직한 방향으로 판단된다. 제보시스템은 더 나아가 지속적으로 글로벌화하는 국내기업들이 해외지사 또는 현지법인에서의 부정위험을 통제하는 데 효과적인 수단으로 활용될 수 있다.

이 글에서는 국내기업의 제보시스템운영이 어떻게 하면 더욱 적극적이고 효과적으로 활용될 수 있는지 살펴보겠다. 또 해외지사나 현지법인에서 제보시스템을 운영하기 위해 고려해야 할 사항도 함께 제시해보고자 한다.

제보는 배신이라는 반감을 없애는 게 출발점

여러 국가에 지사나 현지법인을 운영하고 있는 다국적기업들은 제보시스템을 통해 해외에서 일어나고 있는 부정을 적발하는 데 상당한 효과를 거두고 있다. 실제로 한국에서 수행되고 있는 부정조사 중 상당수가 미국, 유럽 등에 본사를 둔 다국적기업이 한국지사의 직원으로부터 제보받은 내용을 근거로 이뤄지고 있다.

9) Report to the Nations on Occupational Fraud and Abuse, 2010 Global Fraud Study, ACFE

거대한 다국적기업도 해외 자회사에 대한 원거리 통제에 어려움을 겪는다. 1~2년마다 실시되는 제한적 범위의 내부감사로는 해외 자회사의 실적과 보이지 않는 속사정까지 파악하는 데 한계가 있다. 이들 다국적기업은 이와 같은 원거리 통제의 어려움을 제보시스템 운영을 통해 보완하고 있다. 이는 해외진출을 통해 다국적기업화되고 있는 국내기업들에 시사하는 바가 크다.

국내기업이 내부제보시스템을 효과적으로 운영할 수 있는 요건은 무엇일까?

이는 단순히 우리회사의 솔직한 직원이 정의감에서 제보를 할 것이라는 생각은 헛된 바람이다. 성공적인 제보시스템은 매우 치밀하게 마련돼야 한다. 성공요건은 다음과 같다.

첫째, 제보에 대한 정서적, 문화적 반감을 극복해야 한다. 국내기업과 아시아권 기업의 직원상호간 유대관계는 업무보다 정신적인 측면이나 온정주의에 기초하는 경우가 더 많다. 따라서 함께 근무하고 있는 동료직원의 부정행위를 제보한다는 것은 제보자에게는 심리적인 부담이 될 수 있다. 따라서 직원들에 대한 적극적인 교육이 필요하다. 물론 직원 간 정신적 유대관계는 분명 업무상 시너지 창출에 긍정적인 요소가 될 수 있다. 그러나 온정주의로 주위동료의 부정행위를 모른체 하는 것은 결국 자신이 속한 기업과 직원전체를 어려움에 처하게 할 수 있음을 충분히 알려야 한다.

그림 12-4 성공적인 제보시스템

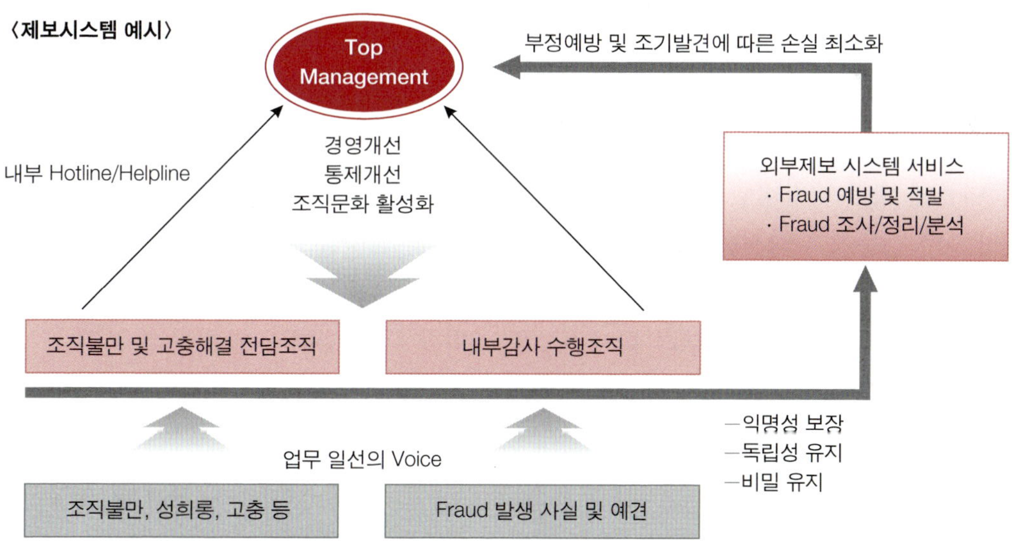

최고 경영진은 업무일선의 제보와 이에 대한 조사결과를 토대로 경영 및 통제절차를 개선하고 투명하고 윤리적인 조직문화를 형성할 수 있다. 제보자의 익명성 및 독립성, 제보조직에 대한 신뢰성에 대한 우려를 최소화하고 객관성 및 중립성 유지와 전문성을 담보하기 위해 외부 전문 제보시스템 서비스를 활용할 수 있다. 이 같은 서비스는 접수된 제보정보를 정리 · 분석해 고객의 경영진에 보고하고 제보사안에 대한 신속한 대응을 지원하는 독립적인 커뮤니케이션 채널이다.

둘째, 제보자를 보호할 수 있는 체계를 마련해야 한다. 부정행위에 대한 제보사실이 기업 내로 알려지면서 기업으로부터 부당한 처우를 받는 경우가 적지 않다. 또 회사 또는 제보대상자로부터의 보복을 우려해 부정행위를 보고도 눈감아 버리는 경우가 있다.

제보는 익명으로 이뤄져야 하며(익명제보가 법적으로 금지된 국가도 있음을 유의할 것), 제보내용은 조사를 위해 반드시 필요한 사람에게만 제한적으로 공개해야 한다. 법제도적으로 보면 2001년 시행된 '부패방지 및 국민권익위원회의 설치와 운영에 관한 법률'은 제보자에 대한 법적보호장치를 마련했다. 하지만 이는 공공부문에 국한되고있어 민간부문에서의 제보자 보호장치가 미흡한 상황이다. 제보자가 논란을 일으키는 말썽꾼(Troublemaker)이 아닌, 부정에 대한 파수꾼으로 여기는 기업문화가 조성돼야 한다.

셋째, 가능하면 공급자, 고객 등 외부 이해관계자로부터의 제보를 지원해야 한다. 외부 이해관계자가 회사에 제보할 수 있다는 점만으로도 직원의 부패행위억제에 효과적이며, 실제 부패행위 적발에도 유용하다.

넷째, 제보사안에 대한 철저한 조사와 대책에 대한 직원들의 신뢰를 얻어야 한다. 제보에 대한 경영진의 미흡한 대응은 내부제보시스템에 대한 신뢰를 저하시키고, 내부제보시스템의 부정적발 효과를 떨어뜨린다.

다섯째, 제보내용에 대해 전문적으로 조사하고 처리할 수 있도록 내부감사 또는 보안담당자에 대한 특화된 교육을 실시해야 한다. 기업 내 임직원 부정은 많은 경우 내부통제를 교묘하게 우회하여 발생하고 있다. 따라서 조사의 전문성이 확보되지 않는다면 부정행위를 적발해 내기 어렵다. 사안이 중요하다면 독립성과 중립성을 확보하기 위해 외부 전문기관에 조사를 위탁하는 것도 바람직하다. 이 밖에 제보된 내용에 대한 즉각적인 조사가 이뤄져야 한다. 조사의 지체는 부정행위자가 사안에 대해 주도권을 갖게하며 경우에 따라서는 전문적인 조사의 착수 및 진행을 방해할 수 있다. 또 시간의 제약없이 언제든지 제보접수가 가능하도록 해야 한다. 제보는 근무시간 이후 야간시간 또는 주말에 접수되는 경우가 많다. 이와 함께 조사로부터 회사손실을 만회할 수 있었다면 만회된 손실의 일부를 제보자에게 제공하는 방안도 내부제보를 활성화하는 데 도움이 될 것이다. 제보활성화를 위한 포상금 제도는 최근 들어 국내·외에서 많이 제도화되고 있다.

지난해 공정거래위원회는 '공정거래법위반행위 신고자에 대한 포상금 지급에 관한 규정'을 개정해 부당한 고객유인행위 등의 신고에 대해 포상금을 지급하기로 했다. 또 지난해 미국상원을 통과한 금융규제개혁법안인 Dodd-Frank 법안[10]의 제922조(Section 922)는 미국증권거래위원회(US

10) Dodd-Frank Wall Street Reform and Consumer Protection Act

Securities and Exchange Commission)가 회수한 금전적 제제규모의 최소 10%에서 최대 30%까지 제보자에게 제공할 수 있도록 함으로써 기업부정행위에 대한 제보활동의 활성화를 유도하고 있다.

특히 Dodd-Frank 법안에서 주목할 점은 포상금을 받을 수 있는 제보자의 자격이 확대됐다는 것이다. 이 법안에 따르면 미국 상장기업의 해외지사 또는 현지법인의 직원도 포상금을 받을 수 있다. 따라서 미국에 상장된 국내기업 혹은 국내에 있는 미국기업의 지사도 이런 영향권에서 자유롭지 않다. 이는 사베인스-옥슬리법(SOX)에 따르면 해외 제보자가 미국증권시장 상장법인의 해외 자회사나 현지법인의 직원인데도 해외 비상장자회사 직원에 의한 제보라는 이유로 일부제보가 받아들여지지 않았던 것과는 다른 점이다. 따라서 미국기업들은 직원이 포상금을 받기위해 기업 내 부정행위를 미국증권거래위원회에 직접 제보할 수도 있게 됐다. 결국 기업들이 제보시스템과 같은 내부보고체계를 더욱 효과적으로 운영해 기업 내 부정이 우선 내부적으로 보고될 수 있도록 유도하고, 제보된 사안에 대한 성실한 사후조치를 통해 이러한 위험을 축소할 필요가 생기게 됐다.

제보시스템의 한국계 글로벌기업에 대한 시사점

다시 서두에서 제시한 A사의 사례로 돌아가보자. A사는 익명의 내부제보를 어떻게 해결했을까.

때마침 한국지사에 대한 정기 내부감사가 예정돼 있었다. A사 감사팀은 감사의 범위에 재무보고 프로세스를 포함해 경영실적조작의혹을 확인하기로 했다. 감사결과 우선 미국본사에서 수령한 한국지사의 수년 간의 매출데이터를 분석한 결과 비정상적으로 많은 반품거래가 있었던 것으로 드러났다. 특히 이는 분기말 경영실적 보고직후에 집중적으로 발생했다. 한국지사는 분기후반에 실제수요보다 많은 물량을 중간유통업체들에 출하했다. 또 이 중 일부중간업체는 A사 한국지사의 전 영업임원 등이 운영하는 업체로서 매출이 부족한 시기에 물량을 일시적으로 받아주는(Channel Stuffing) 역할을 담당하고 있었다.

이와 함께 출하된 물량의 판매가 어려울 경우 반품을 받아주겠다는 이면계약도 체결한 것으로 밝혀졌다. 또 중간유통업체로부터 반품요구를 받게되면 물량이 한국지사의 물류창고로 입고되었음에도 불구하고 장부기록을 다음 분기로 지연시키는 방법으로 실적을 조작하고 있었다. A사 감사팀은 이를 감사위원회에 보고했다. A사 경영진은 한국지사장과 일부관련 임원에 대한 징계를 결정했으며, 그 결과 한국지사장이 해임됐다.

하지만 문제가 완결된 것은 아니었다. 문제는 제보자에 대한 정보가 한국지사 내에 유출된 것이다. A사 감사팀은 매출데이터에 대한 분석결과를 검증하는 과정에서 재무팀 직원들과 개별적인 인터뷰를 실시했는데, 이 과정에서 감사팀은 제보자가 누구인지 알게 됐다. 제보자가 감사팀이 작업하는 회의실에 들어가는 횟수와 시간이 늘어나면서 주변 동료들의 시선을 받게 됐다.

이후 제보자는 회사로부터 불합리한 처우를 계속 받았다. 심지어 과거 자신이 담당하던 업무가 정당한 이유없이 다른 직원에게 인계되는 등 조직 내에서의 역할이 점차 축소됐다. 무엇보다도 상사로부터의 시선이 견디기 어려웠다. 제보자는 결국 퇴사를 결정했다.

A사는 최초 제보를 받은 시점에 조속한 의사결정을 통해 정기내부감사라는 형식으로 내부감사인력과 외부전문인력을 활용해서 효과적으로 조사에 착수할 수 있었다. 그러나 내부감사팀은 제보자가 확인되는 시점부터 제보자와의 접촉에 충분한 주의를 기울이지 않았으며 제보자와의 면담을 근무시간 중 회사내에서 수행하는 비전문성을 보였다. 제보자의 불행한 최후를 경험한 A사는 한국지사의 직원으로부터 더 이상의 제보를 기대하기 어려울 것으로 보인다.

따라서 제보문화확산을 위해서는 제보자에 대한 보호가 필수적이다.

결 론

기업 내 부정의 상당수는 내외부인의 제보로 밝혀진다. 이는 문화적, 정서적 차이에 따라 정도의 차이는 있으나 세계적으로 공통된 현상이다. 내부감사기능의 전문성을 강화하는 것이 부정의 예방과 적발을 위해 중요하다. 하지만 기업이 지속적으로 글로벌화하는 상황에서 인력과 시간의 제한으로 내부감사를 통한 부정의 적발에는 한계가 있다.

제보시스템은 국내뿐만 아니라 해외 자회사에서 발생하는 부정행위를 적발하는 데 더욱 효과적으로 활용될 수 있다. 직원에 대한 충분한 교육, 글로벌 제보시스템 및 제보에 대한 전문적인 조사역량 강화를 통해 국·내외에서 발생하는 부정행위로 인한 금전적 손실과 기업의 명예훼손위험을 관리할 필요가 있으며 이 과정에서 더욱 투명한 조직문화가 정착될 수 있을 것이다.

● 출처 : **유희동 Ernst & Young 부정사건 조사 및 분쟁관련서비스 이사,** DBR 2011 No.79, pp.48-50.

토의과제

① 이 장 도입부의 각 기업별 선물과 접대에 대한 지침을 보고 각 지침의 공통점과 차이점 등 그 특징을 살펴보고, 한국의 김영란법이 기업의 선물과 접대 관련 관례와 향후 이와 관련된 윤리적 지침의 설정에 미칠 수 있는 영향에 대해 토의해 보시오.

② 사내 부정·부패를 방지하기 위한 제보시스템을 운영함에 있어 한국의 기업문화적 특성을 고려하여 특별히 유의해야 할 사항과 그 대책에 대해 토의해 보시오.

③ 본문 마지막의 나이키 사례를 보고 나이키의 윤리경영수준이 어느 단계에 있는지 평가하고, 나이키뿐만 아니라 세계적 글로벌기업들이 글로벌경영전략을 수립하고 실천하는 과정에서 어떻게 하면 '기업의 책임'을 중요한 성공요건으로 인식하여 행동하도록 할 수 있을 것인지 UN Global Compact 등을 참고하면서 토의해 보시오.

④ 본문 중의 사례 중 IBM과 모토롤라의 대응방식에 차이가 난 이유가 무엇일까 생각해보고, 각각의 상황에서 코카콜라의 '도덕적 상상력'을 원용한 대안을 모색해 보시오.

⑤ 이 장 도입부의 이태리에 진출한 유수은행의 사례와 관련하여 해당 지점장으로서는 적절한 대안을 찾기가 쉽지 않다. 마찬가지로 국내기업들은 국제법을 비롯한 글로벌원칙을 준수함은 물론 기업고유의 전략적 지침을 통해 글로벌경영과 관련된 윤리적 리스크에 대응해야 한다. "본사의 기준에는 맞지 않지만, 현지에서는 통용되는 경우 어떤 의사결정을 내려야 윤리적인가?", "무조건 자국의 기준을 따를 것인가? 아니면 무조건 현지의 기준을 따를 것인가?", "양자의 중간을 취하면 무조건 안전한 것인가?" 등은 기업경영의 글로벌화와 더불어 흔히 직면하게 되는 윤리적 딜레마의 내용들이다. 이와 같은 윤리적 딜레마를 해결하기 위한 적절한 접근방법에 대해 대안을 제시하고 그 장·단점에 대해 토의해 보시오.

찾 아 보 기

<국문색인>

ㄱ

ㄴ

ㄷ

ㄹ

ㅁ

ㅂ

ㅅ

ㅇ

ㅈ

ㅊ

<영문색인>

A

B

C

D

E

F

G

H

■ 정 재 훈

- 현) 인하대학교 경영대학 경영학부 교수
- 현) 인천광역시 지방노동위원회 공익위원
- 인하대학교 정석학술정보관 관장 역임
- 인하대학교 교수회 의장 및 평의원회 의장 역임
- 영남대학교 상경대학 경영학과 전임강사 대우
- 일본 신호대학 경영학부 초빙연구원
- 인하대학교부설 경영연구소장
- Canada Simon Fraser University 交換教授
- 한국인사관리학회 부회장, 한국인사조직학회 부회장
- 인하대학교 경영대학원 원장
- 한국노사관계학회 회장

〈저서 및 주요 논문〉

- 인적자원관리(4판), 북넷, 2015
- 노사관계론(3판), 북넷, 2014
- 경영학의 이해(공저), 북넷, 2013
- 인적자원관리(3판), 북넷, 2011
- 노사관계론(2판), 북넷, 2011
- 신노사관계론, 북넷, 2009.
- 한국의 노동, 어떻게 할것인가?(공저), 서강대출판부, 2007 (전경련학술문화대상 수상)
- 노사관계론(전정판), 학현사, 2006
- 인적자원관리, 학현사, 2005
- 雇用構造の變化と政勞使の課題(共著), 成文堂, 2005
- 現代勞務管理の國際比較, 奧林康司.今井 齊.風間信隆編, ミネルウア書房, 2000.
- 노사관계론(2판), 학현사, 1999
- 現代の韓國勞使關係(共著), 法政大學大原社會問題硏究所編, 御茶の水書房, 1998.
- 전략적 인적자원관리, 인하대학교, 1998
- 노사관계론, 학현사, 1995
- 경영권과 노조활동, 대영문화사, 1989
- 노사관계의 이해, 대영문화사, 1989
- 5분미팅(공저), 도서출판 삶과 꿈, 1990
- 조직심리학(역), 인하대 출판부, 1984
- Selected Readings in Industrial Relations, 홍릉과학출판사, 1984

CSR과 윤리경영

2016년 8월 15일 1판 1쇄 인쇄
2017년 2월 20일 1판 2쇄 발행

저 자 정 재 훈
발행인 류 재 식 · 윤 한 욱
발행처 도서출판 북 넷

서울시 용산구 효창원로 70길 대신빌딩 2층
등 록 2010년 6월 7일(제2010-000069호)
전 화 (02) 395-2341
팩 스 (02) 395-2303

정가 28,000원

ISBN 979-11-86947-09-8 (93320) e-mail : book2341@naver.com